JN409983

東洋古典譯註叢書 85

譯註 貞觀政要集論 4

撰 吳兢 集論 戈直
책임번역 李忠九
공동번역 金奎璇 黃鳳德 李承容

전통문화연구회

國譯委員

責任飜譯　李忠九
共同飜譯　金奎璇 黃鳳德 李承容
索　　引　黃鳳德 李忠九 李孝宰
潤　　文　南賢熙
校　　訂　李孝宰 郭成龍
出　　版　金主賢 金曉東
管　　理　咸明淑
普　　及　徐源英

東洋古典譯註叢書를 발간하면서

우리의 古典國譯事業은 민족문화 진흥의 기초사업으로 1960년대부터 政府 支援으로 古文獻 現代化 작업을 추진하여 많은 成果를 거두었다. 당시 이 사업 추진의 先行課題로 東洋古典이라 일컬어지는 중국의 基本古典을 먼저 飜譯하여야 한다는 學界의 주장이 있었음에도 불구하고 우리 고전이 아니라는 일부의 偏狹한 視角과 財政 事情 등으로 인하여 배제되어 왔다.

전통적으로 중국의 기본고전은 우리 歷史와 함께 숨쉬며 각종 교육기관의 敎科書로 활용됨은 물론이고 지식인들의 必讀書가 되어 왔으며, 우리 文化의 基底에 자리잡고 거의 모든 방면의 體系와 根幹을 형성하여 왔다. 그래서 학문연구의 기본서 역할을 해 왔을 뿐만 아니라 오늘날에도 우리의 國學徒 및 東洋學 硏究者들에게 같은 역할을 하고 있음은 주지의 사실이다. 그럼에도 불구하고 中國古典은 우리 것이 아니라 하여 專門機關의 飜譯對象에 포함하지 않음으로써, 대부분 原典에서의 직접 번역이 아닌 重譯이나 拔萃譯의 방식이 주를 이루면서 敎養水準으로 出版되어 왔다.

오늘날 東洋 三國 중에서 우리의 東洋學 연구가 가장 부진한 이유는, 東洋基本古典에 대한 폭넓은 이해의 부족과 漢文古典 讀解力의 저하에 기인함을 우리는 솔직히 인정하여야 한다. 따라서 이들 중국고전에 대한 신뢰할 만한 國譯이 이루어지는 것이 한국학 연구를 촉진시키는 시급한 先行課題라 할 수 있다.

이에 韓國學 및 東洋學의 연구와 古典現代化의 基盤構築을 위해서는, 전문기관으로 하여금 동양고전을 단기간에 각 분야의 專門 硏究者와 漢學者가 상호 협동하여 연구번역하여 飜譯의 傳統性과 效率性, 硏究의 專門性을 높일 수 있도록 政策的 配慮가 있어야 한다.

이에 本會에서는 元老 및 中堅 漢學者와 斯界의 專攻者로 하여금 協同硏究飜譯하여 공부하는 사람들이 믿고 引用하거나 깊이 있는 註釋 등을 활용할 수 있게 하고, 知識人들의 敎養을 증진시켜 줄 수 있는 東洋古典의 國譯書 간행을 지속적으로 추진해 왔다. 근래에 다행히 이 사업에 대하여 각계 지도층의 폭넓은 이해와 지원에 힘입어 2001년도부터 國庫補助를 받아 東洋古典譯註叢書를 간행하게 되었다. 이를 계기로 우리 先學의 註釋과 見解를 반영하는 등 국역사업의 內實을 기하게 되었음을 이 자리를 빌려 衷心으로 감사드리며, 아울러 國譯에 參與하신 관계자 여러분의 勞苦에 깊은 謝意를 표한다.

끝으로 우리의 이러한 작업은 오랜 역사 위에 축적된 先賢들의 業績과 現代學問을 이어주는 튼튼한 架橋와 礎石이 되어 진정한 韓國學과 東洋學 발전에 기여할 것을 굳게 믿으며, 21세기를 우리 文化의 世紀로 열어 가는 밑거름이 되도록 우리의 力量을 本 事業에 경주하고자 한다. 江湖諸賢의 부단한 관심과 지원을 기대해 마지않는다.

社團法人 傳統文化硏究會 會長 李啓晃

凡 例

1. 본서는 ≪貞觀政要集論≫(吳兢(唐) 撰, 戈直(元) 集論)을 飜譯한 ≪譯註 貞觀政要集論≫ 제4책이다.
2. 본서의 底本은 국립중앙도서관 소장본 ≪貞觀政要≫ 戊申字本(戈直(元) 集論, 朝鮮 英祖, 古朝31-37)이다.
3. 본서의 懸吐에는 규장각 소장본 ≪貞觀政要≫ 懸吐本(戈直(元) 集論, 戊申字本, 朝鮮 英祖, 奎中 1471·1817·1821)을 참조하였으며, 校勘에는 중국 宏業書局에서 標點한 ≪貞觀政要≫(戈直 集論本, 1999), 謝保成의 ≪貞觀政要集校≫(中華書局, 2003), 일본 原田種成의 ≪貞觀政要≫(明治書院, 1983) 등을 참조하였다.
4. 본서는 원전의 傳統性과 번역의 現代性을 구현하기 위해 노력하였다.
5. 原文 중 吳兢의 ≪貞觀政要≫ 本文과 戈直의 集論은 우리나라 전통 방식으로 懸吐하고, 原註인 戈直의 註는 標點하였다.
6. 吳兢의 ≪貞觀政要≫ 본문은 篇과 章의 연계성을 고려하여 해당 原文 위에 連番을 표시하였다. 또한 章의 원문이 길 경우 의미 단락에 따라 分節하였다.

   예 36-1-1 : ≪貞觀政要集論≫ 제36편 1장의 첫 번째 나오는 부분

   39-4-2 : ≪정관정요집론≫ 제39편 4장의 두 번째 나오는 부분
7. 飜譯은 原義에 충실하게 하되, 이해가 어려운 부분은 意譯 또는 補充譯을 하였다.
8. 飜譯文은 한글과 漢字를 混用하였으며, 맞춤법과 띄어쓰기는 한글 맞춤법과 표준어 규정을 따르는 것을 원칙으로 하였다.
9. 原文이나 飜譯文의 한자 중에 僻字나 讀音이 특수한 글자는 한글로 音을 달아주었다.
10. 譯註는 校勘, 人物, 制度, 官職, 역사적 사건, 인용문의 出典, 異說, 故事, 전문용어, 難解語 등에 관한 사항을 밝혔다.
11. 校勘은 원문의 誤字, 脫字, 衍文, 倒文 등을 대상으로 하였다.

12. 본서의 校勘에 사용된 符號는 다음과 같다.
   ( )〔 〕: (저본의 誤字)〔교감한 正字〕
   〔 〕: 저본의 脫字 보충
   ( ): 저본의 衍字 표시
13. 본서에 사용한 주요 부호는 다음과 같다.
   " ": 引用
   ' ': " " 안에서 再引用
   「 」: ' ' 안에서 재인용
   ( ): 원문의 讀音 및 번역문의 間註
   〔 〕: 번역문에서 뜻은 같으나 音이 다른 漢字, 원문의 漢字나 句節 표기
   譯註에서 인용한 원문 표기
   ≪ ≫: 書名, 典據
   〈 〉: 篇章名, 作品名, 補充譯
   【 】: 集論의 구분 표시
14. 본서의 原註에 사용한 標點은 한국에서 재래로 사용해오던 표점방식을 보완하여 文理의 이해를 돕는 정도로 간략히 하였다. 본서에 사용된 표점은 다음과 같다.
   . : 문장의 종결
   , : 한 문장 안에서 句나 節의 구분
   · : 대등한 명사나 구절의 병렬
   " ": 引用
   ' ': " " 안에서 再引用
   「 」: ' ' 안에서 재인용
15. ≪貞觀政要集論≫의 역사적 배경과 내용, 저술 동기 등을 이해하는 데 도움을 주기 위해 ≪新唐書≫의 〈太宗本紀〉, 〈魏徵列傳〉, 〈吳兢列傳〉을 譯註하여 附錄하였다.
16. 索引은 ≪貞觀政要集論≫ 전체를 포괄하는 〈綜合索引〉과 주제별 색인인 〈貞觀政要人名官職索引〉, 〈評論者人名索引〉으로 구분하여 작성하였다. 또한 附錄 중에 〈貞觀政要集論參考資料〉는 QR코드를 통해 스마트 기기로만 볼 수 있는 자료이다.

參考書目

◇ 底本

• ≪貞觀政要≫, 吳兢(唐) 撰, 戈直(元) 集論, 戊申字本, 국립중앙도서관 소장본.(한古朝31-37)

◇ 底本 관련자료

• ≪貞觀政要≫, 吳兢(唐) 撰, 戈直(元) 集論, 戊申字本, 규장각 소장본.(奎中 1471・1817・1821, 懸吐本)
• ≪貞觀政要≫, 吳兢(唐) 撰, 戈直(元) 集論, 宏業書局, 1999.
• ≪貞觀政要集校≫, 謝保成 集校, 中華書局, 2003.
• ≪貞觀政要 上・下≫, 原田種成 譯, 新釋漢文大系, 明治書院, 1983.

◇ 經 部

• ≪論語集註大全≫, 朱熹(宋) 集註, 胡廣(明) 等 編, 朝鮮 內閣本, 影印本, 學民文化社.
• ≪孟子集註大全≫, 朱熹(宋) 集註, 胡廣(明) 等 編, 朝鮮 內閣本, 影印本, 學民文化社.
• ≪大戴禮記≫, 戴德(漢) 撰, 文淵閣四庫全書 제128책 經部122, 臺灣商務印書館, 1983~1986.
• ≪書傳大全≫, 蔡沈(宋) 集傳, 胡廣(明) 等 編, 朝鮮 內閣本, 影印本, 學民文化社.
• ≪詩傳大全≫, 朱熹(宋) 集傳, 胡廣(明) 等 編, 朝鮮 內閣本, 影印本, 學民文化社.
• ≪禮記集說大全≫, 陳澔(元) 集說, 胡廣(明) 等 編, 朝鮮 內閣本, 影印本, 學民文化社.
• ≪周禮注疏≫, 阮元(淸) 校刻, 十三經注疏(淸 嘉慶刊本), 中華書局, 2009.
• ≪周易傳義大全≫, 程頤(宋) 傳, 朱熹(宋) 本義, 胡廣(明) 等 編, 朝鮮 內閣本, 影印本, 學民文化社.
• ≪中庸章句大全≫, 朱熹(宋) 集註, 胡廣(明) 等 編, 朝鮮 內閣本, 影印本, 學民文化社.
• ≪春秋經傳集解≫, 左丘明(周) 傳, 杜預(晉) 註, 林堯叟(宋)・朱申(宋・元) 附註, 朝鮮 金屬活字本(戊申字), 影印本, 保景文化社.
• ≪韓詩外傳≫, 韓嬰(漢) 撰, 文淵閣四庫全書 제89책 經部83, 臺灣商務印書館, 1983~1986.

◇ 史 部

• ≪舊唐書≫, 劉昫(後晉) 撰, 中華書局, 1975.
• ≪國語≫, 左丘明(周) 撰, 文淵閣四庫全書 제406책 史部64, 臺灣商務印書館, 1983~1986.
• ≪史記≫, 司馬遷(漢) 撰, 中華書局, 1959.
• ≪三國志≫, 陳壽(晉) 撰, 裴松之(南朝 宋) 注, 中華書局, 1959.
• ≪隋書≫, 魏徵(唐) 等 撰, 中華書局, 1971.
• ≪新唐書≫, 歐陽脩·宋祁(宋) 撰, 中華書局, 1975.
• ≪梁書≫, 姚思廉(唐) 撰, 中華書局, 1973.
• ≪資治通鑑≫, 司馬光(宋) 撰, 胡三省(元) 音註, 中華書局, 1956.
• ≪資治通鑑考異≫, 司馬光(宋) 撰, 文淵閣四庫全書 제311책 史部69, 臺灣商務印書館, 1983~1986.
• ≪前漢紀≫, 荀悅(漢) 撰, 文淵閣四庫全書 제303책 史部61, 臺灣商務印書館, 1983~1986.
• ≪晉書≫, 房玄齡(唐) 等 撰, 中華書局, 1976.
• ≪通志≫, 鄭樵(宋) 撰, 文淵閣四庫全書 제372책~381책 史部130~139, 臺灣商務印書館, 1983~1986.
• ≪漢書≫, 班固(後漢) 撰, 中華書局, 1962.
• ≪後漢書≫, 范曄(南朝 宋) 撰, 中華書局, 1965.

◇ 子 部

• ≪孔子家語≫, 王肅(魏) 注, 文淵閣四庫全書 제695책 子部1, 臺灣商務印書館, 1983~1986.
• ≪管子≫, 房玄齡(唐) 注, 文淵閣四庫全書 제729책 子部3, 臺灣商務印書館, 1983~1986.
• ≪老子道德經≫, 王弼(魏) 注, 文淵閣四庫全書 제1055책 子部361, 臺灣商務印書館, 1983~1986.

- ≪文子≫, 未詳, 文淵閣四庫全書 제1058책 子部365, 臺灣商務印書館, 1983~1986.
- ≪說苑≫, 劉向(漢) 撰, 文淵閣四庫全書 제696책 子部2, 臺灣商務印書館, 1983~1986.
- ≪荀子≫, 荀況(周) 撰, 文淵閣四庫全書 제695책 子部1, 臺灣商務印書館, 1983~1986.
- ≪呂氏春秋≫, 呂不韋(秦) 撰, 文淵閣四庫全書 제848책 子部154, 臺灣商務印書館, 1983~1986.
- ≪吳子≫, 吳起(周) 撰, 文淵閣四庫全書 제726책 子部32, 臺灣商務印書館, 1983~1986.
- ≪莊子集釋≫, 莊周(周) 著, 郭象(晉) 注, 陸德明(唐) 釋文, 成玄英(唐) 疏, 郭慶藩(淸) 輯, 王孝魚 點校, 中華書局, 1961.
- ≪佩文韻府≫, 張玉書(淸) 等 奉勅輯, 文淵閣四庫全書 제1011책~1020책 子部317~326, 臺灣商務印書館, 1983~1986.
- ≪韓非子≫, 韓非(周) 撰, 文淵閣四庫全書 제729책 子部35, 臺灣商務印書館, 1983~1986.
- ≪淮南子≫, 劉安(漢) 撰, 文淵閣四庫全書 제848책 子部154, 臺灣商務印書館, 1983~1986.

◇ 集 部

- ≪唐宋八大家文鈔≫, 茅坤(明) 編, 文淵閣四庫全書 제1383~1384책 集部322~323, 臺灣商務印書館, 1983~1986.
- ≪東萊集≫, 呂祖謙(宋) 撰, 文淵閣四庫全書 제1150책 集部89, 臺灣商務印書館, 1983~1986.
- ≪文選註≫, 蕭統(梁) 編, 李善(唐) 註, 文淵閣四庫全書 제1329책 集部268, 臺灣商務印書館, 1983~1986.

◇ 硏究論著 및 飜譯書

- 加藤繁・公田連太, ≪國譯資治通鑑≫, 景仁文化社, 1996.
- 權重達, ≪資治通鑑≫ 1~32, 삼화, 2007~2010.
- 金元中, ≪貞觀政要≫, 글항아리, 2010.
- 裴汝誠 等 譯注, ≪貞觀政要≫, 上海古籍出版社, 2007.
- 葉光大・李萬壽・黃滌明・袁華忠 譯注, ≪貞觀政要全譯≫, 貴州人民出版社, 1995.
- 王利器, ≪史記註譯≫, 三秦, 1997.

• 原田種成, ≪貞觀政要 上・下≫(新釋漢文大系), 明治書院, 1983.
• 劉配書・劉波・談蔚 譯, ≪貞觀政要≫, 新華出版社, 2006.
• 李國祥 等, ≪資治通鑑全譯≫, 貴州人民出版社, 1994.
• 정재훈 外, ≪舊唐書 外國傳 譯註 上・下≫, 동북아역사재단, 2011.
• ──────, ≪新唐書 外國傳 譯註 上・中・下≫, 동북아역사재단, 2011.
• 布目潮渢, ≪貞觀政要の政治學≫, 岩波書店, 1997.
• 許嘉璐 主編, ≪舊唐書全譯≫(二十四史全譯) 1~6, 漢語大詞典出版社, 2004.
• ──────, ≪新唐書全譯≫(二十四史全譯) 1~8, 漢語大詞典出版社, 2004.
• 許道勳 譯注, ≪新譯貞觀政要≫, 三民書局, 2008.

◇ 사전 등 공구서

• 山腰敏寬, ≪中國歷史公文書讀解辭典≫, 汲古書院, 2004.
• 徐連達 主編, ≪中國歷代官制大詞典≫, 廣東教育出版社, 2009.
• 施丁・沈志華 共譯, ≪資治通鑑大辭典 上・下≫, 吉林人民出版社, 1994.
• 呂宗力 主編, ≪中國歷代官制大辭典≫, 北京出版社, 1994.
• 王建, ≪史諱辭典≫, 上海古籍出版社, 2011.
• 兪鹿年, ≪中國官制大辭典≫, 黑龍江人民出版社, 1998.
• 張萬起 編, ≪新舊唐書人名索引≫, 上海古籍出版社, 1986.
• 中國歷史大辭典編纂委員會, ≪中國歷史大辭典≫, 上海辭書出版社, 2000.
• 倉修良 主編, ≪史記辭典≫, 山東教育出版社, 1991.
• ──────, ≪漢書辭典≫, 山東教育出版社, 1996.
• 賀旭志 外, ≪中國歷代職官辭典≫, 中國社會出版社, 2003.
• 洪業 等 編纂, ≪漢書及補注綜合引得≫, 上海古籍出版社, 1988.

◇ 索引 관련 研究論著

• 金成愛, 〈고전 국역서 색인에 대하여 - 寒水齋集 색인을 중심으로 -〉, ≪민족문화추진회 회보≫ 46, 민족문화추진회, 1997.
• 民族文化推進會 編, ≪韓國文集叢刊索引≫, 民族文化推進會, 1993~2004.
• 潘樹廣 著, 裵賢淑 譯, ≪索引槪論≫, 경인문화사, 1995.
• 徐眞源, 〈漢文資料의 索引에 관한 硏究〉, 성균관대 박사학위논문, 1994.

• 李春熙, 〈古典國譯書 索引의 現況과 問題點〉, ≪민족문화≫ 11, 민족문화추진회, 1985.
• 洪業 著, 〈引得說〉, ≪哈佛燕京學社引得≫, 成文出版社, 1966.

◇ 데이터베이스(DB) 자료

• 한국고전종합DB(http://db.itkc.or.kr)
• 동양고전종합DB(http://db.cyberseodang.or.kr)
• 電子版 文淵閣四庫全書, 上海古籍出版社.
• 상우천고(http://www.s-sangwoo.kr)

目 次

東洋古典譯註叢書를 발간하면서
凡 例
參考書目

제36편 議安邊 변방의 안정을 논의하다 / 13
제37편 論行幸 임금의 행차를 논하다 / 37
제38편 論畋獵 사냥을 논하다 / 47
제39편 論災祥 災異와 祥瑞를 논하다 / 62
제40편 論愼終 끝을 신중히 하는 것을 논하다 / 78

附錄 1
新唐書 太宗本紀 《新唐書》 唐 太宗 本紀 / 111
新唐書 魏徵列傳 《新唐書》 魏徵 列傳 / 153
新唐書 吳兢列傳 《新唐書》 吳兢 列傳 / 203

附錄 2
索引凡例 / 219
綜合索引 / 223
貞觀政要人名官職索引 / 331
評論者人名索引 / 372

附錄 3
貞觀政要集論 總目次 / 380
貞觀政要集論 總圖版目錄 / 383
貞觀政要集論 地圖 / 385
隋末唐初 韓中關係史 硏究論著 / 392
凌煙閣功臣圖 / 395
貞觀政要集論 參考資料(QR코드) / 420

第36편 議安邊 변방의 안정을 논의하다

이 편에서는 변방을 안정시키는 데 대한 태종의 견해와 행적을 논하고 있다. 貞觀 4년(630)에 李靖이 突厥의 頡利可汗을 공격하여 승리하자, 그 부락에서 귀순한 자가 많았다. 태종이 조서를 내려 변방을 안정시키는 계책을 논의하라고 하자, 內地에서 가까운 곳과 내지에서 먼 곳에 살게 해야 한다는 두 의견으로 나뉘었는데, 이때에는 溫彦博의 계책을 따라 투항자들을 내지에 살게 하였다. 정관 13년(639)에 太宗이 九成宮에 행차하였을 때, 突利可汗의 동생 中郎將 阿史那結社率과 부하들이 밤에 九成宮을 침범하였다가 실패하여 모두 참수되었다. 태종은 이때 돌궐을 禁衛에 숙직시키고, 돌궐의 부락 사람들을 중국에 살게 한 것을 후회하여, 그 부락민들을 河北으로 돌려보냈다. 정관 14년(640) 태종이 高昌國을 州縣으로 삼으려 하자 魏徵과 褚遂良이 반대하였으나, 태종은 따르지 않았다. 정관 16년(642)에 西突厥이 西州를 침략하자, 태종은 위징과 저수량의 말을 따르지 않은 것을 후회하였다.

凡二章.
모두 2장이다.

36-1-1

貞觀四年에 **李靖**이 **擊突厥頡利**하여 **敗之**하니 **其部落多來歸降者**①어늘 **詔議安邊之策**한대 **中書令溫彦博議**호대 **請於河南處之**②하노니 **準漢建武時**하여 **置降匈奴**[1]**於五原塞下**③하여 **全其部落**하여 **得爲捍蔽**하고 **又不離其土俗**하여 **因而撫之**면 **一則實空虛之地**오 **二則示無猜之心**이니 **是含育之道也**니이다 **太宗**이 **從之**러니 **秘書監魏徵曰 匈奴自古至今**에 **未有如斯之破敗**하니 **此是上天剿絶**[2]이요 **宗廟神武**니이다 **且其世寇中國**하여 **萬姓冤讐**나 **陛下以其爲降**으로 **不能誅滅**인댄 **卽宜遣發河北**④하여 **居其舊土**니 **匈奴**는 **人面獸心**[3]이니 **非我族類**라 **强必寇盜**하고 **弱則卑伏**하여 **不顧恩義**가 **其天性**

---

1) 匈奴 : 여기서 匈奴는 突厥을 말한 것이다. 본래 흉노와 돌궐은 구분해야 하나, 중국인의 입장에서 똑같은 오랑캐로 본 것이다.

2) 上天剿絶 : ≪書經≫ 〈夏書 甘誓〉에 "하늘이 그 命을 끊는다.〔天用剿絶其命〕"라고 하였다.

也니 **秦漢患之者**가 **若是**라 **故時發猛將以擊之**⑤하여 **收其河南以爲郡縣**하니이다 **陛下以內地居之**하시니 **且今降者幾至十萬**이라 **數年之後**에 **滋息過倍**리니 **居我肘腋**[4)]하여 **用邇王畿**[5)]면 **心腹之疾**이 **將爲後患**이니 **尤不可處以河南也**니이다

① 其部落多來歸降者 : 降, 下江切, 後同.
降(항복하다)은 下와 江의 반절이다. 뒤에도 같다.
② 請於河南處之 : 處, 上聲, 後同.
處(살다)는 上聲이다. 뒤에도 같다.
③ 置降匈奴於五原塞下 : 塞, 音賽, 後同. 五原塞, 今爲豐州, 隸河東
塞(변방)는 音이 賽이다. 뒤에도 같다. 五原塞는 지금의 豐州이니 河東에 속한다.
④ 卽宜遣發河北 : 河北, 今山東道.
河北은 지금 山東道이다.
⑤ 故時發猛將以擊之 : 將, 去聲.
將(장수)은 去聲이다.

貞觀 4년(630)에 李靖이 突厥의 頡利可汗을 쳐서 패배시키니 그 부락에서 귀순한 자가 많았다. 太宗이 조서를 내려 '변방을 안정시키는 계책'을 논의하라고 하자 中書令 溫彦博이 말하였다.

"귀순자들을 河南(河水의 남쪽 지역)에 머무르게 하기를 청합니다. 漢나라 光武帝 建武 연간(25~55)의 고사를 본받아 투항한 匈奴(돌궐)를 五原塞에 안치시켜서 돌궐의 부락을 온전히 하여 변방을 지키는 울타리로 삼으시고 또 그들의 풍토와 습속을 버리지 않게 해서, 그대로 그들을 慰撫한다면 첫째는 텅 빈 땅을 이들로 채울 수 있고, 둘째는 의심하지 않는 마음을 보일 수 있으니, 이는 포용하여 화육하는 방법입니다."

태종은 이를 따랐다. 秘書監 魏徵이 말하였다.

"흉노는 예로부터 지금까지 이처럼 패배한 적이 없으니, 이는 하늘이 〈흉노를〉 끊으려고 한 것이며 우리 종묘사직의 神明과 威武가 있었기 때문입니다. 또 흉노가 대대로 중국을 침범하여, 백성들의 원수이지만 폐하께서는 그들이

---

3) 人面獸心 : ≪漢書≫ 〈匈奴傳〉 贊에 "머리를 풀고 오른쪽 옷섶을 왼쪽 옷섶 위로 여미며, 사람의 얼굴에 짐승의 마음을 가졌다.〔被髮左衽 人面獸心〕"라고 하였다.

4) 肘腋 : 매우 가까운 지방을 비유한 것으로 內地를 가리킨다.

5) 王畿 : 王城에서 사방 500리 이내의 지역이다.

항복하여 죽일 수 없다고 여기신다면 즉시 河北(河水 북쪽 지역)으로 보내어 그들의 옛 토지에서 살게 해야 할 것입니다.

흉노는 사람의 얼굴에 짐승의 마음을 가지고 있으니, 우리와 동족이 아닙니다. 강하면 반드시 침범하여 노략질을 하고, 약하면 비굴하게 복종하여, 은혜와 의리를 돌아보지 않는 것이 그들의 천성입니다. 秦漢時代에 근심했던 것이 이와 같았기 때문에 수시로 용맹한 장수를 보내어 격파하여, 하남을 빼앗아 郡縣으로 삼았습니다.

폐하께서 그들을 內地에 살게 하시니, 지금 항복한 자가 거의 10만 명에 이르렀습니다. 수년 후에는 인구가 불어나 두 배도 넘을 것인데, 그들을 우리의 지척에 살게 하여 王畿에 가까이 있게 한다면, 가슴에 병이 생겨 후환이 될 것이니 더욱더 하남에 살게 해서는 안 됩니다."

36-1-2

溫彦博曰 天子之於萬物也에 **天覆地載**하니 **有歸我者則必養之**라 **今突厥破除**에 **餘落歸附**하니 **陛下不加憐愍**하고 **棄而不納**이면 **非天地之道**요 **阻四夷之意**리니 **臣愚甚謂不可**라하노이다 **宜處之河南**이니 **所謂死而生之**며 **亡而存之**니 **懷我厚恩**하여 **終無叛逆**하리이다 **魏徵曰 晉代有魏時胡部落**을 **分居近郡**이어늘 **江統**이 **勸逐出塞外**하되 **武帝不用其言**이러니 **數年之後**에 **遂傾瀍**(전)**洛**⑥하니 **前代覆車**요 **殷鑑不遠**[6]이라 **陛下必用彦博言**하여 **遣居河南**이면 **所謂養獸自遺患**[7]**也**니이다

⑥ 江統勸逐出塞外……遂傾瀍洛：江統, 字應元, 陳留人. 晉武帝時爲山陰令, 時關隴爲氐·羌所擾, 統深推四夷亂華, 宜杜其萌, 乃作徙戎論, 帝不能用. 未及十年而夷狄亂華, 時人服其深識. 江統은 字는 應元이고, 陳留 사람이다. 晉 武帝 때에 山陰令이 되었는데 당시에 關隴 지역이 氐와 羌에게 어지럽힘을 당하자 강통은 사방의 夷狄들이 중화를 어지럽힐 것을 깊이 생각하고 마땅히 그 싹을 막아야 한다고 하여 마침내 〈徙戎論〉을 지었으나 무제가 쓰지 않았다. 10년이 되지 않아 이적이 중화를 어지럽히자 당시 사람들이 강통의 깊은 식견에

---

6) 殷鑑不遠：≪詩經≫ 〈大雅 蕩〉에 보인다.

7) 養獸自遺患：≪史記≫ 〈項羽本紀〉에 "지금 項羽를 놓아두고 치지 않으면 이는 이른바 범을 길러 스스로 후환을 남긴다는 것입니다.〔今釋弗擊 此所謂養虎自遺患也〕"라고 하였다. 唐 高祖 李淵의 조부가 李虎이기 때문에 虎를 獸로 바꾸었다.

탄복하였다.

溫彦博이 말하였다.

"천자는 만물을 대할 때에, 하늘이 덮어주고 땅이 실어주듯이 포용해주니 우리에게 귀순하는 자들이 있으면 길러주어야 합니다. 지금 돌궐이 격파되어 없어져서 남은 부락들이 귀순하였습니다. 폐하께서 가련히 여기지 않고, 버리고 받아들이지 않으시면, 천지의 도리가 아니고 사방 오랑캐들의 귀순하려는 마음을 막는 것입니다. 신은 매우 옳지 않다고 생각합니다. 마땅히 이들을 하남에 살게 해야 합니다. 이는 이른바 죽은 자를 살리며, 망한 자를 보존하는 것이니, 우리의 후한 은덕을 마음에 품고서 끝내 반역하지 않을 것입니다."

魏徵이 말하였다.

"晉나라 시대에 魏나라 때 오랑캐 부락을 나누어 洛陽 가까운 郡에 살게 하였는데, 江統이 변방 밖으로 쫓아내기를 권하였으나 晉 武帝가 그 말을 받아들이지 않았습니다. 수년 후에 〈난을 일으켜〉 마침내 瀍水와 洛水 지역(낙양 일대)을 뒤엎었으니, 전대의 실패한 교훈이며 멸망의 선례가 가까이 있습니다. 폐하께서 반드시 온언박의 말에 따라 하남에 보내어 살게 한다면 이른바 맹수를 길러 스스로 후환을 남기는 것입니다."

36-1-3

彦博又曰 臣聞聖人之道는 無所不通이라하니 突厥餘魂이 以命歸我어늘 收居內地하여 敎以禮法하고 選其酋首⑦하여 遣居宿衛면 畏威懷德하리니 何患之有리오 且光武居(河)[8]南單于於內郡⑧하여 以爲漢藩翰하니 終于一代에 不有叛逆이니이다 又曰 隋文帝勞兵馬하고 費倉庫하여 樹立可汗하여 令復其國⑨이나 後孤恩失信하여 圍煬帝於鴈門⑩하니이다 今陛下仁厚에 從其所欲하여 河南河北에 任情居住하고 各有酋長⑪하여 不相統屬이면 力散勢分하리니 安能爲害리잇고

⑦ 選其酋首 : 酋, 慈由切, 後同.
酋(우두머리)는 慈와 由의 반절이다. 뒤에도 같다.

⑧ 且光武居河南單于於內郡 : 單, 音蟬.

8) (河) : 저본에는 '河'가 있으나, ≪舊唐書≫ 〈突厥傳 上〉에 의거하여 衍文으로 처리하였다.

單(오랑캐 임금)은 音이 蟬이다.

⑨ 令復其國 : 令, 平聲, 後同.

令(하여금)은 平聲이다. 뒤에도 같다.

⑩ 圍煬帝於鴈門 : 隋開皇二十年, 文帝以突厥突利爲啓民可汗, 妻以義成公主. 大業十一年, 煬帝巡北邊, 始畢可汗帥騎數十萬謀襲帝. 義成公主遣使告變, 帝馳入鴈門, 突厥圍鴈門, 急攻之, 帝泣, 目盡腫. 後公主以計解圍.

隋나라 開皇 20년(600)에 文帝가 突厥의 突利를 啓民可汗으로 삼아 義成公主를 시집보냈다. 大業 11년(611)에 煬帝가 北邊을 순시하였는데, 始畢可汗이 기병 수십만을 거느리고 양제를 습격할 것을 모의하였다. 義成公主가 사신을 보내 고변하자 양제가 鴈門으로 달려 들어갔다. 돌궐이 안문을 포위하고 급히 공격하니 양제가 울어서 눈두덩이가 온통 부었다. 후에 의성공주가 계책을 세워 포위를 풀었다.

⑪ 各有酋長 : 長, 音掌.

長(우두머리)은 音이 掌이다.

溫彦博이 또 말하였다.

"신이 듣건대 聖人의 도는 통하지 않음이 없다고 하였습니다. 突厥의 살아남은 이들이 목숨을 걸고 우리에게 귀순하였으니, 그들을 거두어 內地에 살게 하여 예법을 가르치고, 추장을 선발하여 宮城 宿衛로 보내면 폐하의 위엄을 두려워하고 은덕을 마음에 간직할 것이니, 무슨 우환이 있겠습니까. 또 後漢 光武帝는 南匈奴 單于를 內郡(內地의 郡)에 살게 하여 후한의 울타리로 삼았으니, 후한 一代가 다 끝나도록 반역하지 않았습니다."

온언박이 또 말하였다.

"隋 文帝는 兵馬를 수고롭게 하고 倉庫의 물자를 소모하여 啓民可汗을 세워주어 그의 국가(돌궐)를 회복하게 하였으나, 후에 은혜와 신의를 저버리고 隋 煬帝를 鴈門에서 포위하였습니다. 지금 인후하신 폐하께서 그들이 하고자 하는 것을 따라서 河南과 河北에 마음대로 살게 하고 각각 酋長을 두어서 서로 예속되지 않게 하면 힘이 흩어지고 세력이 나누어지게 될 것이니 어찌 해가 될 수 있겠습니까."

36-1-4

給事中杜楚客이 **進**[12]**曰 北狄**은 **人面獸心**이라 **難以德懷**하고 **易以威服**[13]이라 **今令其部**

落으로 **散處河南**하여 **逼近中華**면 **久必爲患**이리니 **至如鴈門之役**은 **雖是突厥背恩**⑭이나 **自由隋主無道**하여 **中國以之喪亂**이니 **豈得云興復亡國**하여 **以致此禍**리오 **夷不亂華**[9]는 **前哲明訓**이요 **存亡繼絶**[10]은 **列聖通規**니 **臣恐事不師古**면 **難以長久**[11]하노이다 **太宗**이 **嘉其言**이나 **方務懷柔**라 **未之從也**러니 **卒用彦博策**⑮하여 **自幽州至靈州**⑯히 **置順祐化長四州都督府**하여 **以處之**하니 **其人居長安者**가 **近且萬家**러라

⑫ 給事中杜楚客：如晦弟也, 少尙奇節. 初, 建成難作, 遁舍嵩山. 貞觀四年, 召爲給事中. 太宗曰"人不恤無官, 患才不副, 而兄與我(共)〔異〕[12]支一心者, 尒當如兄事吾." 進蒲州刺史, 有能名. 遷工部尙書, 攝府事,[13] 以威肅聞.
〈杜楚客은〉 杜如晦의 동생이니, 젊어서 훌륭한 절조를 숭상하였다. 과거에 李建成의 난이 일어나자 嵩山으로 피해 살았다. 貞觀 4년(630)에 불러 給事中으로 삼았다. 太宗이 말하기를 "사람은 관직이 없는 것을 걱정하지 말고 재주가 벼슬에 부응하지 못함을 근심해야 한다. 그대의 형은 나와 몸은 다르지만 마음은 같은 사람이니, 그대는 마땅히 형처럼 나를 섬겨야 한다." 하였다. 蒲州刺史로 승진하여 유능하다는 명성이 있었다. 工部尙書로 옮겨서 魏王府의 일을 겸직하니 위엄 있고 엄숙하다고 알려졌다.

⑬ 易以威服：易, 以豉切.
易(쉽다)는 以와 豉의 반절이다.

⑭ 雖是突厥背恩：背, 音倍.
背(배반하다)는 音이 倍이다.

⑮ 卒用彦博策：卒, 子聿切.
卒(마침내)은 子와 聿의 반절이다.

⑯ 自幽州至靈州：東至幽州, 西至靈州也.
동쪽으로 幽州에 이르고, 서쪽으로 靈州에 이른다.

給事中 杜楚客이 나아가 말하였다.
"北狄은 사람 얼굴에 짐승의 마음을 지녔으므로, 덕으로 회유하기는 어렵고

---

9) 夷不亂華：≪春秋左氏傳≫ 定公 10년에 보인다.

10) 存亡繼絶：≪春秋左氏傳≫ 僖公 19년에 "齊 桓公은 망한 세 나라를 보존시켜서 諸侯에 붙였다.〔齊桓公存三亡國 以屬諸侯〕"라고 하고, ≪論語≫ 〈堯曰〉에 "멸망한 나라를 다시 일으켜주고, 끊어진 세대를 이어준다.〔興滅國 繼絶世〕"라고 하였다.

11) 事不師古 難以長久：≪書經≫ 〈商書 說命 下〉의 "옛일을 본받지 않고서 장구하게 갈 수 있는 것은 제(傅說)가 들은 바가 아닙니다.〔事不師古 以克永世 匪說攸聞〕"에서 유래한 것이다.

12) (共)〔異〕：저본에 '共'으로 되어 있으나, ≪新唐書≫ 〈杜楚客列傳〉에 의거하여 바로잡았다.

13) 攝府事：魏王府長史의 일을 겸직한 것이다. ≪新唐書 杜楚客列傳≫

위력으로 복종시키기는 쉽습니다. 지금 그 부락 사람들을 하남에 흩어져 살게 하여 중화에 가까이 있게 하면 먼 뒷날에 반드시 근심이 될 것입니다. 鴈門에서 突厥과 隋나라 군대가 싸운 것은 비록 돌궐이 수나라의 은혜를 배반한 것이지만 본래 隋 煬帝가 無道하여 중국이 혼란해진 것에 연유한 것이니, 어찌 隋 文帝가 망한 돌궐을 부흥시켜주어서 이런 재앙에 이르렀다고 말할 수 있겠습니까. 夷狄은 중화를 어지럽게 할 수 없다는 것은 전대 성철들의 분명한 가르침이고 망한 나라를 보존하는 것과 끊어진 세대를 이어주는 것은 역대 성인들의 보편적 규칙입니다. 신이 일에 있어서 옛것을 본받지 않으면 장구하게 보존하지 못할까 우려됩니다."

태종이 그의 말을 아름답게 여겼으나 한창 회유책에 힘을 쓰고 있던 터라 그의 말을 따르지 않았다. 마침내 溫彦博의 계책을 써서 幽州에서 靈州까지 順州・祐州・化州・長州 4주에 都督府를 설치하여 귀순한 자들을 살게 하니, 그들 중에 장안에 사는 자가 1만 가구에 가까웠다.

36-1-5

自突厥頡利破後로 諸部落首領來降者를 皆拜將軍中郎將⑰하여 布列朝廷하니 五品已上이 百餘人이라 殆與朝士相半이러라 唯拓跋[14]不至⑱어늘 又遣招慰之하여 使者相望於道⑲하니 涼州都督李大亮이 以爲於事無益이요 徒費中國이라하여 上疏曰 臣聞欲綏遠者는 必先安近이라하니 中國百姓은 天下根本이요 四夷之人은 猶於枝葉이어늘 擾其根本하여 以厚枝葉하고 而求久安은 未之有也라 自古明王이 化中國以信하고 馭夷狄以權하나니 故春秋云 戎狄은 豺狼이니 不可厭也요 諸夏는 親暱하니 不可棄也⑳라하니이다 自陛下君臨區宇로 深根固本하며 人逸兵强하며 九州殷富하여 四夷自服이라 今者招致突厥하여 雖入提封이나 臣愚稍覺勞費요 未悟其有益也로소이다 然河西民庶가 鎭禦藩夷에 州縣蕭條하고 戶口鮮少㉑어늘 加因隋亂하여 減耗尤多하니 突厥未平之前에 尙不安業이라가 匈奴微弱以來로 始就農畝어늘 若卽勞役이면 恐致妨損이라 以臣愚惑으로

14) 拓跋 : 貞觀 4년(630) 東突厥 멸망 이후 黨項(탕구트)이 대부분 唐나라에 복속하였다. 당항의 수령 중 하나인 拓跋赤辭가 항복하지 않았는데, 여기서 탁발은 바로 탁발적사를 가리킨 것으로 보인다.

請停招慰하고 且謂之荒服[15)]者를 故臣而不納하노이다

⑰ 皆拜將軍中郎將：郎將之將, 去聲.
郎將의 將(장수)은 去聲이다.
⑱ 唯拓跋不至：拓, 他各切. 拔, 蒲末切. 夷複姓.
拓은 他와 各의 반절이다. 拔은 蒲와 末의 반절이니, 〈拓跋은〉 夷狄의 複姓이다.
⑲ 使者相望於道：使, 去聲.
使(사신)는 去聲이다.
⑳ 春秋云……不可棄也：左傳閔公元年, 管仲告齊侯之辭.
≪春秋左氏傳≫ 閔公 元年에 管仲이 齊侯에게 고하는 말이다.
㉑ 戶口鮮少：鮮, 上聲.
鮮(적다)은 上聲이다.

돌궐의 頡利가 격파된 후부터 투항해온 여러 부락의 우두머리들을 모두 將軍이나 中郎將으로 임명하여 조정에 나열하게 하니 5품 이상이 100여 명이므로, 거의 당나라 조정의 관리와 서로 절반쯤 되었다. 拓跋만 오지 않았는데 그들을 불러 위로하고자 사자가 길에 서로 이어졌다. 이에 涼州都督 李大亮이 무익한 일이고 다만 중국의 재력을 소모시킬 뿐이라고 생각하여 상소를 올렸다.

“신이 듣건대 먼 곳을 안정시키려는 사람은 반드시 가까운 곳을 먼저 안정시켜야 한다고 하였습니다. 중국의 백성은 천하의 뿌리이고 사방의 오랑캐는 가지와 잎인데, 뿌리를 흔들어 가지와 잎을 무성하게 하고 오래도록 안정을 구한 법은 아직 없었습니다. 예로부터 명철한 임금은 중국을 信義로 교화하고 戎狄을 權道로 제어하였습니다. 그러므로 ≪춘추좌씨전≫에 이르기를 ‘夷狄은 승냥이나 이리와 같은 존재이니 만족시킬 수 없고, 중국은 친근하게 대해야 할 대상이니 버릴 수 없다.’라고 하였습니다. 폐하께서 천하를 다스린 이후로 나라의 뿌리는 매우 깊고 견고해졌으며, 백성은 편안해지고 병력은 강해졌으며, 九州가 풍요로워져서, 사방의 오랑캐들이 스스로 항복하였습니다. 지금 돌궐을 불러 비록 국내에 들어오게 하셨지만 신의 생각으로는 노고와 비용만 들고 유익한 점이 있을지 모르겠습니다.

그러나 河西의 백성들은 변방의 오랑캐를 방어하느라 州와 縣은 황량해졌

15) 荒服：五服의 하나로, 王京에서 사방으로 500리씩 설정된 구역에서 가장 먼 5번째 구역이다.

고, 戶口는 적어졌는데, 게다가 隋나라의 난리로 인하여 더욱더 감소되었습니다. 돌궐이 평정되기 전에는 생업에 편히 종사하지 못하다가 흉노(돌궐)가 미약해진 이후로 비로소 농토에 나아가 농사를 지을 수 있었으니, 만일 백성들을 노역에 나가게 한다면 생업에 방해가 될까 우려됩니다. 신의 어리석고 미혹된 생각으로 청하건대 夷狄을 불러 위로하는 것을 멈춰주시고, 또 荒服에 있는 자들을 설사 칭신하더라도 받아들이지 마소서.

36-1-6

是以周室愛民攘狄하여 **竟延八百之齡**하고 **秦王輕戰事胡**[16)]라 **故四十載而絶滅**하고 **漢文養兵靜守**하여 **天下安豐**하고 **孝武揚威遠略**에 **海內虛耗**하니 **雖悔輪臺**나 **追已不及**㉒이라 **至于隋室**하얀 **早得伊吾**하고 **兼統鄯善**㉓이나 **且旣得之後**에 **勞費日甚**하여 **虛內致外**하여 **竟損無益**하니 **遠尋秦漢**하고 **近觀隋室**하면 **動靜安危**가 **昭然備矣**라 **伊吾雖已臣附**나 **遠在藩磧**[17)]하고 **民非夏人**이요 **地多沙鹵**[18)]라 **其自豎立 稱藩附庸者**를 **請羈縻**[19)]**受之**하여 **使居塞外**면 **必畏威懷德**하여 **永爲藩臣**하리니 **蓋行虛惠而收實福矣**니이다

㉒ 雖悔輪臺……追已不及 : 漢武帝旣悔遠征伐, 而搜粟都尉桑弘羊與丞相·御史奏言 "故輪臺以東, 有漑田五千頃以上, 請置校尉分護, 歲收其利, 以威西國." 上不從, 乃下詔深陳旣往之悔.[20)]

---

16) 胡 : 북쪽의 오랑캐 匈奴를 말한다. 盧生이 귀신의 말이라 하며 ≪錄圖書≫를 秦 始皇에게 바쳤는데, 그 속에 '秦나라는 胡가 망친다.〔亡秦者 胡也〕'라는 말이 있었다. 이 예언 때문에 진 시황은 蒙恬에게 30만 대군을 이끌고 가서 胡를 토벌한 뒤 장성을 쌓게 했다. 그러나 진나라는 진 시황의 아들 二世皇帝인 胡亥에 의해 멸망되었는데, 후일 그 예언의 '胡'는 胡亥의 '胡'라고 말한다. ≪史記 秦始皇本紀≫

17) 藩磧 : 西域의 사막 지역이다.

18) 沙鹵 : 모래와 자갈이 많고 소금기가 있는 땅이다.

19) 羈縻 : 夷狄에 대한 외교 정책으로, 관계를 끊지도 않고 친근하게 하지도 않아서 반발하지 않을 정도로 적당히 얽어매어두는 것을 말한다. 前漢 司馬相如의 〈難蜀父老〉에 "대개 천자가 이적을 다루는 것은 그 이치가 기미의 방책을 써서 관계를 끊지 않는 것일 뿐이다.〔蓋天子之牧夷狄也 其義羈縻勿絶而已〕"라고 하였다.

20) 漢武帝旣悔遠征伐……乃下詔深陳旣往之悔 : ≪漢書≫ 〈西域傳〉에 보인다. 漢 武帝가 지난날 서역에 군대를 파견해 주둔하여 백성에게 큰 피해를 준 것을 후회한 조칙을 내렸다.

漢 武帝는 멀리 정벌 나간 것을 후회하였는데. 搜粟都尉 桑弘羊이 丞相・御史와 함께 상주하기를 "옛날 輪臺의 동쪽에 灌漑할 만한 농지 5천 頃 이상이 있는데 校尉를 두어 분담시켜 감독케 하고 해마다 그 이익을 거두어 서역 나라들에게 위엄을 보이소서."라고 하였으나, 무제가 따르지 않고 이에 조서를 내려 지난날의 잘못을 깊이 뉘우쳤다.

㉓ 兼統鄯善 : 伊吾・鄯善, 竝西域國名. 伊吾在大磧外, 南至玉門關八百里, 漢宜禾都尉所治. 伊吾와 鄯善은 모두 서역의 나라 이름이다. 이오는 큰 사막의 밖에 있고 남쪽으로 玉門關까지 거리가 800리인데 漢나라 宜禾都尉가 다스리던 곳이다.

이 때문에 周 王室은 백성을 사랑하고 夷狄을 물리쳐 마침내 이어져 800년이나 지속하였으며, 秦 始皇은 경솔하게 胡(匈奴)와 전쟁을 일삼았으므로 40년 만에 멸망하였으며, 漢 文帝는 병력을 양성하고 조용히 지켜서 천하가 안정되고 부유해졌으며, 孝武帝는 무위를 떨쳐 멀리 침략하는 바람에 천하의 재물을 헛되이 소모하였으니 비록 〈輪臺罪己詔〉(輪臺 지역을 버린다는 자기반성 조칙)를 내려 후회하였으나 후회막급이었습니다. 隋나라에서는 일찍 伊吾를 얻고, 겸하여 鄯善을 통합하였지만 또한 얻은 이후에 수고와 비용이 날로 심하여 국내를 고갈시키면서 국외에 힘을 다하여, 결국 손해만 보고 이익은 없었습니다. 멀리는 진나라와 한나라를 살펴보고 가까이는 수나라를 살펴보면 동정과 안위가 밝게 갖추어져 있습니다. 이오가 비록 이미 신하로 예속되었지만 멀리 변방 지역의 사막 지대에 있고 백성은 중국인이 아니고 땅의 토질은 대부분 염분을 포함한 사막입니다. 자립한 나라로 변방의 附庸國을 칭하는 자들을 청컨대 羈縻 형식으로 받아들여 변방 밖에 살게 한다면 반드시 위엄을 두려워하고 덕을 그리워하여 영원히 藩臣이 될 것입니다. 이는 형식적인 은혜를 베풀어 실질적인 복을 거두어들이는 것입니다.

36-1-7

近日突厥傾國入朝어늘 **旣不能俘之江淮**[21)]하여 **以變其俗**하여 **乃置於內地**하여 **去京不遠**하니 **雖則寬仁之義 亦非久安之計也**요 **每見一人初降**에 **賜物五匹袍一領**하고 **酋長**은 **悉授大官**하니 **祿厚位尊**이면 **理多糜費**니 **以中國之租賦**로 **供積惡之凶虜**하여

21) 俘之江淮 : 《春秋左氏傳》 宣公 12년의 "鄭나라 포로를 楚國인 강남으로 끌고 가서 바닷가를 채워도 또한 명령대로 따를 것입니다.〔其俘諸江南 以實海濱 亦唯命〕"에서 유래한 것이다.

其衆益多는 非中國之利也니이다 太宗不納하다

근래에 돌궐이 온 나라의 힘을 다하여 入朝하였는데, 이들을 江淮 지역에 모두 옮겨서 그 풍속을 변화시킬 수 없어서 그들을 內地에 두어 서울에서 멀리 떨어지지 않게 하였으니, 이것이 비록 관대하고 인자한 의리는 되지만 또한 오래 동안 편안하게 하는 계책은 아닙니다. 매번 보건대 한 사람이 처음에 항복해올 때, 織物 5필과 袍(長衣) 한 벌을 주고 酋長은 모두 큰 관직에 제수하니, 봉록이 후하고 지위가 높으면 다스림에 허비하는 비용이 많게 됩니다. 중국의 세금을 악덕한 오랑캐에게 공급하여 그 무리가 더 많아지게 하는 것은 이는 중국의 이익이 아닙니다."

太宗은 받아들이지 않았다.

36-1-8

十三年에 太宗幸九成宮[22]이러니 突厥〔突利〕[23]可汗弟中郎將阿史那結社率이 陰結所部㉔하고 幷擁突利子賀羅鶻(골)[24]하여 夜犯御營이라가 事敗어늘 皆捕斬之하다 太宗이 自是로 不直突厥하여 悔處其部衆於中國하여 還其舊部於河北하다 建牙於故定襄城하고 立李思摩爲乙彌泥熟俟利苾可汗하여 以主之하고 因謂侍臣曰 中國百姓은 實天下之根本이오 四夷之人은 乃同枝葉이어늘 擾其根本하여 以厚枝葉하고 而求久安은 未之有也니 初不納魏徵言하여 遂覺勞費日甚하여 幾失久安之道㉕로다

㉔ 突厥〔突利〕可汗……陰結所部 : 將, 去聲. 阿史那, 突厥姓, 名結社率, 突利可汗之弟, 時爲中郎將.

將(장수)은 去聲이다. 阿史那는 突厥의 姓이고, 이름은 結社率인데 突利可汗의 동생이며 당시에 中郎將이 되었다.

㉕ 幾失久安之道 : 幾, 平聲. 舊本李大亮疏以下, 至太宗不納, 另爲一章. 十三年以下, 接前段爲一章. 今按其是一事, 因次第其辭, 合爲一章. 又按通鑑載此事, 衆議甚詳, 辭多不錄.

22) 九成宮 : 隋나라 때 세운 별궁인 仁壽宮이다. 唐 太宗이 개수하여 구성궁이라 개명하고 별궁으로 이용한 이래 역대 임금들의 避暑地가 되었다. 태종 때 쓰인 〈九成宮醴泉銘〉이 유명하다.

23) 〔突利〕 : 저본에는 '突利'가 없으나, ≪舊唐書≫ 〈突厥傳〉에 의거하여 보충하였다.

24) 賀羅鶻(골) : ≪舊唐書≫ 〈突厥傳〉에는 賀邏鶻로 되어 있다.

幾(거의)는 平聲이다. 舊本에 '李大亮疏' 이하로부터 '太宗不納'까지는 별도로 한 장이 되었고, '十三年' 이하는 앞 단락에 붙여 한 장이 되었다. 지금 살펴보면 이것은 하나의 일이므로 그 말을 차례대로 놓고 합하여 한 장으로 만들었다. 또 ≪資治通鑑≫ 貞觀 13년에 이 일이 기록되어 있는데 의논들이 매우 상세하여 대부분의 말을 기록하지 않는다.

貞觀 13년(639)에 太宗이 九成宮에 행차하였다. 突厥 突利可汗의 동생 中郎將 阿史那結社率이 그 부락민들과 은밀히 결탁하고서 아울러 突利可汗의 아들 賀羅鶻을 옹립하고 밤에 御營(九成宮)을 침범하였다가 일이 실패하자 모두 잡혀 참수되었다. 태종은 이로부터 돌궐을 〈禁衛에〉 숙직하지 못하게 하고, 돌궐의 부락 사람들을 중국에 살게 한 것을 후회하여, 그 옛 부락민들을 河北(河水 북쪽)으로 돌려보냈다. 牙旗를 옛 定襄城에 세우게 하고 李思摩를 乙彌泥熟俟利苾可汗으로 삼아 이들을 통솔하게 하였다. 이로 인하여 태종은 近臣에게 말하였다.

"중국의 백성은 진실로 천하의 뿌리이고 사방의 오랑캐들은 가지나 잎인데, 뿌리를 흔들어 가지와 잎을 무성하게 하고 오래도록 안정을 구하는 법은 없었소. 처음에 魏徵의 말을 받아들이지 않아 마침내 노고와 비용이 날로 심하게 되어 거의 오래도록 안정을 구하는 방도를 잃을 뻔한 것을 깨달았소."

【集論】

胡氏寅曰 獻言之道는 惟理是憑하면 則言必忠하고 聽言之道는 勿以同於己言爲是하면 則聽必審이라 太宗이 處降突厥할새 徧詢在廷이어늘 未若魏徵之言盡善也나 而太宗不從하고 顧用溫彦博之策은 何也오 彦博之策이 太宗之所欲爲者로 其偶同歟아 未可知也라 其先意承志[25]歟아 未可知也라 如所見偶同하면 則不應言之再三이요 如先意承志하면 則不得爲忠矣라 太宗이 用其言하여 未幾有矢及帳殿之變[26]이라 如此而欲功加外荒하여 冠帶百蠻者는 非聖主之盛節也라

胡寅이 말하였다.

"말을 올리는 방법은 오직 이치에 의거하면 말할 적에 반드시 충성스럽고, 말을 듣는 방법은 자기의 말과 같다고 하여 옳다고 여기지 않으면 들을 적에 반드시 잘 알게

25) 先意承志 : ≪禮記≫ 〈祭義〉에 보인다.
26) 未幾有矢及帳殿之變 : 앞에서 말한 阿史那結社率의 반란을 가리킨다.

된다. 太宗이 突厥의 항복해온 자들을 처리할 때 조정에서 두루 물었는데, 魏徵의 훌륭한 말보다 나은 것은 없었다. 그러나 태종이 따르지 않고 도리어 溫彦博의 계책을 쓴 것은 어째서인가. 온언박의 계책이 태종이 하고자 하는 것과 우연히 같았는지 모르겠다. 온언박이 태종이 뜻을 말하기에 앞서서 그 뜻을 받들어 말했는지 모르겠다. 만약 생각이 우연히 같았다면 그것을 두세 번 말하지 않았을 것이고, 만약 태종이 뜻을 말하기에 앞서서 그 뜻을 받들어 말하였다면 충성스럽지 못하다. 太宗이 그의 말을 받아들여 얼마 뒤에 御營(九成宮)의 휘장에 화살이 날아오는 변고가 있게 되었다. 이와 같이 공을 外荒(변경의 먼 지역)에 더하여 모든 오랑캐들에게 冠帶(문명 교화)를 하게 하려는 것은 성스러운 임금의 성대한 일이 아니다."

又曰 魏公嘗勸用侯君集爲宰相이러니 君集反에 太宗이 疑徵黨之하여 絶昏仆碑[27]라 溫彦博이 勸居突厥塞內러니 突厥反에 太宗不怒彦博하고 而追思魏徵之言이라 事同而處之異는 何也오 以見留突厥塞內하고 使充宿衛如一家者는 本太宗雄夸之心이요 彦博探其微하여 贊之라 故不以歸咎歟인저 雖然이나 行宮入幕之變은 亦已危矣라 太宗慕冠帶百蠻之名하여 推心不疑하여 幾至危殆하니 豈非後世之永戒哉리오

또 말하였다.

"魏公(魏徵)이 일찍이 侯君集을 등용하여 宰相으로 삼은 것을 권하였는데, 후군집이 배반하자 太宗은 위징이 편당했다고 의심하여 혼인 관계를 단절하고 비석을 엎어버렸다. 溫彦博이 突厥을 변경 안에 살게 하기를 권하였는데, 돌궐이 배반하자 태종은 온언박에게 노여워하지 않고 위징의 말을 추후에 생각하였다. 일은 같지만 일의 처리가 다른 것은 어째서인가. 돌궐을 변경 안에 머물게 하고 그들의 추장을 숙위에 충당시켜 唐나라와 한 집안처럼 보인 것은 영웅심을 과시하려는 태종의 마음에서 근본한 것이고, 온언박이 태종의 은미한 마음을 헤아리고서 이를 부추겼음을 알 수 있다. 이 때문에 온언박을 허물하지 않았을 것이다. 비록 그러나 行宮의 휘장에 화살이 날아온 변고는 또한 매우 위태로웠다. 태종이 모든 오랑캐들에게 冠帶를 하게 하였다는 명성을 바라고 자기 마음을 미루어 의심하지 않아 거의 위태로움에 이르게 되었으니, 어찌 후세에 길이 경계할 일이 아니겠는가."

27) 絶昏仆碑 : 魏徵이 병들어 죽을 때 太宗은 衡山公主를 위징의 아들 叔玉에게 시집보내고자 약혼하였고, 위징이 죽자 그 비문을 직접 지어 써서 세웠으나, 얼마 뒤에 위징이 인물을 잘못 추천하고 아첨했다는 등 비방이 들어오자 혼인 관계를 단절하고 비석을 엎어버렸다. ≪新唐書 魏徵列傳≫

唐氏仲友曰 荀卿言호대 以德兼人者王하고 以富兼人者貧[28)]이라하니 突厥旣破하고 頡利旣擒에 若用魏公之言하여 使處河北하면 於邊無擾하며 於國無費하리니 不亦善乎아 乃卒用彦博之策하니 若不因結社之亂하여 悉徙故地하고 假之世數蕃孳하면 爲唐之費가 不亦重乎아 大抵處置降人最難하니 內之中國하면 亂華俗하고 置諸塞內하면 生後患이라 惟反之故地하여 爲立君長하고 從其故俗하니 服則爲藩國하고 去不爲叛臣이니 此長策也라

唐仲友가 말하였다.

"荀卿이 말하기를 '덕으로 남을 아우르는 자는 왕이 되고, 부유함으로 남을 아우르는 자는 가난하게 된다.'라고 하였다. 突厥을 격파하고 頡利를 사로잡고 나서 만약 魏公(魏徵)의 말을 채택하여 돌궐을 河北(河水 북쪽 지역)에 살게 하였다면 변방에 소란이 없을 것이며 국가에 재용을 낭비함이 없었을 것이니, 또한 훌륭한 일이 아니겠는가. 마침내 온언박의 계책을 채택하였으니, 만약 阿史那結社率의 난리로 인하여 다 옛날 땅으로 보내지 않고 몇 대가 지나 번식하게 하였다면 당나라의 재력 낭비가 또한 심하지 않겠는가. 대개 항복한 사람을 안치하는 것이 가장 어려우니 중국에 받아들이면 중화의 풍속을 어지럽게 하고, 변경 안에 두면 후환이 생긴다. 오직 옛날 땅으로 돌려보내서 군장을 세우게 하고 그들의 옛 풍속을 따르게 해야 하니, 복종하면 藩國이 되고 떠나도 배반한 신하가 되지 않을 것이다. 이것이 장구한 계책이다."

愚按 昔成周盛時에 四夷來朝하여 坐之國門之外는 蓋亦如九服[29)]之制하니 蠻夷鎭藩在所外也라 春秋之世에 秦晉遷陸渾之戎于伊川[30)]이러니 其後揚拒泉皐伊雒之戎이 入王城하고 伐京師는 雖子帶之所召[31)]나 亦始遷之失也라 晉江統之論을 可以爲鑑矣라 唐興하여 太宗이 以武定天下라 天下旣平에 窮荒悉服하고 突厥之委命闕庭하니 尤漢以下之所無者라 固宜置之中夏하여 夸示遠近也라 當是時하여 魏徵以忠直得上心하여 屢有回天之力이나 而竟莫之回라 溫彦博以儒臣遇合하여 處置部落之議에 胡爲乎獨異衆正之見邪아 遂使蕃酋列在

---

28) 以德兼人者王 以富兼人者貧 : ≪荀子≫ 〈議兵篇〉에 보인다.

29) 九服 : 周나라 때 王畿를 사방 1,000리로 하고, 그 주위를 상하좌우 각각 500리마다 구획하여, 侯服·甸服·男服·采服·衛服·蠻服·夷服·鎭服·蕃服으로 한 것을 말한다. 服은 천자에게 복종한다는 뜻이다. 중국 고대에는 왕기의 밖을 五服으로 했는데, 周公 때에 이르러 九服으로 했다.

30) 秦晉遷陸渾之戎于伊川 : ≪春秋左氏傳≫ 昭公 9년에 보인다.

31) 揚拒泉皐……雖子帶之所召 : ≪春秋左氏傳≫ 僖公 11년에 보인다.

禁衛하여 有因而入居長安者가 近萬家하니 此與陸渾之居伊雒으로 何以異哉리오 彼爲成周之衰時요 此爲有唐之盛際라 太宗樂於從魏徵之言者어늘 胡獨於此而不從之乎아 他日에 祿山之亂宮闈[32)]하니 豈非太宗貽謀有以啓之아

내(戈直)가 살펴보건대 옛날 成周가 성대할 때 사방의 오랑캐가 입조하여 국문의 밖에 앉아 있었던 것은 또한 九服의 제도와 같게 한 것이니, 蠻服과 夷服, 鎭服과 藩服의 밖에 있었기 때문이다. 春秋時代에 秦나라와 晉나라가 陸渾의 戎族을 伊川에 이주시켰는데, 그 후에 揚拒邑·泉皐邑과 伊水·雒水의 戎族들이 王城을 침입하고 京師를 공격한 것은 비록 王子 帶가 그들을 불러들인 것이지만 또한 애초에 그들을 이주시킨 것이 잘못이다. 晉나라 江統의 〈徙戎論〉이 귀감으로 삼을 만하다.

唐나라가 흥성하여 太宗이 무력으로 천하를 평정하였다. 천하가 평정되고 나자 먼 변방 나라들이 다 항복하고 突厥이 당나라 조정에서 목숨을 빌었으니 더욱이 漢나라 이래로 없던 일이었다. 진실로 중국에 두어서 원근에 과시하는 것이 마땅하였다. 이때에 魏徵이 忠直함으로 태종의 마음을 얻어서 여러 번 태종의 마음을 되돌리는 힘을 발휘하였는데, 이번에는 끝내 태종의 마음을 돌리지 못하였다. 溫彦博이 儒臣들과 서로 영합하여 部落을 안치하는 논의를 처리할 적에 위징만이 홀로 어찌 여러 사람들의 정견에 대해 달리할 수 있었겠는가. 마침내 蕃酋(변방 추장)들을 禁衛에 끼어들게 하여 그것으로 인하여 長安에 들어와 사는 자가 1만 가구에 가까웠으니, 이는 육혼의 융족을 이수·낙수에 살게 한 것과 무엇이 다르겠는가. 앞의 일은 成周의 쇠퇴한 때이고, 뒤의 일은 唐나라의 성대한 때였다. 태종이 위징의 말을 따르기에 즐거워했는데, 어찌 유독 이것만은 따르지 않았던 것인가. 뒷날 安祿山이 궁궐을 어지럽혔으니, 어찌 태종의 남긴 계책이 열어준 것이 아니겠는가.

36-2-1

貞觀十四年에 侯君集平高昌之後에 太宗欲以其地爲州縣이어늘 魏徵曰 陛下初臨天下에 高昌王先來朝謁이러니 自後數(삭)有商胡①가 稱其遏絶貢獻하고 加之不禮大國詔使②라하거늘 遂使王誅載加하니 若罪止文泰③면 斯亦可矣나 未若因撫其民而立其子니 所謂伐罪弔民[33)]이니이다 威德被於遐外리니 爲國之善者也라 今若利其土壤하여

32) 祿山之亂宮闈 : 돌궐과 안녹산이 모두 이민족으로서 당나라를 어지럽혔다. 그러므로 안녹산의 난이 돌궐을 받아들인 일에서 연원하였다고 주장한 것이다.

33) 伐罪弔民 : ≪梁書≫ 〈袁昂傳〉에 보인다.

以爲州縣하면 **常須千餘人鎭守**하고 **數年一易**이면 **每來往交替**에 **死者十有三四**요 **遣辦衣資**하며 **離別親戚**하여 **十年之後**에 **隴右空虛**리니 **陛下終不得高昌撮穀尺布**하여 **以助中國**하리니 **所謂散有用而事無用**이라 **臣未見其可**로소이다 **太宗不從**하고 **竟以其地置西州**하고 **仍以西州爲安西都護府**하고 **每歲調發千餘人**④하여 **防遏其地**하다

① 自後數有商胡：數, 音朔.
數(자주)은 音이 朔이다.
② 加之不禮大國詔使：使, 去聲.
使(사신)는 去聲이다.
③ 若罪止文泰：高昌王, 姓麴, 名文泰.
高昌王은 姓이 麴이고, 이름은 文泰이다.
④ 每歲調發千餘人：調, 去聲.
調(징발하다)는 去聲이다.

貞觀 14년(640) 侯君集이 高昌國을 평정한 후에 太宗이 그 땅을 州縣으로 삼으려 하자 魏徵이 다음과 같이 말하였다.

"폐하께서 천하를 다스리던 초기에 고창왕이 먼저 조정에 와서 알현하였습니다. 그 후에는 자주 胡商들이 말하기를 '고창왕이 조공을 가로막고 게다가 大國(천자)의 사신을 예우하지 않는다.'라고 하자, 마침내 천자의 정벌을 행하도록 하였습니다. 만일 죄가 고창왕 麴文泰에게 그친다면 그것도 괜찮지만, 그로 인하여 백성들을 위무하고 그 아들을 왕으로 세우는 것만 못하니, 이른바 죄가 있는 군주를 토벌하고 백성을 위로한다는 것입니다. 이렇게 하신다면 폐하의 위엄과 덕이 멀리까지 미치게 될 것이니, 이것이 국가를 다스리는 훌륭한 방책입니다.

지금 만일 그 토지를 이롭게 여겨 州縣으로 삼으면 항상 1,000여 명으로 鎭守해야 하고, 수년에 한 번씩 교대하면 왕래하며 교대할 때마다 죽는 자가 10명에 3, 4명은 될 것입니다. 의복과 물자를 마련하여 보내고 친척과 이별해서 10년 후에는 隴右(隴山 서쪽 지역) 지방이 텅 비게 될 것입니다. 폐하께서는 결국 고창국의 한 줌의 곡식이나 한 자의 베라도 얻어 중국에 도움을 주지 못할 것입니다. 이른바 유용한 것을 흩어버리고 무용한 것을 일삼는다는 것이니, 신은 옳은지 모르겠습니다."

태종은 그 말을 따르지 않고, 마침내 그 땅에 西州를 설치하였으며, 이어서 서주에 安西都護府를 두고 해마다 1,000여 명의 군사를 징발하여 그 땅을 수비하게 하였다.

36-2-2

黃門侍郎褚遂良이 **亦以爲不可**라하여 **上疏曰 臣聞古者哲后臨朝**하고 **明王創業**에 **必先華夏而後夷狄**[34)]하여 **廣諸德化**하고 **不事遐荒**하나니 **是以周宣薄伐**에 **至境而反**⑤하고 **始皇遠塞**에 **中國分離**⑥하니 **陛下誅滅高昌**하사 **威加西域**하시고 **收其鯨鯢**(경예)[35)]하여 **以爲州縣**하니 **然則王師初發之歲**는 **河西供役之年**⑦이니 **飛芻輓粟**에 **十室九空**하고 **數郡蕭然**하여 **五年不復**이어늘 **陛下每歲**에 **遣千餘人而遠事屯戍**하시니 **終年離別**하여 **萬里思歸**하고 **去者資裝**을 **自須營辦**이라 **旣賣菽粟**하여 **傾其機杼**하고 **經途死亡**은 **復在言外**하고 **兼遣罪人**하여 **增其防遏**하니 **所遣之內**에 **復有逃亡**이라 **官司捕捉**에 **爲國生事**⑧하고 **高昌途路**가 **沙磧千里**요 **冬風氷冽**하며 **夏風如焚**하여 **行人遇之多死**하나니 **易云 安不忘危**하며 **理不忘亂**[36)]이라하니 **設令**⑨**張掖塵飛**하고 **酒泉烽擧**⑩면 **陛下豈能得高昌一人菽粟而及事乎**잇가 **終須發隴右諸州**하여 **星馳電擊**이리니 **由斯而言**컨대 **此河西者**는 **方於心腹**이오 **彼高昌者**는 **他人手足**이니 **豈得糜費中華**하여 **以事無用**가 **陛下平頡利於沙塞**하시고 **滅吐渾於西海**하사되 **突厥餘落**에 **爲立可汗**하며 **吐渾遺萌**에 **更樹君長**⑪하니 **復立高昌**이 **非無前例**니이다 **此所謂有罪而誅之**하고 **旣服而存之**니 **宜擇高昌可立者**하고 **徵給首領**하여 **遣還本國**이면 **負戴洪恩**하여 **長爲藩翰**하고 **中國不擾**하여 **旣富且寧**하리니 **傳之子孫**하여 **以貽後代**리이다 **疏奏**에 **不納**하다

⑤ 是以周宣薄伐 至境而反：周宣王名靖. 詩曰 "薄伐獫狁, 至于太原." 言逐出之而不窮追也.
周 宣王은 이름이 靖이다. ≪詩經≫ 〈小雅 六月〉에 "잠깐 험윤을 정벌하여 太原에 이르렀다."라고 하였으니, 축출하였지만 끝까지 추격하지 않음을 말한다.

⑥ 始皇遠塞 中國分離：秦始皇使蒙恬發兵三十萬人, 收河南地, 爲四十四縣. 築長城, 因地形,

---

34) 先華夏而後夷狄：≪漢書≫ 〈宣帝紀〉에 "先諸夏而後夷狄"이라고 하였다.

35) 鯨鯢(경예)：鯨은 수고래, 鯢는 암고래로, 흉악한 사람을 비유한다.

36) 安不忘危 理不忘亂：≪周易≫ 〈繫辭 下〉의 "君子安而不忘危 存而不忘亡 治而不忘亂"을 변용한 것이다.

用制險塞, 起臨洮, 至遼東, 延袤萬餘里[37].

秦 始皇이 蒙恬에게 병사 30만 명을 데리고 출동하게 하여 河南 땅을 거두었는데, 44縣이 된다. 長城을 쌓았는데 지형에 따라 험한 지형을 제어하였다. 臨洮縣에서 시작하여 遼東에 이르렀는데, 길이가 만여 리였다.

⑦ 河西供役之年 : 供, 平聲.

供(제공하다)은 平聲이다.

⑧ 爲國生事 : 爲, 去聲.

爲(때문에)는 去聲이다.

⑨ 設令 : 平聲.

〈令(하여금)은〉 平聲이다.

⑩ 張掖塵飛 酒泉烽擧 : 張掖, 今爲甘州路, 酒泉, 今爲肅州路, 隸甘肅.

張掖은 지금의 甘州路이고 酒泉은 지금의 肅州路이니, 모두 甘肅에 속한다.

⑪ 更樹君長 : 音掌.

〈長(우두머리)은〉 音이 掌이다.

黃門侍郎 褚遂良도 옳지 않다고 생각하여 다음과 같이 상소하였다.

"신이 듣건대 옛날에 명철하신 군주가 조정을 다스리고 명철한 왕이 나라를 창건할 때에는 반드시 중국을 우선하고 夷狄을 뒤로 하여 덕화를 널리 펼치시고 먼 나라의 일은 살피지 않았습니다. 그러므로 周 宣王은 〈獫狁(匈奴)을〉 잠시 정벌할 적에 국경에 이르러 돌아왔고, 秦 始皇은 멀리 장성을 쌓았을 적에 중국이 분열되었습니다.

폐하께서는 고창국을 멸망시켜 위엄이 서역까지 떨치고 흉악한 우두머리들을 잡아서 그곳을 州縣으로 삼았습니다. 그러나 王師가 처음 출정하던 해는 河西의 백성들이 노역을 제공하는 해였으니 말먹이와 군량을 운송하느라 열 집에 아홉이 비게 되고 여러 郡이 황폐하게 되어 5년 동안 회복하지 못했습니다. 그런데도 폐하께서 해마다 1,000여 명의 병사를 파견하여 먼 곳에 주둔하여 수비하게 하시니 해가 지나도록 혈육과 헤어진 채 만 리나 떨어진 곳에서 고향을 그리워합니다. 교대를 위해 떠나는 이들은 물자와 行裝을 스스로 마련해야 하므로 이미 콩과 곡식을 팔아버리고 베틀과 북도 텅 비었습니다. 가는 길에 죽는 것은 말할 것도 없고, 아울러 죄인을 파견하여 수비를 증강하였는데, 보

37) 秦始皇使蒙恬發兵三十萬人……延袤萬餘里 : 이 내용은 ≪資治通鑑≫ 권7 秦 始皇帝 32・33년에 보인다.

낸 사람들 중에는 또 도망자가 있어서 관청에서 이들을 잡으러 다니니, 이 때문에 국가에 일이 발생합니다. 고창국의 길은 사막 천 리나 되고 겨울바람이 얼음처럼 맹렬하며 여름 바람은 불처럼 뜨거워서 길 가는 사람들이 이 바람을 만나서 죽는 경우가 많습니다. 그러므로 ≪周易≫에 이르기를 '편안할 때 위태로움을 잊지 않고, 다스릴 때 혼란을 잊지 않는다.'라고 하였습니다.

설령 張掖에 변란이 일어나고 酒泉에 봉화가 오르면 〈군량로가 끊길 것이니〉 폐하께서는 어찌 고창국에 주둔한 군대에 1인분의 식량이라도 공급하여 사변에 대응할 수 있겠습니까. 결국 隴右의 여러 주에서 병사를 징발하여 별똥처럼 달려가고 번개처럼 공격해야 할 것입니다. 이로 말미암아 말한다면 이 河西는 배와 가슴에 해당하고 저 고창국은 타인의 손과 발이니, 어찌 중국의 재화를 소비하여 소용없는 일을 하겠습니까.

폐하께서는 변방의 사막에 있는 頡利를 평정하시고 吐渾(吐谷渾)을 西海(青海)에서 멸망시키셨는데 돌궐의 남은 부락에 可汗을 세워주며 토혼의 남은 백성에게 다시 君長을 세워주었으니, 고창국을 다시 세워주는 것은 전례가 없는 것이 아닙니다. 이는 이른바 죄가 있으면 죽이고 항복하고 나면 존립시키는 것입니다. 의당 고창국에서 왕으로 세울 만한 자를 선발하고 불러들여 首領을 맡겨서 본국(고창)으로 돌아가게 한다면 폐하의 넓은 은혜를 받들어 오래도록 중국의 울타리가 될 것이고, 중국이 혼란에 빠지지 않아 부유하고 또 편안하게 될 것이니, 이를 자손에게 전하여 후대에 남기실 수 있을 것입니다."

상소가 올라갔으나, 太宗이 받아들이지 않았다.

36-2-3

至十六年에 **西突厥**이 **遣兵寇西州**어늘 **太宗謂侍臣曰 朕聞西州有警急**하니 **雖不足爲害**나 **然豈能無憂乎**리오 **往者初平高昌**에 **魏徵**褚**遂良**이 **勸朕立麴文泰子弟**하여 **依舊爲國**한대 **朕竟不用其計**러니 **今日方自悔責**이라 **昔漢高祖遭平城之圍而賞婁敬**⑫하고 **袁紹敗於官渡而誅田豐**⑬하니 **朕恒以此二事爲誡**하니 **寧得忘所言者乎**아하다

⑫ 昔漢高祖遭平城之圍而賞婁敬：漢高帝欲擊匈奴，使婁敬使匈奴，還報曰"匈奴伏奇兵以爭利，不可擊也."上怒曰"齊虜以口舌得官，迺今妄言沮吾軍."械繫敬至廣武．遂至平城，匈奴

果出奇兵, 圍帝白登七日, 然後得解. 還至廣武, 赦敬曰 "吾不用公言, 以困平城." 迺封敬千戶, 爲關內侯.[38]

漢 高帝가 匈奴를 공격하려고 하여, 婁敬에게 흉노에 사신을 가게 하였는데 돌아와 보고하기를 "흉노는 奇兵을 숨기고 이로움을 다투니 공격해서는 안 됩니다."라고 하니, 고제가 노하여 말하기를 "齊나라 포로 녀석(누경)이 말로 관직을 얻더니, 지금 허망한 말을 하여 우리 군사를 저상시키는구나."라고 하고, 누경을 형틀에 묶어 구속하고 廣武에 이르렀다. 마침내 平城에 이르자 흉노가 과연 奇兵을 출동시켜서 고제를 白登山에서 7일 동안 포위하였다가 그 후에 포위가 풀렸다. 돌아오다가 광무에 이르러 누경을 석방하고 말하기를, "내가 공의 말을 받아들이지 않아 평성에서 곤궁함을 당하였다."라고 하고, 누경에게 1,000戶를 봉해주고 關內侯로 삼았다.

⑬ 袁紹敗於官渡而誅田豐 : 漢獻帝時, 曹操兵大破袁紹於官渡, 紹與八百騎渡河走, 至黎陽, 衆稍復歸. 或謂田豐曰 "君必見重." 豐曰 "公今戰敗而歸, 內恚將發, 吾不望生." 紹謂逢紀曰 "田別駕前諫止吾, 吾慙之." 紀曰 "豐聞將軍之退, 拊手大笑, 喜其言之中也." 袁紹遂殺豐.[39]

漢 獻帝 때에 曹操의 군대가 袁紹를 官渡에서 크게 격파하자, 원소는 8백 기병과 함께 황하를 건너 도주하여 黎陽에 이르렀는데 부하들이 조금 돌아왔다. 혹자가 田豐에게 말하기를 "그대는 반드시 중용될 것입니다."라고 하니 전풍이 말하였다. "원소 공이 지금 패전해서 돌아와서 마음에 분노가 일어날 것이니, 나는 살 가망이 없소이다." 원소가 逢紀에게 말하기를 "田別駕(전풍)가 이전에 간언하여 나를 말렸는데, 내가 〈이를 따르지 않은 것을〉 부끄럽게 여긴다."라고 하니, 봉기가 말하기를 "전풍이 장군께서 후퇴했다는 것을 듣고 손뼉을 치며 크게 웃었으니 자신의 말이 적중한 것을 기뻐하였습니다." 하니, 원소는 마침내 전풍을 죽였다.

貞觀 16년(642)에 이르러 西突厥이 병사를 보내 西州를 침략하자 太宗이 近臣에게 말하였다.

"朕이 듣건대 西州에 긴급한 일이 있다고 하는데 비록 해가 되지는 않으나 어찌 걱정하지 않을 수 있겠소. 과거에 처음 고창국을 평정하자 위징과 저수량이 짐에게 권하기를 국문태의 자제를 왕으로 세워 예전대로 藩國으로 삼으라고 하였소. 짐은 끝내 그 계책을 받아들이지 않았는데, 오늘 비로소 후회하며 자책하고 있소. 옛날 漢 高祖는 平城에서 포위를 당하고서 婁敬에게 상을 내렸으며, 袁紹는 官渡에서 패전하고서 田豐을 죽였소. 朕은 항상 이 두 가지 일로 훈계로 삼고 있으니 어찌 간언한 자를 잊을 수 있겠소."

---

38) 漢高帝欲擊匈奴……爲關內侯 : 이 내용은 ≪史記≫ 〈劉敬列傳〉에 보인다.

39) 漢獻帝時……袁紹遂殺豐 : 이 내용은 ≪資治通鑑≫ 권63 漢 獻帝 建安 5년에 보인다.

【集論】

范氏祖禹曰 魏徵之言은 其利害非不明也어늘 以太宗之智로 豈不足知之아 惟其好大而喜遠하며 矜功而徇名하여 不能以義制心이라 故忠言有所不從하고 而欲前世帝王을 皆莫我若也라

范祖禹가 말하였다.

"魏徵의 말은 그 利害가 분명한데, 태종의 지혜로 어찌 그것을 알지 못했겠는가. 다만 원대한 것을 좋아하고, 공을 자랑하고 명예만을 따라서 의리로 마음을 제어하지 못한 것이다. 그러므로 충언을 따르지 않게 되었고, 전대의 제왕을 모두 자신보다 못한 이로 보려고 하였다."

又曰 有國者喪師之禍小하여 而或以霸하니 秦穆公[40]勾踐[41]이 是也요 得地之禍大하여 而或以亡하니 楚靈王[42]齊湣王[43]이 是也라 是故로 廣地不若廣德하고 彊兵不若彊民이라 先王患德之不足하고 而不患地之不廣하며 患民之不安하고 而不患兵之不彊이라 封域之外에 聲敎所不及者로 不以煩中國也라 太宗不從忠諫이라가 卒自咎悔어늘 況不若太宗之彊而可爲乎아

또 말하였다.

"국가를 소유한 자 중에 군사를 잃은 것으로 인한 禍가 작아서 혹은 霸者가 되었으니, 秦 穆公과 勾踐이 이들이고, 땅을 얻은 것으로 인한 禍가 커서 혹은 망했으니, 楚 靈王과 齊 湣王이 이들이다. 이 때문에 국토를 넓히는 것은 도덕을 넓히는 것만 못하고, 군사를 강하게 하는 것은 백성을 강하게 하는 것만 못하다. 先王은 덕이 부족한

---

40) 秦穆公 : 춘추시대 秦나라 諸侯이다. 彭衙의 싸움에서 패하였으나 孟明을 등용하여 끝내 晉나라에 승리하고 西戎의 霸者가 되었다. ≪春秋左氏傳 文公 3년≫

41) 勾踐 : 춘추시대 越王이다. 吳王 夫差에게 패하여 겨우 5천 명의 군사로 會稽에 있으면서 오왕에게 애걸하여 항복하고 본국으로 돌아와서 뒤에 吳나라를 멸하고 霸者가 되었다. ≪史記 越王勾踐世家≫

42) 楚靈王 : 춘추시대 楚王이다. 乾谿(누대의 이름)에 머물러 있던 중 반란이 일어나 산속을 방황하며 굶주림에 시달리다가 목을 매어 자살하였다. ≪國語 楚語 上≫

43) 齊湣王 : 춘추시대의 齊王이다. 莒城에 있을 때 燕나라 군대가 제나라를 공격하자, 제나라를 구하기 위해 거성에 온 초나라 장군 淖齒를 제나라의 재상으로 삼았는데, 요치가 제 민왕을 붙잡아서 힘줄을 뽑아 종묘의 대들보에 걸어놓자, 하루 만에 죽었다. ≪史記 范雎蔡澤列傳≫

것을 근심하고 국토가 광대하지 않은 것을 걱정하지 않으며, 백성이 편안하지 않은 것을 걱정하고 군사가 강하지 않은 것을 근심하지 않았으니, 강역의 밖에 聲教가 미치지 않는 것으로 중국을 번거롭게 해서는 안 된다. 太宗도 忠諫을 따르지 않다가 마침내 스스로 책망하고 후회하였는데, 더구나 국력이 태종 때의 강성함만 못하면서 그것을 할 수 있겠는가."

胡氏寅曰 中國은 禮義之地니 四夷所爲視效而賓服者也라 高昌有罪하여 王師討之할새 既聞其喪인댄 是罪人已死니 則宜按兵遣使하여 立其嗣子하고 懷以恩信이 乃不攻而自服之道也어늘 今乃伐其憂荒하여 無禮無義하니 夫豈天子之兵乎아 是故以利言之하면 乘人之隙하여 迫以强暴하고 坐收數百里之地하여 斥廣輿圖하니 信足以夸耀一時언마는 以義言之하면 則窮兵遠討는 以高昌王一人桀驁之故나 而係累其孤하고 郡縣其土하니 仁者不爲也라

胡寅이 말하였다.

"中國은 禮義의 지역이니, 사방 오랑캐가 보고 본받아 賓服(사신을 보내 복종함)하는 대상이다. 高昌王이 죄가 있어서 왕자의 군대로 그를 토벌할 때에 이미 고창왕이 죽었다는 소식을 들었다면, 이는 죄인이 이미 죽은 것이다. 마땅히 군사 행위를 그치고 사신을 보내서 그 후사를 임금으로 세우고 은혜와 믿음으로 품어주는 것이 공격하지 않고도 스스로 복종하게 하는 방법이다. 그런데 지금 喪中에 있는 이를 공격하여 禮도 없고 義도 없으니 어찌 천자의 군대라 하겠는가. 이 때문에 이익으로 말한다면 남이 경황없는 틈을 타서 强暴함으로 핍박하여 앉아서 수백 리의 땅을 거두어들여서 版圖를 넓게 개척하였으니, 진실로 한 시대에 과시할 만한 것이다. 그러나 의리로 말한다면 병사를 끝까지 보내 멀리 토벌한 것은 高昌王 한 사람이 흉포했기 때문이었는데 그 고아를 결박하고 그 땅을 군현으로 삼았으니, 어진 자는 하지 않는 것이다."

眞氏德秀曰 是時褚遂良亦諫이어늘 不從이라 十七年에 西突厥入寇하니 帝悔之하여 曰 魏徵褚遂良勸我復立高昌이어늘 吾不用其言하여 今方自咎耳라하다 初에 議處突厥於河南할새 徵爭之로되 而帝不從이라가 後以結社率之變而悔하고 後議以高昌爲郡縣할새 徵爭之로되 而帝復不從이라가 又以西突厥入寇而悔하니 使早從忠言인댄 安有是哉아 然知過而能悔하니 此其所以興也라

眞德秀가 말하였다.

"이때에 褚遂良도 역시 간언하였으나 太宗이 따르지 않았다. 정관 17년(643)에 西突厥이 침입하자 태종이 후회하여 말하기를 '魏徵과 褚遂良이 나에게 다시 고창왕을 세울 것을 권하였으나 나는 그들의 말을 받아들이지 않아 지금 자책할 뿐이다.' 하였다. 이전에 突厥을 河南(河水의 남쪽)에 살게 하는 것을 의논할 때에 위징이 간쟁하였으나 태종이 따르지 않았다가 후에 阿史那結社率의 변란을 당하게 되자 후회하였고, 후에 高昌을 郡縣으로 삼는 것을 의논할 때에 위징이 간쟁하였으나 태종이 또 따르지 않았다가 또 서돌궐이 침입하자 후회하였다. 만일 태종이 일찍이 충언을 따랐으면 어찌 이런 일이 있었겠는가. 그러나 과실을 알고서는 후회하였으니 이것이 唐나라가 흥성한 까닭이다."

愚按 自夏禹西戎卽敍[44]之後와 成周西旅底貢之餘로 通西域而開玉關[45]하고 極城郭하여 諸國悉服은 實始於漢武라 然中國勞弊가 亦已甚矣라 閉玉關하여 謝西域[46]은 此光武所以爲盛德也라 太宗滅高昌하고 置都護하여 由是爲開通西域之計하여 而燕支疎勒龜慈于闐四鎭이 遂爲遐陬(추)重地라 至于開元하여 自玉門以西로 烟火萬里하니 爲唐極盛이라 曾幾何時에 天寶以後로 事勢日非하여 前日之輿圖가 擧爲戎馬之郊矣라 周公有言曰 德不加焉이면 則君子不饗其質이요 政不施焉이면 則君子不臣其人[47]이라커늘 況奪其土地而置以郡縣乎아 務廣地는 不如務廣德[48]하니 古訓豈虛語哉리오

내가 살펴보건대 夏禹 때 西戎이 성취되어 질서정연해진 뒤와 成周 때에 西旅가 조공을 바친 뒤로 西域과 통해서 玉門關을 열고 성곽을 높이 쌓아 모든 나라가 다 복종한 것은 실로 漢 武帝에서 시작되었다. 그러나 중국이 피폐해진 것도 너무 심하였다. 옥문관을 닫아 서역의 인질을 거절한 것은 광무제가 성대한 덕이 되는 까닭이다.

太宗이 高昌國을 멸하고 都護를 설치하여 이에 따라 서역과 개통하려는 계획을 세워서 燕支 · 疎勒 · 龜慈 · 于闐 네 개의 鎭이 마침내 변경 한 구석의 중요한 지역이 되

44) 西戎卽敍 : ≪書經≫ 〈夏書 禹貢〉에 보인다.

45) 玉關 : 玉門關으로 漢 武帝가 설치하였다. 西域에서 玉石을 輸入할 적에 이 길을 사용하였으므로 이 이름을 얻었다. 漢나라 때 서역으로 왕래하는 문이었다. ≪漢書 西域傳≫

46) 閉玉關 謝西域 : ≪後漢書≫ 〈吳蓋陳臧列傳〉에 "〈光武帝가〉 옥문관을 닫아 西域의 인질을 거절하였다.〔閉玉門 以謝西域之質〕"라고 하였다.

47) 周公有言曰……則君子不臣其人 : ≪後漢書≫ 〈南蠻西南夷列傳〉에 보인다.

48) 務廣地 不如務廣德 : ≪後漢書≫ 〈吳漢列傳〉에 "땅을 넓히는 데 힘쓰는 이는 황폐해지고 덕을 넓히는 데 힘쓰는 이는 강성해진다.〔務廣地者荒 務廣德者彊〕"에서 변용한 것이다.

었다. 開元(唐 玄宗의 전기 연호) 시기에 이르러서는 옥문관에서 서쪽으로 밥 지어 먹는 연기가 만 리로 이어졌으니 唐나라의 전성기였다. 오래되지 않아 天寶(당 현종의 후기 연호) 이후로 일의 형세가 날마다 잘못되어 지난날의 版圖가 모두 전쟁터가 되었다. 周公이 말하기를, "덕이 더해지지 않으면 군자는 그 예물을 받아 누리지 않고, 政令이 베풀어지지 않으면 군자는 그 사람을 신하로 삼지 않는다."라고 하였는데, 하물며 그 땅을 빼앗고 군현으로 만듦에 있어서랴. 땅을 넓히는 데 힘쓰는 것은 덕을 넓히는 데 힘쓰는 것만 못하니, 옛날의 훈계가 어찌 헛된 말이겠는가.

第37편 論行幸 임금의 행차를 논하다

이 편에서는 임금의 행차에 대한 太宗의 견해와 행적에 대해 논하고 있다. 貞觀 초에 태종이 近臣에게 隋 煬帝의 예를 보고 궁실을 넓히거나 행차하기를 좋아하는 것이 결국 아무 이득이 없음을 깨달았다고 하였다. 정관 11년(737)에는 洛陽宮에 행차하여 극심하게 사치를 부렸던 수 양제와 높은 관직에 있으면서 아첨하여 임금의 총명을 가렸던 宇文述 등의 과오를 논하며 자신과 신하들을 경계하였다. 정관 12년(740)에 태종이 동쪽으로 순행할 적에 顯仁宮에 머물렀는데, 宮苑 官吏 중에 처벌을 받는 자들의 수가 많아지자, 魏徵이 태종의 사치 때문에 비롯된 일이라고 간언하였다. 정관 13년(739)에 태종이 위징 등에게 자신이 과오를 범하였을 때 서슴없이 간언을 하라고 명하였고, 간언을 들으면 비록 당시에 곧바로 따르지 않더라도 두 번 세 번 생각하고 살펴서 반드시 좋은 의견을 받아들일 것이라고 하였다.

凡四章.
모두 4장이다.

37-1-1

貞觀初에 **太宗謂侍臣曰 隋煬帝**가 **廣造宮室**하여 **以肆行幸**하니 **自西京**으로 **至東都**히 **離宮別館**이 **相望道次**하여 **乃至幷州涿郡**①히 **無不悉然**하고 **馳道皆廣數百步**에 **種樹以飾其傍**하니 **人力不堪**하여 **相聚爲賊**이라 **逮至末年**에 **尺土一人**도 **非復己有**라 **以此觀之**면 **廣宮室**하고 **好行幸**②이 **竟有何益**이리오 **此皆朕耳所聞**이며 **目所見**이라 **深以自誡**하노니 **故不敢輕用人力**하고 **惟令百姓安靜**③하여 **不有怨叛而已**니라

① 乃至幷州涿郡 : 今涿州路, 隷腹裏.
〈涿郡은〉 지금 涿州路 腹裏에 속한다.
② 好行幸 : 好, 去聲.
好(좋아하다)는 去聲이다.
③ 惟令百姓安靜 : 平聲.
令(하여금)은 平聲이다.

貞觀 초에 태종이 近臣에게 말하였다.

"隋 煬帝는 널리 궁실을 만들고 마음대로 행차하였소. 西京(長安)에서 東都(洛陽)까지 離宮과 別館이 길가에 이어져서 幷州와 涿郡까지 모두 그렇지 않은 곳이 없었소. 馳道는 모두 너비가 수백 보였고, 양쪽 옆에 나무를 심어 단장하였으니, 백성의 힘이 감당하지 못하여 서로 모여서 도적이 되었소. 隋나라 말년에 이르러서는 한 자의 땅과 한 사람의 백성도 더 이상 자기의 소유가 아니었소. 이것으로 살펴보건대 궁실을 넓히거나 행차하기를 좋아하는 것이 결국 무슨 이익이 있소. 이는 모두 朕이 귀로 들으며 눈으로 본 것이니, 깊이 스스로 훈계하고 있소. 이 때문에 감히 경솔히 인력을 동원하지 않고 오직 백성을 안정시켜 원망하고 배반하지 않게 할 뿐이오."

37-2-1

貞觀十一年에 **太宗幸洛陽宮**하여 **泛舟于積翠池**하고 **顧謂侍臣曰 此宮觀臺沼**①는 **竝煬帝所爲**니 **所謂驅役生人**하여 **窮此雕麗**나 **復不能守此一都**하여 **以萬人爲慮**하고 **好行幸不息**②하니 **人所不堪**이라 **昔詩人云**호대 **何草不黃**하며 **何日不行**③가하고 **大東小東**에 **杼柚其空**④이라하니 **正謂此也**라 **遂使天下怨叛**하여 **身死國滅**이라 **今其宮苑**이 **盡爲我有**하니 **隋氏傾覆者**가 **豈惟其君無道**아 **亦由股肱無良**이니 **如宇文述虞世基裴蘊之徒**⑤가 **居高官**하여 **食厚祿**하고 **受人委任**하여 **惟行諂佞**하여 **蔽塞聰明**하니 **欲令其國無危**⑥나 **不可得也**라 **司空長孫無忌奏言**호대 **隋氏之亡**은 **其君則杜塞忠讜之言**하고 **臣則苟欲自全**하여 **左右有過**에 **初不糾擧**하고 **寇盜滋蔓**에 **亦不實陳**하니 **據此**면 **卽不惟天道**라 **實由君臣不相匡弼**이니이다 **太宗曰 朕與卿等**으로 **承其餘弊**하니 **惟須弘道移風**하여 **使萬世永賴矣**리라

① 此宮觀臺沼 : 觀, 去聲.
觀(누각)은 去聲이다.

② 好行幸不息 : 好, 去聲.
好(좋아하다)는 去聲이다.

③ 何草不黃 何日不行 : 詩(大)〔小〕[1]雅何草不黃篇之辭.

---

1) (大)〔小〕: 저본에는 '大'로 되어 있으나, ≪詩經≫에 의거하여 '小'로 바로잡았다.

≪詩經≫ 〈小雅 何草不黃〉편의 말이다.

④ 大東小東 杼軸其空 : 詩小雅大東篇之辭.

≪詩經≫ 〈小雅 大東〉편의 말이다.

⑤ 如宇文述虞世基裴蘊之徒 : 皆隋之臣.

〈宇文述·虞世基·裴蘊은〉 모두 隋의 신하이다.

⑥ 欲令其國無危 : 令, 平聲.

令(하여금)은 平聲이다.

貞觀 11년(737)에 太宗이 洛陽宮에 행차하여 積翠池에 배를 띄우고 近臣을 돌아보며 말하였다.

"이 궁궐·樓觀·臺閣·연못은 모두 隋 煬帝가 만든 것이오. 이른바 백성들을 부려서 이처럼 매우 화려하게 지었는데도, 이 도성(장안) 한 곳에 머물면서 만민을 생각지 않고 여러 지역에 행차하기를 좋아하여 그치지 않았으니, 이로 인해 백성들이 견디지 못한 것이오. 옛 시인은 말하기를, '어떤 풀인들 시들지 않으며, 어느 날인들 가지 않으랴.'라고 하였고, '동쪽의 큰 나라 작은 나라에 베 짜는 북과 바디가 비어 있구나.'라고 하였으니, 바로 이것을 말한 것이오. 마침내 천하 사람들을 원망하고 배반하게 하여 자신은 죽임을 당하고 나라는 멸망되었소. 지금 그의 宮苑이 모두 나의 소유가 되었으니, 隋나라가 멸망하게 된 것이 어찌 오직 그 군주의 무도함 때문이겠소. 또한 팔다리 같은 신하 중에 어진 자가 없었기 때문이오. 宇文述·虞世基·裴蘊 등의 무리가 높은 관직에 있으면서 후한 봉록을 받아먹고 백성들의 위임을 받아서 오직 아첨을 행하여 임금의 총명을 가렸으니, 그 국가를 위태롭지 않게 하고자 하더라도 할 수 없었던 것이오."

司空 長孫無忌가 상주하였다.

"수나라의 멸망은, 군주는 충직한 간언을 막고 신하는 구차하게 자신만 보존하기를 바라서 좌우의 신하들이 허물이 있어도 애초에 적발하지 않고 도적이 들끓어도 사실대로 진술하지 않았기 때문입니다. 이에 의거하면 수나라의 멸망은 바로 天道일 뿐만 아니라 진실로 君臣 간에 바르게 보필하지 않았던 것에 따른 것입니다."

태종이 말하였다.

"朕은 卿들과 수나라의 남은 폐단을 이어받았으니 오직 도의를 넓히고 풍속을 변화시켜 만세토록 길이 그 혜택을 입게 해야 할 것이오."

隋 煬帝가 궁전을 꾸미기 위해 비단을 잘라 꽃을 만들다(≪帝鑑圖說≫)

37-3-1

貞觀十三年에 **太宗謂魏徵等曰 隋煬帝承文帝餘業**하여 **海內殷阜**하니 **若能常處關中**①이면 **豈有傾敗**리오 **遂不顧百姓**하고 **行幸無期**하며 **徑往江都**하고 **不納董純崔象**②[2] **等諫諍**하여 **身戮國滅**하여 **爲天下笑**하니 **雖復帝祚長短**을 **委以玄天**이나 **而福善禍淫**[3]이 **亦由人事**니 **朕每思之**에 **若欲君臣長久**하고 **國無危敗**인댄 **君有違失**에 **臣須極言**이니

2) 董純崔象 : 崔象은 隋나라 奉信郎 崔民象이다. 唐나라 때에는 李世民의 '民'을 피하여 崔象으로 썼다. 이 두 신하는 煬帝에게 江都로 순행을 하지 말도록 간하였다가 참수되었다. ≪隋書 煬帝本紀 下≫

3) 福善禍淫 : ≪書經≫ 〈商書 湯誥〉에 보인다.

朕聞卿等規諫하면 **縱不能當時卽從**이나 **再三思審**하여 **必擇善而用之**니라

① 若能常處關中 : 處, 上聲.
處(살다)는 上聲이다.
② 不納董純崔象 : 皆隋之臣.
〈董純과 崔象은〉 모두 隋나라의 신하이다.

隋 煬帝가 龍船을 타고 江都로 유람하다(≪帝鑑圖說≫)

貞觀 13년(739)에 太宗이 魏徵 등에게 말하였다.

"隋 煬帝는 文帝의 남은 왕업을 이어받아 천하가 매우 부유하였으니, 만일 항상 關中에 거처하였다면 어찌 멸망하였겠소. 마침내 백성을 돌아보지 않고 기한 없이 유람을 하였으며, 董純과 崔象 등의 간언을 받아들이지 않고 곧장 江都로 행차하여, 자신은 죽임을 당하고 나라는 멸망되어 천하의 웃음거리가 되었소. 비록 또 帝位의 길고 짧음을 하늘에 맡긴다고 할지라도 선행에 복을 주고 악행에 재앙을 내리는 것은 또한 人事에 말미암는 것이오. 朕은 매번 그

것을 생각할 적에 만약 군신 간의 관계가 오래 유지되고 나라에 위험이 없게 하려고 한다면 군주가 잘못이 있을 때 신하는 지극히 간언을 해야 한다고 생각하였소. 그러니 朕이 경들의 간언을 들으면 비록 당시에 곧바로 따르지 않더라도 두 번 세 번 생각하고 살펴서 반드시 좋은 의견을 택하여 받아들일 것이오."

37-4-1

貞觀十二年에 **太宗東巡狩**하여 **將入洛**에 **次於顯仁宮**이러니 **宮苑官司**가 **多被責罰**이어늘 **侍中魏徵**이 **進言曰 陛下今幸洛州**는 **爲是舊征行處**①니 **庶其安定**이라 **故欲加恩故老**러니 **城郭之民**이 **未蒙德惠**하고 **官司苑監**이 **多及罪辜**하니 **或以供奉之物不精**②하며 **又以不爲獻食**라 **此則不思止足**[4]이요 **志在奢靡**라 **旣乖行幸本心**하니 **何以副百姓所望**이리오 **隋主先命在下**하여 **多作獻食**하고 **獻食不多**면 **則有威罰**하니 **上之所好**③를 **下必有甚**[5]이니 **競爲無限**하여 **遂至滅亡**하니이다 **此非載籍所聞**이오 **陛下目所親見**이니이다 **爲其無道**라 **故天命陛下代之**하시니 **當戰戰慄慄**하여 **每事省約**하고 **參蹤前列**하여 **昭訓子孫**이어늘 **奈何今日欲在人之下**니잇고 **陛下若以爲足**이면 **今日不啻足矣**④요 **若以爲不足**이면 **萬倍於此**라도 **亦不足也**리이다 **太宗大驚曰 非公**이면 **朕不聞此言**이라 **自今已後**로 **庶幾無如此事**⑤리라

① 爲是舊征行處 : 爲, 去聲, 後爲其同.
爲(때문에)는 去聲이다. 뒤에 '爲其'도 같다.

② 或以供奉之物不精 : 供, 平聲.
供(제공하다)은 平聲이다.

③ 上之所好 : 去聲.
〈好(좋아하다)는〉 去聲이다.

④ 今日不啻足矣 : 啻, 音翅(시).
啻(뿐)는 音이 翅이다.

⑤ 庶幾無如此事 : 幾, 平聲. 按通鑑係十一年 "上至顯仁宮, 宮吏以闕諸待, 有被譴責. 魏徵諫曰

4) 止足 : ≪道德經≫ 〈立戒〉의 "만족함을 알면 욕되지 않게 되고 그칠 줄을 알면 위태롭지 않게 된다.〔知足不辱 知止不殆〕"에서 抄錄한 것이다.

5) 上之所好 下必有甚 : ≪孟子≫ 〈滕文公 上〉에 "위에서 무엇을 좋아하는 것이 있으면 아래에서 그보다 더 좋아하는 자가 반드시 있다.〔上有好者 下必有甚焉者矣〕"를 변용한 것이다.

'云云.' 上驚曰 '非公, 不聞此言.' 因謂長孫無忌等曰 "朕昔過此, 買飯而食, 僦舍而宿, 今供頓如此, 豈得(猶)[6]嫌不足乎."

幾(거의)는 平聲이다. 살펴보건대 《資治通鑑》 貞觀 11년에, "태종이 顯仁宮에 이르렀는데 宮吏가 여러 가지 대비할 것을 빠뜨려 견책을 당하자, 위징이 간언하기를, '……'라고 하니, 태종이 놀라서 말하기를, '공이 아니면 이 말을 듣지 못하였을 것이오.'라고 하였다. 이어서 長孫無忌 등에게 일러 말하기를, "朕이 옛날에 여기를 지나갈 때에 밥을 사서 먹었으며 숙소를 빌려서 묵었소. 지금은 음식을 대접함이 이와 같은데 어찌 부족함을 문제 삼겠소."라고 하였다.

貞觀 12년(740)에 太宗이 동쪽으로 순행하여 장차 낙양에 들어가려 할 때에 顯仁宮에 머물렀는데 宮苑・官司(官吏) 중에 처벌을 받은 자가 많거늘 侍中 魏徵이 간언하였다.

"폐하께서 지금 洛州에 행차하신 것은 옛날에 정벌했던 곳이어서 백성들이 안정되기를 바랐기 때문에 父老들에게 은혜를 베풀려고 하신 것입니다. 그런데 城郭에 사는 백성들이 은덕을 입지 못하고 官司와 苑監(宮苑 감독 관리)은 대부분 죄를 받게 되었으니, 혹은 제공한 물건이 정갈하지 못하다고 여기시거나 또는 좋은 음식을 바치지 않았다고 여기신 것입니다. 이는 만족하고 그쳐야 할 것을 생각하지 않고 사치함에 마음이 있는 것입니다. 이미 이번 행차의 본래 의도와 어긋났으니 어찌 백성의 소망에 부응할 수 있겠습니까.

隋 煬帝가 미리 신하에게 명령하여 바칠 음식을 많이 만들게 하고서 바친 음식이 많지 않으면 엄한 형벌이 있었습니다. 윗사람이 좋아하는 것을 아래에서 반드시 더 심하게 좋아하는 법이니 다투어 행하는 데 한도가 없어서 마침내 멸망에 이르게 되었습니다. 이것은 서적에 실려 있는 글을 들은 것이 아니고 폐하께서 직접 눈으로 보신 일입니다. 수 양제가 무도하기 때문에 하늘이 폐하께 명하여 대신하게 하셨으니, 마땅히 두려워하고 조심하여 모든 일에 검약하고 이전의 사례를 참고해서 자손들에게 밝은 훈계를 보이셔야 하는데 어찌 오늘날에 남의 아래에 있으려고 하십니까. 폐하께서 만약 만족스럽게 여기신다면 지금 만족할 뿐만이 아닐 것이고, 만일 만족스럽지 못하다고 여기신다면 이보다 만 배가 된다고 하더라도 또한 만족하지 못하실 것입니다."

---

6) (猶) : 저본에는 '猶'가 있으나, 《資治通鑑》에 의거하여 衍文으로 처리하였다.

태종이 크게 놀라며 말하였다.

"공이 아니면 朕이 이 말을 듣지 못하였을 것이오. 오늘 이후로 이와 같은 일은 거의 없을 것이오."

【集論】

范氏祖禹曰 富而不忘貧하면 則能保其富矣요 貴而不忘賤하면 則能保其貴矣라 夫以萬乘之貴와 四海之富로도 而猶以爲不足은 何哉오 忘其始之賤貧하고 而欲大無窮也라 是以高宗舊勞于外하여 爰曁小人[7]하고 及其卽位하여는 卒爲賢君하다 文王卑服하고 卽康功田功[8]하다 周公作書하여 以戒成王하니 恐其不知稼穡之艱難[9]而驕逸也라 漢文有曰 朕能任衣冠하여 念不至此[10]라하니 是以恭儉愛民하여 惟恐煩之니 嗚呼라 其可謂有德者矣라 若太宗聞諫而能自省하니 不亦賢乎아

范祖禹가 말하였다.

"부유할 적에 가난할 때를 잊지 않으면 그 부유함을 보존할 수 있고, 귀할 적에 천할 때를 잊지 않으면 그 귀함을 보존할 수 있다. 萬乘의 귀함과 천하의 부유함을 가지고도 오히려 부족하다고 생각하는 것은 어째서인가. 처음의 빈천함을 잊고 욕심이 한없이 커진 탓이다. 이 때문에 高宗(殷나라 임금 武丁)이 밖에서 오랫동안 고생하면서 백성들과 함께 일하였고, 즉위하게 되어서는 마침내 어진 임금이 되었다. 文王은 검소한 옷을 입고 백성을 편히 해주는 일과 농사일을 하였다. 周公이 글을 지어 成王을 경계시켰으니, 성왕이 農事의 어려움을 알지 못하여 교만해질까 우려해서였다. 漢 文帝가 말하기를, '朕이 즉위하고 나서 〈다른 나라를 정벌하는 것을〉 생각해보지 않았다.'라고 하였으니 이는 공손함과 검소함으로 백성을 사랑하여 오직 백성을 번거롭게 할까 우려한 것이다. 아, 이들은 덕이 있는 이라고 말할 만하다. 太宗은 간언을 듣고 스스로 잘 살폈으니 또한 어질지 않은가."

又曰 太宗可謂不忘戒矣라 覩隋之宮室하고 而以諂諛掩蔽戒群臣이라 夫知彼之所以亡하면

---

7) 舊勞于外 爰曁小人 : ≪書經≫ 〈周書 無逸〉에 보인다.

8) 文王卑服 卽康功田功 : ≪書經≫ 〈周書 無逸〉에 보인다.

9) 不知稼穡之艱難 : ≪書經≫ 〈周書 無逸〉에 보인다.

10) 朕能任衣冠……念不至此 : ≪史記≫ 〈律書〉에 보인다. 漢 文帝가 즉위하자 장군 陳武 등이 변방의 나라들을 정벌할 것을 청하였는데, 문제가 이를 거절하였다.

則圖我之所以存하여 而不敢怠矣라 此三王之所由興也라

또 말하였다.

"太宗은 경계함을 잊지 않았다고 말할 만하다. 隋나라 宮室을 보고서, 여러 신하들에게 아첨하여 임금의 총명을 가리는 것을 경계한 것이다. 상대방이 멸망한 이유를 알게 되면 우리가 보존할 방도를 생각하여 감히 나태하지 않는 것이니, 이것이 三王이 흥성한 이유이다."

愚按有虞之制에 五載一巡守[11]하고 成周之盛에 六年一時巡[12]이라 肆覲群后[13]하고 大明黜陟[14]하며 協時月正日하고 同律度量衡[15]에 無非事也라 其車從至爲簡省하고 其供給至爲儉約이라 故民以其所行爲幸하고 所不行爲不幸하니 所謂吾王不遊면 吾何以休[16]가 是也라 後世楊廣朱溫이 巡遊不息이라 始務豐侈其飮食하고 美麗其行宮이라 以供給過制爲賢能하고 以置頓不備爲罷(피)軟하니 州縣承風하여 競爲勞費라 於是에 百姓聞車馬之音하며 見羽旄之美하고 擧疾首蹙頞而相告[17]矣하니라 太宗親睹煬帝之禍로되 猶以供奉不精으로 多所責罰이어늘 況其餘者乎아 夫古之巡幸은 所以徇民이러니 後之巡幸은 所以徇己라 人君欲復虞周巡守之制하되 苟不先省其車從之數하고 約其供給之儀면 未有不蹈隋梁之失者也라

내가 살펴보건대 虞舜의 제도에는 5년에 한 번 巡守하였고, 成周의 성대한 시기에는 6년에 한 번 巡守하였다. 드디어 여러 제후들을 朝覲케 하고 크게 승진과 강등을 밝히며, 사철과 달을 맞추시고 날짜를 바로잡고, 음률과 度·量·衡을 통일하는 데에 일이 아님이 없다. 그 수레를 따르는 자들이 지극히 간략하고 그 공급이 지극히 검약하므로 백성들이 임금이 가는 곳은 다행으로 여기고 가지 않는 곳은 불행으로 여기니, 이른바 "우리 왕이 유람하지 않으시면 우리가 어찌 쉴 수가 있겠는가."라고 한 것이 이것이다.

---

11) 五載一巡守 : ≪書經≫ 〈虞書 舜典〉에 보인다.

12) 六年一時巡 : ≪書經≫ 〈周書 周官〉에 "또 6년마다 왕이 때맞춰 순수하여 제도를 四岳에서 살펴보았다.〔又六年 王乃時巡 考制度于四岳〕"라고 하였다.

13) 肆覲群后 : ≪書經≫ 〈虞書 舜典〉에 "2월에 동쪽으로 巡守하여……드디어 동쪽 제후들을 朝覲케 하였다.〔歲二月 東巡守……肆覲東后〕"라고 하였다.

14) 大明黜陟 : ≪書經≫ 〈周書 周官〉에 보인다.

15) 協時月正日 同律度量衡 : ≪書經≫ 〈虞書 舜典〉에 보인다.

16) 吾王不遊 吾何以休 : ≪孟子≫ 〈梁惠王 下〉에 보인다.

17) 百姓聞車馬之音……而相告 : ≪孟子≫ 〈梁惠王 下〉에 보인다.

후세에 隋나라 楊廣(煬帝)과 後梁 朱溫(朱全忠)이 돌아다니며 노는 것을 쉬지 않았다. 처음에는 음식을 풍성하고 사치스럽게 하고 행궁을 아름답고 화려하게 하는 데 힘썼으므로 供給이 제도를 초과하는 것을 현능하다고 여겼으며 사해의 진미를 다 마련하지 못하는 것을 무능하다고 여겼으니, 州縣에서 이러한 풍조를 받들어 서로 노고와 비용을 아끼지 않았다. 이에 백성들이 車馬의 소리를 들으며 깃과 털로 장식한 깃발의 아름다움을 보고는 모두 골머리를 앓고 이맛살을 찡그리며 서로 하소연하였다. 太宗은 직접 煬帝의 재앙을 보고도 오히려 제공하는 것이 정갈하지 못하다고 하여 책벌한 것이 많은데, 더구나 그 이외의 사람이야 말할 것이 있으랴. 옛날의 巡幸은 백성의 요구를 따르기 위한 것이었는데, 후대의 순행은 자신의 요구를 따르기 위한 것이었다. 임금이 虞나라와 周나라에서 巡守한 제도를 회복하려고 하면서 만약 우선 그 車騎와 侍從의 수를 줄이고 음식을 공급하는 의례를 간략하게 하지 않으면 隋나라와 後梁의 잘못을 답습하지 않을 이가 없을 것이다.

제38편 論畋獵 사냥을 논하다

이 편에서는 太宗의 사냥과 그 행적을 논하고 있다. 秘書監 虞世南이 태종에게 사냥을 자제할 것을 간언하자, 태종은 그 말을 아름답게 여겼다. 諫議大夫 谷那律은, 태종이 油衣(기름 먹인 雨衣)를 어찌하면 비가 새지 않게 할 수 있는가 묻자, 태종이 자주 사냥하지 않기를 바라는 마음으로 기와로 만든다면 반드시 비가 새지 않을 것이라고 대답하였다. 貞觀 14년(640)에 태종이 同州의 沙苑에 사냥을 나가서 밤늦게 발길을 돌리자, 魏徵은 위로는 종묘사직을 위하고 아래로는 백관들과 모든 백성을 위하라고 간언하였다. 정관 14년 겨울 10월에 태종이 櫟陽에 행차하여 사냥을 하려고 하자, 縣丞 劉仁軌가 농사의 수확이 끝나지 않아서 군주가 순리에 따라 거동할 때가 아니라고 간언하였다.

凡五章.
모두 5장이다.

38-1-1

秘書監虞世南以太宗頗好畋獵①하여 上疏諫曰 臣聞秋獮(선)冬狩②는 蓋惟恒典이요 射隼(석준)從禽③은 備乎前誥라하니이다 伏惟陛下는 因聽覽之餘辰하여 順天道以殺伐하소서 將欲摧斑碎掌[1]하여 親御皮軒④하여 窮猛獸之窟穴하며 盡逸材於林藪하고 夷兇翦暴하여 以衛黎元하고 收革擢羽하여 用充軍器하고 擧旗效獲[2]은 式遵前古니이다 然黃屋之尊과 金輿之貴는 八方之所仰德이오 萬國之所繫心이라 淸道而行에 猶戒銜橛[3]은 斯蓋重愼防微하여 爲社稷也⑤라 是以馬卿直諫於前⑥하고 張昭變色於後⑦하니

---

1) 摧斑碎掌 : ≪文選≫ 〈七啓〉의 “곰을 쳐서 발바닥을 으깨고, 범을 쳐서 무늬를 찢어놓는다.〔批熊碎掌 拉虎摧斑〕”에서 유래한 것이다.

2) 擧旗效獲 : ≪周禮≫ 〈地官 山虞〉의 “虞旗(사냥에 쓰는 기)를 가운데에 세우고 짐승을 바치는 데 귀를 벤다.〔植虞旗于中 致禽而珥焉〕”의 注에 “사냥을 그치고 기를 세워 잡은 자에게 그 짐승을 모두 바치고 그 귀를 살펴서 잡은 수효를 알게 한다.〔田止樹旗 令獲者皆致其禽 而校其耳以知獲數也〕”라고 하였다.

3) 淸道而行 猶戒銜橛 : ≪史記≫ 〈司馬相如列傳〉에 “또 길을 정리한 뒤에 가고 길 한복판에 나간 뒤에 달려도 오히려 수시로 수레가 뒤집히는 변고가 있다.〔且夫淸道而後行 中路而後馳 猶時有銜橛之變〕”라고 하였다. 淸道는 길을 엄숙히 하는 통행금지 등을 말한다.

臣誠細微나 **敢忘斯義**잇가 **且天弧**(호)[4]**星罼**(필)⑧[5]에 **所殪**(에)**已多**⑨하고 **頒禽賜獲**에 **皇恩亦溥**하니 **伏願時息獵車**하고 **且韜長戟**하며 **不拒芻蕘之請**하고 **降納涓澮**[6]**之流**하며 **袒裼徒搏**은 **任之群下**면 **則貽範百王**하여 **永光萬代**하리이다 **太宗**이 **深嘉其言**하다

① 以太宗頗好畋獵 : 好, 去聲.
好(좋아하다)는 去聲이다.

② 臣聞秋獮(선)冬狩 : 獮, 音蘚. 周禮 "大司馬, 仲秋, 教治兵以獮田, 致禽以祀祊. 仲冬, 教大閱以狩田, 致禽以亨蒸."
獮(사냥하다)은 音이 蘚이다. ≪周禮≫에 "大司馬는 仲秋에 사냥하는 것으로 治兵(병사 단련)을 가르치고, 짐승을 바쳐 사방의 신에게 제사한다. 仲冬에 사냥하는 것으로 大閱(크게 사열함)을 가르치고, 짐승을 바쳐 삶아 제사한다." 하였다.

③ 射隼(석준)從禽 : 射, 食亦切. 隼, 荀尹切, 禽也.
射(쏘아 맞추다)은 食과 亦의 반절이다. 隼은 荀과 尹의 반절이니 새이다.

④ 皮軒 : 田獵之車也.
사냥하는 수레이다.

⑤ 爲社稷也 : 爲, 去聲.
爲(위하다)는 去聲이다.

⑥ 是以馬卿直諫於前 : 司馬相如, 字長卿. 漢武帝時爲郎, 嘗從帝獵長楊, 帝好自擊熊豕, 馳逐野獸, 相如上疏諫, 帝從之.[7]
司馬相如는 字는 長卿이다. 漢 武帝 때에 郎官이 되었는데, 일찍이 무제를 따라 長楊에서 사냥을 할 적에 무제가 직접 곰과 돼지를 공격하기를 좋아하여 들짐승을 달려 쫓아가자 사마상여가 상소하여 간언하니 무제가 따랐다.

⑦ 張昭變色於後 : 張昭, 字子布, 彭城人. 爲吳主孫權軍師, 權嘗乘馬射虎, 昭變色而諫之.[8]
張昭는 字가 子布이며, 彭城 사람이다. 吳主 孫權의 軍師가 되었는데, 손권이 말을 타고 호랑이를 쏘자 장소가 얼굴색을 바꾸고 간언하였다.

⑧ 且天弧(호)星罼(필) : 音畢, 網也.
〈罼은〉 音이 畢이니, 그물이다.

⑨ 所殪(에)已多 : 殪, 音翳, 殺死也.
殪는 音이 翳이니, 죽인다는 뜻이다.

---

4) 天弧(호) : 星座 이름으로, 활 모양이어서 활을 가리키기도 한다.
5) 星罼(필) : 성좌 이름으로, 그물을 뜻한다.
6) 涓澮 : 작은 냇물로, 낮은 지위나 지혜를 말한다.
7) 嘗從帝獵長楊……帝從之 : 이 내용은 ≪前漢紀≫ 권10에 보인다.
8) 爲吳主孫權軍師……昭變色而諫之 : 이 내용은 ≪三國志≫ 〈吳志 張昭傳〉에 보인다.

秘書監 虞世南은 태종이 사냥을 매우 좋아하자 상소를 올려 간언하였다.

"신이 듣건대 가을과 겨울 사냥은 일정한 제도이며 매를 쏘아 맞추고 짐승을 쫓는 것은 前人의 가르침에 자세하게 기록되어 있다고 합니다. 부디 폐하께서는 정사를 듣고 살펴보고 난 이후의 한가한 시간을 이용하여 天道에 순응하여 사냥을 하소서. 호랑이를 잡고 곰을 때려잡으려고 친히 사냥하는 수레를 몰고 맹수의 굴을 다 찾아다니며 금수가 있는 숲속을 다 뒤져서 흉포한 짐승을 잡아 백성을 보호하고, 짐승의 가죽을 거두고 깃털을 뽑아 軍器에 충당하고, 기를 세워서 짐승을 바치는 것은 옛 법식에 따르는 것입니다.

그러나 黃屋(제왕의 수레 덮개)을 쓰고 金輿(金玉으로 장식한 제왕 수레)를 타는 폐하의 존귀함은 천하 팔방에서 그 덕을 우러러보고 만국 백성들의 마음이 걸려 있는 것입니다. 길을 정리하여 출행하여도 오히려 수레가 전복되는 것을 경계하는 것은 사직을 위하여 신중히 작은 일이라도 미연에 방지하는 것입니다. 그러므로 예전에 司馬長卿(司馬相如)은 직간을 하였고 그 후에 張昭는 안색을 바꾸면서까지 만류한 것입니다. 신이 진실로 하찮은 몸이지만 감히 이 뜻을 잊겠습니까. 또 활과 그물로 잡은 짐승은 이미 많고 잡은 짐승을 신하들에게 나누어주었으니 황상의 은혜가 또한 넓습니다. 삼가 바라건대 때로는 사냥하는 수레를 세워두시고 또 긴 창을 넣어두시며, 미천한 신의 청을 거절하지 마시고 미천한 의견을 받아들이시어 웃통을 벗고 맨손으로 짐승을 잡는 일은 신하들에게 맡기소서. 그렇게 하신다면 후세의 백왕에게 모범이 되어 만대에 영원히 빛날 것입니다."

태종은 그의 말을 매우 아름답게 여겼다.

【集論】

愚按 傳曰 春蒐夏苗秋獮冬狩는 皆於農隙以講武也[9]라하고 王制에 天子無事면 則歲三田[10]이라하고 周禮에 大閱之制가 獨爲詳備하니 則畋獵固古禮也라 何外作禽荒[11]은 見於大

9) 春蒐夏苗秋獮冬狩 皆於農隙以講武也 : ≪春秋左氏傳≫ 隱公 5년에 보인다.

10) 天子無事 則歲三田 : ≪禮記≫ 〈王制〉에 "천자나 제후가 사건이 없을 적에는 해마다 봄, 가을, 겨울의 세 차례 사냥을 한다. 첫째는 마른 고기를 만들어 종묘의 제사에 쓰기 위함이고, 둘째는 빈객을 접대하기 위함이고, 셋째는 임금의 廚房을 채우기 위함이다.〔天子諸侯無

禹之訓[12]하고 而不敢盤于遊田[13]은 乃爲文王之德이라 正以畋獵雖古制나 有因是而勞師耀武妨農害民者矣어늘 況後世萬乘之動에 供給之繁하고 徵求之夥(과)乎아 太宗身親行陣하고 剋捷奏功이라 其於遊獵에 固其好尙하여 必有不遵制而病民者하니 宜世南懇切之諫이 有以動上之聽矣라

내가 살펴보건대 ≪春秋左氏傳≫에 "春蒐・夏苗・秋獮・冬狩는 모두 농한기에 하여 武事를 강습하는 것이다."라 하였고, ≪禮記≫ 〈王制〉에 "천자가 일이 없으면 해마다 세 차례 사냥한다."고 하였고, ≪周禮≫ 〈大司馬〉에 大閱하는 제도가 특히 자세하게 갖추어져 있으니 畋獵은 진실로 옛날의 예이다. '어찌 밖으로 사냥에 빠져들겠는가.' 한 것은 大禹의 훈계에 보이고, '감히 유람과 사냥에 즐거워하지 않았다.' 한 것은 바로 문왕의 덕이다. 바로 사냥이 비록 옛 제도이지만 이로 인하여 군대를 수고롭게 하고 무력을 과시하고 농사를 해치고 백성을 해침이 있었는데, 하물며 후세에 천자의 거동에 공급이 번거롭고 요구함이 많음에 있어서랴. 太宗은 몸소 친히 군대를 이끌고 승첩의 공을 이루었기 때문에 사냥에 대해서는 진실로 숭상하고 좋아하여 반드시 제도를 따르지 않고 백성을 괴롭게 한 것이 있었을 것이니, 虞世南의 간절한 간언이 태종의 마음을 움직이게 한 것이다.

38-2-1

谷那律①爲諫議大夫하여 嘗從太宗出獵이러니 在途遇雨에 太宗問曰 油衣若爲면 得不漏오하니 對曰 能以瓦爲之면 必不漏矣리이다하니 意欲太宗弗數遊獵②이라 大被嘉納하여 賜帛五十段하고 加以金帶③하다

① 谷那律 : 魏州昌樂人. 貞觀中累遷國子博士, 後遷諫議大夫. 淹識群書, 褚遂良稱爲九經庫.
〈谷那律은〉 魏州 昌樂 사람이다. 貞觀 연간에 여러 번 승진하여 國子博士가 되었고 뒤에 승진하여 諫議大夫가 되었다. 여러 서적에 박식하여 저수량이 九經庫(9경의 창고)라고 칭하였다.

② 意欲太宗弗數遊獵 : 數, 音朔.
數(자주)은 音이 朔이다.

事 則歲三田 一爲乾豆 二爲賓客 三爲充君之庖]"라고 하였다.

11) 外作禽荒 : ≪書經≫ 〈夏書 五子之歌〉에 보인다.

12) 大禹之訓 : 〈五子之歌〉의 '外作禽荒'이라는 말이 五子의 할아버지인 禹의 훈계임을 말한 것이다.

13) 不敢盤于遊田 : ≪書經≫ 〈周書 無逸〉에 '文王不敢盤于遊田'이라고 하였다.

③ 加以金帶 : 按通鑑此事係在高宗永徽元年九月癸亥, 與此異, 而新・舊唐書則同.
살펴보면 《資治通鑑》에는 이 일이 高宗 永徽 元年(650) 9월 癸亥日에 기록되어 있는데 여기와 다르다. 그러나 《舊唐書》와 《新唐書》는 같다.

谷那律이 諫議大夫가 되어 일찍이 太宗을 따라 사냥을 간 적이 있는데 가는 길에 비를 만나자 태종이 "油衣(기름 먹인 雨衣)를 어찌 만들면 비가 새지 않게 할 수 있는가."라고 물었다. 대답하기를 "기와로 만들 수 있다면 반드시 비가 새지 않을 것입니다."라고 하니, 그 의도는 태종이 자주 사냥하지 않기를 바란 것이었다. 크게 嘉納하여 비단 50단을 하사하고 金帶까지 더하였다.

【集論】

唐氏仲友曰 谷那律淹識群書하여 褚遂良嘗稱爲九經庫라 油衣瓦爲不漏之對에 可見質直이라 蓋淹識之士는 難乎質直이라 故三益之友[14)]에 得一已善이어늘 而況兼之者乎아

唐仲友가 말하였다.
"谷那律은 여러 서적에 박식하여 저수량이 九經庫라 칭하였다. 油衣를 기와로 만들면 물이 새지 않을 것이라고 한 대답에서 질박하고 솔직함을 볼 수 있다. 박식한 선비는 진실하고 솔직하기 어렵다. 그러므로 세 가지 유익한 벗에서 하나만 얻어도 이미 훌륭하거늘, 더구나 그것을 겸비한 자야 말할 것이 있으랴."

愚按 家語記孔子之言曰 忠臣之諫君이 有五義焉[15)]이라하고 其五曰 諷諫이라 惟度主以行之니 吾從其諷諫乎인저 夫所以諷諫者는 假他事引援而諫者也라 谷那律은 以儒學之臣으로 居諫議之職하여 以瓦爲衣之對하니 雖過於質直이나 其諷諫之謂乎인저 太宗悅其直而賞賚之하니 是亦從諫之美也라

내가 살펴보건대 《孔子家語》 〈辯政〉에 孔子의 말을 기록하기를 "忠臣이 임금에게

14) 三益之友 : 세 사람의 유익한 벗이라는 뜻이다. 《論語》 〈季氏〉에 "유익한 세 가지 벗이 있고 해로운 세 가지 벗이 있는데, 정직한 벗을 사귀고 진실한 벗을 사귀고 식견이 많은 벗을 사귀면 유익할 것이다.〔益者三友 損者三友 友直 友諒 友多聞 益矣〕"라고 하였다.

15) 忠臣之諫君 有五義焉 : 《孔子家語》 〈辯政〉에 보이는 5가지 간언은 첫째가 '譎諫(휼간)'으로 말을 돌려 넌지시 간하는 것이고, 둘째가 '戇諫(당간)'으로 노골적으로 간하는 것이고, 셋째가 '降諫(강간)'으로 안색을 부드럽게 하여 침착하게 간하는 것이고, 넷째가 '直諫'으로 곧은 말로 간하는 것이고, 다섯째가 '諷諫'으로 다른 것에 비유하며 완곡하게 간하는 것이다.

간하는 것이 다섯 가지 뜻이 있다."라고 하고, "그 다섯 번째가 諷諫이다. 군주를 헤아려 간쟁을 행하는 것이니, 나는 풍간을 따르겠다."라고 하였다. 풍간을 하는 방법은 다른 일을 빌려 인용하여 간언을 하는 것이다. 谷那律은 유학의 신하로서 간언하는 직책에 있으면서 기와로 옷을 만들면 된다고 대답하였으니 비록 질박함과 솔직함에 지나침이 있었으나 풍간을 하였다고 말할 수 있을 것이다. 太宗이 그의 솔직함을 기뻐하여 상을 내려주었으니 이 또한 간언을 따른 아름다움이다.

38-3-1

貞觀十一年에 太宗謂侍臣曰 朕昨往懷州①하니 有上封事者云 何爲恒差山東衆丁하여 於苑內營造잇가 卽日徭役이 似不下隋時하니 懷洛以東에 殘人不堪其命이어늘 而田獵猶數(삭)②하니 驕逸之主也니이다 今者에 復來懷州田獵하니 忠諫不復至洛陽矣③라하니 四時蒐田④은 旣是帝王常禮요 今日懷州에 秋毫不干於百姓이라 凡上書諫正이 自有常準이라 臣貴有詞요 主貴能改나 如斯詆毁는 有似呪詛로다 侍中魏徵이 奏稱호대 國家開直言之路하시니 所以上封事者尤多라 陛下가 親自披閱은 或冀臣言可取니 所以僥幸之士가 得肆其醜라 臣諫其君에 甚須折衷하여 從容諷諫⑤이니 漢元帝⑥嘗以酎祭宗廟⑦로 出便門[16]하여 御樓船이어늘 御史大夫薛廣德⑧이 當乘輿하여 免冠曰 宜從橋니 陛下不聽臣言이면 臣自刎하여 以(剄)〔頸〕[17]血汚車輪⑨하리니 陛下不入廟矣리이다하니 元帝不悅하니 光祿卿張猛이 進曰 臣聞主聖臣直이라하니 乘船危⑩하고 就橋安하니 聖主不乘危니 廣德言可聽이니이다하니 元帝曰 曉人을 不當如是耶아하고 乃從橋[18]하니 以此而言이면 張猛可謂直臣諫君也니이다하니 太宗大悅하다

① 朕昨往懷州 : 今懷慶路, 隷腹裏.[19]
〈懷州는〉 지금 懷慶路이며, 腹裏에 속한다.

② 而田獵猶數(삭) : 音朔.
〈數(자주)은〉 音이 朔이다.

---

16) 便門 : 漢나라 때 長安의 城門 이름이다.

17) (剄)〔頸〕: 저본에 '剄'으로 되어 있는 것을 ≪貞觀政要≫(宏業書局 民國, 1999)에 의하여 바로잡았다. ≪漢書≫ 〈薛廣德列傳〉에는 '臣自刎 以血汗車輪'으로 되어 있어 '頸'이 없다.

18) 漢元帝嘗以酎祭宗廟……乃從橋 : 이 내용은 ≪漢書≫ 〈薛廣德列傳〉에 보인다.

19) 腹裏 : 元나라 때 中書省이 직할하던 지역의 통칭이다.

③ 忠諫不復至洛陽矣：復，音缶.
復(다시)는 音이 缶이다.
④ 四時蒐田：蒐，音搜. 春曰蒐，夏曰苗，秋曰獮(선)，冬曰狩.
蒐는 音이 搜이다. 봄 사냥을 蒐라고 하고, 여름 사냥을 苗라고 하고, 가을 사냥을 獮이라고 하고, 겨울 사냥을 狩라고 한다.
⑤ 從容諷諫：從，卽容切.
從(차분하다)은 卽과 容의 반절이다.
⑥ 漢元帝：名奭.
〈元帝는〉 이름이 奭이다.
⑦ 嘗以酎祭宗廟：酎，音紂，三重釀酒也，味厚，故以薦宗廟.
酎는 音이 紂이며, 세 번 거듭 양조한 술이다. 술맛이 좋았기 때문에 종묘에 올린다.
⑧ 御史大夫薛廣德：字長卿，沛郡人.
〈薛廣德은〉 字가 長卿이며 沛郡 사람이다.
⑨ 以頸血汙車輪：汙，去聲.
汙(더럽히다)은 去聲이다.
⑩ 乘船危：乘，平聲，後同.
乘(오르다)은 平聲이다. 뒤에도 같다.

貞觀 11년(637)에 太宗이 近臣에게 말하였다.

"朕이 어제 懷州에 도착하니, 封事를 올린 자가 말하기를, '어찌하여 늘 山東의 많은 장정들을 차출하여 宮苑 안에서 건축 공사를 하십니까. 현재의 徭役이 隋나라 때보다 적지 않은 듯합니다. 懷州・洛州의 동쪽에 피로한 백성들이 그 명을 감당하지 못하거늘 사냥을 오히려 자주 하시니 교만하고 방종한 군주입니다. 지금 또 회주에 와서 사냥을 하시니 충직한 간언이 다시는 낙양에 이르지 않을 것입니다.'라고 하였소. 사계절에 사냥하는 것은 이미 제왕의 일정한 예법이고, 지금 회주에서는 추호도 백성을 침범하지 않았소. 무릇 글을 올려 간쟁하는 데는 본래 일정한 기준이 있소. 신하는 말을 하는 것을 귀하게 여기고 임금은 과실을 고치는 것을 귀하게 여기나, 이와 같은 비방은 저주하는 것과 비슷하오."

侍中 魏徵이 아뢰었다.

"國家가 直言을 하는 길을 열어놓으시니, 封事를 올리는 것이 더욱 많아졌습니다. 陛下께서 친히 펴서 보시는 것은 혹은 취할 만한 신하의 말이 있을까 기대해서인데, 그런 까닭에 僥幸을 바라는 선비가 추한 말도 마음대로 할 수 있습니다. 신하가 임금에게 간언을 하는 데에는 매우 절충하여 조용히 諷諫을 해야 합니다.

漢나라 元帝가 일찍이 세 번 빚은 술〔酎〕을 가지고 종묘에 제사를 하려고 便門으로 나가서 樓船을 타려고 하였습니다. 이때 御史大夫 薛廣德이 원제의 수레 앞을 막아 冠을 벗고 말하기를 '마땅히 다리로 가셔야 합니다. 폐하께서 신의 말을 듣지 않으시면 신이 스스로 목을 찔러 피를 뿌려 수레바퀴를 더럽힐 것이니, 폐하께서는 종묘에 들어가지 못할 것입니다.'라고 하였습니다. 원제가 기뻐하지 않자, 光祿卿 張猛이 나아가 아뢰기를 '신이 들으니 군주가 훌륭하면 신하가 정직하다고 합니다. 배를 타는 것은 위태롭고 다리로 가는 것은 안전합니다. 성스러운 군주는 위험한 것을 타지 않으니 설광덕의 말을 따라야 합니다.'라고 하였습니다. 원제는 '사람을 깨우치기를 응당 이와 같이 해야 하지 않겠는가.'라고 하고, 마침내 다리를 따라 건넜습니다. 이것으로 말한다면 장맹이 直臣으로 임금에게 간언했다고 말할 만합니다."

태종이 크게 기뻐하였다.

【集論】

愚按 魏徵不取廣德之直言하고 而取張猛之直諫하니 不過順太宗之意而言耳라 蓋嘗聞先儒之言曰 諫者之委曲은 君德未信於人也요 諫者之剴切은 君德已信於人也라 其遜其忤에 言者之得失則二나 在人主爲進德之驗은 則一而已[20]라하니 由此觀之컨대 諫書詆毁有似詛呪나 此正太宗君德信於人之驗也라 若以張猛之諷諫爲是면 則是以漢元之昏庸으로 期太宗耳니 豈責難[21]之道乎리오

내가 살펴보건대 魏徵은 薛廣德의 직언을 취하지 않았고 張猛의 직간을 취하였으니 태종의 뜻에 따라서 말한 것에 불과하다. 일찍이 듣건대 先儒의 말에 "간언하는 이가 완곡하게 諷諫하는 것은 임금의 덕이 아직 사람들에게 믿음을 받지 못한 것이

---

20) 諫者之委曲……則一而已 : ≪東萊集≫ 〈館職策〉에서 초록한 것이다.

21) 責難 : ≪孟子≫ 〈離婁 上〉에 "어려운 일을 하도록 임금에게 요구하는 것을 恭이라 이르고, 善道를 개진하여 임금의 邪心을 막는 것을 敬이라 이르고, '우리 임금님은 가능하지 못하다.'고 하는 것을 賊이라 이른다.〔責難於君謂之恭 陳善閉邪謂之敬 吾君不能謂之賊〕"라고 하였다.

고, 간언을 하는 이가 절실하게 規諫하는 것은 임금의 덕이 이미 사람들에게 믿음을 받은 것이다. 임금의 뜻에 공손하거나 거스르는 것에 있어서 말하는 자의 득실은 두 가지이지만 임금을 덕으로 나가게 하는 증험에 있어서 동일한 것이다."라고 하였다. 이로 말미암아 살펴보건대 간언하는 글에서 비방하는 것이 저주와 비슷한 점이 있지만, 이것이 바로 태종의 덕이 사람에게 믿음을 받고 있다는 증험이다. 만약 張猛의 諷諫을 옳다고 한다면 이는 한나라 원제의 어두움을 태종에게 기대하는 것이니, 어찌 임금에게 어려운 일을 권하게 하는 방법이겠는가.

38-4-1

貞觀十四年에 太宗幸同州①沙苑하여 親格猛獸하고 復晨出夜還(선)②이어늘 特進魏徵이 奏言호대 臣聞호대 書美文王不敢盤于遊田③[22]하고 傳述虞箴稱夷羿(예)[23]以爲戒④하니이다 昔漢文臨峻坂欲馳下어늘 袁盎⑤攬轡曰 聖主不乘危⑥하고 不徼幸하니이다 今陛下騁六飛⑦하여 馳不測之山하시니 如有馬驚車敗면 陛下縱欲自輕이나 奈高廟何⑧[24]오하고 孝武好格猛獸⑨어늘 相如進諫호대 力稱烏獲(획)⑩[25]하고 捷言慶忌⑪하니 人誠有之어니와 獸亦宜然하니 猝遇逸材之獸하여 駭不存之地면 雖烏獲逢(방)蒙之伎⑫라도 不得用하고 而枯木朽株가 盡爲難矣니 雖萬全而無患이라도 然而本非天子所宜⑬[26]라하고 孝元帝郊泰畤⑭할새 因留射獵이어늘 薛廣德⑮稱호대 竊見關東困極하고 百姓離災커늘 今日撞亡秦之鍾하고 歌鄭衛之樂하며 士卒暴露하고 從官勞倦⑯[27]하니 欲安宗廟社稷에 何憑河暴虎[28]를 未之戒也[29]오하니 臣竊思此數帝가 心豈木石이라

---

22) 文王不敢盤于遊田 : ≪書經≫ 〈周書 無逸〉에 보인다.

23) 夷羿(예) : 后羿를 말한다. 夏나라 有窮의 임금으로 이름이 羿이고, 東夷에 살았으므로 夷羿라고 일컫는다. 太康이 無道하여 夏나라가 쇠약해지자 예가 하나라 정권을 차지했으나 사냥에 빠져 정무를 닦지 않아 신하 寒浞에게 죽임을 당하였다. ≪春秋左氏傳 襄公 4년≫

24) 漢文臨峻坂欲馳下……奈高廟何 : ≪史記≫ 〈袁盎列傳〉에 보인다.

25) 烏獲(획) : 獲은 음이 '획'과 '확' 등으로 혼용되고 있으나, ≪佩文韻府≫에서는 入聲 11陌韻에 분류하고 '後獲'·'烏獲' 등을 용례로 제시하였으므로, '得'의 뜻에 해당하는 '획'으로 독음해야 한다. '확'은 '困迫失志'·'隕獲'의 뜻으로, 入聲 10藥韻이다.

26) 力稱烏獲……然而本非天子所宜 : ≪史記≫ 〈司馬相如列傳〉에서 줄여 쓴 것이다.

27) 薛廣德稱……從官勞倦 : ≪漢書≫ 〈薛廣德列傳〉에 보인다.

28) 憑河暴虎 : ≪詩經≫ 〈小雅 小旻〉의 "감히 맨손으로 호랑이를 잡지 않고 감히 배 없이 강을 건너지 않는다.〔不敢暴虎 不敢馮河〕"에서 유래한 것이다.

獨不好馳騁之樂⑰이리오 **而割情屈己**하여 **從臣下之言者**는 **志存爲國**⑱이요 **不爲身也**니 **臣伏聞車駕近出**하여 **親格猛獸**하고 **晨往夜還**이라하니 **以萬乘之尊**으로 **闇行荒野**하여 **踐深林**하며 **涉豐草**하니 **甚非萬全之計**라 **願陛下割私情之娛**하시고 **罷格獸之樂**하사 **上爲宗廟社稷**하시고 **下慰群寮兆庶**하소서하니 **太宗**이 **曰 昨日之事**는 **偶屬塵昏**하니 **非故然也**라 **自今深用爲誡**하노라

① 太宗幸同州：今仍舊, 隸陝西.
〈同州는〉 지금 옛날 그대로이고 陝西에 속한다.

② 復晨出夜還：音旋, 後同.
〈還(발길 돌리다)은〉 音이 旋이다. 뒤에도 같다.

③ 美文王不敢盤於遊田：周書曰 "文王不敢盤于遊田, 以庶邦惟正之供."
≪書經≫ 〈周書 無逸〉에 말하기를 "文王이 감히 유람과 사냥을 즐기지 아니하여 각 제후국에서 납부하는 경상 공물만 받으셨다." 하였다.

④ 稱夷羿以爲戒：傳, 去聲. 左傳 "魏絳告晉侯曰 '昔虞人之箴曰「在帝夷羿, 冒于原獸.」虞箴如是, 可不懲乎.'"
傳(기록)은 去聲이다. ≪春秋左氏傳≫ 襄公 4년에 "魏絳이 晉侯에게 고하였다. '옛날에 虞人(사냥을 맡은 관리)의 경계하는 글에 「夷羿는 천자가 되어 사냥만을 탐하였다.」라고 하였습니다. 虞人의 경계하는 글이 이와 같으니 경계하지 않아서야 되겠습니까.'" 하였다.

⑤ 袁盎：楚人, 漢文帝時爲中郎將.
〈袁盎은〉 楚나라 사람이고 漢 文帝 때에 中郎將이 되었다.

⑥ 聖主不乘危：乘, 平聲.
乘(타다)은 平聲이다.

⑦ 今陛下騁六飛：馬名.
〈六飛는〉 말 이름이다.

⑧ 文馳不測之山……奈高廟何：文帝從霸陵上, 欲西馳下峻坂, 袁盎諫. 帝曰 "將軍怯耶." 盎曰 "臣聞千金之子不垂堂, 百金之子不倚衡云云." 帝乃止.[30)]
文帝가 霸陵에서 서쪽으로 가파른 비탈을 달려 내려가려고 하자 袁盎이 간언을 하였다. 문제가 말하기를 "將軍은 겁나는가?" 하니, 원앙은 말하기를 "신이 듣건대, 千金을 가진 집의 아들은 당의 마루 끝에 앉지 않는다 하고, 百金을 가진 집의 아들은 수레 앞의 횡목에 기대지 않는다고 하였습니다.……" 하였다. 이에 문제가 마침내 그쳤다.

⑨ 孝武好格猛獸：好, 去聲, 後同.
好(좋아하다)는 去聲이다. 뒤에도 같다.

---

29) 欲安宗廟社稷……未之戒也：≪漢書≫ 〈匡衡列傳〉에 보인다.
30) 文帝從霸陵上……帝乃止：≪史記≫ 〈袁盎列傳〉에 보인다.

⑩ 力稱烏獲(획)：秦武王力士, 擧龍文鼎者.
〈烏獲은〉 秦 武王의 力士인데, 龍文鼎을 들은 사람이다.
⑪ 捷言慶忌：吳王僚之子, 射能捷矢.
〈慶忌는〉 春秋時代 吳王 僚의 아들인데 활을 쏘면 화살이 빨랐다.
⑫ 雖烏獲逄(방)蒙之伎：逄, 音龐. 逄蒙, 古之善射者.
逄은 音이 龐이다. 逄蒙은 옛날에 활을 잘 쏘는 사람이다.
⑬ 雖萬全……本非天子所宜：事見首章註.
일이 첫 장 주에 보인다.
⑭ 孝元帝郊泰畤：郊祀之壇曰畤.
郊祀를 지내는 단을 畤라고 한다.
⑮ 薛廣德：字長卿, 沛郡人. 時爲長信少府御史大夫.
〈薛廣德은〉 字가 長卿이며 沛郡 사람이다. 당시에 長信少府 御史大夫가 되었다.
⑯ 從官勞倦：從, 去聲.
從(수행하다)은 去聲이다.
⑰ 獨不好馳騁之樂：音洛, 後同.
〈樂(즐겁다)은〉 音이 洛이다. 뒤에도 같다.
⑱ 志存爲國：爲, 去聲, 後同.
爲(때문에)는 去聲이다. 뒤에도 같다.

貞觀 14년(640)에 太宗이 同州의 沙苑에 행차하여 직접 맹수를 쳐서 잡고 또 이른 아침에 나가서 밤늦게 발길을 돌리거늘 特進 魏徵이 상주하였다.

"신이 듣기에 ≪書經≫에는 周 文王이 유람과 사냥을 즐기지 않은 것을 칭송하였으며, ≪春秋左氏傳≫에는 虞人의 箴에서 夏后 夷羿를 일컬어 경계한 것을 기술하였습니다.

옛날 漢 文帝가 가파른 비탈에 임하여 달려 내려가려고 하자 袁盎이 말고삐를 잡고 말하기를 '聖主는 위험한 것을 타지 않고 요행을 바라지 않습니다. 지금 폐하께서는 六飛를 몰아 예측하지 못할 산속을 달리고자 하시니, 만일 말이 놀라고 수레가 부서지면 폐하께서는 스스로 목숨을 가볍게 여기신다고 하더라도 高廟(高祖 劉邦의 사당)는 어찌하시렵니까.'라고 하였습니다.

孝武帝가 직접 맹수를 쳐서 잡는 것을 좋아하자 司馬相如가 간언하기를 '힘으로는 烏獲(오획)을 말하고 민첩함으로는 慶忌를 말하는데, 사람 중에 참으로 이러한 자가 있습니다만 금수도 또한 그러합니다. 졸지에 자신의 몸을 보전할 수 없는 곳에서 힘이 세고 재빠른 짐승을 만나 놀라게 되면 비록 오획이나 逢蒙(방몽)의 기량이라도 쓸 수 없어서 고목이나 썩은 그루터기조차도 모두 환난이 될 것입니다. 비록 만전을 기하여 우환이 없게 하더라도 본래 천자가 마땅히 할 것이 아닙니다.'라고 하였습니다.

漢 文帝가 탄 수레의 고삐를 잡고 간언을 하는 袁盎(≪帝鑑圖說≫)

孝元帝가 泰畤에서 郊祭를 지내고 이어서 그곳에 머무르며 사냥을 하였는데, 薛廣德이 말하기를 '삼가 보건대 關東 지역이 매우 곤궁하고 백성이 재해를 만났는데, 폐하께서는 오늘 멸망한 秦나라의 종을 쳐 연주하시고 음탕한 鄭나라와 衛나라의 음악을 노래하시며, 따르는 사졸들은 風餐露宿을 하고 수행하는 관리들은 피로함에 지쳐 있습니다. 종묘와 사직을 안정시키려고 하시면서 어찌 황하를 맨몸으로 건너고 호랑이를 맨손으로 잡는 무모한 일은 경계하지 않으십니까.'라고 하였습니다.

신이 삼가 생각건대 이들 황제의 마음이 어찌 목석이어서 유독 말을 달려 사냥하는 즐거움을 좋아하지 않겠습니까. 그러나 그 감정을 버리고 자기의 뜻을 굽혀 신하의 간언을 따르는 것은 뜻이 나라를 위하는 데에 있고, 자신을 위하는 데 있지 않기 때문입니다. 신이 삼가 듣건대 폐하께서 근래에 밖으로 나가 직접 맹수를 쳐서 잡고, 아침에 나갔다가 밤늦게서야 발길을 돌리신다고 하니, 천자의 존귀한 신분으로 어둠 속에서 거친 들판을 돌아다니시어 깊은 숲을 걷고 무성한 초목을 밟으시니 매우 만전의 계책이 아닙니다. 원하건대 폐하께서는 개인적으로 좋아하는 것을 버리시고 맹수를 쳐서 잡는 즐거움을 그치시어, 위로는 종묘사직을 위하고 아래로는 백관들과 백성들을 위로하소서."

태종이 말하였다.

"어제의 일은 우연히 정신이 혼몽했었던 것이지 일부러 그렇게 한 것은 아니오. 이제부터는 깊이 경계하겠소."

【集論】

愚按 魏徵諫獵之辭는 援古監今이 惓惓忠篤하여 比虞世南奏疏尤爲懇至切到하니 足以儆動其君之聽이라 塵昏之語는 太宗烏得不爲之感悟哉리오 若魏徵者는 可謂能引君於道矣하다

내가 살펴보건대 魏徵이 사냥에 대해 간언한 말은 옛날 일을 끌어다가 지금의 일을 살피는 것이 정성스럽고 독실하여 虞世南의 상소에 견주어 더욱더 간절하니, 임금의 聽聞을 경계시키기에 충분하였다. 혼몽하다는 말은 太宗이 어찌 느껴 깨닫지 않을 수 있겠는가. 위징과 같은 이는 임금을 道로 잘 이끌었다고 말할 만하다.

38-5-1

貞觀十四年冬十月에 太宗將幸櫟(약)陽①遊畋이러니 縣丞劉仁軌②가 以收獲未畢하여 非人君順動之時라하여 詣行所하여 上表切諫한대 太宗이 遂罷獵하고 擢拜仁軌新安令③하다④

① 太宗將幸櫟(약)陽 : 櫟, 音藥. 櫟陽, 今爲咸寧縣, 屬奉元路.
　櫟은 音이 藥이다. 櫟陽은 지금 咸寧縣이니, 奉元路에 속한다.

② 縣丞劉仁軌 : 字正則, 汴州人. 初爲陳倉尉, 部人魯寧爲折衝都尉, 豪縱犯法, 縣莫敢屈, 仁軌榜殺之. 太宗召詰責仁軌, 曰"寧辱臣, 臣故殺之." 帝以爲剛直, 擢咸陽丞.[31] 累遷給事中, 武

31) 初爲陳倉尉……擢咸陽丞 : 이 내용은 ≪新唐書≫ 〈劉仁軌列傳〉에 보인다.

后時拜僕射(야).

〈劉仁軌는〉 字가 正則이며 汴州 사람이다. 과거에 陳倉尉가 되었는데, 部下 魯寧이 折衝都尉가 되어서 멋대로 법을 범하는데도 縣에서 감히 굴복시키지 못하자, 유인궤가 그를 매질하여 죽였다. 태종이 유인궤를 불러 힐책하자 말하기를 "노녕은 치욕스러운 신하이니, 신이 이 때문에 그를 죽였습니다."라고 하였다. 태종이 강직하다고 여기고 발탁하여 咸陽丞으로 삼았다. 여러 번 승진하여 給事中이 되었고, 則天武后 때에 僕射에 임명되었다.

③ 擢拜仁軌新安令 : 新安, 縣名, 今仍舊, 隸河南府路.

新安은 縣 이름이니, 지금 옛날 그대로 河南府路에 속한다.

④ 貞觀十四年……新安令 : 按史傳 "太宗校獵同州, 仁軌諫曰 '今玆澍(주)澤霑足, 百穀熾茂, 收纔十二. 常日贅(췌)調, 已有所妨, 又供獵事, 繕橋治道, 役雖簡省, 猶不損數萬. 少延一旬, 使場圃畢勞, 陛下六飛徐驅, 公私交泰.' 上璽書褒納, 拜新安令."

살펴보건대 ≪新唐書≫ 〈劉仁軌列傳〉에 "太宗이 同州에서 짐승을 포위하여 사냥하였는데 劉仁軌가 간하기를 '올해 빗물이 충분히 스며들어 모든 곡식이 매우 무성하였으나 수확한 것은 겨우 10분의 2에 지나지 않았습니다. 평일에 壯丁을 징발하는 것이 이미 농사에 방해되고, 또 사냥하는 일을 받들고자 다리를 수리하고 길을 고치니, 부역이 비록 간략하다고 해도 〈소요되는 인원이〉 여전히 수만을 밑돌지 않습니다. 일정을 조금 늦추어서 타작장의 고된 일을 마치게 하고 나서 폐하께서 六飛(천자 수레의 말)를 타고 천천히 오신다면 공적으로나 사적으로나 편할 것입니다.'라고 하였다. 태종이 칙서를 내려 포상하여 받아들이고 新安縣令에 임명하였다." 하였다.

貞觀 14년(640) 겨울 10월에 太宗이 櫟陽에 행차하여 사냥을 하려고 하였다. 縣丞 劉仁軌는 농사 수확이 끝나지 않아서 군주가 순리에 따라 거동할 때가 아니라고 하여 行在所로 가서 表를 올려 간절히 간언하였다. 태종은 드디어 사냥을 정지하고 유인궤를 발탁하여 新安縣令으로 삼았다.

【集論】

愚按 劉仁軌는 一縣丞耳어늘 而能效一言之忠하여 動萬乘之聽하니 其忠君愛民之心은 有侍從之臣도 所未能者하니 可不謂難乎哉아 蓋仁軌는 嘗爲陳倉尉어늘 太宗以其剛直으로 擢咸陽丞하니 則其受知於太宗은 有由來矣라 然非太宗有從諫之美와 樂善之誠이면 則仁軌雖有剛直之操라도 將安所施哉아 適足以獲罪而已矣라 仁軌는 官由州縣而致宰相이니 善致聲譽하고 得吏民懽心하고 爲史傳所稱美하니 出宰百里者는 可不知所效法邪아

내가 살펴보건대 劉仁軌는 일개 縣丞일 뿐인데 충성스러운 한마디 말을 바쳐서 천

자의 聽聞을 감동시켰다. 임금에게 충성하고 백성을 사랑하는 마음은 侍從하는 신하도 잘해내지 못하는 것이니 어렵다고 하지 않겠는가. 유인궤는 일찍이 陳倉尉가 된 적이 있었는데 太宗은 그가 강직하다고 하여 咸陽丞으로 발탁하였으니, 그가 태종에게 知遇를 받은 것은 유래가 있었던 것이다. 그러나 태종이 간언을 따르는 아름다움과 선을 즐기는 진실함이 있지 않았다면 유인궤가 비록 강직한 지조가 있더라도 어디에다 베풀 것인가. 다만 죄를 얻기에 충분할 따름이다. 유인궤는 관직이 州縣에서 시작하여 宰相에 이르렀으니 명예를 잘 이루었고, 관리와 백성들의 환심을 얻어서 역사 史傳에 칭송을 받았으니, 지방관으로 나가는 자가 본받을 줄 몰라서야 되겠는가.

제39편 論災祥　災異와 祥瑞를 논하다

이 편에서는 재이와 상서에 대한 太宗의 견해와 행적을 논하고 있다. 貞觀 6년(632)에 상서를 아름다운 일이라 하여 신하들이 축하하는 表文을 올리자, 태종은 천하가 태평하면 비록 상서가 없어도 堯舜의 덕에 비할 수 있으니, 상서로운 일들을 모두 上奏하지 않도록 하라고 하였다. 정관 8년(634)에 隴右의 산이 무너지고 큰 뱀이 자주 보이고, 山東과 江水·淮水 지방에 홍수가 잦았는데, 虞世南은 뱀이 산택에 나타난 것은 괴이할 것이 없고, 산동의 비는 일상적인 것이지만 음기가 너무 오래 지속된 것은 억울하게 옥살이를 하는 자가 있기 때문이니, 마땅히 죄수를 잘 살펴야 한다고 하였다. 정관 8년에 彗星이 남방에 나타나자, 虞世南과 魏徵은 교만하지 않고 덕을 닦는다면 혜성과 같은 이변이 나타난다고 해도 걱정거리가 못 된다고 간언하였다. 정관 11년(637)에 홍수가 나자, 岑文本은 상소를 올려 평소에 나라를 다스리는 떳떳한 도리를 게을리 하지 않는 것이 중요하다고 간언하였다.

凡四章.
모두 4장이다.

39-1-1

貞觀六年에 **太宗**이 **謂侍臣曰 朕**이 **比見衆議**① 하니 **以祥瑞爲美事**하여 **頻有表賀慶**하니 **如朕本心**은 **但使天下太平**하여 **家給人足**이면 **雖無祥瑞**라도 **亦可比德於堯舜**이요 **若百姓不足**하며 **夷狄內侵**이면 **縱有芝草**가 **遍街衢**하고 **鳳凰**이 **巢苑囿**나 **亦何異於桀紂**리오 **嘗聞石勒時**② 에 **有郡吏**가 **燃連理木**[1]하여 **煮白雉肉喫**(끽)하니 **豈得稱爲明主耶**아 **又隋文帝**가 **深愛祥瑞**하여 **遣秘書監王劭**하여 **著**(착)**衣冠**하고 **在朝堂**하여 **對考使**③ 에 **焚香**하고 **讀皇隋感瑞經**④ 하니 **舊嘗見傳說此事**에 **實以爲可笑**라 **夫爲人君**⑤ 은 **當須至公理天下**하여 **以得萬姓之懽心**이니 **若堯舜在上**이어든 **百姓敬之如天地**하며 **愛之如父母**하여 **動作興事**에 **人皆樂之**⑥ 하고 **發號施令**⑦ 에 **人皆悅之**하리니 **此是大祥瑞也**라

---

1) 連理木 : 連理枝로 두 나무가 결합되어 하나의 가지가 된 나무로, 진기한 상서로움으로 여긴다.

自此後諸州所有祥瑞를 竝不用申奏⑧하라

① 朕比見衆議：比, 音鼻.
比(근래)는 音이 鼻이다.

② 嘗聞石勒時：石勒, 上黨匈奴人. 晉元帝時據襄國稱帝, 是爲後趙.
石勒은 上黨의 匈奴人이다. 晉 元帝 때에 襄國(廣平郡의 縣)을 근거지로 삼아 帝라고 칭하였는데 이것이 後趙이다.

③ 在朝堂對考使：去聲.
〈使(사신)는〉 去聲이다.

④ 讀皇隋感瑞經：隋文帝好禨祥小數, 王劭言上受命符瑞甚衆, 又採歌謠圖讖佛經文字, 曲加誣飾, 撰皇隋靈感志三十卷. 上令宣示天下. 劭集諸州朝集使, 盥手焚香, 閉目讀之, 曲折有聲, 如歌詠. 經旬朔始徧, 上益喜, 賞賜優洽.[2)]
隋 文帝는 禨祥(복을 빎)과 小數(術數)를 좋아하니, 王劭는 文帝가 天命을 받은 符書(상서로운 징조)가 심히 많다고 말하고, 또 歌謠·圖讖·佛經·文字를 채집하고 왜곡하여 허황된 치장을 더하여 ≪皇隋靈感志≫ 30권을 지었다. 문제가 명령하여 천하에 반포하였다. 왕소가 여러 州의 朝集使(지방 행정을 조정에 모여 보고하는 사신)를 모아놓고 손을 씻고 향을 피우고 눈을 감고 이 책을 읽게 하니, 곡절에 소리가 있어 노래하는 것 같았다. 얼마 지나서 비로소 널리 퍼지니 문제가 더욱 기뻐하며 상을 넉넉하게 내려주었다.

⑤ 夫爲人君：夫, 音扶.
夫(발어사)는 音이 扶이다.

⑥ 人皆樂之：樂, 音洛.
樂(즐겁다)은 音이 洛이다.

⑦ 發號施令：施, 平聲.
施(베풀다)는 平聲이다.

⑧ 貞觀六年……竝不用申奏：按通鑑係貞觀二年, 又曰 "嘗有白鵲構巢於寢殿槐上, 合歡如腰鼓,[3)] 左右稱賀. 上曰 '我嘗笑隋煬帝好祥瑞, 瑞在得賢, 此何足賀.' 命毁其巢於野外."
살펴보건대, ≪資治通鑑≫ 貞觀 2년(628)에 또 말하기를 "일찍이 길조인 흰 까치가 침전 곁의 느티나무 위에 둥지를 튼 적이 있었는데 그 둥지가 화합하고 즐거워함이 腰鼓(북의 일종)와 같다고 측근들이 축하하였다. 태종이 말하기를, '내가 일찍이 隋 煬帝가 祥瑞를 좋아한다고 비웃은 적이 있다. 상서는 어진 사람을 얻는 데에 달려 있으니 이것이 어찌 축하할 만한 것이겠는가.'라고 하고 명하여 그 둥지를 야외에서 헐라고 했다." 하였다.

貞觀 6년(632)에 太宗이 近臣에게 말하였다.

---

2) 又採歌謠圖讖佛經文字……賞賜優洽：≪隋書≫ 〈王劭列傳〉에 보인다.
3) 合歡如腰鼓：≪舊唐書≫ 〈五行志〉에는 '其巢合歡如腰鼓'로 되어 있어 '其巢'가 더 있다.

"짐이 근래에 여러 사람의 의견을 살펴보니 상서로운 조짐을 아름다운 일이라 하여 자주 축하 表文을 올리고 있소. 짐의 본심은 단지 천하가 태평하여 집집마다 넉넉하고 사람마다 풍족하게 된다면 비록 상서로운 조짐이 없다고 할지라도 또한 堯舜의 덕에 비견할 수 있다고 생각하오. 만일 백성의 衣食이 부족하며 오랑캐가 침략한다면 비록 靈芝草가 거리에 널려 있고 봉황새가 동산에 둥지를 만들더라도 또한 어찌 桀紂와 다름이 있겠소.

일찍이 들으니 石勒 당시에 郡의 관리가 連理木을 태워 흰 꿩을 삶아 먹었다고 하는데, 어찌 현명한 군주라고 하겠소. 또 隋 文帝는 상서로운 조짐을 매우 좋아하여, 秘書監 王劭를 보내서 의관을 차려 입고 朝堂에서 考使(朝集使)를 대면할 때 향을 피우고 《皇隋感瑞經》을 읽게 하였소. 이전에 《隋書》〈王劭列傳〉에서 이 일을 본 적이 있는데 실로 가소로웠소.

무릇 군주는 모름지기 지극히 공정함으로 천하를 다스려 모든 백성의 환심을 얻어야 하니, 堯舜처럼 제왕의 자리에 있는다면 백성들이 天地처럼 공경하며, 부모처럼 사랑하여 일을 일으킬 적에 사람들이 모두 즐거워하고, 명령을 시행할 적에 사람들이 모두 기뻐할 것이니 이것이 큰 상서로움이오. 지금 이후로는 여러 州에서 일어나는 상서로운 조짐을 모두 上奏하지 않도록 하시오."

【集論】

愚按 聖人之作春秋也에 祥瑞不書하고 惟災異書하니 豈無意哉리오 夫春秋二百四十二年之間에 豈無祥瑞而不書리오 而有年大有年[4)]之書가 兩見(현)於經하니 蓋聖人特筆也라 太宗以聰明之資로 克勤于政하여 不以祥瑞爲祥瑞하고 而以堯舜之政化爲大祥瑞하니 豈無見而然哉리오 嘗觀文公朱子通鑑綱目한대 貞觀一代엔 皆不見祥瑞之書라가 惟貞觀四年에 以大有年으로 書錄其外戶不閉家給人足斗米三錢之美[5)]하니 斯祥瑞之大者歟인저 然則太宗之爲此言也는 非苟言之요 實允蹈之矣라

내가 살펴보건대 聖人이 《春秋》를 지으실 적에 상서로운 조짐을 기록하지 않고 오직 災異만을 기록하였으니 어찌 뜻이 없겠는가. 《춘추》 242년 동안에 어찌 상서

4) 有年大有年 : '有年'은 《春秋》 桓公 3년, '大有年'은 《춘추》 宣公 16년에 보인다.

5) 以大有年……斗米三錢之美 : '大有年'은 《資治通鑑綱目》의 綱, '外戶不閉'와 '斗米三錢'은 《자치통감강목》의 目에 보인다.

로운 조짐이 없어서 기록하지 않았겠는가. 그러나 有年(豐年)・大有年(大豐年)의 기록이 두 번 經文에 보이니, 성인이 특별히 쓴 것이다.

太宗은 총명한 자질로 정사에 부지런하여 상서로운 조짐을 상서로운 조짐으로 삼지 않고 堯舜의 정치 교화를 큰 상서로움으로 삼았으니 어찌 식견이 없어 그렇게 했겠는가. 일찍이 朱文公(朱熹)의 ≪資治通鑑綱目≫을 본 적이 있었는데 貞觀의 시대에는 모두 상서로움을 기록한 글이 보이지 않다가 오직 정관 4년에 '大有年'이라 한 것으로 '바깥 대문을 닫지 않고 집집마다 넉넉하며 사람마다 풍족하고 쌀 한 말이 3錢이다.'라는 아름다움을 기록하였으니, 이것이 큰 상서로움이다. 그렇다면 太宗이 이 말을 한 것은 구차하게 말한 것이 아니고 진실로 실천한 것이다.

39-2-1

貞觀八年에 **隴右山崩**하고 **大蛇屢見**(현)①하고 **山東及江淮多大水**어늘 **太宗以問侍臣**한대 **秘書監虞世南對曰 春秋時**에 **梁山崩**②이어늘 **晉侯召伯宗而問焉**③한대 **對曰 國主山川**이라 **故山崩川竭**하면 **君爲之不擧樂**하고 **降服乘縵**④하고 **祝幣**[6] **以禮焉**하나니 **梁山**은 **晉所主也**니이다하니 **晉侯從之**라 **故得無害**⑤라 **漢文帝元年**에 **齊楚地二十九山**이 **同日崩**하고 **水大出**이어늘 **令**⑥**郡國**으로 **無來獻**하고 **施**⑦**惠於天下**하니 **遠近歡洽**[7]하여 **亦不爲災**하고 **後漢靈帝時**에 **青蛇見御座**[8]하고 **晉惠帝時**에 **大蛇長三百步**가 **見齊地**하여 **經市入朝**[9]하니 **按蛇宜在草野而入市朝**하니 **所以爲怪耳**라 **今蛇見山澤**은 **蓋深山大澤**에 **必有龍蛇**니 **亦不足怪**요 **又山東之雨**는 **雖則其常**이나 **然陰潛過久**하니 **恐有冤獄**이라 **宜斷省繫囚**면 **庶或當天意**요 **且妖不勝德**[10]하나니 **修德**하면 **可以銷變**하리이다하니 **太宗以爲然**하여 **因遣使者**⑧하여 **賑恤饑餒**하고 **申理冤訟**하니 **多所原宥**하다

① 大蛇屢見(현) : 見, 音現, 後同.
見(뵙다)은 音이 現이다. 뒤에도 같다.

---

6) 祝幣 : 祭祀 때에 祭品으로 쓰는 玉帛이다.

7) 齊楚地二十九山……遠近歡洽 : ≪漢書≫ 〈文帝紀〉에 보인다.

8) 青蛇見御座 : ≪後漢書≫ 〈五行志〉 '熹平 元年'에 보인다.

9) 大蛇長三百步 見齊地 經市入朝 : ≪晉書≫ 〈五行 下〉 '惠帝 元康 5년'에서 초록한 것인데, 뱀의 길이가 '長十餘丈'이라 하여 '長三百步'와 다르게 되어 있다.

10) 妖不勝德 : ≪史記≫ 〈殷本紀〉에 보인다.

② 梁山崩 : 梁山, 晉地.
梁山은 晉나라 땅이다.

③ 晉侯召伯宗而問焉 : 晉侯, 景公, 名孺. 伯宗, 晉大夫.
晉侯는 景公이며, 이름은 孺이다. 伯宗은 晉나라 大夫이다.

④ 降服乘縵 : 乘, 平聲. 縵, 音漫. 謂乘車之無飾文者.
乘(수레)은 平聲이고, 縵(무늬가 없다)은 音이 漫이니, 〈乘縵은〉 수레에 장식이 없는 것을 말한다.

⑤ 故得無害 : 事見左傳成公五年.
이 일은 ≪春秋左氏傳≫ 成公 5년에 보인다.

⑥ 令 : 平聲.
〈令(하여금)은〉 平聲이다.

⑦ 施 : 平聲.
〈施(베풀다)는〉 平聲이다.

⑧ 因遣使者 : 使, 去聲.
使(사신)는 去聲이다.

貞觀 8년(634)에 隴右의 산이 무너지고 큰 뱀이 자주 보였고, 山東과 江淮 지방에 홍수가 잦았다. 太宗이 近臣에게 묻자, 秘書監 虞世南이 대답하였다.

"춘추시대에 梁山이 무너졌는데 晉侯가 伯宗을 불러 묻자 대답하기를 '국가는 산천에 제사를 지내므로 산이 무너지고 하천이 마르면 군주는 음악을 연주하지 않고, 의복을 간소하게 입으며 수레에 장식을 하지 않고, 제사 지내는 玉帛으로 禮를 올렸습니다. 양산은 晉나라가 제사 지내는 산입니다.'라고 하니, 진후가 이를 따랐기 때문에 피해가 없게 되었습니다. 漢 文帝 元年(B.C. 179)에는 齊와 楚 지역에 있는 29개의 산이 같은 날에 무너지고 큰 홍수가 있었습니다. 이에 郡國으로 하여금 와서 공물을 바치는 일을 없애고, 천하에 은혜를 베푸니 원근의 사람들이 즐겁게 화합하여 또한 재해가 되지 않았습니다. 後漢 靈帝 때에는 청색 뱀이 어좌에 나타났고, 晉 惠帝 때에는 길이가 300步나 되는 큰 뱀이 齊 지역에 나타나 시장을 지나서 조정으로 들어갔습니다. 살펴보건대 뱀은 초야에 있어야 하는데, 시장과 조정에 들어왔으니 괴이하게 여겼을 뿐입니다. 지금 뱀이 산택에 나타난 것은 깊은 산과 큰 못에 반드시 용과 뱀이 있는 것이니, 또한 괴이할 것이 못 됩니다. 그리고 산동의 비는 비록 일상적인 것이지만 음기가 너무 오래 지속되니, 아마도 억울한 옥사가 있기 때문입니다.

마땅히 죄수를 잘 살펴서 판결한다면 거의 혹은 하늘의 뜻에 합당할 것입니다. 게다가 요사스러움은 덕을 이길 수 없으니, 오직 덕을 닦는다면 이변이 사라질 것입니다."

태종의 그것을 옳다고 여기고 이어서 사자를 보내 굶주린 자를 구제하고, 억울한 사람의 송사를 심리하게 하니, 사면을 받은 자가 많았다.

39-3-1

貞觀八年에 **有彗星見于南方**①하니 **長六丈**②이요 **經百餘日乃滅**이어늘 **太宗謂侍臣曰 天見彗星**하니 **由朕之不德**이 **政有虧失**이라 **是何妖也**아 **虞世南對曰 昔齊景公**③**時彗星見**이어늘 **公問晏子**④한대 **晏子對曰 公穿池沼**에 **畏不深**하고 **起臺榭**(사)에 **畏不高**하고 **行刑罰**에 **畏不重**하니 **是以天見彗星**하여 **爲公戒耳**니이다하니 **景公懼而修德**하니 **後十六日而星沒**⑤[11]하니이다 **陛下若德政不修**면 **雖麟鳳數見**⑥이라도 **終是無益**이요 **但使朝無闕政**하고 **百姓安樂**⑦이면 **雖有災變**이나 **何損於德**이리오 **願陛下**는 **勿以功高古人而自矜大**하시고 **勿以太平漸久而自驕逸**하사 **若能終始如一**하시면 **彗見未足爲憂**리이다하니 **太宗曰 吾之理國**이 **良無景公之過**나 **但朕年十八**에 **便爲經綸王業**⑧하여 **北剪劉武周**하고 **西平薛擧**하고 **東擒竇建德王世充**하여 **二十四而天下定**하고 **二十九而居大位**하니 **四夷降**(항)**伏**⑨하고 **海內乂安**이라 **自謂古來英雄撥亂之主**는 **無見及者**라하여 **頗有自矜之意**하니 **此吾之過也**라 **上天見變**이 **良爲是乎**인저 **秦始皇平六國**하고 **隋煬帝富有四海**에 **旣驕且逸**하여 **一朝而敗**하니 **吾亦何得自驕也**리오 **言念於此**에 **不覺惕然震懼**로다하니 **魏徵**이 **進曰 臣聞自古帝王**이 **未有無災變者**로되 **但能修德**이면 **災變自銷**니이다 **陛下**가 **因有天變**하여 **遂能戒懼**하고 **反覆思量**⑩하여 **深自剋責**하시면 **雖有此變**이나 **必不爲災也**리이다

① 有彗星見于南方：彗, 徐醉切. 見, 音現, 後同. 彗星, 妖星也, 其狀如篲(추).
彗(살별)는 徐와 醉의 반절이다. 見(뵙다)은 音이 現이니, 뒤에도 같다. 彗星은 妖星이며 그 모양이 비〔篲〕와 같다.

② 長六丈：一作六尺.
六丈은 어느 본에는 六尺으로 되어 있다.

---

11) 昔齊景公時彗星見……後十六日而星沒：≪新唐書≫ 〈虞世南列傳〉에 보인다.

③ 昔齊景公 : 名杵臼.
〈齊景公은〉 이름이 杵臼이다.
④ 公問晏子 : 晏嬰也.
〈晏子는〉 晏嬰이다.
⑤ 後十六日而星沒 : 十六, 一作十三.
十六은 어느 본에는 十三으로 되어 있다.
⑥ 雖麟鳳數見 : 數, 音朔.
數(자주)은 音이 朔이다.
⑦ 百姓安樂 : 樂, 音洛.
樂(즐겁다)은 音이 洛이다.
⑧ 便爲經綸王業 : 便爲之爲, 去聲, 後同.
便爲의 爲(때문에)는 去聲이다. 뒤에도 같다.
⑨ 四夷降伏 : 降, 音杭.
降(항복하다)은 音이 杭이다.
⑩ 反覆思量 : 量, 平聲.
量(헤아리다)은 平聲이다.

貞觀 8년(634)에 彗星이 남방에 나타났는데, 길이가 6척이었고 100여 일이 지나서 사라졌다. 太宗이 近臣에게 말하였다.

"하늘이 혜성을 나타냈으니, 부덕한 짐이 정사에 과실이 있기 때문이오. 이 무슨 요망한 일이오."

虞世南이 대답하였다.

"옛날 齊 景公 때 혜성이 나타났는데, 경공이 晏子(晏嬰)에게 묻자 안자가 대답하기를 '공께서 연못이나 늪을 팔 때는 깊지 않음을 걱정하시고, 누대를 세울 때에는 높지 않음을 걱정하시며, 형벌을 행할 때에는 무겁지 않음을 걱정하시니, 이 때문에 하늘이 혜성을 나타내서 공을 위해 경계한 것입니다.'라고 하였습니다. 경공이 두려워하여 덕을 닦자, 16일 후에 혜성이 사라졌습니다.

폐하께서 만일 어진 정사를 닦지 않는다면 비록 기린과 봉황이 자주 나타난다고 할지라도, 끝내 이익이 없을 것입니다. 다만 조정에 결여된 정사가 없고 백성이 안락하게 된다면 비록 재앙과 이변이 있다고 할지라도, 어찌 덕에 손상이 있겠습니까. 바라건대 폐하께서는 공적이 옛 임금보다 높았다고 해서 스스로 크게 자랑하지 말고, 태평세월이 점점 길어진다고 해서 스스로 교만 방자하지 말아야 합니다. 만일 처음부터 끝까지 한결같이 하신다면 혜성이 나타난다고 해도 걱정거리가 못 됩니다."

태종이 말하였다.

"내가 나라를 다스림이 진실로 제 경공과 같은 잘못은 없소. 그러나 짐의 나이 18세에 왕업을 경륜하여, 북쪽으로 劉武周를 멸하고, 서쪽으로 薛擧를 평정하고, 동쪽으로 竇建德과 王世充을 생포하였고, 24세에 천하를 평정하고, 29세에 帝位에 오르니, 사방 오랑캐가 항복하고, 천하가 다스려져 평안하였소. 그리하여 스스로 생각하기를 옛날 영웅으로 환란을 평정한 군주들 중에 나를 따를 수 있는 자를 못 보았다고 하여 꽤 스스로 자랑하는 뜻을 가졌으니, 이것이 나의 잘못이오. 하늘의 이변을 보인 것이 진실로 이것 때문일 것이오. 秦 始皇이 6국을 평정하고, 隋 煬帝가 천하를 소유하는 부유함을 얻고서는 교만하고 또 방자해져서 하루아침에 패망하였소. 내가 또한 어찌 스스로 교만할 수 있겠소. 말과 생각이 여기에 미쳐서는 어느덧 두려워서 떨리오."

魏徵이 나아가 말하였다.

"신이 듣기에 예로부터 제왕 중에 재앙과 이변이 없었던 이는 아직 없었다고 합니다. 다만 덕을 잘 닦으면 재앙과 이변이 저절로 소멸되었습니다. 폐하께서 하늘의 이변이 있는 것을 계기로 마침내 경계하고 두려워하여 마음으로 반복하여 헤아려서 깊이 스스로 책망하시면, 비록 하늘의 이변이 있다고 할지라도, 반드시 재해가 되지 않을 것입니다."

【集論】

唐氏仲友曰 世南對호대 山壞蛇見大水는 恐有冤獄枉繫하여 亦未足以應天變矣라 詩曰 維虺(훼)維蛇는 女子之祥[12]이라하니 唐之女禍[13]는 其兆先見於此라 世南名博學하니 非不知此로되 顧太宗無女寵之溺하여 無迹可言이라 然獨不能援詩以爲說하고 取證於漢靈晉惠乎아 乃曰 蛇見山澤은 適其所居라하니라 以世南之忠直으로 無以發太宗儆懼之意하니 惜哉로다

12) 維虺(훼)維蛇 女子之祥 : ≪詩經≫ 〈小雅 斯干〉에 보인다.

13) 唐之女禍 : 唐 高宗의 황후 則天武后가 황제가 되어 唐나라 국호를 周라고 바꾼 일, 中宗이 황후 韋氏와 딸 安樂公主에게 독살당한 일, 玄宗이 楊貴妃를 총애하여 安祿山의 난이 일어나 亡國으로 기울어간 일 등을 말한다.

唐仲友가 말하였다.

“虞世南이 대답하기를, 산이 무너지고 뱀이 나타나며 큰 홍수가 있은 것은 아마도 억울한 옥사와 원통한 옥살이하는 자가 있어서 또한 하늘의 이변에 대응하지 못했기 때문이라고 하였다. ≪詩經≫ 〈小雅 斯干〉에 ‘살무사와 뱀 꿈은 딸을 낳을 징조이다.’라고 하였으니 唐나라의 女禍는 그 조짐이 먼저 여기에 보인 것이다. 우세남은 博學하다고 이름이 났으니 이것을 알지 못하지는 않았을 것이지만, 다만 태종이 여자를 총애하는 것에 빠진 일이 없어서 말할 만한 자취가 없었던 것이다. 그러나 다만 ≪詩經≫의 말을 끌어다 해설하지 못하고 漢 靈帝와 晉 惠帝의 일을 취하여 증명하려고 하였는가. 끝내 ‘뱀이 산과 늪에 보이는 것은 제 거처에 알맞은 것이다.’라고만 하였다. 우세남의 忠直함으로 태종의 경계하는 마음을 끌어내지 못하였으니 애석하다!”

又曰 世南論彗星은 戒驕矜하니 此最中太宗之病이라 較諸省錄纍囚之論하면 大小殊矣라

또 말하였다.

“虞世南의 彗星에 대한 논의는 교만하고 자랑하는 마음을 경계하게 하였으니 이것이 太宗의 병폐를 가장 잘 맞춘 것이다. 옥중 죄수를 살펴보라는 논의와 비교하면 크고 작음이 다르다.”

愚按 昔劉向五行傳에 某事失하면 則某咎徵應이라하니 說者以爲鑿이라 春秋所書災異는 傳者가 亦推迹未來之事應之하니 說者以爲拘라 且妖由人興하고 天事恒象[14]이라 人君惟當恐懼修省하여 以銷其變이요 固難盡信淫巫瞽史之所推測也라 夫蛇虺는 固女子之祥也라 春秋之世에 (晉)〔魯〕有蛇自泉宮出[15]하고 鄭則內蛇與外蛇鬪於門之外[16]로되 固不見爲女禍也라 唐高宗昏惑溺愛하여 遂啓女后專政하니 卒應大蛇之妖라 彗는 所以除舊布新也[17]라 春秋之世에 魯有星孛(패)[18]하고 齊有彗星[19]이나 固不見有所除布也라 唐武后肆其凶毒하여

14) 天事恒象 : ≪春秋左氏傳≫ 昭公 17년에 보인다.

15) (晉)〔魯〕有蛇自泉宮出 : ≪春秋左氏傳≫ 文公 16년에 보인다. 저본에는 ‘晉’으로 되어 있으나, ≪春秋左氏傳≫에 의거하여 ‘魯’로 바로잡았다.

16) 鄭則內蛇與外蛇鬪於門之外 : ≪春秋左氏傳≫ 莊公 14년에 보인다.

17) 彗 所以除舊布新也 : ≪春秋左氏傳≫ 昭公 17년에 보인다.

18) 魯有星孛(패) : ≪春秋左氏傳≫ 昭公 17년에 보인다. 星孛는 혜성으로, 亂臣들이 찬탈이나 살육할 表象이다.

19) 齊有彗星 : ≪春秋左氏傳≫ 昭公 26년에 보인다.

幾易(역)唐祚하니 卒應彗星之異라 玆二者는 皆見於貞觀之八年極盛之時也니 天心仁愛儆戒之意가 早已見矣라 天人之際[20]엔 良可畏哉인저

내가 살펴보건대 옛날 劉向의 ≪洪範五行傳≫에 "어느 일이 잘못되면 어느 나쁜 징조가 응한다."라고 하였으니, 말하는 자가 천착한 것이다. ≪春秋≫에 재앙과 이변을 기록한 것은 傳을 지은 자가 또한 미래의 일을 추적하여 대응시키니 말한 것이 구애되었다. 또 요괴는 사람을 말미암아 일어나고, 하늘의 일은 항상 象으로 보여준다. 임금은 마땅히 두려워하고 조심하며 수양하고 반성하여 그 변괴를 사라지게 해야 하고 淫巫(부정한 무당)와 瞽史(樂士·太史)의 推測하는 것을 다 믿어서는 곤란하다.

뱀과 살무사는 진실로 여자의 상서로움이다. 春秋時代에 魯나라에는 뱀이 泉宮에서 나왔고, 鄭나라에서는 성문 안의 뱀과 밖의 뱀이 문의 밖에서 싸웠으나 진실로 女禍가 된 것을 보지 못하였다. 그러나 唐 高宗은 혼미하고 사랑에 빠져서 마침내 女后(則天武后)가 정사를 독점하는 길을 열어주었으니, 마침내 大蛇의 요사함에 응한 것이다.

彗는 옛것을 쓸어내고 새것을 펼치는 것이다. 춘추시대에 魯나라에는 '星孛(彗星)'가 있었고, 齊나라에 '彗星'이 있었으나, 진실로 옛것을 쓸어내고 새것을 펼치는 것을 보지 못하였다. 그러나 唐 武后가 그 해독을 방자하게 끼쳐서 당나라의 국운을 거의 바꿀 뻔하였으니, 결국 혜성의 이변에 응한 것이다.

이 두 가지는 모두 貞觀 8년(634)의 지극히 성대한 때에 보이니, 天心의 仁愛하고 경계하는 뜻이 일찍이 나타난 것이다. 하늘과 사람의 관계 속에서 진실로 두려워해야 할 것이다.

39-4-1

貞觀十一年에 大雨하니 穀水溢하여 衝洛城門하고 入洛陽宮하니 平地五尺이요 毁宮寺(시)十九하고 所漂七百餘家[21]어늘 太宗이 謂侍臣曰 朕之不德에 皇天降災하니 將由視聽弗明하며 刑罰失度하여 遂使陰陽으로 舛謬하고 雨水로 乖常이라 矜物罪己에 載懷憂惕하니 朕又何情獨甘滋味리오 可令尚食①으로 斷肉料하여 進蔬食하고 文武百官은 各

20) 天人之際 : 天道와 人事의 상호 간의 관계이다.

21) 大雨……所漂七百餘家 : ≪舊唐書≫ 〈太宗本紀〉에 보이는데, '平地五尺'이 '深四尺'으로 되어 있고, '七百餘家'가 '六百家'로 되어 있다.

上封事하여 極言得失하라

① 可令尙食 : 令, 平聲. 尙食, 掌御膳之官.
令(하여금)은 平聲이다. 尙食은 임금의 음식을 관장하는 관직이다.

貞觀 11년(637)에 홍수가 나니 穀水가 범람하여, 낙양성 성문을 치고 나갔고 낙양궁으로 흘러들었다. 평지에 물의 깊이가 5척 높이나 되었고, 황궁과 官署가 19곳이 파괴되었으며, 700여 가옥이 표류하였다.

太宗이 近臣에게 말하였다.

"朕이 덕이 없어서 하늘이 재앙을 내렸소. 바로 내가 보고 듣는 것에 밝지 못하고 형벌을 시행함에 법도를 그르쳤기 때문에 마침내 陰陽을 어긋나게 하고 雨水를 비정상으로 내리게 한 것이오. 나는 백성을 불쌍히 여기고 나에게 벌을 돌림에 근심과 두려움을 품고 있으니 짐이 또한 무슨 마음으로 홀로 맛있는 음식을 달게 먹겠소. 尙食에게 명령하여 육식을 끊어 채식을 올리도록 하고, 문무백관은 각각 밀봉한 상소문을 올려서 정치의 득실을 극진히 말하시오."

39-4-2

中書侍郞岑文本이 上封事曰 臣聞開撥亂之業은 其功旣難하고 守已成之基는 其道不易②라 故居安思危[22]는 所以定其業也요 有始有卒③[23]은 所以崇其基也니 今雖億兆乂安하고 方隅寧謐(밀)④이나 旣承喪亂之後하고 又接凋弊之餘하니 戶口減損尙多하며 田疇墾闢猶少니이다 覆燾(부도)[24]之恩著矣나 而瘡痍未復하고 德敎之風被矣나 而資產屢空⑤[25]하니이다 是以로 古人譬之種樹하니 年祀綿遠면 則枝葉扶疏로되 若種之日淺하여 根本未固면 雖壅之以黑墳⑥하며 暖之以春日이라도 一人搖之에 必致枯槁[26]하리이다 今之百姓이 頗類於此하니 常加含養하면 則日就滋息하고 暫有征役하면

22) 居安思危 : ≪春秋左氏傳≫ 襄公 11년에 보인다.

23) 有始有卒 : ≪論語≫ 〈子張〉에 "처음과 끝을 구비한 것은 오직 성인이시다.〔有始有卒者 其惟聖人乎〕"라고 하였다.

24) 覆燾 : 덮는다는 뜻으로, 은혜를 베풀고 보호함을 말한다. ≪中庸≫ 30장에 "비유하면 천지는 실어주고 덮어주지 않는 것이 없다.〔辟如天地之無不持載 無不覆幬〕"라고 하였다.

25) 屢空 : ≪論語≫ 〈先進〉에 "안회는 道에 가까웠으나 자주 양식이 비었다.〔回也 其庶乎 屢空〕"라고 하였다.

則隨日凋耗하리이다 凋耗旣甚하면 則人不聊生하고 人不聊生하면 則怨氣充塞하고 怨氣充塞하면 則離叛之心이 生矣니 故帝舜曰 可愛非君이며 可畏非民[27)]가하고 孔安國曰 人以君爲命이라 故可愛요 君失道면 人叛之라 故可畏⑦라하고 仲尼曰 君猶舟也요 人猶水也라 水所以載舟나 亦所以覆(복)舟[28)]라하시니 是以로 古之哲王이 雖休勿休[29)]하고 日愼一日[30)]者는 良爲此也⑧니이다

② 其道不易：易, 以豉(시)切.
易(쉽다)는 以와 豉의 반절이다.
③ 有始有卒：子聿切.
〈卒(마치다)은〉 子와 聿의 반절이다.
④ 方隅寧謐：音密.
〈謐(조용하다)은〉 音이 密이다.
⑤ 而資産屢空：去聲.
〈空(비다)은〉 去聲이다.
⑥ 雖壅之以黑墳：上聲.
〈墳(비옥하다)은〉 上聲이다.
⑦ 孔安國曰……故可畏：孔安國釋虞書之辭.
孔安國이 《書經》 〈虞書 大禹謨〉의 말을 풀이한 것이다.
⑧ 良爲此也：爲, 去聲.
爲(때문에)는 去聲이다.

中書侍郞 岑文本이 밀봉한 상소문을 올려 말하였다.

“신이 듣기에 난세를 다스리는 사업을 여는 것은 그 공을 이루는 것이 매우 어렵고, 이미 이루어놓은 기반을 지키는 것은 그 길이 쉽지 않다고 하였습니다. 그러므로 편안히 거처할 때 위태로움을 생각하는 것은 그 왕업을 안정시키기 위한 것이고, 처음과 끝을 구비하는 것은 그 기반을 높이기 위한 것입니다. 지금 비록 백성들이 다스려져 편안하고 사방 구석까지 안정되고 평온하지만, 이미 喪亂한 데다 또 피폐한 시기를 만났으니, 호구의 감소가 여전히 많으며,

---

26) 譬之種樹……必致枯槁：《文選》 〈六代論〉에서 인용하였는데, 조금 증감이 있다.
27) 可愛非君 可畏非民：《書經》 〈虞書 大禹謨〉에 보인다.
28) 君猶舟也……亦所以覆舟：《孔子家語》 〈五儀解〉에 보인다.
29) 雖休勿休：《書經》 〈周書 呂刑〉에 보인다.
30) 日愼一日：《韓詩外傳》 권8에 보인다.

전답의 개간이 여전히 적습니다. 하늘이 덮어주는 듯한 은혜가 드러났으나 전쟁의 상처는 아직 회복되지 않았고, 덕행과 교화의 기풍이 파급되었으나 백성들의 자산은 텅 비었습니다. 그러므로 옛사람은 나무를 심는 것에 비유를 하였는데, 나무의 나이가 오래되면 가지나 잎이 무성해지지만 만일 심은 날수가 짧아서 뿌리가 견고하지 않으면, 비록 沃土로 북돋아주며 봄볕으로 따스하게 해주더라도, 한 사람이 나무를 뒤흔들기만 해도 반드시 말라 버리게 됩니다. 지금의 백성들은 이와 매우 비슷합니다. 항상 포용과 양육을 더해주면 날마다 번성하여 불어나게 되고, 잠시라도 부역을 하게 되면 날이 갈수록 쇠퇴할 것입니다. 쇠퇴함이 이미 심해지면 백성은 삶을 편안히 여기지 못하고, 백성이 삶을 편안히 여기지 못하면 원망의 기운이 가득 차게 되고, 원망의 기운이 가득 차게 되면 離叛의 마음이 생기게 됩니다. 그러므로 舜임금이 말하기를 '사랑할 만한 것은 임금이 아니고 두려워할 만한 것은 백성이 아닌가.'라 하였고, 孔安國은 말하기를 '백성은 임금을 생명으로 삼으므로 임금을 사랑할 만하고, 임금이 도를 잃으면 백성들은 배반하므로 백성을 두려워할 만하다.'라고 했습니다. 孔子가 말하기를 '임금은 배와 같고 사람은 물과 같으니, 물은 배를 띄우기도 하지만 배를 엎기도 한다.'라고 하였습니다. 그러므로 옛날의 명철한 왕이 비록 기쁜 일이 있더라도 기뻐하지 않고 하루하루를 삼가는 것은 진실로 이 때문입니다.

39-4-3

伏惟陛下는 覽古今之事하시며 察安危之機하사 上以社稷爲重하시고 下以億兆在念하사 明選擧하고 愼賞罰하며 進賢才하고 退不肖하며 聞過卽改하고 從諫如流[31]하며 爲善在於不疑하고 出令期於必信하고 頤神養性하여 省遊畋之娛하고 去奢從儉⑨하여 減工役之費하고 務靜方內하여 而不求闢土하고 載櫜弓矢하되 而不忘武備⑩니이다 凡此數者는 雖爲國之恒道요 陛下之所常行이나 臣之愚昧는 惟願陛下思而不怠하시면 則至道之美가 與三五比隆⑪하고 億載之祚가 與天地長久하리니 雖使桑穀爲妖⑫하며 龍蛇作孼⑬하며 雉雊於鼎耳⑭하며 石言於晉地⑮라도 猶當轉禍爲福하며 變災爲祥이어늘 況雨

31) 聞過卽改 從諫如流 : ≪書經≫ 〈商書 伊訓〉에 보인다.

水之患⑯은 **陰陽恒理**니 **豈可謂天譴而繫聖心哉**아 **臣聞古人有言**에 **農夫勞而君子養焉**⑰하고 **愚者言而智者擇焉**[32)]이라하니 **輒陳狂瞽**하여 **伏待斧鉞**이로이다 **太宗深納其言**하다

⑨ 去奢從儉：去，上聲.
去(버리다)는 上聲이다.

⑩ 載櫜弓矢 而不忘武備：櫜，音皐，藏也.
櫜는 音이 皐이니，감춘다는 뜻이다.

⑪ 與三五比隆：三五，三皇・五帝也.
三五는 三皇과 五帝이다.

⑫ 雖使桑穀爲妖：史記 "商亳有祥.[33)] 桑穀共生於朝，一暮大拱，帝太戊懼，問伊陟. 伊陟曰 '臣聞妖不勝德，帝之政其有闕歟. 帝其修德.' 太戊從之，祥桑枯死而去."
≪史記≫ 〈殷本紀〉에 "商亳에 괴이한 일이 있었다. 桑木과 穀木이 함께 조정에 났는데 하루 저녁에 한 아름의 굵기로 자라자 황제 太戊가 크게 두려워하여 伊陟에게 물었다. 이척이 말하기를 '신이 들으니 妖怪는 德을 이기지 못한다고 하니，황제의 정치에 결함이 있어서 그런 듯합니다. 황제께서는 덕을 닦아야 합니다.'라고 하였다. 태무가 그것을 따르자，괴이한 뽕나무가 말라 죽어 사라졌다." 하였다.

⑬ 龍蛇作孼：五行傳曰 "皇之不極，是爲[34)]不建. 厥咎眊，厥極弱，時則有龍蛇之孼."
≪洪範五行傳≫에 말하였다. "황제가 中正하지 않으면 道德을 세울 수 없다. 그 허물은 어리석음이고，그 懲罰은 쇠약함이고，때로는 용과 뱀의 재앙이 있다."

⑭ 雉雊於鼎耳：史記商紀 "武丁祭成湯，明日有飛雉登鼎耳而雊，武丁懼. 祖己曰 '王勿憂，先修政事.' 武丁從之，殷道復興."
≪史記≫ 〈殷本紀〉에 "武丁이 成湯의 제사를 지내고，다음 날 꿩이 날아 솥의 귀에 올라 울자 무정이 두려워하였다. 祖己가 말하기를 '왕께서는 근심하지 마시고，먼저 政事를 닦으십시오.'라고 하니，武丁이 그 말을 따르자 殷나라의 도가 다시 일어났다."

⑮ 石言於晉地：左傳昭公八年春，石言於晉.
≪春秋左氏傳≫ 昭公 8년 봄에 晉나라에서 돌이 말을 하였다.

⑯ 況雨水之患：雨水，一作水旱.
雨水는 어느 본에는 水旱으로 되어 있다.

⑰ 農夫勞而君子養焉：養，當作食，出文子.
養은 마땅히 食이 되어야 하니，≪文子≫에 나온다.

---

32) 農夫勞而君子養焉 愚者言而智者擇焉：≪漢書≫ 〈嚴助列傳〉에도 보이는데，여기에는 '養'으로 쓰였고 '食'으로 쓰여 있지 않다.

33) 祥：≪史記集解≫ 〈殷本紀〉에 "祥은 妖怪이다.〔祥 妖怪也〕"라고 하였다.

34) 爲：≪後漢書≫ 〈五行志〉에는 '謂'로 되어 있다.

삼가 생각하건대, 폐하께서는 고금의 일을 살펴보시며 안정과 위험의 기미를 살피시어, 위로는 사직을 소중히 여기고 아래로는 백성을 염두에 두고 계십니다. 인재의 선발을 밝게 하고, 상벌을 신중히 하며, 현명한 인재를 등용하고 못난 자를 물리치며, 잘못을 들으면 즉시 고치고 간언에 따를 때는 흐르는 물과 같이 하며, 선행을 할 때는 주저하지 않으시고 명령을 내릴 때는 반드시 믿음에 기약하고, 정신을 수양하고 천성을 길러서 노닐어 사냥하는 즐거움을 줄이시고, 사치를 버려 검소함을 따라서 노역의 비용을 줄이고, 고요함을 추구하고 안을 방정히 하여 영토 확장을 바라지 않고, 활과 화살을 넣어두시되 항상 군비를 잊지 않고 계십니다.

무릇 이 몇 가지 일은 비록 나라를 다스리는 일정한 도리이고 폐하께서 항상 행하는 것이지만, 어리석은 신은 바라건대 오직 폐하께서 이것을 생각하여 게을리하지 않으시면 지극한 도리의 아름다움이 三皇五帝의 융성함과 견줄 수 있고, 억만 년의 국운이 천지와 함께 장구할 것입니다.

비록 桑木과 穀木이 요괴를 부리며, 용과 뱀이 재앙을 만들며, 꿩이 솥의 귀에서 울며, 晉나라 땅에서 돌이 말을 한다고 할지라도, 오히려 화를 돌려서 복이 되게 하며 재앙을 변하여 상서로움이 되게 할 것입니다. 하물며 홍수의 재앙은 음양의 항상된 이치이니, 어찌 하늘이 꾸짖어서 폐하의 마음을 얽어맨다고 할 수 있겠습니까. 신이 듣기에 옛사람의 말에 '농부가 애써 경작하면 군자가 양육되고 어리석은 자가 말하면 지혜로운 자가 선택한다.'라고 하였습니다. 번번이 미친 소경처럼 떠드는 소리를 올리니, 삼가 斧鉞을 기다립니다."

태종이 그 말을 깊이 받아들였다.

【集論】

愚按 降水儆子[35]는 帝舜所以畏天省己也요 六事自責[36]은 成湯所以反躬致戒也라 太宗

35) 降水儆子 : ≪書經≫ 〈虞書 大禹謨〉에 보인다.

36) 六事自責 : 殷나라 湯王이 大旱 때 桑林에서 자신을 희생으로 삼아 기우제를 지내며 여섯 가지 일로 자책한 것을 말한다. 그 여섯 조목은 "정사가 한결같지 못했는가. 백성들이 생업을 잃었는가. 궁실이 높은가. 부녀자의 청탁이 심한가. 뇌물이 행해지는가. 아첨하는 무리가 많은가.〔政不節歟 民失職歟 宮室崇歟 女謁盛歟 苞苴行歟 讒夫昌歟〕"이다. ≪荀子 大略≫

之言이 雖未能一出於誠이나 亦庶幾乎舜湯之遺意矣라 惜乎岑文本之論은 皆非所以戒其畏天憂民之心하고 而勉其側身修行之實也라 其曰 陰陽恒理이니 豈繫聖心고하니 不幾於傲忽天戒乎아 豈君臣相儆之道哉아

내가 살펴보건대 '홍수가 나를 경계시킨다.'라는 말은 帝舜이 하늘을 두려워하여 스스로 반성한 것이고, 여섯 가지 일로 스스로 자책한 것은 成湯이 몸소 반성하여 경계를 지극히 한 것이다. 太宗의 말이 비록 한결같은 성심에서 나온 것은 아니었으나, 또한 舜임금과 湯임금이 남긴 뜻에 가까웠다. 애석하게도 岑文本의 논의는 모두 하늘을 두려워하고 백성을 근심하는 마음을 경계하거나, 몸가짐을 조심하고 행실을 닦는 실제를 힘쓰게 하기 위한 것이 아니었다. 잠문본이 말하기를 "음양의 항상된(통상적인) 이치이니, 어찌 폐하의 마음을 얽어매겠는가."라고 하였으니, 하늘의 경계를 소홀히 하는 데에 가깝지 않은가. 어찌 임금과 신하가 서로 경계하는 도리라 하겠는가.

제40편 論愼終 끝을 신중히 하는 것을 논하다

이 편에서는 끝을 신중히 하는 것에 대해 논하고 있다. 貞觀 9년(635)에 太宗이 사방의 국가들을 정복한 공을 신하들에게 돌리고 처음을 잘하고 끝을 신중히 할 것을 다짐하였다. 정관 12년(638)에 태종이 자신의 치세가 삼황오제에 미치지 못한 이유를 묻자, 魏徵은 천하가 태평하여 군주가 안락하게 되면 교만하고 사치하여 처음의 마음을 유지할 수 없고, 신하도 관작의 보전과 녹봉에만 연연하여 충절을 다할 수 없기 때문이라고 대답하였다. 정관 13년(639)에 위징은 태종이 끝을 잘 마무리하지 못할까 염려하여 당시의 폐해 열 가지를 간언하였다. 정관 16년(642)에 태종이 國運의 長短의 차이를 묻자, 위징은 스스로 절제하여 끝을 잘 마치는 미덕을 보전하면 자손만대까지 영원히 그 복을 누릴 것이라 대답하였다.

凡七章.

모두 7장이다.

40-1-1

貞觀五年에 **太宗謂侍臣曰 自古帝王**은 **亦不能常化**라 **假令內安**①이면 **必有外擾**라 **當今遠夷率服**[1]하고 **百穀豐稔**하고 **盜賊不作**하고 **內外寧靜**하니 **此非朕一人之力**이요 **實由公等共相匡輔**나 **然安不忘危**하며 **理不忘亂**[2]이니 **雖知今日無事**나 **亦須思其終始**하여 **常得如此**라야 **始是可貴也**니라 **魏徵**이 **對曰 自古已來**로 **元首股肱**이 **不能備具**하여 **或時君稱聖**이나 **臣卽不賢**하며 **或遇賢臣**이나 **卽無聖主**러니 **今陛下明**하여 **所以致理**니이다 **向若直有賢臣**하고 **而君不思化**면 **亦無所益**이니이다 **天下今雖太平**하나 **臣等**은 **猶未以爲喜**하노니 **惟願陛下**가 **居安思危**[3]하사 **孜孜不怠**[4]**耳**로소이다

---

1) 遠夷率服 : ≪書經≫ 〈虞書 舜典〉의 “오랑캐가 복종하였다.〔蠻夷率服〕”를 변용한 것이다.

2) 安不忘危 理不忘亂 : ≪周易≫ 〈繫辭傳 下〉의 “이 때문에 군자는 편안할 때에도 위태함을 잊지 않고, 보존될 때에도 망하는 일을 잊지 않고, 잘 다스려질 때에도 어지러워지는 일을 잊지 않는다.〔是故君子安而不忘危 存而不忘亡 治而不忘亂〕”에서 유래한 것이다.

3) 居安思危 : ≪春秋左氏傳≫ 襄公 11년에 보인다.

① 假令內安 : 令, 平聲.
令(가령)은 平聲이다.

貞觀 5년(631)에 太宗이 近臣에게 말하였다.

"옛날부터 帝王들은 天下를 늘 교화할 수는 없었소. 만약 국내가 안정되면 반드시 국외의 소요가 있었소. 지금 먼 오랑캐가 복종하고 모든 곡식이 풍년이 들고 盜賊이 일어나지 않고 內外가 안정되었으니, 이는 朕 한 사람의 힘이 아니라 진실로 공들이 함께 보좌한 것에 말미암은 것이오. 그러나 편안할 때에도 위대함을 잊지 않고 다스려질 때에도 어지러움을 잊어서는 안 되니, 비록 지금 무사한 것을 알아도 모름지기 그 시작과 끝을 생각하여 항상 이와 같을 수 있어야 비로소 귀하게 되는 것이오."

魏徵이 대답하였다.

"옛날부터 성스러운 군주와 보필하는 대신이 다 갖추어지지는 못하여 혹은 당시의 군주는 성스럽지만 신하는 현명하지 못하며, 혹은 현명한 신하를 만나지만 성스러운 군주는 없었습니다. 지금 폐하께서는 명철하시어 治世를 이루었습니다. 만약 다만 현명한 신하만 있고 임금이 다스림을 생각하지 않으면 또한 유익할 것이 없습니다. 천하가 지금 비록 태평하지만 신들은 여전히 기쁘게 생각하지 않습니다. 오직 폐하께서 편안할 때에 위태로움을 생각하셔서 힘써 노력하시어 태만하지 않기를 원합니다."

【集論】

愚按 昔帝舜之作歌曰 股肱喜哉면 元首起哉하여 百工熙哉하리라하고 皐陶乃賡載歌曰 元首明哉하시면 股肱良哉하여 庶事康哉하리이다하고 又歌曰 元首叢脞哉하시면 股肱惰哉하여 萬事墮哉[5]하리이다하니 釋者謂호대 舜之意는 以人臣樂於趨事赴功하면 則人君之治가 爲之興起하여 而百官之功이 皆廣也요 皐陶之意는 以爲君明則臣良하여 而衆事皆安하니 所以勸之也라 君行臣職하면 則臣下懈怠하여 而萬事廢하니 所以戒之也라 虞廷君臣之相與責難者如此하니 雍熙之治를 所以爲不可及也[6]라 太宗之告侍臣호대 謂當今太平은 非朕一人之力이요

4) 孜孜不怠 : ≪書經≫ 〈虞書 益稷〉에 보인다.

5) 股肱喜哉……萬事墮哉 : ≪書經≫ 〈虞書 益稷〉에 보인다.

6) 人臣樂於趨事赴功……所以爲不可及也 : ≪書經≫ 〈虞書 益稷〉 '股肱喜哉'의 蔡沈의 ≪集傳≫에

皆由公等共輔하니 須思終始如一하라하니 斯言也는 其帝舜作歌之意乎인저 魏徵之對는 則曰 陛下聖明하여 所以致理니 若有賢臣하고 而君不思化면 亦爲無益이라하니 是猶皐陶勸舜之意也라 又曰 今雖太平이나 臣未以爲喜하노니 惟願陛下가 居安思危하사 孜孜不怠로소이다하니 亦猶皐陶戒舜之意也라 太宗能責難於其臣하고 魏徵亦能責難於其君하여 君臣之相責難者如此하니 有唐虞之遺風焉이라 是故有唐之治는 雖未能上躋時雍[7]之美나 而貞觀之盛은 可謂三代而下之所罕見者矣로다

내가 살펴보건대 옛날에 帝舜이 노래를 지어 말하기를 "신하가 기뻐하여 일하면 임금이 흥기되어 百官의 공이 광대해질 것이다."라고 하고, 皐陶가 노래를 이어 부르기를 "임금이 현명하시면 신하가 현명하여 모든 일이 편안할 것입니다."라고 하고, 고요가 또 노래하기를 "임금이 번잡하고 자질구레한 일까지 하면 신하가 태만해져서 만사가 폐해질 것입니다."라고 하였다. 이를 해설한 이가 말하기를 "순임금의 뜻은 '신하가 일에 나아가고 공에 달려가기를 즐거워하면 군주의 다스림이 흥기되어 백관의 공이 모두 넓어질 것이다.'라고 하고, 고요의 뜻은 '군주가 명철하면 신하가 선량하여 많은 일이 모두 편안하게 된다.'라고 한 것이니, 이것은 권면한 것이고, 또 '임금이 신하의 직책을 행하면 신하는 해이해져서 모든 일이 폐기된다.'라고 한 것이니, 이것은 경계한 것이다. 虞舜의 朝廷에 임금과 신하가 서로 어려운 일을 권한 것이 이와 같았으니, 화평한 치적을 따라갈 수 없는 이유이다.

太宗이 近臣에게 말하기를 "지금 태평한 것은 朕 한 사람의 힘이 아니라 공들이 함께 보좌한 것에 말미암은 것이니 모름지기 처음부터 끝까지 한결같이 할 것을 생각하라."라고 하였으니 이 말은 帝舜이 노래를 지은 뜻이리라.

魏徵이 대답하기를 "폐하께서는 성스럽고 명철하시어 治世를 이룬 것입니다. 만약 현명한 신하만 있고 임금이 다스림을 생각하지 않으면 또한 유익할 것이 없습니다."라고 하니, 이는 고요가 순임금에게 권한 뜻과 같다. 위징이 또 말하기를 "지금 비록 태평하지만 臣은 여전히 기쁘게 생각하지 않습니다. 오직 폐하께서 편안할 때에 위태로움을 생각하셔서 힘써 노력하시어 태만하지 않기를 원합니다."라고 하니, 또한 고요가 순임금에게 경계한 뜻과 같다. 태종은 그 신하에게 어려운 일을 권할 수 있었고, 위징 또한 그 임금에게 어려운 일을 권할 수 있어서 임금과 신하가 서로 어려운

보인다.

7) 時雍 : 聖君의 화평한 정치를 말한다. ≪書經≫ 〈虞書 堯典〉에 "만방을 화합하여 융화하게 하시니, 백성들이 아! 변하여 이에 화목해졌다.〔協和萬邦 黎民於變時雍〕"라고 하였다.

일을 권한 것이 이와 같았으니 唐虞의 遺風이 여기에 있었던 것이다. 이 때문에 唐나라의 치세는 비록 위로 時雍(성군의 화평한 정치)하는 아름다움에는 올라가지 못하였지만, 貞觀의 성대함은 三代 이하에서 보기 드문 것이라고 할 만하다.

40-2-1

貞觀六年에 **太宗謂侍臣曰 自古人君爲善者**는 **多不能堅守其事**라 **漢高祖**는 **泗上一亭長耳**①라 **初能拯危誅暴**하여 **以成帝業**이나 **然更延十數年**에 **縱逸之敗**로 **亦不可保**하니 **何以知之**오 **孝惠爲嫡嗣之重**하여 **溫恭仁孝**나 **而高帝惑於愛姬之子**하여 **欲行廢立**②하고 **蕭何韓信功業旣高**어늘 **蕭旣妄繫**③하고 **韓亦濫黜**④이라 **自餘功臣黥布之輩**가 **懼而不安**하여 **至於反逆**⑤하니 **君臣父子之間**에 **悖謬若此**하니 **豈非難保之明驗也**리오 **朕所以不敢恃天下之安**하고 **每思危亡**하여 **以自戒懼**하여 **用保其終**하노라

① 泗上一亭長耳 : 長, 音掌.
長(우두머리)은 音이 掌이다.

② 孝惠爲嫡嗣之重……欲行廢立 : 見師傅篇[8]註.
〈論尊敬師傅〉篇 註에 보인다.

③ 蕭旣妄繫 : 蕭何, 沛人. 漢丞相, 封酇侯. 嘗爲民請曰 "長安地陿, 上林中多空地, 願令民得入田." 高祖怒曰 "相國多受賈人財物, 爲請吾苑." 乃下何廷尉, 械繫數日, 因王衛尉之言, 赦出之.[9]
蕭何는 沛 사람이다. 漢나라 丞相으로, 酇侯에 봉해졌다. 일찍이 백성을 위하여 청하기를 "長安은 땅이 좁고 上林苑 중에 빈 땅이 많으니 백성들이 들어가 농사지을 수 있게 해주시기를 원합니다."라고 하니, 高祖가 노하여 말하기를 "相國(소하)이 상인들의 재물을 많이 받고서 내 상림원을 청하는구나." 하였다. 이에 소하를 廷尉(법관)에게 회부시켰는데 하옥한 지 수일 만에 王衛尉의 구원하는 말로 인하여 사면되어 나왔다.

④ 韓亦濫黜 : 黜, 當作誅. 韓信, 淮陰人, 佐漢高祖取天下, 封楚王. 有告信欲反, 高祖乃詐遊雲夢, 縛信至洛陽, 赦爲淮陰侯, 由此怨望. 後復有言信反於呂后者, 后令蕭何紿(태)信入, 后使武士縛信, 斬之, 夷信三族.[10]
黜은 마땅히 誅가 되어야 한다. 韓信은 淮陰 사람이다. 漢 高祖를 도와 천하를 취하고 楚王에 봉해졌다. 한신이 반란하려고 한다는 보고가 있자 고조는 이에 雲夢에서 유람한다고 속이고, 한신을 포박하여 낙양에 이르러 사면하고 淮陰侯로 삼았는데, 이 때문에 한신이

---

8) 見師傅篇 : ≪譯註 貞觀政要集論 2≫ 151쪽에 보인다.
9) 嘗爲民請曰……赦出之 : ≪史記≫ 〈蕭相國世家〉에 보인다.
10) 有告信欲反……夷信三族 : ≪史記≫ 〈淮陰侯列傳〉에 보인다.

원망하였다. 뒤에 다시 呂后(劉邦의 아내)에게 한신이 반란하려고 한다는 말을 하는 사람이 있자, 여후가 소하에게 한신을 속여서 들어오도록 하라고 하고 여후가 무사를 시켜서 한신을 포박하게 하여 죽이고 한신의 삼족을 멸하였다.

⑤ 自餘功臣黥布之輩懼而不安 至於反逆 : 黥布, 姓英, 名布. 嘗坐法, 黥. 漢高祖封淮南王, 及韓信·彭越之誅, 陰聚兵候伺警急, 中大夫賁赫詣長安告布反, 高祖自將兵擊之, 遂殺布, 滅之.[11)] 黥布는 姓이 英이며 이름이 布이다. 일찍이 법에 걸려 墨刑(먹물 들이는 형벌)을 받았다. 漢高祖가 淮南王으로 봉하였다. 韓信과 彭越이 주살되자 몰래 병사들을 모으고 위급함을 살폈는데, 中大夫 賁赫이 장안에 가서 경포가 반란하였다고 고하자, 고조가 직접 병사를 거느리고 격파하였다. 마침내 경포를 죽여서 멸하였다.

貞觀 6년(632)에 太宗이 近臣에게 말하였다.

"예로부터 선행을 하는 군주들이 대부분 그 일을 굳게 지키지 못하였소. 漢高祖는 泗水 가의 일개 亭長(驛亭 책임자)이었소. 처음에는 위험에 빠진 자를 구하고 폭도를 죽여서 제왕의 사업을 완성할 수 있었소. 그러나 다시 십여 년이 지난 뒤에 방종하고 태만한 폐단에 의해 처음의 선행을 보존하지 못하였으니, 이를 어찌 알 수 있었겠소. 孝惠帝(劉盈)는 嫡統을 잇는 중요한 지위에 있으면서 온순하고 공손하며 인자하고 효성이 있었으나, 고조는 애첩(戚夫人)의 아들에게 미혹되어 태자를 바꾸려 하였소. 蕭何와 韓信은 功業이 매우 높았지만 소하는 허망하게 투옥되었고, 한신 또한 과도한 형벌로 죽었소. 그 외의 功臣 중에 黥布와 같은 무리들은 두려워하고 불안하여 반역을 하게 되었소. 君臣과 父子 사이에도 어긋나는 것이 이와 같았으니, 어찌 처음의 선행을 보전하기 어려운 명확한 증거가 아니겠소. 짐은 이 때문에 감히 천하의 편안함을 믿지 못하고 늘 위험과 멸망을 생각하여, 스스로 경계하며 두려워해서 그 끝을 보전하려 하오."

【集論】

愚按 太宗言호대 漢祖創業之君이나 而廢嫡立庶하고 濫誅功臣이라하니 斯言誠是也라 太宗은 能保全功臣하여 無濫誅之失하니 過漢高遠矣라 然不能正承乾之惡하고 而於諸子之定分에 亦牽於愛而有不能自克者[12)]하니 豈知人之明而自知之蔽耶아

---

11) 漢高祖封淮南王……遂殺布 滅之 : ≪史記≫ 〈黥布列傳〉에 보인다.

12) 不能正承乾之惡……而有不能自克者 : 太宗이 태자 李承乾을 폐하여 죽이고, 아홉째 아들 李

내가 살펴보건대 太宗이 말하기를 "漢 高祖는 창업한 임금이었으나 嫡子를 폐하고 庶子(趙王 劉如意)를 세우려고 하고 공신들을 과도하게 죽였다."라고 하니 이 말은 진실로 옳다. 太宗은 공신들은 온전하게 보전하여 과도하게 죽이는 실수가 없었으니 한 고조보다 뛰어남이 크다. 그러나 태자 李承乾의 악행을 바로잡을 수 없었고 여러 아들들의 분수를 정하는 데에 또한 사랑에 이끌려서 자신의 사욕을 이겨내지 못하였으니, 아마도 남을 아는 데에는 밝으면서도 자신을 아는 데에는 어두운 것이 아니겠는가.

40-3-1

貞觀九年에 太宗謂公卿曰 朕端拱無爲하여 四夷咸服하니 豈朕一人之所致리오 實賴諸公之力耳라 當思善始令終하여 永固鴻業하여 子子孫孫이 遞相輔翼하여 使豐功厚利로 施於來葉①하여 令數百年後②에 讀我國史로 鴻勳茂業을 粲然可觀이니 豈惟稱隆周炎漢[13]及建武③永平④故事而已哉아 房玄齡因進曰 陛下撝挹(휘읍)之志에 推功群下나 致理升平은 本關聖德하니 臣下何力之有잇가 惟願陛下有始有卒⑤하시면 則天下永賴리이다 太宗이 又曰 朕觀古先撥亂之主가 皆年踰四十이요 惟光武年三十三이로되 但朕年十八에 便擧兵하여 年二十四에 定天下하고 年二十九에 昇爲天子하니 此則武勝於古也라 少從戎旅⑥하여 不暇讀書러니 貞觀以來로 手不釋卷하여 知風化之本하며 見政理之源하고 行之數年에 天下大理하여 而風移俗變하며 子孝臣忠하니 此又文過於古也라 昔周秦已降으로 戎狄內侵이러니 今戎狄이 稽顙하여 皆爲臣妾하니 此又懷遠勝古也라 此三者를 朕何德以堪之리오 旣有此功業하니 何得不善始愼終耶아

① 施於來葉 : 施, 平聲.
施(베풀다)는 平聲이다.
② 令數百年後 : 令, 平聲.
令(하여금)은 平聲이다.
③ 建武 : 光武年號.
〈建武는〉 光武帝의 연호이다.
④ 永平 : 明帝年號.

治(唐 高宗)를 태자로 세운 일을 말한다.
13) 炎漢 : 漢나라는 火德을 숭상하였으므로 '炎'이라고 표현한 것이다.

〈永平은〉 明帝의 연호이다.

⑤ 有始有卒 : 子聿切.

〈卒(마치다)은〉 子와 聿의 반절이다.

⑥ 少從戎旅 : 少, 去聲.

少(젊다)는 去聲이다.

貞觀 9년(635)에 太宗이 公卿들에게 말하였다.

"짐은 단정히 팔짱을 끼고 일삼는 바가 없어도 사방 오랑캐들이 모두 복종하고 있으니, 이것이 어찌 짐 한 사람이 이룬 것이겠소. 실로 여러 공들의 힘에 힘입은 것이오. 마땅히 처음을 잘하고 끝을 좋게 할 것을 생각하여 영원히 왕업을 공고히 하여 자손 대대로 번갈아 서로 도와 보필하여 풍성한 공과 후한 이익이 후대에 베풀어지게 하여 수백 년 후에 우리 국사를 읽는 자들에게 큰 공훈과 대업을 찬연하게 볼 수 있도록 해야 하오. 그렇게 한다면 어찌 융성했던 周나라와 빛났던 漢나라와 後漢의 建武·永平 때의 고사만을 칭송하겠는가."

방현령이 이어 나아가 말하였다.

"폐하께서 겸손한 마음에 신하들에게 공을 미루어주시지만 치세를 이루고 태평하게 된 것은 본래 聖德에 관련되는 것이니 신하들에게 무슨 힘이 있겠습니까. 원하건대 폐하께서 처음과 끝을 모두 갖추신다면 천하가 영원히 의지할 것입니다."

태종이 또 말하였다.

"짐이 살펴보건대 옛날에 난세를 다스린 군주는 모두 40이 넘은 나이였고, 오직 후한의 光武帝만이 33세였소. 다만 짐은 18세에 군대를 일으켜서, 24세에 천하를 평정하였고, 29세에 천자의 자리에 올랐으니, 이는 무공이 옛날 군주보다 나은 것이오. 젊어서는 군무에 종사하느라 독서할 여가가 없었는데, 貞觀 이래로 책을 손에서 놓지 않고 보아, 풍속과 교화의 근본을 알며 정사를 다스리는 근원을 알았소. 이를 실행한 지 수년에 천하가 크게 다스려져서 풍속이 바뀌었으며, 자녀들은 효도하고 신하는 충성하니, 이것 또한 文德이 옛날보다 앞선 것이오. 옛날 周나라와 秦나라 이후로 戎狄이 中原을 침략했었는데, 지금은 융적이 머리를 조아려서 모두 臣妾이 되었으니 이는 먼 변방의 사람을 회유한 것이 옛날보다 나은 것이오. 이 세 가지를 짐이 무슨 덕으로써 감당하겠소. 이미 이 공업을 세웠으니, 어찌 처음을 좋게 하여 끝을 신중히 하지 않을 수 있겠소."

【集論】

愚按 詩書所載聖君賢相之所以保治於雍熙泰和之時者는 固幸功業之克成이나 未嘗以功業而自足也라 太宗謂호대 欲使豐功厚利로 施於永久하여 鴻勳盛業을 粲然可觀이니 不使後世로 惟稱隆周炎漢이라하니 志則高矣라 然炎漢可企而及也며 隆周豈止於若是哉리오 倬彼雲漢이 爲章於天[14]하여 制之爲禮樂하고 布之爲法度하니 此文王之文也어늘 不知太宗之所謂文果能勝乎아 無競維烈로 撫弱耆昧[15]하고 功成而載戢(집)干戈하며 載櫜(고)弓矢[16]하니 此武王之武也어늘 不知太宗之所謂武果能勝乎아 大邦畏其力하고 小邦懷其德하여 華夏蠻貊이 罔不率俾[17]하고 由是而惠此中國하여 以綏四方[18]하니 此文武之懷遠也어늘 不知太宗之所謂懷遠又果能勝乎아 愚然後知太宗矜功伐善이 意出於中心이요 而善始愼終之語가 不過虛言也라 玄齡於此에 能奬其所已至나 而不能勉其所未至하니 惜哉라 若後章魏徵之對則善矣라

내가 살펴보건대 《詩經》·《書經》에 실려 있는 聖君과 賢相이 화평하고 태평한 때에 보존하고 다스린 것은 진실로 공업의 완성을 다행스럽게 여긴 것이지만 그 공업을 스스로 만족해한 적은 없었다. 太宗이 말하기를 "풍성한 공과 후한 이익이 영원히 베풀어지게 하여 큰 공훈과 대업을 찬연하게 볼 수 있도록 해야 하오. 후세 사람들이 융성했던 周나라와 빛났던 漢나라만 칭송하지 않도록 하시오."라고 하였으니 뜻한 것이 높다. 그러나 빛났던 한나라는 미치기를 바랄 수 있지만 융성했던 주나라는 어찌 이 정도에 그치겠는가.

저 높은 은하수가 하늘에서 무늬가 되어, 이를 제도로 하면 禮樂이 되고 펼치면 법도가 되니, 이것이 文王의 文인데 태종의 이른바 文이 과연 이를 능가할 수 있는지

14) 倬彼雲漢 爲章於天 : 《詩經》 〈大雅 棫樸〉에 보인다.

15) 無競維烈 撫弱耆昧 : '無競維烈'은 《詩經》 〈周頌 武〉에 보인다. 《春秋左氏傳》 宣公 12년에는 '無競惟烈 撫弱耆昧'로 되어 있다.

16) 載戢干戈 載櫜弓矢 : 《詩經》 〈周頌 時邁〉에 보인다.

17) 大邦畏其力……罔不率俾 : 《書經》 〈周書 武成〉에 보인다.

18) 惠此中國 以綏四方 : 《詩經》 〈大雅 民勞〉에 보인다.

모르겠다.

비할 데 없는 공렬로 약한 나라를 위무하며 우매한 나라를 치고, 공을 이루자 방패와 창을 거두며 활과 화살을 집어넣으니, 이것이 武王의 武인데 태종의 이른바 武가 과연 이를 능가할 수 있는지 모르겠다. 큰 나라는 그 힘을 두려워하고 작은 나라는 그 덕을 그리워하여 中華와 蠻貊이 순종하지 않음이 없고 이로 말미암아 이 중국을 사랑하여 사방을 편안하게 하였으니, 이것이 문왕·무왕이 먼 변방의 사람을 懷柔한 것인데 태종의 이른바 먼 변방의 사람을 회유한 것이 또한 과연 이를 능가할 수 있는지 모르겠다.

나는 이 뒤에 태종이 공을 자랑하고 선행을 과시한 것이 그 의도가 마음속에서 나왔고 처음을 잘하고 끝까지 삼가야 한다는 말이 헛소리에 불과한 것을 알았다. 방현령이 여기에서 이미 이룩한 것은 장려하였지만 아직 이루지 못한 것은 면려하지 못했으니, 애석하다. 뒷 章의 魏徵의 대답처럼 했다면 좋았을 것이다.

40-4-1

貞觀十二年에 太宗謂侍臣曰 朕讀書라가 見前王善事면 皆力行而不倦이라 其所任用公輩數人이 誠以爲賢이나 然致理比於三五之代에 猶爲不逮는 何也오하니 魏徵對曰 今四夷賓服하고 天下無事하니 誠曠古所未有나 然自古帝王이 初卽位者는 皆欲勵精爲政하여 比迹於堯舜이라가 及其安樂也①엔 則驕奢放逸하여 莫能終其善하고 人臣이 初見任用者는 皆欲匡主濟時하여 追蹤於稷契(설)②이라가 及其富貴也엔 則思苟全官爵하여 莫能盡其忠節하니 若使君臣常無懈怠하여 各保其終이면 則天下無憂不理니 自可超邁前古也리이다 太宗曰 誠如卿言이로다

① 及其安樂也 : 樂, 音洛.
樂(즐겁다)은 音이 洛이다.
② 追蹤於稷契(설) : 音洩.
〈契(사람 이름)은〉 音이 洩이다.

貞觀 12년(638)에 太宗이 近臣에게 말하였다.

"짐이 책을 읽다가 전대 왕들의 훌륭한 일을 보면 모두 힘써 행하고 게을리하지 않았소. 짐이 임용한 공들 중에 몇몇 대신들이 참으로 현명하다고 생각하지만 지극한 다스림이 三皇五帝 때에 비해 오히려 미치지 못하는 것은 무엇 때문이오."

魏徵이 대답하였다.

"지금 사방 오랑캐들이 복종하고, 천하가 무사태평하니, 참으로 옛날에는 없었던 일입니다. 그러나 예로부터 제왕이 처음 즉위하였을 때에는 모두 힘써서 정치를 행하여 행적을 堯舜에 견주려 하다가, 안락하게 되어서는 교만하고 사치하며 방자하고 안일하여 善을 끝까지 할 수 없었습니다. 신하도 처음에 임용되었을 때에는 모두 군주를 바르게 보필하고 시대를 구제하여 자취를 〈堯舜 때의〉 后稷과 契을 뒤좇으려 하다가 부귀하게 되어서는 구차하게 관작의 보전만을 생각하여 그 충절을 다 할 수 없었습니다. 만일 군주와 신하가 항상 게으르지 아니하여 각자 끝까지 보전한다면 천하가 다스려지지 않음을 걱정하지 않을 것이니, 저절로 옛날을 뛰어넘을 것입니다."

태종이 말하였다.

"진실로 경의 말과 같소."

【集論】

愚按 太宗致理不逮三五之言은 所以責難於其臣也라 魏徵之對는 曲盡人君放逸之端과 人臣懷祿之弊하니 誠可爲上下之箴이라 蓋人君固在於愼終如始하고 而人臣尤當始終如一也라 嘗觀貞觀諸名臣한대 久於其位者는 雖於大節無所虧나 然於格非[19]之道無聞焉하니 毋乃以成功難居하고 至理無盡하여 姑保其福祿榮名歟아 恥君不及堯舜[20]者는 何如人哉아 魏徵之言에 厥有旨哉로다

내가 살펴보건대 太宗이 '지극한 다스림이 三皇五帝에 미치지 못한다.'고 말한 것은 그 신하에게 어려운 일을 권하게 하는 방도이다. 魏徵의 대답은 임금의 방자하고 안일한 기미와 신하의 녹봉에 연연하는 폐단을 곡진하게 말하였으니, 진실로 상하를 경계했다고 말할 만하다. 임금은 진실로 끝까지 삼가기를 처음과 같이 해야 하고 신하는 더욱 처음과 끝을 한결같이 해야 한다. 일찍이 貞觀의 여러 유명한 신하들을 살

19) 格非 : '格君心之非'의 준말로, ≪孟子≫ 〈離婁 上〉에 보인다.

20) 恥君不及堯舜 : ≪書經≫ 〈商書 說命 下〉에 "내가 나의 임금을 요순처럼 만들지 못한다면 시장에서 종아리를 맞는 것처럼 내 마음이 부끄러울 것이다.〔予弗克俾厥后惟堯舜 其心愧恥 若撻于市〕"에서 유래한 것이다.

펴보았는데, 그 지위에 오래 있은 자가 비록 큰 절개를 훼손한 적은 없었으나, 임금의 잘못된 마음을 바로잡는 도리에 대해 알려진 것이 없으니, 공을 이루는 것은 어렵고 지극한 다스림은 끝이 없다고 여겨서 우선 그 복록과 영화로운 이름을 보존하려고 하는 것이 아니겠는가. 자기 임금이 堯舜만큼 되지 못함을 부끄러워하는 이는 어떠한 사람인가. 위징의 말에 그 뜻이 있도다.

40-5-1

貞觀十三年에 **魏徵恐太宗不能克終儉約**하고 **近歲頗好奢縱**①하여 **上疏諫曰 臣觀自古帝王受圖**[21]**定鼎**[22]에 **皆欲傳之萬代**하여 **貽厥孫謀**[23]라 **故其垂拱巖廊**하여 **布政天下**호대 **其語道也**엔 **必先淳朴而抑浮華**하고 **其論人也**엔 **必貴忠良而鄙邪佞**하고 **言制度也**엔 **則絶奢靡而崇儉約**하고 **談物産也**엔 **則重穀帛而賤珍奇**나 **然受命之初**엔 **皆遵之以成治**하고 **稍安之後**엔 **多反之而敗俗**하니 **其故何哉**오 **豈不以居萬乘之尊**하며 **有四海之富**하여 **出言而莫己逆**[24]하고 **所爲而人必從**이라 **公道溺於私情**하며 **禮節虧於嗜欲故也**리오 **語曰 非知之難**이라 **行之惟難**[25]이요 **非行之難**이라 **終之斯難**이라하니 **所言信矣**니이다

① 近歲頗好奢縱 : 好, 去聲, 後同.
好(좋아하다)는 去聲이다. 뒤에도 같다.

貞觀 13년(639)에 魏徵은 太宗이 검약을 끝까지 잘하지 못하고 근래에 사치와 방종을 매우 좋아함을 염려하여 상소를 올려 간언하였다.

"신이 살펴보건대 예로부터 제왕이 천명을 받아 나라를 세울 적에 모두 만대

21) 受圖 : 大禹가 河圖를 받은 고사로, 帝王이 天命을 받아 등극함을 말한다.

22) 定鼎 : 나라를 세우고 국도를 정함을 말한다. 夏禹氏가 九鼎을 만들어 九州를 상징하고 나라를 전하는 重器로 삼았다. ≪春秋左氏傳≫ 宣公 3년에 "成王이 鼎을 郟鄏(겹욕)에 놓았다.〔成王定鼎于郟鄏〕"라고 하였다.

23) 貽厥孫謀 : ≪詩經≫ 〈大雅 文王有聲〉에 보인다.

24) 出言而莫己逆 : ≪論語≫ 〈子路〉의 "나는 임금 된 것이 즐거울 것이 없고, 단지 내가 말을 하면 사람들이 나의 말을 어기지 않는 것이 즐겁다.〔予無樂乎爲君 唯其言而莫予違也〕"에서 유래하였다.

25) 非知之難 行之惟難 : ≪書經≫ 〈商書 說命 中〉의 "아는 것이 어려운 것이 아니라 행하는 것이 어렵다.〔非知之艱 行之惟艱〕"을 변용한 것이다.

까지 전하려 하여 자손에게 계책을 남겨주었습니다. 그러므로 조정에서 편안히 팔짱을 끼고 일삼는 바 없이 천하에 정치를 펼쳤는데, 나라를 다스리는 도를 말할 때는 반드시 순박함을 우선하고 화려한 것을 억눌렀으며, 사람됨을 논할 때는 반드시 충성스럽고 선량함을 귀하게 여기고 간사하고 아첨함을 비루하게 여겼으며, 제도를 말할 때는 사치와 낭비를 끊고 검약을 숭상하였으며, 생산물을 말할 때는 곡물과 비단을 소중히 여기고 진기한 물건을 천시하였습니다. 그러나 천명을 받은 처음에는 모두 이를 따라서 치세를 이룩하였고, 차츰 안정된 후에는 대부분 이와 반대로 하여 풍속을 무너뜨렸으니, 그 까닭은 무엇이겠습니까. 어찌 萬乘의 높음에 있고 사해의 부유함을 소유하여서 말하는 것에 거역하는 자가 없고 행하는 것에 사람들이 반드시 따르므로, 공평한 도리는 사사로운 정에 빠지고 예절은 기호와 욕망에 훼손되었기 때문이 아니겠습니까. 속담에 이르기를 '아는 것이 어려운 것이 아니라 행하는 것이 어렵고, 행하는 것이 어려운 것이 아니라 끝맺음을 하기가 어렵다.'라고 하였으니, 말이 믿을 만합니다.

40-5-2

伏惟陛下年甫弱冠②에 **大拯橫流**③하사 **削平區宇**하시고 **肇開帝業**하시니 **貞觀之初**에 **時方克壯**일새 **抑損嗜欲**하고 **躬行節儉**하여 **內外康寧**하여 **遂臻至治**하시니 **論功則湯武**가 **不足方**이요 **語德則堯舜**이 **未爲遠**이라 **臣自擢居左右**로 **十有餘年**에 **每侍帷幄**에 **屢奉明旨**호니 **常許仁義之道**를 **守之而不失**하고 **儉約之志**를 **終始而不渝**하시니 **一言興邦**[26]이 **斯之謂也**라 **德音在耳**하니 **敢忘之乎**잇가 **而頃年已來**로 **稍乖曩志**하사 **敦朴之理**는 **漸不克終**일새 **謹以所聞**으로 **列之如左**하노이다

② 伏惟陛下年甫弱冠 : 去聲.
〈冠(관을 쓰다)은〉 去聲이다.
③ 大拯橫流 : 橫, 去聲.
橫(거스르다)은 去聲이다.

삼가 생각하건대 폐하께서는 나이 20세에 크게 난세를 구제하시어 천하를

26) 一言興邦 : ≪論語≫ 〈子路〉에 보인다.

평정하시고 帝業을 열었습니다. 貞觀 초에는 폐하께서 당시 한창 장년이었으므로 기호와 욕망을 누르고 절약과 검소를 몸소 실천하여 나라의 안팎이 강녕해져서, 드디어 태평성대를 이루었습니다. 공을 논한다면 湯王・武王도 비교하기에 부족하고, 덕으로 말하자면 堯舜과도 멀지 않습니다. 신은 폐하의 측근으로 발탁되면서부터 십여 년 동안 휘하에서 모실 때마다 자주 현명한 뜻을 받들었습니다. 폐하께서는 항상 仁義의 도를 지켜서 잃지 않고, 검약의 뜻을 처음부터 끝까지 변하지 않기를 바라셨으니, '한마디의 말로 나라를 일으킨다.'는 것이 이를 말합니다. 폐하의 말씀이 아직도 귓가에 남아 있으니, 감히 잊을 수 있겠습니까. 그러나 근년 이래로 점차 종전의 뜻과 어긋나셔서 돈후하고 소박한 도리가 점점 끝을 잘 맺지 못하기에 삼가 들은 것을 다음과 같이 열거합니다.

40-5-3

陛下貞觀之初에 **無爲無欲**하사 **淸靜之化**가 **遠被遐荒**이러니 **考之於今**에 **其風漸墜**하여 **聽言則遠超於上聖**이나 **論事則未逾於中主**하니 **何以言之**오 **漢文晉武**는 **俱非上哲**이로대 **漢文**은 **辭千里之馬**④하고 **晉武**는 **焚雉頭之裘**⑤어늘 **今則求駿馬於萬里**하고 **市珍奇於域外**하여 **取怪於道路**하며 **見輕於戎狄**하니 **此其漸不克終一也**니이다

④ 漢文辭千裏之馬 : 漢文帝時, 有獻千里馬者, 詔還其馬與道里費.[27]
漢 文帝 때에 千里馬를 바친 자가 있었는데, 조서를 내려 그 말과 운송비용을 돌려주게 하였다.

⑤ 晉武焚雉頭之裘 : 晉武帝時, 太醫司馬程據獻雉頭裘, 帝以奇技異服, 典禮所禁, 焚之于殿前.[28]
晉 武帝 때에 太醫 司馬程據가 雉頭裘(꿩 머리 깃으로 만든 갖옷)를 바쳤는데 무제가 기이한 기예와 괴이한 복식은 典禮(예의 법도)에 금지한 것이라고 하여 殿閣 앞에서 불태웠다.

폐하께서 貞觀 초에는 無爲의 정치를 하고 無欲하시어 淸靜한 교화가 먼 변방까지 크게 미쳤습니다. 지금 살펴보니 그 기풍이 점점 무너져서 말을 들으시는 것은 上聖(聖王)을 크게 넘어서시지만 일을 논하시는 것은 평범한 군주

---

27) 漢文帝時……與道里費 : ≪漢書≫ 〈賈捐之列傳〉에 보인다.

28) 太醫司馬程據……焚之于殿前 : ≪晉書≫ 〈武帝紀〉에 보인다.

를 넘어서지 못하시니 어째서 이렇게 말하는 것이겠습니까. 漢 文帝와 晉 武帝는 모두 上哲(聖王)은 아니었지만 한 문제는 千里馬를 사양하였으며, 진 무제는 꿩 머리털로 만든 갖옷을 불태웠습니다. 지금 폐하께서는 萬里 밖에서 駿馬를 구하고 나라 밖에서 진기한 물건을 구하여, 도로의 백성들이 괴이하게 생각하며 오랑캐들이 경멸하니, 이것이 끝을 잘 맺지 못하는 첫 번째 조짐입니다.

40-5-4

昔子貢問理人於孔子한대 **孔子曰 懍乎若朽索之馭六馬**라하시니 **子貢曰 何其畏哉**잇가 **子曰 不以道導之**면 **則吾讐也**니 **若何其無畏**[⑥]리오하시니 **故書曰 民惟邦本**이니 **本固邦寧**하니 **爲人上者**는 **奈何不敬**[⑦]이리오하니 **陛下貞觀之始**에 **視人如傷**하여 **恤其勤勞**하며 **愛民猶子**하여 **每存簡約**하고 **無所營爲**러니 **頃年已來**로 **意在奢縱**하여 **忽忘卑儉**하고 **輕用人力**하여 **乃云**호대 **百姓無事則驕逸**하고 **勞役則易使**[⑧]라하시니 **自古以來**로 **未有由百姓逸樂**[⑨]**而致傾敗者也**니 **何由逆畏其驕逸而故欲勞役者哉**아 **恐非興邦之至言**이니 **豈安人之長算**이리오 **此其漸不克終二也**니이다

⑥ 子曰……若何其無畏：家語之辭.
≪孔子家語≫〈致思篇〉의 말이다.
⑦ 故書曰……奈何不敬：書五子之歌.
≪書經≫〈夏書 五子之歌〉이다.
⑧ 勞役則易使：易, 以豉切, 後同.
易(쉽다)는 以와 豉의 반절이다. 뒤에도 같다.
⑨ 未有由百姓逸樂：樂, 音洛, 後同.
樂(즐겁다)은 音이 洛이다. 뒤에도 같다.

옛날에 子貢이 孔子에게 백성을 다스리는 도리를 묻자, 공자가 말하기를, '〈다스림의〉 두려움이 마치 썩은 밧줄로 여섯 마리 말을 모는 것과 같다.'라고 하였습니다. 자공이 '무엇이 그렇게 두렵습니까.'라고 묻자, 공자가 대답하기를 '도리로 인도하지 않으면 나의 원수가 되니, 어찌 두렵지 않겠는가.'라고 하였습니다. 그러므로 ≪書經≫에 말하기를 '백성은 나라의 근본이니, 근본이 견고해야 나라가 편안하다. 군주가 된 자가 어찌 공경하지 않을 수 있겠는가.'라고

하였으니, 폐하께서 貞觀 초에는 백성을 보기를 다친 사람 보듯이 하여 그들의 노고를 불쌍하게 여기며, 백성을 사랑하기를 자식을 사랑하는 것과 같이 하여 항상 간소하고 절약하는 데 마음을 두고, 토목공사를 일으킴이 없었습니다. 근래 이래로 마음이 사치와 방종에 있어 홀연히 겸손과 검약을 잊으시고 인력을 가볍게 쓰시어 말씀하기를, '백성은 일이 없으면 교만하고 안일해지고 노역을 시키면 부리기가 쉽다.'라고 하십니다. 예로부터 백성의 안락과 즐거움으로 인해서 나라가 기울고 패망에 이른 일은 아직 없었습니다. 어찌 백성의 교만과 안일을 미리 두려워하여 일부러 노역을 시키려고 하십니까. 아마도 나라를 일으킬 지극한 말씀이 아닌 듯하니 어찌 백성을 안정시킬 장구한 계책이겠습니까. 이것이 끝을 잘 마무리하지 못하는 두 번째 조짐입니다.

40-5-5

陛下貞觀之初에 **損己以利物**이러니 **至於今日**에 **縱欲以勞人**하여 **卑儉之跡歲改**하고 **驕侈之情日異**하니 **雖憂人之言**은 **不絕於口**나 **而樂身之事**는 **實切於心**하여 **或時欲有所營**에 **慮人致諫**하여 **乃云**호대 **若不爲此**면 **不便我身**이라하시니 **人臣之情**에 **何可復爭**⑩이리오 **此直意在杜諫者之口**니 **豈曰擇善而行者乎**아 **此其漸不克終三也**니이다

⑩ 何可復爭 : 讀曰諍.
〈爭(간쟁하다)은〉 諍으로 읽는다.

폐하께서 貞觀 초에는 자신이 손해를 보아서 백성들을 이롭게 하였는데, 오늘에 이르러서는 욕심을 방자히 부려 백성을 수고롭게 하여, 겸손과 검약의 자취가 해마다 변해가고, 교만과 사치의 마음이 날마다 달라지니, 비록 백성을 걱정한다는 말은 입에서 끊이지 않으나 즐거움을 누리는 일이 실로 마음에 절실합니다. 혹 궁실을 지으려고 할 때에 사람들이 간언을 올릴까 염려하여 마침내 말하기를 '만약 이것을 하지 않으면, 내 몸을 편히 하지 못한다.'라고 하시니, 신하의 정리상 어찌 다시 간쟁할 수 있겠습니까. 이것은 바로 간언하는 신하의 입을 막는 데에 의도가 있는 것이니, 어찌 善을 택하여 행하는 것이라고 말하겠습니까. 이것이 끝을 잘 마무리하지 못하는 세 번째 조짐입니다.

40-5-6

立身成敗는 **在於所染**이라 **蘭芷鮑魚**⑪는 **與之俱化**하니 **愼乎所習**을 **不可不思**니 **陛下貞觀之初**에 **砥礪名節**하여 **不私於物**하고 **唯善是與**하여 **親愛君子**하며 **疏斥小人**이러니 **今則不然**하여 **輕褻小人**⑫하고 **禮重君子**하니 **重君子也**는 **敬而遠之**⑬[29]하고 **輕小人也**는 **狎而近之**하니 **近之則不見其非**하고 **遠之則莫知其是**하나니 **莫知其是**하면 **則不間而自疏**⑭하고 **不見其非**하면 **則有時而自昵**하니 **昵近小人**은 **非致理之道**요 **疏遠君子**는 **豈興邦之義**리오 **此其漸不克終四也**니이다

⑪ 蘭芷鮑魚 : 家語之辭.
《孔子家語》〈六本篇〉의 말이다.
⑫ 輕褻小人 : 褻, 音泄.
褻(친하다)은 音이 泄이다.
⑬ 敬而遠之 : 遠, 音援, 後同.
遠(멀리하다)은 音이 援이다. 뒤에도 같다.
⑭ 則不間而自疏 : 間, 去聲, 後同.
間(이간질하다)은 去聲이다. 뒤에도 같다.

立身의 成敗는 그의 물드는 것에 달려 있습니다. 蘭草・芷草의 향이나 생선 냄새는 함께 있는 것에 냄새를 배게 하니, 가까이하는 대상을 신중히 하는 것을 생각하지 않아서는 안 됩니다. 폐하께서 貞觀 초에는 명예와 절의를 닦아 사람들에게 사사로움이 없었고 오직 선한 사람을 함께하여 군자를 친애하며 소인을 멀리하였는데, 지금은 그렇지 않아 소인을 가볍게 가까이하고, 군자를 예의상으로만 소중하게 여깁니다. 군자를 소중히 여기는 것은 공경하면서 멀리하고, 소인을 가볍게 여기는 것은 친하면서 가까이하는 것입니다. 가까이하면 그 잘못을 보지 못하고, 멀리하면 그 옳음을 알지 못하니, 그 옳음을 알지 못하면 이간시키지 않아도 저절로 멀어지고, 그 잘못을 보지 못하면 시간이 갈수록 저절로 친밀해집니다. 소인을 친밀히 하는 것은 치세를 이루는 방법이 아니고, 군자를 멀리하는 것은 어찌 나라를 일으키는 도리이겠습니까. 이것이 끝을 잘 마무리하지 못하는 네 번째 조짐입니다.

---

29) 敬而遠之 : 《論語》〈雍也〉에 보인다.

40-5-7

書曰 不作無益하여 害有益하면 功乃成하며 不貴異物하고 賤用物하면 人乃足하며 犬馬非其土性이어든 不畜(휵)⑮하며 珍禽奇獸를 弗育於國⑯이라하니 陛下貞觀之初에 動遵堯舜하여 捐金抵璧하고 反朴還淳이러니 頃年以來로 好尙奇異⑰하여 難得之貨가 無遠不臻하고 珍玩之作이 無時能止하니 上好奢靡하고 而望下敦朴은 未之有也요 末作滋興하고 而求豐實은 其不可得이 亦已明矣니 此其漸不克終五也니이다

⑮ 不畜(휵) : 許六切.
〈畜(기르다)은〉 許와 六의 반절이다.
⑯ 書曰……弗育於國 : 周書旅獒之辭.
≪書經≫ 〈周書 旅獒〉의 말이다.
⑰ 好尙奇異 : 好, 去聲, 後同.
好(좋아하다)는 去聲이다. 뒤에도 같다.

≪書經≫에 말하기를 '無益한 일을 하여 有益한 일을 해치지 않으면 功이 이에 이루어지며, 이상한 물건을 귀히 여기고 사용하는 물건을 천히 여기지 않으면 백성들이 이에 풍족하며, 개와 말이 그 지방의 산물이 아니거든 기르지 말며, 진기한 새와 짐승을 나라에서 기르지 마소서.'라고 하였습니다. 폐하께서 貞觀 초에는 자주 堯舜의 행동을 따라서 황금과 벽옥을 버리고 질박하며 순박한 데로 돌아갔습니다. 그런데 근년 이래로 기이한 것을 좋아하며 숭상하여, 얻기 어려운 보물이 먼 곳에서 이르지 않은 것이 없고, 진기한 노리개를 만드는 것이 정지된 때가 없습니다. 위에서 사치와 낭비를 좋아하면서 아래에서 돈후하고 질박하기를 바라는 것은 아직 없었고, 상공업이 부흥하면서 농업의 풍성한 결실을 구하는 것은 할 수 없는 것이 또한 분명합니다. 이것이 끝을 잘 마무리하지 못하는 다섯 번째 조짐입니다.

40-5-8

貞觀之初에 求賢如渴[30]하여 善人所擧는 信而任之하고 取其所長하여 恒恐不及이러니 近歲已來로 由心好惡(오)⑱하여 或衆善擧而用之라가 或一人毁而棄之하며 或積年任

30) 求賢如渴 : ≪後漢書≫ 〈左雄傳〉에 보인다.

而用之라가 或一朝疑而遠之하니 夫行有素履⑲[31]하고 事有成跡하니 所毁之人은 未必可信於所擧요 積年之行은 不應頓失於一朝⑳니이다 君子之懷는 蹈仁義而弘大德하고 小人之性은 好讒佞以爲身謀어늘 陛下不審察其根源하고 而輕爲之臧否(비)㉑하시니 是使守道者로 日疏하고 干求者로 日進이라 所以人思苟免하여 莫能盡力이니 此其漸不克終六也니이다

⑱ 由心好惡(오) : 烏去聲.
〈惡(싫어하다)는〉 烏의 去聲이다.
⑲ 夫行有素履 : 夫, 音扶. 行, 去聲, 後同.
夫(대저)는 音이 扶이다. 行(행실)은 去聲이다. 뒤에도 같다.
⑳ 不應頓失於一朝 : 應, 平聲. 朝, 音昭.
應(응당)은 平聲이다. 朝(아침)는 音이 昭이다.
㉑ 而輕爲之臧否(비) : 部鄙切.
〈否(나쁘다)는〉 部와 鄙의 반절이다.

貞觀 초에는 현인을 구하기를 갈증이 나는 것처럼 하여, 훌륭한 인물이 천거한 이는 믿어 임용하였고, 그 장점을 취하면서도 〈그 장점을〉 다 받아들이지 못할까 염려하였습니다. 근년 이래로 마음에 좋고 나쁨에 따라서, 많은 선한 자들의 천거로 임용했다가 한 사람의 비방으로 내쫓기도 하거나, 여러 해 동안 신임을 하여 임용했다가 하루아침에 의심하여 멀리하기도 하셨습니다. 행실은 평소 행하던 것이 있고 일은 이루어진 자취가 있으니, 헐뜯는 사람은 반드시 천거를 받은 사람보다 믿을 수 있는 것이 아니고, 여러 해 동안 쌓은 행실은 하루아침에 갑자기 잃어서는 안 됩니다. 군자의 마음은 인의를 실천하여 큰 덕을 넓히고, 소인의 성품은 참언과 아첨을 좋아하여 자신을 위하는 계획을 합니다. 그런데 폐하께서는 그 근원을 자세히 살피지 않고 가볍게 좋고 나쁨을 판단하십니다. 이는 道를 지키는 사람을 날로 소원하게 하고 지위만을 바라는 자를 날로 승진하게 하는 것입니다. 이 때문에 사람들이 구차하게 모면하기를 생각하여 능히 힘을 다하는 사람이 없는 것이니, 이것이 끝을 잘 마무리하지 못하는 여섯 번째 조짐입니다.

31) 素履 : 본래대로 행함을 말한다. ≪周易≫ 履卦 初九爻辭에 "본분대로 해나가면 허물이 없다.〔素履往 無咎〕"라고 하였다.

40-5-9

陛下初登大位에 高居深視하사 事惟淸靜하고 心無嗜慾하여 內除畢弋之物㉒하고 外絶畋獵之源이러니 數載之後에 不能固志하여 雖無十旬之逸㉓이나 或過三驅[32]之禮하니 遂使盤遊之娛로 見譏於百姓하며 鷹犬之貢으로 遠及於四夷하고 或時敎習之處가 道路遙遠하면 侵晨而出이라가 入夜方還하여 以馳騁爲歡하고 莫慮不虞之變하니 事之不測하면 其可救乎잇가 此其漸不克終七也니이다

㉒ 內除畢弋之物 : 畢, 網也. 弋, 以生絲繫矢而射也.
畢은 그물이다. 弋은 生絲를 화살에 묶어서 쏘아 맞히는 것이다.

㉓ 雖無十旬之逸 : 夏書 "太康盤遊無度, 畋于有洛之表, 十旬弗反."
≪書經≫ 〈夏書 五子之歌〉에 "太康이 즐기고 놀기를 법도 없이 하여 洛水의 밖으로 사냥 가서 100일이 되어도 돌아오지 않았다."라고 하였다.

폐하께서 처음 제위에 오르셨을 때 높은 곳에 계시면서 깊이 살피시어 일은 오직 청정하게 하셨고 마음에는 기호와 욕심이 없었습니다. 그래서 안으로는 그물질이나 주살질하는 물건들을 없애고 밖으로는 사냥의 근원을 끊었습니다. 그러나 수년 후에는 그 뜻을 굳건히 하지 못하여 비록 100일 동안 노니는 일은 없었으나, 혹 三驅의 예(사냥)를 지나치게 하니, 드디어 노니는 즐거움이 백성들에게 비난을 받게 되고, 매나 개의 공물을 바치는 대상이 멀리 사방 오랑캐에게 미치게 되었습니다. 혹 때로는 사냥을 익히는 곳의 거리가 멀면 새벽에 나갔다가 밤이 되어서야 돌아오십니다. 말을 달리는 것을 환락으로 삼고, 뜻밖의 변고를 염려함이 없으니, 헤아리지 못할 일이 일어나면 어찌 구원할 수 있겠습니까. 이것이 끝을 잘 마무리하지 못하는 일곱 번째 조짐입니다.

40-5-10

孔子曰 君使臣以禮하며 臣事君以忠㉔[33]이라하시니 然則君之待臣에 義不可薄이라 陛

---

32) 三驅 : 한쪽 면은 열어두고 삼면으로만 사냥감을 몰아서 잡는다는 말로, 임금의 사냥을 가리킨다. ≪周易≫ 比卦 九五爻辭에 "임금이 삼면으로만 몰아가서, 앞으로 날아가는 새는 놓아준다.〔王用三驅 失前禽〕"라고 하였다.

33) 君使臣以禮 臣事君以忠 : ≪論語≫ 〈八佾〉에 보인다.

下初踐大位에 敬以接下하사 君恩下流하고 臣情上達하니 咸思竭力하여 心無所隱이러니 頃年已來로 多所忽略하여 或外官充使[25]가 奏事入朝에 思覿闕庭하여 將陳所見하되 欲言則顔色不接하고 欲請하면 又恩禮不加하며 間因所短하여 詰其細過하니 雖有聰辯之略이라도 莫能申其忠款하나니 而望上下同心하며 君臣交泰가 不亦難乎잇가 此其漸不克終八也니이다

㉔ 孔子曰……臣事君以忠：孔子對魯定公之辭.
  孔子가 魯나라 定公에게 대답한 말이다.
㉕ 或外官充使：去聲.
  〈使(사신)는〉 去聲이다.

孔子가 말하기를 '군주는 신하를 예로 부리고 신하는 임금을 충성으로 섬겨야 한다.'라고 하였으니, 그렇다면 군주가 신하를 대할 적에 의리상 박하게 대우해서는 안 됩니다. 폐하께서 처음 제위에 올랐을 때 신하를 공경으로 대하여 군주의 은혜가 아래로 흐르고 신하의 마음이 위로 통하였습니다. 모두 힘을 다할 것을 생각하여 마음속에 감추는 것이 없었는데, 근년 이래로는 소홀한 점이 많아졌습니다. 혹 지방관이 사자가 되어 사정을 보고하려고 조정에 들어올 때에 궁궐 뜰에서 뵈어 소견을 진술하려고 생각하였는데, 말하려고 하면 용안을 뵐 수 없고 요청하려고 하면 또 임금이 신하에게 베푸는 예우가 행해지지 않으며 간혹 단점으로 인하여 세세한 잘못까지 문책하시니, 비록 총명하고 변설에 능한 지략이 있다고 할지라도 그 충성스러운 생각을 펼 수가 없습니다. 그러므로 상하가 마음을 하나로 하여 君臣이 서로 통하기를 바라는 것이 또한 어렵지 않겠습니까. 이것이 끝을 잘 마무리하지 못하는 여덟 번째 조짐입니다.

40-5-11

傲不可長이며 欲不可縱[26]이며 樂不可極이며 志不可滿[27]하니 四者는 前王所以致福이요 通賢以爲深誡라 陛下貞觀之初에 孜孜不怠하며 屈己從人하여 恒若不足이러니 頃年已來로 微有矜放하사 恃功業之大하여 意蔑前王하고 負聖智之明하여 心輕當代하니 此傲之長也요 欲有所爲에 皆取遂意하고 縱或抑情從諫이나 終是不能忘懷하니 此欲之縱也요 志在嬉遊하고 情無厭倦하여 雖未全妨政事나 不復專心治道하니 此樂將極也요

率土乂安하고 **四夷款服**이어늘 **仍遠勞士馬**하여 **問罪遐裔**하니 **此志將滿也**라 **親狎者**는 **阿旨而不肯言**하고 **疎遠者**는 **畏威而莫敢諫**하니 **積而不已**면 **將虧聖德**하리니 **此其漸不克終九也**니이다

㉖ 傲不可長 欲不可縱 : 長, 音掌, 後同.
長(기르다)은 音이 掌이다. 뒤에도 같다.
㉗ 傲不可長……志不可滿 : 禮曲禮篇之辭.
≪禮記≫ 〈曲禮篇〉의 말이다.

오만은 키워서는 안 되며 욕망은 마음대로 부려서는 안 되며 즐김은 극도로 해서는 안 되며 뜻은 가득 채워서는 안 됩니다. 이 네 가지는 옛 제왕이 복을 이루게 된 까닭이며 통달한 현인이 깊이 경계로 삼은 것입니다.

폐하께서 貞觀 초에는 부지런하고 게으르지 않으시며 자신을 굽혀 남을 따라서 항상 부족한 듯이 하셨습니다. 그런데 근년 이래로 약간 자만하고 방종하시어 공업의 위대함을 믿고서 이전 왕들을 멸시하는 생각을 품고 聖智의 밝음을 자부하시어 당대의 인물들을 가볍게 여기는 마음을 갖고 계십니다. 이것은 오만을 키우는 것입니다.

욕망에 하고자 하는 바가 있으면 모두 마음먹은 대로 취하고, 비록 혹은 감정을 억제하여 간언을 따른다 해도 마침내 〈하고자 하는 일을〉 마음에서 잊지 않으니, 이것은 욕망을 마음대로 부리는 것입니다.

뜻이 즐기고 노는 데에 있고 이를 싫증내거나 귀찮아하는 마음이 없어서 비록 정사를 완전히 방해하지 않는다고는 할지라도, 다시 다스리는 방도에 전념하지 않으니, 이것은 즐김을 극도로 하려는 것입니다.

천하가 다스려져 안정되고 사방의 오랑캐들이 성심껏 복종을 하거늘 계속 멀리 병사와 군마를 보내서 먼 변방에 죄를 물으시니, 이것은 욕심을 가득 채우려는 것입니다.

친압한 자는 폐하의 뜻에 아부하여 말하려 하지 않고, 소원한 자는 위엄이 두려워 감히 간언을 올리지 않습니다. 이러한 병폐가 쌓여 그치지 않으면 장차 聖德에 손상이 될 것이니, 이것이 끝을 잘 마무리하지 못하는 아홉 번째 조짐입니다.

40-5-12

昔陶唐成湯之時에 **非無災患**이로되 **而稱其聖德者**는 **以其有始有終**하며 **無爲無欲**하여 **遇災則極其憂勤**하고 **時安則不驕不逸故也**라 **貞觀之初**에 **頻年霜旱**하여 **畿內戶口**가 **竝就關外**에 **携負老幼**하여 **來往數千**이로되 **曾無一戶逃亡**하며 **一人怨苦**하니 **此誠由識陛下矜育之懷**하여 **所以至死無携貳**러니 **頃年已來**로 **疲於徭役**하고 **關中之人**이 **勞弊尤甚**하니 **雜匠之徒**는 **下日**[34]에 **悉留和雇**[35]하고 **正兵之輩**는 **上番**에 **多別驅使**하고 **和市**[36]**之物**이 **不絶於鄕閭**하며 **遞送之夫**가 **相繼於道路**하니 **旣有所弊**에 **易爲驚擾**라 **脫因水旱**하여 **穀麥不收**면 **恐百姓之心**이 **不能如前日之寧帖**하리니 **此其漸不克終十也**니이다

옛날 陶唐과 成湯의 시대에 재앙과 우환이 없었던 것은 아니지만 그 성덕을 칭송하는 것은 처음과 끝이 일관하고 無爲의 정치를 하고 無欲하시어 재해를 만나면 걱정과 부지런함을 지극히 행하고 때가 안정되면 교만하거나 안일하지 않았기 때문입니다.

貞觀 초기에 해마다 서리가 내리고 가뭄이 들어 京畿 안의 戶口가 모두 關東으로 옮겨갈 적에 노인을 부축하고 어린이를 업고서 오고 가는 자가 수천 명이었지만, 일찍이 한 戶도 도망하지 않았으며 한 사람도 원망하거나 고통으로 여기지 않았습니다. 이것은 참으로 폐하께서 백성을 불쌍히 여기고 기르려는 마음을 알고 있어서 그 때문에 죽음에 이르더라도 두 마음을 품지 않았던 것입니다.

그러나 근년 이래로 백성들이 徭役에 피폐하고 그중에서도 關中의 사람들이 노고와 피폐함이 더욱 심합니다. 각종 기술자의 무리들은 당번을 쉬는 날에도 모두 머물러 고용 인력이 되고, 정규 군병들은 당번에 들었을 때 대부분 별도로 부려지고, 和市의 물자가 마을에 끊이지 않으며, 물자를 운송하는 인부들이 도로에 서로 이어져 있습니다. 이미 피폐해져 있어서 쉽게 놀라고 동요하게 되

---

34) 下日 : 당번에 들지 않은 날이다.

35) 和雇 : 관청에서 값을 내서 고용하는 인력을 말한다.

36) 和市 : 물가를 조절하기 위해 관청에서 민간의 물품을 사들이는 일이다. 그러나 시가보다 싸게 사들여 문제가 많았다. 唐宋 이후 실제로는 민간의 재물을 약탈하는 제도였다.

니, 만약 水災와 旱災로 인하여 곡식을 거두지 못하게 되면 백성들의 마음이 예전과 같이 편안치 못할까 우려됩니다. 이것이 끝을 잘 마무리하지 못하는 열 번째 조짐입니다.

40-5-13

臣聞禍福無門이요 唯人所召[37]라하고 人無釁焉이면 妖不妄作[38]이라하니이다 伏惟陛下統天御寓十有三年에 道洽寰(환)中하며 威加海外하고 年穀豐稔하며 禮教聿興하여 比屋踰於可封㉘[39]하고 菽粟同於水火[40]러니 暨乎今歲에 天災流行하여 炎氣致旱하여 乃遠被於郡國하고 凶醜作孽하여 忽近起於轂下하니 夫天何言哉[41]아 垂象[42]示誡하나니 斯誠陛下驚懼之辰이요 憂勤之日也라 若見誡而懼하여 擇善而從하여 同周文之小心[43]하며 追殷湯之罪己[44]하사 前王所以致理者를 勤而行之하며 今時所以敗德者를 思而改之하여 與物更新㉙하여 易人視聽이면 則寶祚無疆하고 普天幸甚하리니 何禍敗之有乎리오 然則社稷安危와 國家治亂은 在於一人而已니 當今太平之基가 既崇極天之峻이나 九仞之積이 猶虧一簣之功㉚하니 千載休期는 時難再得이어늘 明王可爲而不爲하시니 微臣所以鬱結而長歎者也로소이다

㉘ 比屋踰於可封 : 比, 音鼻.
比(마다)는 音이 鼻이다.
㉙ 與物更新 : 更, 平聲.

---

37) 禍福無門 唯人所召 : ≪春秋左氏傳≫ 襄公 23년에 보인다.

38) 人無釁焉 妖不妄作 : ≪春秋左氏傳≫ 莊公 14년에 보인다.

39) 比屋踰於可封 : ≪漢書≫ 〈王莽傳 上〉에 "堯舜時代에는 집집마다 봉작할 만하였다.〔唐虞之時 可比屋而封〕"라고 하였다.

40) 菽粟同於水火 : ≪孟子≫ 〈盡心 上〉에 "성인이 천하를 다스리는 데에는 菽粟을 水火처럼 많게 한다.〔聖人治天下 使有菽粟如水火〕"라고 하였다.

41) 天何言哉 : ≪論語≫ 〈陽貨〉에 "하늘이 무슨 말을 하던가. 사시가 운행하고 만물이 자라난다.〔天何言哉 四時行焉 百物生焉〕"라고 하였다.

42) 垂象 : 상징을 내려 보임을 뜻한다. ≪周易≫ 〈繫辭 上〉에 "하늘이 상징을 내려주어 길흉을 보이니 성인께서 본받는다.〔天垂象 見吉凶 聖人象之〕"라고 하였다.

43) 周文之小心 : ≪詩經≫ 〈大雅 大明〉에 "이 文王이 조심하고 공경하여 上帝를 밝게 섬기시어 많은 福을 오게 하신다.〔維此文王 小心翼翼 昭事上帝 聿懷多福〕"라고 하였다.

44) 殷湯之罪己 : 殷나라 湯王의 六事自責을 말한다.

更(고치다)은 平聲이다.

㉚ 猶虧一簣之功 : 書曰 "爲山九仞, 功虧一簣." 言中道而止則前功盡棄也.
≪書經≫ 〈周書 旅獒〉에 말하기를 "아홉 길 높이의 산을 쌓는데 한 삼태기의 흙을 못 채워 완성이 되지 못한다."라고 하니 中道에 그치면 앞의 공을 다 버림을 말한다.

신이 듣기로 '화복은 문이 없으며 오직 사람이 부르는 것이다.'라고 하고, '사람에게 죄가 없으면, 요사스러움이 망령되게 일어나지 않는다.'라고 하였습니다.

삼가 생각하건대 폐하께서 천하를 통치한 지 13년 만에 도가 천하에 흡족하며 위엄이 해외까지 떨쳤고 해마다 풍년이 들었으며 禮敎가 성대하게 일어나서 집집마다 봉작을 받은 사람이 넘쳐나고 콩과 곡식이 물이나 불과 같이 많아졌습니다.

금년에 와서는 하늘의 재앙이 유행하여 더운 기후가 가뭄으로 변해 멀리 郡國까지 피해를 주었고 흉악범들이 재앙을 일으켜 갑자기 가까운 帝都에서 일어났습니다. 하늘이 무슨 말을 한 적이 있습니까. 象徵을 내려주어 경계를 보일 뿐이니, 이는 진실로 폐하께서 놀라고 두려워할 때이며 근심하고 근면해야 할 때입니다. 만일 하늘의 경계를 보고 두려워하여 좋은 의견을 택하여 따르시어 조심하는 마음을 가진 周나라 文王과 같이하며, 자신을 자책한 殷나라 湯王을 따르시어 전대의 제왕이 치세를 이룬 것을 부지런히 행하며, 지금 덕을 훼손하는 것을 생각하여 고쳐서 백성과 더불어 다시 새롭게 하여 사람들의 耳目을 바꾸게 한다면 國運이 무궁하고 천하가 매우 다행으로 여길 것이니, 무슨 재앙과 패망이 있겠습니까. 그렇다면 社稷의 안위와 나라의 治亂이 天子 한 사람에게 달려 있을 뿐입니다.

지금 태평의 기초가 이미 하늘 끝만큼 높지만 아홉 길 높이의 산을 쌓는데 오히려 한 삼태기의 흙을 못 채워 완성이 되지 못하기도 합니다. 천 년에 한 번 있는 좋은 기회는 다시 얻기 어렵거늘 명철하신 군주께서 행할 수 있는데 하지 않으시니, 미천한 신이 가슴이 답답하여 길게 탄식하는 이유입니다.

40-5-14

臣誠愚鄙하여 不達事機로대 略擧所見十條하여 輒以上聞聖聽하니 伏願陛下는 採臣

狂瞽之言하사 **參以芻蕘之議**하소서 **冀千慮一得**[45]하여 **袞職有補**㉛면 **則死日生年**이라 **甘從斧鉞**하리이다

㉛ 袞職有補 : 詩大雅烝民之篇曰"袞職有闕, 維仲山甫補之."
≪詩經≫ 〈大雅 烝民〉에 말하기를, "임금님의 의복에 터진 곳이 있으면, 우리 仲山甫가 꿰매어 드린다네."라고 하였다.

신은 참으로 어리석고 비루하여 事理에 통달하지 못하였지만 대략 제 소견 10조목을 들어 폐하께 아뢰었습니다. 삼가 원하건대 폐하께서 어리석은 신이 미친 소경처럼 떠드는 소리를 받아들이시고 미천한 의견을 참고하소서. 천 가지 생각 중에 하나라도 맞추어 폐하께 도움이 된다면 죽는 날이 사는 날이 될 것이니, 斧鉞을 달게 받겠습니다."

40-5-15

疏奏에 **太宗謂徵曰 人臣事主**에 **順旨甚易**하고 **忤情尤難**이어늘 **公作朕耳目股肱**하여 **常論思獻納**하니 **朕今聞過能改**하면 **庶幾克終善事**㉜하리니 **若違此言**인댄 **更何顔與公相見**이며 **復欲何方以理天下**리오 **自得公疏**로 **反覆研尋**하니 **深覺詞强理直**이라 **遂列爲屛障**하여 **朝夕瞻仰**하고 **又錄付史司**하여 **冀千載之下**에 **識君臣之義**로라하고 **乃賜徵黃金十斤廏馬二匹**㉝하다

㉜ 庶幾克終善事 : 幾, 平聲.
幾(거의)는 平聲이다.

㉝ 廏馬二匹 : 按史傳"十三年, 阿史那結社率作亂, 雲陽石然, 自冬至五月不雨, 故徵上此疏."
살펴보니 ≪新唐書≫ 〈魏徵列傳〉에 "貞觀 13년(639)에 阿史那結社率이 반란을 일으켰고 雲陽 지역의 돌에서 불이 났으며, 겨울부터 5월까지 비가 내리지 않았다. 그러므로 위징이 이 상소를 올렸다."라고 하였다.

상소문이 올라가자 太宗이 魏徵에게 말하였다.

"신하가 군주를 섬길 때에 뜻에 순종하기는 매우 쉽지만 마음을 거스르는 것은 매우 어렵거늘 공이 짐을 보좌하는 대신이 되어 항상 국사를 의논하고 의견

---

45) 千慮一得 : ≪史記≫ 〈淮陰侯列傳〉의 "바보라도 천 가지 생각을 하다보면 한 가지쯤 좋은 꾀를 낼 수 있다.〔愚者千慮 必有一得〕"에서 초록한 것이다.

을 올려주었소. 짐이 지금 과오를 듣고 고칠 수 있다면 거의 선한 일을 잘 끝맺을 수 있을 것이오. 만일 이 말을 어긴다면 다시 어떤 얼굴로 공과 서로 만날 것이며, 또한 무슨 방법으로 천하를 다스리겠소. 공의 상소를 얻고부터 반복하여 연구해보니, 말이 강직하고 이치가 올바르다는 것을 깊이 깨달았소. 이에 병풍으로 만들어 아침저녁으로 올려다보고, 또한 사관에게 기록하여 붙이게 하여 천 년 뒤에도 君臣의 의리를 알게 하겠소."

마침내 태종은 위징에게 황금 열 근과 궁중의 말 두 필을 하사하였다.

【集論】

唐氏仲友曰 人君善否之分은 其始毫釐이나 其末千里[46)]라 論太宗貞觀初之所爲컨대 皆可以爲三代之令主라 至漸不克終하얀 則凡三代之辟王이 其極至於亂者는 不過乎此하니 可不畏哉리오 徵有憂之하여 極言至論으로 數其十漸하여 有伊傅周召戒其君하고 大禹訓其後世之意하니 非慮之至忠之盡이면 安能及此리오 使太宗聞過願改하고 以終善道하여 以保貞觀之隆하여 卒髣髴乎三代之令主는 皆徵力也라 史以三代遺直許徵하니 於十漸見之라

唐仲友가 말하였다.

"임금이 선한지 아닌지의 차이는, 그 시작은 털끝같이 작지만 그 끝은 천 리나 된다. 太宗이 貞觀 初에 행한 것을 논해보건대 모두 三代의 훌륭한 임금이 될 수 있는 것이었다. 漸不克終(끝을 잘 마무리하지 못하는 조짐)의 논의에 이르러서는 모두 삼대의 邪辟한 군왕들이 그 끝에 가서 난리에 이른 것은 모두 여기에 벗어나지 못하니, 두렵지 않은가. 위징이 그것을 근심하여 極言과 至論으로 열 가지 조짐을 조목조목 들어서, 伊尹·傅說·周公·召公이 그 임금을 경계하고 大禹가 그 후세에게 훈계한 뜻이 있었으니, 생각을 지극히 하고 충성을 다한 이가 아니라면 어찌 여기에 미칠 수 있었겠는가. 태종으로 하여금 과실을 듣고 고치기를 원하여서 善道를 잘 끝마쳐 정관의 융성함을 보존하게 하여 마침내 삼대의 훌륭한 임금과 비슷하게 한 것은 모두 위징의 힘이다. 역사가들이 삼대의 강직한 유풍을 지닌 사람으로 위징을 인정하였으니 열 가지 조짐에서 볼 수 있다."

---

46) 其始毫釐 其末千里 : ≪大戴禮記≫ 〈保傅〉의 "털끝만큼의 차이가 천 리나 차이 나게 된다.〔失之毫釐 差之千里〕"에 의거한 것이다.

葉氏適曰 太宗聞十漸之戒하고 令錄付史官하여 使萬世知有君臣之義라 至徵錄前後諫爭語於史官하얀 帝都不說이라 夫十漸之戒는 徵之所錄이 多不過此로되 而太宗不說何也오 蓋錄在徵하면 則天下惟知徵之能諫하고 若錄在太宗하면 則天下將不止知太宗之能聽諫이요 且知太宗眷眷不忘之意라 凡此皆太宗好名處라

葉適이 말하였다.

"太宗이 열 가지 조짐에 대한 경계를 듣고 사관에게 기록하여 붙여서 萬世에 君臣의 의리가 있음을 알게 하라고 명하였다. 전후로 간쟁한 위징의 말이 사관에게 기록된 것에는 태종이 모두 이를 말한 것이 없다. 위징의 간언을 기록한 일이 대부분 열 가지 조짐에 대한 경계를 벗어나지 않는데 태종이 이를 말하지 않은 것은 무엇인가. 기록이 위징 쪽에 있게 되면 천하 사람들이 오직 위징이 간쟁을 잘한다는 것만 알게 되지만, 만약 기록이 태종 쪽에 있게 되면 천하 사람들이 장차 태종이 간언을 잘 듣는다는 것을 알게 될 뿐만 아니라, 또 태종이 마음에 두어 잊지 않는 뜻도 알 수 있다. 이는 모두 태종이 명성을 좋아한 부분이다."

愚按 魏徵十不克終之疏는 正貞觀之中年이라 其間所云에 貞觀之初엔 如此其善이어늘 近歲以來엔 如此其未善이라 其善也는 可以爲三代之令主나 其未善也는 無異於後世之僻王이라 何太宗一人之身으로 始終之相遠이 如此哉아하니 蓋其始之善者는 天資之過人也나 終之未善者는 學力之不繼也라 昔者에 周之成王이 卽位之初에 惑於二叔之言하여 不能明周公之德하니 其天資之美가 有不能如太宗者矣라 及其終也엔 敬迓天威하여 無敢昏逾[47]라 至於死生之際엔 烱然不亂하니 此豈太宗之所及哉아 愚然後知周公輔導之功은 爲不可及하고 而魏徵格君之道는 猶有所不足也라 嗚呼라 以太宗之聰明으로도 猶不能保其終이어늘 而況天資之未逮者는 其可不孶孶而務學也哉아

내가 살펴보건대 魏徵의 '열 가지 끝을 잘 마무리하지 못하는 일'에 대한 상소는 바로 貞觀의 中期 때의 것이다. 그 안에서 말한 바는 '정관의 初에는 그 선함이 이와 같았는데 요사이 이후에는 선하지 못함이 이와 같다. 그 선함은 삼대의 현명한 임금이 될 수 있으나 그 선하지 못함은 후세의 邪辟한 군왕들과 다름이 없다. 어찌 太宗 한

47) 敬迓天威 無敢昏逾 : ≪書經≫ 〈周書 顧命〉의 "뒤의 어리석은 나에게 있어서는 하늘의 위엄을 공경히 맞이하여 文王·武王의 큰 교훈을 이어 지켜서 감히 어지럽히거나 어긋나지 않았다.〔在後之侗 敬迓天威 嗣守文武大訓 無敢昏逾〕"에서 초록한 것이다.

사람의 몸으로 처음과 끝이 서로 멀어진 것이 이와 같은가.'라고 한 것이다. 그 처음이 선한 것은 천품이 남보다 뛰어났기 때문이지만 끝이 선하지 못한 것은 학문에 계속 힘쓰지 않아서였다. 옛날에 周나라 成王이 즉위한 초기에 蔡叔과 管叔의 말에 미혹되어 周公의 덕을 밝히지 못하였으니 그의 천품의 아름다움이 태종과 같지 못한 점이 있다. 그러나 끝에 미쳐서는 하늘의 위엄을 공경히 모셔서 감히 어지럽히거나 어긋나지 않았다. 죽을 때에 이르러서는 밝게 빛나서 어지럽지 않았으니 이것이 어찌 태종이 미칠 수 있는 것이겠는가. 내가 이러한 뒤에 주공이 보필하고 인도해준 공은 미칠 수 없는 것이고, 위징이 임금을 바로잡는 도리는 오히려 부족함이 있다는 것을 알았다. 아, 태종의 총명함으로도 오히려 그 끝을 잘 보존하지 못하거늘, 더구나 천품이 미치지 못하는 자가 부지런히 학문에 힘쓰지 않을 수 있겠는가.

40-6-1

貞觀十四年에 **太宗**이 **謂侍臣曰 平定天下**는 **朕雖有其事**나 **守之失圖**면 **功業**을 **亦復難保**니 **秦始皇初亦平六國**하여 **據有四海**러니 **及末年**에 **不能善守**하니 **實可爲誡**라 **公等**이 **宜念公忘私**니 **則榮名高位**가 **可以克終其美**하리라 **魏徵**이 **對曰 臣聞之**호니 **戰勝易**(이)①나 **守勝難**[48]이라하니 **陛下深思遠慮**하사 **安不忘危**[49]하소서 **功業旣彰**에 **德敎復洽**하니 **恒以此爲政**하시면 **宗社**가 **無由傾敗矣**리이다

① 戰勝易(이) : 易, 以豉切.
易(쉽다)는 以와 豉의 반절이다.

貞觀 14년(640)에 太宗이 近臣에게 말하였다.

"천하를 평정한 것은 짐이 비록 그 일을 하였지만 그것을 지키는 데에 계책을 그르치면 功業을 또한 다시 보존하기 어렵소. 秦 始皇이 처음에 또한 六國을 평정하여 천하를 소유하였는데 末年에 잘 지키지 못하였으니 진실로 경계할 만한 것이오. 공들은 마땅히 공적인 것을 생각하고 사적인 것은 잊어야 하니 그리하면 영화로운 명예와 높은 지위가 그 아름다움을 잘 마칠 수 있을 것이오."

---

48) 戰勝易 守勝難 : ≪吳子≫ 〈圖國〉에 보인다.
49) 深思遠慮 安不忘危 : ≪後漢書≫ 〈孝和皇帝紀〉에 보인다.

魏徵이 대답하였다.

"신이 들으니 '싸워서 승리하기는 쉬우나 지켜서 승리하기는 어렵다.'라고 합니다. 폐하께서는 깊이 생각하시고 멀리 생각하셔서 편안할 때에도 위태함을 잊지 마소서. 功業이 이미 밝게 드러났고 德敎도 젖어들었으니, 항상 이것으로 정사를 하시면 宗社가 기울어 패망할 리가 없을 것입니다."

【集論】

范氏祖禹曰 書曰 后克艱厥后하고 臣克艱厥臣이라하고 又曰 無輕民事하고 惟難이라하고 孔子曰 爲君難[50)]이라하니 夫知所難而後可以有爲也라 傳曰 君以爲易하면 則其難也將至矣요 君以爲難하면 則其易也將至矣[51)]라하다 太宗知守之之難하니 所以能有終也라

范祖禹가 말하였다.

"≪書經≫ 〈虞書 大禹謨〉에 말하기를 '임금이 임금 됨을 어렵게 여기고 신하가 신하 됨을 어렵게 여겨야 한다.'라고 하고, 또 ≪書經≫ 〈商書 太甲〉에 '백성의 일을 가볍게 여기지 말고 그 어려움을 생각한다.'라고 하고, 孔子는 말하기를, '임금 노릇 하기가 어렵다.'라고 하니, 어려운 것을 알고 난 이후에 잘 다스릴 수 있는 것이다. 傳(옛 책)에 '임금 노릇 하는 것이 쉽다고 생각하면 그 어려움이 장차 이르게 될 것이고, 임금 노릇 하는 것이 어렵다고 생각하면 그 쉬움이 장차 이르게 될 것이다.'라고 하였다. 太宗이 帝位를 지키는 어려움을 알았으니 그 까닭에 끝맺음을 잘할 수 있었다."

愚按 魏徵之於太宗에 凡三告以守天下之難矣라 居安忘危之言은 始終弗渝하니 其憂治危明之心이 爲何如哉리오 孟子曰 責難於君을 謂之恭[52)]이라하니 徵之謂也라

내가 살펴보건대 魏徵이 태종에게 세 번 천하를 지키기 어렵다는 것을 말하였다. 편안할 때에 위태로움을 생각하라는 말은 처음과 끝이 다르지 않으니 그 치세에 근심하고 밝을 때에 위태로워하는 마음이 어떠한가. ≪孟子≫ 〈離婁 上〉에 "자기 임금에게 어려운 일을 하도록 권하는 것을 공손이라 한다."라고 하였으니, 위징을 말한 것이다.

---

50) 爲君難 : ≪論語≫ 〈子路〉에 보인다.

51) 君以爲易……將至矣 : ≪國語≫ 〈晉語 4〉에 보인다.

52) 責難於君謂之恭 : ≪孟子≫ 〈離婁 上〉에 보인다.

40-7-1

貞觀十六年에 太宗問魏徵曰 觀近古帝王이 有傳位十代者하고 有一代兩代者하고 亦有身得身失者하니 朕所以常懷憂懼하여 或恐撫養生民이 不得其所하며 或恐心生驕逸하여 喜怒過度나 然不自知하니 卿可爲朕言之①어다 當以爲楷則하리이다 徵對曰 嗜欲喜怒之情은 賢愚皆同호대 賢者는 能節之하여 不使過度하고 愚者는 縱之하여 多至失所하나니 陛下는 聖德玄遠하사 居安思危하시니 伏願陛下는 常能自制하여 以保克終之美하시면 則萬代永賴하리이다

① 卿可爲朕言之 : 爲, 去聲.
爲(때문에)는 去聲이다.

貞觀 16년(642)에 太宗이 魏徵에게 물었다.

"近古의 제왕을 살펴보면 지위를 10대를 전한 자도 있고 1대나 2대를 전한 자도 있고 또한 자신이 지위를 얻었다가 잃은 자도 있소. 짐이 이러한 이유로 항상 근심과 두려운 마음을 품어서 혹은 백성들을 길러 안무함이 제자리를 얻지 않을까 우려하며 혹은 교만하고 안일한 마음이 생겨서 기쁨과 성냄이 법도를 넘을까 우려하지만 스스로 알아채지 못하니, 경은 짐을 위하여 말해주기 바라오. 짐이 마땅히 법칙으로 삼겠소."

위징이 대답하였다.

"嗜好·欲望·喜歡·忿怒의 감정은 현명한 사람과 우매한 사람이 모두 같습니다. 현명한 사람은 절제할 수 있어서 법도를 넘지 않게 하고, 어리석은 사람은 방종하여 대부분 처할 곳을 잃는 데 이릅니다. 陛下께서는 聖德이 멀리 생각하시어 편안할 때에 위태로움을 생각하십니다. 삼가 바라건대 폐하께서는 항상 스스로 절제하여 끝을 잘 마무리하는 미덕을 보전하소서. 그렇게 하신다면 자손만대까지 영원히 힘입을 것입니다."

【集論】

愚按 太宗이 問運祚長短之殊어늘 魏徵이 對以自制克終之美하니 其論可謂的矣라 然嘗論之컨대 古昔聖賢著書立言에 其托始終之際에 皆有深意라 吳氏之著是編也는 始之以太宗

問魏徵正身之道하고 終之以魏徵對太宗克終之言[53)]하니 其意之所存은 雖不可知나 以事實攷之하면 則二者는 皆太宗之所不足也니 何也오 太宗이 削除禍亂하고 身致升平이어늘 屈己而納諫하고 任賢而使能하며 恭儉節用하고 寬仁而愛人하니 三代而下之君에 絶無而僅有者也라 然於君臣父子兄弟夫婦之間에 皆有慙德[54)]하니 豈非正身之道가 有所不足歟아 太宗能納諫矣나 而晩年有仆碑之失하고 能愼刑矣나 而晩年有君羨之誅하고 能息兵矣나 復有高麗西域之師하고 能節用矣나 復有飛山翠微之作하니 豈非克終之道가 有所不足歟아 合二者而論之하면 則太宗所以不能克終者는 由其不能正身也라 然則吳氏之書는 豈非始言其本而終言其效歟리오

내가 살펴보건대 太宗이 國運에 長短의 차이가 있는 이유를 물었는데 魏徵이 스스로 절제하여 끝을 잘 맺는 미덕을 가지라고 대답하였으니, 위징의 논의는 적실하다고 할 만하다. 그러나 일찍이 논해보건대 옛날의 성현들이 글을 지어 처음과 끝을 붙일 적에 모두 깊은 뜻이 있었다. 吳兢이 이 책을 저술한 것은 시작을 태종이 위징에게 몸을 바르게 하는 도리를 물은 것으로 하고, 마무리를 위징이 태종에게 끝을 잘 마무리하라는 말로 대답하는 것으로 하였다. 그 의도는 비록 알 수 없으나 사실을 가지고 살펴보면 이 두 가지는 모두 태종이 부족한 것이니, 어째서인가.

태종이 禍亂을 제거하고 몸소 태평성대를 이루었는데, 자신을 굽히고 간언을 받아들이며 현인을 임용하고 능력 있는 이를 부리며 공손하고 검소하며 물자를 아껴 쓰며 관대하고 인자하여 백성을 아꼈으니 三代 이후의 군주들 중에 전혀 없다가 겨우 태종에게 있었던 것이다. 그러나 君臣·父子·兄弟·夫婦의 사이에 모두 慙德이 있었으니, 어찌 몸을 바르게 하는 도리가 부족한 것이 아니겠는가.

태종이 간언을 잘 받아들였지만 만년에 위징의 비석을 무너뜨리는 실수가 있었고, 형벌을 신중히 하였지만 만년에 李君羨을 죽였고, 전쟁을 정지하였지만 다시 高句麗와 西域의 전쟁이 있었고, 물자를 아껴 사용하였지만 다시 飛山宮과 翠微宮을 지었으니 어찌 끝을 잘 마무리하려는 도리가 부족한 것이 아니겠는가.

---

53) 始之……克終之言 : ≪貞觀政要≫의 제1편 〈論君道〉 1장에 "若安天下 必須先正其身(만일 천하를 안정시키려 하면 반드시 제 몸을 바르게 해야 한다.)"이라 하였고, 마지막 편인 〈論愼終〉의 끝에서 "常能自制 以保克終之美(항상 스스로 절제하여 끝을 잘 마무리하는 미덕을 보전하소서.)"라 하였다.

54) 於君臣父子兄弟夫婦之間 皆有慙德 : 태종이 아버지 李淵의 침소에 隋나라 궁녀를 수침 들게 하고 그날 밤에 거사를 계획한 일, 두 형제와 싸워 죽인 일, 아우 李元吉의 아내 양왕비를 데리고 살은 일, 태자 李承乾을 죽인 일 등 부끄러운 덕을 말한다.

두 가지를 합하여 논의한다면 태종이 끝을 잘 맺지 못했던 이유는 그가 몸을 바르게 하지 못했기 때문이다. 그렇다면 오긍의 글이 어찌 처음에 그 근본을 말하고 끝에 그 효과를 말한 것이 아니겠는가.

附錄1

新唐書 太宗本紀[1] 《新唐書》 唐 太宗 本紀

太宗文武大聖大廣孝皇帝는 諱世民이니 高祖次子也요 母曰太穆皇后竇氏니 生而不驚이라 方四歲에 有書生謁高祖曰 公在相法에 貴人也니 然必有貴子라하고 及見太宗曰 龍鳳之姿에 天日之表니 其年幾冠하면 必能濟世安民하리라하다 書生已辭去에 高祖懼其語泄하여 使人追殺之로되 而不知其所往이라 因以爲神하고 乃采其語하여 名之曰世民이라하다

太宗文武大聖大廣孝皇帝는 諱가 世民으로, 高祖의 차남이며, 어머니는 太穆皇后 竇氏이니, 출생할 때 순산하였다. 4세가 되었을 때 어떤 서생이 高祖를 뵙고 "公은 관상법으로 볼 때 귀한 분이니, 반드시 귀한 아들을 두셨을 것입니다."라고 하였는데, 太宗을 보고 나서는 "용과 봉황의 자태를 지니고 하늘의 해(제왕)와 같은 儀表가 있으니, 관례할 나이가 되면 반드시 세상을 구제하고 백성을 편안케 할 것입니다.〔濟世安民〕"라고 하였다. 서생이 떠난 뒤에 고조가 그의 말이 외부에 알려질까 두려워 사람을 시켜 그를 추격해 죽이려고 하였으나, 그의 종적을 알 수가 없었다. 신기한 일이라 여

唐 高祖(《古先君臣圖像》)

1) 太宗本紀 : 《新唐書》 〈太宗本紀〉를 번역한 것이다. 본 부록에서는 《신당서》의 〈太宗本紀〉·〈魏徵列傳〉·〈吳兢列傳〉을 번역하였는데, 中華書局의 標點校勘本 《신당서》(1975)를 저본으로 하였다. 《신당서》는 歐陽脩와 宋祁 등이 칙명을 받들어 撰하였고, 曾公亮이 監修하였다. 이 책은 北宋 仁宗이 《舊唐書》의 내용이 충실하지 못하다고 하여 편찬된 것이다. 고문으로 문장을 간결하게 기술하여 正史 편찬에 새로운 기원을 열었으나, 후대 원사료의 문체를 고치고 간략히 한 것이 지나쳤다는 평가를 받는다.

기고는 그의 말(濟世安民)을 따라 이름을 世民이라 하였다.

大業中에 突厥圍煬帝雁門이어늘 煬帝從圍中以木繫詔書하여 投汾水而下하여 募兵赴援이라 太宗時年十六으로 往應募하여 隸將軍雲定興하여 謂定興曰 虜敢圍吾天子者는 以爲無援故也니 今宜先後吾軍爲數十里하여 使其晝見旌旗하고 夜聞鉦鼓(정고)하여 以爲大至면 則可不擊而走之하리이다 不然하여 知我虛實하면 則勝敗未可知也리라하니 定興從之라 軍至崞(곽)縣하니 突厥候騎見其軍來不絶하고 果馳告始畢可汗曰 救兵大至矣라하니 遂引去하다 高祖擊歷山飛라가 陷其圍中한대 太宗馳輕騎取之而出하여 遂奮擊하여 大破之하다

唐 太宗(≪古先君臣圖像≫)

大業 연간(605~616)에 突厥이 雁門에서 隋 煬帝를 포위하자, 양제가 포위를 당한 곳에서 나무 끝에 詔書를 묶어 汾水에 던져 떠내려 보내어 군사를 모아 자신을 구원하러 오게 하였다. 太宗이 당시 나이가 열여섯 살로, 가서 구원병에 자원하여 將軍 雲定興의 휘하에 소속되었다.

태종이 운정흥에게 말하기를 "적들이 감히 우리 천자를 포위한 것은 구원병이 없다고 여기기 때문입니다. 지금 마땅히 전후로 우리 군대를 수십 리에 펼쳐놓아 적들로 하여금 낮에는 깃발을 보게 하고, 밤에는 징소리와 북소리를 듣게 하여 대규모의 구원병이 이르렀다고 생각하게 만든다면 적들을 공격하지 않아도 달아나게 할 수 있습니다. 그렇게 하지 않아서 적들이 우리의 허실을 알게 되면 승패를 예측할 수 없습니다."라고 하니, 운정흥이 태종의 말을 따랐다.

군대가 崞縣에 이르자, 돌궐의 척후 기병이 끊이지 않는 군대의 행렬을 보고 과연 달려가 始畢可汗에게 대규모의 구원병이 이르렀다고 고하자, 마침내 포위를 풀고 달아났다. 高祖가 歷山飛를 공격했다가 적들의 포위에 갇혔는

데, 태종이 輕騎兵을 이끌고 달려가서 고종을 구출해 나와서 마침내 분발하여 적을 크게 격파하였다.

太宗爲人 聰明英武하여 **有大志**하여 **而能屈節下士**라 **時天下已亂**에 **盜賊起**하니 **知隋必亡**하여 **乃推財養士**하고 **結納豪傑**이라 **長孫順德**과 **劉弘基等**이 **皆因事亡命**하니 **匿之**하고 **又與晉陽令劉文靜尤善**하여 **文靜坐李密事繫獄**[2]하니 **太宗夜就獄中見之**하고 **與圖大事**라 **時百姓避賊多入城**하여 **城中幾萬人**이어늘 **文靜爲令久**하여 **知其豪傑**하여 **因共部署**라 **計已定**하여 **乃因裴寂告高祖**하니 **高祖初不許**라가 **已而許之**하다

太宗은 사람됨이 총명하고 영특하고 용감하여 큰 뜻을 품고 있어서 자신을 낮추고 선비들을 우대하였다. 당시에 천하가 이미 혼란해져 도적이 봉기하자, 태종은 隋나라가 반드시 망할 것이라는 것을 알고서 재산을 털어 선비들을 양성하고, 호걸들과 교유를 맺었다. 長孫順德과 劉弘基 등이 모두 어떤 사건으로 인해 망명하자, 그들을 숨겨주었다. 또 晉陽令 劉文靜과는 더욱 친하여 유문정이 李密 사건에 연루되어 옥에 갇혔을 때, 태종이 밤에 감옥으로 가서 만나보고는 유문정과 함께 大事를 도모하였다. 이때 백성들이 도적을 피하여 대부분 성으로 들어와서 성안에는 수만 명이 있었는데, 유문정이 오랫동안 진양령으로 있었던 터라, 그중에 호걸을 알고 있어서 함께 임무를 안배하였다. 거사의 계획이 정해지자 裴寂을 통해 高祖에게 알렸는데, 고조가 처음에 허락하지 않다가 결국에는 허락하였다.

高祖已起兵하고 **建大將軍府**하니 **太宗率兵徇西河**하여 **斬其郡丞高德儒**라 **拜右領軍大都督**하고 **封燉煌郡公**하다 **唐兵西**하여 **將至霍邑**하니 **會天久雨**하고 **糧且盡**이어늘 **高祖謀欲還兵太原**하니 **太宗諫曰 義師爲天下起也**니 **宜直入咸陽**하여 **號令天下**니이다 **今還守一城**하면 **是爲賊爾**니이다하니 **高祖不納**이라 **太宗哭于軍門**하니 **高祖驚**하여 **召問之**하니 **對曰 還則衆散於前**하고 **而敵乘於後**하여 **死亡須臾**라 **所以悲爾**니이다 **高祖寤**

2) 文靜坐李密事繫獄 : 李密은 楊玄感이 隋나라에 반란을 일으켰을 때 主謀者가 되었다가 체포되었으나 탈주하였는데, 劉文靜은 隋나라의 晉陽令을 지냈고 李密과 連婚 관계로 해서 죄를 받아 煬帝가 郡의 감옥에 수감하게 하였다. ≪舊唐書 劉文靜列傳≫·≪舊唐書 李密列傳≫

曰 起事者汝也니 成敗惟汝라하다 時左軍已先返하여 卽與隴西公建成分追之하니 夜半에 太宗失道入山谷하여 棄其馬하고 步而及其兵하여 與俱還이라 高祖乃將而前하여 遲明至霍邑이어늘 宋老生不出하니 太宗從數騎傅其城하여 擧鞭指麾하여 若將圍之者하니 老生怒出하여 背城陣이라 高祖率建成居其東하고 太宗及柴紹居其南한대 老生兵薄東陣하여 建成墜馬어늘 老生乘之하니 高祖軍却이라 太宗自南原馳下坂하여 分兵斷其軍爲二하여 而出其陣後하니 老生兵敗走하여 遂斬之하다 進次涇陽하여 擊胡賊劉鷂(요)子하여 破之하다 唐兵攻長安할새 太宗屯金城坊하여 攻其西北하여 遂克之하다 義寧元年에 爲光祿大夫唐國內史하고 徙封秦國公하니 食邑萬戶라 薛擧攻扶風하니 太宗擊敗之하여 斬首萬餘級하고 遂略地至隴右하다 二年에 爲右元帥하고 徙封趙國公이라 率兵十萬攻東都하여 不克而還할새 設三伏于三王陵하여 敗隋將段達兵萬人하다

高祖가 군대를 일으키고 나서 大將軍府를 설치하니, 太宗이 군대를 이끌고 西河를 공격해 취하고, 西河郡丞 高德儒를 참수하였다. 그리하여 右領軍大都督에 임명되고, 燉煌郡公에 봉해졌다. 唐나라 군대가 서쪽으로 가서 霍邑에 다다랐을 때, 때마침 오랫동안 비가 내리고 양식도 바닥이 나자, 고조가 군사를 太原으로 되돌리고자 하였다. 그러자 태종이 간언하기를 "의로운 군대는 천하를 위해 일으킨 것이니, 곧장 咸陽으로 들어가 천하를 호령해야 합니다. 지금 돌아가서 일개의 城을 지키면 도적이 될 뿐입니다."라고 하니, 고조가 그 말을 받아들이지 않았다.

태종이 軍門에서 곡을 하자, 고조가 놀라서 태종을 불러다 이유를 묻자, 태종이 대답하기를 "돌아가면 앞에서는 군대가 흩어지고, 뒤에서는 적들이 승세를 타고 공격하여 죽음이 눈앞에 닥칠 것이니, 이 때문에 슬퍼하는 것입니다."라고 하였다. 고조가 깨닫고는 "대사를 일으킨 것은 너이니, 성패도 너에게 달려 있다."라고 하였다.

당시에 左軍이 이미 먼저 출발하여 돌아갔던 터라, 즉시 隴西公 李建成과 길을 나누어 그 뒤를 쫓았는데, 한밤중에 태종이 길을 잃고 산골짜기로 들어가 말을 버리고 걸어서 먼저 출발했던 左軍을 만나 함께 돌아왔다. 고조가 군대를 거느리고 전진하여 날이 밝을 즈음에 곽읍에 이르렀는데, 宋老生이

싸우러 나오지 않자, 태종이 얼마 안 되는 기병을 데리고 성 아래에 이르러 채찍을 들고 지휘하여 포위할 것처럼 하니, 송노생이 격분하여 뛰쳐나와 성을 등지고 진을 쳤다. 고조는 이건성을 이끌고 성 동쪽에 진을 쳤고, 태종과 柴紹는 성 남쪽에 진을 쳤다. 송노생의 군대가 동쪽 진영을 들이쳐서 이건성이 말에서 떨어지자, 송노생이 이를 틈타 공격하니 고조의 군대가 퇴각하였다. 태종이 남쪽 언덕에서 질주해서 산비탈을 타고 내려와 군대를 나누어 송노생의 군대를 두 갈래로 분산시키고 나서 그들의 진영 후미로 나오니, 송노생의 군대가 패배하여 달아나 마침내 송노생을 참수하였다. 진군하여 涇陽에 이르러 胡賊 劉鷂子를 격파하였다.

당나라 군대가 長安을 공격할 때에 태종이 金城坊에 주둔하여 서북쪽을 공격하여 마침내 승리하였다.

義寧 원년(617)에 태종을 光祿大夫 唐國內史에 임명하고, 새로 秦國公에 봉하니, 食邑이 萬戶였다. 薛擧가 扶風을 공격하자, 태종이 공격하여 패퇴시키고 만여 급을 참수하였으며, 마침내 땅을 공략하여 隴右에 이르렀다.

의녕 2년(618)에 태종을 右元帥에 임명하고, 새로 趙國公에 봉하였다. 10만의 군대를 이끌고 東都(洛陽)를 공격하여 승리하지 못하고 돌아오게 되었는데, 三王陵 부근 세 곳에 군대를 매복시켜 隋나라 장수 段達의 군대 만 명을 패퇴시켰다.

武德元年에 **爲尙書令右翊衛大將軍**하고 **進封秦王**하다 **薛擧寇涇州**하니 **太宗爲西討元帥**라가 **進位雍州牧**이라 **七月**에 **太宗有疾**하니 **諸將爲擧所敗**라 **八月**에 **太宗疾間**하여 **復屯于高墌**(척)**城**하여 **相持六十餘日**이라가 **已而擧死**어늘 **其子仁杲**(고)**率其衆求戰**하니 **太宗按軍不動**이라 **久之**에 **仁杲糧盡**하여 **衆稍離叛**하니 **太宗曰 可矣**라하고 **乃遣行軍總管梁實柵淺水原**이라 **仁杲將宗羅睺**(후)**擊實**한대 **太宗遣將軍龐玉救實**하니 **玉軍幾敗**라 **太宗率兵出其後**하니 **羅睺敗走**어늘 **太宗追之**하여 **至其城下**하니 **仁杲乃出降**이라 **師還**에 **高祖遣李密馳傳勞之于豳州**한대 **密見太宗**에 **不敢仰視**하고 **退而歎曰 眞英主也**라하다 **獻捷太廟**하고 **拜右武候大將軍太尉使持節陝東道大行臺尙書令**하여 **詔蒲陝河北諸總管兵皆受其節度**하다

武德 원년(618)에 太宗을 尙書令 右翊衛大將軍에 임명하고 높여 秦王에 봉하였다. 薛擧가 涇州를 침략하자, 태종이 西討元帥에 임명되었다가 雍州牧으로 승진하였다.

7월에 태종이 병에 걸리자, 여러 장수들이 薛擧에게 패배하였다.

8월에 태종의 병세가 호전되어 다시 高墌城에 주둔하여 60여 일 동안 대치하다가 이윽고 설거가 죽자, 그의 아들 薛仁杲가 그의 군사를 거느리고 전투를 치르고자 하였는데 태종은 군대를 안정시키고 움직이지 않았다. 오랜 시간이 흘러 설인고의 군량이 바닥이 나서 차츰 배반하는 군사들이 나오자 태종이 "이제 出戰을 해도 되겠다."라고 하고 行軍總管 梁實을 보내어 淺水原에 木柵을 세워 軍營을 만들게 하였다. 설인고의 장수 宗羅睺가 양실을 공격하자, 태종이 將軍 龐玉을 보내어 양실을 구원하게 하였는데, 방옥의 군대가 거의 패배하였다. 태종이 군대를 이끌고 적군의 배후를 치니 종라후가 패배하여 달아났는데, 태종이 추격하여 성 아래까지 이르자, 설인고가 그제야 성을 나와 항복하였다. 군사들이 돌아오자, 高祖가 李密을 보내어 급히 역말을 타고 豳州로 가서 군대를 위문하게 하였는데, 이밀이 태종을 보고는 감히 쳐다보지 못하고 물러나서 감탄하기를 "참으로 훌륭한 군주이다."라고 하였다. 太廟에 승전을 고하고는 태종을 右武候大將軍 太尉 使持節 陝東道大行臺尙書令에 제수하였고, 詔書를 내려 蒲州, 陝州, 河北 지역 여러 總管의 군대에게 모두 태종의 지휘를 받도록 하였다.

二年正月에 **鎭長春宮**[3)]하여 **進拜左武候大將軍涼州總管**이라 **是時**에 **劉武周據幷州**하고 **宋金剛陷澮州**하고 **王行本據蒲州**하며 **而夏縣人呂崇茂殺縣令以應武周**하니 **高祖懼**하여 **詔諸將棄河東以守關中**이라 **太宗以爲不可棄**라하여 **願得兵三萬可以破賊**하니 **高祖於是悉發關中兵益之**라 **十一月**에 **出龍門關**하여 **屯于柏壁**하다

武德 2년(619) 정월에 太宗을 長春宮에 鎭守하게 하고 左武候大將軍 涼州總管으로 進拜하였다. 이때에 劉武周는 幷州를 점거하였고, 宋金剛은 澮州를 함

3) 長春宮 : 《資治通鑑》 권178 唐 高祖 武德 2년 胡三省의 註에 장춘궁은 同州 朝邑縣에 있으니, 後周 宇文護가 건설하였다고 하였다.

락하였으며, 王行本은 蒲州를 점거하고 있었는데, 夏縣 사람 呂崇茂가 현령을 죽이고 유무주와 호응을 하니, 高祖가 두려워하여 조서를 내려 諸將들에게 河東을 버리고 關中을 지키라고 하였다. 그러자 태종이 하동을 버려서는 안 된다고 하고서 3만의 병력을 얻어 적을 격파하기를 청하였다. 그리하여 고조가 관중의 병사들을 모두 징발하여 병력을 보태주었다. 11월에 龍門關을 나가서 柏壁에 주둔하였다.

三年四月에 **擊敗宋金剛于柏壁**한대 **金剛走介州**하니 **太宗追之**하여 **一日夜馳二百里**하여 **宿于雀鼠谷之西原**이라 **軍士皆饑**하고 **太宗不食者二日**이라 **行至浩州乃得食**한대 **而金剛將尉遲敬德尋相等皆來降**(항)이라 **劉武周懼**하여 **奔于突厥**하니 **其將楊伏念舉幷州降**이라 **高祖遣蕭瑀卽軍中拜太宗益州道行臺尚書令**하다 **七月**에 **討王世充**하여 **敗之于北邙**하다

武德 3년(620) 4월에 柏壁에서 宋金剛을 공격하여 물리쳤는데, 송금강이 介州로 달아나자 太宗이 추격하여 하루 밤낮에 2백 리를 달려서 雀鼠谷의 서쪽 언덕에서 야영을 하였다. 군사들이 모두 굶주리고 태종도 이틀 동안 밥을 먹지 못하였다. 행군하여 浩州에 이르러서야 밥을 먹을 수 있었는데, 송금강의 장수 尉遲敬德과 尋相 등이 모두 와서 항복하였다. 劉武周가 두려워하여 突厥로 달아나니, 그의 장수 楊伏念이 幷州를 바치고 항복하였다. 高祖가 蕭瑀를 보내어 군중에 나아가게 하여 태종을 益州道行臺尚書令에 제수하였다. 7월에 王世充을 토벌하여 北邙에서 물리쳤다.

四年二月에 **竇建德率兵十萬以援世充**이어늘 **太宗敗建德于虎牢**하여 **執之**하니 **世充乃降**하다 **六月**에 **凱旋**할새 **太宗被金甲**하고 **陳鐵騎一萬**과 **介士三萬**하고 **前後鼓吹**하며 **獻俘于太廟**라 **高祖以謂太宗功高**하여 **古官號不足以稱**이라하여 **乃加號天策上將**하고 **領司徒陝東道大行臺尚書令**하여 **位在王公上**하고 **增邑戶至三萬**하며 **賜袞冕金輅雙璧黃金六千斤**과 **前後鼓吹九部之樂**(악)과 **班劍四十人**하다

武德 4년(621) 2월에 竇建德이 십만의 병력을 이끌고 王世充을 구원하였는

데, 태종이 虎牢에서 두건덕을 물리치고 사로잡으니, 왕세충이 그제야 항복하였다. 6월에 개선할 적에, 태종은 황금갑옷을 걸치고 鐵騎兵 1만과 甲兵 3만을 배치하고 전후로 군악대를 두었으며, 太廟에 포로를 바쳤다. 高祖가 태종의 공이 높아 옛 관직으로는 그 공을 칭하기에 부족하다고 여겨 天策上將의 호칭을 더해주고 司徒 陝東道大行臺尙書令을 겸하게 하고 그 지위를 王公의 위에 두었으며, 邑戶를 더해주어 3만에 이르렀고, 袞冕의 의복, 금수레, 쌍옥, 황금 6천 근, 전후로 九部樂을 연주하는 악대와 虎皮로 장식한 검을 든 의장대 40인을 하사하였다.

五年正月에 **討劉黑闥於洺**(명)**州**하여 **敗之**하다 **黑闥旣降**하고 **已而復反**하니 **高祖怒**하여 **命太子建成取山東男子十五以上悉阬之**하고 **驅其小弱婦女以實關中**이어늘 **太宗切諫**하여 **以爲不可**하라니 **遂已**라 **加拜左右十二衛**[4]**大將軍**하다

武德 5년(622) 정월에 洺州에서 劉黑闥을 토벌하여 물리쳤다. 유흑달이 항복하고 나서 이윽고 다시 배반하니, 高祖가 진노하여 태자 李建成에게 명을 내려 山東의 15세 이상 사내를 잡아 와 모두 산 채로 묻어버리고, 어린아이와 부녀자를 핍박해 데리고 와서 關中 지역을 채우게 하자, 태종이 절실히 간언하여 그렇게 해서는 안 된다고 하니, 이윽고 그만두었다. 태종에게 左右十二衛의 大將軍의 직책을 더하였다.

七年에 **突厥寇邊**하니 **太宗與遇于豳州**호대 **從百騎與其可汗語**하니 **乃盟而去**하다

武德 7년(624)에 突厥이 변경을 침략하자, 太宗이 돌궐과 豳州에서 만났는데 기병 100기만을 데리고 가서 돌궐의 可汗과 담판을 지으니, 마침내 맹약을 맺고 돌아갔다.

八年에 **進位中書令**하다 **初**에 **高祖起太原**은 **非其本意**요 **而事出太宗**이라 **及取天下**에 **破宋金剛王世充竇建德等**하여 **太宗功益高**하니 **而高祖屢許以爲太子**어늘 **太子建成**

4) 十二衛 : 唐나라 중앙군의 12개 편제로, 그 명칭은 左右衛, 左右驍衛, 左右武衛, 左右屯衛, 左右領軍衛, 左右候衛이다. ≪資治通鑑 권190 武德 5년 胡三省注≫

懼廢하여 與齊王元吉謀害太宗이나 未發이라

武德 8년(625)에 太宗을 中書令으로 승진시켰다. 애초에 高祖가 太原에서 거병을 한 것은 본래 그의 뜻이 아니라, 그 일이 태종에게서 나온 것이다. 천하를 차지함에 이르러 宋金剛, 王世充, 竇建德 등을 물리쳐서 태종의 공로가 더욱 높아지자, 고조가 누차 태종을 태자로 삼는 것을 허락하였다. 그러자 태자 李建成은 폐위될까 두려워 齊王 李元吉과 태종을 해치려고 도모하였으나, 아직 결행하지는 않고 있었다.

九年六月에 大宗以兵入玄武門[5)]하여 殺太子建成及齊王元吉하니 高祖大驚하여 乃以太宗爲皇太子하다 八月甲子에 卽皇帝位于東宮顯德殿하고 遣裴寂告于南郊하다 大赦하여 武德流人還之하고 賜文武官勳爵하며 免關內及蒲芮虞泰陜鼎六州二歲租하고 給復天下一年하다 民八十以上賜粟帛하고 百歲加版授하며 廢潼關以東瀕河諸關하다 癸酉에 放宮女三千餘人하다 丙子에 立妃長孫氏爲皇后하다 癸未에 突厥寇便橋하다 乙酉에 及突厥頡利盟于便橋하다 九月壬子에 禁私家妖神淫祀와 占卜非龜易五兆者하다 十月丙辰朔에 日有食之하다 癸亥에 立中山郡王承乾爲皇太子하다 庚辰에 蕭瑀陳叔達罷하다 十一月庚寅에 降宗室郡王非有功者爵爲縣公[6)]하다 十二月癸酉에 慮囚하다 是歲에 進封子長沙郡王恪爲漢王하고 宜陽郡王祐楚王하다

武德 9년(626) 6월에 太宗이 병력을 이끌고 玄武門으로 들어가 太子 李建成과 齊王 李元吉을 살해하니, 高祖가 크게 놀라 마침내 태종을 皇太子로 삼았다.

8월 甲子日에 태종이 東宮 顯德殿에서 皇帝位에 오르고 裴寂을 보내 南郊에서 하늘에 고하게 하였다. 크게 사면령을 내려 武德 연간에 유배된 사람들을 돌아오게 하였고, 文武官에게 勳爵을 내려주었으며, 關內 및 蒲州, 芮州, 虞

5) 玄武門 : 唐나라 長安 太極宮의 북쪽 正門으로, 武德 9년(626) 高祖의 후계자 자리를 두고 태자 李建成과 차남 李世民의 무력 충돌이 일어난 곳이다. 이세민이 玄武門으로 들어오던 태자 이건성과 동생 李元吉을 죽이고 나서 태자가 되고 마침내 황위에 오르게 되었다. 이 정변을 玄武門의 變이라 한다.

6) 降宗室郡王非有功者爵爲縣公 : 唐나라 제도에 爵은 王에서 縣男까지 9등급으로 되어 있고, 王은 정1품 親王, 종1품 嗣王, 郡王이 있다. 縣公은 종2품이다.

州, 泰州, 陝州, 鼎州 6개 지역의 2년간 조세를 면제해주었고, 천하의 백성들에게 1년간의 부역을 면제해주었다. 백성 중에 80세 이상인 자에게는 곡식과 비단을 하사하고, 100세 이상인 자에게는 名譽官職을 더해주었으며, 潼關 동쪽으로 黃河에 가까운 여러 관문을 폐쇄하였다. 癸酉日에 宮女 3천여 명을 궁에서 내보냈다. 丙子日에 妃인 長孫氏를 세워 皇后로 삼았다. 癸未日에 突厥이 便橋를 침략하였다. 乙酉日에 突厥의 頡利可汗과 便橋에서 맹약을 맺었다.

9월 壬子日에 私家에서 모시는 요망한 신과 부정한 제사, 점치는 일 중에 龜甲, 蓍草, 五兆(점법의 일종) 이외의 것을 금지시켰다.

10월 초하루 丙辰日에 日食이 있었다. 癸亥日에 中山郡王 李承乾을 세워 皇太子로 삼았다. 庚辰日에 蕭瑀와 陳叔達을 파직하였다.

11월 庚寅日에 宗室의 郡王 중에 공이 없는 자들은 작위를 縣公으로 강등시켰다.

12월 癸酉日에 문서에 기록된 죄수들의 罪狀을 살폈다. 이해에 아들 長沙郡王 李恪을 높여 漢王에 봉하고, 宜陽郡王 李祐를 楚王에 봉하였다.

貞觀元年正月乙酉에 **改元**하다 **辛丑**에 **燕郡王李藝反于涇州**하니 **伏誅**하다 **二月丁巳**에 **詔民男二十女十五以上無夫家者**를 **州縣以禮聘娶**하고 **貧不能自行者**를 **鄉里富人及親戚資送之**하며 **鰥夫六十寡婦五十婦人有子若守節者勿彊**하다 **三月癸巳**에 **皇后親蠶**하다 **丙午**에 **詔齊僕射崔季舒黃門侍郎郭遵尚書右丞封孝琰以極言蒙難**하여 **季舒子剛**과 **遵子雲**과 **孝琰子君遵竝及淫刑**하니 **宜免內侍**하고 **褒敍以官**하라하다 **閏月癸丑朔**에 **日有食之**하다 **四月癸巳**에 **涼州都督長樂郡王幼良有罪**하니 **伏誅**하다 **五月癸丑**에 **勅中書令侍中朝堂受訟辭**에 **有陳事者悉上封**하라하다 **六月辛丑**에 **封德彝薨**하다 **甲辰**에 **太子少師蕭瑀爲尚書左僕射**하다 **是夏**에 **山東旱**하니 **免今歲租**하다 **七月壬子**에 **吏部尚書長孫無忌爲尚書右僕射**하다 **八月**에 **河南隴右邊州霜**하다 **宇文士及**[7]**檢校**[8]**涼**

7) 宇文士及 : ?~642. 자는 仁人으로 宇文述의 셋째 아들이다. 隋 煬帝의 딸 南陽公主와 결혼하였으나, 그의 형 宇文化及이 반란을 일으켜 隋 文帝를 시해하자 뒤에 唐나라로 귀의하였다. 뒤에 郢國公에 봉해지고 殿中監에 올랐다. ≪新唐書 宇文士及列傳≫

8) 檢校 : 唐나라 때 檢校는 조칙으로 임명하기는 하나 정식 관직은 아니다. 당나라 전기까지

州都督하다 戊戌에 貶高士廉爲安州大都督하다 九月庚戌朔에 日有食之하다 辛酉에 遣使諸州行損田하고 賑問下戶하다 御史大夫杜淹檢校吏部尙書하여 參議朝政하다 宇文士及罷하다 辛未에 幽州都督王君廓奔于突厥하다 十月丁酉에 以歲饑減膳하다 十一月己未에 許子弟年十九以下隨父兄之官所하다 十二月壬午에 蕭瑀罷하다 戊申에 利州都督李孝常右武衛將軍劉德裕謀反하니 伏誅하다

貞觀 원년(627) 정월 乙酉日에 연호를 바꾸었다. 辛丑日에 燕郡王 李藝가 涇州에서 반란을 일으키자 伏誅하였다.

2월 丁巳日에 조서를 내려 20세 이상 남자와 15세 이상 여자 중에 혼인을 하지 않은 자는 州縣에서 예법대로 시집과 장가를 보내도록 하고, 빈궁하여 직접 행할 수 없는 사람은 향리의 부자와 친척들이 재물을 보태서 보내도록 하며, 60세 이상 홀아비와 50세 이상 과부 및 자식을 둔 부인이 수절하려고 하면 강요하지 말게 하였다.

3월 癸巳日에 皇后가 친히 養蠶을 하였다. 丙午日에 北齊의 僕射 崔季舒, 黃門侍郎 郭遵, 尙書右丞 封孝琰이 극력하게 직언을 하다가 난리를 겪었는데, 최계서의 아들 崔剛과 곽준의 아들 郭雲과 봉효염의 아들 封君遵이 모두 연좌되어 陰刑을 받았으니, 마땅히 內侍의 직무를 면제해주고 관직을 내려 포상하게 하였다.

윤3월 초하루 癸丑日에 日食이 있었다.

4월 癸巳日에 涼州都督 長樂郡王 李幼良이 죄를 지어 伏誅하였다.

5월 癸丑日에 조서를 내려 中書令과 侍中이 조정에서 訴狀을 받은 것 중에 황제에게 아뢸 일이 있는 것은 모두 밀봉하여 올리게 하였다.

6월 辛丑日에 封德彛가 죽었다. 甲辰日에 太子少師 蕭瑀를 尙書左僕射에 임명하였다. 이해 여름에 山東에 가뭄이 들자 그해의 조세를 면제해주었다.

7월 壬子日에 吏部尙書 長孫無忌를 尙書右僕射로 삼았다.

8월에 河南과 隴右의 변방 지역에 서리가 내렸다. 宇文士及을 檢校涼州都督으로 삼았다. 戊戌日에 高士廉을 좌천시켜 安州大都督으로 삼았다.

다른 관직에 있는 사람이 어떤 직사를 맡는 것으로 대리하는 관직이었다. 당나라 중후기에는 散官 혹은 加官이 되었다.

9월 초하루 庚戌日에 日食이 있었다. 辛酉日에 여러 州에 使者를 보내어 피해를 입은 田地를 살피고, 하급 民戶를 구제해주고 위문하게 하였다. 御史大夫 杜淹을 檢校吏部尙書로 삼아 조정의 논의에 참여하게 하였다. 우문사급을 파직시켰다. 辛未日에 幽州都督 王君廓이 突厥로 달아났다.

10월 丁酉日에 흉년이 들자 반찬의 가짓수를 줄였다.

11월 己未日에 19세 이하의 子弟는 父兄의 任所에 따라가는 것을 윤허하였다.

12월 壬午日에 소우를 파직하였다. 戊申日에 利州都督 李孝常과 右武衛將軍 劉德裕가 반란을 도모하자 伏誅하였다.

二年正月辛亥에 **長孫無忌罷**하다 **兵部尙書杜如晦檢校侍中**하여 **總監東宮兵馬事**하다 **癸丑**에 **吐谷渾寇岷州**하니 **都督李道彦敗之**하다 **丁巳**에 **徙封恪爲蜀王**하고 **泰越王**하고 **祐燕王**하다 **庚午**에 **刑部尙書李靖檢校中書令**하다 **二月戊戌**에 **外官上考者給祿**하다 **三月戊申朔**에 **日有食之**하다 **壬子**에 **命中書門下五品以上及尙書議決死罪**하다 **壬戌**에 **李靖爲關內道行軍大總管**하여 **以備薛延陀**하다 **己巳**에 **遣使巡關內**하여 **出金寶贖饑民鬻子者還之**하다 **庚午**에 **以旱蝗責躬**하여 **大赦**하다 **癸酉**에 **雨**하다 **四月己卯**에 **瘞**(예)**隋人暴骸**[9]하다 **壬寅**에 **朔方人梁洛仁殺梁師都以降**하다 **六月甲申**에 **詔出使官稟食其家**하다 **庚寅**에 **以子治生**하여 **賜是日生子者粟**하다 **辛卯**에 **辰州刺史裴虔通以弑隋煬帝削爵**하여 **流驩州**하다 **七月戊申**에 **萊州刺史牛方裕絳州刺史薛世良廣州長史唐奉義虎牙郎將高元禮**를 **以宇文化及**[10]**之黨**이라하여 **皆除名**하여 **徙于邊**하다 **八月甲戌**에 **省冤獄于朝堂**하다 **辛丑**에 **立二王後**[11]**廟**하고 **置國官**하다 **九月壬子**에 **以有年**으로 **賜**

---

9) 四月己卯 瘞(예)隋人暴骸 : ≪資治通鑑≫ 唐 太宗 貞觀 2년 4월 조에 隋나라 말기 난리에 기근으로 인해 방치된 시신이 들판에 가득하였다 하였다.

10) 宇文化及 : 선조는 흉노족이며 代郡 武川(지금의 내몽고자치구에 속함) 사람이다. 左翊衛大將軍인 宇文述의 아들로, 隋 煬帝 때 右屯衛將軍을 지냈다. 618년 武賁郎將司 馬德戡 등과 함께 江都에서 정변을 일으켜 양제를 살해하고, 양제의 조카인 秦王 楊浩를 황제로 추대한 다음 자신은 승상을 맡았다. 후에 양호를 독살하고 황제를 자칭하여 연호를 天壽, 국호를 許라고 했다. 619년 聊城에서 竇建德과의 싸움에서 패하여 죽었다.

11) 二王後 : 새로 왕조가 건립된 뒤에 前 兩朝 왕족의 후예에게 작위를 주고 제사를 받들게 하여 존경을 표시하는 것을 말한다.

酺(포)[12]**三日**하다 **十月庚辰**에 **杜淹薨**하다 **戊子**에 **殺瀛州刺史盧祖尙**하다 **十一月辛酉**에 **有事于南郊**하다 **十二月壬辰**에 **黃門侍郎王珪守侍中**하다 **癸巳**에 **禁五品以上過市**하다

貞觀 2년(628) 정월 辛亥日에 長孫無忌를 파직하였다. 兵部尙書 杜如晦를 檢校侍中에 임명하여 東宮의 군사에 관한 일을 총괄하게 하였다. 癸丑日에 吐谷渾이 岷州를 침략하자, 都督 李道彦이 그들을 물리쳤다. 丁巳日에 새로 李恪을 蜀王에 봉하고, 李泰를 越王에 봉하고, 李祐를 燕王에 봉하였다. 庚午日에 刑部尙書 李靖을 檢校中書令으로 삼았다.

2월 戊戌日에 지방관 중에 고과 성적이 上인 자에게 녹봉을 더해주었다.

3월 초하루 戊申日에 日食이 있었다. 壬子日에 中書門下의 5품 이상 관원 및 尙書에게 명하여 사형에 해당하는 죄를 의결하게 하였다. 壬戌日에 李靖을 關內道行軍大總管으로 삼아 薛延陀를 방비하게 하였다. 己巳日에 使者를 보내어 關內를 순시하여 금과 보물을 써서 굶주린 백성이 내다 판 자식들을 집으로 돌려보내게 하였다. 庚午日에 가뭄과 해충이 발생하자 자책하여 크게 사면령을 내렸다. 癸酉日에 비가 내렸다.

4월 己卯日에 방치된 隋나라 사람의 시신을 묻어주게 하였다. 壬寅日에 朔方 사람 梁洛仁이 梁師都를 죽인 뒤에 투항하였다.

6월 甲申日에 조서를 내려 使者로 나간 관원에게는 관청에서 그 집에 식량을 대어주게 하였다. 庚寅日에 아들 李治가 태어났으므로, 이날에 자식을 낳은 자들에게는 곡식을 하사하였다. 辛卯日에 辰州刺史 裴虔通이 隋 煬帝를 시해하였다는 이유로 삭탈관직하고 驩州로 유배를 보냈다.

7월 戊申日에 萊州刺史 牛方裕, 絳州刺史 薛世良, 廣州長史 唐奉義, 虎牙郎將 高元禮를 宇文化及의 도당이라 하여 모두 除名하고 변방으로 유배를 보냈다.

8월 甲戌日에 조정에서 원통한 獄事가 없는지 살피게 하였다. 辛丑日에 二王後의 宗廟를 세우고, 제후국에 걸맞는 관원을 두게 하였다.

---

12) 賜酺(포) : 나라에 경사가 있으면 관민에서 연회를 허락하는 것이다. 漢나라 형률에 3명 이상 이유 없이 모여서 술 마시는 것을 금하였는데, 나라에 경사가 있으면 酺宴을 내렸다. 이후에 이 법이 없어졌으나, 국가에 경사가 있으면 포연을 열어 술과 麵을 하사하였다.

9월 壬子日에 풍년이 든 것으로 인해 백성들에게 3일 동안 연회를 허락하였다.

10월 庚辰日에 杜淹이 죽었다. 戊子日에 瀛州刺史 盧祖尙을 죽였다.

11월 辛酉日에 南郊에서 하늘에 제사를 지냈다.

12월 壬辰日에 黃門侍郎 王珪를 守侍中으로 삼았다. 癸巳日에 5품 이상 관원이 저자를 지나가는 것을 금지시켰다.

三年正月丙午에 以旱避正殿[13]하다 癸丑에 官得上下考[14]者를 給祿一年하다 戊午에 享于太廟하다 癸亥에 耕藉田[15]하다 辛未에 裴寂罷하다 二月戊寅에 房玄齡爲尙書左僕射하고 杜如晦爲右僕射하고 尙書右丞魏徵爲秘書監하여 參預朝政하다 三月己酉에 慮囚하다 四月乙亥에 太上皇徙居于大安宮하다 甲午에 始御太極殿하다 戊戌에 賜孝義之家粟五斛하고 八十以上二斛하며 九十以上三斛하고 百歲加絹二匹하며 婦人正月以來産子者粟一斛하다 五月乙丑에 周王元方薨하다 六月戊寅에 以旱慮囚하다 己卯에 大風拔木하다 壬午에 詔文武官言事하다 八月己巳朔에 日有食之하다 丁亥에 李靖爲定襄道行軍大總管하여 以伐突厥하다 九月丁巳에 華州刺史柴紹爲勝州道行軍總管하여 以伐突厥하다 十一月庚申에 幷州都督李世勣爲通漠道行軍總管하고 華州刺史柴紹爲金河道行軍總管하며 任城郡王道宗爲大同道行軍總管하고 幽州都督衛孝節爲恒安道行軍總管하며 營州都督薛萬淑爲暢武道行軍總管하여 以伐突厥하다 十二月癸未에 杜如晦罷하다 閏月癸丑에 爲死兵者立浮屠祠하다 辛酉에 慮囚하다 是歲에 中國人歸自塞外及開四夷爲州縣者百二十餘萬人이라

貞觀 3년(629) 정월 丙午日에 가뭄으로 인해 正殿을 피해 거처하였다. 癸丑日에 관리들 중 고과 점수가 上下를 받은 자에게 1년의 녹봉을 더 주었다.

---

13) 避正殿 : 正殿을 피해 거처한다는 뜻이다. 국가에 변고가 있으면 군주는 관례적으로 흰옷을 입고 정전을 피해 거처하는데, 자신을 낮추어 책망함을 표시하여 재앙을 소멸시키고 환난을 막기를 기대한 것이다. 《史記 吳王濞列傳》

14) 上下考 : 당시 고과 점수는 上上, 上中, 上下, 中上, 中中, 中下, 下上, 下中, 下下로 이루어졌다. 여기서는 上下 이상을 받은 자를 말한다.

15) 藉田 : 宗廟에 쓰는 粢盛(제사에 쓰는 곡식)을 재배하고, 백성들에게 농사의 시범을 보이기 위하여 임금이 직접 나아가 경작하는 田地이다.

戊午日에 太廟에 제향하였다. 癸亥日에 藉田을 경작하였다. 辛未日에 裴寂을 파직시켰다.

2월 戊寅日에 房玄齡을 尙書左僕射로, 杜如晦를 右僕射로, 尙書右丞 魏徵을 秘書監으로 삼아 조정의 政事에 참여하게 하였다. 3월 己酉日에 문서에 기록된 죄수들의 罪狀을 살폈다.

4월 乙亥日에 太上皇이 大安宮으로 거처를 옮겼다. 甲午日에 처음으로 太極殿에 나아갔다. 戊戌日에 孝義가 있는 집안에 곡식 5斛을 하사하고, 80세 이상인 노인에게 곡식 2곡을 하사하고, 90세 이상의 노인에게는 곡식 3곡을 하사하고, 100세 이상의 노인에게는 비단 2필을 더 주고, 정월 이래로 자식을 낳은 부인에게는 곡식 1곡을 하사하였다.

5월 乙丑日에 周王 李元方이 죽었다.

6월 戊寅日에 가뭄으로 인해 문서에 기록된 죄수들의 罪狀을 살폈다. 己卯日에 큰 바람이 불어 나무가 뽑혔다. 壬午日에 조서를 내려 문무백관에게 政事에 대해 진언을 하게 하였다.

8월 초하루 己巳日에 日食이 있었다. 丁亥日에 李靖을 定襄道行軍大總管으로 삼아 突厥을 정벌하게 하였다.

9월 丁巳日에 華州刺史 柴紹를 勝州道行軍總管으로 삼아 突厥을 정벌하게 하였다.

11월 庚申日에 幷州都督 李世勣을 通漠道行軍總管으로, 華州刺史 柴紹를 金河道行軍總管으로, 任城郡王 李道宗을 大同道行軍總管으로, 幽州都督 衛孝節을 恒安道行軍總管으로, 營州都督 薛萬淑을 暢武道行軍總管으로 삼아 突厥을 정벌하게 하였다.

12월 癸未日에 杜如晦를 파직시켰다.

윤12월 癸丑日에 전쟁터에서 죽은 자들을 위하여 절을 세워주었다. 辛酉日에 문서에 기록된 죄수들의 罪狀을 살폈다.

이해에 중국 사람으로 변경 밖에 있다가 돌아온 사람과 四夷 지역을 개척하여 州縣으로 삼은 곳의 사람이 120여만 명이었다.

四年正月丁卯朔에 **日有食之**하다 **癸巳**에 **武德殿北院火**하다 **二月己亥**에 **幸溫湯**하다

甲辰에 李靖及突厥戰于陰山하여 敗之[16)]하다 丙午에 至自溫湯하다 甲寅에 大赦하고 賜酺五日하다 御史大夫溫彦博爲中書令하고 王珪爲侍中하며 民部尙書戴冑檢校吏部尙書하여 參豫朝政하고 太常卿蕭瑀爲御史大夫하여 與宰臣參議朝政하다 丁巳에 以旱詔公卿言事하다 三月甲午에 李靖俘突厥頡利可汗以獻하다 四月戊戌에 西北君長請上號爲天可汗하다 六月乙卯에 發卒治洛陽宮하다 七月甲子朔에 日有食之하다 癸酉에 蕭瑀罷하다 甲戌에 太上皇不豫하여 廢朝하다 辛卯에 疾愈하니 賜都督刺史文武官及民年八十以上孝子表門閭者有差하다 八月甲寅에 李靖爲尙書右僕射하다 九月庚午에 瘞長城南隋人暴骨하다 己卯에 如隴州하다 壬午에 禁芻牧于古明君賢臣烈士之墓者하다 十月壬辰에 赦岐隴二州하고 免今歲租賦하며 降咸陽始平武功死罪以下하다 辛丑에 獵于貴泉谷하다 甲辰에 獵于魚龍川하여 獻獲于大安宮하다 乙卯에 免武功今歲租賦하다 十一月壬戌에 右衛大將軍侯君集爲兵部尙書하여 參議朝政하다 甲子에 至自隴州하다 戊寅에 除鞭背刑하다 十二月甲辰에 獵于鹿苑하다 乙巳에 至自鹿苑하다 是歲에 天下斷死罪者二十九人이라

貞觀 4년(630) 정월 초하루 丁卯日에 日食이 있었다. 癸巳日에 武德殿 北院에 화재가 났다.

2월 己亥日에 온천에 행차하였다. 甲辰日에 李靖이 陰山에서 突厥과 전투를 벌여 물리쳤다. 丙午日에 온천에서 돌아왔다. 甲寅日에 크게 사면령을 내리고, 백성들에게 5일 동안 연회를 허락하였다. 御史大夫 溫彦博을 中書令으로, 王珪를 侍中으로, 民部尙書 戴冑를 檢校吏部尙書로 삼아 조정의 政事에 참여하게 하고, 太常卿 蕭瑀를 御史大夫로 삼아 宰相들과 함께 조정의 政事에 참여하여 의논하도록 하였다. 丁巳日에 가뭄으로 인해 조서를 내려 公卿들에게 政事에 대해 진언을 하게 하였다.

3월 甲午日에 李靖이 突厥의 頡利可汗을 포로로 잡아서 바쳤다.

4월 戊戌日에 西北 지역의 君長들이 황제에게 尊號를 올려 '天可汗'이라 부르기를 요청하였다.

6월 乙卯日에 군졸을 징발하여 洛陽宮을 수리하였다.

---

16) 李靖……敗之 : 이때 東突厥이 멸망하였다.

7월 초하루 甲子日에 日食이 있었다. 癸酉日에 蕭瑀를 파직시켰다. 甲戌日에 太上皇(高祖)이 병이 나서 朝會를 열지 않았다. 辛卯日에 병이 차도를 보이자 都督, 刺史, 文武官과 백성들 중 80세 이상의 노인 및 집 앞에 旌閭門을 세워 표창한 효자에게는 차등 있게 상을 주었다.

8월 甲寅日에 李靖을 尙書右僕射로 삼았다.

9월 庚午日에 長城 남쪽에 방치된 隋나라 사람들의 시신을 묻어주게 하였다. 己卯日에 隴州로 갔다. 壬午日에 옛날의 明君, 賢臣, 烈士의 묘소에서 풀을 베기나 방목하는 일을 금지시켰다.

10월 壬辰日에 岐州, 隴州 두 지역에 사면령을 내리고, 이해의 조세를 면제해주었으며, 咸陽, 始平, 武功 지역에 사형수 이하 죄인을 감형해주었다. 辛丑日에 貴泉谷에서 사냥을 하였다. 甲辰日에 魚龍川에서 사냥을 하여 잡은 짐승을 大安宮에 바쳤다. 乙卯日에 무공 지역의 이해의 조세를 면제해주었다.

11월 壬戌日에 右衛大將軍 侯君集을 兵部尙書로 삼아 조정의 政事에 참여하여 논의하도록 하였다. 甲子日에 隴州에서 돌아왔다. 戊寅日에 채찍으로 죄인의 등을 때리는 형벌을 없앴다.

12월 甲辰日에 鹿苑에서 사냥을 하였다. 乙巳日에 녹원에서 돌아왔다.

이해에 천하에서 사형수로 판결 받은 사람이 29명이었다.

五年正月癸酉에 獵于昆明池하다 丙子에 至自昆明池하여 獻獲于大安宮하다 二月己酉에 封弟元裕爲鄶(회)王하고 元名譙(초)王하며 靈夔魏王하고 元祥許王하며 元曉密王하다 庚戌에 封子愔(음)爲梁王하고 貞漢王하며 惲郯(담)王하고 治晉王하며 愼申王하고 囂江王하며 簡代王하다 四月壬辰에 代王簡薨하다 五月乙丑에 以金帛購隋人沒于突厥者하여 以還其家하다 八月甲辰에 遣使高麗하여 祭隋人戰亡者하다 戊申에 殺大理丞張蘊古하다 十一月丙子에 有事于南郊하다 十二月丁亥에 詔決死刑호대 京師五覆奏하고 諸州三覆奏하며 其日尙食毋進酒肉하다 壬寅에 幸溫湯하다 癸卯에 獵于驪山하고 賜新豐高年帛하다 戊申에 至自溫湯하다 癸丑에 赦關內하다

貞觀 5년(631) 정월 癸酉日에 昆明池에서 사냥을 하였다. 丙子日에 곤명지

에서 돌아와 잡은 짐승을 大安宮에 바쳤다.

2월 己酉日에 아우 李元裕를 봉하여 鄶王으로, 李元名을 譙王으로, 李靈夔를 魏王으로, 李元祥을 許王으로, 李元曉를 密王으로 삼았다. 庚戌日에 아들 李愔을 봉하여 梁王으로, 李貞을 漢王으로, 李惲을 郯王으로, 李治를 晉王으로, 李慎을 申王으로, 李囂를 江王으로, 李簡을 代王으로 삼았다.

4월 壬辰日에 대왕 이간이 죽었다.

5월 乙丑日에 隋나라 때 突厥에 억류되어 있던 사람들을 금과 비단으로 값을 치르고 그들의 집으로 돌려보내게 하였다.

8월 甲辰日에 高句麗에 사신을 보내어 전사한 隋나라 사람들을 위해 제사를 지내게 하였다. 戊申日에 大理丞 張蘊古를 죽였다.

11월 丙子日에 南郊에서 하늘에 제사를 지냈다.

12월 丁亥日에 조서를 내려, 사형수를 판결할 때 京師에서는 다섯 차례 심리를 거쳐 조정에 아뢰고 諸州에서는 세 차례 심리를 거쳐 조정에 아뢰며, 그날 尙食(음식 담당하는 관리)은 술과 고기를 올리지 말게 하였다. 壬寅日에 온천에 행차하였다. 癸卯日에 驪山에서 사냥을 하고 新豐의 고령자에게 비단을 하사하였다. 戊申日에 온천에서 돌아왔다. 癸丑日에 關內에 사면령을 내렸다.

六年正月乙卯朔에 **日有食之**하다 **癸酉**에 **靜州山獠反**하니 **右武衛將軍李子和敗之**하다 **三月**에 **侯君集罷**하다 **戊辰**에 **如九成宮**하다 **丁丑**에 **降雍岐豳三州死罪以下**하고 **賜民八十以上粟帛**하다 **五月**에 **魏徵檢校侍中**하다 **六月己亥**에 **鄷王元亨薨**하다 **辛亥**에 **江王囂薨**하다 **七月己巳**에 **詔天下行鄕飮酒**하다 **九月己酉**에 **幸慶善宮**하다 **十月**에 **侯君集起復**하다 **乙卯**에 **至自慶善宮**하다 **十二月辛未**에 **慮囚**하여 **縱死罪者歸其家**[17]하다 **是歲**에 **諸羌內屬者三十萬人**이라

17) 縱死罪者歸其家 : 貞觀 6년(632) 12월에 太宗이 직접 죄수의 명부를 보다가 사형에 해당하는 자들을 불쌍히 여겨서 천하의 사형수 390명을 모두 풀어주며 "귀가했다가 이듬해 가을에 다시 돌아와 刑을 받으라."라고 하였는데, 다음 해 9월이 되자 모두 돌아왔으므로 사면하였다. 歐陽脩는 이것을 논제로 삼아 글을 지으면서, 이것은 죄수들이 사면을 기대하고 돌아오리라는 예상 아래 은덕을 베풀었다는 명성을 얻으려고 기획한 하나의 속임수라고 비판하였다. ≪資治通鑑 권194 太宗 貞觀 7년 9월≫·≪唐宋八大家文抄 縱囚論≫

貞觀 6년(632) 정월 초하루 乙卯日에 日食이 있었다. 癸酉日에 靜州의 山獠가 반란을 일으키자, 右武衛將軍 李子和가 물리쳤다.

3월에 侯君集을 파직시켰다. 戊辰日에 九成宮에 갔다. 丁丑日에 雍州, 岐州, 豳州 세 지역의 사형수 이하의 죄인을 감형해주고, 80세 이상의 백성들에게 곡식과 비단을 하사하였다.

5월에 魏徵을 檢校侍中으로 삼았다.

6월 己亥日에 酆王 李元亨이 죽었다. 辛亥日에 江王 李囂가 죽었다.

7월 己巳日에 조서를 내려 천하에서 鄕飮酒禮를 시행하도록 하였다.

9월 己酉日에 慶善宮에 행차하였다.

10월에 侯君集의 喪期가 끝나지 않았는데 복직시켰다. 乙卯日에 慶善宮에서 돌아왔다.

12월 辛未日에 문서에 기록된 죄수들의 罪狀을 살펴 사형수를 석방하여 집으로 돌려보내게 하였다.

이해에 諸羌에서 中原으로 귀속된 사람이 30만 명이었다.

七年正月戊子에 斥宇文化及黨人之子孫勿齒하다 辛丑에 賜京城酺三日하다 二月丁卯에 雨土하다 三月戊子에 王珪罷하다 庚寅에 魏徵爲侍中하다 五月癸未에 如九成宮하다 六月辛亥에 戴胄薨하다 八月辛未에 東西洞獠[18]寇邊하니 右屯衛大將軍張士貴爲龔州道行軍總管以討之하다 九月에 縱囚來歸하니 皆赦之하다 十月庚申에 至自九成宮하다 乙丑에 京師地震하다 十一月壬辰에 開府儀同三司長孫無忌爲司空하다 十二月甲寅에 幸芙蓉園하다 丙辰에 獵于少陵原하다 戊午에 至自少陵原하다

貞觀 7년(633) 정월 戊子日에 宇文化及 도당의 자손들을 축출하고 관원으로 등용하지 못하도록 하였다. 辛丑日에 京城의 백성들에게 3일 동안 연회를 허락하였다.

---

18) 東西洞獠 : 獠는 오늘날 廣東・廣西・湖南・四川・貴州・雲南 지역에 있던 소수민족에 대한 경멸적 호칭이다. ≪舊唐書≫ 〈太宗本紀〉에는 '東西五洞'으로 되어 있고, ≪新唐書≫ 〈南平獠〉에는 '東西玉洞'으로 되어 있다. 또한 〈張士貴墓誌銘〉에는 '東西王洞'으로 되어 있다. ≪新唐書≫ 〈地理志〉에 龔州는 嶺南道에 속한다는 점에서 여기서 언급한 獠는 영남 지역에 거주한 것으로 보인다.

2월 丁卯日에 흙비가 내렸다.

3월 戊子日에 王珪를 파직시켰다. 庚寅日에 魏徵을 侍中으로 삼았다.

5월 癸未日에 九成宮에 갔다.

6월 辛亥日에 戴冑가 죽었다.

8월 辛未日에 東洞과 西洞의 獠가 변경을 침략하자, 右屯衛大將軍 張士貴를 龔州道行軍總管으로 삼아서 토벌하게 하였다.

9월에 석방하였던 죄수들이 돌아오자, 모두 사면해주었다.

10월 庚申日에 九成宮에서 돌아왔다. 乙丑日에 京師에 지진이 발생하였다.

11월 壬辰日에 開府儀同三司 長孫無忌를 司空으로 삼았다.

12월 甲寅日에 芙蓉園에 행차하였다. 丙辰日에 少陵原에서 사냥을 하였다. 戊午日에 소릉원에서 돌아왔다.

八年正月辛丑에 張士貴及獠戰하여 敗之하다 壬寅에 遣使循省天下하다 二月乙巳에 皇太子加元服하다 丙午에 降死罪以下하고 賜五品以上子爲父後者爵一級[19]하며 民酺三日하다 三月庚辰에 如九成宮하다 五月辛未朔에 日有食之하다 是夏에 吐谷渾寇涼州하니 左驍衛大將軍段志玄爲西海道行軍總管하고 左驍衛將軍樊興爲赤水道行軍總管하여 以伐之하다 七月에 隴右山崩하다 八月甲子에 有星孛于虛危하다 十月에 作永安宮하다 甲子에 至自九成宮하다 十一月辛未에 李靖罷하다 己丑에 吐谷渾寇涼州하여 執行人鴻臚丞趙德楷하다 十二月辛丑에 特進李靖爲西海道行軍大總管하고 侯君集爲積石道行軍總管하며 任城郡王道宗爲鄯善道行軍總管하고 膠東郡公道彦爲赤水道行軍總管하며 涼州都督李大亮爲且末道行軍總管하고 利州刺史高甑生爲

19) 賜五品以上……爵一級 : 唐나라 관제는 크게 職事官, 文武散官, 爵, 勳官으로 나뉜다. 여기서 '五品以上'은 5품 이상의 문무산관을 가리킨 것으로 보인다. 왜냐하면 뒤에 '賜文武官及五品以上子爲父後者爵一級'이라 하여 '文武官'을 따로 언급했는데, 이는 文武職事官으로 보이기 때문이다. 唐代에는 직사관이 되기 위해서는 우선 散官이 얻어야 했는데, 산관을 바탕으로 직사관에 임명되었기 때문이다. 또한 爵과 勳官을 가진 자도 산관을 획득해야 직사관에 임명될 수 있었다. 爵은 ≪新唐書≫ 〈百官志〉와 ≪唐六典≫ 司封郎中員外郎 조에 9등급으로 나뉘어서 맨 위가 王이고 맨 아래가 縣男이다. 여기서 一級은 '縣男'으로 보인다. ≪舊唐書≫ 〈魏徵列傳〉과 〈王珪列傳〉에 '尋以修定五禮當封一子爲縣男', '與諸儒正定五禮書成賜帛三百段封一子爲縣男'라고 하였다. 또한 ≪舊唐書≫ 〈太宗本紀〉 武德 9년 조에 '文武官五品已上先無爵者賜爵一級'이라 하였다. 一級을 현남으로 보는 것은 139쪽 역주 25) 참조.

鹽澤道行軍總管하여 以伐吐谷渾하다 丁卯에 從太上皇閱武于城西하다

貞觀 8년(634) 정월 辛丑日에 張士貴가 獠와 전투하여 패비시켰다. 壬寅日에 使者를 보내어 천하를 살피게 하였다.

2월 乙巳日에 皇太子의 冠禮를 치렀다. 丙午日에 사형수 이하 죄인을 감형해주고, 5품 이상의 관원의 경우에 집안의 대를 계승하는 아들에게 爵 1급을 내려주었으며, 백성들에게 3일 동안 연회를 허락하였다.

3월 庚辰日에 九成宮에 갔다.

5월 초하루 辛未日에 日食이 있었다. 이해 여름에 吐谷渾이 涼州를 침략하자, 左驍衛大將軍 段志玄을 西海道行軍總管으로, 左驍衛將軍 樊興을 赤水道行軍總管으로 삼아 토벌하게 하였다.

7월에 隴右에서 산이 무너졌다.

8월 甲子日에 虛宿와 危宿에서 혜성이 출현하였다.

10월에 永安宮을 지었다. 甲子日에 九成宮에서 돌아왔다.

11월 辛未日에 李靖을 파직시켰다. 己丑日에 토욕혼이 양주를 침략하여 사신 鴻臚丞 趙德楷를 잡아갔다.

12월 辛丑日에 特進 李靖을 西海道行軍大總管으로, 侯君集을 積石道行軍總管으로, 任城郡王 李道宗을 鄯善道行軍總管으로, 膠東郡公 李道彦을 赤水道行軍總管으로, 涼州都督 李大亮을 且末道行軍總管으로, 利州刺史 高甑生을 鹽澤道行軍總管으로 삼아 토욕혼을 정벌하였다. 丁卯日에 太上皇을 모시고 성 서쪽에서 閱兵式을 하였다.

九年正月에 黨項羌叛하다 二月에 長孫無忌罷하다 三月庚辰에 洮州羌殺刺史孔長秀하고 附于吐谷渾하다 壬午에 大赦하다 乙酉에 高甑生及羌人戰하여 敗之하다 閏四月丙寅朔에 日有食之하다 五月에 長孫無忌起復하다 庚子에 太上皇崩하니 皇太子聽政하다 壬子에 李靖及吐谷渾戰하여 敗之하다 七月庚子에 鹽澤道行軍副總管劉德敏及羌人戰하여 敗之하다 十月庚寅에 葬太武皇帝于獻陵하다 十一月壬戌에 特進蕭瑀參豫朝政하다

貞觀 9년(635) 정월에 黨項羌(탕구트)이 반란을 일으켰다.

2월에 長孫無忌를 파직시켰다.

3월 庚辰日에 洮州羌(洮州의 羌族)이 刺史인 孔長秀를 죽이고 吐谷渾으로 귀속하였다. 壬午日에 크게 사면령을 내렸다. 乙酉日에 高甑生이 羌人과 전투하여 물리쳤다.

윤4월 초하루 丙寅日에 日食이 있었다.

5월에 長孫無忌의 喪期가 끝나지 않았는데 복직시켰다. 庚子日에 太上皇이 서거하자, 皇太子에게 政務를 대리하게 하였다. 壬子日에 李靖이 토욕혼과 전투하여 물리쳤다.

7월 庚子日에 鹽澤道行軍副總管 劉德敏이 羌人과 전투하여 물리쳤다.

10월 庚寅日에 太武皇帝(唐 高祖의 初謚)를 獻陵에 安葬하였다.

11월 壬戌日에 特進 蕭瑀를 조정의 政事에 참여하게 하였다.

十年正月甲午에 **復聽政**하다 **癸丑**에 **徙封元景爲荊王**하고 **元昌漢王**하며 **元禮徐王**하고 **元嘉韓王**하며 **元則彭王**하고 **元懿鄭王**하며 **元軌霍王**하고 **元鳳虢王**하며 **元慶道王**하고 **靈夔燕王**하며 **恪吳王**하고 **泰魏王**하며 **祐齊王**하고 **愔蜀王**하며 **惲蔣王**하고 **貞越王**하며 **愼紀王**하다 **三月癸丑**에 **出諸王爲都督**하다 **六月壬申**에 **溫彦博爲尙書右僕射**하고 **太常卿楊師道爲侍中**하며 **魏徵罷爲特進**하여 **知門下省事**하여 **參議朝章國典**하다 **己卯**에 **皇后崩**하다 **十一月庚寅**에 **葬文德皇后于昭陵**하다 **十二月**에 **蕭瑀罷**하다 **庚辰**에 **慮囚**하다

貞觀 10년(636) 정월 甲午日에 政務에 복귀하였다. 癸丑日에 다시 봉하여 李元景을 荊王으로, 李元昌을 漢王으로, 李元禮를 徐王으로, 李元嘉를 韓王으로, 李元則을 彭王으로, 李元懿를 鄭王으로, 李元軌를 霍王으로, 李元鳳을 虢王으로, 李元慶을 道王으로, 李靈夔를 燕王으로, 李恪을 吳王으로, 李泰를 魏王으로, 李祐를 齊王으로, 李愔을 蜀王으로, 李惲을 蔣王으로, 李貞을 越王으로, 李愼을 紀王으로 삼았다.

3월 癸丑日에 諸王들을 내보내어 都督으로 삼았다.

6월 壬申日에 溫彦博을 尙書右僕射로 삼고 太常卿 楊師道를 侍中으로 삼았으며, 魏徵을 파직시켜 特進으로 삼아 門下省의 일을 맡아 국가의 典章과 제도를 논의하는 데 참여하도록 하였다. 己卯日에 황후가 서거하였다.

11월 庚寅日에 文德皇后를 昭陵에 安葬하였다.

12월에 蕭瑀를 파직시켰다. 庚辰日에 문서에 기록된 죄수들의 罪狀을 살폈다.

十一年正月丁亥에 徙封元裕爲鄧王하고 元名舒王하다 庚子에 作飛山宮하다 乙卯에 免雍州今歲租賦하다 二月丁巳에 營九嵕(종)山爲陵하여 賜功臣密戚陪塋地及秘器하다 甲子에 如洛陽宮하다 乙丑에 給民百歲以上侍五人하다 壬午에 獵于鹿臺嶺하다 三月丙戌朔에 日有食之하다 癸卯에 降洛州囚見徒하고 免一歲租調하다 辛亥에 獵于廣成澤하다 癸丑에 如洛陽宮하다 六月甲寅에 溫彦博薨하다 丁巳에 幸明德宮하다 己未에 以諸王爲世封刺史하다 戊辰에 以功臣爲世封刺史하다 己巳에 徙封元祥爲江王하다 七月癸未에 大雨하여 水하여 穀洛溢하다 乙未에 詔百官言事하다 壬寅에 廢明德宮之玄圃院하여 賜遭水家하다 丙午에 給亳州老子廟와 兗州孔子廟戶各二十以奉享하고 復涼武昭王[20]近墓戶二十以守衛하다 九月丁亥에 河溢하여 壞陝州河北縣하여 毁河陽中潬(단)하니 幸白司馬坂觀之하고 賜瀕河遭水家粟帛하다 十月癸丑에 賜先朝謀臣武將及親戚亡者塋陪獻陵하다 十一月辛卯에 如懷州하다 乙未에 獵于濟源麥山하다 丙午에 如洛陽宮하다

貞觀 11년(637) 정월 丁亥日에 다시 봉하여 李元裕를 鄧王으로 삼고, 李元名을 舒王으로 삼았다. 庚子日에 飛山宮을 건립하였다. 乙卯日에 雍州의 이해 조세를 면제해주었다.

2월 丁巳日에 九嵕山에서 공사를 하여 陵을 만들어 공신과 황실 인척들에게 陪葬할 무덤과 상례 때 사용할 관을 하사하였다. 甲子日에 洛陽宮에 갔다. 乙丑日에 100세 이상의 백성들에게는 옆에서 돌볼 사람 5인을 주었다. 壬午日에 鹿臺嶺에서 사냥을 하였다.

3월 초하루 丙戌日에 日食이 있었다. 癸卯日에 洛州의 죄수 중에 徒刑으로 복역하고 있는 자들을 감형해주고, 백성들에게 1년의 租稅와 調稅를 면제해주었다. 辛亥日에 廣成澤에서 사냥을 하였다. 癸丑日에 洛陽宮에 갔다.

---

20) 涼武昭王 : 李暠(351~417)의 시호이다. 자는 玄盛으로 唐 高祖의 7대조이다. 隴西 成紀 사람으로 자칭 西漢 將領 李廣의 16세손이라고 하였다. ≪晉書 涼武昭王李玄盛列傳≫, ≪新唐書 宗室世系表≫

6월 甲寅日에 溫彦博이 죽었다. 丁巳日에 明德宮에 행차하였다. 己未日에 諸王들에게 대대로 刺史의 직임을 세습하도록 하였다. 戊辰日에 공신들에게 대대로 자사의 직임을 세습하도록 하였다. 己巳日에 李元祥을 다시 봉하여 江王으로 삼았다.

7월 癸未日에 폭우가 내려 홍수가 나서 穀水와 洛水가 범람하였다. 乙未日에 조서를 내려 百官들에게 政事에 대해 진언을 하게 하였다. 壬寅日에 明德宮의 玄圃院을 없애어 수해를 입은 家戶에 하사하였다. 丙午日에 亳州의 老子廟와 兗州의 孔子廟에 각각 20戶의 조세를 祭享하는 비용으로 내리고, 다시 涼武昭王 묘지 부근의 20戶에 부역을 면제하여 陵墓를 지키게 하였다.

9월 丁亥日에 黃河가 범람하여 陝州 河北縣을 파괴하고 河陽의 中潬을 허물어뜨리자, 태종이 친히 白司馬坂에 행차하여 살펴보고는 黃河 인근에 수해를 입은 家戶에 곡식과 비단을 하사하였다.

10월 癸丑日에 先朝의 謀臣과 武將 및 죽은 親戚들에게 獻陵에 陪葬할 무덤을 하사하였다.

11월 辛卯日에 懷州에 갔다. 乙未日에 濟源의 麥山에서 사냥을 하였다. 丙午日에 洛陽宮에 갔다.

十二年正月乙未에 **叢州地震**하다 **癸卯**에 **松州地震**하다 **二月癸亥**에 **如河北縣**하여 **觀底柱**하다 **甲子**에 **巫州獠反**하니 **夔州都督齊善行敗之**하다 **乙丑**에 **如陝州**하다 **丁卯**에 **觀鹽池**하다 **庚午**에 **如蒲州**하다 **甲戌**에 **如長春宮**하여 **免朝邑今歲租賦**하고 **降囚罪**하다 **乙亥**에 **獵于河濱**하다 **閏月庚辰朔**에 **日有食之**하다 **丙戌**에 **至自長春宮**하다 **七月癸酉**에 **吏部尙書高士廉爲尙書右僕射**하다 **八月壬寅**에 **吐蕃寇松州**하니 **侯君集爲當彌道行軍大總管**하여 **率三總管兵以伐之**하다 **九月辛亥**에 **闊水道行軍總管牛進達及吐蕃戰于松州**하여 **敗之**하다 **十月己卯**에 **獵于始平**하여 **賜高年粟帛**하다 **乙未**에 **至自始平**하다 **鈞州山獠反**하니 **桂州都督張寶德敗之**하다 **十一月己巳**에 **明州山獠反**하니 **交州都督李道彦敗之**하다 **十二月辛巳**에 **壁州山獠反**하니 **右武候將軍上官懷仁討之**하다 **是歲**에 **滁**(저)**豪二州野蠶成繭**하다

貞觀 12년(638) 정월 乙未日에 叢州에서 지진이 일어났다. 癸卯日에 松州

에서 지진이 일어났다.

2월 癸亥日에 河北縣에 가서 底柱를 구경하였다. 甲子日에 巫州의 獠가 반란을 일으키자, 夔州都督 齊善行이 물리쳤다. 乙丑日에 陝州에 갔다. 丁卯日에 鹽池를 구경하였다. 庚午日에 蒲州에 갔다. 甲戌日에 長春宮에 가서 朝邑의 이해 조세를 면제해주고, 갇힌 죄수들을 감형해주었다. 乙亥日에 黃河 부근에서 사냥을 하였다.

윤2월 초하루 庚辰日에 日食이 있었다. 丙戌日에 장춘궁에서 돌아왔다.

7월 癸酉日에 吏部尙書 高士廉을 尙書右僕射로 삼았다.

8월 壬寅日에 吐蕃이 松州를 침략하자, 侯君集을 當彌道行軍大總管으로 삼아 3總管의 병력을 이끌고 토벌하게 하였다.

9월 辛亥日에 闊水道行軍總管 牛進達이 吐蕃과 松州에서 전투하여 물리쳤다.

10월 己卯日에 始平에서 사냥을 하면서 고령자들에게 곡식과 비단을 하사하였다. 乙未日에 시평에서 돌아왔다. 鈞州의 山獠가 반란을 일으키자, 桂州都督 張寶德이 물리쳤다.

11월 己巳日에 明州의 山獠가 반란을 일으키자, 交州都督 李道彦이 물리쳤다.

12월 辛巳日에 壁州의 山獠가 반란을 일으키자, 右武候將軍 上官懷仁이 토벌하였다. 이해에 滁州, 豪州 두 지역에서 산누에가 고치가 되었다.

十三年正月乙巳에 **拜獻陵**하여 **赦三原及行從**[21]하고 **免縣人今歲租賦**하며 **賜宿衛陵邑郎將三原令爵一級**하다 **丁未**에 **至自獻陵**하다 **二月庚子**에 **停世封刺史**하다 **三月乙丑**에 **有星孛于畢昴**하다 **四月戊寅**에 **如九成宮**하다 **甲申**에 **中郎將阿史那結社率反**하니 **伏誅**하다 **壬寅**에 **雲陽石然**하다 **五月甲寅**에 **以旱避正殿**하고 **詔五品以上言事**하고 **減膳**하며 **罷役**하고 **理囚**하며 **賑乏**하니 **乃雨**하다 **六月丙申**에 **封弟元嬰爲滕王**하다 **八月辛未朔**에 **日有食之**하다 **十月甲申**에 **至自九成宮**하다 **十一月辛亥**에 **楊師道爲中書令**하다 **戊辰**에 **尙書左丞劉洎**(계)**爲黃門侍郎**하여 **參知政事**[22]하다 **十二月壬申**에 **侯君集爲**

21) 赦三原及行從 : ≪舊唐書≫ 〈太宗本紀〉에는 "三原縣 및 수행한 사람 중에 죽을죄를 지은 자를 특별 사면하였다.〔曲赦三原縣及行從大辟罪〕"라고 하여, 보다 자세하게 서술되어 있다.

22) 參知政事 : 중국 宋나라 이후로는 '參知政事'는 관명으로 사용하였다. 중국에서는 唐나라 때 劉洎에게 黃門侍郎으로 參知政事를 겸하였다고 보고 參知政事를 정식 재상의 관명으로 보고 있

交河道行軍大總管하여 **以伐高昌**하다 **乙亥**에 **封子福爲趙王**하다 **壬辰**에 **獵于咸陽**하다 **癸巳**에 **至自咸陽**하다 **是歲**에 **滁州野蠶成繭**하다

貞觀 13년(639) 정월 乙巳日에 獻陵을 참배하고, 三原縣의 범죄자와 수행한 인원 중의 범죄자를 사면해주고, 삼원현의 이해 조세를 면제해주었으며, 陵을 지키는 고을의 郎將과 三原縣令에게는 爵 1급을 내려주었다. 丁未日에 獻陵에서 돌아왔다.

2월 庚子日에 대대로 刺史를 세습하게 한 명을 거두었다.

3월 乙丑日에 畢宿와 昴宿에서 혜성이 출현하였다.

4월 戊寅日에 九成宮에 갔다. 甲申日에 中郎將 阿史那結社率이 반란을 일으키자 伏誅하였다. 壬寅日에 雲陽에서 돌이 불탔다.

5월 甲寅日에 가뭄으로 인해 正殿을 피해 거처하고 조서를 내려 5품 이상의 관원에게 政事에 대해 진언을 하게 하고, 반찬의 가짓수를 줄였으며, 백성들의 요역을 멈추고, 죄수들을 심리하며, 빈곤한 사람들을 구제하니, 그제야 비가 내렸다.

6월 丙申日에 아우 李元嬰을 봉하여 滕王으로 삼았다.

8월 초하루 辛未日에 日食이 있었다.

10월 甲申日에 九成宮에서 돌아왔다.

11월 辛亥日에 楊師道를 中書令으로 삼았다. 戊辰日에 尙書左丞 劉洎를 黃門侍郎으로 삼아 政事에 참여하여 주관하도록 하였다.

12월 壬申日에 侯君集을 交河道行軍大總管으로 삼아 高昌을 토벌하였다. 乙亥日에 아들 李福을 봉하여 趙王으로 삼았다. 壬辰日에 咸陽에서 사냥을 하였다. 癸巳日에 咸陽에서 돌아왔다. 이해에 滁州에서 산누에가 고치가 되었다.

十四年正月庚子에 **有司讀時令**하다 **甲寅**에 **幸魏王泰第**하여 **赦雍州長安縣**하고 **免延康里今歲租賦**하다 **二月丁丑**에 **觀釋奠于國學**하고 **赦大理萬年縣**하고 **賜學官**[23]**高第**

다. 그러나 ≪新唐書≫에서 '참지정사'는 분명 정책을 결정하는 재상의 직임을 가리키는 것이나 뒤에 보이는 '參預朝政', '參議政事' 등 일괄되게 쓰지 않고 있다고 보았다. 따라서 본서에서는 '參知政事', '參預朝政', '參議政事' 등의 표현을 모두 풀어서 번역하였으며, 다만 이것은 재상직을 부여하는 의미임을 여기서 밝힌다. 이에 대해서는 ≪新唐書≫ 〈百官志〉 앞부분의 내용을 참조.

生帛하다 壬午에 幸溫湯하다 辛卯에 至自溫湯하다 乙未에 求梁皇侃褚仲都周熊安生沈重陳沈文阿周弘正張譏隋何妥劉焯劉炫之後[24)]하다 三月에 羅竇二州獠反하니 廣州總管党仁弘敗之하다 五月壬寅에 徙封靈夔爲魯王하다 六月에 滁州野蠶成繭하다 乙酉에 大風拔木하다 八月庚午에 作襄城宮하다 癸酉에 侯君集克高昌하다 九月癸卯에 赦高昌部及士卒父子犯死期犯流大功犯徒小功緦麻犯杖皆原之하다 閏十月乙未에 如同州하다 甲辰에 獵于堯山하다 庚戌에 至自同州하다 十一月甲子에 有事于南郊하다 十二月丁酉에 侯君集俘高昌王以獻하니 賜酺三日하다 癸卯에 獵于樊川하다 乙巳에 至自樊川하다

貞觀 14년(640) 정월 庚子日에 有司에게 時令(月令)을 읽게 하였다. 甲寅日 魏王 李泰의 사저에 행차하여 雍州 長安縣의 죄수들을 사면하고, 延康里의 이해 조세를 면제해주었다.

2월 丁丑日에 國學에서 釋奠을 관람하고, 大理寺와 萬年縣에 있는 죄수를 사면해주었으며, 學官과 성적이 좋은 학생에게 비단을 하사하였다. 壬午日에 온천에 행차하였다. 辛卯日에 온천에서 돌아왔다. 乙未日에 梁나라의 皇侃・褚仲都, 北周의 熊安生・沈重, 陳나라의 沈文阿・周弘正・張譏, 隋나라의 何

---

23) 學官 : 官學의 교수를 담당하는 관원을 가리킨다.

24) 求梁皇侃……劉炫之後 : 皇侃은 南朝 梁나라 사람으로 관리이자 경학자로 ≪論語義疏≫, ≪禮記義疏≫ 등을 지었다. 褚仲都는 양나라 사람으로 五經博士를 지냈으며, ≪論語義疏≫, ≪周易講疏≫를 지었다. 熊安生은 北朝 北周 사람으로 五經과 三禮에 정통하였고 北齊에서 國子博士를 지냈다. 북제가 멸망한 후에는 북주에 들어가 강학에 힘썼다. 沈重은 梁나라 사람으로 梁 元帝 때 江陵으로 갔다. 그 지역이 西魏의 공격을 받고 서위의 괴뢰정권이 성립하였는데, 거기서 벼슬하였다. 이후 北周 武帝의 초빙을 받아 벼슬을 하였다가 다시 양나라로 돌아갔다. 沈文阿는 南朝 陳나라 사람으로 三禮와 春秋三傳에 통달하였다. 양나라 때에는 오경박사, 국자박사 등을 지냈으며, 陳나라 때에도 관직에 있었다. 周弘正 陳나라 사람으로 ≪老子≫와 ≪周易≫, 佛經에도 정통하였다. 양나라 때 국자박사를 지냈으며, 陳나라 때에는 侍中, 尙書右僕射 등을 지냈다. 張譏는 陳나라 때 사람으로 ≪論語≫, ≪周易≫, ≪孝經≫, 老莊에도 능통하였다. 양나라에서 벼슬하였으며 陳나라 때 국자박사 등을 지냈다. 隋나라 때에 장안에서 죽었다. 何妥는 서역 사람으로 상인을 따라 蜀으로 들어와 살았다. 北周 때에는 태학박사를 지냈으며 수나라 때 國子祭酒에 올랐다. 劉焯은 수나라 때 사람으로 劉炫과 같이 공부하여 유현과 함께 '二劉'로 불렸다. 수 문제 때 秀才로 천거되어 벼슬을 하였으며 유현과 함께 낙양의 石經을 고증하기도 하였다. 劉炫는 앞의 유작과 함께 공부를 하였으며, 수나라 때 國史의 편찬에 참여하기도 하였다. 그는 유작과 달리 높은 관직에 오르지는 못하였다.

妥·劉焯·劉炫의 후손을 수소문하게 하였다.

3월에 羅州와 竇州 두 지역의 獠가 반란을 일으키자, 廣州總管 党仁弘이 물리쳤다.

5월 壬寅日에 李靈夔를 다시 봉하여 魯王으로 삼았다.

6월 滁州의 산누에가 고치가 되었다. 乙酉日에 큰 바람이 불어 나무가 뽑혔다.

8월 庚午日에 襄城宮을 건립하였다. 癸酉日에 侯君集이 高昌을 정벌하였다.

9월 癸卯日에 고창 지역의 사람과, 고창 정벌에 참여했던 사졸과 父子 관계인 자로 사형을 받은 경우, 朞年服을 입는 친척 관계인 자로 流刑을 받은 경우, 大功服을 입는 친척 관계인 자로 徒刑을 받은 경우, 小功服이나 緦麻服을 입는 친척 관계인 자로 杖刑을 받은 경우 모두 관대하게 사면하게 하였다.

윤10월 乙未日에 同州에 갔다. 甲辰日에 堯山에서 사냥을 하였다. 庚戌日에 同州에서 돌아왔다.

11월 甲子日에 南郊에서 하늘에 제사를 지냈다.

12월 丁酉日에 侯君集이 高昌王을 사로잡아 바치자, 백성들에게 3일 동안 연회를 허락하였다. 癸卯日에 樊川에서 사냥을 하였다. 乙巳日에 번천에서 돌아왔다.

十五年正月辛巳에 如洛陽宮하여 次溫湯하다 衛士崔卿刁文懿謀反하니 伏誅하다 三月戊辰에 如襄城宮하다 四月辛卯에 詔以來歲二月에 有事于泰山하다 乙未에 免洛州今歲租하고 遷戶故給復者加給一年하며 賜民八十以上物하며 惸(경)獨鰥寡疾病不能自存者米二斛하다 慮囚하다 六月己酉에 有星孛于太微하다 丙辰에 停封泰山하고 避正殿하며 減膳하다 七月丙寅에 宥周隋名臣及忠烈子孫貞觀以後流配者하다 十月辛卯에 獵于伊闕하다 壬辰에 如洛陽宮하다 十一月癸酉에 薛延陀寇邊하니 兵部尙書李世勣爲朔州道行軍總管하고 右衛大將軍李大亮爲靈州道行軍總管하며 涼州都督李襲譽爲涼州道行軍總管하여 以伐之하다 十二月戊子에 至自洛陽宮하다 庚子에 命三品以上嫡子事東宮하다 辛丑에 慮囚하다 甲辰에 李世勣及薛延陀戰于諾眞水하여 敗

之하다 乙巳에 贈戰亡將士官三轉[25)]하다

貞觀 15년(641) 정월 辛巳日에 洛陽宮에 가서 온천에 머물렀다. 衛士 崔卿과 刁文懿가 반란을 일으키자 伏誅하였다.

3월 戊辰日에 襄城宮에 갔다.

4월 辛卯日에 조서를 내려 다음 해 2월에 泰山에서 封禪을 하게 하였다. 乙未日에 洛州의 이해 조세를 면제해주고, 원래 살던 곳에서 이주하여 요역을 면제받은 자들에게 1년 동안의 요역을 더 면제해주었으며, 80세 이상의 백성들에게는 재물을 하사하고, 의탁할 곳이 없는 자와 독거노인과 홀아비와 과부와 병들어 혼자 살아가기 힘든 자들에게는 쌀 2곡을 하사하였다. 문서에 기록된 죄수들의 罪狀을 살폈다.

6월 己酉日에 太微星 자리에서 혜성이 나타났다. 丙辰日에 泰山에서 봉선하는 일을 정지하고, 正殿을 피해 거처하였으며, 반찬의 가짓수를 줄였다.

7월 丙寅日에 北周와 隋나라의 名臣과 충신열사의 자손으로서 貞觀 연간 이후로 유배된 사람을 용서하여 풀어주었다.

10월 辛卯日에 伊闕에서 사냥을 하였다. 壬辰日에 洛陽宮에 갔다.

11월 癸酉日에 薛延陀가 변경을 침략하자, 兵部尙書 李世勣을 朔州道行軍總管으로, 右衛大將軍 李大亮을 靈州道行軍總管으로, 涼州都督 李襲譽를 涼州道行軍總管으로 삼아 토벌하였다.

12월 戊子日에 洛陽宮에서 돌아왔다. 庚子日에 명을 내려 3품 이상 관원의 嫡子는 太子를 시봉하도록 하였다. 辛丑日에 문서에 기록된 죄수들의 罪狀을 살폈다. 甲辰日에 李世勣이 薛延陀와 諾眞水에서 전투하여 물리쳤다. 乙巳日에 전사한 將士를 추증하여 勳官 3급을 내려주었다.

十六年正月乙丑에 遣使安撫西州[26)]하다 戊辰에 募戍西州者호대 前犯流死亡匿을 聽

25) 官三轉 : '官'은 勳官을 의미한다. '轉'은 훈관의 등급이다. ≪唐六典≫ 〈尙書吏部〉 司勳郎中조에 종2품 柱國을 11轉이라 하였고 마지막 종7품 武騎尉는 1轉이라 하였다. 여기서 '三轉'은 종6품 飛騎尉를 가리킨다.

26) 遣使安撫西州 : 西州는 貞觀 14년(640)에 侯君集이 정벌한 高昌에 설치한 것이다. 정관 16년 郭孝恪을 安西都護 西州刺史로 임명하여 그 지역을 안정시키고 西突厥 등의 침입을 대비하게 하였다.

自首以應募하다 辛未에 徙天下死罪囚實西州하다 中書舍人岑文本爲中書侍郎하여 專典機密하다 六月戊戌에 太白晝見하다 七月戊午에 長孫無忌爲司徒하고 房玄齡爲司空하다 十一月丙辰에 獵于武功하다 壬戌에 獵于岐山之陽하다 甲子에 賜所過六縣高年孤疾氈衾粟帛하고 遂幸慶善宮하다 庚午에 至自慶善宮하다 十二月癸卯에 幸溫湯하다 甲辰에 獵于驪山하다 乙巳에 至自溫湯하다

貞觀 16년(642) 정월 乙丑日에 西州를 안정시킬 使者를 파견하였다. 戊辰日에 西州를 지킬 병사들을 모집하면서 이전에 유배형이나 사형 죄를 짓고 달아나 숨어 살던 자들이 자수하여 응모하는 것을 허락하였다. 辛未日에 감옥에 수감된 천하의 사형수들을 옮겨 西州에 충원하였다. 中書舍人 岑文本을 中書侍郎으로 삼아 機密에 관한 일을 전담하도록 하였다.

6월 戊戌日에 太白星이 대낮에 출현하였다.

7월 戊午日에 長孫無忌를 司徒로 삼고 房玄齡을 司空으로 삼았다.

11월 丙辰日에 武功에서 사냥을 하였다. 壬戌日에 岐山의 남쪽에서 사냥을 하였다. 甲子日에 거쳐 가는 여섯 縣의 의탁할 데 없고 병이 든 고령자에게 털 이불과 침구, 곡식과 비단을 하사하고는 이윽고 慶善宮에 행차하였다. 庚午日에 경선궁에서 돌아왔다. 12월 癸卯日에 온천에 행차하였다. 甲辰日에 驪山에서 사냥을 하였다. 乙巳日에 온천에서 돌아왔다.

十七年正月戊辰에 魏徵薨하다 代州都督劉蘭謀反하니 伏誅하다 二月己亥에 慮囚하다 戊申에 圖功臣于凌煙閣하다 三月壬子에 禁送終違令式者하다 丙辰에 齊王祐反하니 李世勣討之하다 甲子에 以旱遣使覆囚決獄하다 乙丑에 齊王祐伏誅하고 給復齊州一年하다 四月乙酉에 廢皇太子爲庶人하고 漢王元昌과 侯君集等을 伏誅하다 丙戌에 立晉王治爲皇太子하고 大赦하며 賜文武官及五品以上子爲父後者爵一級하고 民八十以上粟帛하며 酺三日하다 丁亥에 楊師道罷하다 己丑에 特進蕭瑀爲太子太保하고 李世勣爲太子詹事하여 同中書門下三品하다 庚寅에 謝承乾之過于太廟하다 癸巳에 降封魏王泰爲東萊郡王하다 六月己卯朔에 日有食之하다 壬辰에 葬隋恭帝하다 甲午에 以旱避正殿하고 減膳하며 詔京官五品以上言事하다 丁酉에 高士廉同中書門下三

品하여 平章政事하다 閏月丁巳에 詔皇太子典左右屯營兵하다 丙子에 徙封泰爲順陽郡王하다 七月丁酉에 房玄齡罷하다 八月庚戌에 工部尙書張亮爲刑部尙書하여 參豫朝政하다 十月丁未에 建諸州邸于京城하다 丁巳에 房玄齡起復하다 十一月己卯에 有事于南郊하다 壬午에 賜酺三日하고 以涼州獲瑞石으로 赦涼州하다 十二月庚申에 幸溫湯하다 庚午에 至自溫湯하다

貞觀 17년(643) 정월 戊辰日에 魏徵이 죽었다. 代州都督 劉蘭이 반란을 일으키자 伏誅하였다.

2월 己亥日에 문서에 기록된 죄수들의 罪狀을 살폈다. 戊申日에 凌煙閣에 공신들의 畵像을 그리게 하였다.

3월 壬子日에 喪禮와 葬禮에 관련된 법령과 법규를 어기는 것을 금지하게 하였다. 丙辰日에 齊王 李祐가 반란을 일으키자 李世勣이 토벌하였다. 甲子日에 가뭄으로 인해 使者를 파견하여 죄수들을 다시 심리하여 옥사를 처리하게 하였다. 乙丑日에 齊王 李祐를 伏誅하고, 齊州 백성들에게 1년 동안 요역을 면제해주었다.

4월 乙酉日에 皇太子를 폐하여 庶人으로 삼고, 漢王 李元昌과 侯君集 등을 伏誅하였다. 丙戌日에 晉王 李治를 세워 皇太子로 삼고, 크게 사면령을 내렸으며, 文武官과 5품 이상 관원의 경우 집안의 대를 계승하는 아들에게 爵 1급을 내려주었다. 80세 이상의 백성들에게는 곡식과 비단을 하사하였으며, 백성들에게 3일 동안 연회를 허락하였다. 丁亥日에 楊師道를 파직시켰다. 己丑日에 特進 蕭瑀를 太子太保로 삼고, 李世勣을 太子詹事로 삼아 同中書門下三品에 임명하였다. 庚寅日에 太廟에서 李承乾의 과오에 대한 죄를 청하였다. 癸巳日에 魏王 李泰를 등급을 낮추어 봉하여 東萊郡王으로 삼았다.

6월 초하루 己卯日에 日食이 있었다. 壬辰日에 隋나라 恭帝를 安葬하였다. 甲午日에 가뭄으로 인해 正殿을 피해 거처하고, 반찬의 가짓수를 줄였으며, 조서를 내려 5품 이상의 京官들에게 政務에 대해 진언하게 하였다. 丁酉日에 高士廉을 同中書門下三品으로 삼아 政事에 참여하여 의논하게 하였다.

윤6월 丁巳日에 조서를 내려 皇太子에게 左右屯營의 군대를 지휘하게 하였다. 丙子日에 李泰를 다시 봉하여 順陽郡王으로 삼았다.

7월 丁酉日에 房玄齡을 파직시켰다.

8월 庚戌日에 工部尙書 張亮을 刑部尙書로 삼아 조정의 政務에 참여하게 하였다.

10월 丁未日에 京城에 各州의 京邸(각 지방 사무를 보는 서울 사무소)를 설치하였다. 丁巳日에 방현령의 喪期가 끝나지 않았는데 복직시켰다.

11월 己卯日에 南郊에서 하늘에 제사를 지냈다. 壬午日에 백성들에게 3일 동안 연회를 허락하였고, 涼州에서 상서로운 돌을 얻었으므로 양주에 사면령을 내렸다.

12월 庚申日에 온천에 행차하였다. 庚午日에 온천에서 돌아왔다.

十八年正月乙未에 **如鍾官城**하다 **庚子**에 **如鄠**(호)하다 **壬寅**에 **幸溫湯**하다 **二月己酉**에 **如零口**하다 **乙卯**에 **至自零口**하다 **丁巳**에 **給復突厥高昌部人隸諸州者二年**하다 **四月辛亥**에 **如九成宮**하다 **七月甲午**에 **營州都督張儉率幽營兵及契丹奚以伐高麗**하다 **八月壬子**에 **安西都護郭孝恪爲西州道行軍總管**하여 **以伐焉耆**하다 **甲子**에 **至自九成宮**하다 **丁卯**에 **劉洎爲侍中**하고 **岑文本爲中書令**하고 **中書侍郎馬周守中書令**하다 **九月**에 **黃門侍郎褚遂良參豫朝政**하다 **辛卯**에 **郭孝恪及焉耆戰**하여 **敗之**하다 **十月辛丑朔**에 **日有食之**하다 **癸卯**에 **宴雍州父老于上林苑**하여 **賜粟帛**하다 **甲寅**에 **如洛陽宮**하다 **己巳**에 **獵于天池**하다 **十一月戊寅**에 **慮囚**하다 **庚辰**에 **遣使巡問鄭汝懷澤四州高年**하여 **宴賜之**하다 **甲午**에 **張亮爲平壤道行軍大總管**하고 **李世勣馬周爲遼東道行軍大總管**하여 **率十六總管兵以伐高麗**하다 **十二月壬寅**에 **庶人承乾卒**하다 **戊午**에 **李思摩部落叛**[27]하다

貞觀 18년(644) 정월 乙未日에 鍾官城에 갔다. 庚子日에 鄠에 갔다. 壬寅日에 온천에 행차하였다.

2월 己酉日에 零口에 갔다. 乙卯日에 영구에서 돌아왔다. 丁巳日에 突厥과

27) 李思摩部落叛 : 李思摩는 阿史那思摩로 東突厥이 唐나라에 멸망한 뒤에 태종이 그에게 李氏를 내렸다. 阿史那結社率의 난(639) 이후 당나라는 동돌궐 부락을 黃河 이북 지역으로 옮기고 이사마를 可汗으로 삼아 통솔하게 하였다. 그러다가 북방의 薛延陀가 이 지역을 침입하자 이사마의 부락은 그곳을 버렸다. 그 부락의 일부는 설연타에 항복하고 남은 부락은 당나라에 다시 투항하였다. 이사마는 고구려 원정에 참여하여 공을 세운다.

高昌 지역의 백성들 중에 각 州에 소속된 자들에게 2년 동안의 부역을 면제해주었다.

4월 辛亥日에 九成宮에 갔다.

7월 甲午日에 營州都督 張儉이 幽州와 營州의 병력 및 契丹과 奚의 병력을 이끌고 高句麗를 정벌하였다.

8월 壬子日에 安西都護 郭孝恪을 西州道行軍總管으로 삼아 焉耆를 정벌하게 하였다. 甲子日에 구성궁에서 돌아왔다. 丁卯日에 劉洎를 侍中으로 삼고, 岑文本을 中書令으로 삼았으며, 中書侍郎 馬周를 守中書令으로 삼았다.

9월에 黃門侍郎 褚遂良을 조정의 政務에 참여하게 하였다. 辛卯日에 곽효각이 焉耆와 전투하여 물리쳤다.

10월 초하루 辛丑日에 日食이 있었다. 癸卯日에 上林苑에서 雍州의 父老들에게 연회를 베풀어주고 곡식과 비단을 하사하였다. 甲寅日에 洛陽宮에 갔다. 己巳日에 天池에서 사냥을 하였다.

11월 戊寅日에 문서에 기록된 죄수들의 罪狀을 살폈다. 庚辰日에 使者를 보내어 鄭州, 汝州, 懷州, 澤州 네 지역을 순시하여 고령자를 위문하고 연회를 베풀어주게 하였다. 甲午日에 張亮을 平壤道行軍大總管으로 삼고 李世勣과 馬周를 遼東道行軍大總管으로 삼아 열여섯 總管의 병력을 이끌고 고구려를 정벌하게 하였다.

12월 壬寅日에 庶人 李承乾이 죽었다. 戊午日에 李思摩의 부락이 반란을 일으켰다.

十九年二月庚戌에 如洛陽宮하니 以伐高麗일새라 癸丑에 射(석)虎于武德北山하다 乙卯에 皇太子監國于定州하다 丁巳에 賜所過高年鰥寡粟帛하고 贈比干太師하여 謚忠烈하다 三月壬辰에 長孫無忌攝侍中하고 吏部尙書楊師道攝中書令하다 四月癸卯에 誓師于幽州하고 大饗軍하다 丁未에 岑文本薨하다 癸亥에 李世勣克蓋牟城하다 五月己巳에 平壤道行軍總管程名振克沙卑城하다 庚午에 次遼澤하여 瘞隋人戰亡者하다 乙亥에 遼東道行軍總管張君乂有罪하여 伏誅하다 丁丑에 軍于馬首山하다 甲申에 克遼東城하다 六月丁酉에 克白巖城하다 己未에 大敗高麗于安市城東南山하고 左武

衛將軍王君愕死之[28]하다 辛酉에 賜酺三日하다 七月壬申에 葬死事官하고 加爵四級[29]하고 以一子襲하다 九月癸未에 班師하다 十月丙午에 次營州하여 以太牢[30]祭死事者하다 丙辰에 皇太子迎謁于臨渝關하다 戊午에 次漢武臺하여 刻石紀功하다 十一月癸酉에 大饗軍于幽州하다 庚辰에 次易州하다 癸未에 平壤道行軍總管張文幹有罪하니 伏誅하다 丙戌에 次定州하다 丁亥에 貶楊師道爲工部尙書하다 十二月戊申에 次幷州하다 己未에 薛延陀寇夏州하니 左領軍大將軍執失思力敗之하다 庚申에 殺劉洎하다

貞觀 19년(645) 2월 庚戌日에 洛陽宮으로 갔는데, 이는 高句麗를 토벌하기 위함이다. 癸丑日에 武德의 北山에서 호랑이를 쏘아 맞췄다. 乙卯日에 皇太子가 定州에 머물면서 國事를 대리하였다. 丁巳日에 지나가는 곳의 고령자, 홀아비, 과부에게 곡식과 비단을 하사하고, 比干을 太師로 추증하여 忠烈이라는 諡號를 내렸다.

3월 壬辰日에 長孫無忌가 侍中을 대리하고, 吏部尙書 楊師道가 中書令을 대리하였다.

4월 癸卯日에 幽州에서 출정식을 열어 결의를 다지고 군사들에게 크게 연회를 베풀었다. 丁未日에 岑文本이 죽었다. 癸亥日에 李世勣이 蓋牟城을 함락하였다.

5월 己巳日에 平壤道行軍總管 程名振이 沙卑城을 함락하였다. 庚午日에 遼澤에 주둔하면서 고구려와의 전투에서 사망한 隋나라 사람들의 유골을 묻어주었다. 乙亥日에 遼東道行軍總管 張君乂가 죄를 짓자, 伏誅하였다. 丁丑日에 馬首山에 군대를 주둔하였다. 甲申日에 遼東城을 함락하였다. 6월 丁酉日에 白巖城을 함락하였다. 己未日에 安市城의 동남쪽 산에서 고구려를 크게 물리쳤고, 左武衛將軍 王君愕이 죽었다. 辛酉日에 백성들에게 3일 동안 연회를 허

28) 大敗高麗……死之 : 駐蹕山 전투를 가리킨 것이다. 太宗이 직접 군대를 이끌고 싸운 전투로 史書에는 크게 이긴 것으로 나오나 결국 철수했다. 중국측만의 기록으로 정확한 상황은 알 수 없다. 다만 王君愕 등이 전사했다는 점에서 치열한 전투였던 것으로 보인다.

29) 四級 : 爵의 아래에서 4번째 등급인 縣侯를 가리킨 것이다.

30) 太牢 : 祭祀에서 소・양・돼지의 세 가지 犧牲을 쓰는 제물을 말한다. 크게 성대한 제사를 의미한다.

락하였다.

7월 壬申日에 전쟁으로 죽은 관원들을 묻어주고, 爵 4급을 더하여서 한 명의 아들이 작위를 승계하도록 하였다.

9월 癸未日에 병력을 회군시켰다.

10월 丙午日에 營州에 주둔하며 전쟁으로 죽은 자들을 위해 太牢로 제사를 지냈다. 丙辰日에 皇太子가 臨渝關에서 황제를 맞이하여 배알하였다. 戊午日에 漢武臺에 주둔하며 비석에다 공적을 새겼다.

11월 癸酉日에 幽州에서 군사들에게 크게 연회를 베풀었다. 庚辰日에 易州에 주둔하였다. 癸未日에 平壤道行軍總管 張文幹이 죄를 짓자, 伏誅하였다. 丙戌日에 定州에 주둔하였다. 丁亥日에 楊師道를 좌천시켜 工部尙書로 삼았다.

12월 戊申日에 幷州에 주둔하였다. 己未日에 薛延陀가 夏州를 침략하자, 左領軍大將軍 執失思力이 물리쳤다. 庚申日에 劉洎를 죽였다.

二十年正月辛未에 夏州都督喬師望及薛延陀戰하여 敗之하다 丁丑에 遣使二十二人하여 以六條黜陟于天下하다 庚辰에 赦幷州하고 起義時編戶給復三年하며 後附者一年하다 二月甲午에 從伐高麗無功者를 皆賜勳一轉[31)]하다 庚申에 賜所過高年鰥寡粟하다 三月己巳에 至自高麗하다 庚午에 不豫하니 皇太子聽政하다 己丑에 張亮謀反하니 伏誅하다 閏月癸巳朔에 日有食之하다 六月乙亥에 江夏郡王道宗李世勣伐薛延陀하다 七月辛亥에 疾愈하다 李世勣及薛延陀戰하여 敗之[32)]하다 八月甲子에 封孫忠爲陳王하다 己巳에 如靈州하다 庚辰에 次涇州하여 賜高年鰥寡粟帛하다 丙戌에 踰隴山關하여 次瓦亭하여 觀馬牧하다 丁亥에 許陪陵者子孫從葬하다 九月辛卯에 遣使巡察嶺南하다 甲辰에 鐵勒諸部[33)]請上號爲可汗하다 辛亥에 靈州地震하다 十月에 貶蕭瑀爲商州刺史하다 丙戌에 至自靈州하다 十一月己丑에 詔祭祀表疏藩客兵馬宿衛行魚契給驛하고 授五品以上官及除解와 決死罪를 皆以聞하고 餘委皇太子라하다

---

31) 勳一轉 : 여기서 勳官 1급은 종7품 武騎尉이다.

32) 李世勣及薛延陀戰 敗之 : 이때 薛延陀가 멸망하였다.

33) 鐵勒諸部 : 鐵勒은 '튀르크'의 음사로 튀르크계 유목인인 回紇(위그르), 僕骨 등 九姓鐵勒을 말한다. 이들은 주로 지금의 외몽골 지역에 있었으며, 東突厥의 지배에 있다가 동돌궐이 망한 후 설연타의 지배에 있었다.

貞觀 20년(646) 정월 辛未日에 夏州都督 喬師望이 薛延陀와 전투하여 물리쳤다. 丁丑日에 使者 22인을 보내어 6가지 조목으로 천하 각 지방 관리들의 高下를 매겼다. 庚辰日에 幷州에 사면령을 내리고, 唐나라가 太原에서 起義했을 때 호적에 편제되었던 백성들에게는 3년간 요역을 면제해주었고, 뒤에 편제된 자들에게는 1년의 요역을 면제해주었다.

2월 甲午日에 高句麗 정벌에 참여하여 공을 세우지 못한 자들에게도 모두 勳官 1급을 내려주었다. 庚申日에 지나가는 곳의 고령자와 홀아비, 과부에게 곡식을 하사하였다.

3월 己巳日에 고구려에서 돌아왔다. 庚午日에 병이 나자, 皇太子가 政務를 대리하였다. 己丑日에 張亮이 반란을 도모하자 伏誅하였다.

윤3월 초하루 癸巳日에 日食이 있었다.

6월 乙亥日에 江夏郡王 李道宗과 李世勣이 薛延陀를 정벌하였다.

7월 辛亥日에 병이 나았다. 이세적이 설연타와 전투하여 물리쳤다.

8월 甲子日에 皇孫 李忠을 봉하여 陳王으로 삼았다. 己巳日에 靈州에 갔다. 庚辰日에 涇州에 주둔하여 고령자와 홀아비, 과부에게 곡식과 비단을 하사하였다. 丙戌日에 隴山關을 넘어 瓦亭에 머무르며 말 목장을 살펴보았다. 丁亥日에 皇陵에 陪葬되는 자의 자손들의 陪葬을 허락하였다.

9월 辛卯日에 使者를 보내어 嶺南 지역을 순찰하게 하였다. 甲辰日에 鐵勒의 여러 부락에서 태종에게 존호를 올려 '可汗'으로 부르기를 요청하였다. 辛亥日에 靈州에서 지진이 일어났다.

10월에 蕭瑀를 좌천시켜 商州刺史로 삼았다. 丙戌日에 靈州에서 돌아왔다.

11월 己丑日에 조서를 내려 제사를 지내는 일, 표문과 상소를 올리는 일, 藩國에서 조회 오는 일, 兵馬와 관련된 일, 宿衛와 관련된 일은 물고기 모양의 信符를 쓰게 하고 역말을 제공해주고, 5품 이상 되는 관원의 임명과 해직 및 사형수에 대한 결정은 모두 황제에게 아뢰며, 그 나머지는 皇太子에게 위임하게 하였다.

二十一年正月壬辰에 高士廉薨하다 丁酉에 詔以來歲二月有事于泰山하다 甲寅에 以

鐵勒諸部爲州縣[34)]하고 賜京師酺三日하다 慮囚하여 降死罪以下하다 二月丁丑에 皇太子釋菜[35)]于太學하다 三月戊子에 左武衛大將軍牛進達爲靑丘道行軍大總管하고 李世勣爲遼東道行軍大總管하여 率三總管兵以伐高麗하다 四月乙丑에 作翠微宮하다 五月戊子에 幸翠微宮하다 壬辰에 命百司決事于皇太子하다 庚戌에 李世勣克南蘇木底城하다 六月丁丑에 遣使鐵勒諸部贖中國人陷沒者하다 七月乙未에 牛進達克石城하다 丙申에 作玉華宮하다 庚戌에 至自翠微宮하다 八月에 泉州海溢하다 壬戌에 停封泰山하다 九月丁酉에 封子明爲曹王하다 十月癸丑에 褚遂良罷하다 十一月癸卯 進封泰爲濮王하다 十二月戊寅에 左驍衛大將軍契苾何力爲崑丘道行軍大總管하여 率三總管兵以伐龜茲하다

貞觀 21년(647) 정월 壬辰日에 高士廉이 죽었다. 丁酉日에 조서를 내려 다음 해 2월에 泰山에서 封禪을 하게 하였다. 甲寅日에 鐵勒의 여러 부락에 州縣을 설치하고 京師의 백성들에게 3일 동안 연회를 허락하였다. 죄수들의 기록을 살펴 사형수 이하의 죄인을 감형해주었다.

2월 丁丑日에 皇太子가 太學에서 釋菜禮를 거행하였다.

3월 戊子日에 左武衛大將軍 牛進達을 靑丘道行軍大總管으로 삼고 李世勣을 遼東道行軍大總管으로 삼아 세 總管의 병력을 이끌고 高句麗를 정벌하게 하였다.

4월 乙丑日에 翠微宮을 지었다.

5월 戊子日에 취미궁에 행차하였다. 壬辰日에 명을 내려 모든 관사의 일을 皇太子에게 결재를 받도록 하였다. 庚戌日에 이세적이 南蘇城과 木底城을 함락하였다.

6월 丁丑日에 철륵의 여러 부락에 使者를 보내어 억류되어 있던 중국 사람들을 값을 치르고 돌려보내게 하였다.

7월 乙未日에 우진달이 石城을 함락하였다. 丙申日에 玉華宮을 지었다. 庚戌日에 취미궁에서 돌아왔다.

---

34) 以鐵勒諸部爲州縣 : 鐵勒의 여러 부락에 羈縻州를 설치한 것이다.

35) 釋菜 : 先聖, 先師에게 올리는 제사이다. 釋은 '올린다' 또는 '바친다'는 의미이다. 釋奠은 羊 따위를 祭物로 하고 석채에는 오직 蘋과 藻만 제물로 바친다. ≪禮記 王制≫

8월에 泉州에서 바닷물이 범람하였다. 壬戌日에 태산에서 봉선하는 일을 정지하였다.

9월 丁酉日에 皇子 李明을 봉하여 曹王으로 삼았다.

10월 癸丑日에 褚遂良을 파직시켰다.

11월 癸卯日에 李泰를 높여 濮王으로 봉하였다.

12월 戊寅日에 左驍衛大將軍 契苾何力을 崑丘道行軍大總管으로 삼아 세 總管의 병력을 이끌고 龜茲를 정벌하게 하였다.

二十二年正月庚寅에 馬周薨하다 戊戌에 幸溫湯하다 己亥에 中書舍人崔仁師爲中書侍郎하여 參知機務하다 丙午에 左武衛大將軍薛萬徹爲青丘道行軍大總管하여 以伐高麗하다 長孫無忌檢校中書令하여 知尙書門下省事하다 戊申에 至自溫湯하다 二月에 褚遂良起復하다 乙卯에 見京城父老하여 勞之하고 蠲(견)今歲半租하며 畿縣三之一하다 丁卯에 詔度遼水有功未酬勳而犯罪者與成官同하다 乙亥에 幸玉華宮하다 己卯에 獵于華原하다 流崔仁師于連州하다 三月丁亥에 赦宜君하고 給復縣人自玉華宮苑中遷者三年하다 四月丁巳에 松州蠻叛하니 右武候將軍梁建方敗之하다 六月丙寅에 張行成存問河北從軍者家하여 令州縣爲營農하다 丙子에 薛萬徹及高麗戰于泊灼城하여 敗之하다 七月甲申에 太白晝見하다 壬辰에 殺華州刺史李君羨하다 癸卯에 房玄齡薨하다 八月己酉朔에 日有食之하다 辛未에 執失思力伐薛延陀餘部于金山하다 九月庚辰에 崑丘道行軍總管阿史那社爾及薛延陀餘部處月處蜜戰하여 敗之하다 己亥에 褚遂良爲中書令하다 壬寅에 眉邛雅三州獠反하니 茂州都督張士貴討之하다 十月癸丑에 至自玉華宮하다 己巳에 阿史那社爾及龜茲戰하여 敗之하다 十二月辛未에 降長安萬年徒罪以下하다 閏月癸巳에 慮囚하다

貞觀 22년(648) 정월 庚寅日에 馬周가 죽었다. 戊戌日에 온천에 행차하였다. 己亥日에 中書舍人 崔仁師를 中書侍郎으로 삼아 機務에 참여하여 담당하게 하였다. 丙午日에 左武衛大將軍 薛萬徹을 青丘道行軍大總管으로 삼아 고구려를 정벌하였다. 長孫無忌를 檢校中書令으로 삼아 尙書省과 門下省의 일을 주관하도록 하였다. 戊申日에 온천에서 돌아왔다.

2월에 褚遂良의 喪期가 끝나지 않았는데 복직시켰다. 乙卯日에 京城의 父老들을 접견하여 위문하고 이해 조세의 절반을 감면해주고, 畿縣(경성 부근의 고을)은 조세의 삼분의 일을 감면해주었다. 丁卯日에 조서를 내려 遼水를 건너 高句麗를 정벌했을 때 공을 세웠으나 아직까지 勳官을 받지 못한 채 죄를 범한 자는 훈관을 받은 사람과 동등하게 대우하게 하였다. 乙亥日에 玉華宮에 행차하였다. 己卯日에 華原에서 사냥을 하였다. 崔仁師를 連州로 귀양 보냈다.

3월 丁亥日에 宜君縣의 죄수를 사면하고 의군현 백성들 중에 玉華宮의 禁苑 지역 안에 있다가 이주해온 사람에게는 3년 동안의 부역을 면제해주었다.

4월 丁巳日에 松州의 蠻이 반란을 일으키자, 右武候將軍 梁建方이 물리쳤다.

6월 丙寅日에 張行成이 河北 지역 사람으로 從軍한 자들의 가족을 위문하고, 州縣 관청에 명을 내려 그들에게 농사를 짓도록 해주었다. 丙子日에 薛萬徹이 泊灼城에서 고구려와 전투하여 물리쳤다.

7월 甲申日에 太白星이 대낮에 출현하였다. 壬辰日에 華州刺史 李君羨을 죽였다. 癸卯日에 房玄齡이 죽었다.

8월 초하루 己酉日에 日食이 있었다. 辛未日에 執失思力이 金山에서 薛延陀의 나머지 부락을 정벌하였다.

9월 庚辰日에 崑丘道行軍總管 阿史那社爾가 薛延陀의 잔존 부락, 處月, 處蜜과 전투하여 물리쳤다. 己亥日에 褚遂良을 中書令으로 삼았다. 壬寅日에 眉州, 邛州, 雅州 세 지역의 獠가 반란을 일으키자, 茂州都督 張士貴가 토벌하였다.

10월 癸丑日에 玉華宮에서 돌아왔다. 己巳日에 아사나사이가 龜玆와 전투하여 물리쳤다.

12월 辛未日에 長安과 萬年 지역의 유배형 이하의 형벌을 받은 죄수들을 감형해주었다.

윤12월 癸巳日에 문서에 기록된 죄수들의 罪狀을 살폈다.

二十三年正月辛亥에 **阿史那社爾俘龜玆王以獻**하다 **三月己未**에 **自冬旱**이러니 **至是**

雨하다 辛酉에 大赦하다 丁卯에 不豫하여 命皇太子聽政于金液門하다 四月己亥에 幸翠微宮하다 五月戊午에 貶李世勣爲疊州都督하다 己巳에 皇帝崩于含風殿하니 年五十三이라 庚午에 奉大行御馬輿還京師하다 禮部尙書于志寧爲侍中하고 太子少詹事張行成兼侍中하며 高季輔兼中書令하다 壬申에 發喪하고 謚曰文이라하다 上元元年에 改謚文武聖皇帝라하고 天寶八載에 謚文武大聖皇帝라하고 十三載에 增謚文武大聖大廣孝皇帝라하다

貞觀 23년(649) 정월 辛亥日에 阿史那社爾가 龜兹王을 사로잡아 바쳤다.

3월 己未日에, 지난겨울부터 가물었던 날씨가 이때에 이르러 비가 내렸다. 辛酉日에 크게 사면령을 내렸다. 丁卯日에 병이 나서 皇太子에게 金液門에서 정무를 대리하도록 명하였다.

4월 己亥日에 翠微宮에 행차하였다.

5월 戊午日에 李世勣을 좌천시켜 疊州都督으로 삼았다. 己巳日에 태종이 含風殿에서 세상을 떠나니, 향년 53세였다. 庚午日에 大行(갓 돌아간 황제)을 황제 전용 마차에 모시고 서울로 돌아왔다. 禮部尙書 于志寧을 侍中으로 삼고, 太子少詹事 張行成에게 侍中을 겸임하게 하였으며, 高季輔에게 中書令을 겸임하게 하였다. 壬申日에 發喪을 하고, 謚號를 文이라 하였다. 上元 원년(674)에 시호를 고쳐 文武聖皇帝라 하고, 天寶 8년(749)에 시호를 文武大聖皇帝라 하였으며, 13년(754)에 시호를 더하여 文武大聖大廣孝皇帝라고 하였다.

贊曰 甚矣라 至治之君不世出也여 禹有天下에 傳十有六王하니 而少康有中興之業이라 湯有天下에 傳二十八王하니 而其甚盛者는 號稱三宗[36]이라 武王有天下하여 傳三十六王하니 而成康[37]之治與宣[38]之功이요 其餘無所稱焉이라 雖詩書所載가 時

36) 三宗 : 殷나라의 어진 임금인 中宗, 高宗, 祖甲을 말한다.

37) 成康 : 周나라의 어진 임금인 成王과 康王을 가리킨다. 성왕은 文王의 아들이고, 강왕은 손자였는데, 정치를 잘하여 천하가 태평하였으므로 40여 년 동안 형벌을 쓰지 않았다.

38) 宣 : 宣王을 가리킨다. 쇠퇴했던 周나라를 중흥시킨 賢君으로, 성은 姬氏이고 이름은 靜이다.

有闕略이나 然三代千有七百餘年이요 傳七十餘君이나 其卓然著見(저현)於後世者는 此六七君而已니 嗚呼라 可謂難得也로다 唐有天下하여 傳世二十에 其可稱者三君이나 玄宗憲宗皆不克其終하니 盛哉라 太宗之烈也여 其除隋之亂은 比迹湯武요 致治之美는 庶幾成康하니 自古功德兼隆은 由漢以來未之有也라 至其牽于多愛하고 復立浮圖하며 好大喜功하고 勤兵於遠하여는 此中材庸主之所常爲라 然春秋之法은 常責備於賢者하니 是以後世君子之欲成人之美者는 莫不歎息於斯焉이라

贊에 말하였다.

"지극히 잘 다스린 군주가 세상에 나오지 않음이 심하구나. 禹임금은 천하를 소유하여 16명의 군주에게 전하였으니, 少康이 中興의 業을 이루었다. 湯임금은 천하를 소유하여 28명의 왕에게 전하였으니, 그중에 아주 성대했던 군주들은 三宗이라 일컬어진다. 武王은 천하를 소유하여 36명의 왕에게 전하였으니, 成王과 康王의 치적과 宣王의 공로뿐이고, 그 나머지 왕은 칭송되는 이가 없다. 비록 ≪詩經≫과 ≪書經≫에 실린 내용이 때때로 빠지거나 생략된 부분이 있다고 하더라도 三代(夏, 殷, 周) 1,700여 년이요, 70여 명의 군주에게 전하였으나, 우뚝하게 후세에 드러나는 군주는 이 예닐곱 명의 군주뿐이니, 아! 훌륭한 군주를 얻기가 어렵다고 할 만하다.

唐 玄宗(≪歷代古人像讚≫)

唐 憲宗(≪歷代古人像讚≫)

唐나라가 천하를 소유하여 20代를 전하였는데 칭송할 만한 군주가 셋이지만 그중에 玄宗과 憲宗은 모두 끝을 잘 마치지 못하였으니, 太宗의 공렬이 훌륭하구나. 隋나라의 난리를 제거한 것은 湯王과 武王에

게 공적을 견줄 만하고, 훌륭한 정치를 이룩한 아름다움은 成王과 康王에 가까웠으니, 예로부터 태종처럼 功과 德이 모두 높은 군주는 漢나라 이후로 있지 않았다. 그러나 태종이 많은 情愛에 이끌려 다니고, 또 佛教를 세우며, 큰 것을 좋아하고 功을 기뻐하고, 먼 외국에 군대를 동원한 일로 보자면, 이는 중등의 재주를 가진 용렬한 군주가 항상 일삼은 일이다. 그러나 ≪春秋≫의 법은 항상 賢者에게 완비하기를 요구하니, 이 때문에 후세의 군자로서 남의 아름다움을 이루어주고자 하는 자가 이에 대해서 탄식하지 않음이 없는 것이다.

新唐書 魏徵列傳[1] 《新唐書》 魏徵 列傳

魏徵은 字玄成이고 魏州曲城人이라 少孤하여 落魄하여 棄貲産不營이로되 有大志하여 通貫書術하니라 隋亂에 詭爲道士하다 武陽郡丞元寶藏擧兵應李密하고 以徵典書檄하다 密得寶藏書하고 輒稱善하고 旣聞徵所爲하고 促召之하다 徵進十策說(세)密이어늘 不能用이라 王世充攻洛口한대 徵見長史鄭頲曰 魏公雖驟勝이나 而驍將銳士死傷略盡하고 又府無見(현)財하여 戰勝不賞이니 此二者不可以戰이라 若浚池峭壘하고 曠日持久하여 賊糧盡且去에 我追擊之하면 取勝之道也라하니 頲曰 老儒常語耳라한대 徵不謝去하다

魏徵은 字가 玄成이고 魏州 曲城 사람이다. 어려서 고아가 되자 실의에 빠져 재산을 내팽개치고 경영하지 않았으나, 큰 뜻이 있어 書史와 術數에 통하였다. 隋나라 말기 전란에는 道士로 위장하였다. 武陽郡丞 元寶藏이 병사를 일으켜 李密과 호응하고 위징에게 편지와 격문을 담당하게 하였다. 이밀이 원보장의 편지를 보고는 매번 잘 쓴다고 칭찬하였고, 위징이 썼다는 것을 듣고는 재촉하여 위징을 불렀다. 위징이 열 가지 계책을 올려 이밀을 설득하였는데 이밀이 쓰지 못하였다.

魏徵(《古先君臣圖像》)

王世充이 洛口를 공격하자 위징이 이밀의 長史 鄭頲을 만나보고 말하였다.

1) 魏徵列傳 : 中華書局 標點校勘本 《新唐書》 〈魏徵列傳〉을 번역한 것이다.

“魏公(李密의 자칭)이 비록 누차 전쟁에서 승리하였으나 猛將과 精兵이 죽고 다쳐 거의 없어지고 또 府庫에 현재 남아 있는 재물이 없어서 전쟁에 승리하였지만 상을 주지 못하고 있습니다. 이 두 가지 때문에 전쟁을 할 수 없습니다. 만약 해자를 깊이 파며 營壘을 높이 쌓고 시일을 끌며 持久戰을 하여 적군의 양식이 다 떨어져 장차 철수하려고 할 때에 우리들이 적군을 추격하면 승리를 할 수 있는 방법입니다.”

정정이 말하기를 “노쇠한 선비의 평범한 말일 뿐이오.”라고 하자, 위징이 인사하지 않고 떠났다.

後從密來京師한대 **久之未知名**하니라 **自請安輯山東**하니 **乃擢秘書丞**하여 **馳驅至黎陽**하다 **時李勣尙爲密守**어늘 **徵與書曰 始魏公起叛徒**하고 **振臂大呼**하니 **衆數十萬**이요 **威之所被半天下**라 **然而一敗不振**하고 **卒歸唐者**는 **固知天命有所歸也**라 **今君處必爭之地**하여 **不早自圖**하니 **則大事去矣**라하다 **勣得書**하고 **遂定計歸**하고 **而大發粟饋淮安王之軍**하다

후에 魏徵은 李密을 따라 서울에 왔는데 오랫동안 이름이 알려지지 않았다. 자신이 山東을 按撫하겠다고 청하자 이에 秘書丞에 발탁되어 역마를 달려 黎陽에 도착하였다. 이때에 李勣이 여전히 이밀을 대신해 산동을 지키고 있었는데 위징이 편지를 보내 말하였다.

“처음에 魏公이 반란 군사를 일으켜 팔을 휘두르며 크게 소리치니 병사들이 수십만에 이르고 위엄이 행해진 곳이 천하의 반이나 되었습니다. 그러나 한 번 패배하자 떨쳐 일어나지 못하고 마침내 唐나라에 귀부한 것은 진실로 天命이 돌아갈 곳이 있음을 알았던 것입니다. 지금 그대는 반드시 다툴 땅에 처하고서 일찌감치 스스로 도모하지 못하고 있으니 그대의 大事가 틀어질 것입니다.”

이적이 편지를 받고 마침내 唐나라에 귀순할 계획을 정하고 곡식을 크게 풀어서 淮安王(李神通, 高祖 李淵의 從父弟)의 군대에 보냈다.

會竇建德陷黎陽하고 **獲徵**하여 **僞拜起居舍人**하다 **建德敗**에 **與裴矩走入關**하니 **隱太**

子引爲洗馬하니라 徵見秦王功高하고 陰勸太子早爲計하다 太子敗에 王責謂曰 爾鬩(혁)吾兄弟는 奈何오하니 答曰 太子蚤從徵言이면 不死今日之禍하리라하다 王器其直하여 無恨意라

마침 竇建德이 黎陽을 함락하고 魏徵을 잡아 자신이 세운 조정에서 起居舍人으로 임명하였다. 두건덕이 패배하자 위징은 裴矩와 潼關으로 달려 들어갔는데, 隱太子(李建成)가 불러들여 洗馬로 삼았다. 위징은 秦王(李世民)이 공이 높은 것을 보고 은밀히 은태자에게 일찍 처치할 계획을 세우라고 권하였다. 은태자가 실패하자 진왕이 위징을 꾸짖기를 "네가 우리 형제들을 다투게 한 것은 무엇 때문인가?" 하니 위징이 대답하기를 "태자께서 일찍 저의 말을 따랐다면 오늘의 재앙에 죽지 않았을 것이오." 하였다. 진왕은 위징의 강직함을 훌륭하게 여겨 원망하는 마음을 갖지 않았다.

卽位하여 拜諫議大夫하고 封鉅鹿縣男[2)]하다 當是時에 河北州縣素事隱巢者不自安하고 往往曹伏思亂하다 徵白太宗曰 不示至公이면 禍不可解라하니 帝曰 爾行安喩河北하라하다 道遇太子千牛李志安齊王護軍李思行傳送京師어늘 徵與其副謀曰 屬有詔에 宮府舊人普原之라한대 今復執送志安等하면 誰不自疑者리오 吾屬雖往이라도 人不信이라하고 卽貸而後聞하다 使還하니 帝悅하고 日益親하여 或引至臥內하여 訪天下事하다 徵亦自以不世遇하여 乃展盡底蘊無所隱하여 凡二百餘奏하니 無不剴切當帝心者라 由是拜尙書右丞하고 兼諫議大夫하다

太宗이 즉위하여 魏徵을 諫議大夫에 임명하고 鉅鹿縣男에 봉하였다. 이때 河北 州縣의 원래 隱太子와 巢剌王(소랄왕, 齊王 李元吉의 시호)을 섬기던 자들은 스스로 편안해하지 못하고 이따금 무리 지어 몰래 난리를 일으킬 생각을 하였다. 위징이 태종에게 아뢰었다.

"지극히 공정함을 보이지 않으면 재앙을 해결하지 못할 것입니다."

태종이 말하였다.

"그대가 가서 河北 사람들을 안정시키고 타이르도록 하시오."

---

2) 縣男 : 唐나라 封爵 중 9번째로 종5품이다. ≪唐六典 尙書吏部 司封郎中 조≫

위징이 도중에 은태자의 千牛 李志安과 제왕의 護軍 李思行을 잡아 서울로 전송하는 일행을 만났는데 위징이 그의 副使와 상의하였다.

"위촉받은 조서에 東宮과 齊王府의 옛사람들을 모두 사면하라고 하였는데, 지금 다시 李志安 등을 잡아서 보내면 누가 스스로 의심하지 않겠소? 우리들이 비록 가더라도 사람들이 믿지 않을 것이오."

즉시 그들을 사면한 뒤에 조정에 보고하였다. 사신이 돌아오자 태종이 기뻐하고 나날이 더욱 친밀히 대하여, 혹은 침실까지 끌어들여 천하의 정사를 물었다. 위징 또한 자신이 세상에 만나지 못할 기회라고 생각하여 마음속에 있는 생각을 숨김없이 다 펼쳐서 모두 2백여 건을 아뢰었으니, 태종의 마음에 적실하지 않은 것이 없었다. 이 때문에 尙書右丞에 임명되고 諫議大夫를 겸하였다.

左右有毁徵阿黨親戚者라하니 帝使溫彦博按訊한대 非是라 彦博曰 徵爲人臣하여 不能著形迹하고 遠嫌疑하여 而被飛謗하니 是宜責也라하니 帝謂彦博行讓徵하라하다 徵見帝하고 謝曰 臣聞君臣同心을 是謂一體라하니 豈有置至公하고 事形迹이리오 若上下共由玆路하면 邦之興喪未可知也니이다 帝矍(확)然曰 吾悟之矣라하니 徵頓首曰 願陛下俾臣爲良臣이요 毋俾臣爲忠臣하소서 帝曰 忠良異乎아하다 曰 良臣은 稷契咎陶(고요)也요 忠臣은 龍逄(방)比干也라 良臣은 身荷美名하고 君都顯號하여 子孫傳承하여 流祚無疆이요 忠臣은 己嬰禍誅하고 君陷昏惡하여 喪國夷家하여 祇取空名이니 此其異也니이다 帝曰 善하다 因問호대 爲君者는 何道而明하고 何失而暗가 徵曰 君所以明은 兼聽也요 所以暗은 偏信也니이다 堯舜氏闢四門하며 明四目하며 達四聰[3]하니 雖有共鯀이라도 不能塞也요 靖言庸違[4]가 不能惑也니이다 秦二世隱藏其身하고 以信趙高라가 天下潰叛而不得聞하고 梁武帝信朱异(이)라가 侯景向闕而不得聞하고 隋煬帝信虞世基라가 賊遍天下而不得聞이니라 故曰 君能兼聽하면 則姦人不得壅蔽하여 而下情通矣라하다

魏徵이 친척들을 비호하며 편애한다고 비방하는 측근이 있자 太宗이 溫彦

3) 闢四門……達四聰 : ≪書經≫ 〈虞書 舜典〉에 보인다.

4) 靖言庸違 : ≪書經≫ 〈虞書 堯典〉에 보인다.

博에게 조사하게 하였으나 사실이 아니었다. 온언박이 말하였다.

"위징이 신하가 되어 행적을 드러내지 않고 혐의를 멀리 피하지 않아 비방을 받았으니 이는 질책해야 합니다."

태종이 온언박에게 위징을 꾸짖으라고 하였다. 위징이 태종을 뵙고 사죄하며 말하였다.

"신은 들으니 '임금과 신하가 마음을 함께하는 것을 한 몸이라 한다.'고 하니 어찌 지극히 공정한 국사를 버려두고 일의 행적을 드러내는 것을 일삼겠습니까. 만일 위와 아래가 함께 이러한 길을 따른다면 국가의 흥망을 예측할 수 없을 것입니다."

태종이 깜짝 놀라며 말하였다.

"내가 잘못을 깨달았소."

위징이 머리를 조아리고 말하였다.

"바라옵건대 폐하께서는 신을 良臣이 되게 하시고 신을 忠臣이 되게 하지 마소서."

태종이 말하였다.

"충신과 양신에 차이가 있소?"

위징이 말하였다.

"양신은 稷·契·咎陶(皐陶)이고 忠臣은 關龍逄(관룡방)·比干입니다. 양신은 자신도 美名을 얻고 임금도 훌륭한 이름을 듣게 되어 자손이 전승하여 복록이 끝없이 전해지는 것이고, 충신은 자신이 재화와 죽음을 받게 되고 임금이 어두우며 악한 데에 빠져 집안과 나라를 망치면서 다만 헛된 이름만 취하는 것입니다. 이것이 다른 것입니다."

태종이 말하였다.

"좋은 말씀이오."

이어서 위징에게 물었다.

"임금 된 자는 무슨 방도로 명철해지고 무엇을 잘못하여 어두워지는 것이오?"

위징이 말하였다.

"임금이 명철해지는 것은 널리 듣기 때문이고, 어두워지는 것은 한쪽만 신임하기 때문입니다. 堯・舜은 사방의 문을 열어두며, 사방 사람의 눈으로 밝게 보며, 사방 사람의 귀로 들었습니다. 비록 共工과 鯀의 무리가 있어도 총명을 가리지 못하였고, 조용할 때는 말을 잘하나 등용되어서는 그와 어긋나는 행동이 총명을 미혹시킬 수 없었습니다. 그러나 秦나라 二世皇帝는 자신을 숨기고 趙高만 신임하다가 천하가 무너지고 반란이 일어나도 그것을 듣지 못하였습니다. 梁나라 武帝는 朱异만 신임하다가 侯景이 〈군대를 일으켜〉 도성 관문으로 향해도 듣지 못하였습니다. 隋나라 煬帝는 虞世基만 신임하다가 역적들이 천하에 가득해도 듣지 못하였습니다. 그러므로 '임금이 널리 들으면 간사한 사람들이 임금을 막아 가리지 못하여 아랫사람의 실정이 임금께 통하게 된다.'고 하는 것입니다."

鄭仁基息女美而才하여 **皇后建請爲充華**하고 **典冊具**한대 **或言許聘矣**라하다 **徵諫曰 陛下處臺榭**엔 **則欲民有棟宇**하고 **食膏粱**엔 **則欲民有飽適**하고 **顧嬪御**엔 **則欲民有室家**하신대 **今鄭已約昏**이어늘 **陛下取之**하시면 **豈爲人父母意**리오 **帝痛自咎**하고 **卽詔停冊**하다

鄭仁基의 딸이 아름답고 재주가 있어서, 長孫皇后가 건의하여 充華(女官 명칭)로 삼기를 청하고 책봉하는 글을 갖추게 하였는데, 어떤 사람이 말하길, 정인기가 다른 사람과 혼인을 허락하였다고 하였다. 魏徵이 간언하였다.

"陛下께서 臺榭에 머무를 때는 백성들에게 주택이 있기를 바랐고, 기름진 음식을 먹을 때는 백성들이 배부르기를 바랐고, 嬪御를 가까이할 때는 백성들에게 아내가 있기를 바랐습니다. 지금 정씨가 이미 혼인의 약속을 하였는데 폐하께서 그를 취하신다면 어찌 백성의 부모가 되는 뜻이겠습니까."

太宗은 통렬하게 자신을 허물하고 즉시 조서를 내려 책봉을 정지하였다.

貞觀三年에 **以秘書監參豫朝政**하다 **高昌王麴文泰將入朝**어늘 **西域諸國欲因文泰悉遣使者奉獻**이러라 **帝詔文泰使人厭怛紇干迎之**하니 **徵曰 異時文泰入朝**에 **所過供擬不能具**어늘 **今又加諸國焉**하면 **則瀕塞**(새)**州縣以乏致罪者衆**하리이다 **彼以商賈來**하면 **則邊人爲之利**하고 **若賓客之**하면 **中國蕭然耗矣**리이다 **漢建武時**에 **西域請置都護送**

侍子하되 **光武不許**하니 **不以蠻夷敝中國也**일새니이다 **帝曰 善**타하고 **追止其詔**[5)]하다

貞觀 3년(629)에 秘書監으로 朝政에 참여하였다. 高昌王 麴文泰가 唐나라에 조회하러 들어오려고 하자, 西域의 여러 나라들이 국문태를 통해서 모두 사신을 보내 진헌하려고 하였다. 태종은 조서를 내려 국문태의 사신 厭怛紇干에게 그들을 맞이하도록 하였다. 위징이 말하였다.

"왕년에 국문태가 조회하러 들어올 때 지나가는 곳에서 供擬(필요한 물품 제공)를 갖출 수 없었는데, 지금 또 여러 나라를 더하게 된다면 주변 변방의 州縣들에 供擬 부족으로 죄를 받을 자가 많을 것입니다. 저들이 상인의 신분으로 오면 변방 사람들이 이익을 얻을 수 있을 것이고, 만약 그들을 빈객으로 대우한다면 중국에는 쓸데없이 소모되는 비용이 생길 것입니다. 漢나라 建武(光武帝의 연호, 25~55) 때에 西域에서 都護(西域 諸國을 통치하는 官名)를 설치해달라고 하면서 侍子를 보내겠다고 요청하였으나 광무제가 허락하지 않았으니 蠻夷가 중국을 어지럽히기 않기 위해서였습니다."

태종이 말하기를 "좋소." 하고, 〈염달흘간을〉 뒤따라가서 그 조서의 시행을 정지시키게 하였다.

於是帝卽位四年에 **歲斷死二十九**하여 **幾至刑措**하고 **米斗三錢**이라 **先是**에 **帝嘗嘆曰 今大亂之後**니 **其難治乎**인저하니 **徵曰 大亂之易治**하니 **譬飢人之易食**(사)**也**니이다 **帝曰 古不云善人爲邦百年**이라야 **然後勝殘去殺**[6)]**邪**아 **答曰 此不爲聖哲論也**라 **聖哲之治**는 **其應如響**하여 **期月而可**하니 **蓋不其難**하니이다 **封德彝曰 不然**하니이다 **三代之後**에 **澆詭日滋**라 **秦任法律**하고 **漢雜霸道**하니 **皆欲治不能**이요 **非能治不欲**이니이다 **徵**은 **書生**이라 **好虛論**하여 **徒亂國家**하니 **不可聽**이니이다 **徵曰 五帝三王不易民以敎**라 **行帝道而帝**하고 **行王道而王**하니 **顧所行何如爾**니이다 **黃帝逐蚩尤**하여 **七十戰而勝其亂**하여

5) 追止其詔 : 이 부분이 ≪舊唐書≫ 〈魏徵列傳〉에는 "太宗은 魏徵의 논의를 훌륭하게 여겼다. 이때 厭怛紇干이 이미 출발해서 급히 뒤따라가서 그 조서를 중지하게 하였다.〔上善其議 時厭怛紇干已發 遽追止之〕"라고 하여, 보다 자세하게 기록되었다.

6) 善人爲邦百年 然後勝殘去殺 : ≪論語≫ 〈子路〉의 "善人이 나라를 백 년 동안 다스리면 또한 포악한 자를 교화시키고 사형을 없앨 수 있다.〔善人爲邦百年 亦可以勝殘去殺〕"에서 유래한 것이다.

因致無爲하고 九黎害德이어늘 顓頊征之하여 已克而治하고 桀爲亂이어늘 湯放之하고 紂無道어늘 武王伐之하여 湯武身及太平하니이다 若人漸澆詭하여 不復返朴하면 今當爲鬼爲魅리니 尙安得而化哉리잇가 德彝不能對나 然心以爲不可러니 帝納之不疑하다 至是하여 天下大治하니 蠻夷君長이 襲衣冠하고 帶刀宿衛하니라 東薄海하고 南踰嶺하며 戶闔不閉하고 行旅不齎糧하여 取給於道하다 帝謂群臣曰 此徵勸我行仁義하여 旣效矣라 惜不令封德彝見之라하다

이에 太宗이 즉위한 지 4년 만에 한 해에 사형 판결을 받은 자가 29인뿐이어서 거의 형벌을 버리고 쓰지 않을 지경이 되었고 쌀 한 말 값이 3錢이었다. 이보다 앞서 태종이 일찍이 탄식하며 말하였다.

"지금 큰 난리를 겪은 뒤이니 다스리기가 어려울 것이오!"

魏徵이 말하였다.

"큰 난리를 겪은 뒤에는 다스리기가 쉬우니 비유하면 굶주린 사람을 먹이기 쉬운 것과 같습니다."

태종이 말하였다.

"옛날에 '善人이 나라를 백 년 동안 다스린 연후에 잔악한 이를 교화시키고 사형을 없앨 수 있다.'고 말하지 않았소?"

위징이 대답하였다.

"이는 聖哲한 제왕에게 해당되는 논의가 아닙니다. 성철의 다스림은 그 호응이 메아리처럼 빨라서 일 년이면 할 수 있는 것이니, 이는 어렵지 않기 때문입니다."

封德彝가 말하였다.

"그렇지 않습니다. 三代 이후에 경박하고 속이는 것이 날로 불어나게 되었습니다. 秦나라는 법률에 의지하고 漢나라는 霸道를 섞어 썼으니, 모두 다스리고자 하였으나 할 수 없었던 것이지 잘 다스릴 수 있는데 하지 않은 것이 아닙니다. 위징은 書生이라, 空談을 좋아하여 다만 국가를 어지럽힐 뿐이니, 그의 말을 들어주어서는 안 됩니다."

위징이 말하였다.

"五帝와 三王은 백성을 바꾸지 않고 똑같은 백성을 교화하였습니다. 오제의

道를 시행하면 帝가 되고 삼왕의 道를 시행하면 王이 되니 시행한 것이 어떠했는지를 돌아볼 뿐입니다. 黃帝가 蚩尤를 내몰아 70번 전투를 하여 그 혼란 속에 승리하여 이로 인해 無爲의 치적을 이루었고, 九黎가 도덕에 해를 끼치자 顓頊이 그들을 정벌하여 이기고 나서 치세를 이루었고, 桀이 혼란한 짓을 일삼자 湯王이 그를 내쫓았고, 紂가 무도함을 일삼자 武王이 그를 정벌하여 탕왕과 무왕이 몸소 태평성대를 이루었습니다. 만약 사람들이 점점 경박하고 속여 다시 순박함으로 돌아오지 못했다면 지금 응당 모두 귀신과 도깨비의 세상이 되있을 것이니, 오히려 어찌 교화할 수 있겠습니까."

봉덕이는 대답하지 못하였으나 마음으로는 옳지 않다고 생각하였는데, 태종은 그 말을 받아들여 의심하지 않았다. 이에 이르러 천하가 크게 다스려졌으니 蠻夷의 君長들이 의관을 입고 칼을 차고 숙위하였다. 국토가 동으로는 바닷가에 이르고 남으로는 五嶺을 넘었으며, 문을 닫지 않고 여행자들이 양식을 싸서 다니지 않아 길에서 조달하였다. 태종이 신하들에게 말하였다.

"이는 위징이 나에게 仁義를 행하라고 권하여 효험이 드러난 것이요. 봉덕이가 죽어서 이것을 보게 하지 못한 것이 애석하오."

俄檢校侍中하고 **進爵郡公**[7]하다 **帝幸九成宮**이어늘 **宮御舍圍川宮下**하다 **僕射李靖侍中王珪繼至**러니 **吏改館宮御以舍靖珪**하니라 **帝聞**하고 **怒曰 威福由是等邪**아 **何輕我宮人**가하고 **詔幷按之**하니 **徵曰 靖珪皆陛下腹心大臣**이요 **宮人止後宮掃除隸耳**니 **方大臣出**하면 **官吏諮朝廷法式**하고 **歸來**하면 **陛下問人間疾苦**라 **夫官舍**는 **固靖等見官吏之所**이니 **吏不可不謁也**라 **至宮人則不然**하여 **供饋之餘**엔 **無所參承**이니이다 **以此按吏**하면 **且駭天下耳目**이라하다 **帝悟**하고 **寢不問**하다

얼마 후에 魏徵은 檢校侍中이 되고 郡公으로 작위가 올랐다. 太宗이 九成宮에 행차하였는데 궁녀들이 圍川宮에서 묵었다. 僕射 李靖과 侍中 王珪가 이어서 이르렀는데, 관리가 궁녀들의 처소를 옮기게 하고 이정과 왕규를 묵게 하였다. 태종이 이를 듣고 노하여 말하였다.

"威福이 이들로부터 나오는가! 어찌 나의 궁녀들을 경시하는가!"

---

7) 郡公 : 唐나라 封爵 중 4번째로 정2품이다.

그리고 조서를 내려 모두 조사하게 하니 위징이 말하였다.

"이정과 왕규는 모두 폐하의 심복 대신이고 궁녀는 다만 후궁에 있으면서 소제하는 하인일 뿐입니다. 대신이 지방으로 나가면 그곳의 관리는 조정의 법도를 여쭈어보고, 돌아오면 폐하께서는 민간의 고통을 묻습니다. 저 官舍는 본래 이정 등이 이곳의 관리를 만나보던 곳이니 관리가 알현하지 않을 수 없습니다. 궁녀의 경우에는 그렇지 않아서 음식을 바칠 때 이외에는 모시면서 받드는 것이 없습니다. 이 사건으로 관리를 조사하면 또 천하 사람들의 이목을 놀라게 할 것입니다."

태종이 깨닫고는 명을 정지하여 묻지 않았다.

後宴丹霄(소)**樓**에 **酒中謂長孫無忌曰 魏徵王珪事隱太子巢剌王時**에 **誠可惡**(오)어늘 **我能棄怨用才**하니 **無羞古人**이라 **然徵每諫我不從**이면 **我發言輒不卽應**하니 **何哉**오 **徵曰 臣以事有不可**라 **故諫**이어늘 **若不從輒應**이면 **恐遂行之**니이다 **帝曰 第卽應**하고 **須別陳論**하면 **顧不得**가 **徵曰 昔舜戒群臣**이어늘 **爾無面從**하고 **退有後言**[8]하라하니 **若面從可**하고 **方別陳論**은 **此乃後言**이니 **非稷卨**(설)**所以事堯舜也**니이다 **帝大笑曰 人言徵擧動疏慢**이어늘 **我但見其嫵媚耳**로다 **徵再拜曰 陛下導臣使言**하시니 **所以敢然**이요 **若不受**하시면 **臣敢數**(삭)**批逆鱗**[9]**哉**리오

뒤에 태종이 丹霄樓에서 연회를 할 때에 술을 마시다가 長孫無忌에게 말하였다.

"魏徵・王珪가 隱太子(李建成)・巢剌王(李元吉)을 섬길 때는 진실로 미워할 만하였는데 나는 원망을 버리고 인재를 등용하였으니 옛사람에게 부끄러울 것이 없소. 그러나 위징은 매번 간언을 하여 내가 따르지 않는 경우에는, 내가 말을 하면 바로 순응하지 않으니 어찌 된 것이오."

위징이 말하였다.

---

8) 爾無面從 退有後言 : ≪書經≫ 〈虞書 益稷〉에 보인다.

9) 逆鱗 : 임금의 노여움을 생각지 않고 간언하는 것을 말한다. 임금의 상징인 용의 턱 아래에 거꾸로 난 비늘〔逆鱗〕 하나가 있는데 이것을 건드리면 용이 화를 내어 사람을 죽인다고 하는 데서 유래한 말이다. ≪韓非子 說難≫

"臣은 일에 옳지 않은 점이 있기 때문에 간언을 한 것인데 만약 따르지 않으시는데도 바로 순응하면 마침내 그러한 일을 행하실까 두렵습니다."

태종이 말하였다.

"다만 바로 응낙하고 잠시 뒤에 따로 진술하여 논의하면 어찌 되지 않겠소."

위징이 말하였다.

"옛날 舜임금이 여러 신하들을 경계하기를 '내 앞에서는 순종하는 척하다가 물러나서는 뒷말을 하는 일이 없도록 하라.'라고 하였습니다. 만약 폐하 앞에서는 순종하여 옳다고 하고 곧바로 따로 진술하여 의논함은 이것이 바로 뒷말을 하는 것이니, 后稷·卨(契)이 堯·舜을 섬기는 방법이 아닙니다."

태종이 크게 웃으며 말하였다.

"사람들이 위징의 거동이 소루하며 오만하다고 말하는데 나는 다만 그 몸가짐의 아름다움을 볼 뿐이오."

위징이 재배하고 말하였다.

"폐하께서는 신을 인도하여 말을 하게 하시니 감히 그렇게 하는 것입니다. 만약 말을 받아주지 않으신다면 신이 감히 자주 逆鱗을 저촉하겠습니까."

七年에 **爲侍中**하고 **尙書省滯訟不決者**를 **詔徵平治**하다 **徵不素習法**하고 **但存大體**하여 **處事以情**하니 **人人悅服**하니 **進左光祿大夫鄭國公**하다 **多病**하여 **辭職**하니 **帝曰 公獨不見金在鑛**가 **何足貴邪**리오 **善冶鍛而爲器**라야 **人乃寶之**라 **朕方自比於金**하고 **以卿爲良匠而加礪焉**이라 **卿雖疾**이라도 **未及衰**하니 **庸得便爾**아하니 **徵懇請**이어늘 **數**(삭)**却愈牢**하니라 **乃拜特進**하고 **知門下省事**하고 **詔朝章國典**하고 **參議得失**하고 **祿賜國官防閤**[10]**竝同職事**하다

貞觀 7년(633)에 魏徵이 侍中이 되었다. 尙書省에 裁決하지 못하고 쌓여 있는 송사를 태종은 위징에게 조서를 내려 공평히 다스리게 하였다. 위징은 평소에 법률에 익숙하지 못하고 다만 대체를 보존하였기 때문에 일을 처리하기를 실정에 맞게 하니, 사람들이 기뻐하여 승복하였다. 위징은 左光祿大

10) 防閤 : 官名으로 齋閤(書房)을 방위하였다. 唐나라는 親王으로부터 京師의 文武執事官 5品 이상까지 모두 防閤이 있었고, 州縣에서는 白直이라고 일컬었다.

夫 鄭國公으로 승진하였다. 위징이 병이 심하여 관직을 사퇴하니, 太宗이 말하였다.

"공은 어찌 광석 속의 금을 보지 못하였소? 그것이 뭐가 귀할 것이 있겠소. 뛰어난 대장장이가 제련하여 기물로 만들어야만 사람들이 보물로 여기게 되오. 짐은 나 자신을 금에 비유하고 경을 뛰어난 대장장이로 여겨서 연마를 하겠소. 경이 비록 질병이 있더라도 아직 노쇠하지 않았으니, 어찌 갑자기 이렇게 그만둘 수 있소."

위징이 간절하게 청하자 태종이 누차 물리쳤고 위징은 견고히 사퇴하였다. 이에 特進(散官)으로 임명하고 門下省의 일을 주관하게 하였다. 조서를 내려 조정과 국가의 典章을 알리고 득실을 의론하는 데 참여하게 하고, 그의 俸祿·賞賜·封國官吏·防閤을 모두 職事官(實職 官吏)과 같게 하였다.

文德皇后旣葬에 **帝卽苑中作層觀**하여 **以望昭陵**할새 **引徵同升**하니 **徵孰視曰 臣眊昏**이라 **不能見**하니이다 **帝指示之**커늘 **徵曰 此昭陵邪**잇가 **帝曰 然**하다 **徵曰 臣以爲陛下望獻陵**이요 **若昭陵**은 **臣固見之**니이다 **帝泣**하고 **爲毁觀**하다 **尋以定五禮**하고 **當封一子縣男**한대 **徵請封孤兄子叔慈**하다 **帝愴然曰 此可以勵俗**이라하고 **卽許之**하다

文德皇后를 장사 지내고 나서 太宗이 곧바로 後苑 안에 고층 누각을 지어 昭陵(문덕황후 능)을 바라볼 적에 위징을 이끌고 함께 올라가니 위징이 자세히 보며 말하였다.

"신은 눈이 어두워서 보지 못하겠습니다."

태종이 가리켜 보게 하거늘 위징이 말하였다.

"이 소릉 말입니까?"

태종이 말하였다.

"그렇소."

위징이 말하였다.

"신은 폐하께서 獻陵(고조 능)을 바라본다고 생각했습니다. 소릉은 臣이 진실로 보았습니다."

태종은 눈물을 흘리고 고층 누각을 헐게 하였다. 오래지 않아 五禮를 정하

고 한 명 아들에게 縣男을 봉해주게 되어 있었는데, 위징이 고아인 형의 아들 魏叔慈를 봉해주기 청하였다. 태종이 애처로워하며 말하기를 "이는 풍속을 권장할 만하오." 하고, 바로 허락하였다.

陵을 바라보며 고층 누각을 허물게 하다(≪帝鑑圖說≫)

後幸洛陽하여 次昭仁宮에 多所譴責하다 徵曰 隋惟責不獻食과 或供奉不精한대 爲此無限하여 而至於亡하니이다 故天命陛下代之하니 正當兢懼戒約이어늘 奈何令人悔爲不奢아 若以爲足하면 今不啻足矣요 以爲不足하면 萬此寧有足邪아 帝驚曰 非公이면 不聞此言이라하다

후에 太宗이 洛陽에 행차하여 昭仁宮에 머무를 때 꾸짖는 일이 많았다. 魏徵이 말하였다.

"隋나라는 음식을 바치지 않거나 공양한 것이 정갈하지 못함을 꾸짖었는데, 이러기를 한없이 하여 멸망에 이르렀습니다. 그래서 하늘이 폐하에게 명하여 대신하게 하신 것이니 의당 조심하고 두려워하고 경계하고 검약하셔야 하는데, 어찌하여 사람들에게 사치스럽게 하지 않은 것을 후회하도록 하신단 말입니까. 만일 만족한다고 여긴다면 금일에만 만족하지 않을 것이고 만족하지 못하다고 여긴다면 이것보다 만 배 많아도 어찌 만족할 수 있겠습니까."

태종이 깜짝 놀라며 말하였다.

"公이 아니면 이 말을 듣지 못했을 것이오."

退又上疏曰 書稱明德愼罰[11]이라하고 惟刑之恤[12]이라하며 禮曰 爲上易(이)事하고 爲下易(이)知하면 則刑不煩[13]이라하고 上多疑하면 則百姓惑하고 下難知하면 則君長勞[14]라하니이다 夫上易事하고 下易知하면 君長不勞하고 百姓不惑이라 故君有一德하고 臣無二心이라 夫刑賞之本은 在乎勸善而懲惡이니 帝王所與天下畫一은 不以親疏貴賤而輕重者也니이다 今之刑賞은 或由喜怒하며 或出好惡하니 喜則矜刑於法中하고 怒則求罪於律外하며 好則鑽皮出羽하고 惡則洗垢索瘢[15]하니이다 蓋刑濫則小人道長하고 賞謬則君子道消[16]하나니 小人之惡不懲하고 君子之善不勸하고 而望治安刑措는 非

11) 明德愼罰 : ≪書經≫ 〈周書 康誥〉에 보인다.

12) 惟刑之恤 : ≪書經≫ 〈虞書 舜典〉에 보인다.

13) 爲上易事……則刑不煩 : ≪禮記≫ 〈緇衣〉에 보인다.

14) 上多疑……則君長勞 : ≪禮記≫ 〈緇衣〉에 보인다.

15) 好則鑽皮出羽 惡則洗垢索瘢 : ≪文選≫ 張衡의 〈西京賦〉의 "좋아하는 사람에게는 털과 깃이 돋듯이 치켜세우고, 미워하는 사람에게는 상처 흔적을 만들듯 헐뜯는다.〔所好生毛羽 所惡成瘡痏〕"에서 유래한 것이다.

所聞也니이다

魏徵은 물러나서 또 상소를 올렸다.

“≪書經≫에 이르기를, ‘덕을 밝게 하며 형벌을 신중히 하셨다.’라고 하고, ‘형벌을 신중히 하셨다.’라고 하며, ≪禮記≫에 이르기를 ‘윗사람이 일을 쉽게 하고 아랫사람이 알기를 쉽게 하면 형벌이 번거롭지 않다.’라고 하고, ‘임금이 의심이 많으면 백성이 의혹에 빠지고, 아랫사람이 알기 어렵게 하면 임금이 힘들다.’라고 했습니다. 무릇 윗사람이 일을 쉽게 하고 아랫사람이 알기를 쉽게 하면, 임금이 힘들지 않고 백성은 의혹에 빠지지 않습니다. 그러므로 임금은 한결같은 덕이 있고 신하는 두 가지 마음이 없습니다.

무릇 형벌과 포상의 근본은 선을 권장하고 악을 징계하는 데 있으니, 제왕이 천하 사람들과 하나로 하는 것은 親疎와 貴賤을 가지고 경중을 삼아서는 안 됩니다. 지금 형벌과 포상이 기뻐하고 노여워하는 데에서 연유하며 혹은 좋아하고 미워하는 데에서 연유하니, 기쁜 사람을 만나면 법의 범위 안에서도 형벌을 주는 것을 가엾게 여기고 노여운 사람을 만나면 법률 밖에서까지 죄를 묻습니다. 좋아하는 사람에게는 가죽을 뚫어 깃이라도 찾아내듯 치켜세우고 미워하는 사람에게는 때를 씻어내 상처 흔적이라도 찾아내듯 헐뜯습니다. 형벌이 넘치면 소인의 도가 자라나고 포상이 그르치면 군자의 도가 소멸됩니다. 소인의 악이 징계되지 않고 군자의 선이 권장되지 않고서 정치의 안정과 형벌의 폐기를 기대한다는 것은 듣지 못했습니다.

且暇豫而言엔 皆敦尙孔老하되 至於威怒엔 則專法申韓하니이다 故道德之旨未弘하고 而鍥薄之風先搖라 昔州犁上下其手에 而楚法以敝[17]하고 張湯輕重其心에 而漢刑

16) 小人道長……君子道消 : ≪周易≫ 否卦 〈彖傳〉에 보인다.

17) 昔州犁上下其手 而楚法以敝 : 형법관이 손을 들고 내림에 따라 판결이 달라지는 폐단을 말한다. 楚나라 임금이 秦나라 사람과 吳나라를 침략하여 雩婁에까지 이르렀으나 오나라가 대비를 하고 있다는 소식을 듣고 돌아가다가, 그 길로 鄭나라를 침략했다. 5월에 城麇(성균)에 이르렀는데 정나라 皇頡이 이곳을 지키고 있었다. 황힐이 성 밖에 나가 초나라 군대와 싸우다가 패했고, 초나라 穿封戌이 황힐을 생포하였다. 公子 圍(共王 아들)가 천봉술과 같이 황힐을 생포한 공을 다투어 초나라 伯州犁(백주려)에게 판정하여 달라고 하니, 백주려가 말하기를, “잡힌 자(황힐)에게 물어 보자.”라고 하였다. 황힐을 증인으로 세운 뒤, 백주려가

以謬[18]어늘 **況人主而自高下乎**리잇가 **頃者**에 **罰人**할새 **或以供張不贍**하고 **或不能從欲**하나니 **皆非致治之急也**니이다 **夫貴不與驕期而驕自至**하고 **富不與奢期而奢自至**[19]가 **非徒語也**니이다

그리하여 한가하고 편안히 지내며 말할 때는 모두 孔子와 老子를 돈독히 숭상하지만 위엄과 노여움에 미칠 땐 오로지 申不害와 韓非子만을 본받습니다. 그러므로 도덕의 종지가 크게 펼쳐지지 않고 각박한 풍조가 먼저 일어납니다. 옛날 伯州犂가 그 손을 들어 왕자를 가리키고 손을 내려 縣尹을 가리키자 楚나라의 법이 폐단이 생겼고, 張湯이 漢 武帝의 마음에 따라 형벌의 경중을 두자 漢나라의 형법이 잘못되는데, 하물며 임금이 자기 마음대로 높이고 낮추는 데야 말할 것이 있겠습니까. 일전에 사람들에게 형벌을 줄 때에 혹은 공양이 넉넉하지 못한 것을 들기도 하고 혹은 욕구를 따르지 않은 것을 들기도 하였으니, 이들은 모두 정치를 잘하는 데에 있어 시급한 것이 아닙니다. 귀함은 교만함과 함께할 것을 기약하지 않아도 교만함이 저절로 이르고, 부유함은 사치함과 함께할 것을 기약하지 않아도 사치함이 저절로 이른다는 것이 빈말이 아닙니다.

묻기를, "공을 다투는 대상이 그대인데 그대가 어찌 모를 리 있겠소?"라고 하고, 백주려가 손을 들어 올리면서, "이분은 王子 圍로서 우리 임금의 고귀한 동생이시오."라고 하고, 손을 내리면서, "이 사람은 천봉술로서 方城 밖의 縣尹이시오."라고 한 뒤, "누가 생포했소?"라고 하자, 황힐이 말하기를, "저는 왕자를 만나 그에게 패했습니다."라고 하니, 천봉술이 화를 내며 창을 뽑아들고 왕자 위를 쫓아갔으나 따라잡지 못했다. 초나라는 황힐을 데리고 돌아갔다. 《春秋左氏傳 襄公 26년》

18) 張湯輕重其心 而漢刑以謬 : 형법관이 임금 의향에 따라 판결함을 말한다. 漢나라 張湯이 廷尉였을 때, 皇上의 의향에 따랐다. 《漢書》 〈張湯傳〉에 "다루는 사건에 만일 황상이 죄를 가하고자 하면 법을 엄격하게 적용하는 監·掾史에게 사건을 맡기고, 만일 황상이 죄를 풀어주려고 하면 가볍고 평이하게 적용하는 監·掾史에게 사건을 맡겼다. 다루는 사건이 만일 힘이 센 자이면 반드시 법조문을 농락하여 교묘하게 헐뜯고, 만일 가난한 집안의 나약한 자일 땐 왕왕 말하기를 '비록 법률에 따라 처단해야 합니다만 황상께서 심판 처결하소서.'라고 하니, 武帝가 이따금 장탕이 말한 대로 죄인을 석방하곤 했다."라고 하였다.

19) 貴不與驕期而驕自至 富不與奢期而奢自至 : 《書經》 〈周書 周官〉에 "지위는 교만함을 기약하지 않아도 교만해지고, 봉록은 사치함을 기약하지 않아도 사치해진다.〔位不期驕 祿不期侈〕"라고 하고, 孔安國의 傳에 "귀함은 교만과 함께하기를 기약하지 않아도 교만이 절로 이르고, 부유는 사치와 함께하기를 기약하지 않아도 사치가 절로 온다.〔貴不與驕期而驕自至 富不與侈期而侈自來〕"라고 하였다.

且我之所代는 實在有隋니 以隋府藏으로 況今之資儲하고 以隋甲兵으로 況今之士馬하고 以隋戶口로 況今之百姓하여 挈長度(탁)大인댄 曾何等級焉이리잇가 然隋以富彊而喪은 動之也요 我以貧窮而安은 靜之也니 靜之則安하고 動之則亂은 人皆知之라 非隱而難見과 微而難察也니이다 不蹈平易之塗하고 而遵覆車之轍은 何哉잇가 安不思危하고 治不念亂하고 存不慮亡也니이다 方隋未亂에 自謂必無亂하고 未亡에 自謂必不亡이라 所以甲兵亟動하고 徭役不息하여 以至戮辱而不悟滅亡之所由也니 豈不哀哉잇가

또 우리가 대신한 것은 실제로 隋나라입니다. 수나라 창고에 저장된 물자를 가지고 지금의 저장된 물자에 비교해보고, 수나라의 병력을 가지고 지금의 병력에 비교해보고, 수나라의 戶口數를 가지고 지금의 백성과 비교해볼 때 그 길이를 따지고 크기를 견주면 어찌 비교할 수 있겠습니까. 하지만 수나라가 부강함에도 패망한 것은 백성을 소동케 했기 때문이고, 우리가 빈궁함에도 평안한 것은 백성을 안정시켰기 때문입니다. 안정시키면 평안하고 소동시키면 혼란한 것은 사람들이 모두 아는 것으로, 숨어 있어 보기 어려운 것이 아니고 미묘해서 살피기 어려운 것이 아닙니다. 하지만 평이한 길을 밟아가지 않고, 전복된 과거 전례를 따르는 것은 어째서입니까. 편안할 때 위기를 생각하지 않고 다스려질 때 혼란을 염두에 두지 않고 생존할 때 멸망을 생각하지 않기 때문입니다. 수나라가 혼란스럽지 않을 때 스스로 반드시 혼란이 없을 것이라고 하고, 망하지 않았을 때 스스로 반드시 망하지 않을 것이라 했습니다. 그 때문에 병력을 자주 동원하고 徭役을 멈추지 않아, 죽임과 능욕을 당할 처지에 이르렀음에도 멸망의 원인을 알아채지 못했으니, 어찌 안타깝지 않겠습니까.

夫監形之美惡인댄 必就止水[20]하고 監政之安危인댄 必取亡國이니이다 詩曰 殷鑑不遠이라 在夏后之世[21]라하니 臣願當今之動靜은 以隋爲鑑하면 則存亡治亂을 可得而知니이다

---

20) 止水 : 고요히 있는 물이다. ≪莊子≫ 〈德充符〉에 "사람이 흐르는 물에서는 자신을 비추어보지 못하고 고요히 있는 물에서 비추어볼 수 있다.〔人莫鑑於流水 而鑑於止水〕"라고 하였다.

21) 殷鑑不遠 在夏后之世 : ≪詩經≫ 〈大雅 蕩〉에 보인다.

思所以危則安矣요 思所以亂則治矣요 思所以亡則存矣니 存亡之所在는 在節嗜欲하고 省游畋하고 息靡麗하고 罷不急하고 愼偏聽하고 近忠厚하고 遠便佞[22]而已니이다 夫守之則易나 得之實難이니 今旣得其所難인댄 豈不能保其所易리잇가 保之不固면 驕奢淫泆有以動之也라

무릇 모양의 아름다움과 추함을 살필 땐 반드시 잔잔한 물에 나아가고, 정사의 안정과 위기를 살필 땐 반드시 망국에서 취해옵니다. 그래서 ≪詩經≫에 이르기를, '殷나라의 거울삼을 것이 멀리 있지 않고, 夏后 시대에 있다.'라고 하였습니다. 신이 바라옵건대 지금의 소동과 안정은 반드시 隋나라를 떠올려 거울로 삼는다면 생존과 멸망, 치세와 난세를 알 수 있을 것입니다. 위태로워지는 이유를 생각해낸다면 편안할 것이고, 혼란해지는 이유를 생각해낸다면 다스려질 것이며 패망하게 되는 이유를 생각해낸다면 생존할 것입니다. 생존과 멸망의 소재는 사적인 기호와 욕구를 절제하고, 유람과 사냥을 줄이고, 화려한 궁궐의 건축을 멈추고, 시급하지 않은 일을 파하고, 한쪽 말만 듣는 것을 삼가하고, 충성스러우며 후덕한 사람을 가까이하고, 말 잘하는 사람을 멀리하는 데에 달려 있을 뿐입니다. 무릇 지키는 것은 쉽지만 취하는 것은 실로 어려우니, 지금 이미 어려운 것을 얻었는데 어찌 그 쉬운 것을 보존하지 못하겠습니까. 보존한 것이 견고하지 못하면 교만과 사치와 음탕한 마음이 그것을 동요시키게 될 것입니다."

帝宴群臣積翠池라가 酣樂賦詩하니 徵賦西漢한대 其卒章曰 終藉叔孫禮하여 方知皇帝尊[23]이라하다 帝曰 徵言未嘗不約我以禮[24]라하다 他日에 從容問曰 比政治若何오하니

22) 遠便佞 : ≪論語≫ 〈衛靈公〉의 "鄭나라 음악을 추방해야 하며 말재주 있는 사람을 멀리 할 것이니, 정나라 음악은 음탕하고 말 잘하는 사람은 위태롭다.〔放鄭聲 遠佞人 鄭聲淫 佞人殆〕"에서 유래한 것이다.

23) 方知皇帝尊 : 漢 高祖가 천하를 통일한 뒤에 叔孫通에게 그동안 전쟁에 시달려 무질서하던 것을 바로잡기 위하여 모든 의식 절차에 관한 예절을 제정하게 하였는데, 古禮에서 가려 뽑고 秦나라의 제도와 결합시켜서 한 왕조의 제도와 典禮의 기틀을 마련하였다. 長樂宮의 낙성식을 마치고 신하들이 질서 정연하게 하례하는 것을 보고 한 고조가 "나는 오늘에야 천자의 존귀함을 알았다.〔吾乃今日知爲天子之貴也〕"라고 하였다. ≪史記 叔孫通列傳≫

24) 約我以禮 : ≪論語≫ 〈子罕〉에 보인다.

徵見久承平하여 帝意有所忽하고 因對曰 陛下貞觀之初엔 導人使諫하고 三年以後에 見諫者悅而從之러니 比一二年하여는 勉彊受諫하고 而終不平也니이다 帝驚曰 公何物驗之오 對曰 陛下初卽位에 論元律師死어늘 孫伏伽諫以爲法不當死라하니 陛下賜以蘭陵公主園한대 直百萬이라 或曰 賞太厚라한대 答曰 朕卽位에 未有諫者라 所以賞之라하시니 此導人使諫也니이다 後柳雄妄訴隋資[25]어늘 有司得하고 劾其僞하여 將論死한대 戴冑奏罪當徒라하고 執之四五然後赦하고 謂冑曰 弟守法如此하면 不畏濫罰이라하시니 此悅而從諫也니이다 近皇甫德參上書言호대 修洛陽宮은 勞人也요 收地租는 厚斂也요 俗尙高髻는 宮中所化也라하여늘 陛下恚(에)曰 是子使國家不役一人하고 不收一租하고 宮人無髮이라야 乃稱其意라커늘 臣奏호대 人臣上書는 不激切이면 不能起人主意니 激切이 卽近訕謗이니이다하니 于時에 陛下雖從臣言하여 賞帛罷之나 意終不平하니 此難於受諫也니이다 帝悟曰 非公이면 無能道此者라 人苦不自覺耳로다

太宗이 여러 신하들과 積翠池에서 연회하며 술을 마시며 즐기다가 시를 지었다. 魏徵이 《西漢》을 지었는데 卒章에 말하였다.

"마침내 叔孫通의 禮에 도움을 받아 비로소 황제가 높은지를 알게 되었다."

태종이 말하였다.

"위징의 말은 나를 禮로 요약해주지 않은 적이 없다."

뒷날 조용히 물었다.

"근래의 政治는 어떠하오."

위징은 오랫동안 태평하여 태종의 마음에 소홀한 것이 있다고 간파하고 이어서 대답하였다.

"폐하께서 貞觀의 초기에는 사람들에게 간언하도록 인도하셨습니다. 3년 이후에는 간언을 하는 자를 보면 기뻐하며 따르시더니 근래 1, 2년에는 억지로 간언을 받아들이고는 결국엔 평안해하지 않습니다."

---

25) 柳雄妄訴隋資 : 《貞觀政要集論》〈直諫〉에 "徐州司戶 柳雄이 隋나라 때 받은 資級에 멋대로 계급을 첨가하였다.〔徐州司戶柳 於隋資 妄加階級〕'라 하였고, 《通鑑釋義》에는 "隋資는 隋나라 조정에서 벼슬한 資級이다. 이때에 선발된 자가 한꺼번에 모여들어 資蔭을 속이고 몰래 문서를 위조하여 調用된 자가 있으므로 詔命을 내려 自首하도록 허락해주고 自首하지 않은 자는 사형에 처하였다.〔隋資 仕於隋朝之資級也 時選者盛集 有詭資蔭冒牒取調者 詔許自首 不首者罪死〕"라고 하였다.

태종이 놀라며 말하였다.

"公은 무엇을 근거로 말하는 것이오?"

위징이 대답하였다.

"폐하께서 처음 즉위하셨을 때에는 元律師를 사형에 판결하자 孫伏伽가 간언하기를 '형법에는 사형에 해당하지 않습니다.'라고 하니 폐하께서 蘭陵公主(太宗의 딸)의 전원을 하사했는데 백만 전의 가치였습니다. 누군가가 말하기를 '포상이 너무 큽니다.'라고 하자, 대답하시기를 '짐이 즉위하고 나서 간언한 자가 없었소. 그래서 포상을 한 것이오.'라고 하셨으니, 이것이 사람들을 간언하도록 인도하신 예입니다. 뒤에 柳雄이 隋나라 때 받은 資級을 멋대로 말하고 다니자, 有司가 듣고 그 僞造를 탄핵하여 유웅을 사형으로 판결하려고 하였는데, 대주가 '법에는 다만 徒刑에 처하는 것이 합당합니다.'라고 아뢰고 대주가 고집하기를 4, 5차례 하고 나서야 석방하였습니다. 대주에게 말하기를 '다만 이와 같이 법을 지킨다면 벌을 함부로 줄 일을 염려하지 않을 것이다.'라고 하셨으니, 이것은 기쁘게 간언을 따르신 예입니다.

근래에 皇甫德參이 올린 글에 '洛陽宮을 고쳐 짓게 한 것은 백성을 피로케 한 것이고, 地租를 거두게 한 것은 거두기를 많이 한 것이며, 세속에서 여자 머리 쪽을 높게 함을 숭상하는 것은 궁중에서 교화시킨 것입니다.'라고 하자, 폐하께서 화를 내며 말씀하시기를 '이 사람은 국가에서 한 사람도 부리지 않고 조금의 地租도 걷지 않고 궁녀들이 머리카락이 없게 되어야 그의 마음에 맞게 될 것이다.'라고 하시기에, 신이 상주하기를 '신하의 上書가 격렬하고 절실하지 않으면 임금의 마음을 움직일 수 없으니, 격렬하고 절실함은 비방과 유사합니다.'라고 말씀드렸습니다. 당시에 폐하께서 비록 신의 말을 따르시어 황보덕참에게 비단을 상으로 내리시고 〈위의 세 가지 일을〉 그만두게 하셨지만 마음으로는 결국 편안치 않아 하였으니, 이것이 간언을 받아들이는 것을 어려워하신 것입니다."

태종이 깨닫고 말하였다.

"공이 아니면 이런 말을 할 수 있는 사람이 없소. 사람들은 모두 스스로를 알지 못하는 것에서 괴로워지는 것이오."

先是에 帝作飛山宮한대 徵上疏曰 隋有天下三十餘年에 風行萬里하고 威讋殊俗하되 一旦擧而棄之하니이다 彼煬帝者가 豈惡治安喜滅亡哉리오 恃其富彊하고 不虞後患也라 驅天下하고 役萬物하여 以自奉養하고 子女玉帛是求하며 宮宇臺榭是飾하며 徭役無時하고 干戈不休하니 外示威重이나 內行險忌하여 讒邪者進하고 忠正者退하니이다 上下相蒙[26]하고 人不堪命하여 以致殞匹夫之手하고 爲天下笑하니 聖哲乘機하사 拯其危溺하니이다 今宮觀臺榭를 盡居之矣요 奇珍異物을 盡收之矣며 姬姜淑媛을 盡侍於側矣요 四海九州를 盡爲臣妾矣니이다 若能鑑彼所以亡하고 念我所以得하여 焚寶衣하며 毁廣殿하며 安處卑宮인댄 德之上也니이다 若成功不廢하여 卽仍其舊하고 除其不急인댄 德之次也니이다 不惟王業之艱難하여 謂天命可恃라하여 因基增舊하고 甘心侈靡하여 使人不見德而勞役是聞인댄 斯爲下矣니이다 以暴易暴하고 與亂同道하면 夫作事不法하여 後無以觀하리이다 人怨神怒하면 則災害生하고 災害生하면 則禍亂作하고 禍亂作에 而能以身名令終者鮮矣니이다

이보다 앞서 太宗이 飛山宮을 지었는데 魏徵이 상소를 올렸다.

"隋나라는 천하를 통일하고 30여 년 만에 위풍이 만 리까지 퍼지고 위세가 외국까지 진동하였으나 하루아침에 국가를 들어다 내버리게 되었습니다. 저 隋 煬帝가 어찌 천하의 治安을 싫어하고 국가의 멸망을 기뻐하였겠습니까. 자신의 부강함만 믿고 후환을 생각하지 않아서 그렇게 된 것입니다. 천하 사람들을 몰아세우고 모든 백성들을 노역시켜 자신을 봉양케 하고 남녀들을 뽑아오고 구슬과 비단을 구해오며, 궁전과 누각을 꾸미며, 요역을 아무 때나 시키고, 전쟁을 그치지 않았습니다. 표면으로는 엄중함을 과시하였으나 내심으로는 음험하며 시기함을 행하여 참소하며 간사한 자는 승진하고, 충성하며 정직한 자는 물러났습니다. 위와 아래가 서로를 속이고 백성들은 명령을 감당하지 못하여 〈양제는〉 필부의 손에 죽게 되고 천하의 웃음거리가 되었으니, 聖哲(聖上)께서 기회를 틈타시어 백성의 위난을 구제하셨습니다.

지금 궁궐과 누대를 모두 차지하셨고, 진기한 보물들을 모두 거두어들이셨으며, 미녀들을 모두 곁에서 모시게 하고, 四海 九州 사람들을 모두 臣妾으로

26) 上下相蒙 : ≪春秋左氏傳≫ 僖公 24년에 보인다.

삼았습니다. 만약 저 隋나라가 천하를 잃은 까닭을 거울삼고 우리 唐나라가 천하를 얻은 까닭을 생각하시어 보배로운 옷을 불태우며 넓은 전각을 헐어버리며 낮은 宮室에 편안히 거처하신다면, 이는 최상의 덕입니다. 만약 이미 세워진 건물들을 헐지 않고 옛것을 그대로 쓰며, 긴요하지 않은 것을 제거하신다면, 이는 次上의 덕입니다. 창업의 어려움을 생각하지 아니하여 天命만 믿으면 된다고 하여 그 터를 따라 옛것을 늘리고 사치를 마음으로 달게 여겨서 백성들에게 임금의 덕은 보지 못하고 노역을 시킨다는 소문만 듣게 되면 이는 최하가 됩니다. 포악한 자로 포악한 자를 대신하고 어지러운 자와 도를 함께하면 일에 법도가 없어서 후손들이 볼 것이 없을 것입니다. 백성들이 원망하고 神이 노하면 재해가 생기고, 재해가 생기면 禍亂이 일어나고, 화란이 일어남에 몸과 명예를 잘 마치는 자는 적습니다.

是歲에 **大雨**하여 **穀洛溢**하고 **毁宮寺**(시)**十九**하고 **漂居人六百家**하다 **徵陳事曰 臣聞**호니 **爲國基於德禮**하고 **保於誠信**이라하니 **誠信立**하면 **則下無二情**하며 **德禮形**하면 **則遠者來格**이니이다 **故德禮誠信**은 **國之大綱**이니 **不可斯須廢也**니이다 **傳曰 君使臣以禮**하고 **臣事君以忠**[27]이라하고 **自古皆有死**어니와 **民無信不立**[28]이라하고 **又曰 同言而信**은 **信在言前**이요 **同令而行**은 **誠在令外**[29]라하니이다 **然則言而不行**은 **言不信也**요 **令而不從**은 **令無誠也**니 **不信之言**과 **不誠之令**을 **君子弗爲也**니이다

이해에 홍수가 나서 穀水와 洛水가 범람하고, 황궁과 官署가 열아홉 곳이 파괴되었으며, 표류한 사람의 가옥이 600여 채였다. 위징이 이 일을 진술하였다.

"臣이 들으니, '나라를 다스리는 것은 德·禮를 기초로 삼아야 하고 誠·信을 보존해야 한다.'고 하였으니, 誠·信이 확립되면 신하들은 두 마음을 가지지 않으며 德·禮가 형성되면 먼 지방 사람들이 와서 귀순하게 됩니다. 그러므로 德·禮·誠·信은 국가의 큰 강령이니 잠시라도 없어서는 안 됩니다.

---

27) 君使臣以禮 臣事君以忠 : ≪論語≫ 〈八佾〉에 보인다.

28) 自古皆有死 民無信不立 : ≪論語≫ 〈顔淵〉에 보인다.

29) 同言而信……誠在令外 : ≪文子≫ 〈精誠〉에 보인다.

傳에 말하기를, '임금은 신하를 부리기를 禮로 하고, 신하는 임금을 섬기기를 忠으로 한다.'라고 하였고, '예로부터 사람은 누구나 다 죽지만, 사람은 신의가 없으면 설 수가 없다.'라고 하였습니다. 또 말하기를, '같은 말을 하면서도 믿게 하는 것은 믿음이 말에 앞서 존재하기 때문이고, 같은 명령을 내리면서도 실행하게 하는 것은 성의가 명령 이전에 존재하기 때문이다.'라고 하였습니다. 그렇다면 말을 해도 시행되지 않는 것은 말에 믿음이 없어서이며, 명령해도 따르지 않는 것은 명령에 성의가 없기 때문입니다. 믿음이 없는 말과 성의가 없는 명령을 군자는 하지 않습니다.

自王道休明으로 綿十餘載하여 倉廩愈積하고 土地益廣이나 然而道德不日博하고 仁義不日厚는 何哉오 由待下之情이 未盡誠信이라 雖有善始之勤이라도 而無克終之美라 故便佞之徒는 得肆其巧하여 謂同心爲朋黨하고 告訐爲至公하고 彊直爲擅權하고 忠讜爲誹謗이라하니이다 謂之朋黨하면 雖忠信이나 可疑하고 謂之至公하면 雖矯僞나 無咎하니 彊直者는 畏擅權而不得盡하고 忠讜者는 慮誹謗而不敢與之爭하니이다 熒惑視聽하고 鬱於大道하니 妨化損德이 無斯甚者니이다

王道가 아름답게 밝아진 때로부터 10여 년이 이어져 창고는 갈수록 가득 차고 국토는 갈수록 넓어졌습니다만, 그럼에도 道德은 날마다 넓어지지 않고 仁義가 날마다 두터워지지 않는 것은 어째서입니까. 신하를 대하는 마음이 誠·信을 다하지 않아서, 비록 시작을 잘하는 근면이 있지만 마무리를 잘하는 아름다움이 없기 때문입니다. 그러므로 말을 잘하고 아첨하는 무리들이 현란한 말주변을 부려서, 마음을 같이하는 이를 朋黨한다고 하고, 남의 잘못을 들추어내는 이를 지극히 공정하다고 하고, 강직한 이를 권력을 독점한다고 하고, 충성스럽고 정직한 이를 誹謗한다고 합니다. 붕당이라고 인식되면 비록 충성과 신의가 있더라도 의심하고, 지극히 공정하다고 인식되면 비록 속이더라도 탓하는 일이 없으니, 강직한 이는 권력을 독점한다는 비방을 두려워하여 강직한 말을 다하지 못하고, 충성스럽고 정직한 이는 비방을 한다는 평가를 염려하여 감히 상대하여 간쟁하지 못합니다. 폐하의 耳目을 미혹시키고 大道를 막으니 敎化를 해치며 聖德을 손상함이 이보다 심한 것이 없

습니다.

今將致治인댄 則委之君子하되 得失或訪諸小人하니 是譽毁常在小人하여 而督責常加君子也라 夫中智之人이 豈無小惠리오마는 然慮不及遠이라 雖使竭力盡誠이나 猶未免傾敗어늘 況內懷姦利하여 承顔順旨乎아 故孔子曰 君子而不仁者有矣어니와 未有小人而仁者[30)]라하니이다 然則君子不能無小惡이나 惡不積하여 無害於正하고 小人時有小善이나 善不積하여 不足以忠이라 今謂之善人矣라하고 復慮其不信하면 何異立直木而疑其景之曲乎아 故上不信하면 則無以使下하고 下不信하면 則無以事上하니 信之爲義大矣라

지금 치적을 이루려고 하신다면 군자에게 일을 맡겨야 하는데, 일의 잘잘못은 혹은 소인에게 물으니, 이는 헐뜯고 칭찬하는 것이 항상 소인에게 달려 있어서 책망하는 것이 항상 군자에게 더해지는 것입니다. 중간 등급의 지혜를 가진 사람이 어찌 작은 지혜가 없겠습니까마는 생각이 멀리 미치지 못하므로 비록 힘을 다하고 정성을 다하더라도 오히려 패망을 면치 못하는데, 하물며 마음속에 간사함과 이익을 품고 있으면서 윗사람의 뜻에 따라 영합하는 사람이야 말할 것이 있겠습니까. 그러므로 孔子가 말하기를 '君子로서 仁하지 못한 자는 있어도 小人으로서 仁한 자는 없다.' 하였습니다. 그렇다면 군자는 작은 악이 없을 수 없으나 악이 쌓이지 않아 정도를 해치지 않고, 소인은 때로 작은 선이 있지만 선이 쌓이지 않아 충실함이 부족합니다. 지금 善人이라고 말하고 다시 그가 미덥지 않을까 염려한다면 어찌 곧은 나무를 세워놓고 그 그림자가 굽을까 의심하는 것과 다르겠습니까. 그러므로 임금이 믿지 못하면 신하를 부릴 수 없고 신하가 믿지 못하면 임금을 섬길 수 없으니 믿음의 도리가 큰 것입니다.

昔齊桓公問管仲曰 吾欲使酒腐於爵하고 肉腐於俎하노니 得無害霸乎아 管仲曰 此固非其善者나 然無害霸也니이다 公曰 何如而害霸아 曰 不能知人이 害霸也요 知而不能用이 害霸也요 用而不能任이 害霸也요 任而不能信이 害霸也요 旣信而又使小

30) 君子而不仁者有矣 未有小人而仁者 : ≪論語≫ 〈憲問〉에 보인다.

人參之가 害霸也[31)]라하니이다 晉中行(항)穆伯攻鼓할새 經年而不能下러니 餽間倫曰 鼓之嗇夫를 間倫知之하니 請無疲士大夫하고 而鼓를 可得이라하되 穆伯不應이어늘 左右曰 不折一戟하고 不傷一卒하여 而鼓를 可得이어늘 君奚不爲아하니 穆伯曰 間倫之爲人也가 佞而不仁하니 若使間倫下之하면 吾不可以不賞이어늘 若賞之하면 是賞佞人也라 佞人得志하면 是使晉國으로 捨仁而爲佞이라 雖得鼓나 安用之[32)]리오하니이다 夫穆伯은 列國大夫요 管仲은 霸者之佐로되 猶能愼於信任하고 遠避佞人이어늘 況陛下之上聖乎아

옛날에 齊 桓公이 管仲에게 물었습니다. '내가 술을 잔 속에서 썩고 고기가 도마에서 썩게 하려고 하는데 이리하면 霸業을 이루는 데 해로움이 없겠소?' 管仲이 말하였습니다. '이는 진실로 훌륭한 것은 아닙니다만 패업엔 해가 없을 것입니다.' 환공이 말하였습니다. '어떻게 하면 패업에 해가 되오?' 관중이 말하였습니다. '사람을 알아보지 못하는 것이 패업을 해치는 것이며, 알아보고도 등용하지 않는 것이 패업을 해치는 것이며, 등용하고도 맡기지 않는 것이 패업을 해치는 것이며, 맡기고도 믿지 않는 것이 패업을 해치는 것이며, 믿고 나서도 또 소인에게 끼어들도록 하는 것이 패업을 해치는 것입니다.'

晉나라 中行穆伯이 鼓城을 공격하여 1년이 지나도 함락시키지 못하자 餽間倫이 말하였습니다. '고성의 嗇夫(鄕官)를 제가 잘 아니 士大夫를 수고롭게 하지 않고도 고성을 얻을 수 있습니다.'라고 청하였으나, 중항목백이 대답하지 않았다. 그러자 측근들이 말하였습니다. '창 한 자루도 부러뜨리지 않고 병졸 한 사람도 상하게 하지 않고서도 고성을 얻을 수 있는데 임금님께서는 어찌 하지 않으십니까.' 중항목백이 말하였습니다. '궤간륜의 사람됨이 아첨을 잘하고 어질지 않소. 만약 궤간륜이 함락시키면 내가 상을 주지 않을 수 없소. 그런데 만약 상을 주게 된다면 이는 아첨하는 사람에게 상을 주게 되는 것이오. 아첨하는 사람이 뜻을 얻게 되면 이는 晉나라 사람들로 하여금 仁을 버리고 아첨하게 하는 것이오. 비록 고성을 얻더라도 어디에 쓰겠소.'

중항목백은 列國의 大夫이며 관중은 霸者의 보좌로되 오히려 믿고 맡기는

31) 齊桓公問於管仲曰……害霸也 : ≪說苑≫ 〈尊賢〉에 보인다.

32) 晉中行穆伯攻鼓……安用之 : ≪淮南子≫ 〈人間訓〉에 보인다.

것을 신중히 하고 아첨하는 사람을 멀리하고 피하였거늘 하물며 위대한 성인이신 폐하야 말할 것이 있겠습니까.

若欲令君子小人으로 是非不雜인댄 必懷之以德하고 待之以信하고 厲之以義하고 節之以禮하여 然後善善而惡惡하고 審罰而明賞하면 無爲之化가 何遠之有리오 善善而不能進하며 惡惡而不能去하고 罰不及有罪하며 賞不加有功하면 則危亡之期도 或未可保니이다하니 帝手詔嘉答하니라 於是에 廢明德宮玄圃院하여 賜遭水者하다

만약 君子와 小人의 시시비비가 뒤섞이지 않게 하려면 반드시 덕으로 품어주고 믿음으로 대우하고 의리로 격려하고 예절로 절제한 다음에 선한 사람을 좋아하고 악한 사람을 미워하며 형벌을 잘 살피고 포상을 분명히 한다면, 無爲의 교화가 어찌 먼 곳에 있겠습니까. 선한 사람을 좋아하면서도 등용하지 않으며 악한 사람을 미워하면서도 제거하지 못하고 벌이 죄가 있는 사람에게 미치지 않으며 포상이 공이 있는 사람에게 가해지지 않는다면 위기와 멸망의 시기가 오는 것도 혹은 보장할 수 없을 것입니다."

太宗은 조서를 친히 써서 내려 훌륭하다고 답하였다. 이에 明德宮의 玄圃院을 없애버리고 水災를 만난 자들에게 하사하였다.

他日에 宴群臣할새 帝曰 貞觀以前에 從我定天下하고 間關草昧는 玄齡功也요 貞觀之後에 納忠諫하여 正朕違하여 爲國家長利는 徵而已니 雖古名臣인들 亦何以加리오하고 親解佩刀하여 以賜二人하다 帝嘗問群臣호대 徵與諸葛亮孰賢고 岑文本曰 亮才兼將相하여 非徵可比니이다 帝曰 徵蹈履仁義하여 以弼朕躬하여 欲致之堯舜하니 雖亮無以抗이라 時上封者衆한대 或不切事라 帝厭之하고 欲加譴黜이어늘 徵曰 古者에 立謗木[33]은 欲聞己過니 封事는 其謗木之遺乎니이다 陛下思聞得失하면 當恣其所陳이니이다 言而是乎면 爲朝廷之益이요 非乎라도 無損於政이니이다 帝悅하고 皆勞遣之하다

뒷날 여러 신하들과 연회를 할 때 太宗이 말하였다.

---

33) 謗木 : 誹謗木으로 조정의 뜰에 깎아 세운 목판이니, 舜임금 때에 사람들에게 정치의 득실을 쓰게 하였다. ≪呂氏春秋 自知≫

"貞觀 이전에 나를 따라 천하를 평정하고 어려움을 겪으며 국가를 창업한 것은 房玄齡의 공로요, 정관 이후에 忠諫을 바쳐 짐의 과실을 바로잡고 국가를 오래도록 이롭게 한 것은 魏徵뿐이다. 비록 옛날의 名臣인들 또한 어떻게 이보다 더하겠소."

태종이 직접 佩刀을 풀어서 두 사람에게 내려주었다.

태종이 일찍이 신하들에게 물었다.

"위징과 諸葛亮 중에서 누가 더 현명하오?"

岑文本이 대답하였다.

"제갈량의 재능은 장수와 재상을 겸하여서 위징이 비견할 수 있는 바가 아닙니다."

태종이 말하였다.

"위징은 仁義를 시행하며 朕을 보필하여 짐을 堯舜에 이르게 하려고 하였으니 비록 제갈량이라도 견줄 수가 없소."

당시에 封事를 올리는 자가 많았는데 어떤 경우는 실정에 맞지 않았다. 태종이 그들을 싫어하고 질책하여 내쫓으려 하였는데, 위징이 말하였다.

諸葛亮(≪歷代古人像讚≫)

"옛날에 誹謗木을 세워둔 것은 임금 자신의 과실을 들으려 한 것이니 封事는 비방목의 遺風입니다. 폐하께서 잘잘못을 들으려고 생각하신다면 진술하는 것을 마음대로 하게 해야 합니다. 말한 것이 옳으면 조정에 이익이 되고 말한 것이 잘못되어도 정사에 손해가 없습니다."

태종이 기뻐하고 모두 위로한 뒤에 보냈다.

十三年에 阿史那結社率作亂하고 雲陽石然하고 自冬至五月히 不雨하니 徵上疏極言

曰 臣奉侍帷幄十餘年에 陛下許臣以仁義之道하시고 守而不失하시고 儉約朴素를 終始弗渝하시니 德音在耳하여 不敢忘也니이다 頃年以來로 寖不克終하니 謹用條陳하여 裨萬分一하니이다 陛下在貞觀初에 清淨寡欲하여 化被荒外러니 今萬里遣使하여 市索駿馬하고 幷訪怪珍이니이다 昔漢文帝却千里馬[34)]하고 晉武帝焚雉頭裘[35)]한대 陛下居常論議이 遠輩堯舜이어늘 今所爲는 更欲處漢文晉武下乎아 此不克終一漸也니이다

貞觀 13년(639)에 阿史那結社率이 반란을 일으키고 雲陽에서 돌이 불타고 겨울부터 5월까지 비가 내리지 않으니, 魏徵이 상소를 올려 지극하게 간언을 하였다.

"신이 궁중에서 폐하를 모신 지 10여 년 동안에 陛下께서는 臣에게 仁義의 道를 시행하도록 허락해주시고 굳게 지켜서 잃지 않으시고 儉約과 素朴함을 처음부터 끝까지 바꾸지 않으시니 폐하의 德音이 귓가에 남아 있어서 감히 잊지 못하겠습니다. 근년 이래로 점점 끝을 잘 맺지 못하게 되었으니 삼가 조목조목 진술하여 萬分의 일이라도 도움이 될까 합니다.

폐하께서 貞觀 초기에는 清靜하고 욕심이 없으셔서 교화가 먼 변방까지 크게 미쳤습니다. 지금 폐하께서는 萬里에 사신을 보내 駿馬를 찾아 사오게 하고, 아울러 진기한 물건을 찾고 있습니다. 옛날에 漢 文帝는 千里馬를 물리쳐 보냈고, 晉 武帝는 꿩 머리털로 만든 갖옷을 불태웠습니다. 폐하께서 평상시에 論議함이 멀리로는 堯舜과 짝하시는데, 지금 하시는 것은 다시 한 문제와 진 무제의 아래에 처하려고 하십니까. 이것이 끝을 잘 맺지 못할 첫 번째 조짐입니다.

子貢問治人한대 孔子曰 懍乎若朽索之馭六馬라하시니 子貢曰 何畏哉잇가 對曰 不以

---

34) 漢文帝却千里馬 : 제왕이 진기한 물건을 받지 않음을 말한다. 漢 文帝에게 어떤 사람이 천리마를 바치자, 조서를 내리기를 "鸞旗가 앞에서 선도하고 뒤 수레가 따라오면서 날마다 50리밖에 가지 못하는데, 내가 천리마를 타고 혼자 어디로 먼저 간단 말이냐." 하고는, "나는 바친 물건을 받지 않을 것이니, 사방에서 와서 바치지 말도록 하라."고 하였다. ≪漢書 賈捐之列傳≫

35) 晉武帝焚雉頭裘 : 제왕이 사치한 의복을 멀리함을 말한다. 雉頭裘는 꿩의 머리 깃털로 짜서 만든 갖옷이다. 晉 武帝에게 太醫 司馬程據가 치두구를 바치자 검약을 강조하려고 궁전 앞에서 불태웠다. ≪晉書 武帝本紀≫

道導之면 **則吾讐也**니 **若何不畏**[36)]리오하시니 **陛下在貞觀初**에 **護民之勞**하며 **煦之如子**하여 **不輕營爲**러니 **頃旣奢肆**하여 **思用人力**하여 **乃曰 百姓無事則易**(이)**驕**하고 **勞役則易**(이)**使**라하시니 **自古未有百姓逸樂而致傾敗者**니 **何有逆畏其驕而爲勞役哉**아 **此不克終二漸也**니이다 **陛下在貞觀初**에 **役己以利物**이러니 **比來縱欲以勞人**하니 **雖憂人之言**은 **不絶於口**나 **而樂身之事**은 **實切諸心**하니 **無慮營構**하고 **輒曰 弗爲此**면 **不便我身**이라하시니 **推之人情**에 **誰敢復爭**이리오 **此不克終三漸也**니이다

子貢이 백성을 다스리는 도리를 묻자, 孔子가 말하기를, '〈다스림의〉 두려움이 마치 썩은 밧줄로 여섯 마리 말을 모는 것과 같다.'라고 하였습니다. 자공이 '무엇이 그렇게 두렵습니까.'라고 묻자, 공자가 대답하기를 '도리로 인도하지 않으면 나의 원수가 되니, 어찌 두렵지 않겠는가.'라고 하였습니다. 폐하께서 貞觀 초기에는 백성의 노고를 안타깝게 여기며, 백성을 따뜻이 대하기를 자식과 같이 하여 가볍게 건축 공사를 하지 않았습니다. 근래 이래로 사치하고 방종해져서 인력을 쓰기를 생각하여 이에 말씀하시기를, '백성은 일이 없으면 교만하기 쉽고 노역을 시키면 부리기가 쉽다.'라고 하십니다. 예로부터 백성의 안락과 즐거움으로 인해서 나라가 기울고 패망에 이른 일은 아직 없었습니다. 어찌 백성들이 교만해질 것을 미리 두려워하여 일부러 노역을 시키려 하십니까. 이것이 끝을 잘 맺지 못할 두 번째 조짐입니다.

子貢(≪聖賢像讚≫)

폐하께서 정관 초기에는 자신을 수고

36) 孔子曰……若何其無畏 : ≪孔子家語≫ 〈致思篇〉에 보인다.

롭게 하여 백성들을 이롭게 하였는데, 근래에 와서는 욕심을 마음대로 부려 백성을 수고롭게 하니, 비록 백성을 걱정한다는 말은 입에서 끊이지 않으나 즐거움을 누리는 일이 실로 마음에 절실합니다. 건축 공사의 결과를 우려하지 않고 번번이 말하기를 '이것을 하지 않으면, 내 몸을 편히 하지 못한다.'라고 하시니, 人情을 미루어 볼 적에 누가 감히 다시 간쟁할 수 있겠습니까. 이것이 끝을 잘 맺지 못할 세 번째 조짐입니다.

在貞觀初에 **親君子**하며 **斥小人**이러니 **比來輕褻小人**하고 **禮重君子**하니 **重君子也**는 **恭而遠之**하고 **輕小人也**는 **狎而近之**하니 **近之**면 **莫見其非**하고 **遠之**면 **莫見其是**하나니 **莫見其是**하면 **則不待間而疏**하고 **莫見其非**하면 **則有時而昵**하니 **昵小人疏君子而欲致治**는 **非所聞也**니 **此不克終四漸也**니이다 **在貞觀初**에 **不貴異物**하고 **不作無益**[37)]한대 **而今難得之貨**가 **雜然竝進**하고 **玩好之作**이 **無時而息**이라 **上奢靡而望下朴素**하고 **力役廣而冀農業興**은 **不可得已**니 **此不克終五漸也**니이다

貞觀 초기에는 군자를 친애하며 소인을 멀리하셨는데, 근래에는 소인을 가볍게 가까이하고, 군자를 예의상으로만 소중하게 여깁니다. 군자를 소중히 여기는 것은 공손하되 멀리하고, 소인을 가볍게 여기는 것은 친하면서 가까이합니다. 가까이하면 그 잘못을 알지 못하고, 멀리하면 그 옳음을 알지 못하니, 옳음을 알지 못하면 이간시키지 않아도 멀어지고, 잘못을 알지 못하면 때때로 친밀해집니다. 소인을 친밀히 하고 군자를 멀리하면서 치세를 이루려고 한다는 것은 들어본 적이 없습니다. 이것이 끝을 잘 맺지 못할 네 번째 조짐입니다.

정관 초기에는 이상한 물건을 귀하게 여기지 않았고 無益한 일을 만들지 않았습니다. 그런데 지금 얻기 어려운 재화가 섞여서 모두 올라오고 노리개를 만드는 것이 쉴 때가 없습니다. 임금이 사치를 하면서 신하들이 소박하기를 바라고 부역을 확장하면서 농업이 일어나기를 바란다면 이는 불가능합니다. 이것이 끝을 잘 맺지 못할 다섯 번째 조짐입니다.

---

37) 不貴異物 不作無益 : ≪書經≫ 〈周書 旅獒〉에 보인다.

貞觀之初에 求士如渴하여 賢者所擧는 卽信而任之하고 取其所長하여 常恐不及이러니 比來由心好惡하여 以衆賢擧而用이라가 以一人毁而棄며 雖積年任而信이라도 或一朝疑而斥하니 夫行有素履[38]하고 事有成迹하니 一人之毁는 未必可信이요 積年之行은 不應頓虧니이다 陛下不察其原하고 以爲臧否(비)하시니 使讒佞得行하고 守道疏間이니 此不克終六漸也니이다 在貞觀初에 高居深拱하사 無田獵畢弋之好러니 數年之後에 志不克固하여 鷹犬之貢으로 遠及四夷하고 晨出夕返하여 馳騁爲樂하니 變起不測하면 其及救乎잇가 此不克終七漸也니이다

貞觀 초기에는 선비를 구하기를 갈증이 나는 것처럼 하여, 현인이 천거한 이는 바로 믿어 임용하였고, 그 장점을 취하면서도 항상 〈그 장점을〉 다 받아들이지 못할까 염려하셨습니다. 근년 이래로 마음에 좋고 나쁨에 따라서, 많은 현인들의 천거로 임용했다가 한 사람의 비방으로 내쫓기도 하며, 비록 여러 해 동안 맡겨 믿고 있더라도 혹은 하루아침에 의심하여 배척하기도 하셨습니다. 행실은 본래 행하던 것이 있고 일은 이루어진 자취가 있으니, 한 사람의 헐뜯음은 반드시 믿을 수 있는 것이 아니고, 여러 해 동안 쌓은 행실은 하루아침에 갑자기 무너뜨려서는 안 됩니다. 폐하께서는 그 근원을 살피지 않고 좋고 나쁨을 판단하십니다. 참소하고 아첨하는 자들을 마음대로 행동하게 하고 도를 지키는 자들을 점점 소원하게 하시니, 이것이 끝을 잘 맺지 못할 여섯 번째 조짐입니다.

정관 초기에는 높은 곳에서 편안히 계시면서 사냥하고 그물질하고 주살질하는 즐거움이 없었습니다. 그러나 수년 후에는 그 뜻을 굳건히 하지 못하여 매나 개의 공물을 바치는 대상이 멀리 사방 오랑캐에게까지 미쳤고, 사냥을 하러 새벽에 나갔다가 밤이 되어서야 돌아와서 말을 달리는 것을 즐거움으로 삼으시니, 헤아리지 못한 변고가 일어나면 어찌 구원할 수 있겠습니까. 이것이 끝을 잘 맺지 못할 일곱 번째 조짐입니다.

在貞觀初에 遇下有禮하며 群情上達하니 今外官奏事에 顔色不接하고 間因所短하여

38) 素履 : 본래대로 행함을 말한다. ≪周易≫ 履卦 初九爻辭에 "본분대로 해나가면 허물이 없다.〔素履往 無咎〕"라고 하였다.

詰其細過하니 雖有忠款이라도 而不得申하니 此不克終八漸也니이다 在貞觀初에 孜孜治道하여 常若不足이러니 比恃功業之大하고 負聖智之明하여 長傲縱欲하여 無事興兵하고 問罪遠裔하니 親狎者는 阿旨不肯諫하고 疏遠者는 畏威不敢言하니 積而不已면 所損非細하니 此不克終九漸也니이다

貞觀 초기에는 신하를 대우하시는 데 禮가 있었으며 신하들의 마음이 황제께 통하였습니다. 지금 지방관이 일을 진술할 때에 용안을 뵐 수 없고 간혹 단점으로 인하여 세세한 잘못까지 문책하시니, 비록 충성스러운 생각이 있다고 하여도 펼 수 없습니다. 이것이 끝을 잘 맺지 못할 여덟 번째 조짐입니다.

정관 초기에는 부지런히 도리로 다스려서 항상 부족한 듯이 하셨습니다. 근년에는 공적의 큰 것을 믿고 聖智의 밝음을 자부하시어 오만함을 키우고 욕망을 방종하게 부려서 일이 없는데 병사를 일으키고 먼 변방의 나라에 죄를 물으시니, 친압한 자는 폐하의 뜻에 아부하여 기꺼이 간언하려 하지 않고, 소원한 자는 위엄이 두려워 감히 말을 하지 못합니다. 이것이 쌓여 그치지 않으면 손상되는 것이 작지 않을 것이니, 이것이 끝을 잘 맺지 못할 아홉 번째 조짐입니다.

貞觀初에 頻年霜旱하여 畿內戶口가 竝就關外에 攜老扶幼하여 來往數年이로되 卒無一戶亡去하니 此由陛下矜育撫寧이라 故死不攜貳也니이다 比者疲於徭役한대 關中之人이 勞弊尤甚하니 雜匠當下에 顧而不遣이라 正兵番上에 復別驅任하고 市物襁屬於塵[39]하니 遞子背望於道라 脫有一穀不收[40]면 百姓之心이 恐不能如前日之帖(첩)泰하리니 此不克終十漸也니이다

貞觀 초기에 해마다 서리가 내리고 가뭄이 들어 京畿 안의 戶口가 모두 關外(關東)로 옮겨갈 적에 노인을 부축하고 어린이를 업고서 오고 간 것이 數年

39) 市物襁屬於廛 : ≪貞觀政要集論≫ 〈論愼終〉에 "和市之物 不絶於鄕閭"라 하여 和市의 피해를 구체적으로 언급하였다. 和市는 물가를 조절하기 위해 관청에서 민간의 물자를 사들이는 일로 실제 민간에 큰 피해를 입혔다. 본서 99쪽 참조.

40) 脫有一穀不收 : ≪貞觀政要集論≫ 〈論愼終〉에 "만약 水災와 旱災로 인하여 곡식을 거두지 못하게 되면〔脫因水旱 穀麥不收〕"이라고 하여, 곡식을 못 거두는 이유가 보충되어 있다. 본서 99쪽 참조.

이었지만, 끝내 한 戶도 도망하여 떠난 것이 없었으니, 이것은 폐하께서 백성을 불쌍히 여기고 길러주고 어루만져주고 편안하게 해주셨기 때문에 백성들이 죽음에 이르더라도 두 마음을 품지 않았던 것입니다. 그러나 근년에는 徭役에 피로한데 그중에서도 관중의 사람들의 노고와 피폐함이 더욱 심합니다. 각종 기술자들은 당번을 쉬는 날에도 도리어 보내주지 않습니다. 정규군병들은 당번에 들었을 때 다시 별도로 부려지고, 〈和市로 인해〉 물건을 구입하는 사람이 가게에 계속 이어지니, 물건을 운송하는 장정들이 길에서 서로 이어져 있습니다. 만약 한 톨 곡식도 거두지 못하게 되면 백성들의 마음이 예전처럼 편안하지 못할까 우려됩니다. 이것이 끝을 잘 맺지 못할 열 번째 조짐입니다.

夫禍福無門이요 **惟人之召**[41)]라하고 **人無釁焉**이면 **妖不妄作**[42)]이라하니이다 **今旱熯之災**는 **遠被郡國**하고 **凶醜之孽**이 **起於轂下**하니 **此上天示戒**니 **乃陛下恐懼憂勤之日也**라 **千載休期**는 **時難再得**이어늘 **明主可爲而不爲**하시니 **臣所以鬱結長歎者也**로소이다 **疏奏**에 **帝曰 朕今聞過矣**니 **願改之**하여 **以終善道**요 **有違此言**인댄 **當何施顏面與公相見哉**리오 **方以所上疏**로 **列爲屛障**하여 **庶朝夕見之**하고 **兼錄付史官**하여 **使萬世知君臣之義**라하고 **因賜黃金十斤**과 **馬二匹**하다

‘화복은 문이 없고 오직 사람이 부르는 것이다.’라고 하고, ‘사람에게 죄가 없으면, 요사스러움이 망령되게 일어나지 않는다.’라고 하였습니다. 금년 가뭄의 재앙은 멀리 郡國까지 피해를 주었고 흉악범들의 재앙이 帝都에서 일어났습니다. 이는 하늘이 경계를 보이는 것이니, 폐하께서 두려워하며 근심하고 근면해야 할 때입니다. 천 년에 한 번 있는 좋은 기회는 다시 얻기 어렵거늘 명철하신 군주께서 행할 수 있는데도 행하지 않으시니, 신이 가슴이 답답하여 길게 탄식하는 이유입니다.”

상소문이 올라가자 太宗이 말하였다.

“짐이 지금 과오를 들었으니, 원컨대 과오를 고쳐서 선한 도를 잘 끝맺도록

---

41) 禍福無門 惟人之召 : ≪春秋左氏傳≫ 襄公 23년의 "禍福無門 惟人所召"에서 유래한 것이다.

42) 人無釁焉 妖不妄作 : ≪春秋左氏傳≫ 莊公 14년에 보인다.

할 것이요, 이 말을 어기는 일이 있다면 어떤 얼굴을 하고 공을 만나겠소. 올린 이 상소를 병풍으로 만들어 아침저녁으로 올려다보고, 겸하여 사관에게 기록하여 붙이게 하여 만세토록 君臣의 의리를 알게 하겠소."

이어서 魏徵에게 황금 열 근과 말 두 필을 하사하였다.

高昌平하고 帝宴兩儀殿할새 歎曰 高昌若不失德하면 豈至於亡가 然朕亦當自戒하여 不以小人之言而議君子하여 庶幾獲安也라하다 徵曰 昔齊桓公與管仲鮑叔牙甯戚四人者飮할새 桓公請叔牙曰 盍起爲寡人壽아하니 叔牙奉觴而起曰 願公無忘在莒時하여 使管仲으로 無忘束縛於魯時[43]하고 使甯戚으로 無忘飯牛車下時[44]하소서하니 桓公避席而謝曰 寡人與二大夫가 能無忘夫子之言이면 則社稷不危矣[45]라하니이다 帝曰 朕不敢忘布衣時하리니 公不得忘叔牙之爲人也하라

高昌이 평정되고 太宗이 兩儀殿에서 연회를 할 때 탄식하여 말하였다.

"高昌國이 만약 덕을 잃지 않았다면 어찌 멸망에 이르렀겠소. 그러나 짐 또한 마땅히 스스로 경계하여 소인의 말을 듣고 군자를 의논하지 않아 편안함을 얻기를 바라겠소."

魏徵이 말하였다.

"옛날에 齊 桓公이 管仲·鮑叔牙·甯戚과 함께 네 사람이 술을 마실 적에

43) 願公無忘在莒時……無忘束縛於魯時 : 春秋時代에 齊나라 襄公이 無道하니 여러 동생들이 화를 당할까 두려워하여 公子 糾는 魯나라로 달아났는데 管仲이 도왔고, 小白은 莒 땅으로 달아났는데 鮑叔牙가 도왔다. 뒤에 양공이 죽임을 당하자 제나라에서 소백을 불러들여 임금으로 삼으니, 노나라에서 관중을 檻車에 가두어 제나라로 보냈다. 포숙아의 추천으로 관중이 재상에 등용되어 술자리에서 桓公에게 "원컨대 공께서는 莒 땅에서 고생하던 일을 잊지 마소서. 신은 魯나라에서 함거에 갇혔던 일을 잊지 않을 것입니다."라고 하였다. ≪管子 少稱≫

44) 使甯戚 無忘飯牛車下時 : 甯戚이 齊 桓公을 만나보려고 하였으나, 곤궁하여 스스로 찾아갈 길이 없었다. 이때 그가 行商이 되어 짐수레를 몰고 齊나라로 가서 저녁에 성곽의 문 밖에서 잠을 잤다. 제 환공이 빈객을 맞이하기 위하여 밤에 성문을 열어놓고 짐수레를 한쪽으로 치웠는데, 횃불이 매우 치성하고 수행하는 사람이 매우 많았다. 영척이 짐수레 밑에서 소에게 여물을 먹이면서 제 환공을 바라보고 슬퍼하여, 소의 뿔을 두드리며 노래를 불렀다. 제 환공이 노래를 듣고서, 그의 노복의 손을 어루만지며 말하기를, "매우 특이하다. 노래하는 사람은 보통 사람이 아니다."라고 하고, 영척을 수레에 태워서 데리고 가서 上卿으로 삼았다. ≪呂氏春秋 擧難≫

45) 桓公管仲鮑叔牙甯戚四人飮……社稷不危矣 : ≪管子≫ 〈小稱〉에 보인다.

환공이 포숙아에게 말하였습니다. '어찌 일어나 과인을 위해 오래 살라고 빌지 않는가?' 포숙아가 술잔을 들고 일어나 말하였습니다. '원컨대 공께서는 망명하여 莒 땅에 살던 때를 잊지 마시어, 관중으로 하여금 魯나라에 갇혀 묶여 있던 때를 잊지 않게 하고, 영척으로 하여금 수레 밑에서 소에게 여물을 먹이던 때를 잊지 않게 하소서.' 환공은 자리를 피하고 사례하여 말하였습니다. '과인과 두 대부가 夫子(포숙아)의 말을 잊지 않는다면 사직이 위태롭지 않을 것이오.'"

태종이 말하였다.

"짐이 평민이었을 때의 일을 감히 잊지 않을 것이니, 공은 포숙아의 사람됨을 잊어서는 안 되오."

帝遣使者하여 **至西域**하여 **立葉護可汗**[46)]한대 **未還**에 **又遣使齎金帛**하여 **諸國市馬**하니 **徵曰 今立可汗未定**에 **卽詣諸國市馬**하시니 **彼必以爲意在馬**요 **不在立可汗**이리이다 **可汗得立**이라도 **必不懷恩**이요 **諸蕃聞之**하면 **以中國薄義重利**하니 **未必得馬而先失義矣**라하니이다 **魏文帝欲求市西域大珠**어늘 **蘇則以爲惠及四海**하면 **則不求自至**어니와 **求而得之**하면 **不足貴也**[47)]라하니 **陛下可不畏蘇則言乎**아하니 **帝遂止**하다

太宗이 사신을 보내어 西域에 이르러 葉護를 可汗에 책립하게 했는데 채 돌아오기도 전에 또다시 사신을 보내 황금과 비단을 가져가서 각국에서 말을 사오게 하자, 魏徵이 간언하였다.

"지금 가한을 책립하는 일이 확정되기도 전에 바로 서역 여러 나라에 나아가 말을 사오도록 하시니, 저들은 반드시 서역에 사신을 보낸 목적이 말을 사려는 데 있지, 가한을 책립하는 데에 있지 않다고 생각할 것입니다. 가한이 책립된다고 하더라도 분명 은혜로 여기지 않을 것이고, 여러 異民族 나라들이 이 소문을 듣게 되면 中國이 의리를 박하게 여기고 이익을 중시한다고 할 것입니다. 말을 얻는다고 기필할 수도 없고 먼저 의리를 잃게 될

46) 葉護可汗 : 葉護는 고대 돌궐어인 '야브구'의 음사이다. 돌궐은 동서로 나뉘어 다스렸는데, 西面可汗을 야브구라 하였다. ≪貞觀政要集論≫ 〈論納諫〉에 葉護가 射匱可汗을 계승하여 葉護可汗이라 칭하였다 하였는데, ≪新唐書≫에 보이는 統葉護可汗으로 西突厥 5대 可汗이다.

47) 魏文帝欲求市西域大珠……不足貴也 : ≪三國志≫ 〈魏志 蘇則列傳〉에 보인다.

것입니다. 魏 文帝(曹丕)가 西域의 大珠를 사오려 하자 蘇則이 말하기를 '은혜가 천하에 미치면 구하지 않아도 저절로 오겠지만 일부러 구해서 얻게 되면 귀한 것이 되지 못할 것입니다.'라고 하였으니, 폐하께서 소칙의 바른말을 두려워하지 않아서야 되겠습니까?"

태종이 마침내 멈추게 하였다.

是後右僕射缺하여 **欲用徵**한대 **徵讓**하니 **得不拜**라 **皇太子承乾與魏王泰交惡**이어늘 **帝曰 當今忠謇貴重無踰徵**하니 **我遣傅皇太子**하여 **一天下之望**하여 **羽翼固矣**라하고 **卽拜太子太師**하다 **徵以疾辭**한대 **詔答曰 漢太子以四皓**[48]**爲助**하니 **我賴公**은 **其義也**라 **公雖臥**나 **可擁全之**하라

이후에 右僕射가 공석이 되어 魏徵을 임용하려고 하자 위징이 사양하니 임명하지 못하였다. 皇太子 李承乾과 魏王 李泰의 관계가 악화되자 태종이 말하기를 "당금에 충성스럽고 정직하면서 貴重한 사람으로 위징보다 뛰어난 이는 없소. 나는 그를 皇太子의 스승으로 보내 천하의 기대를 하나로 모아서 태자의 보좌를 공고하게 할 것이오."라고 하고, 곧 太子太師로 임명하였다. 위징이 병으로 사양하니 조서를 내려 답하였다. "漢나라 太子는 商山四皓의 도움을 받았으니, 내가 공을 의지하는 것은 그러한 뜻이오. 공이 비록 병석에 누워 있지만 태자를 온전하게 보존할 수 있을 것이오."

十七年에 **疾甚**하다 **徵家初無正寢**이러니 **帝命輟小殿**하고 **材爲營構**한대 **五日畢**이라 **幷賜素褥布被**하여 **以從其尙**이라 **令中郞將宿其第**하여 **動靜輒以聞**하고 **藥膳賜遺無算**하니 **中使者綴道**라 **帝親問疾**하여 **屛左右**하고 **語終日乃還**이라 **後復與太子至徵第**어늘 **徵加朝服**하고 **拖帶**하다 **帝悲𢥞**하고 **拊之流涕**하며 **問所欲**한대 **對曰 嫠不恤緯**하고 **而憂宗周之亡**[49]이라하다

---

48) 四皓 : 商山에 은거해 살던 네 명의 노인으로, 東園公·綺里季·夏黃公·甪里先生(녹리선생)이다. 수염과 눈썹이 모두 희어 四皓라 한다. 漢 高祖가 당시 太子로 있던 惠帝 대신에 戚夫人의 소생인 趙王 劉如意를 태자로 삼으려 하자, 사호가 張良의 권유를 받고 조정에 나와서 태자를 보필하며 고조의 계획을 무산시켰다. 그 결과 혜제가 태자로 계속 있다가 등극하였다. ≪史記 留侯世家≫

貞觀 17년(643)에 魏徵의 병이 심해졌다. 위징의 집에는 원래 正寢이 없었는데, 太宗이 명령하여 작은 전각을 짓는 것을 멈추게 하고 그 재목으로 위징의 정침을 지어주었는데 5일 만에 공사를 끝냈다. 아울러 흰 요와 베 이불을 내려주어서 그가 바라는 것을 따라주었다. 中郎將에게 위징의 집에 숙직하게 하여 위징의 동정을 즉시 보고하게 하고 약과 반찬을 내려보낸 것이 셀 수 없이 많았으니, 中使(심부름하는 관원)가 도로에 이어졌다. 태종이 친히 문병하여 좌우를 물리치고 대화를 종일 하고서야 돌아갔다. 후에 다시 태자와 함께 위징의 집에 이르렀는데 위징이 조복을 몸에 덮고 그 위에 띠를 얹어놓았다. 태종이 슬픔에 젖어 번민하여 그를 어루만지고 눈물을 흘리며 원하는 것을 묻자 위징이 대답하였다.

"과부가 베 짜는 씨실이 모자라는 것을 걱정하지 않고 천자의 나라인 周나라가 망할까를 걱정하는 것과 같은 심정입니다."

帝將以衡山公主降其子叔玉하다 時主亦從이어늘 帝曰 公彊視新婦하라하니 徵不能謝하다 是夕에 帝夢徵若平生이어늘 及旦에 薨하다 帝臨哭하고 爲之慟하며 罷朝五日하다 太子擧哀西華堂하다 詔內外百官朝集使[50]皆赴喪하고 贈司空相州都督하고 諡曰文貞이라하고 給羽葆[51]鼓吹班劍[52]四十人하여 陪葬昭陵하다 將葬에 其妻裴辭曰 徵素儉約이어늘 今假一品禮하시고 儀物褒大하니 非徵志니이다 見許하여 乃用素車하고 白布幨帷하고 無塗車[53]芻靈[54]하다 帝登苑西樓하여 望哭盡哀하고 晉王奉詔致祭하다 帝作文于碑하여

49) 嫠不恤緯 而憂宗周之亡 : 분수에 지나친 근심을 말한다. ≪春秋左氏傳≫ 昭公 24년에 鄭伯이 晉나라에 가서 范獻子를 만났는데, 범헌자가 왕실에 대하여 묻자, 대답하기를 "노부가 자신의 국가도 걱정하지 못하면서 감히 왕실을 걱정하겠습니까. 사람들의 말에 '과부가 베 짜는 씨실이 모자라는 것을 걱정하지 않고 천자의 나라인 周나라가 망할까를 걱정하는 것은 그 재앙이 자기에게도 미칠 것이라고 여기기 때문이오.'라고 하였습니다.〔老夫其國家不能恤 敢及王室 抑人亦有言曰 嫠不恤其緯 而憂宗周之隕 爲將及焉〕"라고 하였다.

50) 朝集使 : 지방 행정을 조정에 모여 보고하는 관리이다.

51) 羽葆 : 장례하는 의장의 일종으로, 새의 깃털을 자루의 머리에 모아서 양산과 같은 모양을 한 것이다.

52) 班劍 : 무늬로 장식한 검이다. 혹은 호랑이 가죽으로 장식하기도 한다. 班은 斑(얼룩)과 통용한다.

53) 塗車 : 泥車라고도 한다. 送葬에 쓰는 明器이다.

遂書之하고 又賜家封戶九百하다

太宗이 장차 衡山公主를 魏徵의 아들 魏叔玉에게 시집을 보내려고 하였다. 이때 형산공주가 또한 따라와 있었는데, 태종이 말하였다.

"공은 억지로라도 신부를 살펴보시오."

위징은 사양하지 못하였다. 이날 저녁에 태종의 꿈에 위징이 평소와 같았는데 아침에 이르러 죽었다. 태종이 문상하여 곡을 하고 그를 위해 애통해하며 5일 동안 조회를 쉬었다. 太子는 西華堂에서 곡을 하였다. 조서를 내려 內外 百官 및 朝集使에 모두 문상하게 하고, 위징에게 司空 相州都督을 추증하고 시호를 文貞이라 하였다. 羽葆를 든 의장대, 음악을 연주하는 악대, 班劍을 든 무사로 40인을 보내고 昭陵에 陪葬하게 하였다. 막 장사를 지내려고 하는데 위징의 처 裴氏가 사양하며 말하였다.

"위징은 평소에 儉素하고 節約하였는데 지금 1品官의 葬禮를 주시고 의장의 물건이 크고 광대하니 위징의 뜻이 아닙니다."

태종의 허락을 받아 이에 素車를 사용하고 흰 천으로 수레의 帷幕을 만들고 塗車・芻靈을 갖추지 않았다. 태종이 苑西樓에 올라가 바라보고 곡하며 슬픔을 지극히 하고, 晉王(李治, 唐 高宗)이 조서를 받들어 제사를 지냈다. 태종이 〈위징을 위하여〉 비문을 지어 마침내 글씨까지 썼고, 그의 집에 封戶 900戶를 내려주었다.

帝後臨朝歎曰 以銅爲鑑하면 可正衣冠하고 以古爲鑑하면 可知興替하고 以人爲鑑하면 可明得失이라 朕嘗保此三鑑하여 內防己過러니 今魏徵逝하여 一鑑亡矣라 朕比使人至其家하여 得書一紙하니 始半藁어늘 其可識者曰 天下之事는 有善有惡하여 任善人則國安하고 用惡人則國弊라 公卿之內에 情有愛憎하여 憎者惟見其惡하고 愛者止見其善이라 愛憎之間에 所宜詳愼이라 若愛而知其惡하며 憎而知其善[55]하여 去邪勿疑하며 任賢勿猜[56]하면 可以興矣라하니 其大略如此라 朕顧思之하니 恐不免斯過라 公卿侍

54) 芻靈 : 띠풀을 사용하여 만든 사람과 말로, 送葬하는 물건이다.

55) 愛而知其惡 憎而知其善 : ≪禮記≫ 〈曲禮 上〉에 보인다.

56) 去邪勿疑 任賢勿猜 : ≪書經≫ 〈虞書 大禹謨〉의 "任賢勿貳 去邪勿疑"에서 유래한 것이다.

臣은 可書之於笏하여 知而必諫也라하다

太宗은 그 후에 조회에 임하여 탄식하여 말하였다.

"구리로 거울을 만들면 의관을 단정하게 할 수 있고, 옛일로 거울을 삼으면 흥망성쇠를 알 수 있고, 사람을 거울로 삼으면 잘잘못을 알 수 있소. 짐은 일찍이 이 세 종류의 거울을 보유해서 안으로 나의 과실을 예방하였는데, 지금 魏徵이 세상을 떠나 거울 하나를 잃었소.

짐이 근래에 사람을 시켜 그의 집에 가게 하여 글 한 장을 얻었소. 처음 반쯤 쓴 草稿인데 그중에 알아볼 만한 것에 이르기를, '天下의 일은 선함이 있고 악함이 있어서 선한 자를 임용하면 나라가 편안하고 악한 자를 등용하면 나라가 피폐해진다. 公卿들 중에도 마음에 사랑하고 미워함이 있어서 미워하는 자는 오직 그의 악만을 보고 사랑하는 자는 다만 그의 선만을 본다. 사랑과 미움의 사이에는 자세하고 신중히 해야 한다. 만약 사랑을 하되 그의 악을 알며, 미워하되 그의 선을 알아서, 간사한 자를 물리치는 데 의심하지 않으며 어진 자를 임용하는 데 시기하지 않으면 나라를 일으킬 수 있다.' 하였으니 그 대략이 이와 같소. 朕이 돌이켜 생각해보니 이런 과실을 면치 못할까 두렵소. 公卿과 侍臣들은 笏에 이 글을 써서 이러한 일을 알게 되면 반드시 간언해야 할 것이오."

徵狀貌不逾中人이어늘 有志膽하여 每犯顏進諫에 雖逢帝甚怒라도 神色不徙하여 而天子亦爲霽威라 議者謂賁育[57]不能過라하다 嘗上冢還하여 奏曰 向聞陛下有關南之行하여 旣辦而止는 何也오하니 帝曰 畏卿하여 遂停耳라하다 始에 喪亂後라 典章湮散하니 徵奏引諸儒校集秘書하여 國家圖籍粲然完整이라 嘗以小戴禮綜彙不倫으로 更作類禮二十篇하여 數年而成이라 帝美其書하고 錄寘內府하니라 帝本以兵定天下하니 雖已治라도 不忘經略四夷也라 故徵侍宴에 奏破陣武德舞[58]하면 則俛首不顧하고 至慶善樂[59]하면

57) 賁育 : 전국시대의 용사 孟賁과 夏育을 말한다.

58) 破陣武德舞 : 〈秦王破陣樂〉을 武德舞로 표현한 것이다. 〈七德舞〉의 이름을 바꾼 것이다. 太宗이 秦王으로 있을 때 劉武周를 쳐부순 공을 기리기 위하여 軍中에서 만든 樂曲이다. ≪新唐書 禮樂志≫

59) 慶善樂 : 〈功成慶善樂〉의 약칭이다. 〈九功舞〉의 이름을 바꾼 것이다. 太宗이 慶善宮에서 태

則諦玩無斁하니 **擧有所諷切如此**라

魏徵의 겉모습은 보통 사람보다 뛰어나지 않았는데 담대한 뜻이 있어 항상 임금을 마주하여 간언을 할 때마다 비록 임금의 심한 노여움을 만나더라도 얼굴빛이 변하지 않아서 천자도 노여움을 거두었다. 의론하는 이들은 孟賁・夏育이라도 위징을 능가하지 못할 것이라 하였다. 일찍이 성묘를 하고 돌아와 아뢰었다.

"지난번에 들으니 폐하께서 關南으로 행차하려고 하여 이미 준비를 해놓고 그친 것은 무엇입니까?"

太宗이 말하였다.

"경이 두려워서 마침내 정지하였소."

초기에는 전란이 끝난 뒤라 典章이 흩어지고 없어졌다. 위징이 상주하여 여러 선비들을 추천하여 秘書를 교정하고 수집하여 國家의 圖籍이 찬란하게 완비되었다. 일찍이 ≪小戴禮≫를 모아 편집한 것이 혼란했기 때문에 다시 ≪類禮≫ 20篇을 지어 몇 년 만에 완성하였다. 태종이 이 책을 찬미하고 內府에 초록하여 보존하게 하였다. 태종은 본래 무력으로 천하를 평정하였으니, 이미 치세가 되어서도 사방 오랑캐를 경략할 것을 잊지 않았다. 그러므로 위징이 연회에서 태종을 모실 적에 〈破陣武德舞〉를 연주하면 고개를 숙여 돌아보지 않았고 〈慶善樂〉이 연주되면 자세하게 감상하여 싫어함이 없었으니 대체로 諷諫을 절실하게 하는 것이 이와 같았다.

徵亡에 **帝思不已**하고 **登凌煙閣**[60] **觀畫像**하고 **賦詩悼痛**하니 **聞者娼之**하고 **毁短百爲**하다 **徵嘗薦杜正倫侯君集才任宰相**이러니 **及正倫以罪黜**하고 **君集坐逆誅**[61]에 **孅人遂指**

어났으므로 貞觀 6년(633)에 그곳에 행차하여 侍從臣에게 연회를 베풀고 만든 악곡이다. 文德舞이다. ≪新唐書 禮樂志≫

60) 凌煙閣 : 功臣閣 이름. 太宗이 貞觀 17년(643)에 長孫無忌・杜如晦・魏徵・房玄齡 등 勳臣 24명의 초상화를 그려서 여기에 걸어놓게 하였다. ≪新唐書 太宗本紀≫

61) 及正倫以罪黜 君集坐逆誅 : 太子 李承乾이 발에 난 병으로 조회에 참여하지 않고 하찮은 사람들과 어울렸다. 太宗이 杜正倫에게 "내 아이가 병이 든 것은 그럴 수 있소. 하지만 훌륭하다는 명성이 들리지 않고 사적으로 어울리는 무리들은 대부분 소인들이니 경이 잘 살피도록 하시오. 잘 인도하는데도 듣지 않으면 반드시 내게 보고하도록 하시오."라고 하였다.

爲阿黨하고 又言徵嘗錄前後諫爭語하여 示史官褚遂良이라하니 帝滋不悅이라가 乃停叔玉昏하고 而仆所爲碑하니 顧其家衰矣라

魏徵이 죽자 太宗이 위징을 그리워하는 마음을 그치지 않고 凌煙閣에 올라가 畫像을 보고 시를 지어 위징을 애도하니 그 소식을 들은 자들이 위징을 질투하고 온갖 방법으로 헐뜯어 단점을 잡았다. 위징이 일찍이 杜正倫·侯君集의 재주가 宰相을 맡길 만하다고 추천하였는데 두정륜이 죄로 쫓겨나고 후군집은 역모에 연좌되어 죽임을 당하게 되자 소인들이 마침내 위징을 가리켜 阿黨한다고 하고, 또 말하기를 "위징이 선후로 간생한 말을 기록하여 史官 褚遂良에게 보인 적이 있다."고 하였다. 태종이 더욱 기뻐하지 않다가 마침내 魏叔玉과의 혼인을 정지하고 자신이 비문을 지어 세운 비석을 넘어뜨리니, 이에 위징의 집안이 쇠락하게 되었다.

遼東之役에 高麗靺鞨犯陣하니 李勣等力戰破之하다 軍還할새 悵然曰 魏徵若在하면 吾有此行邪아하고 卽召其家到行在하여 賜勞妻子하고 以少牢祠其墓하고 復立碑하고 恩禮加焉하다

遼東의 전쟁에 高句麗·靺鞨이 唐나라 군대를 침범하니 李勣 등이 힘써 싸워서 그들을 격파하였다. 군대가 돌아올 적에 太宗이 처량하게 말하기를 "魏徵이 만약 있었다면 내가 이런 원정을 했겠는가." 하고 즉시 그 집안 사람을 불러 行在所에 오게 하여 그 처자들에게 포상하여 위로하고 少牢를 써서 그의 묘에 제사하고 다시 비석을 세우고 은혜와 예우를 더하였다.

四子는 叔玉叔琬叔璘叔瑜라 叔玉襲爵爲光祿少卿이라 神龍初에 以其子膺紹封하다 叔璘은 禮部侍郎이니 武后時에 爲酷吏所殺하다 叔瑜는 豫州刺史요 善草隷하여 以筆意傳其子華及甥薛稷하다 世稱善書者는 前有虞褚하고 後有薛魏라 華는 爲檢校太子

두정륜이 태자에게 자주 간언을 했으나 듣지 않자 태종의 말을 그대로 전했다. 이승건이 항의의 表文을 통해 이 사실을 上奏하자, 태종이 두정륜을 불러 "왜 내 말을 누설했소?"라고 하니, 두정륜이 "개도해도 듣지 않아 폐하의 말씀으로 겁을 주려 했습니다."라고 하니, 태종이 노하여 同州刺史로 내보냈다. 이후 태자 이승건이 모반하자 侯君集은 그 반역에 참여하였다가 정상이 탄로 나서 복주되었다.

左庶子武陽縣男하다 **開元中**에 **寢堂火**하여 **子孫哭三日**하니 **詔百官赴弔**하다

魏徵의 네 아들은 魏叔玉·魏叔琬·魏叔璘·魏叔瑜이다. 위숙옥은 작위를 세습하여 光祿少卿이 되었다. 神龍(705~707) 초기에 그의 아들 魏膺으로 封爵을 잇게 하였다. 위숙린은 禮部侍郎이 되었는데, 武后 시기에 酷吏에게 살해당하였다. 위숙유는 豫州刺史가 되었으며, 草書와 隸書를 잘 써서 그의 書法이 그의 아들 魏華와 외손자 薛稷에게 전수되었다. 세상에 글씨를 잘 쓴다고 일컬어지는 이는 이전에는 虞世南·褚遂良이 있었고, 뒤에는 薛稷·魏華가 있다. 위화는 檢校太子左庶子 武陽縣男이 되었다. 開元(713~741) 시기에 寢堂에 화재가 나서 자손들이 3일 동안 곡하자 조서를 내려 백관들을 조문을 가게 하였다.

徵五世孫謩(모)라 **謩**는 **字申之**라 **擢進士第**하여 **同州刺史楊汝士辟爲長春宮巡官**이라 **文宗讀貞觀政要**하고 **思徵賢**하여 **詔訪其後**어늘 **汝士薦爲右拾遺**하니라 **謩姿宇魁秀**하니 **帝異之**하다 **邕管經略使董昌齡誣殺參軍衡方厚**하여 **貶溆**(서)**州司戶**나 **俄徙峽州刺史**하다 **謩諫曰 王者赦有罪**나 **唯故無赦**라 **比昌齡專殺不辜**어늘 **事跡暴章**하여 **家人銜冤**하고 **萬里投訴**하니이다 **獄窮罪得**이나 **特被矜貸**하니 **中外以爲屈法**이니이다 **今又授刺史**하여 **復使治人**하니 **紊憲章**하고 **乖至治**하여 **不見其可**니이다하니 **有詔改洪州別駕**하다

魏徵의 5세손은 魏謩이다. 위모는 字가 申之이다. 進士 시험에 합격하여 同州刺史 楊汝士가 辟召하여 長春宮巡官이 되었다. 文宗이 ≪貞觀政要≫를 읽고 위징의 어짊을 생각하여 조서를 내려 그 후손을 찾았는데 양여사가 추천하여 右拾遺가 되었다. 위모는 용모가 건장하고 아름다웠으므로 문종이 그를 특별하게 여겼다.

邕管經略使 董昌齡이 參軍 衡方厚를 모함해 살해하여 溆州司戶로 강등되었으나 조금 뒤에 峽州刺史로 자리를 옮겼다. 위모가 간언하였다.

"王者는 죄 있는 자를 사면하지만 고의로 지은 죄만은 사면이 없습니다. 근래에 동창령이 죄 없는 자를 마음대로 죽였는데 사건의 자취가 드러나서 형방후의 가족들이 원한을 머금고 만 리를 달려가서 고소를 하였습니다. 그를 獄事에 窮問하여 죄가 있었으나 특별히 용서를 받으니, 中外에서 합법하지

않다고 합니다. 그런데 지금 또 刺史를 제수하여 다시 백성을 다스리게 하니 국법을 어지럽히고 지극한 치세를 어그러뜨려서 옳은지 알지 못하겠습니다."

조서를 내려서 동창령을 洪州別駕로 바꾸어 임명하였다.

御史中丞李孝本은 **宗室子**러니 **坐李訓事誅死**[62]하고 **其二女沒入宮**하다 **謩上言**호대 **陛下卽位**에 **不悅聲色**하사 **于今十年**에 **未始采擇**이러시니 **數月以來**로 **稍意聲伎**하여 **教坊**[63]**閱選**이 **百十未已**하고 **莊宅收市**가 **亹**(미)**亹有聞**이어늘 **今又取孝本女**하여 **內**(납)**之後宮**하니 **宗姓不育**히고 **寵幸爲累**하여 **傷治道之本**하고 **速塵穢之嫌**이니이다 **諺曰 止寒莫若重裘**하고 **止謗莫若自修**라하니 **惟陛下**는 **崇千載之盛德**하시고 **去一旦之玩好**하소서하니 **帝卽出孝本女**하고 **詔曰 乃祖在貞觀時**에 **指事直言**하여 **無所避**하니 **每覽國史**에 **朕與嘉之**하노라 **謩爲拾遺**하여 **屢有獻納**이라 **夫備灑埽於內**니 **非曰聲妓**며 **恤宗女之幼**하니 **不爲漁取**라 **然疑似之間**에 **不可戶曉**어늘 **謩辭深切**하니 **其惜我之失**이 **不亦至乎**아 **謩雖居位日淺**이나 **朕何愛一官**가 **增直臣之氣**하니 **其以謩爲右補闕**하라

御史中丞 李孝本은 宗室의 아들인데 李訓의 일에 연좌되어 죽임을 당하고 그의 두 딸이 궁중에 하인이 되어 들어왔다. 魏謩가 진언하였다.

"陛下께서 즉위하셨을 적에 聲色을 좋아하지 않으시어 지금까지 10년이 되도록 미녀를 선발한 적이 없었습니다. 몇 개월 전부터 조금씩 聲伎(歌妓)에 뜻을 두셔서 教坊에서 선발한 것이 수십 백 명에 그치지 않고, 莊宅(별장과 주택)을 사들인다는 소식이 연이어 들립니다. 지금 또 이효본의 딸을 취하여 後宮에 들이고자 하시니, 이는 宗室 同姓을 양육하지 않고 寵愛에 결함이 되어 治道의 근본을 손상하고 오점을 남기는 혐의를 자초하는 일입니다. 속담에 말하기를 '추위를 막는 것은 두터운 갖옷만 한 것이 없고, 비방을 그치게 하는 것은 자신의 수련만 한 것이 없다.'고 하였습니다. 오직 폐하께서는 천년

62) 坐李訓事誅死 : 李孝本은 평소 李訓에 의지하여 벼슬이 승진하였다. 太和 9년(835)에 李訓이 재상에 임명되고 宦官들을 주살하려고 계획하였으나 실패하여 도리어 환관들에게 반격을 받아 참수되었는데, 이효본도 그 계획에 참여하여 內官 10인을 죽였으나 거사가 성공하지 못함을 알아차리고 도주했다가 잡혀서 멸족되었다. ≪舊唐書 李孝本列傳≫

63) 教坊 : 궁중 음악을 관리하는 관서로, 雅樂 이외의 음악과 춤을 관장하였다. 조선 시대 掌樂院과 비슷하다.

의 盛德을 숭상하시고 한때의 嗜好를 버리십시오."

文宗은 바로 이효본의 딸을 내보내고 조서를 내렸다.

"위모의 조상이 貞觀 시대에 일을 지적하고 직언하여 회피한 것이 없었으니 국사를 살펴볼 때마다 朕은 아름답게 여겼다. 위모도 拾遺가 되어 여러 차례 충언을 올린 적이 있다. 궁내에서 청소하는 사람으로 충원한 것이니 聲妓라고 할 것이 아니며 宗室의 어린 여자를 불쌍히 여긴 것이니 취한 것이 아니다. 그러나 이런 의혹을 집집마다 알려줄 수 없거늘 위모의 말이 심히 절실하니, 그가 짐의 과실을 애석해하는 것이 또한 지극하지 아니한가. 위모가 비록 벼슬에 있는 기간이 짧았지만 짐이 어찌 한 개의 관직을 아끼랴. 정직한 신하의 기개를 宣揚할 것이니 위모를 右補闕로 삼으라."

先是에 **帝謂宰相曰 太宗得徵**하여 **參裨闕失**하고 **朕今得謩**하여 **又能極諫**하니 **朕不敢仰希貞觀**이나 **庶幾處無過之地**라하다 **教坊有工善爲新聲者**한대 **詔授揚州司馬**하니 **議者頗言司馬品高**하여 **郎官刺史迭處**니 **不可以授賤工**이라하니 **帝意右之**하다 **宰相諭諫官勿復言**이어늘 **謩獨固諫不可**하여 **工降潤州司馬**하다 **荊南監軍呂令琛縱傔**(겸)**卒辱江陵令**이어늘 **觀察使韋長避不發**하고 **移內樞密使**[64]**言狀**하다 **謩劾長任察廉**하여 **知監軍侵屈官司**하되 **不以上聞**하고 **私白近臣**하여 **亂法度**하니 **請明其罰**하소서하되 **不報**하다

이보다 앞서 文宗이 宰相에게 말하였다.

"太宗께서 魏徵을 얻어 결함을 보충하였고, 朕은 지금 魏謩를 얻어 그가 또 극력하게 간언을 하니, 짐은 감히 貞觀의 때를 바라지는 못하지만 과실이 없는 경지에 처하기를 바라고 있소."

教坊에 새로운 음악 소리를 잘 내는 악공이 있자 조서를 내려 揚州司馬로 제수하였다. 의논하는 자들이 "司馬는 품계가 높아서 郎官과 刺史가 번갈아 맡는 자리이니, 미천한 악공을 제수해서는 안 됩니다."라고 하니, 문종이 악공을 옹호하였다. 宰相이 諫官들에게 타일러 다시 말하지 말게 하였는데, 위모가 홀로 굳이 불가함을 간언하여 악공이 潤州司馬로 강등되었다.

64) 內樞密使 : 唐나라 후기에 두었다. 주로 환관으로 충임되었으며, 상소와 표문을 접수하고 황제의 명령을 전달하였다. 아래의 近臣은 내추밀사를 가리킨 듯하다.

荊南監軍 呂令琛의 방종한 傔卒(衛士)이 江陵令을 모욕하였으나 觀察使 韋長이 회피하여 들추어내지 않고, 言狀(陳述書)을 內樞密使에게 보냈다. 위모가 탄핵하기를 "위장은 관찰사로 재임하면서 監軍이 관원을 침범한 것을 알고도 조정에 보고하지 않고 사사로이 近臣에게 보고하여 法度를 어지럽혔으니 그의 벌을 밝히십시오."라고 하였으나, 황제가 회답하지 않았다.

俄爲起居舍人이어늘 **帝問**호대 **卿家書詔頗有存者乎**아하니 **謩對 惟故笏在**라한대 **詔令上送**하다 **鄭覃曰 在人不在笏**이라하니 **帝曰 覃不識朕意**하니 **此笏乃今甘棠**[65]이라하고 **帝因勅謩曰 事有不當**하면 **毋嫌論奏**하라하니 **謩對**호대 **臣頃爲諫臣**이라 **故得有所陳**이나 **今則記言動**하니 **不敢侵官**이라하다 **帝曰 兩省屬皆可議朝廷事**하니 **而毋辭也**라 **帝索起居注**하니 **謩奏**호대 **古置左右史**하여 **書得失**하여 **以存鑑戒**니이다 **陛下所爲善**은 **無畏不書**하고 **不善**은 **天下之人**이 **亦有以記之**니이다 **帝曰 不然**이라 **我旣嘗觀之**라하니 **謩曰 向者**에 **取觀**은 **史氏爲失職**하니이다 **陛下一見**하시면 **則後來所書**에 **必有諱屈**하리니 **善惡不實**하면 **不可以爲史**니 **且後代何信哉**리오하니 **乃止**하다

얼마 뒤에 起居舍人이 되었는데 文宗이 물었다.
"卿의 집에 詔書가 꽤 보존된 것이 있소?"
魏謩가 대답하였다.
"오직 옛날 笏(手板)만 남아 있습니다."
조서를 내려 그것을 올려 보내게 하였다. 鄭覃이 말하였다.
"중요한 것은 사람에게 있지 홀에 있지 않습니다."
문종이 말하였다.
"정담은 朕의 뜻을 알지 못하니, 이 홀은 지금의 甘棠이오."
문종이 이어서 위모에게 조칙을 내려 말하였다.
"일에 마땅하지 않음이 있으면 논하여 아뢰는 것을 꺼리지 마시오."
위모가 대답하였다.

---

65) 甘棠 : ≪詩經≫ 〈召南〉의 篇名이다. 周 文王 때 召公 奭이 南國을 순시하다가 甘棠나무 밑에서 민원을 처리해주었는데, 후세 사람들이 그를 사모하여 감당나무를 소중히 여겨 자르지 말고 베지 말라고 노래한 것이다.

"신이 이전에 諫臣이었기 때문에 진술할 수 있었습니다. 지금은 황제의 말과 행동을 기록하고 있으니 감히 직분을 넘지 못합니다."

문종이 말하였다.

"兩省(中書省과 門下省)의 소속 관원은 모두 조정의 일을 의론할 수 있으니 그대는 사양하지 마시오."

문종이 ≪起居注(皇帝의 言行錄)≫를 보겠다고 요구하자, 위모가 상주하였다.

"옛날에는 左史·右史를 두어 잘잘못을 기록하여 鑑戒로 삼았습니다. 陛下께서 행하신 선은 기록하지 않을까 우려할 것이 없고, 선하지 못한 행동은 천하 사람들이 또한 그것을 기억할 것입니다."

문종이 말하였다.

"그렇지 않소. 내가 이미 일찍이 그것을 본 적이 있소."

위모가 말하였다.

"지난번에 취하여 보신 일은 史官이 자신의 직책을 제대로 수행하지 못한 것입니다. 폐하께서 한 번 보시면 후대에 기록하는 것에 반드시 꺼려서 사실대로 쓰지 않는 것이 있을 것입니다. 善惡이 진실하지 않으면 역사가 될 수 없으니, 또 후대에 어찌 믿겠습니까."

마침내 ≪기거주≫를 보려던 계획을 중지하였다.

中尉仇士良이 **捕妖民賀蘭進興及黨與**[66]하고 **治軍中**하여 **反狀具**하니 **帝自臨問**하고 **詔命斬囚以徇**하다 **御史中丞高元裕建言**호대 **獄當與衆共之**니이다 **刑部大理**는 **法官也**어늘 **決大獄不與知**면 **律令謂何**리오 **請歸有司**하노이다하되 **未報**하다 **暑上言**호대 **事繫軍**하면 **卽推軍中**하고 **如齊民**이면 **宜付府縣**이니이다 **今獄不在有司**하니 **法有輕重**이어늘 **何從而知**리오하니 **帝停決**하고 **詔神策軍**[67]**以官兵留仗內**하고 **餘付御史臺**하다 **臺憚士**

66) 捕妖民賀蘭進興及黨與 : '賀蘭進興'은 ≪舊唐書≫ 〈高元裕列傳〉에 '賀蘭進'으로 되어 있다.
仇士良(781~843) 唐나라 文宗 때의 환관이다. 붕당이 심한 틈을 타서 정권을 잡아 왕 둘, 왕비 하나, 재상 네 명을 죽이는 등 20년 동안 막대한 권력을 행사하였다. 賀蘭進은 藍田縣 사람으로 마을의 50여 인과 모여 念佛을 하였는데 神策鎭將에게 모두 謀逆으로 체포되었다. ≪舊唐書 仇士良列傳≫

67) 神策軍 : 唐나라 중후기 北衙禁軍의 주력이다. 원래는 哥舒翰이 吐蕃을 격파할 때의 군대이다. 安祿山의 亂 때 활약하여 神策軍이라 불렸으며, 후대 장안으로 들어와서 금군의 주축이

良하고 不敢異하여 卒皆誅死하다 擢諫議大夫하여 兼起居舍人弘文館直學士하니 謩固讓不見可하여 乃拜하다

中尉 仇士良이 요망한 백성 賀蘭進興 및 그 黨與를 붙잡고 軍中에서 다스려 반란의 증거를 갖추어냈다. 文宗이 친림하여 심문하고 조서를 내려 죄수를 참수하여 조리돌리게 하라고 명하였다. 御史中丞 高元裕가 건의하였다.

"獄訟은 마땅히 여러 사람과 함께 심리해야 합니다. 刑部와 大理는 法官인데 大獄을 판결하는 데에 참여하여 알지 못하면 律令은 무엇이 되겠습니까. 담당 관청에 귀속시키기를 청합니다."

황제는 회답하지 않았다. 위모가 상서하였다.

"일이 軍隊와 관계가 있으면 바로 軍中에서 推問하시고, 평민의 일이라면 府縣에 맡기는 것이 마땅합니다. 지금 獄訟이 담당 관청에 있지 않으니, 刑法의 경중을 어떻게 알겠습니까."

문종이 판결을 정지하고 조서를 내려 神策軍은 官府의 병기를 가지고 仗內(保衛部隊 안)에 머물게 하고 나머지 사람들은 御史臺에 부쳤다. 어사대에서는 구사량을 두려워하고 감히 다르게 하지 않아서 마침내 모두 죽임을 당하였다. 위모는 諫議大夫에 발탁되어 起居舍人 弘文館直學士를 겸하게 하자 굳이 사양하였으나 황제의 허락을 받지 못하여 마침내 임명되었다.

始謩之進에 李珏楊嗣復이 實推引之라 武宗立에 謩坐二人黨하여 出爲汾州刺史하고 俄貶信州長史하다 宣宗嗣位에 移郢商二州刺史하다 召授給事中하다 遷御史中丞하여 發駙馬都尉杜中立姦贓하니 權戚縮氣하다 俄兼戶部侍郎事어늘 謩奏호대 中丞은 紀綱所寄라 不宜雜領錢穀하니 乞專治戶部하노이다하니 詔可하다 頃之에 進同中書門下平章事하다 建言호대 今天下粗治나 惟東宮未立하니 不早以正人傅導之하면 非所以存副貳之重이라하고 且泣下한대 帝爲感動하니라 自敬宗後로 惡言儲嫡事라 故公卿無敢開陳者러니 時帝春秋高하고 嫡嗣未辨에 謩輔政하여 白發其端하니 朝議歸重하다

되었다. 代宗과 德宗 시기에 환관이 통솔하여 환관이 군사권을 장악하게 되었다. 신책군은 당 후기 왕조를 지탱하는 가장 중요한 군사기반이 되었다.

처음 魏蕃를 등용할 적에 李玨·楊嗣復이 실제로 그를 추천하여 끌어주었다. 武宗이 즉위하자 위모는 두 사람의 黨人으로 연좌되어 외직으로 나가 汾州刺史가 되었고, 얼마 뒤에 信州長史로 강등되었다. 宣宗이 이어 즉위하자 郢州刺史와 商州刺史로 옮겼다. 조정으로 불러 給事中에 제수하였다. 御史中丞에 승진하여 駙馬都尉 杜中立의 뇌물죄를 적발하니 황제의 외척들이 기세를 움츠렸다. 얼마 뒤에 戶部侍郎의 일을 겸하였는데 위모가 상주하였다.

"어사중승은 紀綱을 맡은 곳이므로 錢穀을 겸하여 다스리는 것은 마땅하지 않으니, 오로지 戶部만 다스리도록 해주십시오."

조서를 내려 옳다고 하였다.

조금 뒤에 同中書門下平章事로 승진하였다. 위모가 建議하였다.

"지금 천하가 조금 다스려졌으나 오직 東宮을 아직 세우지 못하였습니다. 일찍 바른 사람으로 스승을 삼아 인도하지 않으면 태자의 중임을 감당하지 못하게 될 것입니다."

또 눈물을 흘리자 宣宗이 감동하였다. 敬宗 이후로부터 태자를 세우는 일을 말하기 싫어하였기 때문에 公卿들이 감히 이 일을 앞장서 말하는 이가 없었다. 당시 선종의 나이가 많고 태자가 아직 정해지지 않았을 적에 위모가 정사를 보좌하면서 그 단서를 명백하게 발언하니 조정의 의론에 推重을 받았다.

會詹毗國獻象한대 **謩以爲非土性**이라 **不可畜**하니 **請還其獻**하노이다하니 **詔可**하다 **河東節度使李業**이 **殺降虜**하니 **邊部震擾**라 **業內恃憑藉**하여 **人無敢言者**어늘 **謩奏徙滑州**하다 **遷中書侍郎**하다 **大理卿馬曙**가 **有犀鎧數十首**어늘 **懼而瘞之**러니 **奴王慶以怨告曙藏甲有異謀**한대 **按之無他狀**하여 **投曙嶺外**하고 **慶免**하니라 **議者謂奴訴主**나 **法不聽**하다 **謩引律固爭**하여 **卒論慶死**하다 **累遷門下侍郎**하고 **兼戶部尙書**하다

마침 詹毗國이 코끼리를 바쳤는데 위모가 말하였다.

"본토의 습성이 아니라 기를 수 없으니 받은 코끼리를 돌려주기를 청합니다."

조서를 내려 옳다고 하였다. 河東節度使 李業이 투항한 오랑캐를 죽이자 변경 지역이 소란스러워졌다. 이업이 조정에 의지할 자를 믿고 있어서 감히 말하는 자가 없었는데 위모가 상주하여 滑州로 좌천되었다.

위모는 中書侍郎으로 옮기자, 大理卿 馬曙는 물소 가죽 갑옷 수십 벌이 있었는데 두려워하여 갑옷을 땅에 묻었다. 마서의 家奴 王慶이 사사로운 원한으로 마서가 갑옷을 숨기고 역모를 꾀하였다고 고발하였는데 그것을 조사하였으나 다른 정황이 없어서 마서를 嶺外로 추방하고 왕경은 죄를 면하였다. 의논하는 이들은 가노가 주인을 고발한 것이라고 하였으나 법에서 들어주지 않았다. 위모는 법률을 인용하여 굳게 쟁변하여 마침내 왕경을 죽음으로 논죄하였다. 누차 자리를 옮겨 門下侍郎이 되고 戶部尙書를 겸하였다.

大中十年에 以平章事領劍南西川節度使하다 上疾求代한대 召拜吏部尙書하고 因久疾하여 檢校尙書右僕射太子少保하다 卒에 年六十六이라 贈司徒하다 謩爲宰相하여 議事天子前에 他相或委抑規諷이나 惟謩讜切無所回畏라 宣宗嘗曰 謩名臣孫이라 有祖風하여 朕心憚之라하다 然卒以剛正爲令狐綯(도)所忌하여 讒罷之하다

大中 10년(856)에 魏謩가 平章事로 劍南西川節度使를 겸직하였다. 병으로 인하여 표를 올려 교체할 것을 청하였는데 조정으로 불러 吏部尙書를 제수하고 병이 오래되자 檢校尙書右僕射 太子少保를 제수하였다. 죽을 때 나이가 66세였다. 司徒를 추증하였다.

위모가 宰相이 되어 천자 앞에서 일을 의논할 적에 다른 재상들은 혹은 완곡하게 권유하여 諷諫하였으나 위모만은 정직하고 절실하게 하여 회피하고 두려워함이 없었다. 宣宗이 일찍이 말하였다.

"위모는 명신의 후손이기 때문에 조상의 풍모가 있어서 짐의 마음속에 그를 두려워한다."

그러나 마침내 바르고 강함 때문에 令狐綯에게 꺼림을 받아 참소로 파직되었다.

贊曰 君臣之際는 顧不難哉아 以徵之忠而太宗之睿로도 身歿未幾에 猜譖遽行이라 始徵之諫이 累數十餘萬言이요 至君子小人하얀 未嘗不反復하여 爲帝言之나 以佞邪之亂忠也를 久猶不免이라 故曰 皓皓者易汚하고 嶢嶢者難全이라하니 自古所歎云이라 唐柳芳稱徵死에 知不知 莫不恨惜하여 以爲三代遺直이라하니 諒哉로다 謩之論議挺

挺하여 有祖風烈하니 詩所謂是以似之[68]者歟아

贊한다.

"임금과 신하의 사이가 어찌 어렵지 않겠는가. 魏徵의 충성과 太宗의 현명함으로도 위징이 죽은 지 얼마 되지 않아 시기와 참언이 바로 행해졌다. 처음에 위징의 간언이 모두 수십여만 자였고, 君子와 小人에 대해서는 일찍이 태종을 위해 반복하여 말하지 않은 적이 없었다. 그런데도 간사한 자들이 충신을 어지럽히는 것을 오랫동안 오히려 벗어나지 못하였다. 그러므로 말하기를 '깨끗한 자는 더럽혀지기 쉽고, 강직한 자는 보전하기 어렵다.'라고 하였으니, 예로부터 이를 탄식하는 말이다. 唐 柳芳이 말하기를 '위징이 죽자 아는 자나 모르는 자나 한탄하여, 三代의 遺直(강직한 遺風이 있는 이)이라고 말하지 않는 이가 없었다.'라고 하였으니, 진실하구나! 유모의 논의는 바르고 곧아 조상의 풍격이 있었으니, ≪詩經≫에서 말한 '이 때문에 그와 같이 한다.'라고 한 것이구나!"

---

68) 是以似之 : ≪詩經≫ 〈小雅 裳裳者華〉에 보인다.

新唐書 吳兢列傳[1] 《新唐書》 吳兢 列傳

吳兢은 **汴州浚儀人**이라 **少厲志**하고 **貫知經史**나 **方直寡諧比**하여 **惟與魏元忠朱敬則遊**하니라 **二人者當路**에 **薦兢才堪論譔**하니 **詔直史館**하여 **修國史**하고 **遷右拾遺內供奉**하다

吳兢은 汴州 浚儀 사람이다. 젊어서 뜻을 굳게 세워 經史를 환히 꿰뚫었으나 정직하여 함께 맞는 이가 적어 오직 魏元忠·朱敬則과 교유하였다. 위원충과 주경칙이 권력을 잡게 되자 오긍의 재주가 論撰을 감당할 만하다고 천거하니 황제가 조칙을 내려 史館에 충당하여 國史를 편수하게 하였고, 右拾遺內供奉으로 승진시켰다.

神龍中에 **改右補闕**하다 **節愍太子**[2]**難**에 **姦臣誣構安國相王與謀**하여 **朝廷大恐**하니 **兢上言**호대 **文明**[3]**後**에 **皇運不殊如帶**러니 **陛下龍興**하사 **恩被骨肉**에 **相王與陛下同**

---

1) 吳兢列傳 : 中華書局 標點校勘本 《新唐書》〈吳兢列傳〉을 번역한 것이다.

2) 節愍太子 : 唐 中宗의 셋째 아들 李重俊(?~707)의 시호이다. 神龍 2년(706)에 皇太子가 되었다. 신룡 3년(707) 7월에 반대파를 제거하려고 황제 명령을 사칭하고 左右羽林兵을 동원하여 武三思·武崇訓 등을 죽였다. 그리고 韋皇后(중종의 황후) 등을 제거하려 하였으나 玄武門 밖에서 막혔고 士兵들이 반대편을 편들어서 政變이 실패하였다. 부하들을 이끌고 도주하다가 측근에게 피살되었다. 睿宗이 즉위한 뒤에 그를 追贈하였다. 《舊唐書 中宗諸子列傳》

3) 文明 : 睿宗의 첫 번째 연호이다. 睿宗 李旦(662~716)은 高宗과 武則天의 소생으로 中宗 李顯(656~710)의 同母弟인데 두 번 황제가 되었다가 두 번 양위하였다. 처음 재위 기간은 文明 원년에서 載初 2년(684~690)까지이고, 두 번째 재위 기간은 景雲 원년에서 延和 원년(710~712)까지로 모두 8년간 재위하였다. 690년에 어머니 무측천에게 양위하고 皇嗣, 또는 相王이 되어 불우한 나날을 보냈다. 셋째 아들 李隆基(唐 玄宗)의 활약으로 710년에 복위하고 712년에 현종에게 양위하였다. 중종 역시 두 번 황제가 되어 弘道 원년에서 光宅 원년(683~684), 神龍 원년에서 景龍 4년(705~710)까지 재위하였는데, 불행하게 韋皇后와 安樂公主(중종의 딸)의 공모로 독살되었다. 중종이 복위하였을 때 예종을 安國相王으로 봉하였는데, 吳兢의 上言은 안국상왕이 難에 가담했다는 혐의를 받게 되자 그를 변호한 것이다. 《舊唐書 中宗睿宗本紀》

氣라 親莫加焉이어늘 今賊臣日夜陰謀하여 必欲寘之極法하니이다 相王仁孝하여 遭荼(도)苦哀毁에 以陛下爲命하여 而自託於手足커늘 若信邪佞하고 委之於法하여 傷陛下之恩하면 失天下望하리이다 芟(삼)刈股肱하고 獨任胸臆하면 可爲寒心이니이다 自昔翦伐宗支하고 委任異姓하면 未有不亡者니 秦任趙高하고 漢任王莽하고 晉家自相魚肉하고 隋室猜忌子弟하여 海內糜沸하니 驗之覆車어늘 安可重跡가 且根朽者葉枯하고 源涸(학)者游竭하니 子弟는 國之根源이어늘 可使枯竭哉아 皇家枝幹이 夷芟略盡하리이다 陛下卽位四年에 一子弄兵被誅하고 一子以罪謫去[4]하여 惟相王朝夕左右하니 斗粟之刺[5]와 蒼蠅之詩[6]를 不可不察이니이다 伏願陛下全常棣(체)[7]之恩하사 慰罔極之心하시면 天下幸甚하리이다

神龍(705~707) 연간에 右補闕로 관직이 바뀌었다. 節閔太子의 難에 姦臣들이 安國相王(唐 睿宗)이 모반에 참여했다고 모함하여 조정이 크게 두려워하자 吳兢이 진언하였다.

“文明(684) 연간 이후로 皇位의 運命은 띠와 같이 이어져서 끊어지지 않았습니다. 陛下(中宗)께서 복위하시어 은혜가 骨肉에 미쳐갔는데 相王은 폐하와 同腹 형제이므로 친애함이 이보다 더할 데가 없거늘 지금 賊臣들이 밤낮으로 陰謀를 꾸며 반드시 상왕을 極刑에 처넣으려 하고 있습니다. 상왕은 인자하

4) 一子弄兵被誅 一子以罪謫去 : 셋째 아들 節閔太子 李重俊이 정변에 실패하여 피살된 일, 둘째 아들 重福(680~710)이 神龍 元年(705)에 韋皇后의 모함을 받아 濮州員外刺史, 그리고 조금 뒤에 均州刺史로 쫓겨난 것을 말한다. 中宗은 아들이 넷으로 重潤, 重福, 重俊, 殤帝인데, 이때 맏아들 중윤(682~701)은 모함을 받아 武則天에게 죽음을 받은 뒤였고, 넷째 아들 重茂(695~714)는 후에 殤帝(710년 中宗 피살 이후 20일간 재위함)가 되는데, 당시 10여 살이었다. ≪舊唐書 中宗諸子列傳≫

5) 斗粟之刺 : 아우를 죽인 것에 대한 풍자를 말한다. 漢나라 文帝가 역모를 꾀한 아우 淮南王 劉長을 蜀에 귀양 보내 죽게 하자 백성들이 “한 자의 베도 바느질하여 함께 옷을 해 입을 수 있고, 한 말의 곡식도 절구질하여 함께 밥을 지어 먹을 수 있건만, 형제가 서로 용서하지 못하는구나.〔一斗布尙可縫 一斗粟尙可舂 兄弟二人不能相容〕”라고 비난하였다. ≪史記 淮南衡山列傳≫

6) 蒼蠅之詩 : 참소와 관련된 시이다. ≪詩經≫ 〈小雅 靑蠅〉에 “앵앵거리는 쉬파리가 울타리에 앉았도다. 화락한 군자는 참소하는 말을 믿지 말지어다.〔營營靑蠅 止于樊 豈弟君子 無信讒言〕”라고 경계하였다.

7) 常棣(체) : ≪詩經≫ 〈小雅 常棣〉에 “常棣의 꽃이여 鄂然히 선명하지 않겠는가. 무릇 지금 사람들은 兄弟만 한 이가 없느니라.〔常棣之華 鄂不韡韡 凡今之人 莫如兄弟〕”고 하였다.

고 효성스러워서 역경과 애통함을 만났을 적에 폐하를 목숨처럼 여기고 스스로를 수족처럼 의탁하였거늘 만일 사악하고 간사한 자를 믿고 상왕을 형법에 맡겨서 폐하의 은혜를 손상하면 천하 사람들의 기대를 잃게 될 것입니다. 팔다리를 잘라내고 다만 가슴과 배에만 맡기면 일이 한심스럽게 됩니다.

예부터 종친을 제거하고 他姓에게 맡기면 망하지 않은 나라가 없었습니다. 秦나라는 趙高에게 맡기고 漢나라는 王莽에게 맡기고, 晉나라는 자기끼리 서로 잡아먹고 隋나라는 子弟를 시기하여 海內가 죽 끓듯 혼란하였으니, 전대의 실패에서 증명할 수 있는데 어찌 실패의 자취를 거듭하겠습니까. 또 뿌리가 썩으면 잎이 마르고, 샘이 마르면 시내가 메마르니, 子弟는 국가의 뿌리와 샘이거늘 말라버리게 할 수 있겠습니까. 皇家의 가지와 줄기가 잘려서 거의 다 없어질 지경입니다. 폐하께서 즉위하신 지 4년 만에 아들 한 명은 군대로 농간하다가 주륙을 받았고, 한 명 아들은 죄를 받아 지방으로 내쫓겨서 오직 상왕께서 아침저녁으로 보좌하니 斗粟의 풍자와 蒼蠅의 詩를 살피지 않을 수 없습니다. 삼가 바라오니 폐하께서는 常棣(형제간에 화락함)의 은혜를 온전하게 하시어 부모의 마음을 위로하게 하시면 天下가 매우 경사로울 것입니다."

累遷起居郞하여 與劉子玄徐堅等으로 竝職하다 玄宗初立에 收還權綱하고 銳於決事하니 群臣畏伏하다 兢慮帝果而不及精하여 乃上疏曰 自古人臣不諫則國危하고 諫則身危나 臣愚는 食陛下祿하고 不敢避身危之禍니이다 比見上封事者컨대 言有可采어든 但賜束帛而已요 未嘗蒙召見하여 被拔擢하고 其忤旨면 則朝堂決杖하여 傳送本州하고 或死於流貶하니 由是臣下不敢進諫하니이다 古者에 設誹謗木[8]은 欲聞己過니 今封事를 謗木比也니이다 使所言是면 有益於國이요 使所言非라도 無累於朝어늘 陛下何遽加斥逐하여 以杜塞直言이시니잇가 道路流傳하고 相視怪愕하니이다 夫漢高帝는 赦周昌桀紂之對[9]하고 晉武帝는 受劉毅桓靈之譏[10]어늘 況陛下豁達大度에 不能容此狂直

8) 誹謗木 : 舜임금 때에 조정의 뜰에 깎아 세운 목판으로 여기에 사람들에게 정치의 득실을 쓰게 하였다. ≪呂氏春秋 自知≫

9) 漢高帝赦周昌桀紂之對 : 漢 高帝가 呂后의 소생인 태자 劉盈을 폐위하고 戚夫人의 소생인 趙王 劉如意를 태자로 세우려 하자, 御史大夫로 있던 周昌은 말을 더듬거리면서도 그 부당함

耶아 **夫人主**는 **居尊極之位**하여 **顓生殺之權**하니 **其爲威嚴峻矣**니이다 **開情抱**하고 **納諫諍**이라도 **下猶懼不敢盡**이어늘 **奈何以爲罪**아 **且上有所失**하면 **下必知之**라 **故鄭人欲毁鄕校**어늘 **而子産不聽也**[11)]하니이다

누차 승진하여 起居郎이 되어 劉子玄·徐堅 등과 함께 근무하였다. 玄宗이 즉위한 초기에 권력을 환수하고 정사 처리에 예의주시하니 여러 신하들이 두려워하여 승복하였다. 吳兢은 현종이 과감하지만 자세하지 못한 것을 우려하여 마침내 상소하였다.

"예부터 신하가 간언하지 않으면 나라가 위태롭고 간언하면 자신이 위태로워졌으나, 어리석은 신은 폐하의 녹봉을 받아먹고 감히 몸이 위태로워지는 재앙을 피하지 못하겠습니다.

근래 封事를 올리는 이를 보건대 말에 채택할 만한 것이 있으면 다만 束帛(비단 묶음)을 하사할 뿐이지 불러들여 聖上을 뵙게 하여 발탁되게 한 적이 없고, 폐하의 뜻을 어기면 朝堂(정부청사)에서 杖刑에 처하여 本州로 보내버리고 혹은 귀양 가서 죽기도 하니, 이로 말미암아 신하들이 감히 간언을 올리지 못합니다.

옛날에 誹謗木을 세워둔 것은 임금 자신의 과실을 들으려 한 것이니 지금의 封事를 비방목에 견줄 수 있습니다. 만일 말한 것이 옳다면 국가에 유익

을 강력히 간하였다. 고조가 "나는 어떠한 군주냐?" 하고 물으니, 주창이 "폐하는 桀·紂와 같은 군주입니다.〔陛下卽桀紂之主也〕"라고 대답하였다. ≪史記 張丞相列傳≫

10) 晉武帝受劉毅桓靈之譏 : 晉 武帝가 자신을 漢나라 황제 중 누구에게 비길 수 있겠느냐고 묻자 劉毅가 桓帝와 靈帝에 비길 수 있다고 하였다. 무제가 너무 심하지 않느냐고 하니, 유의가 말하기를, '환제나 영제는 관직을 팔아 돈을 官庫에 넣었는데, 폐하는 관직을 팔아 私門에 들이니 오히려 두 임금만도 못합니다.' 하였다. 이에 진 무제가 환제나 영제는 이런 말을 듣지 못하였는데 지금은 직언하는 신하가 있으니 그때와는 다르다고 하면서 웃어넘겼다. 환제와 영제는 後漢 말기 환관의 횡포를 막지 못하고 한나라를 멸망에 이르게 한 황제이다. ≪晉書 劉毅列傳≫

11) 鄭人欲毁鄕校 而子産不聽也 : 鄭나라 사람들이 鄕校에 가서 놀면서 집정자들에 대하여 논하자, 然明이 子産에게 말하기를, "향교를 헐어 버리는 것이 어떻겠습니까?" 하였는데, 자산이 말하기를, "어찌 헌단 말인가. 저 사람들이 아침저녁으로 그곳에 가서 집정자의 선악을 논하니, 그들이 선하다고 하는 것은 내가 그대로 행하고, 그들이 악하다고 하는 것은 내가 고치면 그들은 나의 스승인데 어찌 향교를 헌단 말인가." 하였다. 이리하여 향교를 헐지 않게 되었는데 뒤에 孔子는 논평하기를 "사람들이 자산을 어질지 않다고 말하더라도 나는 안 믿겠다.〔人謂子産不仁 吾不信也〕"라고 하였다. ≪春秋左氏傳 襄公 31년≫

할 것이고, 만일 말한 것이 그르더라도 조정에 누가 되지 않거늘 陛下께서는 어찌하여 다짜고짜 축출하여 바른말을 막아버리십니까. 길 가는 사람들이 전파하고 서로 바라보며 괴상하게 여기고 놀랍니다.

漢 高帝는 周昌이 자신을 桀·紂와 같다고 한 대답을 용서하였고, 晉 武帝는 劉毅가 자신을 桓帝·靈帝만 못하다는 비판을 받아들였거늘 하물며 활달하고 큰 도량을 지닌 폐하께서 이 지나친 솔직함을 수용하실 수 없는 것입니까. 임금은 지극히 높은 위치에 있으면서 죽이거나 살리는 권한을 독점하니 그 위엄이 높습니다. 가슴을 여시고 간쟁을 받아들이셔도 신하들은 여전히 두려워 말을 감히 다하지 못하거늘 어찌 이것을 죄로 삼는단 말입니까. 또 임금에게 잘못된 것이 있으면 신하들이 반드시 그것을 압니다. 그러므로 鄭나라 사람이 鄕校를 헐려고 하자 子産이 허락하지 않았습니다.

陛下初卽位에 猶有褚无量張廷珪韓思復辛替否柳澤袁楚客等하여 數(삭)上疏하여 爭時政得失이러니 自頃上封事에 往往得罪하여 諫者頓少하니이다 是鵲巢覆而鳳不至니 理之然也니이다 臣誠恐天下骨鯁士가 以讜言爲戒하고 橈直就曲하며 斲方爲刓하고 偷合苟容하여 不復能盡節忘身하여 納君於道矣하노이다 夫帝王之德은 莫盛於納諫이라 故曰 木從繩則正하고 后從諫則聖[12]이라하고 又曰 朝有諷諫은 猶髮之有梳하고 猛虎在山林하면 藜藿爲之不采[13]라하니 忠諫之有益如此니이다 自古上聖之君은 恐不聞己過라 故堯設諫鼓[14]하고 禹拜昌言[15]하니이다 不肖之主는 自謂聖智라하여 拒諫害忠하니 桀殺關龍逢(방)[16]而滅於湯하고 紂殺王子比干[17]而滅於周가 此其驗也니이다 夫與治同道

---

12) 木從繩則正 后從諫則聖 : ≪書經≫ 〈商書 說命 上〉에 보인다.

13) 猛虎在山林 藜藿爲之不采 : ≪漢書≫ 〈蓋寬饒列傳〉의 "山有猛獸 藜藿爲之不采"를 변형한 것이다.

14) 諫鼓 : 諫言하려는 사람이 칠 수 있도록 궁문에 설치한 북으로, 堯임금이 설치했다고 한다. ≪淮南子 主術訓≫

15) 禹拜昌言 : ≪書經≫ 〈虞書 大禹謨〉에 보인다.

16) 關龍逢(방) : 夏나라의 충신으로, 桀의 무도한 정사를 간쟁하다가 죽임을 당하였다. ≪莊子 人間世≫

17) 比干 : 殷나라의 충신으로, 紂의 음란함을 直言하자 주가 심장을 도려내어 죽였다. ≪史記 殷本紀≫

罔不興하고 **與亂同道罔不亡**[18)]하니이다 **人將疾**에 **必先不甘魚肉之味**하고 **國將亡**에 **必先不甘忠諫之說**하니 **嗚呼**라 **惟陛下深監于玆哉**하소서

폐하께서 즉위하신 초기에 여전히 褚无量·張廷珪·韓思復·辛替否·柳澤·袁楚客 등이 있어 자주 상소하여 당시 정치의 잘잘못을 논쟁하였는데 근년부터는 封事를 올리는 데에 이따금 죄를 받아 간언하는 이들이 갑자기 줄었습니다. 이는 까치집이 허물어지자 봉황이 이르지 않는 것이니 이치가 그렇게 되는 것입니다. 신은 진실로 천하의 강직한 선비들이 바른말 하기를 조심스러워하고 바름을 굽혀 굽은 데로 가며 직각을 깎아 둥글게 하고 구차하게 세상에 영합하여, 다시는 절개를 다하고 자신의 몸을 잊고서 임금을 正道로 들어가게 하지 못할까 염려됩니다.

제왕의 德은 간언을 받아들이는 것보다 성대한 것이 없습니다. 그러므로 말하기를 '나무가 먹줄을 따르면 바르게 되고, 임금이 諫言을 따르면 성스러워진다.'라 하고, 또 말하기를 '조정에 간언이 있는 것은 머리에 빗이 있는 것과 같고 猛虎가 산림에 있으면 두려워서 명아주와 콩잎을 채취하러 가지 않는다.'라 하니 충성스러운 간언의 유익함이 이와 같습니다.

예부터 가장 성스러운 임금은 자신의 과오를 듣지 못할까 우려하였으므로 堯임금은 諫鼓를 설치하였고 禹임금은 좋은 말에 절하였습니다. 못난 임금은 자신을 성스럽고 지혜롭다고 하여 간언을 거부하며 충성스러운 자를 해치니 桀은 關龍逄을 죽이고서 湯에게 멸망하고 紂는 王子 比干을 죽이고서 周나라에 멸망한 것이 그 증험입니다.

치적을 이룬 자와 도를 함께하면 흥기하지 않음이 없고, 어지러운 자와 도를 함께 하면 망하지 않음이 없습니다. 사람이 병이 나려고 할 때는 반드시 먼저 생선과 고기의 맛이 달지 않고, 나라가 망하려고 할 때는 반드시 먼저 충성스럽게 간언하는 말이 달갑지 않으니, 아! 오직 폐하께서는 이 점을 깊이 살펴보십시오.

---

18) 與治同道罔不興 與亂同道罔不亡：≪書經≫ 〈周書 太甲 下〉의 "與治同道罔不興 與亂同事罔不亡"에서 유래한 것이다.

隋煬帝驕矜自負하여 以爲堯舜莫己若이라하고 而諱亡憎諫하여 乃曰 有諫我者면 當時不殺이라도 後必殺之하리라하니이다 大臣蘇威欲開一言이나 不敢發이라가 因五月五日獻古文尙書한대 帝以爲訕己라하여 卽除名하고 蕭瑀諫無伐遼라가 出爲河池郡守하고 董純諫無幸江都라가 就獄賜死하니이다 自是蹇諤之士가 去而不顧하여 外雖有變이나 朝臣鉗口하여 帝不知也하니이다 身死人手[19]하고 子孫剿絶하여 爲天下笑하니이다

隋 煬帝는 교만하고 자부하여 堯舜도 자기만 못하다고 하고, 멸망한다는 말을 피하며 간언을 미워하여 마침내 말하기를 '나에게 간언하는 자가 있으면 바로 그때 죽이지 않더라도 뒤에 반드시 죽이겠다.' 하였습니다. 大臣 蘇威가 한 마디 말을 하려고 하였으나 감히 발언하지 못하다가 이어서 5월 5일에 ≪古文尙書≫를 바쳤는데, 양제는 자신을 비방한다고 하여 즉시 除名시켰고, 蕭瑀는 遼東 정벌을 하지 말라고 간언했다가 내쫓겨 河池郡守로 나가고, 董純은 江都에 행차하지 말라고 간언했다가 감옥으로 가서 죽임을 당했습니다. 이로부터 충직하여 바른말 하는 선비들이 떠나가고는 돌아보지 않아서 외방에 비록 변고가 있어도 조정 신하들이 입을 다물어 양제가 알지 못하였습니다. 자신이 다른 사람의 손에 죽고 자손이 멸절되어 천하에 웃음거리가 되었습니다.

太宗皇帝好悅至言하신대 時有魏徵王珪虞世南李大亮岑文本劉洎馬周褚遂良杜正倫高季輔하여 咸以切諫으로 引居要職하니이다 嘗謂宰相曰 自知者爲難하니 如文人巧工이 自謂己長이라하되 若使達者大匠 詆訶商略하면 則蕪辭拙跡見矣라 天下萬機를 一人聽斷하면 雖甚憂勞나 不能盡善이라 今魏徵隨事諫正하여 多中朕失하니 如明鑑照形하여 美惡畢見이라하니이다 當是時하여 有上書益於政者는 皆黏寢殿之壁하고 坐望臥觀한대 雖狂瞽逆意라도 終不以爲忤라 故外事必聞하고 刑戮幾措하여 禮義大行하니 陛下何不遵此道하여 與聖祖繼美乎아

太宗 황제께서는 지극한 간언을 좋아하셨는데 그때 魏徵·王珪·虞世南·

19) 身死人手 : 隋 煬帝는 신하인 宇文化及에게 피살되어 마침내 나라가 망하였다. 우문화급은 宇文術의 아들이다.

李大亮・岑文本・劉洎・馬周・褚遂良・杜正倫・高季輔가 있어 모두 절실하게 간언한 것으로 요직에 임명되었습니다. 태종께서 일찍이 宰相들에게 말하기를 '자신을 아는 것이 어려우니 예컨대 文人과 능숙한 목수가 스스로 생각하기를 내가 뛰어나다고 하지만 만약 통달한 문인과 대목수가 비판하여 헤아려본다면 거친 문장과 졸렬한 솜씨가 드러나게 될 것이오. 天下의 모든 일을 한 사람이 들어 다스리면 비록 매우 고심하고 노력하더라도 모두 훌륭하게 해낼 수는 없소. 지금 위징이 일에 따라 바르게 간언하여 짐의 결점을 많이 지적하니 마치 밝은 거울에 얼굴을 비추는 것과 같아 아름다움과 추함이 모두 드러나오.'라고 하였습니다.

이때 정치에 유익함이 있는 上書는 모두 寢殿의 벽에 붙이시고서 앉으나 누워서나 바라보셨는데 비록 지나치고 맹목적인 말이 태종의 뜻을 거슬러도 끝내 거역이라고 여기지 않으셨습니다. 그러므로 궁중 밖의 일도 반드시 들었고 형벌을 거의 버려둘 지경이어서 예의가 크게 시행되었습니다. 폐하께서는 어찌 이 도를 따라 태종과 함께 아름다움을 이어가지 않으십니까.

夫以一人之意로 **綜萬方之政**하면 **明有所不燭**하고 **智有所不周**하며 **上心未諭於下**하고 **下情未達於上**하니이다 **伏惟以虛受人**하고 **博覽兼聽**하여 **使深者不隱**하고 **遠者不塞**하면 **所謂闢四門明四目**[20]**也**니이다 **其能直言正諫不避死亡之誅者**를 **特加寵榮**하고 **待以不次**하면 **則失之東隅**나 **冀得之桑榆**[21]**矣**리이다

한 사람의 생각으로 모든 곳의 정무를 총괄하면 총명이 미치지 못하는 곳이 있고 지혜가 두루 미치지 못하는 곳이 있으며, 주상의 마음은 신하를 일깨우지 못하고 신하의 뜻은 주상에게 전달되지 못합니다. 삼가 생각하니 겸허함으로 남의 의견을 받아들이시고 널리 보며 겸하여 들어서 깊숙이 들어앉

---

20) 闢四門 明四目 : ≪書經≫ 〈虞書 舜典〉에 보인다.

21) 失之東隅 冀得之桑榆 : 초기에 실수해도 뒤에 성공함을 말한다. 東隅는 해가 뜨는 곳이고 桑榆는 해가 지는 곳이다. 後漢의 馮異가 赤眉와 싸워 처음에는 패했다가 나중에는 승리하였는데, 이에 대해서 光武帝가 "처음에 회계에서 날개를 늘어뜨렸으나, 마침내 민지에서 날개를 떨쳤으니, 아침에 잃었다가 저녁에 되찾았다고 이를 만하다.〔始雖垂翅回谿 終能奮翼澠池 可謂失之東隅 收之桑榆〕"라고 한 것에서 유래하였다. ≪後漢書 馮異列傳≫

은 자들을 숨지 않게 하고 멀리 있는 자들을 막히지 않게 하면 이른바 '사방의 문을 활짝 열어놓고 사방의 눈으로 자신의 눈을 밝게 본다.'는 것입니다. 강직하게 말하고 정직하게 간언하여 죽는 주벌을 피하지 않는 자를 특별히 은총을 더해주고 不次(순서를 무시하고 특별히 발탁함)로 우대하면 東隅에서 실수하더라도 桑榆에서 만회를 기대할 수 있을 것입니다."

尋以母喪去官하고 **服除**에 **自陳**호대 **修史有緒**나 **家貧不能具紙筆**할새 **願得少祿以終餘功**하니 **有詔拜諫議大夫**하고 **復修史**하다 **睿宗崩**에 **實錄留東都**한대 **詔兢馳驛取進梓宮**이나 **以父喪解**하니 **宰相張說**(열)**用趙冬曦代之**러니 **終喪**에 **爲太子左庶子**하다

얼마 뒤에 어머니 상을 당해 관직을 떠났고, 상을 마치자 스스로 글을 올리기를 '國史를 편수하여 해놓은 일이 있으나 집이 가난하여 종이와 붓을 마련할 수 없으므로 적은 녹봉을 얻어 남은 일을 마치기를 원합니다.' 하니 詔勅으로 諫議大夫에 임명하고 다시 國史를 편수하게 하였다. 睿宗이 돌아갔을 때 實錄이 東都(洛陽)에 있었는데 현종은 吳兢에게 조칙을 내려 역말을 달려와 梓宮 앞에 가져오게 하였으나 아버지 상을 당해 관직에서 물러났다. 宰相 張說이 趙冬曦를 등용하여 오긍의 후임으로 삼았다. 오긍은 상을 마치고 太子左庶子가 되었다.

開元十三年에 **帝東封太山**하고 **道中數**(삭)**馳射爲樂**이어늘 **兢諫曰 方登岱告成**하시니 **不當逐狡獸**하여 **使有垂堂**[22]**之危**와 **朽株之殆**니이다하니 **帝納之**하다 **明年六月**에 **大風**커늘 **詔群臣陳得失**하니 **兢上疏曰 自春以來**로 **亢陽不雨**러니 **乃六月戊午**에 **大風拔樹**하고 **壞居人廬舍**하니이다 **傳曰 敬德不用**하면 **厥災旱**이요 **上下蔽隔**하면 **庶位踰節**이요 **陰侵於陽**하면 **則旱災應**[23]이라하고 **又曰 政悖德隱**하면 **厥風發屋壞木**[24]이라하니 **風**은 **陰類**요

22) 垂堂 : 처마의 밑으로, 위험한 곳을 말한다. ≪史記≫ 〈司馬相如列傳〉에 "천금 부자의 아들은 처마 밑에 앉지 않고, 백금 부자의 아들은 난간에 걸터앉지 않는다.〔千金之子 坐不垂堂 百金之子 不騎衡〕" 하였다.

23) 敬德不用……則旱災應 : ≪漢書≫ 〈五行志〉의 "현인을 구하려고 하면서 등용하지 않는 것을 허장성세라 하니 그 재앙은 荒인데, 荒은 가뭄으로, 그 가뭄은 흐리고 구름 끼면서 비가 오지 않는 것이다.……위와 아래가 서로 은폐하여 말하지 않는 것을 막힘이라 하니 그 가뭄은 하늘이 붉게 빛나 3개월 동안 구름 끼지 않는 것이다.……높은 누각 관부에 있는 것을 음양

大臣之象이니 恐陛下左右有奸臣擅權하여 懷謀上之心일까하노이다 臣聞百王之失은 皆由權移於下라 故曰 人主與人權하면 猶倒持太阿[25]하여 授之以柄이라하니이다 夫天降災異는 欲人主感悟니 願深察天變하사 杜絶其萌하소서 且陛下는 承天后和帝[26]之亂하여 府庫未充하고 冗員尙繁하며 戶口流散하고 法出多門하며 賕謁大行하고 趨競彌廣하니 此弊未革하면 寔陛下庶政之闕也니 臣不勝惓惓하노이다 願斥屛群小하고 不爲慢遊하며 出不御之女하고 減不急之馬하며 明選擧하고 愼刑罰하며 杜僥倖하고 存至公하시면 雖有旱風之變이라도 不足累聖德矣리이다

開元 13년(725)에 玄宗이 동쪽으로 가서 太山에서 封禪의 제사를 올리고 돌아오는 도중에 자주 말 달리며 활 쏘는 일을 즐기자, 吳兢이 간언하였다.

"지금 막 태산에 올라 통치의 성공을 고하셨는데, 교활한 짐승을 따라다녀서 처마 밑과 같이 위험하고 썩은 나무와 같이 위태로운 일이 있게 해서는 마땅하지 않습니다."

현종이 받아들였다.

明年(726) 6월에 큰 바람이 불거늘 조칙을 내려 여러 신하들에게 정치의 잘잘못을 진술하게 하니 오긍이 상소하였다.

"봄부터 과도한 陽氣에 비가 내리지 않더니 6월 戊午日에 큰 바람이 불어 나무를 뽑고 주민들의 집을 무너뜨렸습니다. 傳에 이르기를 '공경과 덕행을 쓰지 않으면 가뭄의 재앙이 생기고, 임금과 신하 사이가 가려 막히면 여러 신하들의 지위가 법도를 그르치고, 陰氣가 陽氣를 침해하면 旱災가 따른다.'

을 침범함이라 하니 그 가뭄은 만물이 뿌리째 죽어 자주 화재가 일어난다. 일반 지위의 사람이 절도를 넘음을 참람함이라 하니 그 가뭄은 윤택한 물건이 말라들고 화상을 당한다.〔欲德不用玆謂張 厥災荒 荒 旱也 其旱陰雲不雨……上下皆蔽玆謂隔 其旱天赤三月……居高臺府 玆謂犯陰侵陽 其旱萬物根死 數有火災 庶位踰節玆謂僭 其旱澤物枯 爲火所傷〕"에서 유래한 것이다.

24) 政悖德隱 厥風發屋壞木 : ≪漢書≫ 〈五行志〉의 "정사가 어긋나고 德業이 어두워짐을 어지러움이라 하니 그 바람은 바람만 먼저 일어나 비가 오지 않고 큰 바람이 갑자기 일어나 집을 파괴하고 나무를 부러뜨린다.〔政悖德隱玆謂亂 厥風先風不雨 大風暴起 發屋折木〕"에서 유래한 것이다.

25) 倒持太阿 : 권한을 남에게 넘겨주고 해를 입음을 말한다. ≪漢書≫ 〈梅福列傳〉에 "太阿를 거꾸로 잡고서, 楚나라에게 그 칼자루를 주었다.〔倒持太阿 授楚其柄〕" 하였다. 太阿는 名劍의 이름이다.

26) 和帝 : 唐 中宗이다. ≪新唐書≫ 〈中宗本紀〉에 호칭을 '中宗大和大聖大昭孝皇帝'로 제시하였다.

하고, 또 말하기를 '정사가 어긋나고 德業이 어두워지면 바람이 집을 무너뜨리고 나무를 뽑는다.' 하였습니다. 바람은 음기의 종류이고 大臣의 상징이니, 폐하 측근에 권력을 독점하는 奸臣이 있어 聖上을 모해하는 마음을 가진 자가 있을까 우려됩니다.

臣은 들으니 여러 제왕들의 잘못은 모두 권력이 아랫사람에게 옮겨가는 데에 말미암는다고 합니다. 때문에 말하기를 '임금이 남에게 권력을 주면 마치 太阿를 거꾸로 쥐어 자루를 그에게 주는 것과 같다.'라고 합니다. 하늘이 災異를 내리는 것은 임금이 느끼고 깨닫도록 하려는 것이니, 원컨대 天變을 깊이 살피시어 재앙의 싹을 끊어버리소서. 또한 폐하께서는 天后(則天武后)와 和帝의 난리를 이어받은 터라 창고가 아직 충실하지 않고 긴요치 않은 관원이 여전히 많으며, 戶口가 흩어지고 법령이 여러 곳에서 나오며 뇌물을 바치는 일이 성행하고 이권 쟁탈이 더욱 많아지고 있습니다. 이러한 폐단을 개혁하지 않으시면 실로 폐하의 여러 정책의 결함이 되니 신은 근심스러운 마음을 감당하지 못하겠습니다. 바라건대 여러 소인들을 물리치시고, 한가하게 유람을 다니지 마시며, 시중들지 않는 궁녀들을 밖으로 내보내고, 긴요치 않은 말[馬]을 줄이며, 人選을 공명하게 하고, 형벌을 신중히 하며, 요행의 길을 막고, 지극한 공정을 유지하시면 비록 가뭄과 바람의 재변이 있더라도 성상의 덕에 결함이 되지 못할 것입니다."

始에 **兢在長安景龍間任史事**할새 **時武三思張易之等監領**하여 **阿貴朋佞**하고 **釀澤浮辭**하여 **事多不實**하니 **兢不得志**하여 **私撰唐書唐春秋**라가 **未就**러니 **至是**하여 **丐官筆札**하여 **冀得成書**한대 **詔兢就集賢院論次**하다 **時張說罷宰相**하여 **在家修史**하니 **大臣奏國史不容在外**라하여 **詔兢等赴館撰錄**하고 **進封長垣縣男**하다 **久之**에 **坐書事不當**하여 **貶荊州司馬**하되 **以史草自隨**하다 **蕭嵩領國史**하여 **奏遣使者就兢取書**하여 **得六十餘篇**하다 **累遷洪州刺史**라가 **坐累下除舒州**하다 **天寶初**에 **入爲恒王傅**하다 **雖年老衰僂甚**이나 **意猶願還史職**하다 **李林甫嫌其衰**하여 **不用**하다 **卒**하니 **年八十**이라

애초에 吳兢이 長安(701~704)과 景龍(707~710) 연간에 국사 업무를 맡아볼 적에 당시 武三思와 張易之 등이 감독 관장하면서 권력자에게 아부하여

편당을 하고 미사여구를 지어내고 꾸며서 사실이 대부분 진실되지 못하니 오긍은 뜻을 얻지 못해 사사로이 ≪唐書≫, ≪唐春秋≫를 지었다가 미처 완성하지 못하였다. 이때에 와서 관청에 붓과 종이를 요구하여 책을 완성하기를 바라자 황제가 조칙으로 오긍에게 集賢院에 와서 편찬하게 하였다. 이때 張說이 宰相에서 해임되어 집에서 역사를 편찬하니 大臣이 아뢰어 國史는 조정 밖에서 편찬할 수 없다고 하여 조칙으로 오긍 등을 國史館에 가서 편찬하게 하고, 오긍을 長垣縣男으로 進封하였다. 한참 뒤에 記事의 기록 내용이 온당치 못한 것에 연루되어 荊州司馬로 좌천되었으나 史草를 자신이 가지고 갔다. 蕭嵩이 國史를 관장하여 玄宗께 아뢰어 使者를 보내 오긍에게 가서 기록을 가지고 와서 60여 篇을 얻었다.

누차 승진하여 洪州刺史가 되었다가 과실에 연루되어 舒州刺史로 강등되었다. 天寶 초기에 조정으로 들어와서 恒王(현종의 아들 李瑱)의 傅가 되었다. 비록 나이 늙어 심하게 쇠약하였지만 의지는 여전히 사관의 직책으로 돌아가기를 원하였다. 李林甫는 오긍의 쇠약함을 꺼려서 등용하지 않았다. 서거하니 80세였다.

兢敍事簡核하니 **號良史**라 **晩節稍疏牾**하니 **時人病其太簡**하다 **初**에 **與劉子玄撰定武后實錄**할새 **敍張昌宗誘張說**(열)**誣證魏元忠事**하여 **頗言**호대 **說已然可**나 **賴宋璟等邀勵苦切**이라 **故轉禍爲忠**이요 **不然**이면 **皇嗣且殆**라하다 **後說爲相**에 **讀之**하고 **心不善**이러니 **知兢所爲**하고 **卽從容謬謂曰 劉生書魏齊公**[27]**事**에 **不少假借**하니 **奈何**오 **兢曰 子玄已亡**하니 **不可受誣地下**니이다 **兢實書之**하니 **其草故在**니이다하니 **聞者歎其直**하다 **說屢以情蘄改**이나 **辭曰 徇公之情**이면 **何名實錄**가하고 **卒不改**하다 **世謂今董狐**[28]**云**이라

吳兢은 사실을 서술함이 간결하고 진실하니 훌륭한 史官이라고 불렸다. 만

27) 魏齊公 : 魏元忠을 말한다. 위원충은 唐 中宗 때에 齊國公에 봉해졌다.

28) 董狐 : 直筆로 유명한 春秋時代 晉나라의 史官이다. 晉 靈公이 趙盾을 죽이려고 하자, 조돈이 달아나다가 국경을 넘기 전에 趙穿이 영공을 시해했다는 소식을 듣고는 돌아와서 조천을 토벌하지 않았는데, 동호가 "조돈이 그 임금을 시해했다.〔趙盾弑其君〕"고 기록했다. 이를 두고 孔子가 "동호는 옛날의 훌륭한 사관이다. 법대로 기록하고 숨기지 않았다.〔董狐古之良史也 書法不隱〕" 하였다. ≪春秋左氏傳 宣公 2년≫

宋璟(≪歷代古人像讚≫)

년에 소략하고 어긋나는 점이 있으니 당시 사람들이 너무 간결한 것을 결점으로 여겼다. 애초에 劉子玄과 함께 ≪武后實錄≫을 편찬하였는데 張昌宗이 張說을 부추겨서 魏元忠을 위증하도록 한 일을 서술하여 자세하게 말하기를 "장렬이 이미 찬동하였으나 宋璟 등이 힘써 저지한 덕분에 재앙이 바뀌어 충성이 되었지 그렇지 않았으면 皇太子가 또한 위태로웠을 것이다." 하였다. 뒤에 장렬이 재상이 되었을 때 그것을 읽고는 마음이 편치 않았는데, 오긍이 쓴 것을 알고는 곧 태연하게 모른 체하고 말하기를 "劉生(劉子玄)이 魏齊公의 일을 기록한 것에 조금도 용서하지 않고 썼으니 어찌하겠소?" 하였다. 오긍이 말하기를 "유자현이 이미 죽었으니 지하에서 모함을 받게 할 수는 없습니다. 제가 실로 그것을 썼으니 그 초고가 예전 그대로 있습니다." 하니 들은 사람들이 그 정직에 감탄하였다. 장렬이 누차 사사로운 뜻으로 고쳐주기를 기대하였으나 사절하면서 "공의 개인적인 뜻을 따라주면 어찌 實錄이라고 부르겠습니까?" 하고 결국 고치지 않았다. 세상에서 오늘날의 董狐라고 하였다.

附錄2

索 引

索引凡例 ·· 219

綜合索引 ·· 223

貞觀政要人名官職索引 ······························· 331

論評者人名索引 ··· 372

索引凡例

1. 색인의 대상

본서의 색인은 ≪譯註 貞觀政要集論≫(全4冊)의 原文 중 吳兢(唐)의 ≪貞觀政要≫ 本文과 戈直(元)의 集論을 대상으로 하였다.

2. 색인의 종류

1) 색인은 〈綜合索引〉을 작성하고, 주제별 색인인 〈貞觀政要人名官職索引〉, 〈評論者人名索引〉으로 구분하여 작성하였다.

2) 〈綜合索引〉에는 吳兢(唐)의 ≪貞觀政要≫의 本文과 戈直(元)의 集論에서 색인어를 추출하였다. 또 주제별 색인인 〈貞觀政要人名官職索引〉, 〈論評者人名索引〉을 편입시켜 종합적으로 참조할 수 있게 하였다.

3) 〈貞觀政要人名官職索引〉은 吳兢(唐)의 ≪貞觀政要≫ 本文에서 人物과 官職에 관련된 색인어를 추출하였다. 인물에 관한 색인어는 해당 인물의 발언, 인물 간의 問答, 上疏, 行跡 및 인물의 評價 등을 종속항목에 추출하였으며, 관직에 관한 색인어는 해당 관직에 있던 人名을 종속항목으로 추출하여 참조할 수 있게 하였다.

4) 〈論評者人名索引〉은 戈直(元)의 集論에서 인용된 論評者의 人名을 색인어로 추출하고 관련된 내용을 종속항목으로 추출하여 참조할 수 있게 하였다.

3. 색인 작성 방법

1) 索引語

(1) 색인어는 人名, 地名, 國名, 書名, 官職名, 物名 등의 고유명사와 주요 用語 및 특수하게 사용된 語彙 등을 중심으로 추출하였다.

(2) 〈綜合索引〉에서는 ≪貞觀政要≫ 本文과 集論을 구별하기 위해 集論의 색인어 해당

쪽수 뒤에 (集)으로 표기하였다. 또한 集論에서 반복해서 나오는 ≪貞觀政要≫ 本文의 어휘는 색인어로 추출하지 않았다.

예) 〈綜合索引〉 중 ≪貞觀政要≫ 本文의 색인어 : 賈后(晉) 1-234

〈綜合索引〉 중 集論의 색인어 : 格物致知 1-66(集)

(3) 해당색인어의 변별력을 높이고 내용을 전달하기 위해 부가정보를 ( ) 안에 표기하였다. 특히, 書名, 官職, 年號, 地名, 建物 등을 밝혔다.

예) 諫議大夫(官名)　　碣石(地)　　甘泉(賦)
　　甘泉宮(建物)　　開元(年號)　　大功九月(服制)
　　詩經(書)　　冏命(篇名)　　大寶(箴)

2) 人名

(1) 人名의 경우 ( ) 안에 時代와 國名, 기타사항을 부기하여 同名異人을 구분하였다. 시대가 불확실한 경우에는 人으로 표시하였다.

예) 桓公(春秋 齊)　　伯夷(孤竹國)　　錄圖(人)
　　桓公(春秋 魯)　　伯夷(舜之臣)　　賈公彦(唐)

(2) 人名의 경우 일반적으로 통용되는 名稱을 정하고 異稱, 略稱, 別稱 등을 추출하여 색인어를 상호 참조하게 하였다.

예) 太宗(唐)←唐太宗, 文皇, 秦王　　魏徵(唐)←文貞, 魏鄭公, 鄭國公
　　管仲(春秋 齊)←夷吾　　孔子(春秋 魯)←孔丘, 尼父, 夫子

(3) 天子와 諸侯는 '諡號'로 된 명칭을 대표 표제어로 삼아서 상호 참조하게 하였다. 漢나라 이후의 제후들은 인명을 대표 표제어로 삼았다.

예) 武丁→高宗(殷)　　高宗(殷)←武丁
　　小白→桓公(春秋 齊)　　桓公(春秋 齊)←小白

(4) 人名이 2인 이상 合稱으로 쓰인 경우 색인어를 따로 뽑아서 상호 참조하게 하였다. 또한 姓氏名으로 표기된 集論의 論者는 姓名으로 색인어를 추출하였다. 다만 堯舜이 聖君의 의미로만 쓰인 경우 따로 뽑지 않았다.

예) 文景 → 文帝(漢), 景帝(漢)　　英衛 → 李勣(唐), 李靖(唐)
　　胡氏寅 : 胡寅(北宋)

3) 書名

(1) 書名 뒤에는 '書'라고 부기하였으며, 異稱은 상호 참조하게 하였다. 다만 ≪詩

經≫, ≪書經≫, ≪周易≫ 등이 '詩云'이나 '詩曰' 등 略稱으로 쓰인 경우 完稱으로 색인어를 뽑았다.

예) 孟子(書) 書經(書)←尙書

'詩云', '詩曰'의 경우 : 詩經(書)

4) 年號

(1) 年號는 관련된 내용을 종속항목에 추출하였으며, 특히 貞觀의 경우 ( ) 안에 해당 年을 표기하고 그 순서로 나열하였다.

예) 貞觀(年號) 1-171(集), 3-134(集)

——(1年) 房玄齡等論功一等 2-86

——(1年) 王珪 黃門侍郎兼太子右庶子 1-186

——(2年) 高季輔上疏 顚倒昭穆 3-163

——(2年) 杜如晦 檢校侍中 1-166

——(3年) 關中豐熟 咸自歸鄕 1-144

5) 從屬項目

(1) 종속항목은 人名, 官職, 書名 등의 색인어 중 관련된 내용을 추출하였다.

(2) ≪貞觀政要≫는 君臣間의 對話(太宗과 侍臣, 重臣, 下級官僚, 使臣 간의 대화), 臣下의 上疏 등 章奏, 인물과 관련한 記事로 이루어져 있다. 이러한 특성을 반영하여 太宗의 下問이나 詔答 등은 관련 인명을 뽑고 관련 내용을 표제어로 추출하였으며, 臣下의 경우 해당 인물의 官職, 上疏, 태종에 대한 問答 등에서 종속항목의 표제어를 추출하였다.

예) 太宗(唐)

—— 問魏徵 明君暗君 1-62

—— 謂侍臣 爲君之道 必須先存百姓 1-57

—— ——— 割股以啖腹 腹飽而身斃 1-57

魏徵(唐)

—— 諫議大夫(官名) 1-58

—— 對曰 君之所以明者兼聽也 1-62

—— —— 聖哲之主 皆亦近取諸身 1-58

—— 上疏 骨肉爲行路 1-81

—— —— 懼滿溢 則思江海下百川 1-83

(3) 上疏, 上書 등의 색인어는 종속항목에 인명이나 관련 내용을 함께 추출하였다.

예) 上疏
—— 魏徵 1-72, 80
—— 韋挺 1-246

上書
—— 賈誼 1-295
—— 于志寧 2-217

(4) 官職은 종속항목에 해당 인명을 함께 추출하였다.

예) 諫議大夫(官名)
——— 王珪 1-191(集)
——— 魏徵 1-58

(5) 書名은 종속항목에 해당 내용을 함께 추출하였다.

예) 詩經(書)
—— 先人有言 詢於芻蕘 1-62
—— 維虺維蛇 女子之祥 4-69(集)

4. 항목 배열 및 표시

1) 색인어의 배열은 한글 가나다 순서를 따랐으며 두음법칙을 적용하였다.

2) 색인어의 위치는 '冊數-面數'의 형태로 하고, 冊數와 面數는 아라비아숫자로 표시하였으며, 같은 책은 面數가 다른 경우에는 冊數는 생략하고 面數만 ','로 이어 표기하였다.

예) 大寶(箴) 3-217, 225(集)

3) 색인에 사용한 부호는 다음과 같다.

—— : 동일한 표제어 생략 표시
→ : 대표 표제어로 나간 표시
← : 대표 표제어로 모아주는 표시
( ) : 색인어에 대한 부가정보 표시
, : 面數와 面數의 구분

綜合索引

【ㄱ】

苛刻之吏 2-308
賈馬→賈誼(漢), 司馬相如(漢) 3-313
駕士(官名) 2-222
賈山(漢) 1-249(集), 3-242(集)
家相 1-328(集)
稼穡 3-129(集)
賈生→賈誼(漢)
—— 厝火積薪 1-70(集)
—— 陳事於文帝 咸殷勤於端士 2-222
賈崇(唐)
—— 戴州刺史(官名) 3-243
—— 以所部有犯十惡者 御史劾之 3-243
賈誼(漢)←賈馬, 賈生 2-148(集), 150, 3-181(集)
—— 可爲長歎息者六 1-279
—— 可爲痛哭者一 1-279
—— 公私之積 猶可哀痛 3-273(集)
—— 少成若天性 習慣如自然 2-206(集)
—— 禮不敢齒君之路馬……伯父伯舅 3-181(集)
—— 移風易俗……類非俗吏之所能爲也 3-142(集)
賈澤→劉賈(漢), 劉澤(漢) 2-87
可汗←單于 1-282, 3-280, 4-16, 29
賈后(晉) 1-234
閣門(建物) 2-280
刻玉之符 3-322
諫官 1-186, 191(集), 229, 231(集), 232(集)
諫大夫(官名) 2-64(集)
諫獵 4-59(集)
簡文→簡文帝(梁) 3-63
諫疏 3-82(集)
諫臣 1-245(集), 291(集), 2-159(集), 225(集), 3-301(集)
干籥 2-150
諫苑(書) 2-206, 208(集)
諫議 4-51(集)
諫議大夫(官名)
———— 谷那律 4-50
———— 王珪 1-186, 229, 3-140, 211
———— 魏徵 1-58, 172
———— 褚遂良 1-254, 2-131, 135, 178, 3-96, 154, 298
諫諍 1-105, 151(集), 183(集), 188, 226, 234, 245(集), 248, 2-207, 3-216, 4-40, 104(集)
—— 之道 1-89(集)
—— 之臣 1-143(集)
簡點 1-301, 302, 305(集)
簡點使(官名)
——— 封德彝 1-301
諫旌(進善旌) 1-228(集)
干戚(祭器) 3-131
間平→劉德(漢), 劉蒼(後漢) 2-273
碣石(地)←遼碣 3-312
鑑戒 3-64

鑑誡 2-173, 3-126, 156
監軍(官名) 2-48(集)
甘棠(國) 3-262
監門 2-217
監門校尉(官名) 2-280
監司(官名) 2-48(集)
監修 3-158(集)
監修國史(官名)
———— 房玄齡 1-156, 158, 3-149
監察御史(官名)
———— 馬周 1-220
———— 陳師合 3-92
甘泉(賦) 3-149, 151(集)
甘泉宮(建物) 3-75
甲兵 3-236
甲仗 2-230
康國 3-290
江都(地) 1-192, 2-14(集), 244
—— 西閣之變(煬帝弑害) 2-14(集)
—— 宿衛 2-244
江都郡丞(官名) 3-89(集)
江陵(地) 3-63
康叔(周) 3-53(集)
康王(周)←成康 1-71(集), 2-287(集)
康子→季康子(春秋 魯) 1-140(集)
剛直 1-231(集), 2-71(集), 146, 159(集), 3-80(集), 4-60(集)
江充(漢) 2-189
江統(晉) 4-15
—— 之論(徙戎論) 4-26(集)
江夏王→李道宗(唐) 2-267, 3-53, 305
姜行本(唐)
——— 副將 3-292
江淮(地) 3-53, 286(集), 4-65
絳侯→周勃(漢) 3-286(集)
蓋公(漢) 1-241(集)
蓋牟城(地) 3-305
開府儀同三司(官名)
————— 尉遲敬德 3-303
蓋蘇文(高句麗) 3-267, 297
開元(年號) 3-134(集), 135(集), 4-35(集)
開皇(年號) 1-112(集), 2-105, 3-272
賡載歌 4-79(集)
莒(春秋) 2-20
鉅橋(建物) 3-113(集)
鉅鹿(地) 1-172
巨鹿(地) 2-192
渠搜(地) 1-285(集)
車服 3-28, 177(集)
—— 不繫其夫 3-177(集)
—— 婚嫁喪葬 3-28
建武(年號) 3-275(集), 291(集), 4-13, 83
乾元殿(建物) 1-262, 266
建昌(地) 2-264
建昌令(官名)
——— 袁承序 2-264
桀(夏)←桀紂 夏桀 1-71(集), 73, 118, 120(集), 123, 138(集), 2-262, 3-326
桀紂→桀(夏) 1-267, 313(集), 2-177(集), 3-63, 4-62
—— 事吾君 而欲爲忠臣乎 1-312(集)
—— 雖是天子 2-173
—— 以之亂 2-312
—— 以匹夫比之 2-18, 19(集), 3-18
—— 罪人其亡也忽焉 3-312
—— 之名 而不怒 1-270(集)
—— 之主 1-270(集)
—— 天下之至惡 1-270(集)
—— 必應斫之 2-173
檢校侍中(官名)
———— 杜如晦 1-166
檢校中書令(官名)
————— 李靖 1-193
格物致知 1-66(集)
結褵 3-171
結繩

——之治 1-129(集)
——之化 2-96
蒹葭(篇名)
—— 詩經(書) 1-281(集)
兼聽 1-62, 65(集), 66(集)
景公(春秋 齊)←齊景公
—— 懼而修德 後十六日而星沒 4-67
景公(春秋 晉)←晉侯
京官(官名) 1-95, 2-63, 66(集)
—— 五品 2-63, 66(集)
敬君弘(唐) 2-238(集)
——— 屯營將軍(官名) 2-234
耿弇(後漢) 3-305, 307(集)
瓊宮(建物) 3-35(集)
卿大夫士 2-182(集)
冏命(篇名)
—— 書經(書) 1-314(集)
京房(漢)
—— 臣恐後之視今 亦猶今之視古 3-110
京師(地) 1-136, 144, 146, 210, 220, 3-179(集), 4-26(集)
京城(地) 1-192, 295, 2-84
瓊室(建物) 2-198
經緯 3-153(集)
景帝(漢)←文景, 漢景帝 2-131, 189
—— 以錦繡綦組妨害女工 特詔除之 3-108
京兆(地) 1-164, 192
敬宗(唐)←穆敬懿僖
鯁直之士 3-225(集)
黥布(漢) 4-81
契(唐虞)←稷契 1-102(集), 105(集), 312(集), 313(集), 2-35, 143(集), 287(集), 301
啓(夏)←夏啓 2-93
季康子(春秋 魯)←康子 1-140(集)
階級 1-335, 3-71, 72(集)
契丹(部族) 3-297
啓民→啓民可汗(突厥) 3-275(集)
啓民可汗(突厥)←啓民, 啓人 3-274, 275(集)
季孫(春秋 魯) 3-37
季友(春秋 魯) 3-156
啓人→啓民可汗(突厥) 3-274
季子→季札(春秋 吳) 2-320(集)
桂州都督(官名)
———— 李弘節 2-251
季札(春秋 吳)←季子, 延陵 2-320(集)
季布(漢) 2-263(集)
階品 1-103, 105(集), 2-57
契苾何力(唐) 1-228(集)
鼓(地) 3-20
高熲(隋) 2-284, 3-83
高季輔(唐)
——— 上疏 帝子拜諸叔 諸叔亦卽答拜 王爵旣同 3-163
——— 中書舍人(官名) 3-163
——— 之言 3-165(集)
——— 太子右庶子(官名) 1-286
瞽鯀→瞽叟(唐虞), 鯀(唐虞) 3-174(集)
股肱 1-113, 115, 141(集), 191(集), 327, 2-17(集), 25, 315, 3-227(集), 232, 4-78, 102
—— 罄帷幄之謀 2-318
—— 良哉 庶事康哉 2-25, 4-79(集)
—— 無良 4-38
—— 齊契同心 2-25
—— 之力 2-315, 3-95, 232
—— 惰哉 萬事墮哉 2-25, 4-79(集)
—— 喜哉 元首起哉 4-79(集)
高句麗(國)←高麗, 遼主
高貴鄕公(三國 魏) 2-96
高堂生(漢) 3-136
高臺廣室 1-257(集)
高德儒(隋) 3-89(集)
皐陶(唐虞)←咎繇 1-102(集), 112(集), 105(集), 313(集), 2-143(集), 253(集), 287(集), 293(集), 3-15(集), 4-79(集)
—— 謨行言聽 1-312(集)

── 九德 1-190(集)
── 先言元首 2-17(集)
── 元首叢脞哉 1-289(集)
── 載采采 2-83(集)
高麗→高句麗(國) 1-142, 143(集), 213, 289(集), 3-60, 131, 204(集), 264, 277(集), 287, 298, 300(集), 302(集), 303, 304(集), 305, 306(集), 310, 312, 316, 4-108(集)
── 美女之貢 3-269(集)
高麗王 3-267
顧命大臣 1-215(集)
高廟→高祖(漢) 4-55
瞽史 4-70(集)
考使(官名) 3-178, 4-62
高士廉(唐)
─── 吏部尙書(官名) 3-168
─── 尙書右僕射(官名) 2-134~135
─── 養百姓 2-135, 137(集)
─── 右僕射(官名) 1-326
─── 進定氏族等第 遂以崔幹爲第一等氏族 3-169
考選 3-226(集)
瞽叟(唐虞)←瞽鯀 3-174(集)
顧野王(梁) 2-272(集)
高陽公主(唐)←公主
高陽氏 2-62(集)
─── 才子八人 2-62(集)
─── 齊聖廣淵明允篤誠 2-62(集)
古語
── 君舟也 人水也 水能載舟 亦能覆舟 1-117
── 小人之幸……善人喑啞 3-249
故諺
── 欲人不知……莫若勿言 2-311~312
高延屬(高句麗)
─── 耨薩(官名) 2-267
高延壽(高句麗) 3-304(集)
高緯(北齊) 3-89
古人 1-270(集), 2-51(集), 52(集), 84(集), 239, 308, 3-156, 4-67
── 苦藥利病 苦口利行 2-210
── 君爲善者 多不能堅守其事 4-91
── 君猶器也 人猶水也 3-63
── 勤於學問 謂之懿德 3-146
── 內擧不避親 外擧不避仇 2-293
── 代亂則讒勝 3-85
── 靡不有初 鮮克有終 3-46
── 未信而諫則以爲謗己 信而不諫則謂之尸祿 1-251
── 兵猶火也 弗戢 將自焚 2-279
── 不作無益害有益 3-28
── 不學墻面 莅事惟煩 3-99
── 譬之種樹 4-72
── 所勉者 喪之實也 3-189(集)
── 所謂才者 兼德行而言也 2-61(集)
── 所以貴君子而賤小人 2-40
── 臣立忠之事 1-242
── 亦以官不得其才 比於畫地作餠不可食也 2-43
── 王者 須爲官擇人 2-59
── 危而不持 顚而不扶 焉用彼相 1-118
── 有言 農夫勞而君子養焉 4-75
── 有言 勿以小惡而不去 小善而不爲 2-208
── 有言心爲萬事主 2-209
── 以事任人 事省則職省 2-46(集)
── 以爲難 綱以爲易 2-139
── 以爲 如日月之蝕 人皆見之 3-75
── 以片言干知己 1-279
── 一心可以事百君 2-141(集), 265
── 制禮之意 3-189(集)
── 鳥棲於林……皆由貪餌故 3-126
── 鬻棺者 欲歲之疫 非疾於人 3-211
── 之情 或有未達 3-182
── 之震怒 將以懲惡 2-31
── 之懸遠乎 2-308

—— 稱禮云禮云 玉帛云乎哉 3-193
—— 稱一言之重 侔於千金 1-276
—— 賢者多財損其志 愚者多財生其過 3-120
—— 禍福無門 惟人所召 3-126
高藏(高句麗) 3-267
郜鼎(物) 3-265
古制 2-50(集), 117(集), 143(集), 3-103(集), 179(集), 189(集), 4-50(集)
高帝→高祖(漢) 4-81
高祖(唐)←唐高祖, 唐公, 唐祖, 太上皇 1-155, 192, 203, 210, 2-87, 239, 250(集), 258(集), 273, 3-156, 188(集)
—— 實錄 3-156
—— 太原留守(官名) 1-192
高祖(漢)←高廟, 高帝, 沛公, 漢高, 漢高祖, 漢高帝 漢王, 漢祖, 漢皇 2-20, 189, 3-108, 156
—— 初入關 放離宮之人 還親屬 3-56(集)
高祖→文帝(隋) 1-309(集)
高宗(唐)←李治, 晉王, 太子, 皇太子 1-155, 192, 203, 210, 213, 215(集), 319(集), 2-42(集), 125(集), 166(集), 178(集), 258(集) 3-258(集)
—— 能諫於其父 1-291(集)
—— 封禪 1-319(集)
—— 幼在朕膝前 每見朕心說諫者 1-290
—— 進諫 1-290
高宗(殷)←商宗 1-151(集), 161(集), 2-50(集), 3-102
—— 舊勞于外 爰曁小人 4-44(集)
高州(地) 3-283
高甑生(唐)
——— 誣告靖謀逆 減死徙邊 3-230
——— 鹽澤道行軍總管 岷州都督(官名) 3-230
——— 坐違李靖節度 3-230
鼓車(物) 1-282
高昌(國) 2-19, 20, 24(集), 3-131, 292, 293(集), 294(集), 300(集), 311, 4-27, 29, 31, 34(集), 35(集)
高昌王 3-292, 4-27, 34
高漢帝→光武帝(後漢)
——— 乙夜觀書 2-154
高惠眞(高句麗) 3-304(集)
——— 褥薩(官名) 2-267
膏肓(病) 1-287(集), 3-51(集)
谷那律(唐)
——— 諫議大夫(官名) 4-50
——— 對曰 能以瓦爲之 必不漏 4-50
——— 嘗從太宗出獵 在途遇雨 4-50
——— 以儒學之臣 居諫議之職 4-51(集)
——— 褚遂良嘗稱爲九經庫 4-51(集)
穀梁→春秋穀梁傳(書)
—— 范甯 3-144(集), 145(集)
穀梁赤(春秋 魯) 3-136
斛律光(北齊)←斛律明月
斛律明月→斛律光(北齊) 3-83
穀林(地) 3-37
曲直 2-310, 3-14(集)
鯀(唐虞)←瞽鯀, 共鯀 1-62, 3-81(集)
崑丘→崑崙(地) 3-324
崑崙(地)←崑丘 1-285(集)
閫奧 3-140(集)
閫外 1-169(集)
貢→禹貢(篇名) 3-260(集)
公卿 1-178, 226, 330, 332, 2-65(集), 318, 3-76, 104, 125(集), 170, 209(集), 4-83
—— 奏 宮中卑濕 請營一閣以居之 3-30
—— 必得其人 諸侯不敢越亂法度 2-120
公卿大夫 2-42(集), 3-30(集)
公卿大臣 3-140, 142(集)
公卿士 3-46
共鯀→共工(唐虞), 鯀(唐虞) 1-62
共工(唐虞)←共鯀, 共驩 1-62, 3-91(集)
孔丘→孔子(春秋 魯) 2-218
孔伋(戰國 魯)

—— 則哭之爲位 3-185
公道 1-310, 2-67, 81, 285, 304, 3-231(集), 4-88
公孫僑(春秋 鄭)←東里
孔老→孔子(春秋 魯), 老子(春秋 陳) 3-234
孔甫(宋)
—— 論太宗任諫官 1-231(集)
工部(官司) 2-71(集)
工部尙書(官名)
———— 段綸 3-71
貢使 3-267(集)
功臣 2-30, 40, 42(集), 57, 87, 89(集), 90, 112, 144, 3-70(集), 89, 230, 294(集), 4-81, 82(集)
孔顔→孔子(春秋 魯), 顔淵(春秋 魯) 3-130(集)
孔安國(漢) 3-136
——— 書 3-144(集)
——— 人以君爲命……故可畏 4-73
公羊→春秋公羊傳(書) 3-144(集)
公羊高(春秋 魯) 3-136
孔穎達(唐) 2-206, 209
——— 國子祭酒(官名) 3-143
——— 給事中(官名) 3-49
——— 對曰 內蘊神明 外須玄默 3-49
——— 對曰 蒙國厚恩 死無所恨 2-207
——— 侍講 2-208
——— 愈廣規諫之道 2-207
——— 之對 箴其膏肓 3-51(集)
——— 撰定疏義 3-145(集)
——— 太子右庶子(官名) 2-206
——— 孝經義疏(書) 2-207
公儀休(春秋 魯) 3-118
——— 性嗜魚而不受人魚 3-118
孔壬 3-91(集)
孔子(春秋 魯)←孔丘, 孔老, 孔顔, 尼父, 夫子, 周孔, 仲尼 1-93(集), 128(集), 140(集), 2-285, 3-16, 18, 26, 32, 51(集), 66(集), 86, 102, 135(集), 268(集), 304(集), 308, 4-51(集) 96, 106(集)
—— 去食去兵 無信不立 1-305(集)
—— 古之聽獄 求所以生之 2-309
—— 官事不攝 焉得儉 2-43~44
—— 九思 1-90(集)
—— 君猶舟也 人猶水也 4-73
—— 今之聽獄 求所以殺之 2-309
—— 其五 諷諫 4-51(集)
—— 廟堂 3-135(集)
—— 不貴盟誓而善胥命 1-216(集)
—— 不以道遵之……若何其無畏 4-91
—— 水所以載舟 亦所以覆舟 4-73
—— 魚失水則死 水失魚猶爲水 2-31
—— 言而莫予違 1-289(集)
—— 又有好忘甚於此者 丘見桀紂之君 乃忘其身 2-18
—— 惟度主以行之 吾從其諷諫乎 4-51(集)
—— 有人好忘者移宅 乃忘其妻 2-18
—— 周公以爲才 2-61(集)
—— 忠臣之諫君 有五義焉 4-51(集)
—— 稱其仁 1-233
孔子家語(書) 4-51(集)
———— 諷諫 4-51(集)
———— 善人之芝蘭 惡人之鮑魚 3-91(集)
———— 惟度主以行之 吾從其諷諫乎 4-51(集)
———— 載舟覆舟 1-82
———— 忠臣之諫君 有五義焉 4-51(集)
工匠 2-209~210
公主→高陽公主(唐) 3-175(集)
孔叢子(書)
——— 一心可以事百君 2-141(集)
公平 2-81, 277, 285, 287(集), 291, 305
恭顯→弘恭(漢), 石顯(漢) 2-192
共驩→共工(唐虞), 驩兜(唐虞) 3-91(集)
戈直(元)
—— 諫者之剴切……則一而已 4-54(集)
—— 建中建極 湯武之學也 3-130(集)
—— 高麗四拒隋師 五拒唐師 非有謀臣良將

3-304(集)
—— 觀周子之書 有剛惡柔惡之說 3-279(集)
—— 論高宗諫於其父 1-291(集)
—— 論康國請歸附 竟不納 3-291(集)
—— 論桀紂顏閔之事 2-19(集)
—— 論儉約者人之所難能 3-42(集)
—— 論儉約者中人之所不堪 3-44(集)
—— 論謙讓 3-48(集)
—— 論兼職 2-47(集)
—— 論高昌平定後太宗魏徵之戒 2-24(集)
—— 論貢賦 3-260(集)
—— 論孔穎達善於格君心 3-52(集)
—— 論求忠臣於孝子之門 2-271(集)
—— 論君上敎天下以孝 3-192(集)
—— 論群臣近來都不論事 1-252(集)
—— 論君於卿大夫 公義 3-60(集)
—— 論君行之而不以爲恥 3-296(集)
—— 論規諫太子 2-208(集)
—— 論奴告其主 3-215(集)
—— 論唐高宗武后應災異 4-70(集)
—— 論唐制諫官入閣 1-232(集)
—— 論唐制三省尙書 2-71(集)
—— 論唐中書門下尙書制 1-102(集)
—— 論唐之君臣知樂之本 3-197(集)
—— 論唐之疏義 3-145(集)
—— 論唐七德之舞 3-201(集)
—— 論大臣之用人 唯其公而已 2-294(集)
—— 論道之以德 齊之以禮 3-166(集)
—— 論杜讒邪 3-87(集)
—— 論遼東之役 2-269(集)
—— 論劉洎上疏 2-160(集)
—— 論李大亮求鷹之諫 1-278(集)
—— 論李百藥文辭流麗 2-206(集)
—— 論李勣爲人 1-219(集)
—— 論李靖知兵 1-201(集)
—— 論馬周此疏能責難於其君 3-114(集)
—— 論務農 3-208(集)
—— 論薄太后之言 3-286(集)
—— 論辯興亡 3-271(集)
—— 論本支尤盛 退讓不伐 3-53(集)
—— 論封建制 2-121(集)
—— 論封德彝用法律 2-284(集)
—— 論封德彝諂佞人 2-57(集)
—— 論封禪 1-321(集)
—— 論不能以三代爲法故戒 3-257(集)
—— 論不知古者之制 未嘗薄 3-189(集)
—— 論司馬氏之書 3-151(集)
—— 論賜書韋挺 1-248(集)
—— 論謝叔方可謂忠義 2 238(集)
—— 論史行昌有孝于其母之心 2-276(集)
—— 論三公 2-143(集)
—— 論祥瑞 4-64(集)
—— 論常何擧馬周 1-225(集)
—— 論薛仁方之事 1-325(集)
—— 論省官 2-47(集)
—— 論聖人復起 不易斯言 3-310(集)
—— 論蘇軾言房杜傳無可載之功 1-171(集)
—— 論遂良之言 3-155(集)
—— 論隋文帝爲君 1-60(集)
—— 論隋煬帝與唐太宗 1-137(集)
—— 論巡幸 4-45(集)
—— 論崇儉德始 3-126(集)
—— 論愼所好 3-67(集)
—— 論愼始終 4-104(集)
—— 論愼終 4-79(集)
—— 論禮樂 3-162(集)
—— 論王珪爲諫官 1-60(集)
—— 論堯君素爲賢 2-263(集)
—— 論姚思廉九成之諫 1-275(集)
—— 論虞世基兄弟 人比之晉二陸 2-272(集)
—— 論虞世南 1-60(集)
—— 論魏徵諫獵之辭 4-59(集)
—— 論魏徵諫淩敬之事 1-333(集)
—— 論魏徵諫越王之事 1-331(集)
—— 論魏徵擧六正六邪 2-83(集)
—— 論魏徵論吳亡之事 3-277(集)

—— 論魏徵論的實 4-107(集)
—— 論魏徵三代遺直 1-185(集)
—— 論魏徵上書 2-37(集)
—— 論魏徵所言 2-258(集)
—— 論魏徵市馬之諫 1-285(集)
—— 論魏徵愼言愼行 3-76(集)
—— 論魏徵愼終如始 4-87(集)
—— 論魏徵言始終弗渝 4-106(集)
—— 論魏徵言原免逋債 1-305(集)
—— 論魏徵言才行俱兼 2-62(集)
—— 論魏徵曰甚難 1-92(集)
—— 論魏徵二疏 1-90(集)
—— 論魏徵以忠直 4-26(集)
—— 論魏徵張猛直諫爲是 4-54(集)
—— 論魏徵奏權萬紀李仁發 1-309(集)
—— 論魏徵之諫爭 2-255(集)
—— 論魏徵之能正君 3-25(集)
—— 論魏徵之明見 2-320(集)
—— 論魏徵之言 覺大錯誤 3-103(集)
—— 論魏徵之言主於誠信 3-24(集)
—— 論魏徵忠良之言 1-314(集)
—— 論魏徵忠愛其君者 3-242(集)
—— 論應天以實 3-206(集)
—— 論議征伐 3-289(集)
—— 論李道宗能盡臣子之義 3-307(集)
—— 論以夫子爲先聖 實始於太宗 3-134(集)
—— 論李元嘉李元軌 2-275(集)
—— 論人心正而風俗美 2-230(集)
—— 論刺史縣令澤其人 2-66(集)
—— 論岑文本變災爲祥 4-76(集)
—— 論長孫無忌 1-289(集)
—— 論長孫皇后之賢 3-258(集)
—— 論張蘊古之罪 3-227(集)
—— 論張玄素疏 1-271(集)
—— 論宰相之職 1-328(集)
—— 論宰相之職 2-51(集)
—— 論褚遂良之疏 2-182(集)
—— 論畋獵 4-49(集)
—— 論精選師傅之事 2-145(集)
—— 論帝王保治 厥有旨 3-321(集)
—— 論帝王保治之道 3-264(集)
—— 論諸侯王善惡錄 2-172(集)
—— 論宗欲殺宮人之事 1-273(集)
—— 論宗之仁言 3-209(集)
—— 論知太宗以仁義爲治 2-228(集)
—— 論進諫之誠 納諫之美 1-262(集)
—— 論陳叔達直言 2-250(集)
—— 論眞儒 3-142(集)
—— 論讒邪無得而間 3-91(集)
—— 論創業守成 1-71(集)
—— 論天元其剛惡 齊主其柔惡 3-279(集)
—— 論太子禮敬李綱 2-141(集)
—— 論太子諸王定分 2-137(集)
—— 論太宗嘉古之忠臣 2-261(集)
—— 論太宗假仁義以濟私欲 3-160(集)
—— 論太宗却莫離支之獻則善 3-267(集)
—— 論太宗各造邸第 3-179(集)
—— 論太宗鑑後世之失 3-261(集)
—— 論太宗改李緯之職 2-84(集)
—— 論太宗寬仁 3-123(集)
—— 論太宗教戒諸王 2-177(集)
—— 論太宗求諫 1-143(集), 227(集)
—— 論太宗君德之累 2-253(集)
—— 論太宗勸大臣受諫 1-241(集)
—— 論太宗貴簡約貴常定 3-255(集)
—— 論太宗洛陽之役 1-271(集)
—— 論太宗納諫 1-339(集)
—— 論太宗納諫之德 3-328(集)
—— 論太宗杜如晦問答煬帝世基 1-237(集)
—— 論太宗得古人制國用之意 3-273(集)
—— 論太宗令禁斷戲具 3-72(集)
—— 論太宗令人自學 2-72(集)
—— 論太宗晚年所好 3-70(集)
—— 論太宗忘諸王定分 2-130(集)
—— 論太宗命東宮輔臣諫太子 2-163(集)
—— 論太宗無功而返 3-304(集)

—— 論太宗務廣地 4-35(集)
—— 論太宗問德仁功利 2-39(集)
—— 論太宗問獲善人之事 2-58(集)
—— 論太宗保其終 4-82(集)
—— 論太宗封功臣 2-89(集)
—— 論太宗不欲以詐 眞王言 3-15(集)
—— 論太宗不惑於神怪 3-69(集)
—— 論太宗分定子弟 2-125(集)
—— 論太宗備妃嬪 1-298(集)
—— 論太宗非常之恩 3-252(集)
—— 論太宗思欲革而正之 3-174(集)
—— 論太宗似有矜善之意 3-98(集)
—— 論太宗思政至三更 1-239(集)
—— 論太宗善始愼終虛言 4-85(集)
—— 論太宗所以處之失其道 2-216(集)
—— 論太宗數而責之 3-89(集)
—— 論太宗是擧 衆善集焉 2-293(集)
—— 論太宗身履行陣 2-231(集)
—— 論太宗臣下其知所以勸 3-120(集)
—— 論太宗深有以知其弊 3-245(集)
—— 論太宗甚矣 其雜而不純 3-121(集)
—— 論太宗愛民之心 3-58(集)
—— 論太宗於公主之降 2-290(集)
—— 論太宗言君臣合契 2-14(集)
—— 論太宗言魏徵隨事諫正 1-254(集)
—— 論太宗英武 3-282(集)
—— 論太宗五常 3-27(集)
—— 論太宗獄事 3-247(集)
—— 論太宗王珪問答 1-105(集)
—— 論太宗遇物誨諭 2-165(集)
—— 論太宗爲要論 3-153(集)
—— 論太宗魏徵問答 1-60(集)
—— 論太宗魏徵問答科差 1-135(集)
—— 論太宗魏徵問答君難臣理 1-141(集)
—— 論太宗魏徵言隋煬帝之事 2-14(集)
—— 論太宗謂治國與養病無異 1-115(集)
—— 論太宗爲賢君 3-82(集)
—— 論太宗義而許之 2-243(集)
—— 論太宗意定志決而皆莫之從 3-302(集)
—— 論太宗以戒其臣 以自戒 3-117(集)
—— 論太宗以臣心爲心 1-120(集)
—— 論太宗以臣爲耳目 1-117(集)
—— 論太宗以王珪爲魏王師 2-147(集)
—— 論太宗以廷臣封事激勵 1-245(集)
—— 論太宗以進言比藥石金鏡 1-287(集)
—— 論太宗人倫之主 3-177(集)
—— 論太宗貞觀之治 1-60(集)
—— 論太宗制太子接三師儀注 2-148(集)
—— 論太宗從諫之美 4-51(集)
—— 論太宗從諫罷獵 4-60(集)
—— 論太宗從魏徵而不從封德彛 1-130(集)
—— 論太宗之儉約 3-35(集)
—— 論太宗之公道 3-231(集)
—— 論太宗至公無私 2-280(集)
—— 論太宗志寧胥失之 2-225(集)
—— 論太宗之世方之漢武致遠之功 3-294(集)
—— 論太宗之崇儒重道 3-140(集)
—— 論太宗之言 3-181(集)
—— 論太宗之言知本者 3-203(集)
—— 論太宗之言眞善喩 2-233(集)
—— 論太宗之爲君 1-151(集)
—— 論太宗知爲益之道 3-100(集)
—— 論太宗之意深遠 2-265(集)
—— 論太宗之意欲使天下之人 3-41(集)
—— 論太宗知人 2-287(集)
—— 論太宗之仁恕 3-62(集)
—— 論太宗之仁惻 3-57(集)
—— 論太宗知刺史治民之本 2-53(集)
—— 論太宗之詔 誠爲彝則 3-165(集)
—— 論太宗之好學 3-130(集)
—— 論太宗知化民之本 3-31(集)
—— 論太宗之後 馴致亂亡 咸其自取 2-42(集)
—— 論太宗寵李泰 2-134(集)
—— 論太宗勅之禁斷 3-167(集)
—— 論太宗親爲文以祭之 2-260(集)
—— 論太宗稱奬隋世忠義之臣 2-247(集)

—— 論太宗學論 後世醇儒 不能遠過 3-148(集)
—— 論太宗合三事 得其二失其一 3-96(集)
—— 論太宗賢君 3-268(集)
—— 論太宗好賢 2-267(集)
—— 論太宗和顔聽納 1-249(集)
—— 論太宗訓廉潔之爲美 3-127(集)
—— 論太宗恤刑之詔 3-229(集)
—— 論刑法 3-213(集)
—— 論皇甫德參上書 1-281(集)
—— 論悔過 3-101(集)
—— 明六經之道者 疏義 3-145(集)
—— 名物度數之詳 字義音釋之備 毫分縷析 3-145(集)
—— 不以祥瑞爲祥瑞 4-64(集)
—— 喪禮……不究古制禮之意者也 3-189(集)
—— 危微精一 舜禹之學也 3-130(集)
—— 劉洎之言 賢矣哉 3-155(集)
—— 允執厥中 堯之學也 3-130(集)
—— 以堯舜之政化爲大祥瑞 4-64(集)
—— 溺愛者不明 2-130(集)
—— 朝夕論思 日月獻納 1-278(集)
—— 天子諸侯不再娶 1-298(集)
—— 忠恕一貫 孔門師友之學也 3-130(集)
—— 虛心聽納之難 1-281(集)
—— 晦六經之道者 亦疏義 3-145(集)
郭(國) 1-259
郭崇韜(後唐)←崇韜
郭子儀(唐)←汾陽
霍去病(漢)←衛霍
霍光(漢)←霍子孟 2-177, 177(集), 3-142(集)
郭君(春秋 郭)
—— 善善而不能用 1-259
郭林宗(後漢) 2-174
霍王→李元軌(唐) 2-273, 275(集)
霍邑(地) 1-201(集)
霍邑之戰 1-201(集)
霍子孟→霍光(漢) 1-218(集)
郭孝恪(唐)
—— 長史 1-209
官爵 2-44, 267(集), 3-116, 170, 4-86
管記 1-155
關內(地) 1-264
關內道(地)←畿內道
官渡(地) 4-31
關東(地)
—— 給復一年 1-299
—— 困極 百姓離災 4-55
關龍逄(夏) 1-118, 120(集), 121(集), 242, 245(集), 2-73
官司 1-327, 3-283, 4-29, 42
苑監 4-42
管叔(周)←管蔡, 二叔
—— 蔡叔兄弟也而周公誅之 2-277
關外(地)
—— 給復一年 1-302
管子(書) 1-259, 2-301
—— 郭君善善而不能用 1-259
—— 郭君惡惡而不能去 1-259
—— 郭何故亡 1-259
—— 其善善而惡惡 1-259
—— 賞不以勸善 罰不以懲惡 2-81
—— 聖君任法 不任智 2-301
—— 任公 不任私 2-301
—— 齊桓公……所以亡也 1-259
關雎(篇名)
—— 詩經(書) 2-122(集)
管仲(齊)←夷吾 1-168(集), 174, 248(集), 318(集), 2-243(集), 3-24(集)
—— 封禪 1-318(集)
—— 不能知人……害霸也 3-20
—— 赦者小利而大害…久而不勝其福 3-251(集)
—— 束縛於魯時 2-20
—— 此極非其善者 然亦無害於霸 3-20
—— 霸者之良佐 3-22
關中(地)
—— 豈有傾敗 4-40

—— 免二年租稅 1-299, 302
—— 放離宮之人 還親屬 3-56
—— 之人 勞弊尤甚 4-99
—— 之任 身受重寄 2-247(集)
—— 豐熟 咸自歸鄕 1-144
—— 旱大饑 3-57
管蔡→管叔(周), 蔡叔(周) 3-156, 159(集)
—— 同處 而不爲管蔡之所化 3-91(集)
關河(地) 2-105
管轄(物) 2-67
括地志(書) 2-147(集)
光祿卿(官名)
——— 張猛 4-52
光祿大夫(官名)
———— 李靖 1-198
光武→光武帝(後漢) 1-61(集), 282, 3-307(集)
—— 卻名馬閉玉關 1-285(集)
—— 居河南單于於內郡 以爲漢藩翰 4-16
—— 年三十三 4-83
—— 每一發兵 不覺頭鬢爲白 3-287
—— 不任功臣以吏事 2-112
—— 所以爲盛德也 4-35(集)
—— 時在魯 知弇爲步所攻 3-307(集)
—— 有獻千里馬及寶劍者 1-282
—— 以天下初定 3-291(集)
—— 之恭勤儉約 1-61(集)
—— 閉玉關 謝西域 4-35(集)
—— 何其遠哉 1-325(集)
光武帝(後漢)←高漢帝, 光武
廣文館(建物) 3-131
廣陵思王→劉荊(後漢) 2-179
匡章→匡衡(漢), 韋玄成(漢) 2-192
匡衡(漢)←匡章
蒯聵(春秋 衛) 3-140
虢叔(周)
—— 周武王 2-141~142
郊祀(祭祀) 1-318(集)
交牀(物) 3-69
校尉(官名) 2-284(集), 3-227(集)
求諫→論求諫(篇名)
—— 貞觀政要(書) 1-228(集)
求諫 1-226, 227(集), 249(集), 256(集), 2-107
—— 可謂切矣 1-227(集)
—— 於群臣 1-256(集)
—— 之誠 1-228(集)
—— 之首 1-228(集)
九卿(官名)←九棘 3-180, 3-211
九經
—— 中庸(書) 1-60(集)
九經庫 4-51(集)
九官 2-47(集), 66(集), 73
九棘→九卿(官名) 3-211
九德
—— 書經(書) 1-84, 190(集)
九黎(部落) 1-123
九服之制(喪禮) 4-26(集)
九嬪(官名) 1-298(集)
九思
—— 論語(書) 1-90(集)
勾司(官名) 2-67
舊史(唐書) 3-151(集)
九成宮(建物) 1-175, 273, 3-122, 4-23
九式 2-215(集)
—— 冢宰 1-328(集)
歐陽高(漢)←歐陽氏
歐陽脩(北宋)
——— 論太宗之烈 1-147(集)
歐陽氏→歐陽高(漢) 3-145(集)
咎繇→皐陶(唐虞) 2-301, 308
九圍→九州 2-154
龜慈(地) 4-35(集)
龜鼎(器物) 2-93
九鼎(物) 2-96, 96, 3-265
九州←九圍 1-76, 4-19
九重
—— 高臺廣室 1-257(集)

—— 不能盡見天下事 1-116
—— 於內 所居不過容膝 3-217
—— 之崇高 撫四海之廣大 3-58(集)
—— 之尊 豈能周知 2-66(集)
勾踐(春秋 越)←越 3-308, 4-33(集)
—— 軾蛙 卒成霸業 3-308
麴文泰(高昌)
——— 死 3-292
——— 子弟 依舊爲國 4-31
國語(書)
—— 國之將興 君子自以爲不足 1-97(集)
—— 君以爲易 其難也將至 4-106(集)
—— 其亡也若有餘 1-97(集)
—— 昔趙盾匡晉 2-217
國子→國子學(官司) 3-131
—— 太學四門廣文 亦增置生員 3-131
國子學(官司)←國子, 國學
國子司業(官名)
———— 袁承家 2-264
國子祭酒(官名)
———— 孔穎達 3-143
國學→國子學(官司) 3-135(集), 140(集), 143
—— 稽式舊典 以仲尼爲先聖 3-131
—— 顏子爲先師顏子爲先師 3-131
—— 令祭酒司業博士講論 3-131
—— 增築學舍四百餘間 3-131
—— 之內 鼓篋升講筵者 幾至萬人 3-131
—— 畢 各賜以束帛 3-131
郡國 2-90, 178, 4-65, 100
郡吏(官名) 2-64(集)
君臣 1-73, 84, 113, 170(集), 174, 182(集), 184(集), 207(集), 208(集), 210, 225, 229, 233, 236, 237(集), 276, 287(集), 310, 329(集), 2-13, 14, 15, 17(集), 26, 34, 37, 125(集), 181(集), 215(集), 225(集), 298, 312, 320(集), 3-49, 60(集), 63, 87(集), 92, 95, 99, 130(集), 190(集), 197(集), 198, 271, 296(集), 4-86, 97, 102, 104(集)
—— 名教 竭忠盡節之事 2-139
—— 不相匡弼 4-38
—— 父子 不可斯須而廢也 3-16
—— 父子 政教之道 3-99
—— 父子尊卑長幼之道 2-209
—— 父子之道 問寢侍膳之方 2-139
—— 父子兄弟夫婦之間 皆有慙德 4-108(集)
—— 相儆之道 4-77(集)
—— 相須 以成至治 1-141(集)
—— 相疑 不能備盡肝膈 1-113
—— 上下 有非不諫 1-107(集)
—— 上下 通相疑也 2-308
—— 時命 胥會于玆 1-190(集)
—— 理國 多劣於前古 1-103
—— 一心 則君體其臣 臣體其君 1-120(集)
—— 長久 國無危敗 4-40
—— 之禮 父子之親 2-185
—— 之禮 表請收葬 1-210
—— 之相與責難者 4-79
—— 之義 同於父子 3-59
—— 之義 得不盡忠匡救乎 1-118
—— 悖禮 共侮徵舒 2-101
—— 合德者也 2-312
郡王(封爵) 2-87, 3-52
郡縣 2-116(集), 119(集), 122(集), 3-291(集), 4-14, 35(集)
—— 公天下 2-199~120(集)
—— 其地而臣妾其人哉 3-275
—— 其土 仁者不爲也 4-34
—— 乃畫壤列土 修明侯甸之法 2-118(集)
—— 以天下奉一人 人欲之私也 2-117(集)
—— 粗依秦法 2-178
—— 之制 人欲之私也 2-120(集)
—— 徵爭之 4-34(集)
屈突通(隋唐) 2-244, 247(集), 251
——— 武臣 2-248
——— 非臣不竭誠於國 2-244

——— 爲隋將共國家 戰於潼關 2-244
——— 向東南慟哭盡哀 2-244
屈宋→屈原(楚), 宋玉(楚)
—— 不足以升堂 2-154
屈原(楚)←屈宋 2-295
弓工(官名)
—— 木心不正 則脈理皆邪 1-95
—— ———— 表裏皆邪 1-98(集)
—— 借弓爲喩 1-97(集)
弓貫六勻 3-313
宮室→阿房宮(建物) 3-28
宮苑 3-208(集), 4-38, 42
權萬紀(唐)←封權 1-308, 309(集), 3-226(集)
——— 上言 宣饒二州諸山大有銀坑 3-123
——— 連州司馬(官名) 1-308
——— 持書侍御史(官名) 1-306, 3-215
——— 治書侍御史(官名) 3-123
權衡 2-78, 310, 3-14(集), 252(集)
餽間倫(晉)
——— 鼓之嗇夫……而鼓可得 3-20
規諫 1-185(集), 227, 4-41
—— 於臨時 而不能涵養於平昔 1-185(集)
—— 爲己任 1-183(集)
規諫之道 2-207, 208(集)
———— 固所未暇 2-157
規諫太子(篇名)
———— 貞觀政要(書) 2-183
極諫 1-242, 2-24
極刑 3-216, 227(集)
勤行
—— 三則斥棄群小 不聽讒言 3-97
—— 二則進用善人 共成政道 3-96~97
—— 一則鑑前代成敗事 以爲元龜 3-96
—— 三事 3-98(集)
禁衛(部隊) 3-311, 4-27(集)
錦衣(物) 1-257(集)
禽荒(書經) 4-49(集)
給事中(官名)
——— 孔穎達 3-49
——— 杜正倫 2-227, 3-73
——— 杜楚客 4-17
——— 魏徵 1-299, 307
——— 張玄素 1-262
汲黯(漢)
—— 內多欲 外施仁義 3-114(集)
夔(唐虞) 1-105(集), 2-143(集), 287(集)
紀綱 2-232(集)
起居郎(官名)
——— 褚遂良 1-205
起居舍人(官名)
———— 虞世南 2-271
起居注(官名)
——— 褚遂良 3-154
起居注(書) 3-73, 98(集)
畿內(地)
—— 事大 非魏徵 莫可 2-253
—— 之使 太宗寧使靖 2-255(集)
—— 戶口……來往數千 4-99
畿內道→關內道(地)
——— 未有其人 2-253
綺里季(漢)←園綺, 黃綺
麒麟(閣)(建物) 3-327
記室(官名)
—— 房玄齡 1-155, 165
—— 虞世南 1-202
祁午(春秋 晉) 2-294(集)
箕子(殷) 1-257(集), 2-247(集)
—— 佯狂而去 1-234
—— 佯狂自全 1-233
—— 陳洪範於周 2-26
—— 彼爲象箸……吾畏其卒也 1-257(集)
祁奚(春秋 晉) 2-294(集)
畿縣(地) 3-280
祁縣(地) 1-186
今文 3-145(集)
金鏡(物) 1-287(集), 3-224

金帶(物) 4-50
金輿(物) 4-47
金屋(建物) 3-325
金玉(物) 3-40
金甕(物) 1-304~305
金椀(物) 1-276
金壺餠(物) 1-276

【ㄴ】

那羅邇娑婆寐(天竺國)←娑婆寐
洛水←河洛
洛口倉(建物) 3-111
洛城門(建物) 4-71
洛陽(地)←東京, 東都, 陪京 1-262, 267, 271(集), 281(集), 2-239, 4-52
洛陽宮(建物) 4-38, 71
洛陽殿(建物) 3-125(集)
洛邑(地)←雒邑 1-270(集), 271(集)
雒邑(地)→洛邑 3-265
洛州(地)←懷洛
洛州刺史(官名)
———— 李緯 2-84
洛之役
——— 周公召公 1-328(集)
蘭陵公主(唐)
———— 太宗之女 1-335
鸞輿(物) 1-282
鑾輿(皇帝) 3-304(集)
欒黶(晉) 2-112
南宮(地) 1-271(集)
南面 1-61(集)
—— 臨下 皆欲配厚德於天地 1-72
南北
—— 一萬九百餘里 3-294(集)
—— 之謬 其有益於學者多矣 3-145(集)
南北朝 1-115(集), 3-145(集), 172(集)
——— 病跛鱉痱辟者也 1-115(集)
——— 之分 浸益訛舛 3-145(集)
——— 之弊 氏族之書 安得不作 3-173(集)
南單于(南匈奴) 4-16
南巢(地) 2-26
南衙(官司) 1-326, 329(集)
—— 北門之分乎 1-328(集)
—— 政事 不預北門營繕 1-328(集)
南岳(地) 3-78
南陽(地) 2-102
南陽太守(官名)
———— 弊布裸身 2-102
南越王←尉佗(前漢) 3-285(集)
南中(地) 2-285
南平公主(唐) 3-176
郎官(官名)
—— 出宰百里 2-64(集)
萊蕪(地) 2-102
藍田(地) 3-34
納諫 1-120(集), 151(集), 227(集), 259, 275(集), 278(集), 291(集), 2-225(集), 4-108(集)
—— 可以爲賢矣 1-241(集)
—— 皆人主情慾之際 人所難言 1-262(集)
—— 豈其天性之本然哉 1-339(集)
—— 亦可以爲難矣 1-227(集)
—— 由於志氣之自然 1-339(集)
—— 由於血氣之矯揉 1-339(集)
—— 而晩年有仆碑之失 4-108(集)
—— 之德 冠絶古今 3-329(集)
—— 之道者 可不孶孶而務聖人之學哉 1-339(集)
—— 之美 未能或之先也 1-228(集)
—— 之美 方之古昔 何以尙玆 1-262(集)
—— 之益 3-52(集)
—— 眞三代以下之所無有也 1-241(集)
納言 1-102(集), 107(集), 108(集)
納幣 3-172(集)

內府(篇名)
—— 周禮(書) 2-215(集)
內史侍郞(官名)
——— 虞世基 2-271, 272
內黃(地) 1-172
老子(春秋 陳)←孔老, 老釋, 老氏, 玄元, 黃老, 皇祖 3-317
—— 不善人者善人之資 1-150(集)
—— 善人者不善人之師 1-150(集)
—— 稱大辯若訥 3-77
老子→老子道德經(書) 3-63, 316
老子道德經(書)←老子
——— 兵者凶器 不得已而用之 3-287
——— 不見可欲 使民心不亂 3-28
——— 不出軒庭 坐知天壤 2-149
——— 愼終如始 3-202, 240
——— 域中之大 1-80
——— 知人者智 自知者明 2-71
——— 知足不辱 知止不殆 3-316
魯(春秋) 2-20, 102, 3-37, 156, 251(集), 265, 307(集)
— 受齊人女樂之歸而孔子行 3-268(集)
— 有蛇自泉宮出 4-70(集)
露臺(建物) 3-30, 108
路馬(物) 3-181(集)
魯穆公→穆公(魯) 2-26
老釋→老子, 釋氏 3-66(集)
盧植(後漢) 3-136
老氏→老子(春秋 陳) 3-63
魯哀公→哀公(春秋 魯) 2-18
魯哀王→李靈夔(唐) 2-273
路溫舒(漢) 2-312
魯莊公→莊公(春秋 魯) 3-161
潞州刺史(官名)
——— 李元嘉 2-273
鹿臺(建物) 1-76, 3-35(集)
錄圖(人)
—— 顓頊 2-141
鹿鳴(篇名)
—— 詩經(書) 1-245(集)
祿山→安祿山(唐)
——之亂 1-92(集)
祿秩 3-118
論儉約(篇名)
——— 貞觀政要(書) 3-28
論謙讓(篇名)
——— 貞觀政要(書) 3-46
論貢賦(篇名)
——— 貞觀政要(書) 3-259
論公平(篇名)
——— 貞觀政要(書) 2-277
論教誡太子諸王(篇名)
——————— 貞觀政要(書) 2-161
論禮樂(篇名)
——— 貞觀政要(書) 3-161
論務農(篇名)
——— 貞觀政要(書) 3-202
論文史(篇名)
——— 貞觀政要(書) 3-149
論封建(篇名)
——— 貞觀政要(書) 2-86
論赦令(篇名)
——— 貞觀政要(書) 3-249
論誠信(篇名)
——— 貞觀政要(書) 3-13
論愼終(篇名)
——— 貞觀政要(書) 4-78
論仁義(篇名)
——— 貞觀政要(書) 2-227
論仁惻(篇名)
——— 貞觀政要(書) 3-55
論任賢(篇名)
——— 貞觀政要(書) 1-153
論災祥(篇名)
——— 貞觀政要(書) 4-62
論畋獵(篇名)

——— 貞觀政要(書) 4-47
論政體(篇名)
——— 貞觀政要(書) 1-95
論尊敬師傅(篇名)
——— 貞觀政要(書) 2-139
論忠義(篇名)
——— 貞觀政要(書) 2-234
論太子諸王定分(篇名)
——— 貞觀政要(書) 2-124
論擇官(篇名)
——— 貞觀政要(書) 2-43
論行幸(篇名)
——— 貞觀政要(書) 4-37
論衡(書)
—— 辰日不哭 3-165
論刑法(篇名)
——— 貞觀政要(書) 3-211
論孝友(篇名)
——— 貞觀政要(書) 2-270
論諫 3-301(集)
論求諫(篇名)←求諫
——— 貞觀政要(書) 1-226
論君道(篇名)
——— 貞觀政要(書) 1-57
論君臣鑑戒(篇名)
————— 貞觀政要(書) 2-13
論納諫(篇名)
——— 貞觀政要(書) 1-259
論奢縱(篇名)
——— 貞觀政要(書) 3-106
論貪鄙(篇名)
——— 貞觀政要(書) 3-116
論貪鄙(篇名)
——— 貞觀政要(書) 3-116
論悔過(篇名)
——— 貞觀政要(書) 3-99
論語(書)←聖經 3-49, 52(集), 209(集)
—— 康子 奚而不喪 1-140(集)
—— 去食去兵 無信不立 1-305(集)
—— 去食存信 3-26
—— 擧直錯諸枉 2-285
—— 見善思齊 2-168
—— 敬而遠之 4-93
—— 官事不攝 焉得儉 2-43~44
—— 巧言令色 3-83
—— 九思 1-90(集)
—— 君使臣臣事君之道 1-327
—— 君使臣以禮 臣事君以忠 2-35, 261(集), 3-16, 4-96
—— 君子於所不知 蓋闕如 3-201(集)
—— 君子有七惡 而以訐爲直 3-226(集)
—— 克己復禮 1-108
—— 旣富矣 又何加焉 敎之 3-209(集)
—— ——— ———— 富之 3-209(集)
—— 己所不欲 勿施於人 3-32
—— 其身不正 雖令不從 3-242(集)
—— 其身正 不令而行 3-242(集)
—— 箕子佯狂自全 孔子亦稱其仁 1-233
—— 道德齊禮 3-246(集)
—— 道之以德 齊之以禮 2-135, 3-166(集)
—— 道之以禮 2-301
—— 道之以政……有恥且格 3-244(集)
—— 屢空 4-72
—— 臨大節而不可奪 1-234, 2-257(集)
—— 無得而稱焉 3-240
—— 聞其語 不見其人 2-81
—— 未信而諫 以爲謗己 1-250
—— 博施濟衆 3-58(集)
—— 放鄭聲 遠佞人 3-90
—— 百姓不足 君孰與足 3-272
—— 不可則止 2-287(集)
—— 富庶 3-31(集)
—— 夫如是 奚其喪 1-140(集)
—— 卑宮菲室 3-325
—— 裨諶草創 東里潤色 1-168(集)
—— 死生有命 3-256

—— 四時不言而代序 3-222
—— 使之以時 3-326
—— 殺身以成仁 3-19
—— 三年之喪 3-102
—— 三益之友 1-241(集), 4-51(集)
—— 上智不移 3-91(集)
—— 善人爲邦百年 勝殘去殺 1-121
—— 先行其言 後從之 3-291(集)
—— 聖人所愼 3-294
—— 聖人以不言爲德 3-77
—— 升堂 2-154
—— 始於志學 3-66(集)
—— 我好古敏以求之 3-51(集)
—— 惡利口之覆邦家 3-18, 86
—— 樂云樂云 鐘鼓云乎哉 3-193
—— 顔閔匹夫 以帝王比之 2-18
—— 安處於卑宮 1-76
—— 愛之 欲其生 2-81
—— 如有用我者 期月而已可 三年有成 1-128(集)
—— 禮云禮云 玉帛云乎哉 3-193
—— 惡之 欲其死 2-81
—— 溫故知新 2-185
—— 王孫賈治軍旅 1-140(集)
—— 欲不踰矩 3-66(集)
—— 遠佞人 佞人殆 3-15(集)
—— 遠便佞 3-237
—— 爲君不易 爲臣極難 1-242
—— 爲君之難 1-93(集)
—— 衛靈公之無道 1-140(集)
—— 危而不持 顚而不扶 焉用彼相 1-88, 118
—— ———— ———— 則將焉用彼相 1-234
—— 有動則庶類以和 3-237
—— 有若無 實若虛 3-49
—— 有一言可以終身行之者 其恕乎 3-32
—— 以能問於不能 以多問於寡 3-49
—— 以不敎人戰 是謂棄之 3-308
—— 人君有過失 如日月之蝕 3-154
—— 人無信不立 3-26
—— 人而無信 不知其可 3-242(集)
—— 仁者有勇 2-239
—— 一言興邦 1-93(集), 216(集), 4-89
—— 日知其所不足 月無忘其所能 2-208
—— 自古皆有死 民無信不立 3-16
—— 子貢方人 夫子謂不暇 1-190(集)
—— 子文……稱之爲忠 1-314(集)
—— 將聖 2-203
—— 政者……禮之本 3-244(集)
—— 周公之才之美 3-54(集)
—— 仲叔圉治賓客 1-140(集)
—— 知之者 不如好之者 3-66(集)
—— 直哉史魚 邦有道如矢 邦無道如矢 1-234
—— 盡善盡美 3-240
—— 陳恒弑其君 孔子沐浴請討 3-304(集)
—— 天下之通喪 3-102
—— 聽訟吾猶人 必也使無訟 2-301
—— 祝鮀治宗廟 1-140(集)
—— 出言而莫己逆 4-88
—— 託六尺之孤 寄百里之命 2-139
—— 下愚不移 2-206(集)
—— 何必高宗 古之人皆然 3-102
—— 和而不同 1-107(集)
—— 煥乎其有文章 3-153(集)
—— 皇天以無言爲貴 3-77
論語集註(書) 2-243(集)
———— 故制田里薄賦斂以富之 3-209(集)
———— 故必立學校明禮義以敎之 3-209(集)
———— 不見物我之有間 3-52(集)
———— 富而不敎 則近於禽獸 3-209(集)
———— 庶而不富 則民生不遂 3-209(集)
———— 食焉而不避其難 2-238(集)
———— 吾友謂顔淵 3-52(集)
———— 惟知義理之無窮 3-52(集)
———— 學之爲言效……明善而復其初 3-148(集)
隴右(地) 1-144, 4-28, 29, 65

婁敬(漢) 1-264, 4-31
耨薩(官名)
—— 高延屬 2-267
—— 高惠眞 2-267
淩敬(唐) 1-332
陵勃→王陵(漢), 周勃(漢) 2-126(集)
—— 之節 1-278(集)
凌烟閣(建物) 1-205, 3-175(集)
凌雲臺(建物) 2-198
尼父→孔子(春秋 魯) 3-136, 161

【ㄷ】

旦→周公(周)
— 喜於重譯 2-108
端揆(宰相) 1-158
段綸(唐)
—— 工部尙書(官名) 3-71
單于→可汗 1-196
單于(南匈奴) 4-16
單雄信(唐) 1-219(集)
丹朱(唐虞)←朱均
—— 商均子也 而堯舜廢之 2-277
—— 甚不肖 3-243
—— 傲 1-289(集)
—— 堯之子 2-185
斷趾(刑) 2-107
達哥支(突厥) 2-222
達官 1-329
妲己(殷) 2-192
談殿(唐) 3-283, 286(集)
唐(國)←唐家, 皇唐, 漢唐 1-90(集), 101(集), 115(集), 129(集), 167(集), 170(集), 200(集), 208(集), 225(集), 270(集), 271(集), 285(集), 319(集), 2-57(集), 65(集), 120(集), 143(集), 181(集), 182(集), 265(集), 271(集), 284(集), 320(集), 3-89(集), 134(集), 155(集), 160(集), 172(集), 177(集), 189(集), 197(集), 260(集), 282(集), 294(集), 296(集), 300(集), 304(集), 4-26(集)
— 起晉陽 本支尤盛 3-53(集)
— 以安國爲正 古文今文之本亂 3-145(集)
— 以王弼爲正 而秦漢象數之學晦 3-145(集)
— 貞觀初 康國請歸附 3-291(集)
— 之極盛 3-294(集)
— 之封域 3-294(集)
— 之疏義 3-145(集)
— 之女禍 4-69(集)
— 之刑部 周官司寇 2-293(集)
— 之刑書有四 律令格式 3-255(集)
— 七德舞 3-201(集)
唐家→唐(國) 1-107(集)
—— 之禍 2-160(集)
唐儉(唐) 1-195, 287
—— 鴻臚卿(官名) 1-195
唐高祖→高祖(唐) 3-296(集)
——— 卒應大蛇之妖 4-70(集)
唐公→高祖(唐) 2-239
唐文粹(書)
——— 矜弊恤乏 3-324
唐史(書) 1-183(集), 292(集)
唐堯→堯(唐虞) 3-37
—— 茅茨土階 3-108
—— 聖帝也 穀林有通樹之說 3-37
唐虞→堯舜 1-62, 93(集), 102(集), 115(集), 129(集), 256(集), 289(集), 2-24(集), 31, 66(集), 117(集), 120(集), 253(集), 3-48(集), 213(集), 4-80(集)
—— 建官惟百 2-47(集)
—— 戰戰慄慄 日愼一日 2-31
唐制 1-102(集), 3-155(集)
—— 三省(官司) 2-71(集)
—— 右丞(官名) 則總兵部刑部工部 2-71(集)
—— 入閤儀 1-232(集)
—— 左丞(官名) 則總吏部戶部禮部 2-71(集)

唐祖→高祖(唐) 3-57(集)
唐仲友(南宋)
——— 兼聽偏信 1-65(集)
——— 論高季輔上疏 1-286(集)
——— 論谷那律質直 4-51(集)
——— 論較其人品 叔方其立之亞 2-238(集)
——— 論屈突通竭力於所事 2-247(集)
——— 論唐興猶不行婦禮 王珪正之 3-177(集)
——— 論杜正倫等補導太子 2-162(集)
——— 論論諫必若魏徵可 3-301(集)
——— 論馬周上書 2-66(集)
——— 論馬周上疏 2-129(集)
——— 論馬周之材 1-224(集)
——— 論房玄齡無杜漸之言 3-264(集)
——— 論賞刑 3-241(集)
——— 論誠信 3-23(集)
——— 論蕭瑀可以爲社稷臣 2-258(集)
——— 論顔師古能釐正南北之謬 3-145(集)
——— 論袁氏忠謹風操 2-265(集)
——— 論五經 諸儒習傳不勝異說 3-144(集)
——— 論王珪納諫 1-262(集)
——— 論王府官勿過四考 2-136(集)
——— 論姚思廉節義學問之士 2-241(集)
——— 論虞世南論彗星戒驕矜 4-70(集)
——— 論魏徵諫言 1-65(集)
——— 論魏徵諫爭 1-183(集)
——— 論魏徵極言至論 4-103(集)
——— 論魏徵上書 2-37(集)
——— 論魏徵市馬之諫 1-285(集)
——— 論劉洎兩言切中其病 3-81(集)
——— 論劉洎上疏 2-159(集)
——— 論有得配夫子之祀者 3-139(集)
——— 論褚遂良之諫 2-181(集)
——— 論褚遂良之對 1-257(集)
——— 論征伐 3-285(集)
——— 論宗族以明本支 3-165(集)
——— 論創業守成 1-70(集)
——— 論天變 4-69(集)
——— 論太子還東宮 2-159(集)
——— 論太宗康國不求臣服 3-291(集)
——— 論太宗見諫者悅 1-245(集)
——— 論太宗能改過 李道裕善議刑 2-292, 293(集)
——— 論太宗濫殺而悔 3-225(集)
——— 論太宗莫之聽者 無畏相之心耳 3-320(集)
——— 論太宗所言皆君道 3-97(集)
——— 論太宗於玄素不察 2-216(集)
——— 論太宗言不敢多言 意在史筆 3-74(集)
——— 論太宗言仁義 2-232(集)
——— 論太宗用彦博之策 4-26(集)
——— 論太宗義感人心 3-60(集)
——— 論太宗意會 3-267(集)
——— 論太宗之美意 3-172(集)
——— 論太宗之失正在矜伐 3-51(集)
——— 論太宗知宰相之職 2-51(集)
——— 論太宗天下刑措 3-246(集)
——— 論太宗討之 以其地控西域之中故 3-293(集)
——— 論平公 2-284(集)
——— 論賢妃 3-257(集)
——— 服則爲藩國 去不爲叛臣 4-26(集)
——— 貞觀初之所爲 皆可以爲三代之令主 4-103(集)
——— 至漸不克終 則凡三代之辟王 4-103(集)
——— 太宗與房杜 可謂明良相遇 1-170(集)
棠棣(篇名)
—— 詩經(書) 2-167
唐太子→李承乾(唐) 2-216(集)
李承乾(唐)←唐太子 2-216(集)
唐太宗→太宗(唐) 1-61(集), 131(集), 270(集), 339(集), 2-125(集), 3-41(集)
——— 監秦人之敝 3-31(集)
——— 褒堯君素 2-263(集)
臺閣→尙書省(官司) 1-278(集), 166
大功九月(服制) 3-187

代國公→李靖(唐) 1-194
大戴記→大戴禮記(書)
大戴禮記(書)←大戴記 2-148(集)
———— 保 保其身體 2-148(集)
———— 傅 傅之德義 2-148(集)
———— 師 道之教訓……而匡其不及 2-148(集)
大都督府(官司) 1-212
大都督府長史(官名)
—————— 李靖 1-193
大理(官名) 1-335
大理卿(官名)
——— 孫伏伽 3-245
大理寺丞(官名)
———— 張蘊古 3-224
大理少卿(官名)
———— 戴胄 2-281
大理丞(官名)
——— 張蘊古 3-215
——— 張元濟 2-15
躢林(地) 2-184
大漠(地) 1-196
大寶(箴) 3-217, 225(集)
—— 今來古往……自天祐之 3-217~224
—— 張蘊古 3-217
臺榭(建物) 1-293, 4-67
臺使(官名) 1-275
大司寇(官名) 3-229(集)
大司農(官名)
——— 田延年 3-118
大司馬(官名)
——— 九伐 3-62(集)
戴聖(漢) 3-136
大小可汗 3-311
大水(災異) 1-320(集)
大樂(官司) 2-218
大樂正(官名) 2-58(集)
大業(年號) 2-105, 239, 244, 262
—— 李靖 馬邑郡丞 1-192
大宛(國) 1-285(集)
—— 之馬 2-73
代王→楊侑(隋) 2-239, 247(集)
代王府(官司) 2-239
大禹→禹(夏)
—— 之撫四夷也 2-285(集)
—— 之泣辜也 2-107
—— 知人則哲 能官人 2-83(集)
—— 之訓 何外作禽荒 4-49, 50(集)
—— 鑿九山 通九江 3-28
大顚(人)
—— 黃帝 2-141
戴胄(唐) 1-188, 2-284(集), 284(集), 3-227(集)
—— 旣付所司 臣不敢虧法 2-281
—— 大理少卿(官名) 2-281
—— 非憲司所決 若當據法 2-281
—— 少卿(官名) 1-335
—— 爲大理之議 用法平允 2-283(集)
—— 左丞(官名) 2-67
—— 戶部尙書(官名) 3-43
大珠(物) 3-289(集)
戴州(地) 3-243
代州道行軍總管(官名)
——————— 李靖 1-193
戴州刺史(官名)
———— 賈崇 3-243
大辟(刑) 2-107, 3-211
大夏侯氏→夏侯勝(漢) 3-145(集)
大學(書) 2-17(集), 3-123(集), 125, 126(集)
—— 明明德於天下 2-232(集)
—— 修身 1-60(集)
—— 修身正家之道 2-160(集)
—— 與其有聚斂之臣 寧有盜臣 3-123(集)
—— 爲人君止於仁 爲人臣止於敬 2-17(集)
—— 長國家而務財用者……以義爲利也 3-125(集)

―― 治國不以利爲利 以義爲利也 3-126(集)
―― 八目 1-60(集)
大行臺考功郎中(官名)
―――――――― 房玄齡 1-155
德宗(唐) 3-129(集)
都官郎中(官名)
―――― 薛仁方 1-322
陶唐→堯(唐虞) 3-243, 4-99
都督(官名) 2-52, 66(集), 178, 182(集), 3-259
都督府(官司) 4-18
桃林(地) 2-244
度支→戶部(官司)
―― 關天下利害 1-161(集)
盜跖(春秋 魯) 2-119(集), 3-243
刀筆吏 1-163(集)
刀筆俗吏 3-140
都護(官司) 4-35(集)
獨孤盛(隋)
――― 宇文化及起逆 2-244
――― 虎賁郞中(官名) 2-244
讀禮通考(書)
―――― 喪禮……不究古制禮之意者也 3-189(集)
突厥(國)←匈奴 1-126, 142, 144, 149(集), 193, 196, 199, 200(集), 212, 2-222, 234, 3-275, 280, 282(集), 296(集), 300(集), 311, 4-15, 16, 19, 23, 24(集), 26(集), 29, 34(集)
突利可汗(突厥) 1-193, 3-280, 4-23
東京→洛陽(地) 3-111
東觀(建物) 1-205, 208(集)
潼關(地) 2-244
東宮 1-191(集), 291(集), 295, 2-125(集), 139, 149, 3-100
東宮官(官名)
――― 魏徵 2-47(集)
東宮率(官名)
――― 馮立 2-234
東南道行臺尙書左僕射(官名)
―――――――――― 李孝恭 3-52
東都→洛陽(地) 1-264, 271(集), 3-111, 4-37
東都賦←兩都賦
東洛→東漢(國) 2-102
東萊集(書)
――― 諫者之剴切……則一而已 4-54(集)
東里→公孫僑(春秋 鄭) 1-168(集)
東方朔(漢) 2-288
董宣(後漢) 1-325(集)
冬狩 4-47, 49(集)
董純(隋) 4-40
東阿→曹植(三國 魏) 2-167
東園公(漢)←園綺
東園秘器(物) 1-204
董子→董仲舒(漢)
―― 武帝何修……可爲仲舒惜 3-27(集)
―― 垂帷 3-146
―― 爲人君者……而遠近莫不一於正 1-98(集)
―― 仁義禮智信 王者所宜修飾 3-27(集)
同州(地) 4-55
董仲舒(前漢)←董子 1-98(集)
董卓(後漢)←梁董
東晉(國)←晉宋 3-143
同泰寺(建物) 3-63
東平→劉蒼(後漢) 2-145(集), 147(集), 173, 177(集), 3-53(集)
東漢(國)←東洛 1-104(集)
東海→劉彊(後漢) 2-192
竇建德(隋) 1-210, 3-198, 4-67
竇德素(唐)
――― 少府監(官名) 1-326
杜牧(唐)
―― 四老安劉 反爲滅劉 2-126(集)
杜淹(唐)
―― 對 前代興亡 實由於樂 3-192
―― 御史大夫(官名) 3-192, 58

杜如晦(唐)←房杜王魏, 蔡國公, 玄齡如晦
1-155, 168(集), 169(集), 171(集) 205
——— 檢校侍中(官名) 1-166
——— 京兆萬年人 1-164
——— 對日 兩漢取人 2-57
——— —— 天子有諍臣 不失其天下 1-234
——— 文學館學士(官名) 1-165
——— 兵部尙書(官名) 1-166, 2-86
——— 僕射(官名) 2-48
——— 尙書右僕射(官名) 1-166, 3-92
——— 陝州總管府長史(官名) 1-164
——— 吏部尙書(官名) 2-57
——— 奏言 上拔士論 一人不可總知數職 3-92
——— 知吏部選事(官名) 1-166
——— 秦王府兵曹參軍(官名) 1-164
——— 天策府從事中郞(官名) 1-165
——— 太子右庶子(官名) 1-166
杜預(晉) 3-136
—— 左氏 3-144(集)
—— 左傳 3-145(集)
杜子春(後漢) 3-136
杜正倫(唐) 2-163(集), 3-87(集)
——— 給事中(官名) 2-227, 3-73
——— 右丞(官名) 2-67
——— 中書侍郞(官名) 1-242
——— 知起居事(官名) 3-73
——— 進曰 君擧必書 言存左 3-73
——— —— 史千載累於聖德 3-73
——— —— 世必有才 隨時所用 2-227
——— 太子左庶子(官名) 2-161
杜讒邪(篇名) 3-83
——— 貞觀政要(書) 3-83
杜楚客(唐)
——— 給事中(官名) 4-17
——— 進曰 難以德懷 易以威服 4-17
——— —— 夷不亂華 前哲明訓 4-18
——— —— 存亡繼絶 列聖通規 4-18
竇誕(唐) 3-89
竇太后(漢) 2-131
杜荷(唐) 3-175(集)
屯營將軍(官名)
———— 敬君弘 2-234
滕(春秋) 1-333(集)
鄧隆(唐)
—— 著作佐郞(官名) 3-152
—— 表文 請編次太宗文章爲集 3-152
鄧曼(春秋) 3-328(集)
登瀛之選 3-175(集)
鄧子→鄧通(漢) 2-189
鄧通(漢)←鄧子 1-325(集)
鄧皇后(後漢)←馬鄧

【ㅁ】

馬卿→司馬相如(漢)
—— 直諫於前 4-47
馬鄧→馬皇后(後漢), 鄧皇后(後漢) 3-258(集)
馬援(後漢)
—— 則見之必冠 3-185
馬融(漢) 3-136
馬邑郡(地) 1-192
馬邑郡丞(官名)
———— 李靖 1-192
馬存(五代)
—— 論天下之民 不知無赦之爲福 3-251(集)
馬周(唐) 1-150(集), 290, 2-129(集), 130(集),
157, 160(集), 3-113(集), 114(集)
—— 監察御史(官名) 1-220
—— 博州茌平人 1-220
—— 不逮傅說呂望 1-224(集)
—— 上疏 百姓安樂 惟在刺史縣令 2-63
—— —— 以堯舜之父 猶有朱均之子 2-112
—— —— 諸王定分 2-127
—— —— 廣施德化 3-106
—— 侍御史(官名) 2-63, 127, 3-106

—— 吏部尙書(官名) 1-222
—— 中書令(官名) 1-222
—— 中書舍人(官名) 1-220, 2-112
—— 太子左庶子(官名) 1-222
馬皇后(後漢)←馬鄧, 陰馬 2-290(集),
3-258(集)
——— 有古后妃之美 3-257(集)
莫離支(官名) 3-264, 267, 298, 304(集)
莫敖(官名) 3-328(集)
萬年縣(地) 1-164, 295
萬紐于謹(北魏) 3-63
萬代 4-48
—— 冠冕百王 2-154
—— 法以遺子孫 2-135
—— 永賴 4-107
—— 巍巍之名 1-317
—— 貽厥孫謀 4-88
—— 遵行 2-128
—— 之基 3-106, 114(集)
—— 之寶 1-126
—— 之福 2-227
—— 之定制 3-135(集)
—— 之定制 廟祀徧天下 1-135(集)
萬乘 2-276(集), 3-76(集), 303
—— 之貴 4-44(集)
—— 之動 4-50(集)
—— 之尊 4-56, 88
—— 之主 3-75
—— 之主 當可封之日 2-310
—— 之聽 4-60(集)
蠻夷 1-285(集), 3-282(集), 4-26(集)
靺鞨(國) 3-297
望→太公望(周) 1-224(集)
亡國 3-120(集), 237, 278, 4-18
—— 來奔 3-274
—— 六邪之惡 2-83(集)
—— 喪家之君 1-138(集)
—— 則一 3-279(集)
—— 之君 3-201(集), 204(集)
—— 之事 皆在其身 3-278
—— 之聲 淫 3-220
—— 之臣也 2-78
—— 之庸君爲鑒 3-279(集)
—— 之音 3-192, 195(集), 220, 237
—— 之政 1-99
—— 之主 爲惡多相類也 2-277
望苑→博望苑(建物) 2-210
望夷宮(建物) 2-96
望祭←柴望
孟公綽(春秋 魯) 1-333(集)
孟子(戰國 鄒) 1-130(集), 135(集), 2-62(集),
3-209(集)
孟子(書) 2-27, 62(集), 42(集), 3-58(集),
82(集), 103(集), 114(集), 134(集),
210(集), 4-106(集)
—— 居移氣養移體 2-173(集)
—— 拒人於千里外 3-82(集)
—— 擧疾首蹙頞而相告 4-45(集)
—— 見羽旄之美 4-45(集)
—— 公卿大夫無世官 2-42(集)
—— 君之視臣如手足 2-261(集)
—— 君視臣如犬馬 2-27
—— 君視臣如糞土 2-27
—— 君視臣如手足 2-27
—— 根於心 2-233(集)
—— 飢渴者易爲飮食 1-129(集)
—— 其居使之然 2-275(集)
—— 其爲人也多欲 雖有存焉者寡矣 1-137(集)
—— 大人爲能格君心之非 1-185(集)
—— 明其政刑 3-295(集)
—— 物之不齊 物之情也 3-175(集)
—— 薄稅斂……修其孝悌忠信 3-209(集)
—— 百姓聞車馬之音 4-45(集)
—— 本然全具 而各有條理 3-27(集)
—— 逢君之惡 3-302(集)
—— 不可得兼 捨生而取義者 2-243(集)

—— 不求利而未嘗不利 2-39(集)
—— 不忍牛之觳觫而就死地 3-58(集)
—— 思兼三王 夜以繼日 1-239(集)
—— 死而千載無眞儒 3-130(集)
—— 三年之喪 齊疏之服 3-103(集)
—— 象憂亦憂 象喜亦喜 3-159(集)
—— 象日以殺舜爲事 舜爲天子也 3-159(集)
—— 上之所好 下必有甚 3-33, 4-42
—— 生亦我所欲 義亦我所欲 2-243(集)
—— 善哉問也 1-105(集)
—— 善政不如善教之得民 3-210(集)
—— 雖有不存焉者 寡矣 2-241(集)
—— 菽粟同於水火 4-100
—— 是心足以王矣 3-58(集)
—— 是猶紾兄臂 姑徐云爾 1-325(集)
—— 臣視君如寇讎 2-27
—— 臣視君如國人 2-27
—— 臣視君如腹心 2-27
—— 我學不厭 3-51(集)
—— 若夫爲不善 非才之罪 2-62(集)
—— 攘隣鷄 請俟來年 1-325(集)
—— 言性善 2-275(集)
—— 如馮婦搏虎 3-307(集)
—— 易子而教 責善則離 2-160(集)
—— 豫遊之樂 1-84
—— 吾君不能謂之賊 1-183(集)
—— 吾王不遊 吾何以休 4-45(集)
—— 王如施仁政於民 省刑罰 3-209(集)
—— 王者之民 皞皞如也 3-114(集)
—— 王者必世後仁 3-114(集)
—— 王何必曰利 亦有仁義而已 2-39(集)
—— 堯舜至于塗人一 2-275(集)
—— 堯以不得舜爲己憂 舜以不得禹皐陶爲己憂 1-112(集)
—— 欲不奪農時 3-202
—— 勇士不忘喪其元 3-42(集)
—— 爲人寡欲 2-241(集)
—— 猶有靦於獲多 2-202
—— 六師移之 2-118(集)
—— 義者心之制而事之宜 1-130(集)
—— 以德服物 2-173
—— 以予觀於夫子 3-134(集)
—— 以五十步笑百步 1-325(集)
—— 人不足與適也 政不足與間也 1-185(集)
—— 仁言 不如仁聲之入人深 3-210(集)
—— 仁者心之德而愛之理 1-130(集)
—— 人之性情 心之體用 3-27(集)
—— 一正君而國定 1-98(集)
—— 一治一亂 1-129(集)
—— 子產濟人溱洧 1-135(集)
—— 自天子達於庶人 3-102
—— —————— 三代共之 3-103(集)
—— 作甲者欲其堅 恐人之傷 3-245
—— 作箭者欲其銳 恐人不傷 3-245
—— 齊桓晉文假仁義之事 2-228(集)
—— 從上之所好 3-63
—— 坐以待旦 2-318
—— 之諫爭 1-183(集)
—— 志士不忘在溝壑 3-42(集)
—— 之言 激切 2-261(集)
—— 陳善閉邪謂之敬 1-183(集)
—— 責難 4-54(集)
—— 責難於君 2-37(集)
—— 責難於君謂之恭 1-183(集), 4-106(集)
—— 則臣視君如腹心 2-261(集)
—— 貶國削地 2-118(集)
—— 必當反求默識而擴充之 3-27(集)
—— 學所以明人倫 3-134(集)
—— 賢於堯舜遠矣 3-134(集)
—— 惠王移民移粟 1-135(集)
孟獻子(春秋 魯) 3-123(集)
孟侯→世子 2-149
面折 1-290(集), 312(集), 2-207, 3-81(集)
名器(爵位) 1-86
明兩→太子 2-189
命士(官名) 2-160(集)

名相 1-161(集), 162(集), 163(集), 170(集), 2-264, 271(集), 3-42(集), 226(集)
命氏(賜姓) 3-172(集)
明章→明帝(後漢), 章帝(後漢) 2-192
明章和→明帝(後漢), 章帝(後漢), 和帝(後漢) 2-179
明帝(三國 魏)←明皇
明帝(後漢)←明章, 明章和
—— 之明察善斷 1-61(集)
明皇→玄宗(唐) 1-92(集)
—— 遣使捕之 欲以人力勝天 其灾愈甚 3-205(集)
—— 封禪 1-319(集)
明皇→明帝(三國 魏) 2-192
毛公(周)←毛畢
冒頓(匈奴) 3-296(集)
毛萇(漢)←毛鄭 3-136
毛鄭→毛亨(戰國 魯), 毛萇(戰國 魯), 鄭玄(後漢) 3-144(集)
茅土(封爵) 2-26
毛畢→毛公(周), 畢公(周) 2-222
毛亨(戰國 魯)←毛鄭
穆公(秦)←秦穆公 3-37
穆公(魯)←魯穆公
穆敬懿僖→穆宗(唐), 敬宗(唐), 懿宗(唐), 僖宗(唐) 2-42(集)
穆伯→穆王(周) 3-213(集)
穆王(周)←穆伯
—— 得白狼白鹿 3-261(集)
穆裕(唐) 2-159(集)
—— 苑西監(官名) 1-290
穆宗(唐)←穆敬懿僖
廟堂 2-318, 3-131(集), 135(集), 136, 140(集)
廟祀 3-135(集)
武經(書) 1-201(集)
武庫 2-230
武德(年號) 1-171(集), 323, 2-234, 248, 256, 258(集), 3-57(集), 285(集), 296(集)
——(2年) 李勣謂郭孝恪 1-209
——(3年) 2-263(集)
——(9年) 突厥二十萬 至渭水便橋之北 3-280
—— 杜如晦秦王府兵曹參軍 1-164
—— 封爲趙郡王 3-52
—— 王珪 中允 1-186
—— 李靖平蕭銑輔公 1-193
—— 初封爲吳王 2-273
武德殿(建物) 3-100, 101(集)
武舞(樂) 3-201(集)
武士彠(唐)
——— 則天武后之父 1-298(集)
巫書
—— 之言 辰日不哭 3-165
武宣→武帝(漢), 宣帝(漢) 1-309(集)
務成昭(唐虞)
——— 舜 2-141
武氏→則天武后(唐) 1-215(集), 218(集), 219(集)
武王(周)←文武, 周武, 昌發, 湯武 1-107(集), 123, 138(集), 170(集), 2-119(集), 141, 231(集), 3-26, 113(集), 197(集), 261(集), 264(集), 265, 4-85(集)
—— 建其有極 作民父母 1-60(集)
—— 惇信明義 1-305(集)
—— 有戒愼之銘 2-312
—— 誅紂伐奄 2-117(集)
武王→則天武后(唐) 3-70(集)
無逸(篇名)
—— 書經(書) 2-162(集)
武丁(殷) 3-174(集)
武帝(三國 魏)←魏武帝 2-128, 3-13
武帝(南朝 梁)←梁武帝 3-63
武帝(晉)←中撫, 晉武帝 4-15
武帝(漢)←武宣, 劉徹, 漢武帝, 孝武帝 3-27(集), 113(集)
武侯→諸葛亮(蜀漢) 1-101(集), 2-255(集)
武后→則天武后(唐) 4-70(集)

墨翟(戰國 宋) 2-218
墨勅斜封 2-48(集)
文景→文帝(漢), 景帝(漢) 1-61(集), 71(集), 170(集), 3-108, 214(集)
—— 之幾致刑措 1-61(集)
文公(春秋 晉)←重耳, 齊晉二伯, 晉文公, 桓文 1-248(集), 133
文公→朱子(南宋) 2-243(集), 4-64(集)
文德皇后(唐)←長孫皇后, 長孫后, 皇后 1-273(集), 292, 298(集), 2-288, 3-329(集)
———— 魏徵眞社稷臣 2-288
———— 忠言逆耳而利於行 2-288
問名(婚禮儀式) 3-171
文命→禹(夏)
—— 矜其卽敍 2-108
文武→文王(周), 武王(周) 1-104(集), 313(集), 2-73, 93, 118~119(集), 3-106, 113(集), 130(集), 4-85(集)
—— 以之安 2-312
文武官
——— 止六百四十三員 3-124(集)
文選(書)
—— 年祀綿遠……根本未固 4-72
—— 凌艱險而逸轡 2-202
—— 馬有銜橛之理 2-202
—— 雖壅之以黑墳……必致枯槁 4-72~73
—— 獸駭不存之地 2-202
—— 握鏡 2-183
—— 作法於理 其弊猶亂 3-108
—— 塵露微增海岳 3-318
—— 摧斑碎掌 4-47
文宣帝(北齊)←齊文宣 1-138, 3-92
文王(周)←文武, 周, 周文王, 昌, 昌發 2-141, 196, 3-122(集), 249, 4-85(集)
—— 韉系解 莫可使者乃自結之 2-26
—— 卑服 卽康功田功 4-44(集)
—— 之德 不敢盤于遊田 4-50(集)
—— 之伐玁狁 3-275(集)
—— 之德 2-107
文懿→虞世南(唐) 1-204
文子(東周) 3-24(集)
—— 同言而信……誠在令外 3-16
—— 叢蘭欲茂……讒人蔽之 3-83
文貞→魏徵(唐) 1-178
文帝(三國 魏)←嗣王, 五官, 魏文, 魏王, 魏帝 2-128
文帝(隋)←高祖, 隋文帝, 隋高祖 2-130(集), 216(集), 3-83, 4-40
文帝(漢)←文景, 漢文, 漢帝, 孝文 2-222, 3-125(集), 286(集)
—— 賈生有厝火積薪之言 1-70(集)
—— 乃赦之 復爵邑 3-286(集)
—— 不封禪 1-321(集)
—— 以北山爲槨 用紵絮斮陳 漆其間 豈可動哉 3-41(集)
文中子(隋)
——— 封禪其秦漢之侈心乎 1-321(集)
文中子世家(篇名)
————— 中說(書) 1-183(集)
文昌(星) 2-67
文暢序→送浮屠文暢師序 3-151(集)
——— 韓愈作 3-151(集)
門下→門下省(官司) 1-102(集), 175, 178, 329(集), 3-216, 228
門下省(官司)←門下
——— 馬周 1-220
文學館(官司) 1-202, 2-147(集)
文學館學士(官名)
————— 杜如晦 1-165
文皇→太宗(唐) 1-128(集), 182(集)
文侯(戰國 魏)←魏文侯
眉山(地) 2-84(集)
尾生(春秋 魯) 2-73
未央(建築)
—— 蕭何 1-328(集)
美人(官名)

—— 李瑗之姬 1-259
微子(殷)
—— 受茅土於宋 2-26
閔損→閔子騫(春秋 魯) 2-271(集)
湣王(春秋 齊)←齊湣王
閔子騫(春秋 魯)←閔損, 顔閔, 曾閔 2-73, 174
岷州(地) 3-230
岷州都督(官名)
———— 高甑生 3-230
愍懷→司馬遹(晉)
—— 之云廢 2-192
愍懷太子→司馬遹(晉) 1-234
密王→李元曉(唐) 3-163

【ㅂ】

婆羅門 3-69(集)
博望苑(建物)←望苑 2-147(集), 189, 210
博士(官名) 2-147(集), 3-131
博邑(地)←嬴博 3-37
博州(地) 1-220
薄太后(漢)
——— 絳侯始誅諸呂……顧欲反耶 3-286(集)
班固(漢)←班孟堅 3-149
伴侶(曲) 3-192
班孟堅→班固(漢)
——— 作古今人物表 3-174(集)
盤遊(畋獵) 1-83
班婕妤(漢)←班姬
班姬→班婕妤(漢) 2-200
—— 辭共輦之載 3-328(集)
拔士論 3-96(集)
——— 人之思慮有限 一人不可總知數職 3-92
——— 陳師合作 3-92
勃醍(晉) 1-246, 248(集)
—— 爲斬袂之仇重耳 1-246
渤海(地)←海岱 1-315
房公玶→房玄齡(唐) 3-295(集)
房喬→房玄齡(唐) 1-278(集)
防年(漢) 2-189
房杜→房玄齡(唐), 杜如晦(唐) 1-151(集), 166, 167(集), 168(集), 169(集), 170(集), 171(集), 191(集), 219(集), 224(集), 320(集), 2-51(集), 56(集), 3-92(集), 320(集)
—— 之才 2-50(集)
房杜王魏→房玄齡(唐), 杜如晦(唐), 王珪(唐), 魏徵(唐) 3-329(集)
謗木→誹謗木(物) 1-228(集)
逢蒙(人) 4-55
方物 3-262
方伯(官名) 2-182(集)
房魏→房玄齡(唐), 魏徵(唐) 1-70(集)
房遺愛(唐) 3-175(集)
——— 房玄齡之子 2-178(集)
房玄齡(唐)←房公玶, 房喬, 房杜, 房杜王魏, 房魏, 梁公, 梁國公, 梁文昭公, 玄齡如晦, 邢國公 1-165, 168(集), 169(集) 171(集), 188, 202, 205, 253, 267, 272, 330, 331, 2-19, 146(集), 177(集), 280(集), 3-27(集), 226(集), 255(集), 264(集), 296(集), 302(集), 320(集) 321(集)
——— 監修國史(官名) 1-156, 158, 3-149
——— 軍國多事 剖斷如流 1-165
——— 權萬紀讒毁 1-307, 309(集)
——— 記室(官名) 1-165
——— 唐之名相而孝之至 2-271(集)
——— 對曰 力有餘而不取之 所謂止戈爲武者 3-297
——— —— 撫養蒼生 將士勇銳 3-297
——— —— 誠足以極政教之源 2-285
——— —— 仁義禮智信 廢一不可 3-26
——— —— 止應畏有忤旨 3-156
——— —— 草創爲難 1-67
——— —— 和親之策 實天下幸甚 3-294
——— 杜如晦 聰明識達 王佐才 1-165

——— 名相 1-162(集)
——— 聞人有善 若己有之 1-156, 161(集)
——— 僕射(官名) 2-48
——— —— 兼領度支(官名) 2-47(集)
——— 封禪 1-319(集)
——— 不以求備取人 不以己長格物 1-156, 161(集)
——— 事繼母 能以色養 恭謹過人 2-270
——— 司空(官名) 1-158, 2-39, 148, 270, 3-294
——— 刪略國史爲編年體 3-156
——— 尙書左僕射(官名) 1-156, 66~67, 2-90, 146, 3-143, 168
——— 上表 降尊吮思摩之瘡 登堂臨魏徵之柩 3-313, 314
——— —— 哭戰亡之卒 則哀動六軍 3-314
——— —— 謹罄殘魂餘息 豫代結草之誠 3-318
——— —— 兵惡不戢 武貴止戈 3-310
——— —— 兵凶器 戰危事 3-317
——— —— 逆耳之諫必聽 膚受之愬斯絶 3-313
——— —— 罷應募之衆 自然華夷慶賴 3-317
——— 陝東道大行臺考功郎中 1-155
——— 宋州刺史(官名) 2-90
——— 隰城尉(官名) 1-153
——— 渭北道行軍記室參軍 1-153
——— 謂諸子 不言 可謂銜恨入地 3-310
——— ——— 唯欲東討高麗 方爲國害 3-310
——— 幼主生長深宮 不識人間情僞 2-42(集)
——— 留守(官名) 2-84
——— 李大亮有陵勃之節 1-278(集)
——— 李緯大好髭鬚 2-84
——— 以創業爲難 3-271(集)
——— 齊州臨淄人 1-153
——— 左僕射(官名) 1-294, 326
——— 奏言 今閱武庫甲仗 勝隋日遠 2-230
——— —— 以舊人而先用 2-277
——— 中書令(官名) 1-156, 2-86, 277
——— 之書 得既濟之象 3-320(集)
——— 進曰 楊震雖當年夭枉 2-259
——— —— 有始有卒 則天下永賴 4-83
——— —— 撝挹之志 推功群下 4-83
——— 秦王府記室(官名) 1-155
——— 撰高祖太宗實錄 3-156
——— 太子少師(官名) 1-156
——— 太子左庶子(官名) 1-155
旁諱(避諱) 3-162(集)
陪京→洛陽(地) 1-271(集)
裴矩(唐) 1-228(集), 3-296(集)
裴蘊(隋) 4-38
裴寂(唐)
—— 司空(官名) 1-238
配享 3-139(集)
—— 孔廟 3-140(集)
百揆(官名) 1-102(集), 161(集)
—— 統九官 2-66(集)
伯禽(魯) 2-222
伯起→楊震(漢) 2-258
白起(秦)←韓白
白金(物) 3-264
白道(地) 1-195
白狼(物) 3-261(集)
白鹿(物) 3-261(集)
百六(額數) 2-93
百里 1-315, 2-64(集), 4-60(集)
—— 之命 2-139
—— 之囿 2-198
—— 之地 斥廣輿圖 4-34(集)
百里奚(虞) 1-138
百萬貫(額數) 3-123
伯牙(春秋 楚) 1-205, 97(集)
白巖城(地) 3-61
白鸚鵡(物) 3-261(集)
百王 1-143(集), 151(集), 2-131, 154, 3-322, 4-48

—— 而獨得者也 3-187
—— 之季 行三代之法 2-96
—— 之末 屬凋弊之餘 1-264
—— 之末 智不同聖人 2-142
—— 之弊 1-266, 3-40
—— 取則 3-265
—— 通制 2-310
伯夷(孤竹國) 2-74, 119(集)
伯夷(唐虞 舜之臣) 1-102(集)
百戰百勝 3-306(集)
伯宗(晉)
—— 國主山川……祝幣以禮焉 4-65
伯州犁(楚) 3-234
白雉(物) 4-62
藩牧(官名) 1-276
藩王(官名) 2-174, 250(集), 257(集)
藩磧(地) 4-21
范甯(西晉) 3-136
—— 春秋穀梁傳 3-144(集), 145(集)
范氏→范祖禹(北宋) 2-62(集)
范氏(春秋)←范中行氏 2-260
范祖禹(北宋)←范氏, 蘇范
——— 君以知人爲明 臣以任職爲良 1-111(集)
——— 論太宗魏徵問答 1-65(集)
——— 論君明臣良 1-111(集)
——— 論唐室中絶由李勣 1-215(集)
——— 論唐之儒學 3-134(集)
——— 論大臣小臣之所任 2-36(集)
——— 論劉洎全其臣職 3-155(集)
——— 論馬周順其美 而救其惡 3-113(集)
——— 論封建郡縣 2-116(集)
——— 論封禪 1-319(集)
——— 論史者務褒貶 3-158(集)
——— 論喪服 3-188(集)
——— 論誠信 3-14(集)
——— 論聖人之道 3-159(集)
——— 論所以致貞觀之治 1-149(集)
——— 論魏徵言才行俱兼 2-61(集)
——— 論議安邊 4-33(集)
——— 論以蕭瑀無二心 2-257(集)
——— 論人君以赦爲推恩 太宗懲之 3-251(集)
——— 論宰相之職 2-49(集)
——— 論朝廷分職 1-106(集)
——— 論創業守成 1-69(集)
——— 論太宗求諫防其未然 1-256(集)
——— 論太宗求直言 1-269(集)
——— 論太宗其不受康國 3-291(集)
——— 論太宗隋亡不忘戒 4-44(集)
——— 論太宗識弓之未精 1-97(集)
——— 論太宗若從遂良之言亦未失 3-300(集)
——— 論太宗以李勣託幼孤 1-215(集)
——— 論太宗一戰而克 3-306～307(集)
——— 論太宗從魏徵而不從封德彝 1-128(集)
——— 論太宗至明且遠 3-96(集)
——— 論太宗知守之之難 有終 4-106(集)
——— 論太宗行幸 4-44(集)
——— 論太宗恤刑之詔 3-229(集)
——— 得地之禍大 而或以亡 4-33(集)
——— 喪師之禍小 而或以霸 4-33(集)
——— 聖人庸君 1-65(集)
——— 知彼之所以亡 圖我之所以存 4-44(集)
范中行氏→范氏(春秋), 中行氏(春秋) 2-260
卞和(戰國 楚) 2-295
辯興亡(篇名)
——— 貞觀政要(書) 3-270
別族 3-172(集)
別次 1-204
丙吉(漢) 2-287(集)
兵部(官名) 2-48(集), 71(集)
兵部尙書(官名)
———— 杜如晦 1-166, 2-86
———— 李勣 1-212
———— 李靖 1-193
———— 侯君集 3-292
兵曹參軍(官名)
———— 杜如晦 1-164

幷州(地) 1-212, 4-37
幷州都督(官名)
——— 李勣 1-212
輔公祏(唐) 1-193, 3-53, 285(集)
保傅→太保(官名), 太傅(官名) 2-144
服(喪服) 3-182
服虔(後漢) 3-136
僕寺(官名) 2-222
僕射(官名)←令僕 2-48
—— 杜如晦 2-48
—— 房玄齡 2-47(集), 48
伏勝(秦) 3-136
服緦麻 3-189(集)
卜子夏→子夏(春秋 魯) 3-136
封建 2-116(集), 117(集), 119(集), 121(集), 122(集)
—— 之法 2-120(集)
—— 之世 2-182(集)
封建論
——— 柳宗元作 2-120(集)
封權→封德彛(唐), 權萬紀(唐) 3-92(集)
封德彝(唐)←封權, 封倫 3-13, 227(集), 246(集), 280
——— 簡點使 右僕射(官名) 1-301
——— 對曰 若信魏徵所說 恐敗亂國家 1-123
——— —— 秦任法律 漢雜霸道 1-123
——— 尙書右僕射(官名) 2-280
——— 右僕射(官名) 2-53
——— 議曰 無忌誤帶刀入 徒二年 罰銅二十斤 2-281
——— —— 以監門校尉不覺 罪當死 2-280
——— 中男十八已上 簡點入軍 1-301
——— 刑罰之言 1-128(集)
封倫(唐)→封德彝 1-131(集), 2-51(集)
—— 姦人之情 2-55(集)
—— 久無所學 2-56(集)
封事 1-245(集), 2-279, 3-95, 96(集), 4-52, 72
—— 李百藥 2-90
—— 王珪 1-186
—— 韋挺等 1-242
—— 魏徵 4-52
—— 岑文本 4-72
封禪 1-315, 318(集), 319(集)
—— 泥金刻玉 升中告成 1-321(集)
—— 史記篇名 1-318(集)
封域 4-33(集)
鳳凰 3-195(集), 4-62
—— 來儀 3-197(集)
苻堅(前秦) 3-287, 289(集)
浮屠(佛教) 1-147(集)
部落 1-126, 4-19, 26(集)
父老(齊人)
—— 郭君善善而不能用 1-259
—— 郭君惡惡而不能去 1-259
—— 其善善而惡惡 1-259
府兵←府衛 1-151(集) 164, 2-235, 3-125(集)
—— 止六十萬 3-124(集)
傅說(殷)←伊傅 1-224(集), 2-54
—— 告商宗 2-287(集)
—— 逢呂尙 2-227
—— 所言 2-164
—— 所以相高宗也 1-161(集)
—— 自版築而相武丁 3-174(集)
—— 學不師古 匪說攸聞 2-208
扶蘇(秦) 2-189
附庸國 3-21
斧鉞(物) 1-307, 4-75, 102
府衛→府兵 1-148(集)
夫人(官名) 1-298(集), 3-56(集)
夫人→愼夫人(漢)
—— 衣不曳地 3-108
傅子(書)
—— 心爲萬事主 動而無節卽亂 2-209
夫子→孔子(魯 春秋) 1-190(集), 314(集), 2-243(集), 261(集), 3-15(集), 100(集),

139(集), 153(集), 201(集), 208(集), 242(集), 244(集)
—— 孟公綽……滕薛大夫 1-333(集)
—— 爲先聖 3-140(集)
—— 之言 涵容 2-261(集)
副將(官名)
—— 姜行本 3-292
—— 薛萬均 3-292
—— 張公謹 1-195
北軍 3-286(集)
北門(建物) 1-326, 327, 328(集), 329(集)
北門樓(建物) 3-60
北司(官司) 1-329(集)
北山爲槨
———— 漢文帝 3-41(集)
北魏(國)←後魏
北狄(國) 1-194, 3-298
—— 代爲寇亂 3-294
—— 人面獸心 4-17
—— 侵邊 西蕃失禮 3-298
—— 風俗 多由內政 3-294
北齊(國)←齊, 齊周, 齊氏, 周齊
北周(國)←齊周, 周, 周家, 周齊, 周隋
北海之濱
———— 悉爲州縣 1-149(集)
汾陽→郭子儀(唐) 3-175(集)
墳典 3-128, 130(集), 313
分竹(郡守) 2-96
汾河(水) 3-83
比干(殷) 1-242, 245(集), 312(集), 313(集), 2-73, 119(集)
飛廉(殷) 2-119(集)
批鱗 3-328(集)
碑文 1-332
誹謗木(物)←謗木 3-237
飛白書 1-224(集)
妃嬪(官名) 1-298(集)
飛山宮(建物) 1-271(集), 3-36(集), 4-108(集)
秘書監(官名)
——— 王劭 4-62
——— 虞世南 1-202, 4-47, 4-65
——— 魏徵 1-121, 174, 3-95, 283, 4-13
祕書省(官司) 3-143
秘書少監(官名)
———— 虞世南 1-242
飛仙宮(建物) 3-204(集)
裨諶(春秋 鄭) 1-168(集)
費氏→費直(漢) 3-145(集)
匕鬯(祭禮) 2-187, 209
費直(漢)←費氏
嬪(官名) 1-298(集), 3-56(集)
牝晨之禍 1-298(集)
嬪御(官名) 1-293, 3-114(集)

【ㅅ】

司空(官名) 2-143(集)
—— 房玄齡 1-158, 2-39, 148, 270, 3-294, 1-238
—— 魏徵 1-178
—— 長孫無忌 2-90, 4-38
—— 張華 1-234
史官 3-87(集), 96, 156, 4-104(集)
—— 之記 3-155(集)
司寇(官名) 2-293(集)
沙丘(地) 3-68
士君子 1-129(集), 2-301
史記(書)
—— 居高聽卑 3-217
—— 繼體守文 1-72
—— 高祖爲天子 2-20
—— 冀千慮一得 4-101
—— 婁敬一言 1-264
—— 馬上得之 安事詩書者 1-131(集)
—— 本雜霸道 1-131(集)

—— 不能正承乾之惡 4-82(集)
—— 飾非拒諫 3-49
—— 諤諤而昌 1-107(集)
—— 於諸子之定分 4-82(集)
—— 亦牽於愛而有不能自克者 4-82(集)
—— 妖不勝德 4-65
—— 唯唯而亡 1-107(集)
—— 以暴易亂 1-77
—— 一夫大呼 而天下土崩 3-106
—— 將廢嫡立庶 2-20
—— 足以拒諫 辯足以飾非 3-82(集)
—— 酒池肉林 1-137(集)
—— 衆人之唯唯 不如一士之諤諤 1-268
—— 卽日西駕 1-264
—— 天高聽卑 3-46
—— 千羊之皮不如一狐之腋 2-44
—— 稱一言之重 侔於千金 1-276
—— 解呑舟之網 3-313
司農卿(官名)
——— 李緯 2-84
四道
—— 恐妄勞中國 以事遠方 2-108
—— 心切憂勞 志絶遊幸 2-108
—— 纔日昃 必命才學之士 2-108
—— 罷朝之後 引進名臣 2-108
司徒(官名) 2-58(集), 63, 143(集)
—— 長孫無忌 1-290, 2-148
沙鹵(地) 4-21
四老→四皓(漢) 2-126(集)
司馬(官名) 2-58(集)
—— 權萬紀 1-308
司馬冏(西晉)←齊冏
司馬光(北宋)←司馬氏
——— 論三代以還 中國之盛 1-149(集)
——— 論禮樂 3-195(集)
——— 德勝才爲君子 2-62(集)
——— 才勝德爲小人 2-62(集)
司馬倫(晉)←趙王倫
司馬相如(漢)←賈馬, 馬卿 3-149, 149, 4-55
———— 力稱烏獲 捷言慶忌 4-55
———— 萬全而無患 本非天子所宜 4-55
———— 烏獲逄蒙之伎 不得用 4-55
———— 猝遇逸材之獸 駭不存之地 4-55
———— 淸道而行 猶戒銜橛 4-47
司馬氏→司馬光(北宋) 2-62(集), 3-151(集), 197(集)
——— 作通鑑 3-151(集)
司馬瑋(晉)←楚王瑋
司馬遷(漢)←太史公
——— 文史星歷 近乎卜祝 3-158(集)
——— 作封禪書 1-318(集)
司馬遹(晉)←愍懷, 愍懷太子, 太子
沙漠(地) 1-142
司牧(官名) 2-182(集)
四門館 3-131
師保(官名) 2-144
斜封(官名) 2-48(集)
史司(官名) 4-102
泗水(地) 4-81
沙塞(地) 4-29
四姓
—— 崔盧李鄭 3-168
謝叔方(唐) 2-238(集)
——— 右翊衛郎將(官名) 2-235
——— 左車騎(官名) 2-235
史臣 1-228(集), 3-153(集)
—— 書馮謝於忠義之首 萬徹乃削而不書 2-238(集)
—— 直筆 3-98(集)
四岳(官名) 2-47(集), 73
—— 統十二牧 2-66(集)
謝安(東晉) 3-42(集)
—— 擧將 不避謝玄 2-294(集)
司馭(官名) 2-222
史魚(春秋 衛) 2-295
司業(官名) 3-131

嗣王 2-96
嗣王→文帝(三國 魏) 2-128
沙苑(地) 4-55
四維
—— 禮義廉恥 1-73~74
赦宥之法 3-251(集)
四夷 1-92(集), 148(集), 151(集), 285(集), 2-108, 4-26(集), 67, 96
—— 賓服 4-86
—— 自服 4-19
—— 之賓 3-263(集)
—— 之人 4-23
史傳 1-171(集), 3-168, 4-60(集)
史傳(春秋左氏傳) 3-328(集)
射隼 4-47
社稷 1-133, 186, 219(集), 311, 2-27, 87
—— 傾危 1-118
—— 計耳 1-213
—— 大計問之無忌 2-126(集)
—— 利萬人耳 3-156
—— 亡則亡之 2-27
—— 死則死之 2-27
—— 臣 2-256, 257(集)
—— 尋亦覆敗 3-84
—— 安危 國家治亂 3-100
—— 爲重 3-74
—— 之功 2-86
—— 之不安乎 1-86
—— 之遠圖 2-125~126(集)
—— 之長久 1-73
史稱
—— 王魏善諫諍 房杜讓其直 3-320(集)
—— 魏徵諫疏二百餘篇 2-320(集)
娑婆寐→那羅邇娑婆寐(天竺國) 3-69(集)
史筆 3-74(集)
四海 1-67, 76, 109, 116, 293
—— 共之 3-195(集)
—— 之富 4-88
—— 之尊 3-40
史行昌(突厥) 2-276
謝玄(東晉)
—— 謝安 2-294(集)
司戶(官名)
—— 柳雄 1-335
四皓(漢)←四老 2-126(集), 189
散官(官名) 1-175
散騎常侍(官名)
———— 劉洎 2-149, 270, 3-76, 104
———— 李盖 1-210
———— 姚思廉 1-273
山東(地) 1-146, 3-168, 4-52, 65
三鏡
—— 以古爲鏡 1-180
—— 以銅爲鏡 1-180
—— 以人爲鏡 1-180
三公←三槐, 台司 1-101(集), 2-51(集), 64(集), 119(集), 143(集), 148(集), 3-181(集), 211, 229(集)
三槐→三公 3-211
三驅 1-83
—— 之禮 4-96
三國 1-115(集), 2-255(集)
三國志(書)
——— 開誠心 2-285
——— 難相違覆 曠闕損 1-101(集)
——— 亮之爲政 2-285
——— 犯法怠慢者 2-285
——— 參署者 集衆思 廣忠益1-101(集)
——— 雖仇必賞 2-285
——— 雖親必罰 2-285
——— 揚湯止沸 1-77
——— 違覆而得中 棄弊蹻而獲珠玉 1-101(集)
——— 盡忠益時者 2-285
——— 布公道 2-285
三年之伐 3-320(集)
三代 1-61(集), 102(集), 105(集), 115(集),

123, 149(集), 183(集), 228(集), 241(集), 270(集), 305(集), 319(集), 2-24(集), 72(集), 89(集), 120(集), 145(集), 3-92(集), 103(集), 4-80(集)
—— 無是名 3-167(集)
—— 盛時 2-119(集)
—— 盛時 3-209(集)
—— 以下 3-129(集)
—— 而下 3-67(集)
—— 而下之君 4-108(集)
—— 已後 3-113(集)
—— 帝王 3-114(集)
—— 之教 3-209(集)
—— 之法 2-96
—— 之令主 4-103(集)
—— 之遺風 2-189
—— 之制 2-116(集), 3-134(集)
—— 之佐 3-231(集)
—— 之治 3-209(集)
—— 之辟王 4-103(集)
三禮 3-144(集)
—— 主於康成 3-145(集)
三方→三國 3-324
三夫人 1-298(集)
三師 2-141, 142, 143(集), 148, 148(集)
三司(官名) 2-48(集)
三省(官司) 1-328(集), 2-71(集)
三少(師傅) 2-148(集)
三訊(訟事) 2-308
三五之代 4-86
三王 1-60(集), 61(集), 123, 151(集), 184(集), 2-120(集), 228(集), 4-45(集)
—— 之相 2-287(集)
—— 之治 2-61(集)
三原(地) 1-192
三衛(官名) 2-139
三帝世 2-179
三宗(殷) 3-47(集)
三品(品階)
—— 竝天子六尙書九卿 3-180
—— 以上 列爲公卿 竝天子大臣 1-330
—— 已上 遇親王於路 不合下馬 3-179
—— 以上皆輕蔑王者 1-329
—— 已上入 坐定 1-329
—— 已上子孫 爲弘文學生 3-128
—— 入閤 1-233(集)
象(唐虞) 3-159(集)
商→殷(國) 2-119(集), 247(集), 3-47(集), 159(集), 201(集), 264(集), 265
上計吏(官名) 3-179(集)
上古帝王 3-296(集)
桑穀 3-70(集), 4-74
商均(唐虞)←朱均
—— 舜之子 2-277
喪紀 3-182
—— 之制 3-187
緗圖(書) 3-78
喪禮 3-189(集)
喪鹿 1-200(集)
上林(賦) 3-149
喪服 3-188(集)
尙父→太公望(周) 1-170(集)
上書 1-220, 238, 279, 287, 2-315, 3-13, 24, 95, 149, 207, 286(集), 4-52
—— 賈誼 1-279
—— 于志寧 2-217, 222, 225(集), 3-76, 104
—— 魏徵 1-299
—— 劉洎 2-149
—— 張玄素 1-262, 2-208, 209
—— 鼂錯 2-150
—— 皇甫德參 1-279, 336
祥瑞 4-64(集)
尙書→書經(書) 2-285
上書囊 3-108
尙書省(官司)←臺閣 1-102(集), 101(集), 2-49, 67, 68, 70(集), 71(集), 107, 3-211

尙書郎(官名) 3-63
尙書令(官名)←令僕 2-71(集)
尙書僕射(官名)
──── 袁憲 2-264
尙書右僕射(官名)
───── 高士廉 2-134~135
───── 杜如晦 1-166
───── 封德彛 2-280
───── 蕭瑀進 3-270
───── 溫彦博 3-43
───── 李靖 1-198
尙書右丞(官名)
──── 魏徵 1-309, 2-241, 3-193
尙書左僕射(官名)
───── 房玄齡 1-66, 156, 2-90, 146, 3-143, 168
───── 蕭瑀 2-256
尙書左丞(官名)
──── 劉洎 2-68
尙書八座
──── 與禮官定議 3-182
──── ──── 非從天下……小功五月 3-182~187
上疏
── 高季輔 1-286, 3-163
── 馬周 2-63, 112, 127, 3-106
── 虞世南 4-47
── 韋挺 1-246
── 魏徵 1-72, 80, 2-25, 73, 295, 3-16, 100, 232, 4-88
── 劉洎 2-67
── 李大亮 4-19
── 張玄素 1-262
── 褚遂良 2-178, 131, 4-29
── 充容徐氏 3-322
尙食(官名) 4-72
上言 3-287, 230
── 權萬紀 3-123
── 李神通 2-86
象箸(物) 1-257(集)
象傳(篇名)
── 周易(書) 1-338(集)
商宗→高宗(殷)
相州(地) 1-172, 3-215
商紂→紂(殷) 1-107(集), 314(集)
── 始爲象箸1-257(集)
上表
── 房玄齡 3-310
── 王珪 2-241
── 魏徵 2-241
常何(唐)
── 擧馬周 1-225(集)
── 中郎將(官名) 1-220
象刑之典 2-96
商胡→胡商
── 其遏絶貢獻 加之不禮大國詔使 4-27
生員(官名) 3-131, 209(集)
徐(國) 3-275(集)
周子之書→通書(書)
──── 周敦頤(北宋) 3-279(集)
徐幹(後漢)
── 作中論 3-102
書經(書)←尙書, 書傳, 詩書 2-31, 49(集), 280(集), 284(集), 3-120(集), 144(集), 167(集), 222, 232, 241(集), 252(集), 254, 289(集), 321(集), 4-55, 91, 94, 106(集)
── 可愛非君 可畏非民 1-116, 4-73
── 降年不永 2-18
── 降水儆予 4-76(集)
── 康哉良哉 1-88
── 桀紂帝王也 以匹夫比之 2-18
── 格其非心 1-170(集)
── 犬馬非其土性不畜 3-261(集), 4-94
── 敬迓天威 無敢昏逾 4-104(集)
── 股肱喜哉……百工熙哉 4-79(集)

—— 官不必備惟其人 2-43
—— 光被四表 2-93, 3-48(集)
—— 九官四岳十二牧二十二人 2-47(集)
—— 九德 1-84, 190(集)
—— 貴不與驕期而驕自至 3-234
—— 克勤小物 弼亮四世 2-51(集)
—— 兢兢業業 1-93(集)
—— 耆壽俊 在厥服 2-84(集)
—— 豈知稼穡之艱難 2-167
—— 祈天永命 3-36(集)
—— 內有百揆四岳 2-66(集)
—— 念玆在玆 3-224
—— 大明黜陟 4-45(集)
—— 大邦畏其力 小邦懷其德 4-85(集)
—— 德懋懋官 功懋懋賞 1-286(集)
—— 都兪 3-295(集)
—— 都兪吁咈 2-37(集)
—— 惇信明義 1-305(集)
—— 董之以嚴刑 1-81
—— 黎民時雍 韶樂之本也 3-197(集)
—— 旅獒(篇名) 3-264(集)
—— 呂刑(篇名) 3-229(集)
—— 懍乎若朽索之馭六馬 4-91
—— 立太師……寅亮天地 2-143(集)
—— 萬邦咸寧之本 3-204(集)
—— 蠻夷率服 帝者謹惇德之心 3-282(集)
—— 蠻夷猾夏 帝者嚴明刑之訓 3-282(集)
—— 罔非在中 3-229(集)
—— 罔失法度 1-289(集)
—— 罔淫於樂 1-298(集)
—— 昧爽丕顯 坐以待旦 1-239(集)
—— 面從背言 1-99
—— 明德愼罰 惟刑恤哉 3-232
—— 明良 1-170(集)
—— —— 之歌 2-37(集)
—— 明明側陋之揚 2-120(集)
—— 明王愼德 四夷咸賓 3-321(集)
—— 瞑眩 3-150(集)
—— 穆伯訓刑 3-213(集)
—— 木從繩則正 后從諫則聖 1-229
—— 無輕民事 惟難 4-106(集)
—— 無黨無偏 2-285
—— 撫我則后 虐我則讎 2-31
—— 無若丹朱傲 1-289(集)
—— 無有作好 無有作惡 3-241(集)
—— 無他技而能有容 1-162(集)
—— 無怠無荒 四夷來王 3-321(集)
—— 無偏無黨 2-285, 3-222
—— 無虐煢獨 2-284(集)
—— 聞過卽改 從諫如流 4-74
—— 文王作罰 3-249
—— 文王之不敢盤于遊田 3-204(集), 4-55
—— 民惟邦本 本固邦寧 1-118(集), 4-91
—— 放牛歸馬 3-310(集)
—— 旁招俊乂 列于庶位 1-161(集)
—— 百官修職 1-106(集)
—— 百姓有過 在予一人 3-205
—— 罰弗及嗣 賞延於世 2-253(集)
—— 凡厥正人 旣富方穀 3-120(集)
—— 闢四門 明四目 達四聰 1-62, 117(集)
—— 福善禍淫 4-40
—— 本固邦寧 1-71(集)
—— 鳳凰來儀 3-195(集)
—— 不敢盤于遊田 4-50(集)
—— 不貴異物 賤用物 人乃足 4-94
—— 富不與侈期而侈自來 3-234
—— 不邇聲色 1-298(集)
—— 不作無益害有益 3-28, 4-94
—— 不知稼穡之艱難 4-44(集)
—— 不學墻面 莅事惟煩 3-99
—— 焚炙忠良 1-314(集)
—— 奔車朽索 1-82
—— 弗育於國 4-94
—— 匪說攸聞 2-287(集)
—— 非知之難 行之惟難 4-8
—— 牝晨之禍 2-126(集)

—— 肆覲群后 4-45(集)
—— 使宅百揆 1-102(集)
—— 事不師古 2-287(集), 4-18
—— 四聰不達 2-318
—— 朔南曁聲敎之本 3-204(集)
—— 商三宗之享國 3-47(集)
—— 相小人 厥父母勤勞稼穡 1-69(集)
—— 上天剿絶 4-13
—— 眚災肆赦 怙終賊刑 3-252(集)
—— 西戎卽敍 4-35(集)
—— 庶政惟和 萬邦咸寧 2-66(集)
—— 成王畏相 1-170(集)
—— 召公以太保兼冢宰 2-47(集)
—— 垂拱無爲 2-300
—— 樹於風聲 2-204
—— 雖休勿休 1-113, 2-154, 3-322, 4-73
—— 夙夜罔或不勤 3-264(集)
—— 夙夜出納朕命 惟允 1-107(集)
—— 舜之罔遊于逸 3-204(集)
—— 升陑伐桀 1-71(集)
—— 試可乃已 3-81(集)
—— 時雍 4-80(集)
—— 時忱克終 1-71(集)
—— 式克欽承 旁招俊乂 列于庶位 2-49(集)
—— 愼乃出令 令出惟行 弗惟反 3-254
—— 十亂 2-73
—— 愛敬蒸蒸 勞而不倦 2-107
—— 若已有之 1-161(集)
—— 於要服則近而揆文敎 遠而奮武衛 3-282(集)
—— 言之非艱 3-204(集), 3-302(集)
—— 與亂同道 1-77
—— 予違汝弼 2-312
—— 汝惟不矜 天下莫與汝爭能 3-46
—— 汝惟不伐 天下莫與汝爭功 3-46
—— 汝作士 明于五刑 以弼五敎 3-213(集)
—— 汝作士 惟刑之恤 2-308
—— 獄成而孚 3-229(集)
—— 溫恭允塞 3-48(集)
—— 王道蕩蕩 2-285
—— 王道平平 2-285
—— 王省惟歲 卿士惟月 師尹惟日 2-51(集)
—— 外有州牧侯伯 2-66(集)
—— 外荒蕩人心 3-220
—— 禹貢(篇名) 3-260(集)
—— 禹拜昌言 1-250
—— 愚夫愚婦 一能勝予 1-118(集)
—— 禹之克儉于家 3-204(集)
—— 禹平水土之績 3 260(集)
—— 怨不在大 1-82
—— 元首 1-81
—— 元首明哉……萬事墮哉 2-25
—— ————……庶事康哉 4-79(集)
—— 元首叢脞哉 1-289(集), 4-79(集)
—— 遠夷率服 3-262, 4-78
—— 危亡於峻宇 1-76
—— 爲人上者 奈何不敬 4-91
—— 有歐陽氏大小夏侯氏 3-145(集)
—— 惟明克允 3-213(集)
—— 惟服食器用 3-268(集)
—— 惟辟作福 惟辟作威 3-241(集)
—— 惟聖罔念 1-77
—— 允恭克讓 3-48(集)
—— 允執厥中 3-66(集)
—— 疑則從輕 2-308
—— 以克永世 2-287(集)
—— 而畏高明 2-284(集)
—— 人面獸心 4-13
—— 一人有慶 3-224
—— 一日萬機 1-93(集), 109, 252(集)
—— 任官惟賢才 2-43
—— 任土作貢 3-259
—— 孜孜不怠 4-78
—— 載采采 2-83(集)
—— 政乃乂 黎民敏德 1-141(集)
—— 帝其難之 1-215(集)

―― 終始愼厥與 惟明明后 3-289(集)
―― 周書(篇名) 2-143(集), 3-261(集), 268(集)
―― 主於安國 3-145(集)
―― 俊乂在官 知人則哲 2-73
―― 峻宇雕墻 1-137(集), 2-217
―― 濬哲文明 3-153(集), 48(集)
―― 至於荒服 則流蔡而已 3-282(集)
―― 知人則哲 2-83(集), 3-15(集)
―― 知之非難 行之不易 3-327
―― 地平天成 3-260(集)
―― 織皮崑崙析支渠搜 西戎卽敍 1-285(集)
―― 珍禽異獸 3-261(集), 4-94
―― 彰信兆民 1-305(集)
―― 天工人代 2-67
―― 天視自我民視 2-280(集)
―― 天子作民父母 以爲天下王 3-167(集)
―― 天聽自我民聽 2-280(集)
―― 天聰明 2-280(集)
―― 築巖釣渭 1-224(集)
―― 恥君不及堯舜 4-87(集)
―― 治水敷土 1-71(集)
―― 七政 2-93
―― 湯之不邇聲色 3-204(集)
―― 太保旅獒 1-257(集)
―― 表正萬邦 3-204(集)
―― 畢公以太師兼司馬 2-47(集)
―― 夏書(篇名) 3-260(集)
―― 何畏乎巧言令色孔壬 3-15(集)
―― 學不師古 匪說攸聞 2-208
―― 學于古訓而有獲 1-151(集)
―― 咸懷忠良 1-314(集)
―― 行之爲難 3-204(集)
―― 協時月正日 同律度量衡 4-45(集)
―― 刑期于無刑 3-213(集)
―― 刑玆無赦 3-249
―― 洪範 2-26
―― 華夏蠻貊 罔不率俾 4-85(集)
―― 懷保小民之本 3-204(集)
―― 后克艱厥后 臣克艱厥臣 1-141(集), 4-106(集)
―― 欽恤之意 3-246(集)
西京→西漢(國) 1-104(集), 3-111, 4-37
書經集傳(書)
―――― 人臣樂於趨事赴功……所以爲不可及 4-79(集)
舒國公→李蓋(唐) 1-210
西都→西漢(國) 1-170(集)
西都賦←兩都賦
西突厥(國) 4-31, 34(集)
西旅(國) 2-73, 3-264(集), 4-35(集)
―― 之獒 2-73
署吏(官名) 3-131
西銘(書)
―― 張載作 3-167(集)
―― 乾稱父……人藐焉而中處 3-167(集)
西伯(周) 1-102(集), 3-268(集)
胥史(官名) 1-106(集)
徐氏(唐)→徐惠 3-329(集)
徐偃王(西周) 3-308
西域(國) 1-282, 3-204(集), 262, 291(集), 293(集), 4-29, 35(集), 108(集)
鉏麑(晉) 2-225(集)
犀玉(物) 1-257(集)
西王國(夏)
――― 禹 2-141
西戎 1-285(集), 4-35(集)
徐勣→李勣(唐) 1-210
書傳→書經(書) 1-102(集)
西周(國) 2-192
西州(地) 4-28, 31
徐州司戶(官名)
―――― 柳雄 1-335
西漢(國)←西京, 西都 2-102, 3-174(集)
西海(地) 1-198
西海道行軍大總管(官名)
―――――――― 李靖 1-198

徐惠(唐)←徐氏
—— 上疏 東有遼海之軍 西有崑丘之役 3-324
—— —— 伏願抑志摧心 愼終成始 3-327
—— —— 士馬疲於甲冑 舟車倦於轉輸 3-324
—— —— 使之以時 則力不竭 3-326
—— —— 削輕過以添重德 擇今是以替前非 3-327, 328
—— —— 善始者難終 願陛下易之 3-322
—— —— 用而息之 則心斯悅 3-326
—— —— 知業大者易驕 願陛下難之 3-322
—— —— 則鴻名與日月無窮 盛業與乾坤永泰 3-328
—— —— 充容(女官) 1-227(集), 3-322
奭→召公(周) 2-150
石渠閣(建物) 1-205, 208(集)
石椁(物) 3-37
石勒(後趙) 4-62
釋氏←老釋 3-63, 66(集)
析支(地) 1-285(集)
石顯(漢)←恭顯
宣姜(周) 2-200
宣公(春秋 衛)←衛宣
饍夫(篇名)
—— 周禮(書) 2-215(集)
鄯善(國) 4-21
宣王(戰國 齊)←齊宣 3-58(集)
宣王(周)←周宣
—— 之伐淮夷 3-275(集)
宣州(地) 3-123
先儒 3-139(集)
—— 仁者以天地萬物爲一體……氣已不貫 1-115(集)
—— 之言 諫者之委曲 君德未信於人 4-54(集)
宣猷禁門(建物) 2-210
膳宰 3-60(集)
宣帝(北周)←天元
宣帝(漢)←武宣, 漢宣帝 1-61(集), 2-131, 192
—— 之綜核名實 1-61(集)
先主(蜀漢) 3-249
薛(春秋) 1-333(集)
薛擧(隋) 3-198, 4-67
薛廣德(漢) 4-54(集)
——— 諫元帝 1-274(集)
——— 關東困極 百姓離災 4-55
——— 撞亡秦之鍾 歌鄭衛之樂 4-55
——— 當乘輿……以頸血汚車輪 4-52
——— 士卒暴露 從官勞倦 4-55
——— 御史大夫(官名) 4-52
薛萬均(唐)
——— 副將(官名) 3-292
薛延陀(國)←延陀, 延陁 1-213, 3-295(集)
說苑(書)
—— 六正六邪 2-77
—— 人臣之行 有六正六邪 2-77
—— 忠言苦口 3-321(集)
薛仁方(唐)
——— 都官郎中(官名) 1-322
陜東道大行臺考功郎中(官名)
———————— 房玄齡 1-155
陜州(地) 1-164
陜州總管府長史(官名)
————— 杜如晦 1-164
陜縣(地名) 1-336
陜縣丞(官名)
——— 皇甫德參 1-279, 336
攝戶部尙書(官名)
———— 安修仁 1-195
葉適(南宋)
—— 論李勣立武氏之說 1-218(集)
—— 論太宗好名處 4-104(集)
葉護可汗(突厥) 1-282
成→成王(周) 2-287(集)
成康→成王(周), 康王(周) 1-71(集), 131(集), 147(集), 2-287(集)
聖經→論語(書) 3-273(集)
聖君 1-257(集), 2-24(集), 144, 4-85(集)

―― 任法 2-301
聖德 1-293, 2-192, 4-98
―― 光被 2-20
―― 其如初 2-192
―― 臣下何力之有 4-83
―― 言之 2-153
―― 者 以其有始有終 無爲無欲 4-99
―― 玄遠 居安思危 4-107
誠信 1-302, 305(集), 2-227, 3-16, 23(集) 24(集)
成王(周)←成, 成康, 誦, 周誦 1-71(集), 101(集), 131(集), 147(集), 2-287(集)
―― 封小弱弟於唐 2-182(集)
―― 召公同相爲左右 1-101(集)
―― 雖以周公位冢宰 1-101(集)
―― 幼小 周召爲保傅 2-144, 3-89
―― 之代 亦致太平 1-123
―― 之學有緝熙于光明 1-151(集)
―― 卽位之初 惑於二叔之言 4-104(集)
成帝(漢)←太孫
聖主 1-256(集), 3-89, 106, 4-24(集), 78
―― 能從諫於未然 1-256(集)
―― 不乘危 4-52, 55
―― 所自知 3-312
―― 必有爭臣七人 1-229
成周→周(國) 1-321(集), 2-59(集) 3-213(集), 4-26(集)
―― 多士之隆 2-58(集)
―― 西旅底貢之餘 通西域而開玉關 4-35(集)
―― 六年一時巡 4-45(集)
―― 之盛 六年一時巡 1-321(集)
―― 取士之法 2-58(集)
成湯→湯(殷) 1-71(集), 138(集), 239(集), 3-174(集), 4-99
―― 禱旱於桑林 3-206(集)
―― 昧爽丕顯 坐以待旦 1-239(集)
―― 所以反躬致戒也 4-76(集)
―― 之時 非無災患 4-99
成風(魯) 3-328(集)
星畢(物) 4-48
世婦(女官) 1-298(集), 3-56(集)
世子←孟侯 1-332(集), 2-160(集), 163, 166(集), 215(集), 3-101(集)
―― 不會之文 2-130(集), 215
―― 于首止 春秋大之 1-331
―― 爲王之貳 2-141(集)
世嫡之位 3-101(集)
韶(樂) 3-197(集)
少卿(官名)
―― 戴胄(唐) 1-335
召公(周)←周召, 奭 1-101(集), 2-150, 287(集), 3-201(集), 261(集)
―― 以太保兼冢宰 2-47(集)
小功五月(喪服) 3-187
巢剌王→李元吉(唐) 1-155
疎勒(國) 3-262, 4-35(集)
昭穆(禮制) 3-164(集), 172(集)
韶舞(樂舞) 3-201(集)
蘇文忠公→蘇軾(宋)
―――― 唐之房杜 傳無可載之功 1-171(集)
小白→桓公(春秋 齊) 1-246
蘇范→蘇軾(北宋), 范祖禹(北宋) 2-117(集)
少保(師傅) 2-143(集), 3-207
少傅(師傅) 2-143(集)
少府監(官名) 1-326
――― 竇德素 1-326
少師(師傅) 2-143(集)
蕭銑(隋) 1-193, 3-53, 285(集)
蘇軾(北宋)←蘇文忠公, 蘇范, 蘇氏 1-171(集)
蘇氏→蘇軾(北宋)
―― 太宗之從諫近於聖 2-84(集)
少陽→太子 2-187
蕭瑀(唐) 1-95, 2-257(集), 3-201(集), 280
―― 對曰 隋文帝 克己復禮 勤勞思政 1-108
―― ―― 隋文帝 勵精之主 1-108
―― 尙書右僕射(官名) 2-256, 3-270

―― 隋文帝 勵精之主 1-112(集)
―― 雖死之日 猶生之年 2-256
―― 奏言 準陰陽家 用二月爲勝 3-207
―― ―― 破陳樂舞 天下之所共傳 3-198
―― 之言卽創業之事 3-271(集)
―― 進曰 秦氏專任智力 蠶食諸侯 3-270
―― 太常卿(官名) 3-198
―― 太子少保(官名) 3-207
蘇勗(唐) 2-147(集)
昭烈帝(蜀漢)←蜀先主
小夷(高句麗) 1-201(集)
昭帝(漢)←漢昭帝 2-177, 3-142(集)
―― 公卿大臣 當用經術明於古義者 3-140
蕭曹→蕭何(漢), 曹參(漢) 1-168(集)
蘇秦(戰國) 3-146
蘇則(三國 魏)
―― 求而得之 不足貴也 1-282
―― 陛下惠及四海則不求自至 1-282
蕭何(漢) 1-163(集), 2-287(集), 4-81
―― 起於小吏 制法之後 猶稱畫一 3-254
―― 未央之成 1-328(集)
―― 雖無汗馬 指蹤推轂 2-86
―― 畫一之法 3-255(集)
韶夏濩武(樂) 3-195(集)
小夏侯氏→夏侯建(西漢) 3-145(集)
召虎(周) 2-42(集)
韶濩(樂) 3-196(集)
蕭后(隋) 1-193
屬車(物) 1-282
孫卿→荀卿(戰國 趙) 3-19
孫武(春秋 吳) 1-201(集)
孫甫(北宋)
―― 論姦人不樂進賢 2-55(集)
―― 論封禪 1-318(集)
―― 論魏徵諫諍 1-89(集)
―― 論魏徵勸王道太宗以行 1-128(集)
―― 論惻隱之心 3-56(集)
―― 論貪鄙 3-124(集)
―― 論太宗能審知人之術 3-93(集)
孫伏伽(唐) 1-150(集), 335
――― 大理卿(官名) 3-245
孫思邈(唐) 1-151(集)
孫洙(北宋)
――― 論守令擇其人 2-64(集)
――― 民者國之本 守令民之本 2-64(集)
孫子(書)
―― 城有不攻 3-304(集)
孫皓(吳) 3-89
宋(南朝)←晉宋 1-191(集)
宋(西周) 2-26
誦→成王(周) 2-93
宋(春秋) 3-37
宋公(春秋) 3-161
松喬→赤松子(神仙), 王子喬(神仙) 1-84
―― 之壽 1-84
宋祁(宋)
―― 君宰間不膠漆而固 1-224(集)
―― 論馬周不逮傅說呂望 1-224(集)
―― 論房杜名宰相 1-169(集)
―― 論魏徵猜譖遽行 1-182(集)
―― 皓皓者易汚 嶢嶢者難全 1-182(集)
宋督→督(春秋 宋) 3-265
送浮屠文暢師序←文暢序 3-151(集)
宋玉(楚)←屈宋
宋州(地) 2-90
宋州刺史(官名)
―――― 房玄齡 2-90
隋(國)←隋家, 隋室, 隋氏, 隋梁, 周隋 1-73, 90(集), 99, 102(集), 115(集), 133, 147(集), 153, 169(集), 184(集), 207(集), 271(集), 281(集), 292, 309(集), 2-120(集), 166, 230, 240(集), 244, 247(集), 262, 272(集), 3-83, 88, 89(集), 136, 202, 204(集), 236, 242(集), 255(集), 272, 274, 298, 300(集), 4-19, 52
― 開皇十四年大旱 3-272

— 唐興替之由 1-270(集)
— 大臣受恩深者子孫皆反 2-40
— 末亂離 克平寇難 2-298
— 末中國喪亂 3-276
— 亡之事 2-239
— 師入陳 百司奔散 2-264
— 時 纔十分之一 3-108
— 室初造此殿 1-266
— 人解體 1-266
— 日營建 2-217
— 資 妄加階級 1-335
— 朝 曾聞有盜發 2-15
— 朝誰爲忠貞 2-44
— 之窮兵黷武爲鑑矣 3-204(集)
— 之宮室 以詔諛掩蔽戒群臣 4-44(集)
— 之佞人也 2-284(集)
— 之亡 1-228(集)
— 之崇侈宮室爲鑑矣 3-204(集)
— 之政日以壞 2-57(集)
— 太子勇 2-216(集)
— 通事舍人鄭仁基女 1-292
垂(唐虞) 1-102(集)
隋家→隋(國) 1-329
—— 貯洛口倉 3-111
隋高祖→文帝(隋) 1-330
須句(國) 3-328(集)
守器→太子 2-135
隋梁→隋(國), 後梁(國) 4-45(集)
守令(官名) 1-305(集), 2-64(集), 66(集), 116(集), 122(集)
隋文帝→文帝(隋) 1-108, 112(集), 142, 143(集), 2-130(集), 3-36(集), 84, 272, 274, 275(集), 4-16
——— 勤而無功 1-111(集)
——— 深愛祥瑞 4-62
壽朔→衛壽(春秋 衛), 衛朔(春秋 衛) 2-101
守成 1-66, 67, 69(集), 70(集), 71(集)
蒐狩之禮 2-202
嫂叔 3-182, 187
—— 之無服 3-188(集)
修身
—— 大學(書) 1-60(集), 2-271(集)
隋室→隋(國) 3-294
—— 大亂之後 3-294
—— 勞費日甚 虛內致外 4-21
—— 安危 系其存沒 2-285
—— 之禍 2-130(集)
隋氏→隋(國) 1-118, 121(集), 200(集), 3-236, 4-38
—— 亂亡之源 3-236
—— 末年 3-55
—— 父子 自相誅戮 2-248
—— 之亂 非止十年 1-315
—— 之未亂 3-237
—— 之未亡 3-237
—— 之府藏 3-236
遂安夫人(唐)
———— 乳母 2-206, 207
隋煬帝→煬帝(隋) 1-63, 212, 227, 233, 339(集), 2-14(集), 230, 3-32, 35(集), 56(集), 69, 75, 116, 152, 153(集), 4-67
——— 廣造宮室 以肆行幸 4-37
——— 臣下鉗口 2-13
——— 宇文化及 2-40
——— 捉取多少 於宮中照夜 3-75
——— 初幸甘泉宮 而怪無螢火 3-75
獸醫(官名) 2-222
隋人 1-107(集)
守宰(官名) 2-96
隋齊王→楊暕(隋) 1-193
隋主 1-118, 3-289(集), 4-18
—— 多作獻食 獻食不多 則有威罰 4-42
—— 分崩 萬邦塗炭 2-317
—— 三征遼左 3-297
—— 先命在下 4-42
—— 亦必欲取高麗 3-287

—— 殘暴 身死匹夫之手 1-118
巂州(地) 1-186
壽州刺史(官名)
———— 李元軌 2-273
叔玠→王珪(唐) 1-184(集), 190(集)
叔牙(春秋 魯) 3-156
宿衛 1-108, 126, 2-218
叔齊(孤竹國) 2-74
舜(唐虞)←舜禹, 舜湯, 虞舜, 帝舜 1-107(集), 111(集), 112(集), 161(集), 257(集), 298(集), 2-141, 301, 308, 3-46, 48(集), 159(集), 213(集)
— 擧一十六族 2-166
— 舍己從人 1-339(集)
— 上齊七政 2-93
— 有誹謗之木 2-312
— 造漆器 1-254
— 濬哲文明 3-153(集)
— 聰明 1-66(集)
— 行堯之道 1-289(集)
荀卿(戰國 趙)←孫卿, 荀卿子 4-26(集)
—— 君舟也 人水也 2-31
—— 事聖君有聽從無諫爭 豈知言哉 1-257(集)
—— 水所以載舟 亦所以覆舟 2-31
荀卿子→荀卿(戰國 趙) 2-31
循吏
—— 漢宣帝 2-53(集)
巡守 1-318(集), 319(集), 321(集), 4-45(集)
荀息(春秋 晉) 1-216(集)
順陽閤(門) 2-239
荀悅(後漢) 1-276
荀盈(晉) 3-60(集)
舜禹→舜(唐虞), 禹(夏) 2-300, 3-174(集)
順祐化長→順州(地), 祐州(地), 化州(地), 長州(地) 4-18
荀子(書)
—— 明主 1-256(集)
—— 使修潔之士行之 3-19
—— 使智者謀之 與愚者論之 3-19
—— 水能載舟 亦能覆舟 1-117
—— 闇主 1-256(集)
—— 與汚鄙之人疑之 3-19
—— 源淸則流淸 3-126(集)
—— 六事自責 4-76(集)
—— 以德兼人者王 以富兼人者貧 4-26(集)
—— 表正而景隨 3-126(集)
順州(地)←順祐化長
舜湯→舜(唐虞), 湯(殷) 4-77(集)
巡幸 1-264, 4-45(集)
崇韜→郭崇韜(後唐) 3-174~175(集)
崇儒學(篇名)
———— 貞觀政要(書) 3-128
隰城(地) 1-153
隰城尉(官名)
——— 房玄齡 1-153
乘緩(物) 4-65
丞相(官名) 2-63
侍講(官名)
—— 孔穎達 2-208
詩經(書)←詩書 1-276, 2-31, 43, 142, 3-86, 118, 121(集), 144(集), 161, 167(集), 191, 222, 237, 279(集), 4-38, 69(集)
—— 愷悌君子 3-86
—— 蒹葭萑葦 1-281(集)
—— 君子如怒 亂庶遄沮 2-31
—— 克昌厥後 3-161
—— 大東小東 杼柚其空 4-38
—— 大風有隧 貪人敗類 3-118
—— 魯道有蕩 2-102
—— 勞止未康 2-106
—— 鹿鳴 1-245(集)
—— 謀夫孔多 是用不就 2-43
—— 無競維烈 4-85(集)
—— 無思不服 3-232
—— 無聲無臭 1-169~170(集)
—— 無信讒言 3-86

—— 文王之德之純 3-122(集)
—— 靡不有初 3-48(集)
—— 靡日不思 2-167
—— 伐柯伐柯 其則不遠 3-237
—— 不諫亦入 2-84(集)
—— 不愆不忘 率由舊章 2-142
—— 不識不知 3-222
—— 父兮鞠我 母兮育我 3-167(集)
—— 佛時仔肩 3-67(集)
—— 憑河暴虎 4-55
—— 三百十一篇 而疾讒者六 3-226(集)
—— 上帝臨女 毋貳爾心 3-121(集)
—— 鮮克有終 3-48(集)
—— 先人有言 詢於芻蕘 1-62
—— 昭回天章 3-153(集)
—— 綏萬邦 屢豐年 3-197(集)
—— 心乎愛矣 2-167
—— 我求懿德 肆于時夏 2-231(集)
—— 哀哀父母 生我劬勞 3-191
—— 王姬下嫁於諸侯 車服不繫其夫 3-177(集)
—— 爲藩爲翰 2-167
—— 維虺維蛇 女子之祥 4-69(集)
—— 殷鑑不遠 1-72, 3-202, 4-15
—— 殷鑑不遠 在夏后之世 3-237, 279(集)
—— 宜鑑于殷 峻命不易 3-279(集)
—— 貽厥孫謀 2-167, 320(集), 4-88
—— 在齊聖而溫克 2-200
—— 載戢干戈 載櫜弓矢 2-231(集), 4-85(集)
—— 靖恭爾位……介爾景福 1-276
—— 周文之小心 4-100
—— 周頌(篇名) 2-231(集)
—— 主於毛鄭 3-145(集)
—— 戢戈櫜弓 3-310(集)
—— 讒言罔極 3-86, 226(集)
—— 陟岡有感 2-242
—— 淸廟肅雝 3-197(集)
—— 追懷棠棣 2-242
—— 寘錄周行 2-241
—— 倬彼雲漢 爲章於天 4-85(集)
—— 下王后一等……以成肅雝之德 3-177(集)
—— 何草不黃 何日不行 4-38
—— 學有緝熙于光明 1-151(集)
—— 惠此中國 以綏四方 3-291(集), 4-85(集)
—— 昊天曰旦 及爾游衍 3-121(集)
—— 姬姜淑媛 1-76
弑君 3-265
侍讀(官名)
—— 袁承序 2-264
—— 姚思廉 2-239
緦麻(喪服) 3-182, 189(集)
柴望→柴祭, 望祭 1-319(集)
詩書→詩經(書), 書經(書) 1-131(集), 3-164(集), 4-85(集)
—— 之序 不附於正經 3-145(集)
侍膳問豎 2-210
柴紹(唐) 3-89
侍御史(官名)
——— 馬周 2-63, 127, 3-106
——— 李仁發 1-306
廝役 2-218
柴祭←柴望
侍從 1-278(集), 2-153, 4-60(集)
侍中(官名) 1-101(集)
—— 王珪 1-186
—— 魏徵 1-91, 175, 279, 329, 332, 2-47(集), 166, 251, 273, 3-156, 4-42, 52
始畢→始畢可汗(突厥) 3-274
始畢可汗(突厥)←始畢 3-274
始皇帝(秦)←秦始, 秦始皇, 秦王, 秦政, 秦皇 2-117(集), 3-89
——— 無度 水銀爲江海 3-37
——— 封禪 1-321(集)
——— 遠塞 中國分離 4-29
息隱王→李建成(唐) 1-145, 175, 2-241, 243(集)
食邑 2-86, 89(集)

神器(帝位) 1-80
新唐書(書)
——— 君宰不膠漆而固 1-224(集)
——— 賴元行沖之藥石 1-241(集)
——— 三代遺直 1-185(集)
——— 嘗拒封德彝刑法伯道之說 3-246(集)
——— 玄齡以魏徵免按 3-226(集)
申屠嘉(漢) 1-325(集)
申不害(春秋 鄭)←申韓
新羅(國) 3-131, 302(集), 317
愼夫人(漢)←夫人
新書(書)
—— 司過之史 2-298
神仙 3-68, 69(集)
愼所好(篇名)
——— 貞觀政要(書) 3-63
新安令(官名)
——— 劉仁軌 4-59
愼言語(篇名)
——— 貞觀政要(書) 3-73
神禹→禹(夏) 1-71(集)
申繒→申侯(周), 繒侯(周) 2-96
辛處儉(唐)
——— 太子舍人(官名) 1-295
新豐(地) 1-224(集)
申韓→申不害(春秋 鄭), 韓非(戰國 韓) 3-234
申侯(周)←申繒
實封(封戶)
—— 杜如晦 1-166, 2-86
—— 房玄齡 1-156, 2-86
—— 李靖 1-198
—— 魏徵 1-178
—— 長孫無忌 2-86
沈文阿(陳) 3-136
心喪(喪禮) 3-189(集)
沈重(周) 3-136
十亂
—— 書經(書) 2-73
十六衛 1-151(集)
十思 1-84
—— 懼滿溢 則思江海下百川 1-83
—— 念高危 則思謙沖而自牧 1-83
—— 慮壅蔽 則思虛心以納下 1-83
—— 罰所及 則思無因怒而濫刑 1-83
—— 想讒邪 則思正身以黜惡 1-83
—— 誠能見可欲 則思知足以自戒 1-83
—— 疏 克終者蓋寡 3-204(集)
—— 疏 善始者實繁 3-204(集)
—— 樂盤遊 則思三驅以爲度 1-83
—— 憂懈怠 則思愼始而敬終 1-83
—— 魏徵 1-90(集)
—— 恩所加 則思無因喜以謬賞 1-83
—— 將有作 則思知止以安人 1-83
十二牧 2-47(集), 66(集)
十翼 3-145(集)
氏族志(書) 3-168

【ㅇ】

阿房宮(建物)←宮室 1-76, 266
亞夫→周亞夫(漢) 2-189
阿史那結社率(突厥) 4-34(集)
————— 中郎將 4-23
雅樂 3-198
阿旨 1-105, 108(集), 3-13, 4-98
樂經(書) 3-197(集)
岳牧(唐) 1-315
鄂侯(殷) 1-102(集)
鄂公(唐)←褒鄂
安祿山(唐)←祿山
——— 之亂宮闈 4-27(集)
鴈門(地) 3-274, 4-16
顏閔→顏淵(春秋 魯), 閔子騫(春秋 魯)
—— 匹夫也 以帝王比之 2-18, 19(集)
顏師古(唐) 3-145(集)

——— 封禪 1-319(集)
——— 前中書侍郎 3-143
——— 輒引晉宋已來古本 隨方曉答 3-143
——— 通直散騎常侍 3-143
安西都護府(官司) 4-28
安修仁(唐)
——— 攝戶部尙書(官名) 1-195
安市(地) 2-267, 3-304(集)
安市城主 2-269(集)
顏淵(春秋 魯)←孔顏, 顏閔, 顏子, 顏回 3-15(集)
晏嬰(齊)←晏子
—— 諫不見納 出亡而送 是詐忠也 2-26
—— 諫而見納 終身不亡 臣何送焉 2-26
—— 君爲社稷亡則亡之 2-26
—— 君爲社稷死則死之 2-26
—— 若言不見用 有難而死 是妄死也 2-26
—— 言而見用 終身無難 臣何死焉 2-26
—— 有難不死 出亡不送 2-26
—— 枕尸股而哭 興三踴而出 2-26
顏子→顏淵(春秋 魯) 1-112(集), 3-131
晏子→晏嬰(齊)
—— 爾養馬……公乃釋罪 1-272
—— 諫齊景公 有三罪之說 1-273(集)
—— 獨吾君也乎哉 吾死也 2-26
—— 穿池沼 畏不深 起臺榭 4-67
晏子春秋(書)
———— 一心可以事百君 2-265(集)
安州(地) 2-90
安州都督(官名)
———— 李恪 2-90
顏弘都(晉)
——— 則竭誠致感 3-185
顏回→顏淵(春秋 魯) 2-174
暗主 1-233, 236, 3-83
哀江南賦
———— 庾信作 3-64
———— 宰衡以干戈爲兒戲 3-64
———— 縉紳以淸談爲廟略 3-64
哀公(春秋 魯)←魯哀公
哀帝(西漢)←哀平
哀平→哀帝(西漢), 平帝(西漢) 2-102
掖庭(建物) 3-55, 56(集)
鸚鵡(物) 3-289(集)
夜臺(墳墓) 3-37
約法 1-61(集)
藥石 1-286, 287(集)
—— 高季輔(唐) 1-286
—— 元行沖(唐) 1-241(集)
楊暕(隋)←隋齊王
揚拒(地) 4-26(集)
楊廣(隋)→煬帝(隋)
—— 巡遊不息 4-45(集)
陽郡丞(官名) 3-89(集)
梁(南朝)←梁陳 1-135(集), 3-136
梁(戰國)←齊梁 1-135(集)
梁公→房玄齡(唐) 1-163(集)
梁國公→房玄齡(唐) 1-156
兩都賦→西都賦, 東都賦 3-149
——— 班固作 3-149
梁董→梁冀(後漢), 董卓(後漢) 2-167
梁冀(後漢)←梁董
楊諒(隋) 2-247(集)
梁武帝→武帝(南朝 梁) 1-62, 3-63, 152, 153(集), 249
梁文昭公→房玄齡(唐) 1-163(集)
楊師道(唐) 2-51(集)
楊思齊(唐) 3-71
梁山(地) 4-65
梁書(書)
—— 伐罪弔民 4-27
—— 爲政之本 貴在無爲 3-325
楊素(隋) 3-83
楊譽(唐)
—— 蜀王妃之父 1-322
楊勇(隋)←太子 3-83

—— 隋文帝之子 2-130(集)
揚雄(漢)←揚子雲 3-149
楊侑(隋)←代王
兩儀(天地) 2-203
兩儀殿(建物) 2-19
揚子法言(書)
—— 雕蟲 2-154
揚子雲→揚雄(蜀漢) 2-258(集)
楊政道(隋) 1-193
煬帝(隋)←隋煬帝, 楊廣, 晉王 1-73, 120(集), 136, 193, 234, 266, 2-15, 163(集), 216(集), 247(集), 285, 3-83, 110, 272, 274, 300(集), 4-16, 38, 45(集)
—— 身不聞過 滅亡斯及 1-236
—— 楊玄感宇文化及之禍 2-42(集)
良娣→妃嬪 2-157
涼州(地) 4-19
涼州都督(官名)
———— 李大亮 1-275, 4-19
揚州(地) 1-193
揚州大都督府長史(官名)
———————— 李靖 1-193
襄州都督(官名)
———— 張公謹 3-59
楊遵彦(北齊) 1-139, 140(集), 3-92~93
楊震(漢)←伯起 2-267(集)
—— 太尉(官名) 2-258
梁陳→梁(南朝), 陳(南朝) 2-264, 265(集)
兩漢(前漢, 後漢) 1-104(集), 129(集), 185(集), 2-42(集), 57
—— 辟召之事 2-59(集)
楊玄感(隋)←玄感 2-40, 42(集), 247(集)
梁惠王→惠王(戰國 魏) 2-39(集), 3-209(集)
梁孝王→劉武(漢) 2-131, 167
御史(官名) 3-243
———— 杜淹 3-58, 192
———— 薛廣德 4-52
———— 溫彦博 1-309~310
———— 韋挺 1-242, 294, 3-168
於士澄(隋) 2-15
漁者
—— 君尊天事地……臣亦與焉 1-133
—— 黿鼉保深淵 厭而出之淺渚 必有釣射之憂 1-133
—— 鴻鵠保河海 厭而徙之小澤 則有矰丸之憂 1-133
御妻(官名) 1-298(集), 3-56(集)
奄(國) 2-117(集)
奄息(春秋 秦)
—— 殺身殉葬 1-314(集)
—— 詩人稱之爲良 1-314(集)
閹宦 2-295
女后→則天武后(唐) 4-70(集)
廬江王→李瑗(唐) 1-259
呂伋(周) 2-42(集)
輿圖 4-34(集)
呂望→太公望(周) 1-224(集)
—— 師周 2-217
璵璠(物) 3-37
呂尙→太公望(周) 2-54, 227
呂世衡(唐) 2-238(集)
——— 中郎將(官名) 2-235
呂氏(人)
—— 論臣下直言 1-107(集)
呂氏→呂太后(漢) 1-218(集)
—— 之禍 2-126(集)
呂氏春秋(書)
———— 居則觀其所好 2-74
———— 窮則觀其所不受 2-74
———— 貴則觀其所擧 2-74
———— 內荒伐人性 3-220
———— 禱旱於桑林 3-206(集)
———— 莫若自修 3-155(集)
———— 富則觀其所養 2-74
———— 習則觀其所言 2-74
———— 身代犧牲 3-206(集)

———— 以六事自責 3-206(集)
———— 賤則觀其所不爲 2-74
黎陽山(地) 1-210
旅獒(篇名)
—— 書經(書) 1-257(集)
餘姚(地) 1-202
厲王(周)←幽厲
呂祖謙(南宋)
——— 論房杜輔相太宗 1-169(集)
——— 論房玄齡爲名相 1-162(集)
——— 論魏徵三代遺直 1-183(集)
——— 論魏徵十思 1-90(集)
——— 論魏徵將順正救之道 1-114(集)
——— 論魏徵忠良之言 1-313(集)
——— 論李勣守邊受託 1-217(集)
——— 論天謙讓 3-47(集)
——— 論太宗張玄素問答 1-270(集)
黎州總管(官名)
———— 李勣 1-210
戾太子(漢) 2-147(集)
呂太后(漢)←呂氏, 呂后
呂后→呂太后(漢) 2-90
驪姬(晉) 2-200
易→周易(書) 3-144(集)
逆鱗 1-180, 242, 248
燕(地)←燕趙
延陵→季札(春秋 吳)
—— 慈父也 嬴博可隱 3-37
燕然山(地) 1-199
燕王→劉旦(漢) 2-177, 177(集)
燕趙→燕(地), 趙(地)
—— 古姓 多失衣冠之緒 3-171
連州(地) 1-308
連州司馬(官名)
———— 權萬紀 1-308
燕支(地) 4-35(集)
延陁→薛延陀(國) 3-294
延陀→薛延陀(國) 3-311
涓澮 4-48
列女傳(書) 1-202
列子(書)
—— 盈虛消息 1-129(集)
—— 鍾子期死 伯牙不復鼓琴 1-205
—— 察見川中之魚 2-304
鹽澤道行軍總管(官名)
———————— 高甑生 3-230
艶后→則天武后(唐) 1-291(集), 3-172(集)
獵車(物) 4-48
靈公(春秋 衛)←衛靈公
靈公(春秋 晉)←晉, 晉靈公
靈公(春秋 陳)←陳靈
嶺南(地)
—— 瘴癘 山川阻深 3-283
—— 諸州 高州酋帥馮盎談殿 阻兵反叛 3-283
—— 諸州盛言盎反 3-284
嶺南北(地)
——— 皆統攝之 專制一方 3-53
領度支(官名)
——— 房玄齡 2-47(集)
令僕→尙書令(官名), 僕射(官名) 2-67
囹圄(監獄) 1-146
靈王(戰國 楚)←楚靈王 4-33(集)
令尹(官名) 1-314(集)
靈輀(物) 3-40
靈帝(後漢)←漢靈帝, 桓靈
靈州(地) 4-18
嶺表(地) 1-146
令狐德棻(唐)
———— 禮部侍郎(官名) 3-168
令狐行達(隋) 3-69
英國公→李勣(唐) 1-212
楹棟宏壯 1-266
嬴博→嬴邑(地), 博邑(地) 3-37
嬴邑(地)←嬴博 3-37
營衛 3-274
英衛→李勣(唐), 李靖(唐) 1-151(集), 162(集),

167(集), 201(集)
瀛洲(文學官) 1-151(集), 3-130(集)
永平(年號) 4-83
甯戚(春秋 齊)
—— 飯牛車下時 2-20
羿(夏) 2-96
藝宮(建物) 2-153
禮→儀禮(書) 3-165(集)
— 天子之元子士也 天下無生而貴 3-165(集)
禮經 2-166(集), 3-162(集), 167, 168
禮官 3-182
禮記(書) 2-25, 31, 3-86, 146, 162(集), 184, 232
—— 家有塾 3-134
—— 犬馬蒙帷蓋之恩 3-313
—— 戒愼乎其所不睹 3-86
—— 季夏之月 可以居臺榭 3-30
—— 恐懼乎其所不聞 3-86
—— 苟日新 日日新 又日新1-338(集)
—— 君子審禮不可誣以姦詐 2-78
—— 國有學 3-134
—— 扣之者 應洪纖而效響 3-222
—— 權衡誠懸不可欺以輕重 2-78
—— 貴於勇敢彊有力者 3-307(集)
—— 規矩誠設不可欺以方圓 2-78
—— 其夫屬乎父道者 妻皆母道 3-188(集)
—— 其夫屬乎子道者 妻皆婦道 3-188(集)
—— 魯穆公問於子思……禮之有 2-26
—— 黨有庠 3-134
—— 大司寇……然後制刑 3-229(集)
—— 同爨緦 3-184
—— 萬國作貞 2-218
—— 亡國之音 3-192
—— 勉焉日有孜孜 斃而後已 1-338(集)
—— 命士以上 父子異宮 2-160(集)
—— 武始而北出……六成復綴以崇 3-201(集)
—— 防墓不墳 3-37
—— 訪安內豎 親嘗御膳 2-107
—— 犯而無隱 1-88
—— 別同異 明是非者 3-182
—— 不諱嫌名 3-162(集)
—— 比葬不食肉 比卒哭不擧樂 3-60(集)
—— 四時以齒學 2-187
—— 三年耕……民無菜色 3-273(集)
—— 三善允備 2-218
—— 三王之敎子 2-187
—— 上人疑 百姓惑 2-34
—— 上人疑則百姓惑 下難知則君長勞矣 3-232
—— 先意承志 4-24(集)
—— 先之以禮樂 2-187
—— 聖人以天下爲一家 2-66(集)
—— 所以古人勤於學問 謂之懿德 3-146
—— 嫂叔之無服 蓋推而遠之 3-184
—— 遂有序 3-134
—— 宿草將列 2-242
—— 繩墨誠陳不可欺以曲直 2-78
—— 視於未形 3-222
—— 樂以移風易俗 2-187
—— 愛而不知其惡 2-81
—— 愛而知其惡 憎而知其善 2-31
—— 如不勝衣 1-203
—— 禮所以決嫌疑 定猶豫 3-182
—— 禮時爲大 順次之 2-116(集)
—— 玉不琢不成器 人不學不知道 3-146
—— 王制(篇名) 4-49(集)
—— 欲令人之不得見 3-37
—— 遠期有日 2-242
—— 爲上易事 爲下易知 則刑不煩矣 3-232
—— 有犯無隱 1-207(集)
—— 柳莊旣死 而獻公祭吊 3-60(集)
—— 六成復綴以崇 3-201(集)
—— 二名不偏諱 3-161, 162(集)
—— 移風易俗 2-300
—— 人以君爲心……則容敬 2-25
—— 臨難無苟免 3-19
—— 尊無二上 3-165(集)

—— 憎而遂忘其善 2-81
—— 天子立后 固有六宮 3-56(集)
—— 天子無事 則歲三田 4-49(集)
—— 天下爲公 3-224
—— 湯之盤銘 1-338(集)
—— 下難知 君長勞 2-34
—— 學然後知不足 3-51(集)
—— 兄弟之子猶子也 蓋引而進之 3-184
—— 皇子入學而齒胄 2-209
禮部(官司) 2-71(集)
禮部尙書(官名)
———— 王珪 1-294, 2-146, 3-176, 179
———— 虞世南 1-204
———— 李道宗 3-305
———— 李孝恭 3-53
———— 陳叔達 2-248
禮部侍郎(官名)
———— 令狐德棻 3-168
———— 李百藥 2-90
禮樂 1-148(集), 2-166, 3-161, 192, 195(集), 4-85(集)
禮義 1-330, 2-77, 135, 148(集), 222, 3-171, 209(集), 249, 4-34
禮儀 2-187, 3-163
禮典 2-89, 3-102, 161, 165, 166(集), 171
隸皀 2-318
豫讓(春秋 晉) 2-262(集)
—— 智伯以國士遇我 2-260
豫章(地) 1-266
綮(物) 3-264(集)
吳(春秋 國) 2-105, 189, 3-56(集), 276, 277(集)
吳(三國) 1-86, 92(集), 142
吳(地) 1-200(集)
五經 3-143, 144(集), 145(集)
五經疏義 3-143
五經正義(書) 3-143
烏骨(地) 3-304(集)
五官 2-73
五官→文帝(三國 魏)
—— 在魏 無聞德音 2-192
五敎 2-301, 3-213(集)
吳(春秋)←虞吳 1-138
吳兢(唐)←吳氏
吳起(戰國 魯)
—— 與田文論功 1-217(集)
—— 將三軍……子孰與起 1-217(集)
五代 2-119(集)
五禮通考(書)
———— 喪禮……不究古制禮之意者 3-189(集)
五服 2-96, 3-282(集)
五覆奏(制度) 3-216
五常 3-26, 27(集), 177(集)
吳氏→吳兢(唐) 1-62(集), 90(集)
—— 始之以太宗問魏徵正身之道 4-107(集)
—— 終之以魏徵對太宗克終之言 4-107(集)
吳王→李恪(唐) 2-90, 124, 125(集), 173, 177, 178(集), 3-164
吳王→李元軌(唐) 2-273
五原塞(地) 4-13
吳子(書)
—— 戰勝易 守勝難 4-105
伍子胥(吳) 1-138
五絶
—— 虞世南 1-204, 207(集)
五帝
—— 可俯而六 2-35
—— 三王不易人而理 1-123
—— 之盛帝 3-48(集)
吳中(地) 2-272(集)
五伯→五霸 1-184(集), 2-119(集), 228(集)
五霸←五伯
五品(品階) 1-95, 108, 3-128
—— 珍膳 更日宿直 3-128
五品已上
———— 各擧一人 2-63

———— 更宿中書內省 1-95
———— 及勳戚家 仍錄奏聞 3-40
———— 祿秩優厚 3-118
———— 祿秩自厚 3-120(集)
———— 百餘人 4-19
———— 非反逆 1-322
———— 安能皆得縣令之才乎 2-66(集)
———— 有犯 悉令曹司聞奏 2-305
———— 引坐論事 1-108
五行傳(書)
——— 某事失 則某咎徵應 4-70(集)
——— 劉向作 4-70(集)
——— 火不炎上 2-189
五刑 2-301
烏獲(人) 4-55
玉關→玉門關 4-35(集)
玉門關←玉關
玉杯(物) 1-257(集), 3-326
玉帛之君(諸侯) 2-102
玉樹→玉樹後庭花(曲) 3-193
玉樹後庭花(曲)←玉樹 3-192
玉華宮(建物) 1-271(集), 3-36(集), 325
溫彦博(唐) 1-188, 3-87(集)
——— 孤恩失信 圍煬帝於鴈門 4-16
——— 光武居河南單于於內郡 以爲漢藩翰 4-16
——— 勸居突厥塞內 突厥反 4-25(集)
——— 非天地之道 阻四夷之意 4-15
——— 尙書右僕射(官名) 3-43
——— 隋文帝勞兵馬 費倉庫 4-16
——— 御史大夫(官名) 1-309~310
——— 議 實空虛之地 示無猜之心 4-13
——— 終于一代 不有叛逆 4-16
——— 奏 魏徵雖在無私 亦有可責 1-310
——— 中書令(官名) 1-294, 4-13
——— 之策 太宗之所欲爲者 4-24(集)
——— 河南河北 任情居住 4-16
——— 懷我厚恩 終無叛逆 4-15
雍熙 4-79(集)
瓦礫 1-126
王嘉(漢)
—— 應天以實 不以文 3-206(集)
王敬直(唐)
——— 尙太宗女南平公主 3-176
王季(殷) 3-160(集)
王公 1-145, 2-122(集), 3-28, 40, 217
—— 已下 3-28, 3-40
—— 之上 3-217
王綰(秦) 2-93
王珪(唐)←房杜王魏, 叔玠, 王魏 1-150(集), 175, 186, 188, 191(集), 232(集), 301, 305, 2-243(集), 3-142(集), 177(集), 181(集), 204(集) 213(集)
—— 諫議大夫(官名) 1-186, 229, 3-140, 211
—— 近代重武輕儒 1-105(集)
—— 對曰 古之帝王爲政 以百姓之心爲心 1-103
—— —— 木從繩則正 后從諫則聖 1-229
—— —— 非賢不理 惟在得人 2-227
—— —— 人識禮教 理致太平 1-103
—— —— 爭臣七人 1-229
—— —— 知惡而不去 1-260
—— —— 漢家宰相 無不精通一經 1-103
—— 頓首 天下幸甚 2-232
—— 無學業 不能識前言往行 3-140
—— 上表 昔受命太上 委質東宮 2-241
—— —— 出入龍樓 垂將一紀 2-241
—— 盛惟一身 抗拒而死 2-244
—— 侍中(官名) 1-186
—— 愼終如始 方盡其美 3-202
—— 令公主親執巾 行盥饋之道 3-176
—— 禮部尙書(官名) 1-294, 2-146, 3-176, 179
—— 禮成而退 3-176
—— 魏王師(官名) 2-146, 146(集), 147(集)

—— 隱太子 中允(官名) 1-186
—— 在初則易 終之實難 3-202
—— 奏言 三品已上 遇親王於路 不合下馬 3-179
—— 知人之道 堯以爲難 1-190(集)
—— 進曰 選公直良善人 斷獄允當者 3-211
—— 太原祁縣人 1-186
—— 太子右庶子(官名) 1-186
—— 黃門侍郎(官名) 1-99, 103 186, 227, 241, 259, 3-272
王畿 2-96, 4-14
王陵(漢)←陵勃 1-278(集), 2-126(集)
王道←王霸 1-123
王武→王后(唐), 則天武后(唐) 1-216(集)
王師 4-34(集)
—— 不振 2-235
—— 初發之歲 4-29
—— 討之 4-34(集)
王祥(晉) 2-271(集)
王城 4-26(集)
王世充(隋) 1-208, 210, 2-264, 3-111, 198, 4-67
王孫賈(春秋 衛) 1-140(集)
王肅(三國 魏) 3-136
王業 1-59, 2-26, 166(集), 167, 187, 4-67
—— 於南巢 2-26
—— 之艱難 2-166(集)
—— 之艱阻 2-167
王魏→王珪(唐), 魏徵(唐) 1-151(集), 162(集), 167(集), 184(集), 191(集), 224(集), 320(集), 2-56(集), 3-92(集), 231(集), 301(集), 320(集)
王者 1-61(集), 170, 232(集), 329, 330, 2-61(集), 95, 87, 90, 3-27(集), 83, 115, 159(集), 214(集)
—— 師也 1-232(集)
—— 須爲官擇人 2-95
—— 之極功也 3-214(集)
—— 之常制 2-90
—— 之言也 2-61(集)
—— 創業垂統 1-61(集)
—— 天下一家 1-328(集)
—— 必世後仁 3-115(集)
王子喬(神仙)←松喬
王爵 1-210, 3-163
—— 旣同 3-163
王劭(隋)
—— 對考使焚香 讀皇隋感瑞經 4-62
—— 秘書監(官名) 4-62
王霸→王道, 霸道
—— 之辨 3-227(集)
王弼(三國 魏) 3-136
—— 易(書) 3-144(集)
王侯 3-181(集)
王后(唐)←王武 1-216(集)
王姬 2-290(集)
—— 下嫁於諸侯 3-177(集)
畏相
—— 書經(唐) 1-170(集)
外戚 1-323, 3-182
外荒 3-220, 4-24(集)
遼(地) 1-201(集)
堯(唐虞)←唐堯, 陶唐, 帝堯, 軒唐 1-112(集), 190(集), 289(集), 2-141, 262, 3-48(集), 81(集), 153(集)
— 克明峻德 黎民時雍 1-60(集)
— 有敢諫之鼓 2-312
— 之求諫 2-107
— 之兢兢 1-112(集)
— 欽明 1-66(集)
— 欽明文思 3-153(集)
遼碣→遼河(水), 碣石(地) 3-312
堯君素(隋) 2-263(集), 267(集)
——— 鷹擊郞將(官名) 2-262
——— 蒲州刺史(官名) 2-262
瑤臺(建物) 2-198, 3-325
遼東(地) 2-267, 269(集), 3-60, 87(集) 265,

303, 312
廖立(蜀漢)
—— 吾其左衽矣 2-285
要服(地)←要荒 3-282(集)
傜賦 3-208
姚思廉(隋) 2-240(集), 2-241(集)
——— 諫曰 應須以欲從人 不可以人從欲 1-274
——— 擧義兵 本匡王室 2-239
——— 九成之諫 1-275(集)
——— 文臣 2-247(集)
——— 不宜無禮於王 2-239
——— 散騎常侍(官名) 1-273
——— 侍讀(官名) 2-239
——— 著作郎(官名) 1-242
遼水 3-62(集), 267(集), 305
堯舜←唐虞, 勛華 1-170(集), 188, 90(集), 215(集), 216(集), 270(集), 274, 289(集), 313(集), 2-34, 73, 120(集), 253(集), 287(集), 3-63, 89, 122(集), 123, 130(集), 174(集), 237, 242(集), 4-62, 86, 87(集)
—— 耕田而食 鑿井而飮 帝何力於其間矣 1-133
—— 文武 2-73
—— 未爲遠 4-89
—— 率天下以仁而人從之 3-63
—— 五帝之盛帝 3-48(集)
—— 在上 百姓敬之如天地 4-62
—— 抵璧於山林 3-123
—— 之道 3-64
—— 之勵精 1-112(集)
—— 之明 1-66(集), 3-89
—— 之父 猶有朱均之子 2-112
—— 之誹謗 3-237
—— 之盛 1-170(集)
—— 至于塗人 一也 2-275(集)
—— 之智 1-216(集)
—— 天下之至善也 1-270(集)
—— 親賢之道乎 1-215(集)
—— 廢之 2-277
饒州(地) 3-123
徭役 1-67, 136, 3-108, 237, 4-52
遼左(地) 3-297, 303
遼主→高句麗(國) 3-302(集)
遼海(地) 3-324
遼河(水)←遼碣
要荒→要服(地), 荒服(地) 1-315
龍(唐虞) 1-102(集), 107(集)
龍樓(建物) 2-209, 2-241
龍鱗 1-175, 2-315, 3-17
龍逄(夏) 1-312(集), 313(集)
龍蛇 4-65, 4-74
虞(春秋)←虞吳 1-138
虞(國)←虞周, 虞夏 1-129(集), 4-45(集)
禹(夏)←大禹, 文命, 舜禹, 神禹, 禹湯, 夏禹, 夏后 1-60, 71(集), 111(集), 112(集), 161(集), 250, 257(集), 2-141, 3-15(集), 46
— 無若丹朱傲 1-289(集)
— 聞善則拜 1-339(集)
— 雕其俎 1-254
— 之泣辜 2-107
— 祗台德先 朔南暨聲敎 1-60(集)
禹貢(篇名)←貢 1-285(集)
—— 書經(書) 1-285(集)
右郎中(官名)←左右郎中 2-68
羽獵(賦) 3-149
右武侯大將軍(官名)
———— 李勣 1-210
宇文士及(唐) 3-92(集), 97(集)
宇文述(隋) 4-38
——— 隋煬帝 2-40
宇文化及(隋) 2-42(集), 244, 271, 3-69
———— 弑逆隋煬帝 2-40
右僕射(官名)←左右僕射 1-101(集)
——— 高士廉 1-326
——— 封德彝 1-301, 2-53

——— 李靖 2-253
右史(官名)←左右史 3-155(集)
右庶子(官名)
——— 趙弘智 2-210
虞世基(隋) 1-63, 120(集), 227, 233, 2-13, 14(集), 57(集), 4-38
——— 內史侍郎(官名) 2-271, 272
——— 杜口無言 1-234
——— 兄弟 出于吳中 嘗從顧野王學 2-272(集)
虞世南(唐)←文懿, 虞褚 1-205, 3-41(集), 4-59(集), 70(集)
——— 規諷 多所補益 1-203
——— 起居舍人(官名) 2-271
——— 記室(官名) 1-202
——— 其孝友可尙已 2-272(集)
——— 唐興之儒臣 1-208(集)
——— 對曰 勿以功高古人而自矜大 4-67
——— —— 山東之雨 恐有冤獄 4-65
——— —— 修德 可以銷變 4-65
——— —— 若能終始如一 彗見未足爲憂 4-67
——— —— 春秋時 梁山崩 4-65
——— —— 必有龍蛇 亦不足怪 4-65
——— 文學之宗 1-202
——— 秘書監(官名) 1-202, 4-47, 65
——— 秘書少監(官名) 1-242
——— 上客 1-202
——— —— 時息獵車 且韜長戟 4-48
——— —— 貽範百王 永光萬代 4-48
——— —— 聽覽之餘辰 順天道以殺伐 4-47
——— —— 秋獮冬狩 蓋惟恒典 4-47
——— 五絶 1-204, 207(集)
——— 容貌懦弱 志性抗烈 1-203
——— 以太宗頗好畋獵 4-47
——— 贈禮部尙書(官名) 1-204
——— 抱持號泣 請以身代死 2-272
——— 會稽餘姚人 1-202
虞舜→舜(唐虞) 2-173, 177(集)
—— 之制 五載一巡守 1-321(集), 4-45(集)
右丞(官名)←左右丞
—— 杜正倫 2-67
—— 魏徵 2-67
—— 總兵部刑部工部 2-71(集)
右丞相(官名)←左右丞相
祐州(地)←順祐化長
虞吳→虞(春秋), 吳(春秋) 1-138
右衛大將軍(官名)
————— 李思摩 3-61
右衛將軍(官名)
———— 陳萬福 3-122
右翊衛郎將(官名)
————— 謝叔方 2-235
虞褚→虞世南(唐), 褚亮(唐) 1-151(集)
于闐(地) 4-35(集)
虞周→虞(國), 周(國) 4-45(集)
于志寧(唐) 2-208(集), 216(集), 217(集), 225(集)
——— 諫苑 2-206
——— —— 屛退不肖 狎近賢良 2-222
——— —— 實弘道之源 2-217
——— —— 理敦杜漸之方 2-222
——— —— 春秋比之藥名 2-218
——— —— 敗德之本 2-217
——— 撰諫苑二十卷 諷之 2-206
——— 詹事(官名) 2-222
——— 太子左庶子(官名) 2-161, 206
——— 太子詹事(官名) 2-217
禹湯→禹(夏), 湯(殷) 2-118(集), 120(集), 287(集), 3-106, 113(集), 121(集), 130(集), 237
—— 繼世之君 2-93
—— 文武之業 1-104(集)
—— 以之理 2-312
—— 罪己 其興也勃焉 2-312
—— 之事也 2-31
—— 之所爲也 1-274

虞夏→虞(國), 夏(國) 1-129(集)
—— 結繩之化 2-96
憂荒 4-34(集)
殞身 3-117(集), 120(集)
云亭→云云山(地), 亭亭山(地) 3-322
云云山(地)←云亭 3-322
熊安生(周) 3-136
熊羆(猛獸) 2-318
元凱→八元, 八凱
—— 舜 2-73
元龜(物) 2-185, 227, 3-96, 118
園綺→東園公(漢), 綺里季(漢) 2-150
原道(書)
—— 韓愈作 3-134(集)
—— 舜以是傳之禹 3-134(集)
—— 堯以是傳之舜 3-134(集)
—— 禹以是傳之湯 3-134(集)
—— 湯以是傳之文武周公孔子 3-134(集)
元良→太子 2-149, 203
元律師(唐) 1-335
原免逋債
———— 三不信 簡點丁男 不任守令 1-305(集)
———— 魏徵
———— 二不信 給散租調 已散復徵 1-305(集)
———— 一不信 秦府不與 1-305(集)
苑西監(官名)
——— 穆裕 1-290
元善達(隋)
——— 逡轉騎遠詣江都 諫煬帝 2-244
——— 太常丞(官名)
元聖→湯(殷) 1-141(集)
袁紹(後漢)
—— 敗於官渡而誅田豐 4-31
袁承家(隋)
——— 國子司業(官名) 2-264
袁承序(唐)
——— 建昌令(官名) 2-264
——— 侍讀(官名) 2-264
——— 晉王友 2-264
——— 弘文館學士(官名) 2-264
袁氏→袁憲(隋)
—— 子弟之謂歟 2-265(集)
—— 之忠節 2-266(集)
爰盎(漢) 2-118(集)
袁盎(漢) 4-55
—— 騁六飛 馳不測之山 4-55
—— 聖主不乘危 不儌幸 4-55
—— 有馬驚車敗 縱欲自輕 4-55
員外郎(官名) 2-46(集), 48(集)
元帝(漢)←漢元帝, 孝元帝 1-274(集) 4-52, 54(集)
袁天綱(唐) 1-151(集)
元行沖(唐)
——— 狄仁傑 1-241(集)
——— 之藥石 1-241(集)
袁憲(隋)←袁氏
—— 尙書僕射(官名) 2-264
—— 之子 淸貞雅操 2-266(集)
越→勾踐(春秋 越) 3-308, 4-33
越王→李勣(唐) 1-329, 330
越絶書(書)
——— 苦藥利病 苦口利行 2-210
魏(三國)←劉曹, 晉魏, 漢魏, 2-120(集), 192, 206(集), 3-60(集), 4-15
魏(春秋) 1-333(集)
魏公→魏徵(唐) 1-89(集), 182(集), 183(集), 1843(集), 1853(集), 312(集), 313(集), 3-246(集), 4-26(集)
—— 嘗勸用侯君集爲宰相 4-25(集)
—— 十思 1-90(集)
魏公→李密(唐) 1-209
衛霍→衛靑(漢), 霍去病(漢) 1-199, 213
衛國公→李靖(唐) 1-198
衛朔(春秋 衛)←壽朔
衛壽(春秋 衛)←壽朔
衛靈公→靈公(春秋 衛) 1-140(集)

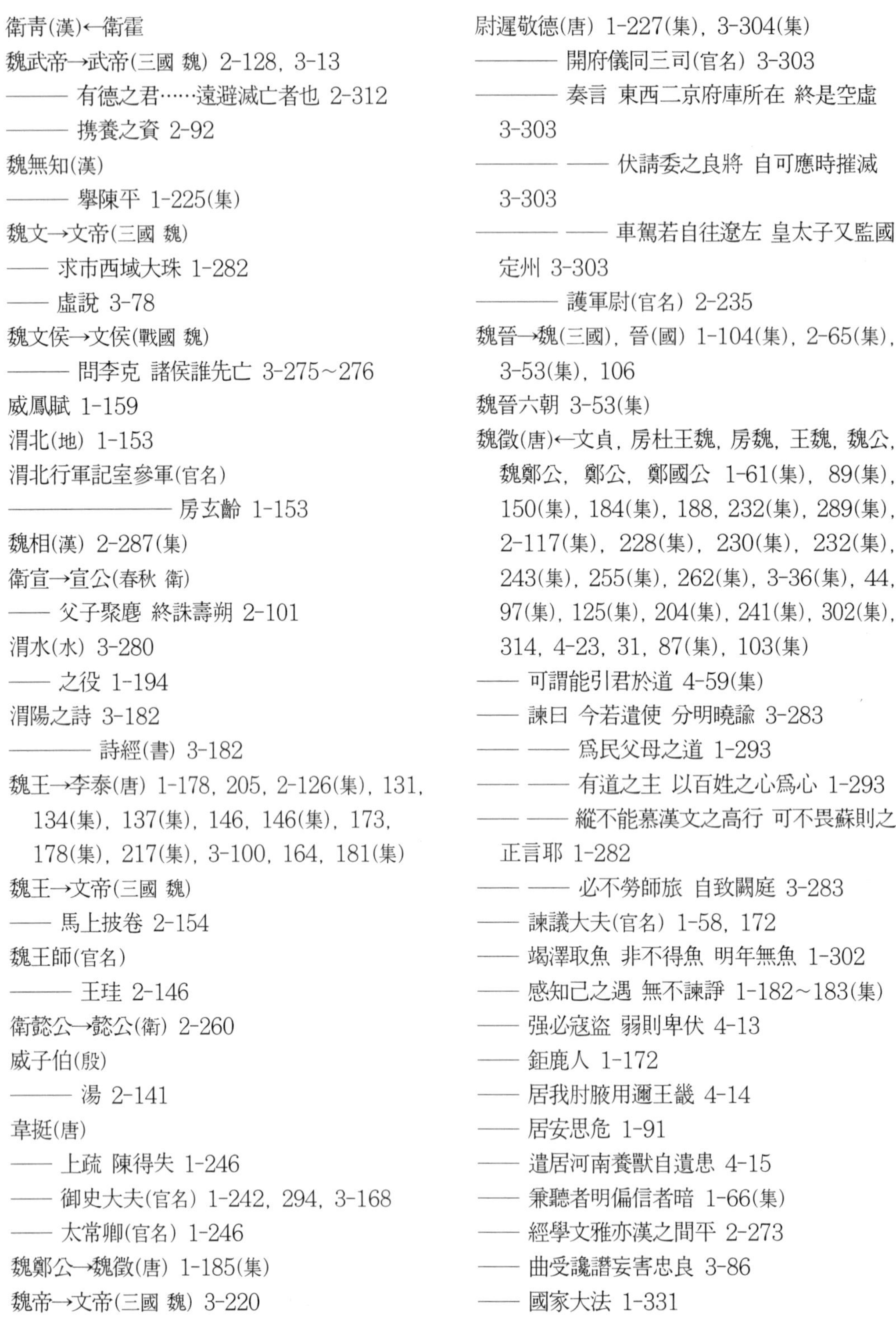

衛青(漢)←衛霍
魏武帝→武帝(三國 魏) 2-128, 3-13
——— 有德之君……遠避滅亡者也 2-312
——— 携養之資 2-92
魏無知(漢)
——— 擧陳平 1-225(集)
魏文→文帝(三國 魏)
—— 求市西域大珠 1-282
—— 虛說 3-78
魏文侯→文侯(戰國 魏)
——— 問李克 諸侯誰先亡 3-275~276
威鳳賦 1-159
渭北(地) 1-153
渭北行軍記室參軍(官名)
——————— 房玄齡 1-153
魏相(漢) 2-287(集)
衛宣→宣公(春秋 衛)
—— 父子聚麀 終誅壽朔 2-101
渭水(水) 3-280
—— 之役 1-194
渭陽之詩 3-182
———— 詩經(書) 3-182
魏王→李泰(唐) 1-178, 205, 2-126(集), 131, 134(集), 137(集), 146, 146(集), 173, 178(集), 217(集), 3-100, 164, 181(集)
魏王→文帝(三國 魏)
—— 馬上披卷 2-154
魏王師(官名)
——— 王珪 2-146
衛懿公→懿公(衛) 2-260
威子伯(殷)
——— 湯 2-141
韋挺(唐)
—— 上疏 陳得失 1-246
—— 御史大夫(官名) 1-242, 294, 3-168
—— 太常卿(官名) 1-246
魏鄭公→魏徵(唐) 1-185(集)
魏帝→文帝(三國 魏) 3-220
尉遲敬德(唐) 1-227(集), 3-304(集)
———— 開府儀同三司(官名) 3-303
———— 奏言 東西二京府庫所在 終是空虛 3-303
———— —— 伏請委之良將 自可應時摧滅 3-303
———— —— 車駕若自往遼左 皇太子又監國定州 3-303
———— 護軍尉(官名) 2-235
魏晉→魏(三國), 晉(國) 1-104(集), 2-65(集), 3-53(集), 106
魏晉六朝 3-53(集)
魏徵(唐)←文貞, 房杜王魏, 房魏, 王魏, 魏公, 魏鄭公, 鄭公, 鄭國公 1-61(集), 89(集), 150(集), 184(集), 188, 232(集), 289(集), 2-117(集), 228(集), 230(集), 232(集), 243(集), 255(集), 262(集), 3-36(集), 44, 97(集), 125(集), 204(集), 241(集), 302(集), 314, 4-23, 31, 87(集), 103(集)
—— 可謂能引君於道 4-59(集)
—— 諫曰 今若遣使 分明曉諭 3-283
—— —— 爲民父母之道 1-293
—— —— 有道之主 以百姓之心爲心 1-293
—— —— 縱不能慕漢文之高行 可不畏蘇則之正言耶 1-282
—— —— 必不勞師旅 自致闕庭 3-283
—— 諫議大夫(官名) 1-58, 172
—— 竭澤取魚 非不得魚 明年無魚 1-302
—— 感知己之遇 無不諫諍 1-182~183(集)
—— 强必寇盜 弱則卑伏 4-13
—— 鉅鹿人 1-172
—— 居我肘腋用邇王畿 4-14
—— 居安思危 1-91
—— 遣居河南養獸自遺患 4-15
—— 兼聽者明偏信者暗 1-66(集)
—— 經學文雅亦漢之間平 2-273
—— 曲受讒譖妄害忠良 3-86
—— 國家大法 1-331

—— 君臣同氣 義均一體 1-310
—— 屈突通張道源 2-251
—— 給事中(官名) 1-299, 307
—— 其阿黨親戚 1-309
—— 內外治安 居安思危 1-114(集)
—— 對曰 居安思危 孜孜不怠 4-78
—— —— 考績黜陟 察其善惡 2-60
—— —— 功業既彰 德敎復洽 4-105
—— —— 君心理 則照見下非 誅一勸百 1-138
—— —— 君舟也 人水也 1-117
—— —— 君之所以明者兼聽也 1-62
—— —— 朞月而可 信不爲難 1-121
—— —— 德仁功利 2-38
—— —— 亂代惟求其才 不顧其行 2-60
—— —— 亂後易敎 猶飢人易食 1-121
—— —— 封禪不可 1-315
—— —— 使君臣常無懈怠 各保其終 4-86
—— —— 三年成功 猶謂其晚 1-121
—— —— 常能自制 以保克終之美 4-107
—— —— 聖德玄遠 居安思危 4-107
—— —— 聖哲之主 皆亦近取諸身 1-58
—— —— 水能載舟 亦能覆舟 1-117
—— —— 守成則難 1-67
—— —— 信而不諫 謂之尸祿 1-250
—— —— 失國之主 居安忘危 處理忘亂 1-117
—— —— 甚難 1-91
—— —— 深思遠慮 安不忘危 4-105
—— —— 安而能懼 1-91
—— —— 吳王賢 2-273
—— —— 五帝三王 不易人而理 1-123
—— —— 爲王下馬 王所不宜當也 3-179~180
—— —— 留心理道 臨深履薄 1-117
—— —— 以自制克終之美 4-107(集)
—— —— 二主亡國雖同 其行則別 3-278
—— —— 人君居四海之尊 若有虧失 人皆見之 3-75
—— —— 人主嚴明 臣下畏法 直言正諫 皆見信用 1-139
—— —— 齊主爲劣 3-278
—— —— 知人既以爲難 自知誠亦不易 2-71
—— —— 知人者智 自知者明 2-71
—— —— 直有賢臣 君不思化 無所益 4-78
—— —— 此據常人 不在聖哲 1-121
—— —— 天下無憂不理 自可超邁前古 4-86
—— —— 太平之時才行俱兼 始可任用 2-60
—— —— 含養百姓 可謂日用而不知 1-133
—— —— 行帝道則帝 行王道則王 1-123
—— —— 行之於今 又乖國憲 理誠不可 3-180
—— —— 虛心採納 誠宜有言者 1-250
—— 每蒙顧問 常具言其長短 1-332
—— 拜謝 聖德自天 留心政術 3-24
—— 伐罪弔民 威德被於遐外 4-27
—— 仆碑之兆 1-313(集)
—— 不受臣言 亦何敢犯龍鱗 觸忌諱 1-175
—— 不存公道 惟事形迹 1-310
—— 焚林而畋 非不獲獸 明年無獸 1-302
—— 秘書監(官名) 1-121, 174, 3-95, 283, 4-13
—— 使臣爲良臣 勿使臣爲忠臣 1-310
—— 三鏡 1-180
—— 三代遺直 1-183(集), 185(集)
—— 上書 不激切 不能起人主意 1-335
—— —— ——— 則不能起人主之心 1-279
—— —— 天之所輔者仁 人之所助者信 1-299
—— 尙書右丞(官名) 1-309, 2-241, 3-193
—— 上疏 强直者 忠讜者 3-17~18
—— —— 見述其所短 未有稱其所長 2-315
—— —— 輕褻小人 禮重君子 4-93
—— —— 骨肉爲行路 1-81
—— —— 懼滿溢 則思江海下百川 1-83
—— —— 求木之長者 必固其根本 1-80
—— —— 求細過而忘大體 行一罰而起衆姦

2-305
—— —— 君開一源 下生百端之變 2-31
—— —— 君臣相遇 自古爲難 2-26
—— —— 君臣失序 上下否隔 2-298
—— —— 君子小過 白玉之微瑕 2-295
—— —— 屈原所以沈江 卞和所以泣血者 2-295
—— —— 克終者寡 豈不取之易而守之難乎 1-81
—— —— 克終者鮮 1-72
—— —— 近歲已來 由心好惡 4-94
—— —— 棄權衡而定輕重者 2-310
—— —— 其論人 必貴忠良而鄙邪佞 4-88
—— —— 其語道 必先淳朴而抑浮華 4-88
—— —— 亂亡不卹 將何以理 2-298
—— —— 念高危 則思謙沖而自牧 1-83
—— —— 論事則未逾於中主 4-90
—— —— 能事斯畢 在乎愼守而已 3-237
—— —— 能以古之哲王 鑑於已之行事 2-298
—— —— 德禮誠信 國之大綱 3-16
—— —— 德之上 1-76
—— —— 德之次 1-77
—— —— 待下之情 未盡於誠信 3-16
—— —— 敦朴之理 漸不克終 4-89
—— —— 略擧所見十條 輒以上聞聖聽 4-101
—— —— 忘綿搆之艱難 謂天命之可恃 1-77
—— —— 名敎不興 保七百之祚 2-30
—— —— 鳴琴垂拱 不言而化 1-84
—— —— 明德愼罰 惟刑恤哉 3-232
—— —— 聞過必改 少虧於曩日 3-240
—— —— 貌之姸醜 宛然在目 2-298
—— —— 物產 則重穀帛而賤珍奇 4-88
—— —— 未訊罪人 則先爲之意 2-307
—— —— 未有不資同心 予違汝弼者 2-312
—— —— 罰不及於有罪 賞不加於有功 3-22
—— —— 罰所及 則思無因怒而濫刑 1-83
—— —— 負薪救火 揚湯止沸 1-77
—— —— 夫以善相成 謂之同德 2-298
—— —— 不復專心治道 此樂將極 4-97
—— —— 卑儉之跡歲改 驕侈之情日異 4-92
—— —— 非行之難 終之斯難 4-88
—— —— 思國之安者 必積其德義 1-80
—— —— 舍準繩以正曲直 2-310
—— —— 事之善惡 自得於心 2-298
—— —— 社稷安危 國家治亂 在於一人而已 4-100
—— —— 私嬖之徑漸開 至公之道日塞 2-315
—— —— 三皇可追而四 2-35
—— —— 上求人主之微旨 以爲制謂之忠 2-307
—— —— 想讒邪 則思正身以黜惡 1-83
—— —— 善小人之小善 謂之善善 2-295
—— —— 誠能見可欲 則思知足以自戒 1-83
—— —— 聖明之君 求忠正之士 2-315
—— —— 小人之惡不懲 君子之善不勸 3-232
—— —— 雖竭力盡誠 猶未免於傾敗 3-19
—— —— 受圖膺運 繼體守文 1-72
—— —— 受圖定鼎 皆欲傳之萬代 4-88
—— —— 須使知定分 常保安全 3-100
—— —— 順天革命之后 將隆七百之祚 1-79~80
—— —— 時難再得 明王可爲而不爲 4-100
—— —— 臣去就之節 當緣恩之厚薄 2-27
—— —— 神化潛通 無爲而治 1-76
—— —— 深懼群臣 莫肯盡言 2-315
—— —— 十思九德 1-84
—— —— 言制度 則絶奢靡而崇儉約 4-88
—— —— 惡君子之小過 謂之惡惡 2-295
—— —— 樂盤遊 則思三驅以爲度 1-83
—— —— 若惟聖罔念 不愼厥終 1-77
—— —— 慮不及遠 3-19
—— —— 慮壅蔽 則思虛心以納下 1-83
—— —— 五帝可俯而六 2-35
—— —— 欲流之遠者 必浚其泉源 1-80
—— —— 欲善之志 不減於昔時 3-240
—— —— 憂懈怠 則思愼始而敬終 1-83

—— —— 委大臣以大體 責小臣以小事 2-33
—— —— 爲人主者 安可以無禮於下哉 2-27
—— —— 有善始之勤 未覩克終之美 3-16
—— —— 猶捕雀而掩目 盜鍾而掩耳 2-312
—— —— 六邪 2-74
—— —— 六正 2-74
—— —— 恩所加 則思無因喜以謬賞 1-83
—— —— 殷憂而道著 功成而德衰 1-81
—— —— 意蔑前王 此傲之長 4-97
—— —— 以石投水 千載一合 2-26
—— —— 以水投石 無時不有 2-26
—— —— 以爲殷鑑 則存亡治亂 3-237
—— —— 以馳騁爲歡 莫慮不虞之變 4-96
—— —— 以暴易亂 與亂同道 1-77
—— —— 人有所犯 縱臨時處斷 2-304
—— —— 將有作 則思知止以安人 1-83
—— —— 將有恥辱隨之 莫能盡節 2-315
—— —— 漸不克終九 4-98
—— —— 漸不克終六 4-95
—— —— 漸不克終四 4-93
—— —— 漸不克終三 4-92
—— —— 漸不克終十 4-99
—— —— 漸不克終五 4-94
—— —— 漸不克終二 4-91
—— —— 漸不克終一 4-90
—— —— 漸不克終七 4-96
—— —— 漸不克終八 4-97
—— —— 貞觀之始 恤其勤勞 4-91
—— —— ——— 求賢如渴 4-94
—— —— ——— 論功則湯武不足方 4-89
—— —— ——— 所以至死無携貳 4-99
—— —— ——— 疏斥小人 4-93
—— —— ——— 損己以利物 4-92
—— —— ——— 語德則堯舜未爲遠 4-89
—— —— ——— 遠被遐荒 4-90
—— —— ——— 孜孜不怠 4-97
—— —— 政貴有恒 不求屢易 2-33
—— —— 正臣 大臣 3-18
—— —— 終是不能忘懷 此欲之縱 4-97
—— —— 知臣莫若君 2-73
—— —— 知子莫若父 2-73
—— —— 且所言當理 未必加於寵秩 2-315
—— —— 責罰稍多 威怒微厲 3-234
—— —— 千里斯應 信不爲難 2-315
—— —— 初登大位 外絶畋獵之源 4-96
—— —— 初踐大位 敬以接下 4-97
—— —— 罷不急之務 愼偏聽之怒 3-237
—— —— 陛下驚懼之辰 憂勤之日也 4-100
—— —— 刑濫則小人道長 賞謬則君子道消 3-232
—— —— 胡越爲一體 1-81
—— —— 禍福相倚 吉凶同域 3-234
—— —— 和若鹽梅 固同金石者 在於禮之 2-26
—— 上智之人 自無所染 3-89
—— 上表 昔受命太上 委質東宮 2-241
—— —— 出入龍樓 垂將一紀 2-241
—— 設醴以求賢 吐飱而接士 2-167
—— 城狐社鼠 1-323
—— 逐傾瀍洛 前代覆車 4-15
—— 數年之後 滋息過倍 4-14
—— 水能載舟 亦能覆舟 1-117
—— 隨事諫正 多中朕失 1-253
—— 守此常謙常懼之道 3-46
—— 市馬之諫 1-285(集)
—— 侍中(官名) 1-91, 175, 279, 329, 332, 2-166, 251, 273, 3-156, 4-42, 52
—— 侍中兼東宮官(官名) 2-47(集)
—— 十思 1-90(集)
—— 若果澆訛 當爲鬼魅 1-129(集)
—— 若以爲不足 更萬倍過此 亦不足 3-33
—— 若以爲足 今日不啻足 3-33
—— 閹宦之禍 復上疏數千言 2-320(集)
—— 右丞(官名) 2-67
—— 原免逋債 1-305(集)
—— 爲國盡忠 淸貞愼守 2-251

—— 以水未橫流 便欲自毁隄防 1-323
—— 以守成爲難 3-271(集)
—— 仁義之言 1-128(集)
—— 慈愛萬人 薄賦斂輕租稅 1-133
—— 張公遂有回天之力 1-268
—— 將順正救之道 1-114(集)
—— 在於君臣父子 不可斯須而廢 3-16
—— 爭臣 1-182(集)
—— 前代爭臣一人而已 1-182(集), 183(集)
—— 正救於已形者多 變化於未形者少 1-184(集)
—— 鄭國公(封爵) 1-175
—— 正其辭 雅合至公之道 3-156
—— 朝夕進諫 1-290
—— 終不得高昌撮穀尺布 以助中國 4-28
—— 奏言 權萬紀李仁發竝是小人 1-307
—— —— 上爲宗廟社稷 下慰群寮兆庶 4-56
—— —— 若令公主之禮 有過長公主 2-288
—— —— 傳述虞箴稱夷羿 以爲戒 4-55
—— —— 割私情之娛 罷格獸之樂 4-56
—— 奏稱 國家開直言之路 4-52
—— —— 君尊天事地 敬社稷 保四國 1-133
—— —— 甚須折衷 從容諷諫 4-52
—— —— 張猛可謂直臣諫君 4-52
—— 卽事而言者多 卽心而論者少 1-184(集)
—— 贈司空(官名) 1-178
—— 之對 是猶皐陶勸舜之意 4-79(集)
—— 知門下省事 1-175
—— 至如孝行 乃古之曾閔 2-273
—— 之忠諫 2-290(集)
—— 進曰 君使臣臣事君之道 1-327
—— —— 樂在人和 不由音調 3-193
—— —— 反覆思量 深自剋責 4-67
—— —— 尙不息 其必亡之道 3-276
—— —— 臣所不解 1-327
—— —— 閹竪雖微 爲患特深 2-295
—— —— 因有天變 遂能戒懼 4-67
—— —— 頡利逢隋末中國喪亂 今尙內侵 3-276
—— 進言 以爲不足 萬倍 亦不足 4-42
—— —— 參蹤前列 昭訓子孫 4-42
—— —— 天命陛下代之 今日欲在人之下 4-42
—— —— 幸洛州 庶其安定 4-42
—— 徵爭之 4-34(集)
—— 撰自古諸侯王善惡錄王 2-166
—— 詹事主簿(官名) 1-191(集)
—— 忠良之言 1-312(集)
—— 取張猛之直諫 順太宗之意而言 4-54(集)
—— 太子洗馬(官名) 1-172
—— 太子太師(官名) 1-178
—— 太子見人諫 悅而從之 1-335
—— 太子恐人不言 導之使諫 1-335
—— 太子雖黽强聽受 而意終不平 1-335
—— 通子三人來選 2-251
—— 特進(官名) 1-72, 138, 175, 2-25, 38, 73, 260, 3-232, 4-55
—— 必宗廟丘墟 市朝霜露 3-86
—— 匈奴自古至今 4-13
尉佗←南越王(前漢)
—— 之驕倨 文帝猶以德懷 3-286(集)
衛太子(漢) 3-140
衛獻公→獻公(衛)
—— 捨大臣而與小臣謀 2-36(集)
韋玄成(漢)←匡韋
衛(國)←鄭衛 2-218
韋后(唐) 1-92(集)
幽(地) 3-161
劉賈(漢)←賈澤
劉據(漢) 2-189
劉彊(後漢)←東海
劉敬(漢) 3-296(集)
劉洎(唐) 1-150(集), 290, 2-160(集), 3-155(集)
—— 對曰 面加詰難 恐非誘進直言之道 3-104
—— —— 上書辭理不稱者 或對面窮詰 1-287
—— 撫四夷 2-135, 137(集)
—— 散騎常侍(官名) 2-149, 270, 3-76, 104

—— 上書 力行所至 欲其長久 3-78
—— —— 屈宋不足以升堂 鍾張何階於入室 2-154
—— —— 動神機 縱天辯 3-77
—— —— 援古以排其議 3-77
—— —— 日聞所未聞 日見所未見 2-157
—— —— 太子問安而退 所以廣敬於君父 2-157
—— —— 太子異宮而處 所以分別於嫌疑 2-157
—— —— 太子還東宮 2-149
—— 尙書左丞(官名) 2-68
—— 魏徵之風 1-289~290(集)
—— 章疏尙書非人之弊 2-70(集)
—— 進曰 天下之人 皆記之矣 3-154
—— 治書侍御史(官名) 1-307
—— 黃門侍郞(官名) 1-287, 2-135, 3-154
柳谷(地) 3-292
劉昫(後唐)
—— 論房杜相知 1-168(集)
—— 論王珪履正忠讜 1-190(集)
—— 論爭臣魏徵 1-182(集)
劉旦(漢)←燕王 2-177, 177(集)
劉德(漢)←間平, 河間, 河間獻王 2-145(集), 147(集), 173, 177(集), 3-52
幽厲→幽王(周), 厲王(周) 3-110
—— 以之危 2-312
遊獵 4-50, 50(集)
乳母
—— 遂安夫人 2-206, 207
劉武(漢)←梁孝王
劉武周(隋) 3-198, 201(集), 4-67
柳芳(人)
—— 論房杜爲賢相 1-167(集)
劉昞(後漢)←淮陽王
有司(官名) 1-101(集), 161(集), 3-43, 207, 228, 287
—— 上書 皇太子將行冠禮 宜用二月爲吉 3-207
—— 上言 表疏不順 請發兵討擊之 3-287
—— 奏言 日在辰 不可哭泣 3-59
流沙(地) 2-318
柳城(地) 3-60
留守(官名)
—— 房玄齡 2-84
維城→皇子 2-167
洧水←溱洧
有莘(國) 2-26
庾信(梁)
—— 哀江南賦 3-63
劉氏→漢(國) 2-90
劉氏(前趙 后妃)
—— 救元達之刑 3-328~329(集)
劉安(漢)←淮南
由余(西戎人) 1-266
劉如意(漢)←趙王 2-126(集)
劉英(後漢)←二王, 楚, 楚王
劉盈→惠帝(漢) 2-126(集)
幽王(周)←幽厲
流外(官名) 1-145
柳雄(唐)
—— 徐州司戶 1-335
油衣(物) 4-51(集)
劉仁軌(唐)
—— 能效一言之忠 動萬乘之聽 4-60(集)
—— 新安令(官名) 4-59
—— 詣行所 上表切諫 4-59
—— 以收獲未畢 非人君順動之時 4-59
—— 陳倉尉(官名) 4-60(集)
—— 咸陽丞(官名) 4-60(集)
—— 縣丞(官名) 4-59
柳莊(衛) 3-60(集)
遊田 3-204(集), 4-50(集), 55
遊畋 4-74
劉曹→漢(國), 魏(三國)
—— 象刑之典 2-96

柳宗元(唐)
——— 德在人者 死必奉其嗣 2-118(集)
——— 武資八百諸侯以翦商 2-119(集)
——— 封建論 2-120(集)
——— 封建 非公之大者 公天下自秦始 2-119(集)
——— —— 非聖人意也 勢也 2-116(集)
——— —— 非聖人意也勢也 2-117(集), 118(集)
——— 封禪 1-319(集)
——— 載梓人傳 3-151(集)
——— 諸侯繼世而立……無以立于天下 2-120(集)
——— 諸侯國亂 天子不得變其君 2-118(集)
——— 湯資三千諸侯以黜夏 2-119(集)
幽州(地) 3-217, 4-18
幽州總管府記室(官名)
———————— 張蘊古 3-217
劉蒼(後漢)←間平, 東平
流蔡 3-282(集)
劉徹→武帝(漢) 2-189
劉聰(晉)
—— 傳 3-34
劉澤(漢)←賈澤
柳下惠(春秋 魯) 3-243
儒學 4-51(集)
劉恒(漢) 2-126(集)
劉向(漢) 3-136
—— 五行傳(書) 4-70(集)
—— 六正六邪 2-83(集)
輶軒(物) 2-318
劉炫(隋) 3-136, 139(集)
劉荊(後漢)←廣陵思王, 二王
劉后(晉 皇后)
—— 手疏啓請 辭情甚切 3-34
六經 3-135(集), 3-67(集)
六官 2-71(集)
六國(戰國) 1-262, 2-116(集), 119(集), 4-67, 105
六軍 3-280
六宮 1-298(集), 3-56(集)
陸機(晉)←晉二陸 2-272(集)
六飛 4-55
六師 3-62(集)
六邪
—— 具諂奸讒賊亡國 2-83(集)
—— 內實險詖 奸臣 2-78
—— 安官貪祿 具臣 2-77
—— 說苑 2-74
—— 魏徵上疏 2-74
—— 劉向 2-83(集)
—— 專權擅勢 賊臣 2-78
—— 主所言皆曰善 諛臣 2-77, 78
—— 智足以飾非 讒臣 2-78
—— 諂主以佞邪 亡國之臣 2-78
陸士衡(晉)
——— 嗣王……以治待亂 2-96
陸爽(唐)←陸氏 1-295, 297(集)
六尙書 3-180
陸氏(唐)
—— 陸康之子 1-293, 294
陸氏→陸爽(唐)
—— 抗表 1-294, 295
陸運(晉)←晉二陸 2-272(集)
六籍 3-187
六典 1-328(集)
六正
—— 家國昏亂 不諛 直臣 2-77
—— 萌芽未動 聖臣 2-77
—— 明察成敗 智臣 2-77
—— 聖良忠智貞直 2-83(集)
—— 守文奉法 貞臣 2-77
—— 夙興夜寐 忠臣 2-77
—— 說苑 2-74
—— 魏徵上疏 2-74
—— 劉向 2-83(集)

── 虛心盡意 良臣 2-77
六朝 3-53(集)
陸贄(唐)
── 擧之以告德宗謂……則議息征徭 3-129(集)
六合(天下) 2-167, 301
陸渾(地) 4-26(集)
尹起莘(宋)
──── 論諫官入閣 1-232(集)
──── 論仁惻 3-56(集)
輪臺(地) 4-21
尹壽(唐虞) 2-141
輪扁(春秋 齊) 3-78
律之書
──── 凡十二篇 3-255(集)
戎狄 1-315, 2-38, 4-19, 83, 90
殷(國)←商, 夏殷周 2-35, 90, 3-70(集), 180, 270, 279(集)
銀坑 3-123
隱巢→李建成(唐), 李元吉(唐) 2-257(集)
殷受→紂(殷) 2-200, 3-110, 201(集)
殷紂→紂(殷)
── 狎侮五常 3-26
銀青光祿大夫(官名)
────── 張玄素 2-209
殷湯→湯(殷) 4-100
── 致禮 定王業於南巢 2-26
隱太子→李建成(唐) 1-155, 166, 172, 186, 2-234, 238(集)
乙彌泥熟俟利苾可汗(官名)
────────── 李思摩(唐) 4-23
陰馬→陰皇后(後漢), 馬皇后(後漢) 2-290(集)
陰山(地) 1-196
陰陽家 3-166(集), 207
陰陽書(書)
──── 日在辰 不可哭泣 3-59
陰陽之說 3-166(集)
淫刑 1-86, 3-70(集)
淫昏之主 3-195(集)
陰皇后(後漢)←陰馬 3-257(集)
邑姜(周) 2-290(集), 3-258(集)
鷹擊郎將(官名)
──── 堯君素 2-262
鷹犬之貢 4-96
懿公(衛)←衛懿公 2-260
義寧(年號)
── 元年 2-263(集)
義兵 1-192, 2-44, 181(集), 239
義士 2-235, 261(集), 3-265
義師 2-269(集)
義成公主(隋) 1-196
議安邊(篇名)
──── 貞觀政要(書) 4-13
儀禮(書)←禮
議獄 3-229(集)
懿宗(唐)←穆敬懿僖
議征伐(篇名)
──── 貞觀政要 3-280
儀注 2-148, 148(集), 3-207
姨
─ 居喪五月 3-182
陑(地) 1-71(集)
李恪(唐)←吳王 2-125(集), 177, 178(集)
── 安州都督(官名) 2-90
── 齊州都督(官名) 2-124
李綱(唐)
── 少慷慨 有風節 2-141(集)
── 太子少師(官名) 2-139
李蓋(唐)←舒國公, 濟陰王
── 李勣之父 1-210
── 散騎常侍(官名) 1-210
李建成(唐)←息隱王, 隱巢, 隱太子, 前宮, 太子 1-172, 186, 201(集), 2-241, 3-159(集)
李敬業(唐)
──── 李勣之子 1-219(集)
李翶(唐) 1-89(集)
李君羨(唐) 2-53(集), 63, 64(集), 4-108(集)

李克(戰國 魏)
―― 數戰數勝……不亡何待 3-276
―― 吳先亡 3-276
里克(春秋 晉) 1-216(集)
李金才(隋) 3-69
李大亮(唐) 1-227(集)
――― 上疏 供積惡之凶虜 非中國之利 4-22~23
――― ―― 突厥未平之前 尙不安業 4-19
――― ―― 四夷之人 猶於枝葉 4-19
――― ―― 若卽勞役 恐致防損 4-19
――― ―― 擾其根本 以厚枝葉 4-19
――― ―― 中國百姓 天下根本 4-19
――― ―― 必畏威懷德 永爲藩臣 4-21
――― ―― 匈奴微弱以來 始就農畝 4-19
――― 涼州都督(官名) 1-275, 4-19
――― 以爲於事無益 徒費中國 4-19
――― 表 使者求鷹 1-275
李道彦(唐) 2-172(集)
李道裕(唐) 2-292(集)
――― 殿中少監(官名) 2-291
――― 奏 亮反形未具 明其無罪 2-291
――― 刑部侍郎(官名) 2-291
李道宗(唐)←江夏王 1-201(集), 2-172(集)
――― 蓋指駐蹕之戰 請分軍襲平壤之事也 3-304(集)
――― 禮部尙書(官名) 3-305
――― 議曰 恃衆輕我 一戰可摧 3-305
――― ―― 賊赴急遠來 兵實疲頓 3-305
――― 從太宗征高麗 3-305
――― 特進(官名) 3-53
李道玄(唐) 2-172(集)
李陵(漢) 1-193
李密(唐)←魏公 1-208, 210, 213, 219(集), 3-111
李百藥(唐) 1-150(集)
――― 擧要荒而見羈 2-192
――― 竟能掃江表之氛穢 2-192
――― 景有慚於鄧子 2-189
――― 論政於漢幄 2-196
――― 履之則率性成道 2-183
――― 望興廢如從鈞 視吉凶如糾纆 2-183
――― 封事 鍥船求劍 2-96
――― ―― 膠柱成文 2-96
――― ―― 南陽太守 弊布裸身 2-102
――― ―― 萊蕪縣長 凝塵生甑 2-102
――― ―― 問鼎請隧有懼霸王之師 2-96
――― ―― 班條之貴 食不擧火 2-101
――― ―― 白馬素車無復藩維之援 2-96
――― ―― 俸祿不入私門 2-101
――― ―― 剖符之重 居惟飮水 2-101~102
――― ―― 四道 2-108
――― ―― 存亡之理在於郡國 2-90
――― ―― 妻子不之官舍 2-101
――― 成從理之淫虐 2-189
――― 修致戒於京鄗 2-196
――― 始禍則金以寒離 2-189
――― 諒弘道之在人 2-185
――― 禮部侍郎(官名) 2-90
――― 違之則罔念作忒 2-183
――― 人紀與人綱 資立言與立德 2-183
――― 盡情義以兼極 2-185
――― 贊道賦 2-183, 204, 206(集)
――― 太子右庶子(官名) 2-183
――― 惠結皓而因良 2-189
――― 喜元良會而萬國貞 2-203
吏部(官名) 2-71(集)
―― 銓簡之理 2-57
吏部尙書(官名)
――― 馬周(唐) 1-222
――― 高士廉 3-168
――― 杜如晦 2-57
――― 長孫無忌 2-86, 280
伊傅→伊尹(殷), 傅說(殷) 1-105(集), 184(集), 2-143(集), 4-103(集)
李斯(秦) 2-93, 117(集)

李思摩(唐) 3-314
——— 右衛大將軍(官名) 3-61
——— 乙彌泥熟俟利苾可汗(官名) 4-23
李善感(唐)
——— 鳳鳴朝陽 1-291(集)
二世皇帝(秦)←秦二世
李淳風(唐) 1-151(集)
二叔→管叔(周), 蔡叔(周) 4-104(集)
李承乾(唐)←太子, 皇太子 1-178, 2-125(集), 133(集), 134(集), 137(集), 160(集), 163(集), 165(集), 178(集), 183, 206, 206(集), 208, 208(集), 209, 210, 216(集), 217, 217(集), 218, 222, 225(集), 3-100, 102(集), 175(集), 4-82(集)
——— 令撰孝經義疏 2-207
——— 謂玄素 庶子患風狂耶 2-209
李神通(唐)←淮安王
——— 上言 刀筆之人 功居第一 2-86
二十七世婦 1-298(集)
李嚴(蜀漢)
—— 發病而死 2-285
李靈夔(唐)←魯哀王 2-273
伊吾(地) 4-21
夷吾→管仲(齊)
—— 有射鉤之罪 1-246
—— 齊境之難 1-246
二王→劉英(後漢), 劉荊(後漢) 2-179
李瑗(唐)←廬江王 1-259
李元嘉(唐)←韓王 2-273
——— 潞州刺史(官名) 2-273
——— 聞太妃有疾 便涕泣不食 2-273
——— 與其弟李靈夔……內外如一 2-273
——— 至京師發喪 哀毁過禮 2-273
——— 天性之孝友 2-275(集)
李元景(唐)←荊王 2-90, 173, 178(集)
——— 荊州都督(官名) 2-90
李元軌(唐)←霍王, 吳王 2-273
——— 武德中 初封爲吳王 2-273
——— 壽州刺史(官名) 2-273
——— 天性之孝友 2-275(集)
李元吉(唐)←隱巢, 齊王, 巢剌王, 海陵王 2-235, 241, 3-159(集)
李元昌(唐)←漢王 2-137(集)
李元曉(唐)←密王 3-163
李緯(唐)
—— 洛州刺史(官名) 2-84
—— 司農卿(官名) 2-84
—— 戶部尙書(官名) 2-84
伊尹(殷)←伊傅 1-102(集), 141(集), 170(集), 2-200, 287(集), 3-174(集)
—— 有莘之媵臣 2-26
李愔(唐)←蜀王
李義府(唐)←許李
李仁發(唐) 1-308
——— 侍御史(官名) 1-306
李勣(唐)←徐勣, 英國公, 英衛, 越王 1-201(集), 213, 3-54(集), 301(集), 302(集), 304(集), 305
—— 房杜辛勤起家 爲不肖子所敗 1-219(集)
—— 兵部尙書 兼知政事(官名) 1-212
—— 幷州都督(官名) 1-212
—— 賜姓李氏 1-210
—— 黎州總管(官名) 1-210
—— 吾後子孫有交遊非類者 汝必殺之 1-219(集)
—— 用師籌筭 臨敵應變 動合事機 1-213
—— 右武侯大將軍(官名) 1-210
—— 立武氏之說 1-218(集)
—— ——— 其一言而定 1-219(集)
—— 長史(官名) 1-212
—— 曹州離狐人 1-208
—— 左武侯大將軍(官名) 1-208
—— 疊州都督(官名) 1-219(集)
—— 太子詹事(官名) 1-213
—— 太宗剪鬚爲其和藥 1-213
—— 太宗託幼孤 1-215(集), 216(集)
—— 特進(官名) 1-213

—— 陛下所爲盡善 無事可諫 1-292(集)
夷狄 1-142, 228(集), 2-119(集), 3-152(集), 275(集), 289(集), 312, 4-19, 29, 62
二帝 1-60(集), 151(集), 184(集), 2-228(集), 287(集)
—— 三王之法 2-120(集)
—— 三王之治 1-60(集)
—— 三王之學 1-61(集)
伊川(地) 4-26(集)
二千石(官名) 2-53(集), 63, 179
李靖(唐)←代國公, 英衛, 衛國公 1-188, 201(集), 205, 213, 255(集), 3-53(集), 230, 304(集), 4-13
—— 檢校中書令(官名) 1-193
—— 擊破突厥定襄城 1-193
—— 京兆三原人 1-192
—— 光祿大夫尙書右僕射(官名) 1-198
—— 代州道行軍總管(官名) 1-193
—— 馬邑郡丞(官名) 1-192
—— 兵部尙書(官名) 1-193
—— 非魏徵 莫可 2-253~254
—— 西海道行軍大總管(官名) 1-198
—— 揚州大都督府長史(官名) 1-193
—— 用兵 1-200(集)
—— 右僕射(官名) 2-253
—— 謂副將 張公謹 1-195
—— 定襄道行軍總管(官名) 1-195
—— 刑部尙書(官名) 1-193
李治→高宗(唐) 2-160(集)
李泰(唐)←魏王 1-178, 205, 2-131, 137(集), 146(集), 178(集), 3-100
李好德(唐)
——— 素有風疾 言涉妖妄 3-215
李弘節(唐)
——— 桂州都督(官名) 2-251
李孝恭(唐)←趙郡王, 河間王 2-172(集), 3-52
——— 東南道行臺尙書左僕射(官名) 3-52
——— 性惟退讓 無驕矜自伐之色 3-53
——— 禮部尙書(官名) 3-53
益(唐虞) 1-102(集)
— 罔失法度 1-289(集)
益州(地) 3-108
藺謩(唐) 3-286(集)
—— 將軍(官名) 3-283
仁壽宮(建物) 3-36(集)
仁義 2-227, 229, 231, 232(集), 233(集), 284(集), 301, 3-160(集), 270, 275
—— 之功 2-228(集)
—— 之事 2-228(集)
麟趾(篇名)
—— 詩經(書) 2-122(集)
日南(國) 3-262
一代宗英 3-53
一代之樂 3-197(集)
日食(災異) 1-320(集)
—— 萬錢 3-42(集)
任姒→太任(周), 太姒(周) 2-290(集), 3-258(集)
林邑(國) 3-260, 261(集), 287
林之奇(北宋)
——— 論君納諫臣進諫 1-120(集)
——— 論常何以擧馬周 1-225(集)
——— 論創業守成 1-69(集)
——— 論天災 3-205(集)
——— 論太宗魏徵問答君難臣理 1-140(集)
——— 論太宗疑魏徵 1-313(集)
——— 論太宗以合夫天下之公論 3-174(集)
——— 論太宗自聞其過 1-289(集)
臨淄(地) 1-153
入閤 1-232(集), 233(집)
媵臣 2-26

【ㅈ】

刺擧→刺史 2-96

刺史(官名)←刺擧 1-302, 2-52, 53(集), 63, 66(集), 84, 90, 178, 182(集), 216(集), 262, 273, 3-88, 243, 244~245, 259, 260(集)
—— 房玄齡 2-90
—— 李緯 2-84
—— 長孫無忌 2-90
—— 趙元楷 3-88
自古諸侯王善惡錄(書)←諸侯王善惡錄
———————— 魏徵撰 2-166
子貢(春秋 魯) 1-190(集), 2-243(集), 4-91
子糾(齊) 2-243(集)
子期(周)
—— 周文王 2-141
子路(春秋 魯)←仲由 2-238(集), 243(集)
子文(春秋 楚) 1-314(集), 2-112
子房→張良(漢) 2-126(集)
子思(魯)
—— 古之君子……何反服之禮之有 2-26
子產(春秋 鄭) 1-135(集), 168(集)
齊疏(喪服) 3-103(集)
紫宸殿(建物) 1-232(集)
子嬰(秦) 2-93
齊衰三月(喪服) 3-187
齊衰五月(喪服) 3-187
資治通鑑(書) 3-151(集)
資治通鑑綱目(書) 4-64(集)
—————— 其外戶不閉家給人足斗米三錢之美 4-64(集)
子夏(春秋 魯)←卜子夏
子虛(賦) 3-149
爵位 3-171
爵邑 3-286(集)
爵號 2-89(集)
岑文本(唐) 1-290, 2-157, 160(集), 255(集), 265, 266(集), 3-42(集)
——— 古人所以貴君子而賤小人 2-40
——— 對曰 必須以學飭情 以成其性 3-146
——— 道德齊禮 2-135, 137(集)
——— 封事 豈可謂天譴而繫聖心 4-75
——— —— 常加含養 則日就滋息 4-72
——— —— 雨水之患 陰陽恒理 4-75
——— —— 暫有征役 則隨日凋耗 4-73
——— 奏言 淸貞雅操 實繼先風 2-264
——— 中書令(官名) 3-41, 3-146
——— 中書侍郎(官名) 2-135, 264, 3-168, 4-72
——— 歎曰 吾本漢南一布衣 3-41
——— 之論 4-77(集)
潛夫論(書)
——— 人君之理……復見於玆 2-301
莊公(春秋 魯)←魯莊公
—— 肆大眚 3-253(集)
莊公(春秋 齊)←齊莊公
張公→張玄素(唐)
—— 回天之力 1-268
張公謹(唐) 3-166(集)
——— 襄州都督(官名) 3-59
——— 李靖之副將 1-195
長公主(唐)
——— 唐高祖之公主 2-288, 290(集)
張九成(宋)
——— 論房杜爲國名臣 1-169(集)
——— 論法者天下公共 2-283(集)
——— 論虞世南之五絶規風 1-207(集)
——— 論劉洎剛直敢言 3-80(集)
——— 論劉洎章疏尚書非人之弊 2-70(集)
——— 論李大亮諫獻鷹 1-278(集)
——— 論李靖自全 1-200(集)
——— 論張玄素疏 1-270(集)
——— 論忠義 2-240(集)
將軍(官名) 1-195, 208, 210, 328(集) 2-234, 3-61, 122, 4-19
—— 藺謩 3-283
張譏(陳) 3-136
張道源(唐) 2-251

張亮(唐) 2-292(集)
—— 權萬紀讒毁 1-307
—— 坐謀反下獄 2-291
—— 刑部尙書(官名) 2-291
張良(漢)←子房, 張子房, 張孺, 張陳 2-189
將閭(秦) 2-93
張猛(漢) 4-54(集)
—— 光祿卿(官名) 4-52
—— 主聖臣直……聖主不乘危 4-52
張步(後漢) 3-307(集)
長史(官名)
—— 郭孝恪 1-209
—— 李勣 1-212
張師政(唐) 2-222, 225(集)
將相 2-255(集), 63, 3-198
莊生→莊子(戰國 宋)
—— 稱至道無文 3-77
張釋之(漢) 3-41(集)
長城 1-212, 3-69
張昭(漢)
—— 變色於後 4-47
臧孫(春秋 魯) 2-218
臧孫達(春秋 魯)←臧哀伯
長孫無忌(唐)←齊國公 1-175, 205, 215(集), 287, 2-26(集), 284(集), 3-227(集), 302(集)
———— 吏部尙書(官名) 2-86, 280
———— 司空(官名) 2-90, 4-38
———— 司徒(官名) 1-290, 2-148
———— 言而莫予違者 其無忌之謂乎 1-289(集)
———— 趙州刺史(官名) 2-90
———— 奏言 君則杜塞忠讜之言 臣則苟欲自全 4-38
———— —— 不惟天道 實由君臣不相匡弼 4-38
長孫皇后→文德皇后(唐)
———— 吾一婦人而亂天下法 3-256
———— 遇疾 漸危篤 3-256
———— 越王 1-329
———— 賢於陰 3-257(集)
長孫后→文德皇后(唐) 1-171(集)
長樂公主(唐) 3-125(集)
———— 文德皇后所生 2-288
長安(地) 1-192, 193, 207(集), 271(集), 4-26(集), 27(集)
臧哀伯→臧孫達(春秋 魯) 3-265
張掖(地) 4-29
張蘊古(唐) 3-225(集)
——— 大理寺丞(官名) 3-224
——— 大理丞(官名) 3-215
——— 言好德癲病有徵 法不當坐 3-215
——— 蘊古密報其旨 仍引與博戲 3-215
——— 幽州總管府記室兼直中書省 3-217
——— 表上 大寶箴 3-217
莊王(戰國 楚)←楚王(戰國)
張元濟(隋)
——— 大理丞(官名) 2-15
張孺→張良(漢) 3-78
莊子(戰國 宋)←莊生
莊子(書)
—— 高深不懼 胥靡之徒 2-202
—— 窮轍之涸鱗 2-167
—— 以水濟水 以火濟火 3-25(集)
—— 河潤九里 2-178
張子→張載(北宋) 3-167(集)
張子房→張良(漢)
——— 非口舌所能爭 2-20
張載(北宋)←張子
—— 西銘 3-167(集)
章帝(後漢)←明章, 明章和, 孝章
長州(地)←順祐化長
張芝(後漢)←鍾張
張陳→張良(漢), 陳平(漢) 2-126(集)
張湯(漢) 3-234
張玄素(唐)←張公 3-125(集) 1-150(集), 2-215(集), 216(集), 217(集), 3-125(集)

——— 給事中(官名) 1-262
——— 對曰 同歸於亂 1-267
——— 同歸于亂 1-270(集)
——— 上書 荀悅耳目 終穢心神 2-209
——— —— 今苑內娛獵 雖名異遊畋 2-208
——— —— 儲君之寄 荷戴殊重 2-209
——— —— 漸染旣久 必移情性 2-209
——— —— 弘儉約薄賦斂愼終始 1-262
——— 銀青光祿大夫(官名) 2-209
——— 太子右庶子(官名) 2-208
章華(建物) 1-266
張華(晉)
—— 司空(官名) 1-234
贓賄 3-116, 118, 120(集)
財利 1-299, 3-126
財物 3-116, 117(集)121, 169
宰相(官名) 1-102(集), 103, 109, 161(集), 169(集), 229, 232(集), 287(集), 328(集), 329(集), 2-42(集), 46(集), 49(集), 50(集), 51(集), 71(集), 285, 287(集), 291, 3-158(集), 213(集), 4-25(集), 60(集)
—— 皆言其淸 2-251
—— 妙擇其人 累奏不可 2-291
—— 以求賢2-49(集)
—— 之職 無所不統 1-328(集)
—— 之賢 2-285
宰我(春秋 魯) 3-134(集)
災異 4-62, 64(集), 70(集)
梓人傳
——— 柳宗元作 3-151(集)
爭臣 1-182(集), 183(集), 229, 3-224
儲君→太子 3-208(集)
褚亮(唐)←虞褚
褚遂良(唐) 1-171(集), 215(集), 232(集), 290, 2-134(集), 3-155(集), 301(集), 4-31, 34(集)
——— 諫曰 莫離支虐殺其主 九夷所不容 3-264
——— 諫議大夫(官名) 1-254, 2-131, 135, 178, 3-96, 298
——— 諫議大夫兼知起居注(官名) 3-154
——— 起居郞(官名) 1-205
——— 對曰 首創奢淫 危亡之漸 1-254
——— 莫離支所獻 自不合受 3-265
——— 上疏 負戴洪恩 長爲藩翰 4-29
——— —— 飛蒭輓粟 十室九空 4-29
——— —— 數郡蕭然 五年不復 4-29
——— —— 收其鯨鯢 以爲州縣 4-29
——— —— 王師初發之歲 河西供役之年 4-29
——— —— 二則觀見朝儀 2-179
——— —— 一則畏天之威 2-179
——— —— 自知爲人 審堪臨州 2-179
——— —— 諸王定分 2-131
——— —— 尊嫡卑庶 2-131
——— —— 誅滅高昌 威加西域 4-29
——— —— 中國不擾 旣富且寧 4-29
——— —— 平頡利於沙塞 滅吐渾於西海 4-29
——— 善旣必書 過亦無隱 3-96
——— 謂 人臣之勤 玄齡爲最 1-171(集)
——— 以記人君言行 善惡畢書 3-154
——— 進曰 陛下兵機神筭 人莫能知 3-298
——— 太子諸王定分 2-135, 137(集)
——— 黃門侍郞(官名) 3-264, 4-29
著作郞(官名)
——— 姚思廉 1-242
著作佐郞(官名)
———— 鄧隆 3-152
褚仲都(梁) 3-136
磧北(地) 1-193
積石(地) 3-311
磧石山(地) 1-199
赤松子(神仙)←松喬
翟讓(隋) 1-219(集)
狄仁傑(唐) 1-241(集)
——— 諫則天 1-274(集)

積翠池 4-38
傳
— 國語(書) 1-97(集), 4-106(集)
— 記錄 惟善人能受直言 1-241(集), 242
— 論語(書) 3-26
— 禮記(書) 3-188(集)
— 春秋大傳(書) 1-330, 2-131, 308, 3-166(集), 4-49(集)
前古 1-103, 104(集), 105(集), 4-86
戰國 1-115(集), 130(集), 184
前宮→李建成 1-191(集), 2-241, 277
展禽(春秋 魯) 2-73
殿堂(建物) 3-99, 311
前代 1-182(集), 183(集), 2-54, 55(集), 130(集), 142, 166(集), 176(集), 273, 285, 287(集), 3-67(集), 83, 96, 106, 108, 110, 136, 156, 192, 290, 4-15
—— 名儒 3-136
—— 覆車 4-15
—— 史書 3-156
—— 成敗事 3-96
—— 帝王 2-285, 3-290
—— 之亡 3-110
—— 興亡 3-192
畋獵 3-36(集) 208, 4-47, 49(集), 50(集), 96
田獵 4-52
典謨 2-37(集)
田文(戰國 齊) 1-217(集)
—— 與吳起論功 1-217(集)
癲病 3-215
雋不疑(漢) 3-142(集)
——— 斷以蒯聵之事 3-140
前史 1-86, 255, 2-200, 266
—— 猛獸處山林……姦邪爲之寢謀 3-85
—— 以爲美談 2-288
前聖 2-30, 3-67(集)
前星→太子 2-187, 206(集)
前世 1-129(集), 297(集), 3-251(集), 4-33(集)
—— 論之詳矣 3-251(集)
—— 帝王拒諫者多矣 1-297(集)
田氏→田何(漢) 3-145(集)
田延年(漢)
——— 大司農(官名) 3-118
——— 贓賄三千萬 3-118
前王 2-107, 227, 242, 3-95, 312, 4-86, 97, 100
—— 善事 皆力行而不倦 4-86
—— 成事 2-227
—— 所以致理者 勤而行之 4-100
—— 所以致福 4-97
顓頊 1-123, 2-141
前疑(官名) 3-224
前中書侍郞(官名)
————— 顔師古 3-143
殿中少監(官名)
———— 李道裕 2-291
田豐(漢) 4-31
田何(漢)←田氏
前漢書(書) 3-149
切諫 1-175, 186, 2-161, 209, 3-34, 4-59
切直 1-270(集), 3-150(集) 148, 225(集)
鄭(春秋)←鄭衛 2-218, 3-196(集), 4-55
— 內蛇與外蛇鬪於門之外 4-70(集)
鼎(物) 4-74
鄭家→鄭仁基(唐) 1-294
正諫 1-86, 139, 2-20, 196, 3-262
鄭康成→鄭玄(後漢) 3-145(集), 249
定公(春秋 魯) 1-93(集)
鄭公→魏徵(唐) 1-333(集), 140(集), 2-37(集), 294(集)
貞觀(年號) 1-171(集), 3-134(集)
——(1年) 房玄齡等論功一等 2-86
——(1年) 王珪 黃門侍郞兼太子右庶子 1-186
——(1年) 有上封事者 請秦府舊兵 2-279
——(1年) 以仁義爲治者 國祚延長 2-227

——(1年) 長孫無忌不解佩刀 2-280
——(1年) 太宗嘗從容言及隋亡之事 2-239
——(1年) 太宗王珪問答直言 1-229
——(1年) 太宗謂房玄齡等 省官員 2-43
——(1年) 太宗謂侍臣 風俗簡樸無弊 3-28
——(1年) 太宗謂王珪 斷死刑 3-211
——(1年) ———— 中書門下本擬相防過誤 1-99
——(2年) 京師旱 蝗蟲大起 3-205
——(2年) 高季輔上疏 顚倒昭穆 3-163
——(2年) 公卿奏 請不許 3-30
——(2年) 杜如晦 檢校侍中 1-166
——(2年) 王珪 侍中 1-186
——(2年) 魏徵進言鄭仁基女 1-292
——(2年) 李靖 檢校中書令 1-193
——(2年) 張蘊古 表上大寶箴 3-217
——(2年) 將葬故李建成 請預陪送 2-241
——(2年) 太宗孔子廟堂於國學 3-131
——(2年) 太宗問魏徵 明君暗君 1-62
——(2年) 太宗王珪問答 禮敎 1-103
——(2年) 太宗謂房玄齡 政敎之道 3-99
——(2年) ———— 僕射 2-48
——(2年) ———— 言之而不行 2-284
——(2年) 太宗謂封德彝 擧賢 2-53
——(2年) 太宗謂侍臣 關中旱大饑 3-57
——(2年) ———— 國人爲本 3-202
——(2年) ———— 奴告主謀逆 3-214
——(2年) ———— 德行學識 3-140
——(2年) ———— 都督刺史 2-52
——(2年) ———— 明主暗主 1-233
——(2年) ———— 不敢多言 3-73
——(2年) ———— 所好者 3-63
——(2年) ———— 神仙 3-68
——(2年) ———— 實用此法 3-46
——(2年) ———— 爲元龜 3-118
——(2年) ———— 政有治亂 2-229
——(2年) 太宗謂王珪 多積倉庫 3-272
——(2年) 太宗謂朝集使 改貢賦弊 3-259
——(3年) 關中豊熟 咸自歸鄕 1-144
——(3年) 杜如晦 尙書右僕射兼知吏部選事 1-166
——(3年) 免關中關東賦稅 1-299
——(3年) 房玄齡 尙書左僕射監修國史 1-156
——(3年) 李大亮上表 求鷹 1-275
——(3年) 李靖 代州道行軍總管 1-193
——(3年) —— 兵部尙書 1-193
——(3年) 太子禮敬李綱 2-139
——(3年) 太宗問孔穎達 謙光 3-49
——(3年) 太宗謂杜如晦 吏部擇人 2-57
——(3年) 太宗謂裴寂 上書黏壁 1-238
——(3年) 太宗謂侍臣 君臣合契 2-13
——(3年) ———— 中書門下 機要之司 1-105
——(4年) 當代國史謂侍臣 居父母喪 3-165
——(4年) 房玄齡奏言 仁義修甲仗 2-230
——(4年) 魏徵封德彝論 王道霸道 1-121
——(4年) 李靖擊突厥頡利敗之 4-13
——(4年) 以大有年 4-64(集)
——(4年) 林邑蠻國 表疏不順 3-287
——(4年) 張玄素上疏 1-262
——(4年) 詔發卒修乾元殿 1-262
——(4年) 太宗經籍訛謬 五經正義 3-143
——(4年) 太宗問蕭瑀 隋文帝何如主 1-108
——(4年) 太宗謂公卿 貪財物 3-120
——(4年) 太宗謂侍臣 所欲 所不欲 3-32
——(4年) 太宗魏徵對話 隋煬帝 2-15
——(4年) 太宗正身修德 虛事 3-69
——(5年) 假陰陽拘忌 農時甚要 3-207
——(5年) 康國請歸附 不須納 3-290
——(5年) 魏徵奏權萬紀李仁發欺罔 1-306
——(5年) 李百藥 贊道賦 2-183
——(5年) 張蘊古 密報其旨 3-215
——(5年) 太宗謂房玄齡等 俾大臣受諫 1-240
——(5年) 太宗謂侍臣 共相匡輔 4-78
——(5年) ———— 僧尼道士 3-167
——(5年) ———— 采訪直諫被誅者子孫

2-244
──(5年) ──── 天道福善禍淫 3-274
──(5年) ──── 治國與養病無異 1-113
──(5年) 太宗詔 五覆奏 3-228
──(6年) 臣請封禪 1-315
──(6年) 有人告魏徵 1-309
──(6年) 將出降 2-288
──(6年) 陳萬福 違法取驛家麩數石 3-122
──(6年) 太宗授陳叔達禮部尙書 2-248
──(6年) 太宗謂房玄齡 刊正姓氏 3-168
──(6年) 太宗謂侍臣 保其終 4-81
──(6年) ──── 祥瑞 4-62
──(6年) ──── 盡忠匡救 1-118
──(6年) 太宗謂韋挺等 封事 1-242
──(6年) 太宗謂魏徵 擇人 2-59
──(6年) ──── 蔽其耳目 不知時政得失 1-116
──(6年) 太宗魏徵對話 2-17
──(6年) ──── 犯諫 1-175
──(6年) 太宗詔 比尋討經史 明王聖帝 2-141
──(7年) 段綸 奏進巧人楊思齊 3-71
──(7年) 蕭瑀奏言 破陳樂舞 3-198
──(7年) 授李恪齊州都督 2-124
──(7年) 楊譽拘留 1-322
──(7年) 姚思廉諫遊幸 1-273
──(7年) 虞世南 秘書監 1-202
──(7年) 于志寧杜正倫補導太子 2-161
──(7年) 魏徵撰自古諸侯王善惡錄王 2-166
──(7年) 李元嘉爲壽州刺史 屬高祖崩 2-273
──(7年) 張公謹卒 太宗聞而嗟悼 3-59
──(7年) 太宗謂侍臣 絶不放赦 3-249
──(7年) 太宗將發諸道黜陟使 2-253
──(7年) 太宗幸蒲州 改舊態 3-88
──(8年) 極盛之時 4-70(集)
──(8年) 隴右山崩 大蛇屢見 多大水 4-65
──(8年) 北門營造 1-326
──(8年) 先是李弘節 以淸愼聞 2-251
──(8年) 有彗星見于南方 長六丈 4-67
──(8年) 太宗謂侍臣 諫爭畏犯逆鱗 1-248
──(8年) ──── 言語 3-75
──(8年) ──── 精選師傅 2-144
──(8年) 太宗魏徵對 科差賞賜 1-133
──(8年) 皇甫德參上書 1-279
──(9年) 高甑生 坐違李靖節度 3-230
──(9年) 北蕃歸朝人奏 突厥內大雪 3-275
──(9年) 魏徵對話 亡國之主 3-277
──(9年) 太宗嘗因宴集 蕭瑀社稷臣 2-256
──(9年) 太宗謂公卿 善始愼終 4-83
──(9年) 太宗謂侍臣 徭役不興 1-136
──(10年) 權萬紀上言 銀坑 3-123
──(10年) 讒訴越王 1-329
──(10年) 太宗敎誡漢王等 2-173
──(10年) 太宗國之基 君之所保 3-16
──(10年) 太宗謂房玄齡 選良藩弼 2-176
──(10年) 太宗謂侍臣 國家法令審細 3-254
──(10年) ──── 保傅 3-89
──(10年) ──── 草創守成 1-66
──(11年) 大雨穀水溢 衝洛城門 入洛陽宮 4-71
──(11年) 淩敬乞貸之狀 1-332
──(11年) 鄧隆 表請太宗文章爲集 3-152
──(11年) 劉洎上疏 擇左右丞 2-67
──(11年) 李百藥封事 2-90
──(11年) 馬周上疏 諸王定分 2-127
──(11年) ──── 擇刺史縣令 2-63
──(11年) ──── 陳時政 3-106
──(11年) 閹宦 妄有奏 事發 2-295
──(11年) 王珪爲魏王師 2-146
──(11年) 魏徵上疏 克終者鮮 1-72
──(11年) ──── 刑濫賞謬 3-232
──(11年) 太宗敎誡李恪 2-177
──(11年) 太宗封建子弟 2-90
──(11年) 太宗謂侍臣 格式常定 3-254
──(11年) ──── 覓弘演恐不可得 2-260

——(11年) ———— 臣貴 主貴 4-52
——(11年) 太宗詔 奢侈者 節儉者 3-37
——(11年) 太宗幸洛陽宮 泛舟于積翠池 4-38
——(11年) 太宗行至楊震墓文以祭之 2-258
——(11年) 平地五尺 毁宮寺19 所漂七百餘家 4-71
——(12年) 踈勒朱俱波甘棠 遣使貢方物 3-262
——(12年) 太宗東巡狩 次於顯仁宮 責罰 4-42
——(12年) 太宗謂侍臣 房玄齡魏徵之功 1-178
——(12年) ———— 邸第親幸觀 3-178
——(12年) 太宗謂岑文本 袁承序 2-264
——(12年) 太宗魏徵對話 誠如卿言 4-86
——(12年) 太宗因詔 訪堯君素子孫 2-262
——(13年) 王珪奏言 有乖朝典 3-179
——(13年) 魏徵 1-252(集)
——(13年) 魏徵恐太宗不能克終儉約 4-88
——(13年) 褚遂良上疏 諸王定分 2-131
——(13年) 褚遂良爲諫議大夫兼知起居注 3-154
——(13年) 太子李承乾以遊畋廢學 2-208
——(13年) 太宗謂侍臣 仁義 2-231
——(13年) 太宗謂魏徵等 再三思審 4-40
——(13年) 太宗魏徵問答 自學 2-71
——(13年) 幸九成宮 夜犯御營 4-23
——(14年) 賈崇有犯十惡 御史劾之 3-243
——(14年) 高昌平定後賜宴 2-19
——(14年) 冬十月 將幸櫟陽遊畋 4-59
——(14年) 于志寧上書諫 奢侈過度 2-217
——(14年) 魏徵上疏 六正六邪 2-73
——(14年) ———— 禮遇 2-25
——(14年) 知張玄素 頻有進諫 2-209
——(14年) 太宗謂房玄齡 當代國史 3-156
——(14年) 太宗謂侍臣 宗社 無由傾敗 4-105
——(14年) 太宗謂禮官 集學者詳議 3-182
——(14年) 太宗詔前代名儒 3-136
——(14年) 太宗幸同州沙苑 親格猛獸 4-55
——(14年) 侯君集伐高昌 師次柳谷 3-292
——(14年) 侯君集平高昌之後 州縣 4-27
——(15年) 遣使立葉護可汗 1-282
——(15年) 魏徵 1-252(集)
——(15年) 李承乾 私引突厥群豎入宮 2-222
——(15年) 太宗魏徵問答 守天下難易 1-91
——(15年) ———— 採納諫言 1-250
——(15年) 太宗詔 忠節子孫 2-266
——(16年) 房玄齡對話 二策 3-294
——(16年) 西突厥 遣兵寇西州 4-31
——(16年) 太宗公卿言 詰難往復 3-76
——(16年) 太宗問魏徵 以爲楷則 4-107
——(16年) 太宗侍臣問答 諸王定分 2-134
——(16年) 太宗謂房玄齡等 得匡諫之臣 1-253
——(16年) 太宗謂孫伏伽 刑罰 3-245
——(16年) 太宗謂侍臣 深誡 3-34
——(16年) ———— 貪冒財利 3-126
——(16年) 太宗謂褚遂良 讒言 3-96
——(16年) 太宗魏徵問答 君亂臣理 臣亂君理 1-138
——(16年) ———— 德仁功利 2-38
——(16年) 太宗因謂侍臣 粟價 3-208
——(17年) 高季輔上疏 1-286
——(17年) 房玄齡對話 弑其主 3-297
——(17年) 十二月癸丑 太宗謂侍臣 生日 3-190
——(17年) 李勣 太子詹事 特進 1-213
——(17年) 廷臣請增戍兵以逼高麗 3-302(集)
——(17年) 太子接三師儀注 2-148
——(17年) 太宗侍臣問答 子孫多亂 2-39
——(17年) 太宗謂侍臣 去食存信 3-26
——(17年) ———— 徐幹中論 3-102
——(17年) 太宗褚遂良問答 食器苦諫 1-254
——(18年) 高宗立爲皇太子 2-149
——(18年) 馬周 中書令兼太子左庶子 1-222
——(18年) 以高麗莫離支賊殺其主 議將討之

3-298
——(18年) 將伐高麗 莫離支遣使貢白金 3-264
——(18年) 太宗謂侍臣 遇物敎儲 2-163
——(18年) ———— 帝王 3-104
——(18年) 太宗長孫無忌等對話 1-287
——(19年) 高藏遣使獻二美女 3-267
——(19年) 太宗攻遼東安市城 2-267
——(19年) 太宗謂侍臣 驕矜而取敗 1-141
——(19年) 太宗將親征高麗 遲敬德奏言 3-303
——(19年) 太宗征高麗 次定州 3-60
——(21年) 太宗在翠微宮 授李緯戶部尙書 2-83
——(21年) 太宗詔 3-136
——(22年) 軍旅亟動 宮室互興 有勞弊 3-322
——(22年) 太宗將重討高麗 房玄齡寢疾增劇 3-310
——(初) 廣造宮室 以肆行幸 4-37
——(初) 嶺南諸州奏言 馮盎談殿 3-283
——(初) 虞世南 上客 1-202
——(初) 謂公卿 極諫 1-226
——(初) 有上書請去佞臣者 3-13
——(初) 太宗王珪問答 美人侍側 1-259
——(初) 太宗謂房玄齡 無益勸誡 3-149
——(初) 太宗謂蕭瑀 百姓利害 政敎得失 1-95
——(初) 太宗謂侍臣 宮人 3-55
——(初) ———— 妄受財物 3-116
——(初) ———— 先百姓 1-57
——(初) ———— 用絶讒構之端 3-83
——(初) ———— 爲擧得其眞賢 2-293
——(初) ———— 祚之修短 3-270
——(初) 韓王元嘉 爲潞州刺史 2-273
——(中) 史行昌食而舍肉 2-276
——(中) 數虧禮度 侈縱日甚 2-206
——(中) 林邑國 貢白鸚鵡 3-260
——(中) 太子承乾 多不修法度 3-100
——(中) 太宗謂房玄齡杜如晦 諫諍 3-95
——(中) 皇子者授以都督刺史 2-178
貞觀 以來手不釋卷 知風化之本 4-83
—— 一代皆不見祥瑞之書 4-64(集)
貞觀諸名臣 4-87(集)
貞觀之隆 4-103(集)
貞觀之富庶 3-31(集)
貞觀之盛 3-114(集), 58(集)
———— 可謂三代而下之所罕見者 4-80(集)
貞觀之時 3-209(集)
貞觀之政 1-290(集), 3-209(集)
貞觀之中年 4-104(集)
貞觀之初 1-228(集), 2-304, 314, 3-57(集), 111, 4-104(集)
貞觀之治 1-71(集), 90(集), 112(集), 115(集), 121(集), 149(集), 151(集), 152(集), 169(集), 183(集), 191(集), 232(集), 289(集), 2-48(集), 3-25(集) 31(集), 48(集), 142(集)
———— 雖有志於三王 未能異於五伯 1-184(集)
貞觀之賢相 1-170(集)
貞觀致治 1-232(集), 2-17(集)
貞觀太平之盛 2-24(集)
亭觀(建物) 2-209
鄭國公→魏徵(唐) 1-175
程祁(人)
—— 論所以能爲唐三百年之基 1-150(集)
正旦(災異) 1-320(集)
正道 2-301, 3-135(集), 207
定陶→定陶共王(漢) 2-192
定陶共王(漢)←定陶
征伐 1-137(集), 163(集), 2-318, 3-283
定分 2-124, 125(集) 3-83, 100, 4-82(集), 101
鄭聲(樂) 3-90
鄭氏→鄭仁基(唐) 1-293, 296
鄭氏→鄭玄(後漢)
—— 三禮 3-144(集)

定襄(地) 1-193
定襄道行軍總管(官名)
———— 李靖 1-195
定襄城 1-193, 4-23
廷尉(官名) 3-286(集)
—— 陳元達 3-34
鄭衛→鄭(國), 衛(國) 2-218, 3-196(集), 4-55
—— 之曲 3-196(集)
—— 之樂 2-218
程頤(北宋)←程子
—— 論魏徵能正君 不能養德 1-185(集)
鄭仁基(唐)←鄭家, 鄭氏 1-292
——— 通事舍人(官名) 1-292
程子→程頤(北宋) 1-185(集), 2-122(集), 243(集)
—— 才稟於氣 氣有清濁 2-62(集)
亭長(官名) 4-81
正殿(建物) 3-128, 178
定鼎 4-88
亭亭山(地)←云亭
定州(地) 3-60, 303
鄭衆(後漢) 3-136
鄭仲虞(後漢) 3-185
井天下之田(井田) 2-120(集)
鄭玄(後漢)←毛鄭, 鄭康成, 鄭氏 3-136
程顥(北宋)
—— 有關雎麟趾之意然後 可行周官之法度
2-122(集)
正后(女官) 1-298(集)
齊(春秋) 1-246, 248(集)
齊→北齊(國) 3-83
帝→太宗(唐)
— 設無太子 則母弟次立 3-180
齊(南朝)←齊陳 3-192
齊(戰國)←齊梁(戰國) 1-130(集)
齊(周代) 2-320(集)
— 至强也 周公知其後多簒弑 2-320(集)
齊(地)←齊楚, 齊韓 4-65
齊(春秋) 3-158(集), 182, 268(集)
諸葛孔明→諸葛亮(蜀漢) 2-310
———— 吾心如稱 不能爲人作輕重 2-277
諸葛亮(蜀漢)←武侯, 諸葛孔明, 諸葛武侯
2-255(集), 3-92, 249
——— 爲丞相 亦甚平直 2-285
——— 理蜀十年 不赦而蜀大化 3-249
諸葛武侯→諸葛亮(蜀漢) 1-201(集), 3-231(集)
———— 參署者……而獲珠玉 1-101(集)
諸葛忠武書(書)
———— 不能爲人作輕重 2-310
———— 吾心如秤 2-310
齊冏→司馬冏(西晉) 2-167
齊景公→景公(春秋 齊) 1-272
——— 時彗星見 4-67
——— 晏嬰 2-26
齊國公→長孫無忌 2-86
帝女 3-177(集)
帝道 1-123, 126
制度 1-144, 151(集), 198~199, 271(集),
2-118(集), 215(集), 232(集), 290(集),
3-124(集), 140(集), 225(集), 4-88
齊梁→齊(戰國), 梁(戰國) 1-130(集)
齊文宣→文宣帝(北齊)
——— 狂悖 3-92
——— 昏暴 1-138
——— 得楊遵彦 爲君亂臣治之比 1-40(集)
齊湣王→湣王(春秋 齊) 4-33(集)
帝範(書)
—— 夫兵甲者……此用兵之職也 3-308
齊府(官司)
—— 李元吉之府 1-191(集), 2-277, 280(集)
齊宣→宣王(戰國 齊) 3-58(集)
帝舜→舜(唐虞) 2-293(集), 4-73, 79(集)
—— 先言股肱 2-17(集)
齊氏→北齊(國) 3-171
帝業 1-169(集), 4-81, 89
帝王 1-67, 91, 103, 116, 129(集), 141,
151(集), 237(集), 240, 287(集), 2-18,

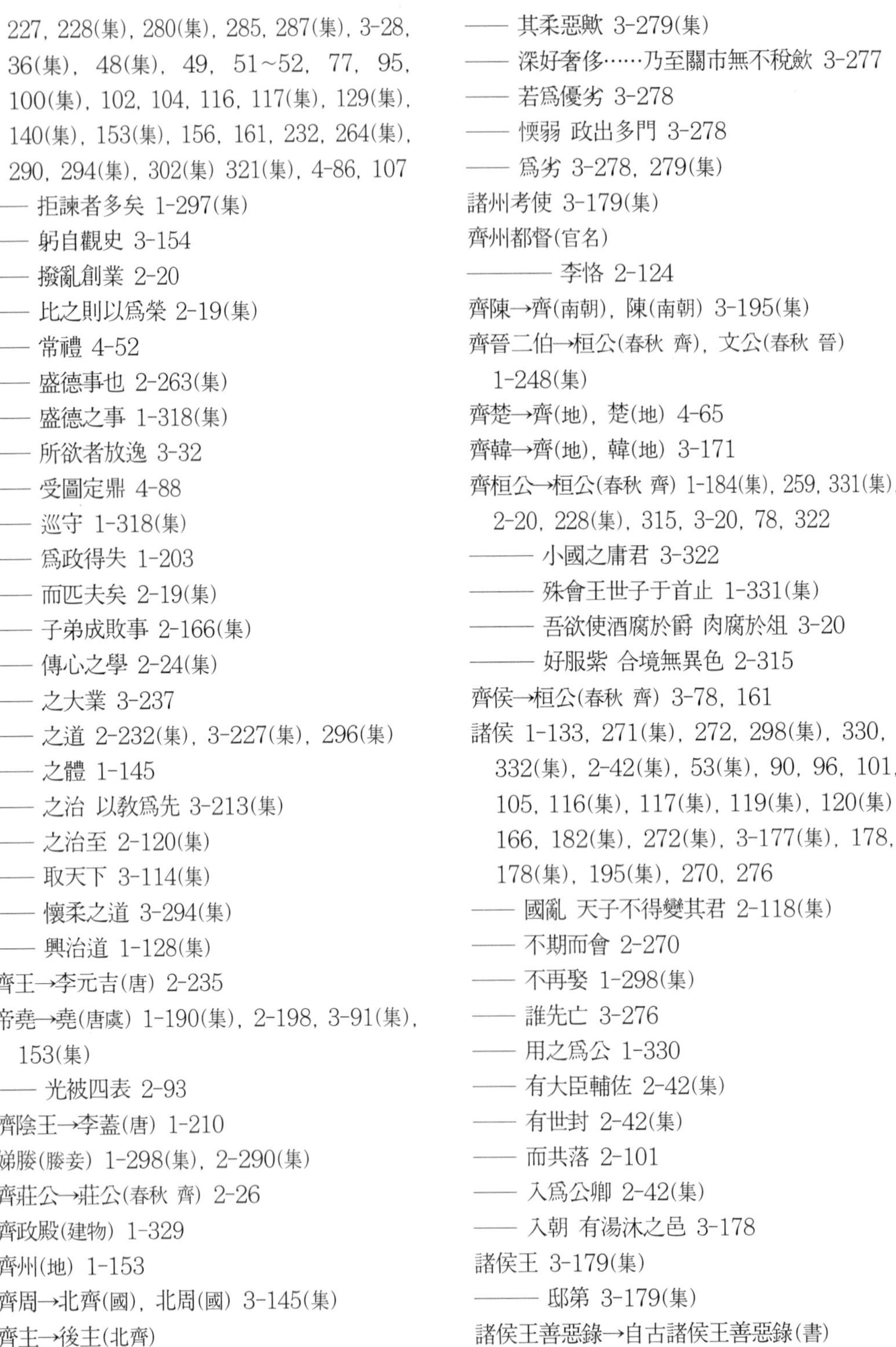

227, 228(集), 280(集), 285, 287(集), 3-28, 36(集), 48(集), 49, 51~52, 77, 95, 100(集), 102, 104, 116, 117(集), 129(集), 140(集), 153(集), 156, 161, 232, 264(集), 290, 294(集), 302(集) 321(集), 4-86, 107
—— 拒諫者多矣 1-297(集)
—— 躬自觀史 3-154
—— 撥亂創業 2-20
—— 比之則以爲榮 2-19(集)
—— 常禮 4-52
—— 盛德事也 2-263(集)
—— 盛德之事 1-318(集)
—— 所欲者放逸 3-32
—— 受圖定鼎 4-88
—— 巡守 1-318(集)
—— 爲政得失 1-203
—— 而匹夫矣 2-19(集)
—— 子弟成敗事 2-166(集)
—— 傳心之學 2-24(集)
—— 之大業 3-237
—— 之道 2-232(集), 3-227(集), 296(集)
—— 之體 1-145
—— 之治 以教爲先 3-213(集)
—— 之治至 2-120(集)
—— 取天下 3-114(集)
—— 懷柔之道 3-294(集)
—— 興治道 1-128(集)
齊王→李元吉(唐) 2-235
帝堯→堯(唐虞) 1-190(集), 2-198, 3-91(集), 153(集)
—— 光被四表 2-93
濟陰王→李蓋(唐) 1-210
娣媵(媵妾) 1-298(集), 2-290(集)
齊莊公→莊公(春秋 齊) 2-26
齊政殿(建物) 1-329
齊州(地) 1-153
齊周→北齊(國), 北周(國) 3-145(集)
齊主→後主(北齊)
—— 其柔惡斂 3-279(集)
—— 深好奢侈……乃至關市無不稅斂 3-277
—— 若爲優劣 3-278
—— 懦弱 政出多門 3-278
—— 爲劣 3-278, 279(集)
諸州考使 3-179(集)
齊州都督(官名)
———— 李恪 2-124
齊陳→齊(南朝), 陳(南朝) 3-195(集)
齊晉二伯→桓公(春秋 齊), 文公(春秋 晉) 1-248(集)
齊楚→齊(地), 楚(地) 4-65
齊韓→齊(地), 韓(地) 3-171
齊桓公→桓公(春秋 齊) 1-184(集), 259, 331(集), 2-20, 228(集), 315, 3-20, 78, 322
——— 小國之庸君 3-322
——— 殊會王世子于首止 1-331(集)
——— 吾欲使酒腐於爵 肉腐於俎 3-20
——— 好服紫 合境無異色 2-315
齊侯→桓公(春秋 齊) 3-78, 161
諸侯 1-133, 271(集), 272, 298(集), 330, 332(集), 2-42(集), 53(集), 90, 96, 101, 105, 116(集), 117(集), 119(集), 120(集), 166, 182(集), 272(集), 3-177(集), 178, 178(集), 195(集), 270, 276
—— 國亂 天子不得變其君 2-118(集)
—— 不期而會 2-270
—— 不再娶 1-298(集)
—— 誰先亡 3-276
—— 用之爲公 1-330
—— 有大臣輔佐 2-42(集)
—— 有世封 2-42(集)
—— 而共落 2-101
—— 入爲公卿 2-42(集)
—— 入朝 有湯沐之邑 3-178
諸侯王 3-179(集)
——— 邸第 3-179(集)
諸侯王善惡錄→自古諸侯王善惡錄(書)

2-172(集)
詔 1-180, 262, 2-262, 266, 317, 3-37, 60, 100, 128, 163~164, 187, 216, 228, 283, 4-13
— 可卽著令 置三師之位 2-142
— 京官五品以上 更宿中書內省 1-95
— 京官五品已上各擧一人 2-63
— 高士廉等 刊正姓氏 3-168
— 高士廉等 撰爲氏族志 3-168
— 曲爲節制 兩字兼避 3-161
— 恭承寶曆 寅奉帝圖 2-318
— 關中免二年租稅 關東給復一年 1-299
— 其官號人名及公私文籍 3-161
— 發卒修乾元殿 1-262
— 房玄齡 集諸儒 重加詳議 3-143
— 凡有死刑 雖令卽決 皆須五覆奏 3-216
— 道宗與李勣爲前鋒 3-305
— 不藉鹽梅 安得調夫五味 2-318
— 斯盖股肱 罄帷幄之謀 2-318
— 師古與孔穎達等 撰定五經疏義 3-143
— 奢侈者 可以爲戒 節儉者 可以爲師 3-37
— 削綸階級 竝禁斷此戲 3-71
— 隋何妥劉炫 竝前代名 儒經術可紀 3-136
— 詢于公卿 以至隸皀 推以赤心 2-318
— 始立孔子廟堂於國學 爲先聖 3-131
— 顔師古 於祕書省 考定五經 3-143
— 若不任舟楫 豈得濟彼巨川 2-318
— 然其胤緖 或當見存 2-266
— 梁皇侃褚仲都……錄姓名奏聞 3-136
— 令給其母肉料 2-276
— 令耨薩延屬惠眞等降 2-267
— 堯君素 固守忠義 2-262
— 魏徵 若有是非 直言無隱 1-180
— 有世及民兩字不連讀 3-16
— 宜三日中五覆奏 天下諸州三覆奏 3-228
— 議安邊之策 4-13
— 李元曉等 不得答李恪李泰兄弟拜 3-163~164
— 以仲尼爲先聖 顔子爲先師 3-131
— 藺謩 發江嶺數十州兵討之 3-283
— 自今後 在京諸司 奏決死囚 3-228
— 自有魏失御 齊氏云亡 3-171
— 前賢佐時 忠臣徇國 2-266
— 切至之意 固所望於卿 2-317
— 漸師保之訓 罕聞先達之言 2-317
— 爪牙竭熊羆之力 2-318
— 從其議 3-187
— 左丘明卜子夏……二十有一人 3-136
— 衆止其城下以招之 城中堅守不動 2-267
— 至床前 問其所苦 仍勅州縣醫療之 3-60
— 至於近代以來 年歲非遠 2-266
— 朕以虛薄 多慚往代 2-318
— 集前後戰亡人骸骨 設太牢致祭 3-60
— 築土山 以攻其城 竟不能剋 2-267
— 泰移居武德殿 3-100
— 太學 可竝配享尼父廟堂 3-136
— 風俗陵替 燕趙古姓 多失衣冠之緖 3-171
— 或恐有寃 門下省覆 有據法令合死 3-216
— 黃腸再開 同暴骸於中野 3-37
— 勳賢三品已上子孫 爲弘文學生 3-128
趙(春秋) 1-333(集)
趙(地)←燕趙
趙高(秦) 1-62, 2-144, 3-89
朝貢 1-334, 3-24, 262, 265
朝貢使(官名) 3-262
趙郡王→李孝恭(唐) 3-52
詔答
—— 今聞讜言 虛懷以改 3-80
—— 收彼桑楡 期之歲暮 1-88
—— 若魚若水 犯而無隱 1-88
—— 魏徵 省頻抗表 誠極忠款 1-86
—— 停策使 1-294
—— 太宗 1-86, 88, 293, 3-80
詔令 1-229, 2-276, 291, 3-130(集), 215, 254
—— 耨薩延屬惠眞等降 衆止其城下以招之

2-267
—— 撰太子接三師儀注 2-148
—— 平章國計 必使諫官隨入 預聞政事 1-229
詔書
—— 逋租宿債 欠負官物 竝悉原免 1-302
俎豆(祭器) 3-131
曹郎(官名) 2-67
稠桑(地) 2-247(集)
朝鮮(國) 2-247(集)
趙宣子(晉) 2-225(集)
趙盾(晉) 2-217
曹植(三國 魏)←東阿, 陳思 2-167
爪牙 1-155(集), 2-218, 318
朝陽(地) 1-291(集)
趙襄子(戰國 晉)
——— 爲智伯報仇 2-260
趙王→劉如意(漢) 2-126(集), 189
趙王倫→司馬倫(晉) 1-234
租庸 1-148(集), 151(集)
租庸調 1-151(集)
曹元首(三國 魏)
——— 與人共其樂者人必憂其憂 2-96
——— 與人同其安者人必拯其危 2-96
趙元楷(唐)
——— 刺史(官名) 3-88
——— 潛飼羊百餘口魚數千頭 將饋貴戚 3-88
鼂錯(漢) 1-118, 121(集)
—— 上書 2-150
租調 1-305(集)
曹州(地) 1-208
趙州(地) 2-90
趙州刺史(官名)
———— 長孫無忌 2-90
朝集使(官名) 3-259
曹參(漢) 2-287(集)
—— 資蓋公之一言 1-241(集)
詔勅 1-99, 105, 3-228
—— 門下省覆 有據法合死 3-228
—— 疑有不穩便 必須執言 1-105
趙弘智(唐) 2-209
——— 右庶子(官名) 2-210
祖孝孫(唐)
——— 奏所定新樂 3-192
——— 太常少卿(官名) 3-192
祖孝徵(北齊) 3-83
從諫 1-148(集), 150(集), 229, 256(集), 281(集), 336, 2-163(集), 3-17, 81(集), 82(集), 4-51(集), 74, 97
—— 近於聖 2-84(集)
—— 弗咈 1-339(集)
—— 若轉圜之易 1-70(集)
—— 如流 1-144
—— 之道 1-325(集)
—— 之美 4-60
從理(漢) 2-189
從母同服 3-187
從事中郞(官名)
———— 杜如晦 1-165
鍾繇(三國 魏)→鍾張
鍾乳(物) 1-286
宗子 2-167
—— 之家相也 1-328(集)
鍾子期(春秋 楚) 1-97(集), 205
鍾張→鍾繇(三國 魏), 張芝(後漢) 2-154, 3-313
宗正(官司) 2-87
左車騎(官名)
——— 謝叔方 2-235
左光祿大夫(官名)
————— 陳叔達 2-248
左丘明(春秋 魯)←左氏 3-136
左郞中(官名)←左右郞中
左屯衛中郞將(官名)
—————— 馮立 2-234
左武侯大將軍(官名)
—————— 李勣 1-208

左僕射(官名)←左右僕射 1-101(集), 2-71(集)
——— 房玄齡 1-294, 326
左史(官名)←左右史 3-73, 155(集)
左丞(官名)←左右丞
—— 戴胄 2-67
—— 總吏部戶部禮部 2-71(集)
左丞相(官名)←左右丞相
左氏→左丘明(春秋 魯) 3-140(集)
左氏→春秋左氏傳
—— 杜預 3-144(集)
左右郎中→左郎中(官名), 右郎中(官名) 2-68
左右僕射→左僕射(官名), 右僕射(官名) 1-101(集), 2-71(集)
左右史→左史(官名), 右史(官名) 3-154
左右丞→左丞(官名), 右丞(官名) 2-49, 67, 68
左右丞相→左丞相(官名), 右丞相(官名) 1-101(集)
祭酒(官名) 3-131, 143
周(國)←虞周, 周家, 周室, 周氏, 周秦, 成周, 夏殷周 1-129(集), 130(集), 262, 271(集), 2-26, 35, 120(集), 150, 166, 188, 200, 290(集), 3-159(集), 174(集), 180, 279(集), 4-83, 104(集)
— 能保八百之基 2-17
— 卜世三十 卜年七百 2-93
— 封子弟 八百餘年 2-90
— 雖王綱弛廢 枝幹相持 2-90
— 王念齊 舅甥之國 3-182
— 惟善是務 積功累德 2-17
— 維城磐石 深根固本 2-90
— 之興也 3-53(集)
— 畢公 2-51(集)
紂(殷)←桀紂, 商紂, 殷受, 殷紂 1-102(集) 1071(集), 123, 138(集), 257(集), 267(集), 270(集), 312(集), 313(集), 314(集) 2-18, 19(集), 117(集), 173, 174(集), 177(集), 312, 3-26, 35(集), 268(集), 270, 326, 4-62
— 受閎夭美女之獻 3-268(集)
— 始爲象箸 1-257(集)
— 狎侮五常 3-26
— 用之而國亡 3-326
— 爲無道 1-123
— 唯唯而亡 1-107
— 以多欲而亡 1-138(集)
— 以鄂侯西伯竝爲三公 1-102(集)
周→文王(周) 2-217
周→北周(國) 3-298
周→周頌(篇名) 3-161
周家→北周(國) 3-83
周家→周(國)
—— 天下爲心 3-160(集)
周公(周)←旦, 周孔, 周召, 姬旦 2-162(集), 200, 277, 287(集), 3-131, 156, 159(集), 189(集), 201(集), 53(集), 4-35(集), 44(集), 104(集)
—— 德不加焉 政不施焉 4-35(集)
—— 同姓 2-89(集)
—— 沒而百世無善治 3-130(集)
—— 不敢自聖 獨專相事 1-101(集)
—— 思兼三王 夜以繼日 1-239(集)
—— 相小人 厥父母勤勞稼穡 1-69(集)
—— 作周禮 3-310(集)
—— 制禮作樂 2-61(集)
—— 制樂 3-197(集)
—— 周禮 2-47(集)
—— 誅紂伐奄 2-117(集)
—— 知其後多簒弒 2-320(集)
—— 蔽之以一言 3-47(集)
周孔→周公(周), 孔子(春秋 魯) 3-64
周官→周禮(書) 2-122(集), 293(集)
—— 三百六十 總計六萬三千六百 2-47(集)
—— 王世子不會 2-130(集)
周官書→周禮(書) 2-117(集)
鞋纊 3-222
朱俱波(國) 3-262

朱均→丹朱(唐虞), 商均(唐虞) 2-112, 3-174(集)
周敦頤(北宋)←周子
周禮(書)←周官, 周官書 2-46(集) 3-101(集), 229(集), 251(集)
—— 擧旗效獲 4-47
—— 極言師帥旅帥卒長伍長 3-310(集)
—— 大閱之制 獨爲詳備 畋獵固古禮 4-49(集)
—— 辨方正位 2-117(集)
—— 三宥三赦之法 3-251(集)
—— 設官分職 2-117(集)
—— 五聽三訊 3-229(集)
—— 又復加之以三訊 2-308
—— 惟王及后世子 3-101(集)
—— 以聽官府之六計 3-117(集)
—— 周公未行之書 2-47(集)
—— 衆所善 2-308
—— 振旅茇舍治兵大閱 3-310(集)
—— 天官(篇名) 3-117(集)
—— 體國經野 2-117(集)
—— 鄕遂比隣 3-195(集)
州牧(官名) 2-66(集)
周武→武王(周) 1-71(集)
—— 平紂之亂 以有天下 3-270
周文王→文王(周) 2-198, 3-220, 4-100
—— 遊於鳳凰之墟 2-26
周勃(漢)←絳侯, 陵勃 1-218(集), 278(集), 2-126(集), 3-286(集)
朱黼(人)
—— 論儉約 3-31(集)
—— 論國家之昏亂 3-226(集)
—— 論省官 2-46(集)
—— 論魏徵進言太宗停冊 1-297(集)
—— 論意定志決 不可復止 3-300(集)
—— 論以名宰相稱房玄齡 1-161(集)
—— 論宰相之職 1-328(集)
—— 論太宗晩節大略可攷矣 3-320(集)
—— 論太宗所言皆妄誕 3-196(集)
—— 論太宗言赴鼎冒刃 1-251(集)
—— 人主以任相爲職 宰相以任人爲職 1-161(集)
周書(書)
—— 黷武窮兵 3-324
周宣→宣王(周)
—— 六月出師 不以爲難 1-69(集)
—— 末年 庭燎鄕晨以視朝 爲不易 1-69(集)
—— 薄伐 至境而反 4-29
—— 北伐之日 1-92(集)
—— 庭燎鄕晨之時 1-92(集)
周召→周公(周), 召公(周) 1-102(集), 105(集), 184(集), 328(集), 2-73, 143(集), 144, 3-89, 4-103(集)
周頌(篇名)←周 2-231(集)
—— 詩經(書)
周誦→成王(周) 2-185, 208
—— 升儲 見匡毛畢 2-222
周隋→北周(國), 隋(國) 2-267(集), 3-106
—— 二代名臣 2-266
周室→周(國) 2-116(集), 3-156, 270
—— 愛民攘狄 竟延八百之齡 4-21
周氏→周(國)
—— 鑑夏殷之長久 2-90
—— 遵皇王之竝建 2-90
周亞夫(漢)←亞夫
奏言
—— 杜如晦 3-92
—— 房玄齡 2-277, 230
—— 蕭瑀 3-198, 207
—— 侍臣 3-283
—— 嶺南 3-283
—— 王珪 3-179
—— 尉遲敬德 3-303
—— 魏徵 2-288
—— 有司(官名) 3-59
—— 岑文本 2-264
—— 長孫無忌 4-38

周易(書)←易 3-316
—— 開物成務 2-149
—— 乾(卦) 1-338(集)
—— 謙(卦) 勞謙 君子有終吉 3-49
—— — 天道下濟而光明 3-48(集)
—— 蠱(卦) 先甲後甲之義 3-114(集)
—— 九五之尊位 3-206(集)
—— 君子居其室 3-74(集)
—— 君子安不忘危 治不忘亂 3-240
—— 君子以見善則遷 有過則改 3-100(集)
—— 君子以赦過宥罪 3-252(集)
—— 君子以自强不息 1-338(集)
—— 君子之樞機 3-75
—— 歸妹(卦) 帝乙歸妹 2-290(集)
—— —— 其君之袂 不如其娣之袂良 2-290(集)
—— 均是伐鬼方 均是三年之伐 3-320(集)
—— 近取諸身 3-237
—— 旣濟(卦) 九三 3-320(集)
—— 能止健 大正也 2-240(集)
—— 大壯(卦) 2-198
—— 大傳 3-74(集), 76(集)
—— 雷雨作解(卦) 3-252(集)
—— 明夷(卦) 莅衆 3-49
—— 蒙(卦) 養正 3-49
—— 靡不有初 鮮克有終 3-46
—— 未濟(卦) 九四 3-320(集)
—— 百慮同歸 2-90
—— 變化云爲 2-301
—— 不疾而速 1-121
—— 象傳 刑獄者五 3-229(集)
—— 象傳(篇名) 1-338(集)
—— 上下交 泰之時 1-120(集)
—— 上下不交 否之時 1-121(集)
—— 鮮克有終 3-46
—— 善不積 不足以成名 2-168
—— 先笑之變 3-234
—— 素履 4-95
—— 小人道長 賞謬則君子道消 3-232
—— 垂象 4-100
—— 順天革命 1-79
—— 是以身安而國家可保
—— 惡不積 不足以滅身 2-168
—— 安不忘危 理不忘亂 4-29, 78
—— 仰惟神之敏速 2-203
—— 言出乎身加乎民 3-76(集)
—— 言行君子之樞機 3-76(集)
—— 王及后世子不會 2-215(集)
—— 有田氏焦氏費氏 3-145(集)
—— 以蒙養正 以明夷莅衆 3-49
—— 益(卦) 君子以見善則遷 3-100(集)
—— 人道惡盈而好謙 3-46
—— 日用而不知 1-133
—— 自彊不息 2-38, 3-22
—— 自天祐之 吉無不利 1-190(集)
—— 在旣濟則戒之 在未濟則勉之 3-320(集)
—— 裁成輔相以左右生民 2-51(集)
—— 周官(周禮 天官) 2-215(集)
—— 主於王弼 3-145(集)
—— 中孚(卦)之象 君子以議獄 緩死 3-229(集)
—— 知得而不知喪 3-316
—— 之十翼 不附於爻象 3-145(集)
—— 知存而不知亡 3-316
—— 知進而不知退 3-316
—— 天之所輔者仁 人之所助者信 1-299
—— 天地盈虛 與時消息 況於人乎 2-108
—— 樞機之發榮辱之主 3-76(集)
—— 出其言不善 則千里之外違之 3-74(集)
—— 出其言善 千里之外應之 3-74(集)
—— 出震繼明 2-160(集)
—— 汗其大號 3-254
—— 行發乎邇見乎遠 3-76(集)
珠玉(物) 3-326
珠玉鳧雁(物) 3-37
朱溫(後梁)
—— 巡遊不息 4-45(集)
朱异(南朝 梁) 1-62

朱子(南宋)←文公 2-62(集), 72(集), 3-52(集), 209(集)
—— 高祖若能以天下大計爲心……以恒易盈可 2-126(集)
—— 孟子專指……程子之言爲密 2-62(集)
—— 文者德之著乎外者 3-153(集)
—— 日省月試……無所容矣 3-72(集)
—— 只消以公……假仁義以濟私欲 3-160(集)
周子→周敦頤(北宋) 3-279(集)
—— 宜乎後世無窮……之無盡焉 3-135(集)
—— 之書(通書) 3-279(集)
州將(官名) 2-48(集)
酒正(篇名) 2-215(集)
周齊→北齊(國), 北周(國)
—— 史 末代亡國之主 爲惡多相類也 3-277
—— 之君孰優 3-279(集)
—— 之失國 3-110
周秦→周(國), 秦(國)
—— 運祚長短之由 3-271(集)
周昌(漢)
—— 桀紂之主 1-270(集)
酒泉(地) 4-29
駐蹕(地) 3-304(集)
駐蹕之戰 1-201(集), 3-304(集)
朱虛(漢) 3-53(集)
州縣(羈縻州) 1-142
周弘正(陳) 3-136
中國 1-149(集), 228(集), 282, 285(集), 2-73, 108, 157, 3-24, 111, 151(集), 262, 275(集), 276, 282(集), 283(集), 283, 291(集), 294, 304(集), 308, 311, 317
—— 旣安遠人自服 3-24
—— 不安 3-262
—— 喪亂 3-276
—— 之盛未之有也 1-149(集)
—— 之臣能諫固也 1-228(集)
—— 之重輕得之 3-291(集)
—— 之治治之也 3-275(集)
—— 初定 3-283
—— 退夷狄 一言一字 3-151(集)
—— 被水旱之災 3-111
—— 患害無過突厥 3-311
中男 1-301, 304
仲尼→孔子(春秋 魯) 1-234, 3-131, 4-73
—— 君猶舟也 人猶水也 4-73
—— 爲先聖 3-131
—— 稱 直哉 史魚 1-234
—— 稱其仁 2-26
—— 孝子也 防墓不墳 3-37
中郎將(官名) 1-220, 4-19, 23
——— 常何 1-220
——— 阿史那結社率 4-23
——— 呂衡 2-235
中論(書) 3-102
—— 復三年喪篇 3-102
中撫→武帝(晉) 2-192
中孚(卦) 3-229(集)
中書(官司)
—— 出令 門下審駁 1-101(集)
中書內省(官司) 1-95
中書令(官名) 1-101(集), 222, 3-41, 42(集)
——— 兼太子左庶子 1-222
——— 馬周 1-222
——— 房玄齡 1-156, 2-86, 277
——— 斯亦極矣 3-41
——— 溫彦博 1-294, 4-13
——— 岑文本 3-41, 146
中書門下(官司) 1-99, 105, 107(集), 3-211
———— 四品已上 3-211
———— 爲南衙 1-239(集)
中書門下同三品(官名) 1-233(集)
中書舍人(官名) 1-220
———— 高季輔 3-163
———— 馬周 1-220, 2-112
中書省(官司) 1-99, 329(集)

——— 張蘊古 3-217
——— 表上大寶箴 3-217
中書侍郎(官名)
———— 杜正倫 1-242
———— 岑文本 2-135, 264, 3-168, 4-72
———— 顔師古 3-143
中說(書)
—— 大厦傾而一木不支矣 2-240(集)
仲叔圉(春秋 衛) 1-140(集)
中庸(書) 3-67(集), 72(集), 120(集)
—— 可離非道也 3-67(集)
—— 敬大臣 體群臣 2-160(集)
—— 敬大臣則不眩 1-309(集)
—— 故臨事而不眩 1-309(集)
—— 九經 1-60(集), 2-232(集)
—— 道也者 不可須臾離也 3-67(集)
—— 覆幬 4-72
—— 小臣不得以間之 1-309(集)
—— 率性之謂道 修道之謂教 3-67(集)
—— 禮非下之所議 3-185
—— 日省月試 旣廩稱事 3-72(集)
—— 忠信重祿 所以勸士 3-120(集)
—— 親親之殺 3-165(集)
中庸章句(書)
———— 先儒曰……臨事而不眩 1-309(集)
中尉(官名) 1-329(集)
仲由→子路(春秋 魯)
—— 懷負米之恨 3-191
中允(官名)
—— 王珪 1-186
重耳→文公(春秋 晉) 1-246, 248(集)
中宗(唐) 2-42(集)
中夏 1-285(集), 4-26(集)
中行穆伯(晉) 3-24(集)
———— 攻鼓……將何用之 3-20~21
———— 列國之大夫 3-22
中行氏(春秋)←范中行氏 2-260
仲虺(殷) 1-102(集)
—— 竝爲宰相 1-102(集)
—— 不邇聲色 1-298(集)
—— 之稱湯 1-298(集)
中興
—— 光武帝 2-192
曾鞏(北宋)
—— 論魏徵得君 1-183(集)
—— 論太宗之爲君 1-148(集)
曾閔→曾參(春秋 魯), 閔子騫(春秋 魯) 2-273
曾子(春秋 魯)→曾參 3-52(集)
曾參(春秋 魯)←曾閔, 曾子 2-73
繒侯(周)←申繒
知起居事(官名)
———— 杜正倫 3-73
知起居注(官名)
———— 褚遂良(唐) 3-154
知吏部選事(官名)
————— 杜如晦 1-166
知門下省事(官名)
————— 魏徵(唐) 1-175
智伯(春秋 晉) 2-260, 262(集)
持書侍御史(官名)
————— 權萬紀 1-306, 3-215
知言(荀子) 1-257(集)
知政事(官名)
——— 李勣 1-212
稷(唐虞)←稷契, 后稷 1-105(集), 111(集), 312(集), 2-35, 86, 143(集), 287(集)
直諫 1-118, 142, 149(集), 275(集), 4-54(集)
—— 於前 4-47
—— 被誅者子孫 2-244
直諫(篇名)
—— 貞觀政要(書) 1-292
稷契→后稷(唐虞), 契(唐虞) 4-86
—— 諫行言聽 1-312(集)
—— 比干 1-312(集)
直言 1-109, 180, 229, 236, 237(集), 242(集), 269(集), 315, 2-196, 248, 250(集), 294(集),

3-17, 96(集), 104, 4-54(集)
—— 鯁議 致天下太平 1-229
—— 其嗟怨 2-278
—— 導人使諫 2-163(集)
—— 無忌 則曰陛下無失 1-289(集)
—— 無隱 1-180
—— 無諱 言人之所難言 1-262(集)
—— 不撓 2-294(集)
—— 忤意 1-236
—— 正諫 1-139, 2-196, 3-262
—— 之道 3-104
—— 之路 2-20, 3-95, 4-52
—— 進諫 則是正人 3-13
—— 披露腹心 1-276
—— 虛心受納 2-107
—— 喜形顔色 2-315
直長(官名) 2-218
陳(南朝)←梁陳, 齊陳 1-142, 207(集),
2-166, 264, 3-136, 192
晉(國)←魏晉, 晉代, 晉室, 晉氏, 晉魏, 秦晉,
漢晉 2-30, 122(集), 127, 200, 206(集),
3-60(集), 289(集), 4-65, 74
秦(國)←周秦, 秦氏, 秦晉, 秦漢 1-163(集),
266, 319(集), 321(集), 2-17, 30, 118,
119(集), 120(集), 121(集), 144, 178, 189,
206(集), 3-31(集), 57(集), 89, 172(集),
197(集), 242(集), 4-55, 83
— 滅六國 以爲郡縣 2-116(集)
— 伯懷晉 渭陽之詩 3-182
— 運距閏餘 數終百六 2-93
— 罷諸侯 二世而滅 2-90
— 罷侯置守 2-53(集)
晉(春秋) 1-248(集)
震→太子 2-222
晉→靈公(春秋 晉) 2-217
進諫 1-120(集), 262(集), 278(集), 290,
2-206, 209, 248, 3-13, 328(集)
晉代→晉(國) 4-15
眞德秀(南宋)←眞氏
——— 論房玄齡爲宰相 1-163(集)
——— 論崇儒學 3-129(集)
——— 論魏徵規諫 1-184(集)
——— 論太宗不從忠言 4-34(集)
——— 論太宗之言知所擇 3-67(集)
——— 四事律之 正己 正君 謀國 用人
1-191(集)
——— 魏徵正救於已形者多 變化於未形者少
1-185(集)
——— 魏徵卽事而言者多 卽心而論者少
1-185(集)
——— 貞觀之治 雖有志於三王 未能異於五伯
1-184(集)
——— 帝復不從 西突厥入寇而悔 4-34(集)
——— 帝不從 結社率之變而悔 4-34(集)
陳惇修(宋)
——— 論王珪品評人物 1-190(集)
——— 論太宗寵李泰 2-133(集)
陳靈→靈公(春秋 陳)
—— 君臣悖禮 共侮徵舒 2-101
晉靈公→靈公(春秋 晉) 2-225(集)
陳萬福(唐)
——— 右衛將軍 3-122
秦穆公→穆公(秦) 4-33(集)
——— 明君也 槖泉無丘隴之處 3-37
晉武帝→武帝(晉) 1-86, 92(集), 142, 143(集),
3-324
——— 雉頭裘 4-90
——— 平吳之後 掖庭殆將萬人 3-56(集)
晉文公→文公(春秋 晉) 1-133, 184(集),
2-228(集)
鎭藩 4-26(集)
秦府(官司) 1-302, 305(集), 2-235, 277,
279, 280(集), 3-230, 231(集)
陳思→曹植(三國 魏) 2-128
陳師合(唐) 3-92, 96(集)
——— 監察御史(官名) 3-92

――― 拔士論 3-92
晉書(書)
―― 經市入朝 4-65
―― 大蛇長三百步 見齊地 4-65
―― 劉聰傳 3-34
―― 掖庭殆將萬人 3-56(集)
晉宋→東晉(國), 宋(南朝) 3-143, 145(集)
陳壽(晉) 2-285
陳叔達(唐) 2-250(集)
――― 對曰 不改前轍 2-248
――― 禮部尙書(官名) 2-248
――― 左光祿大夫(官名) 2-248
秦始→始皇帝(秦) 2-119(集)
秦始皇→始皇帝(秦) 1-262, 319(集), 3-28, 4-67, 68, 105
――― 非分愛好……還至沙丘而死 3-68
晉室→晉(國) 3-287
晉氏→晉(國) 2-105
秦氏→秦(國) 3-270
眞氏→眞德秀(南宋) 1-185(集), 191(集)
晉陽(地) 3-53(集), 57(集)
晉王→煬帝(隋) 2-130(集)
秦王(隋) 2-130(集)
晉王→高宗(唐) 2-125(集), 160(集)
秦王→始皇帝(秦)
―― 輕戰事胡 四十載而絶滅 4-21
秦王→太宗(唐) 1-302, 2-250(集), 258(集)
秦王府(官司)
――― 杜如晦 1-164
――― 房玄齡 1-155
秦王府記室(官名)
――――― 房玄齡 1-155
秦王府兵曹參軍(官名)
――――――― 杜如晦 1-164
晉王友(官名)
――― 袁承序 2-264
陳元達(前趙) 3-329(集)
――― 廷尉 3-34
陳元方(後漢) 3-249
眞儒 1-105(集), 3-130(集), 142(集)
溱洧→溱水, 洧水 1-135(集)
溱水←溱洧
晉二陸→陸機(晉), 陸運(晉) 2-272(集)
秦二世→二世皇帝(秦) 1-62
辰日 3-59, 60(集), 165
―― 哭張公謹矣 3-166(集)
―― 不哭 3-165
―― 而不哭父母者 3-166(集)
秦政→始皇帝(秦)
―― 强辯 3-78
陳俊(後漢) 3-307(集)
秦晉→秦(國), 晉(國) 4-26(集)
陳倉尉(官名)
――― 劉仁軌 4-60(集)
晉八王 2-122(集)
陳平(漢)←張陳
―― 魏無知 1-225(集)
―― 宰相……萬物之宜 2-51(集)
進學解(書) 3-151(集)
秦漢→秦(國), 漢(國) 1-163(集), 184(集), 3-145(集), 4-21
―― 象數之學 3-145(集)
―― 患之者 4-14
陳恒(春秋 齊) 3-304(集)
秦惠王→惠王(秦)
――― 欲伐蜀 不知其逕 乃刻五石牛 3-118
晉惠帝→惠帝(晉) 1-234, 4-65, 69(集)
陳弘志(唐) 1-93(集)
秦火 3-145(集)
秦皇→始皇帝(秦) 3-202, 264(集)
―― 倂呑六國 3-324
―― 因周之衰 遂呑六國 3-270
―― 之過 3-125(集)
―― 之事 遂不復作也 3-28
―― 之侈 而亟已之 3-31(集)
―― 漢武 外則窮極兵戈 3-202

—— 漢武 始皇暴虐 3-262
—— 漢武自儆 3-263(集)
—— 漢武之事 1-274
—— 漢武之失 3-69(集)
—— 漢武行之 儀物侈大 1-318(集)
晉侯(春秋)
—— 荀盈未葬 3-60(集)
晉侯→景公(春秋 晉) 4-65
陳後主→後主(南朝 陳) 3-152, 153(集)
秩宗(禮官) 3-187
執失思力(突厥) 3-280
———— 自張聲勢 二可汗總兵百萬 3-280

【ㅊ】

次睢(地) 2-102
浞(夏) 2-96
慚德 2-228(集), 4-108(集)
昌→文王(周) 3-161
昌黎→韓愈(唐) 3-134(集)
昌發→文王(周), 武王(周) 2-188
創業←草創 1-69(集), 70(集), 71(集) 3-106
滄海(東海) 1-146
蔡國公→杜如晦 1-166, 2-86
蔡叔(周)←管蔡, 二叔 2-277
責難 2-17(集), 37(集), 4-79(集), 87(集), 106(集)
—— 於君 謂之恭 1-183(集)
—— 於其君 3-114(集)
策使(官名) 1-292, 293
戚夫人(漢)←戚姬 2-189
戚姬(漢)→戚夫人 2-126(集)
泉皐(地) 4-26(集)
天工 2-67
天理 2-271(集), 275(集), 3-177(集)
—— 根於人心 2-271(集)
—— 其發見於事親者 2-271(集)
—— 發見于事君者 2-271(集)
千里馬 4-90
天寶(年號)
—— 以後 事勢日非 前日之興圖 4-35(集)
千牛(官名) 1-322, 2-218
天元→宣帝(北周) 3-278
天子 1-166, 302, 328(集), 2-51(集), 52(集), 173, 182(集), 3-46, 102(集), 123, 134(集), 155(集), 159(集), 165(集), 167(集), 177(集), 180, 181(集), 192(集), 4-55, 83
—— 哭之 3-60
—— 公卿 躬行於上 3-209(集)
—— 既御紫宸殿 1-233(集)
—— 達於庶人也 3-120(集)
—— 列爵頒祿 2-64(集)
—— 無事 則歲三田 4-49(集)
—— 訪問隋唐興替之由 1-270(集)
—— 不當自尊崇 正合謙恭 3-48(集)
—— 不得變其君 2-118(集)
—— 聖明 2-12(集)
—— 所師法 2-143(集)
—— 所娶之國嫡爲正后 庶爲娣媵 1-298(集)
—— 遂無三年之喪 3-103(集)
—— 巡守 至于方岳 1-319(集)
—— 兒 非天子兒耶 1-329
—— 惟務德義 3-125(集)
—— 有諍臣 1-234
—— 以高昌驕慢 3-292(集)
—— 一后三夫人九嬪……一御妻 1-298(集)
—— 立后 固有六宮……一御妻矣 3-56(集)
—— 者 天下之表儀也 3-192(集)
—— 姊妹 爲長公主 2-288
—— 作民父母 以爲天下王 3-167(集)
—— 將廢嫡立庶 2-20
—— 諸侯不再娶 1-298(集)
—— 之女 3-177(集), 295(集)
—— 之女 爲公主 2-288
—— 之兵 4-34(集)

—— 之兵乎 4-34(集)
—— 之於萬物也 4-15
—— 之詔 2-283(集)
—— 之尊 3-48(集), 307(集)
—— 喜怒 不得輕重 2-283(集)
天資 3-227(集), 4-104(集)
天章 3-153(集)
天庭(宮殿) 2-204
踐祚 3-128
天地之和 3-197(集)
大策府(官司)
——— 杜如晦 1-165
天策府從事中郞(官名)
———————— 杜如晦 1-165
天下 1-116, 129(集), 130(集), 136(集), 137(集), 148(集), 150(集), 163(集), 167(集), 184(集), 190(集) 204, 215(集), 224(集), 229, 231(集), 232(集), 257(集), 262, 264, 270(集), 271(集), 290, 305(集), 338(集), 2-17, 19(集), 20, 26, 48(集), 53, 55(集), 64(集), 71, 72(集), 81(集), 108, 118(集), 119(集), 120(集), 121(集), 122(集), 126(集), 130(集), 141(集), 142, 161, 163(集), 172(集), 176, 187, 189, 208, 227, 228(集), 231(集), 232, 247(集), 262(集), 271(集), 277, 279, 280(集), 285, 288, 290(集), 293(集), 301, 3-13, 14(集), 24(集), 26, 36(集), 41(集), 44(集), 46, 52(集), 57(集), 63, 67(集), 69, 74(集), 78(集), 80(集), 83, 89(集), 92(集), 100(集), 102(集), 106, 108(集), 111, 114(集), 125(集), 128, 131, 134(集), 135(集), 140(集), 142(集), 143, 150(集), 154, 155(集), 159(集), 160(集), 165(集), 167(集), 168(集), 170(集), 174(集), 183(集), 191, 192(集), 198, 209(集), 215(集), 217, 222, 246(集), 251(集), 253(集), 258(集), 262, 270, 271(集), 282(集), 291(集), 301(集), 304(集), 307(集), 308, 310, 316, 4-23, 26(集), 27(集), 40, 62, 65, 67, 78, 88, 102, 104(集), 105, 106(集)
—— 公共 2-283(集)
—— 共其利 天道之公 2-117(集)
—— 國家也 2-14(集)
—— 根本 4-19
—— 多亂 2-61(集)
—— 多事 1-318(集)
—— 大理 4-83
—— 利害 嘗有缺 1-162(集)
—— 無事 4-86
—— 無事 四海安寧 1-116
—— 無生而貴者 3-165(集)
—— 無憂不理 4-86
—— 法 3-256
—— 奉一人 人欲之私 2-117(集)
—— 喪亂 1-240
—— 所聽 2-59(集)
—— 粟價率計斗直五錢 3-208(集)
—— 安豐 4-21
—— 永賴 4-83
—— 五服之內 盡封諸侯 2-96
—— 聳動 3-56(集)
—— 愚夫愚婦 一能勝予 1-118(集)
—— 愚人者多 3-249
—— 怨叛 身死國滅 4-38
—— 爲公 一人有慶 3-224
—— 爲一家 1-328(集), 2-66
—— 爲畫一 3-232
—— 已來 存心撫養 1-133
—— 二十九人 幾致刑措 3-211
—— 以至公也 2-81(集)
—— 刺史 悉稱聖意 2-63
—— 儲積 3-272
—— 諸州三覆奏 3-228
—— 之公論 2-250(集)
—— 之敎 1-128(集)
—— 之權 1-309(集)
—— 之大變也 2-118(集)

—— 之道 不一 1-339(集)
—— 之力 1-201(集)
—— 之理而治之 1-128(集)
—— 之望 1-178
—— 之安 4-81
—— 之要道也 3-209(集)
—— 之人 3-208
—— 之才 1-150(集)
—— 之志 1-148(集)
—— 之初 3-282(集)
—— 之弊 正其事 1-128(集)
—— 之賢 2-72(集)
—— 之賢否善惡 1-190(集)
—— 淸謐 3-310
—— 太平 家給人足 1-229, 4-62
—— 土崩 3-106
—— 幸甚 2-288, 3-112, 294, 296(集)
—— 號爲賢相 1—167(集)
—— 和平 3-222
—— 回心而鄕道 3-142(集)
天弧(物) 4-48
鐵勒(部族) 1-142, 143(集)
鐵山(地) 1-195
哲王 1-225(集), 237(集), 2-122(集), 298, 312, 3-185, 4-73
—— 鑑於己之行事 2-298
—— 公天下之良法美意也 2-122(集)
—— 雖休勿休 日愼一日 4-73
—— 之美意 2-122(集)
—— 之遺風 1-225(集)
—— 盡己而不以尤人 2-312
—— 處治安之大猷也 1-237(集)
—— 治天下之具 2-122(集)
—— 治天下之本 2-122(集)
詹事(官名) 2-225(集)
—— 于志寧 2-222
詹事主簿(官名)
———— 魏徵 1-191(集)
詹何(戰國 楚) 1-61(集)
—— 未聞身理而國亂者 1-59
疊州(地) 1-219(集)
疊州都督(官名)
———— 李勣 1-219(集)
聽諫 1-232(集), 313(集), 4-104(集)
—— 不從之 則爲桀紂 1-313(集)
—— 從之 則爲堯舜 1-313(集)
—— 之名 1-232(集)
體論(書)
—— 淫泆盜竊所惡……刑省而禁姦 2-306~307
楚→劉英(後漢) 2-288
楚(地)←齊楚
楚(春秋) 1-59, 266, 2-105, 263(集), 3-234
焦贛(漢)←焦氏
楚靈王→靈王(戰國 楚) 4-33(集)
楚辭(書)
—— 尺有所短 寸有所長 3-286(集)
焦氏→焦贛(漢) 3-145(集)
楚王→劉英(後漢)
—— 好細腰 後宮多餓死 2-315
楚王→莊王(戰國 楚) 1-59, 61(集)
楚王瑋→司馬瑋(晉) 2-173, 177(集)
草創→創業 1-66, 67, 168(集), 196, 2-39
—— 與守成 孰難 1-66
—— 爲難 1-67
—— 之主 2-39
蜀(三國) 3-92, 231(集), 249
蜀(戰國) 3-118
— 國遂亡 3-118
蜀記(書)
—— 刻五石牛 置金其後 3-118
—— 蜀人見之 以爲牛能便金 3-118
蜀先主→昭烈帝(蜀漢) 3-249
蜀王(戰國) 3-118, 120(集)
蜀王(隋) 2-130(集)
蜀王→李愔(唐) 1-322

蜀王妃(唐)
——— 楊譽之女 1-322
總管府長史(官名)
————— 杜如晦 1-164
冢宰(官名) 1-101(集), 2-47(集), 51(集), 215(集)
—— 九式 1-328(集)
—— 召公 2-47(集)
崔幹(唐) 3-169, 171
崔象(隋) 4-40
崔杼(春秋 齊) 2-26, 3-158(集)
樞密院(官司) 1-329(集), 2-48(集)
秋獮 4-47, 49(集)
祝鮀(春秋 衛) 1-140(集)
祝幣(物) 4-65
春卿→桓榮(後漢) 2-203
春宮 1-155, 178, 213
春蒐 4-49(集)
春秋 1-115(集), 147(集), 216(集), 2-102, 218, 3-161, 4-64(集), 65
—— 魯莊公名同 3-161
—— 不貴盟誓 而善胥命 1-216(集)
—— 祥瑞不書 惟災異書 4-64(集)
—— 二百四十二年之間 4-64(集)
—— 戰國 病困危篤之時也 1-115(集)
—— 諸史之本……後世法 3-151(集)
春秋(書) 1-216(集), 331(集), 3-158(集), 251(集), 253(集), 265, 4-70(集)
春秋穀梁傳(書)←穀梁
春秋公羊傳(書)←公羊
————— 無所不通 4-16
春秋大傳(書)
————— 王人雖微 列於諸侯之上 1-330
春秋左氏傳(書)←左氏 1-262(集), 2-26, 62(集), 225(集), 3-162(集), 4-19
————— 居安思危 1-80, 2-210, 4-72
————— 桀紂罪人 其亡也忽焉 2-312
————— 經緯天地 3-153(集)
————— 公患之使鉏麑賊之 2-225(集)
————— 君擧必書 3-73
————— 內擧不避親 2-293
————— 魯有星孛 齊有彗星 4-70(集)
————— 農隙講武……辨等列也 3-308
————— 代亂則讒勝 3-85
————— 鄧曼論莫敖之敗 3-328(集)
————— 昧旦丕顯 後世猶怠 3-108
————— 名終將諱之 3-161, 162(集)
————— 聞守道不如守官 3-154
————— 勃鞮爲斬袪之仇 1-246
————— 兵惡不戢 3-310
————— 兵猶火也 弗戢將自焚 2-279
————— 俘之江淮 4-21
————— 不忘恭敬 民之主 2-225(集)
————— 不祀忽諸 2-167
————— 死骨不朽 3-318
————— 成風請須句之封 3-328(集)
————— 小大之獄 雖不能 必以情 2-308
————— 述虞箴稱夷羿 4-55
————— 晨往 寢門闢矣 盛服將朝 2-225(集)
————— 揚拒泉皐伊雒之戎 4-26(集)
————— 愛子敎以義方 2-131
————— 於農隙以講武 4-49(集)
————— 傲狠明德 2-167
————— 外擧不避仇 2-293
————— 禹湯罪己 其興也勃焉 2-312
————— 戎狄豺狼 不可厭 4-19
————— 以欲從人者昌 3-32
————— 以人樂己者亡 3-32
————— 人無釁焉 妖不妄作 4-100
————— 人誰無過 過而能改 善莫大焉 1-262(集)
————— 立言與立德 2-183
————— 入王城 伐京師 4-26(集)
————— 賊民之主 不忠 2-225(集)
————— 齊聖廣淵明允篤誠 2-62(集)

———— 諸夏親昵 不可棄 4-19
———— 卒不沒其罪 3-158(集)
———— 從善如流 2-210
———— 周人以諱事神 3-162(集)
———— 咫尺之威 3-81(集)
———— 晉靈公不君 趙宣子驟諫 2-225(集)
———— 辰在子卯……君徹宴樂 3-166(集)
———— 晉之荀盈未葬 而晉侯飲樂 3-60(集)
———— 秦晉遷陸渾之戎于伊川 4-26(集)
———— 晉侯飲樂 膳宰譏之 3-60(集)
———— 天事恒象 4-70(集)
———— 崔杼弑齊莊公……輿三踴而出 2-26
———— 春蒐夏苗秋獮冬狩 4-49(集)
———— 七百之祚 1-79~80
———— 太史兄弟三人 死於崔杼 3-158(集)
———— 愎諫違卜 2-167
———— 彗 所以除舊布新 4-70(集)
———— 禍福無門 惟人所召 2-168, 3-126, 4-100
春秋之法 1-147(集), 3-151(集)
春秋之世 2-320(集), 4-26(集), 70(集)
春秋胡氏傳(書)
———— 自天王而言……正分義也 1-331~332(集)
黜陟使(官名) 2-253
忠諫 2-13, 4-33(集), 52
忠規 2-314, 315
忠臣 2-261(集), 271(集)
—— 魏徵 1-310
忠言 3-263(集), 4-33(集), 34(集)
充容(女官)
—— 徐氏 3-322
—— 徐惠(唐) 1-227(集)
忠義 2-238(집), 247(集), 262, 266(集)
忠節 4-86
—— 子孫 2-266
—— 足可嘉尚 2-244
—— 之風 2-239
忠正 3-116, 126, 275
忠直 1-204, 250, 268, 3-14(集)
—— 得上心 4-26(集)
—— 無以發太宗儆懼之意 4-69(集)
—— 文章之士 1-208(集)
—— 所自至 亦得君以然也 1-183(集)
—— 識治之士 1-232(集)
—— 益國利人 3-116
—— 者進 而憸邪者無自入矣 3-14(集)
—— 稱 歷數百年而名愈高 1-89(集)
充華(女官) 1-292, 296
忠孝 2-271(集), 3-171
翠微宮(建物) 1-271(集), 2-84, 3-36(集), 204(集), 325, 4-108(集)
雉頭裘(物) 4-90
治書侍御史(官名)
———— 權萬紀 3-123
———— 劉洎 2-67
蚩尤(人) 1-123
齒胄 3-165(集)
茌平(地) 1-220
勅 2-49, 288, 3-123
— 所司 資送 倍於長公主 2-288
— 李泰 1-205
— 鄭氏之女 1-296
勅旨 1-302
漆器(物) 3-326
七德
—— 以淸六合 2-167
七德舞
——— 銀甲執戟……蓋亦庶幾武舞之遺意矣 3-201(集)
七廟 2-90
七百

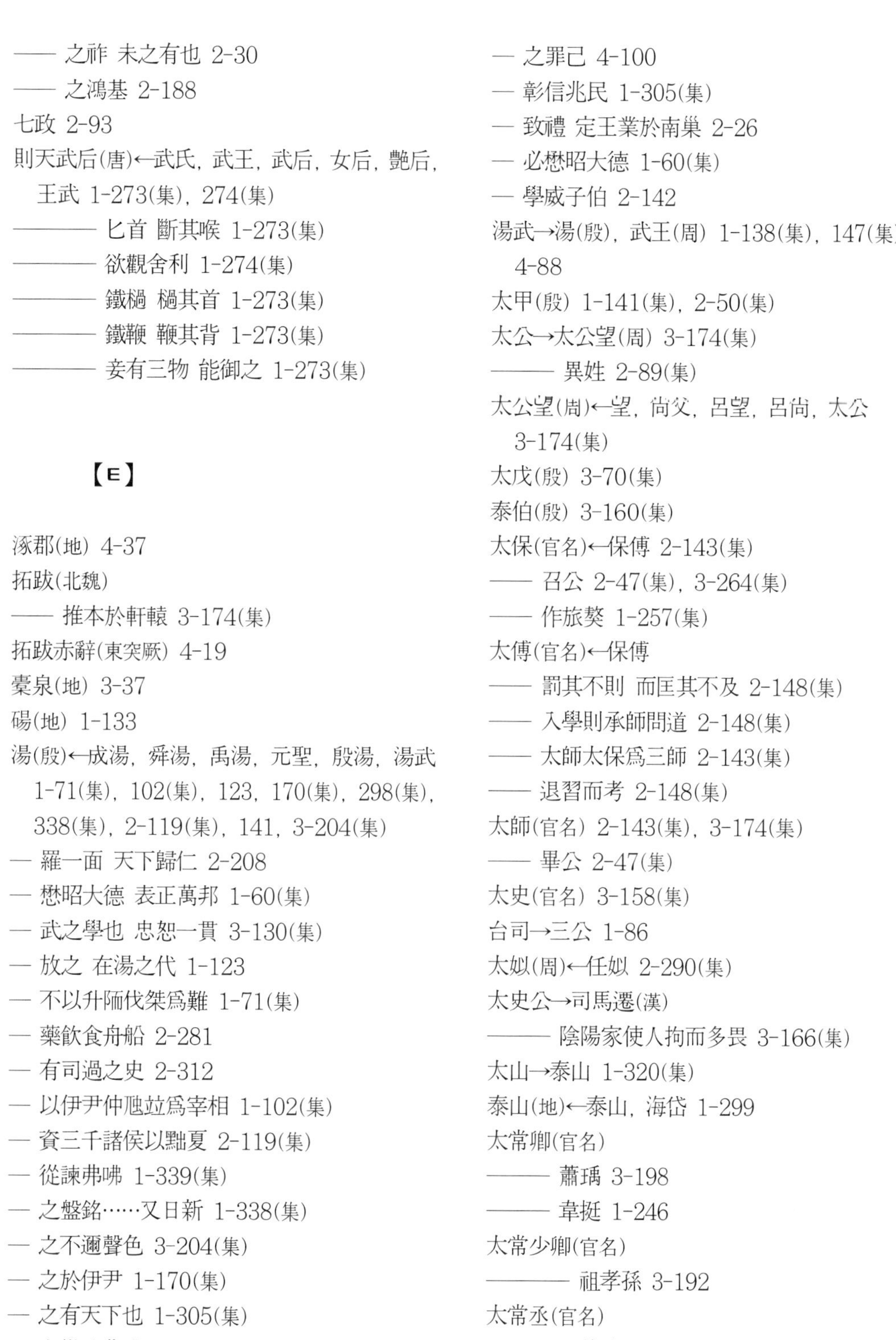

—— 之祚 未之有也 2-30
—— 之鴻基 2-188
七政 2-93
則天武后(唐)←武氏, 武王, 武后, 女后, 艶后, 王武 1-273(集), 274(集)
———— 匕首 斷其喉 1-273(集)
———— 欲觀舍利 1-274(集)
———— 鐵檛 檛其首 1-273(集)
———— 鐵鞭 鞭其背 1-273(集)
———— 妾有三物 能御之 1-273(集)

【ㅌ】

涿郡(地) 4-37
拓跋(北魏)
—— 推本於軒轅 3-174(集)
拓跋赤辭(東突厥) 4-19
槖泉(地) 3-37
碭(地) 1-133
湯(殷)←成湯, 舜湯, 禹湯, 元聖, 殷湯, 湯武 1-71(集), 102(集), 123, 170(集), 298(集), 338(集), 2-119(集), 141, 3-204(集)
— 羅一面 天下歸仁 2-208
— 懋昭大德 表正萬邦 1-60(集)
— 武之學也 忠恕一貫 3-130(集)
— 放之 在湯之代 1-123
— 不以升陑伐桀爲難 1-71(集)
— 藥飮食舟船 2-281
— 有司過之史 2-312
— 以伊尹仲虺竝爲宰相 1-102(集)
— 資三千諸侯以黜夏 2-119(集)
— 從諫弗咈 1-339(集)
— 之盤銘……又日新 1-338(集)
— 之不邇聲色 3-204(集)
— 之於伊尹 1-170(集)
— 之有天下也 1-305(集)
— 之從諫弗咈 1-339(集)
— 之罪己 4-100
— 彰信兆民 1-305(集)
— 致禮 定王業於南巢 2-26
— 必懋昭大德 1-60(集)
— 學威子伯 2-142
湯武→湯(殷), 武王(周) 1-138(集), 147(集), 4-88
太甲(殷) 1-141(集), 2-50(集)
太公→太公望(周) 3-174(集)
——— 異姓 2-89(集)
太公望(周)←望, 尙父, 呂望, 呂尙, 太公 3-174(集)
太戊(殷) 3-70(集)
泰伯(殷) 3-160(集)
太保(官名)←保傅 2-143(集)
—— 召公 2-47(集), 3-264(集)
—— 作旅獒 1-257(集)
太傅(官名)←保傅
—— 罰其不則 而匡其不及 2-148(集)
—— 入學則承師問道 2-148(集)
—— 太師太保爲三師 2-143(集)
—— 退習而考 2-148(集)
太師(官名) 2-143(集), 3-174(集)
—— 畢公 2-47(集)
太史(官名) 3-158(集)
台司→三公 1-86
太姒(周)←任姒 2-290(集)
太史公→司馬遷(漢)
——— 陰陽家使人拘而多畏 3-166(集)
太山→泰山 1-320(集)
泰山(地)←泰山, 海岱 1-299
太常卿(官名)
——— 蕭瑀 3-198
——— 韋挺 1-246
太常少卿(官名)
———— 祖孝孫 3-192
太常丞(官名)
——— 元善達 2-224

太上皇→高祖(唐) 1-196, 295, 2-244, 248, 256, 295
太孫→成帝(漢) 2-192
太守(官名) 2-48(集)
太原(地) 1-186, 192, 3-230
太原留守(官名)
——— 唐高祖 1-192
太尉(官名) 2-63, 143(集)
—— 楊震 2-258
太任(周)←任姒 2-290(集), 3-258(集)
太子←明兩, 少陽, 守器, 元良, 儲君, 前星, 震 1-70(集), 2-134(集), 135, 137(集), 141(集), 145(集), 148, 148(集), 150, 157, 166, 172(集), 209, 215(集), 217, 217(集), 225(集), 250(集), 3-180, 181(集)
—— 保傅 3-89
—— 申犯顔之諫 誠古今未有 1-290
—— 宗社之本 須有師傅 1-178
—— 之諫 或乘間從容而言 1-290
—— 漢惠帝 2-126(集)
太子→高宗(唐) 2-149, 154, 157, 159(集)
太子→司馬遹(晉) 1-234
太子→楊勇(隋) 2-130(集), 216(集), 3-83
太子→李建成(唐) 2-234
太子→李承乾(唐) 1-329, 2-130(集), 133(集), 134(集), 139, 144, 147(集), 160, 161, 163(集), 183, 205, 206, 207, 216(集), 217(集), 222, 225(集), 257(集)
太子舍人(官名)
——— 辛處儉 1-295
太子洗馬(官名)
——— 魏徵 1-172
太子少保(官名)
——— 蕭瑀 3-207
太子少師(官名)
——— 李綱 2-139
——— 房玄齡 1-156
太子右庶子(官名)
——— 高季輔 1-286
——— 孔穎達 2-206
——— 杜如晦 1-166
——— 李百藥 2-183
——— 王珪 1-186
——— 張玄素 2-208
太子左庶子(官名)
——— 杜正倫 2-161
——— 馬周 1-222
——— 房玄齡 1-155
——— 于志寧 2-161, 206
太子詹事(官名)
——— 李勣 1-213
——— 于志寧 2-217
太子太師(官名)
——— 魏徵 1-178
太宗(唐)←唐太宗, 文皇, 秦王, 帝, 皇太子 1-155, 2-216(集), 3-43, 201(集), 203(集), 209(集), 279(集), 304(集), 4-64(集)
—— 却權萬紀銀坑之奏 3-126(集)
—— 却林邑白鸚鵡之獻 3-261(集)
—— 彊弱之勢 在今一策 3-280
—— 卿可撰錄進來 3-156
—— 卿輩 欲自崇貴 卑我兒子 3-179
—— 竟不用其計 今日方自悔責 4-31
—— 卿以爲前代誰比 2-273
—— 卿自守法 而令朕失信 2-281
—— 古先撥亂之主 年踰四十 4-83
—— 告侍臣 其帝舜作歌之意 4-79~80(集)
—— 古者斷獄 必訊於三槐九棘之官 3-211
—— 古稱至公者 盖謂平恕無私 2-277
—— 恐妨農事 令改用十月 3-207
—— 功臣世襲刺史 2-90
—— 廣任賢良 高居深視 1-112(集)
—— 君無爲則人樂 君多欲則人苦 3-202
—— 群臣近來都不論事 1-252(集)
—— 君臣嘗論創業守成孰難 3-271(集)
—— 君臣之義 同於父子 3-59

—— 君天下者 惟須正身修德 3-69
—— 屈突通 戰於潼關 2-244
—— 窮兵極武 未有不亡 3-287
—— 宮闈之愧 1-61(集)
—— 近令造小隨身器物 3-112
—— 勤行三事 吾能守之 終不轉 3-96
—— 今三公九卿 卽其職也 3-211
—— 今若放還 必謂我懼 3-280
—— 年十八 便擧兵 4-83
—— 年二十九 昇爲天子 4-83
—— 年二十四 定天下 4-83
—— 怒苑西監穆裕 1-290
—— 勞謙 君子有終吉 3-49
—— 能導人使諫 1-339(集)
—— 能爲我如此守法 豈畏濫有誅夷 1-336
—— 但問堪否……而頓忘也 2-277
—— 但知自咎自責 追悔何及 3-102
—— 對杜如晦 君暗臣諛 危亡不遠 1-236
—— ———— 不以直言忤意 輒相責怒 1-236
—— 對蕭瑀 廣任賢良 高居深視 1-109
—— ——— 以日繼月 乃至累年 1-109
—— ——— 一日萬機 獨斷一人之慮 1-109
—— 晩年有君羨之誅 4-108(集)
—— 晩年有仆碑之失 4-108(集)
—— 晩年之悔 1-61(集)
—— 每思政理 或至三更 1-240(集)
—— 勉强從人之諫 1-339(集)
—— 滅高昌 置都護 4-35(集)
—— 明君暗君 1-66(集)
—— 命劉洎 遺寢床粥食鹽菜 2-270
—— 命顔師古考定五經 3-145(集)
—— 慕冠帶百蠻之名 幾至危殆 4-25(集)
—— 木雖曲 得繩則正 2-164
—— 無濫誅之失 過漢高遠 4-82(集)
—— 撫掌 兒子 宜各與一官 2-251
—— 聞諫而能自省 4-44(集)
—— 問谷那律 油衣若爲 得不漏 4-50
—— 問孔穎達 問於不能 以多問於寡 3-49
—— 文過於古也 4-83
—— 問蕭瑀 隋文帝 何如主也 1-108
—— 問王珪 近代君臣理國 多劣於前古 1-103
—— 問運祚長短之殊 4-107(集)
—— 聞爲造正寢 厚加賻贈 3-43
—— 問魏徵 卿可爲朕言之 當以爲楷則 4-107
—— ——— 大亂之後 將求致理 寧可造次而望 1-121
—— ——— 德仁功利 2-38
—— ——— 明君暗君 1-62
—— ——— 有傳位十代者 有一代兩代者 4-107
—— ——— 或恐心生驕逸 喜怒過度 4-107
—— 問褚遂良 將却觀所爲得失 3-154
—— ———— 食器苦諫 1-254
—— 文章爲集 3-152
—— 美人侍側 1-259
—— 房玄齡等畫定社稷之功 2-86
—— 房玄齡昔從我定天下 1-66~67
—— 法者 天下之法 2-281
—— 竝遺其書 想卿忠節之風 2-239
—— 封建子孫 2-90
—— 封建親賢 當是子孫長久之道 2-90
—— 不過停其充使 2-320(集)
—— 不勞而定 勝於十萬之師 3-284
—— 仆碑之兆 1-313(集)
—— 赴鼎冒刃 1-252(集)
—— 不井田封建 不足以法三代之治 2-117(集)
—— 不從忠諫 卒自咎悔 4-33(集)
—— 非公不聞此言 庶幾無如此事 4-42
—— 俾大臣受諫 1-241(集)
—— 賜書韋挺 各吠非主 志在無二 1-246
—— 賜詩 疾風知勁草 板蕩識誠臣 2-256
—— 思賢之情 豈捨夢寐 2-227
—— 尙能悅人之諫 1-339(集)
—— 所冀移灾朕躬 何疾之避 3-205
—— 召而數之 爲飼羊養魚 雕飾院宇 3-88
—— 誰可充使 2-253

—— 雖諫不從 終爲善策 3-318
—— 水能載舟 亦能覆舟 2-164
—— 首發至公無私之論 2-280(集)
—— 數之 大殺傷吾兵 將何以逃死 2-234
—— 須弘道移風 使萬世永賴 4-38
—— 徇地渭北 1-153
—— 時欲營小殿乃輟 其材爲造 1-178
—— 識弓之未精 而知天下之理 1-97(集)
—— 身親行陣 剋捷奏功 4-50(集)
—— 實錄 3-156
—— 實爲社稷之計 2-249
—— 深懲秦皇漢武之失 3-69(集)
—— 十八 便爲經綸王業 4-67
—— 我幾不思量 甚大錯誤 3-101
—— 我不思量 1-267
—— 雅樂之容 止得陳其梗概 3-198
—— 我何如桀紂 1-270(集)
—— 愛駿馬 1-272
—— 若不能受諫 安能諫人 1-241(集)
—— 若遂來請 糜費良多 3-30
—— 若委曲寫之 則其狀易識 3-198
—— 於馬周暫時不見 則便思之 1-222
—— 於正殿之左 置弘文館 3-128
—— 英明之資 雄傑之才 3-52(集)
—— 令洎與岑文本馬周 與皇太子談論 2-157
—— 令試 綸遣造傀儡戲具 3-71
—— 令斬於東市 3-215
—— 令妻徵女焉 2-273
—— 禮樂之作 緣物設敎 以爲撙節 3-192
—— 吾之理國 良無景公之過 4-67
—— 王府官寮 勿令過四考 2-135
—— 姚思廉不懼兵刃 2-239
—— 欲以爲鑑誡 使得自修改耳 3-156
—— 欲專以仁義誠信爲治 2-227
—— 用其言 未幾有矢及帳殿之變 4-24(集)
—— 虞世南 吾有小善 必將順而成之 1-205
—— ——— 吾有小失 必犯顔而諫之 1-205
—— 謂高季輔 藥石之言 1-286
—— 謂公卿 隆周炎漢 建武永平故事 4-83
—— ——— 四夷咸服 實賴諸公之力 4-83
—— ——— 使子孫每懷愧恥 3-120
—— ——— 主欲知過 必藉忠臣 1-226
—— 謂群臣 國之危亡 可立而待 3-262
—— ——— 魏徵所論 國家大法 1-331
—— ——— 惟揚美隱惡 共進諛言 3-262
—— ——— 惟有才行 豈以新舊爲差 2-279
—— ——— 人主惟在德行 何必要事文章耶 3-152
—— ——— 自夸彊盛 我當先戮爾 3-280
—— ——— 帝道王道 惟魏徵勸我 1-126
—— 謂其使 愛其色而傷其心 我不取 3-267
—— 謂內良佐 3-257(集)
—— 謂段綸 百工相戒 無作奇巧 3-71
—— 爲唐賢君 3-114(集)
—— 謂戴胄 非爲勳舊 以其有才行 3-92
—— 謂杜如晦 明主思短而益善 暗主護短而永愚 1-233
—— ———— 被殺 世基合同死否 1-233
—— 謂禮官 舅之與姨 而服之有殊 3-182
—— 謂李百藥 以誡太子 甚是典要 2-205
—— 謂李神通 國家大事惟賞與罰 2-86
—— 謂李勣 朕將屬以孤幼 1-213
—— 謂房玄齡 改削浮詞 直書其事 3-156
—— ———— 却思少小時行事 大覺非 3-99
—— ———— 羽獵子虛上林兩都等賦 3-149
—— ———— 繼世守文之君 2-176
—— ———— 當廣求賢人 隨材授任 1-161(集)
—— ———— 不知自古當代國史 3-156
—— ———— 卑干尊 古來不易 1-268
—— ———— 詞理切直 可裨於政理者 3-149
—— ———— 山東四姓 有紊禮經 3-168
—— ———— 選良佐以爲藩弼 2-176
—— ———— 蕭瑀眞社稷臣 2-256
—— ———— 以賞其能 必不可超授官爵 2-44
—— ———— 一食便念稼穡之艱難 2-176

—— ———— 一衣則思紡績之辛苦 2-176
—— ———— 一朝忽無良相 如失兩手 1-158
—— ———— 衆人之唯唯 不如一士之諤諤 1-268
—— ———— 創業之主 2-176
—— 謂房玄齡杜如晦 比開直言之路者 3-95
—— 謂房玄齡等 卿等 亦可慕宰相之賢者 2-285
—— ————— 公等 須受人諫語 1-240
—— ————— 濫賞無功 濫殺無罪 1-240
—— ————— 量才授職 務省官員 2-43
—— ————— 明鏡鑑形 美惡必見 1-253
—— ————— 名工文匠 商略詆訶 1-253
—— ————— 僕射廣聞耳目 求訪賢哲 2-48~49
—— ————— 若不能受諫 安能諫人 1-240
—— ————— 魏徵隨事諫正 多中朕失 1-253
—— ————— 人君得匡諫之臣 擧其愆過 1-253
—— ————— 自知者明 信爲難矣 1-253
—— ————— 朕今每慕前代帝王之善者 2-285
—— ————— 畫地作餠不可食 2-43
—— 謂裴寂 每一思政理 或三更方寢 1-238
—— ——— 上書奏事 總黏之屋壁 1-238
—— 謂封德彝 君自爲詐 欲臣下行直 3-13
—— ———— 前代明王 使人如器 2-53
—— ———— 致安之本 惟在得人 2-53
—— 謂上書人 欲使大信行於天下 3-13
—— 謂上書者 朕之所任 皆以爲賢 3-13
—— 謂蕭瑀 良弓十數 以示弓工 1-95
—— 謂孫伏伽 恐主獄之司 利在殺人 3-245
—— ———— 危人自達 以釣聲價 3-245
—— 謂侍臣 可令尙食 斷肉料 進蔬食 4-72
—— ——— 諫爭畏犯逆鱗 1-248
—— ——— 考使至京者 皆賃房以坐 3-178
—— ——— 恐懷驕矜 恒自抑折 1-142
—— ——— 驕矜而取敗者 不可勝數 1-141
—— ——— 國家法令 不可一罪作數種條 3-254
—— ——— 君臣同治亂 共安危 2-13
—— ——— 君臣相遇 有同魚水 1-229
—— ——— 君爲善者 多不能堅守其事 4-81
—— ——— 君猶器也 人猶水也 3-63
—— ——— 今欲聞己過 皆可直言 3-104
—— ——— 今日懷州 秋毫不干於百姓 4-52
—— ——— 今作何法 得使平允 3-211
—— ——— 今將出之 任求伉儷 3-55
—— ——— 矜物罪己 載懷憂惕 4-71~72
—— ——— 其得天下不殊 祚運長短 3-270
—— ——— 奈何以劬勞之辰 遂爲宴樂之事 3-191
—— ——— 難違一官之小情 頓爲萬人之大弊 1-99
—— ——— 念公忘私 則榮名高位 4-105
—— ——— 奴告主者 3-215(集)
—— ——— 勞人求名 非朕所欲 3-290
—— ——— 多遭困窮 聞有鬻男女者 3-58
—— ——— 但使倉庫可備凶年 3-272
—— ——— 陶唐 大聖 柳下惠 大賢 3-243
—— ——— 都督刺史 實理亂所繫 尤須得人 2-52
—— ——— 敦行禮讓 少敬長妻敬夫 3-208
—— ——— 每思臣下有讜言直諫 1-142
—— ——— 明珠是身外之物 3-116
—— ——— 滅私徇公 堅守直道 1-99
—— ——— 無祥瑞 亦可比德於堯舜 4-62
—— ——— 文武百官 各上封事 極言得失 4-72
—— ——— 勿避此言 便爲形迹 2-293
—— ——— 百姓漸知廉恥 2-229
—— ——— 邊境足得三十年來無事 擧此二策 3-294
—— ——— 竝爲頡利破亡 3-274
—— ——— 本根不搖 則枝葉茂榮 1-136

—— ——— 夫不失時者 在人君簡靜 3-202
—— ——— 富有四海 誠能自節 3-32
—— ——— 四時蒐田 旣是帝王常禮 4-52
—— ——— 思此義 不可輕出詔令 3-254
—— ——— 常保此三鏡 以防己過 1-180
—— ——— 尙不能使陶染變革 去惡從善 3-243
—— ——— 上智之人 自無所染 2-143
—— ——— 成其恥累 況是萬乘之主 3-75
—— ——— 省徭賦 恣其耕稼 3-208
—— ——— 遂覺勞費日甚 幾失久安之道 4-23
—— ——— 隋煬帝 1-212
—— ——— 視聽弗明 刑罰失度 4-71
—— ——— 食厚祿 受人委任 惟行諂佞 4-38
—— ——— 神仙事 本是虛妄 空有其名 3-68
—— ——— 身有益 於百姓有損 必不爲 3-290
—— ——— 安不忘危 理不忘亂 4-78
—— ——— 若兵戈屢動 土木不息 3-202
—— ——— 於屛風上 錄其姓名 2-52
—— ——— 如斯詆毁 有似呪詛 4-52
—— ——— 與商人雜居 纔得容身 3-178
—— ——— 如宇文述虞世基裴蘊之徒 居高官 4-38
—— ——— 如鳥有翼 失之必死 3-63
—— ——— 如何可獲善人 2-57
—— ——— 然陷其身者 皆爲貪冒財利 3-126
—— ——— 令明加糾訪科罪 庶可肅淸姦惡 3-243
—— ——— 令百姓安靜 不有怨叛 4-37
—— ——— 營衣食 以不失時爲本 3-202
—— ——— 禮義興行 非常之恩 3-249
—— ——— 遇物誨諭 2-163
—— ——— 遠想聽事 斯作遂止 3-34
—— ——— 爲君之道 必須先存百姓 1-57
—— ——— 爲政之要 惟在得人 3-140
—— ——— 魏徵殂逝 遂亡一鏡 1-180
—— ——— 有犯十惡者 刺史不須從坐 3-243
—— ——— 惟欲淸淨 使天下無事 遂得徭役不興 1-136
—— ——— 唯唯苟過 遂無一言諫諍者 1-105
—— ——— 宜令州縣敎導 齊之以禮典 3-165
—— ——— 以古爲鏡 1-180
—— ——— 以德行學識爲本 3-140
—— ——— 以銅爲鏡 1-180
—— ——— 理非通允 3-161
—— ——— 吏部擇人 惟取其言詞刀筆 2-57
—— ——— 以成帝業 縱逸之敗 4-81
—— ——— 耳所聞 目所見 深以自誡 4-37
—— ——— 以爲正合自守謙恭 3-46
—— ——— 以人爲鏡 1-180
—— ——— 夷狄內侵 亦何異於桀紂 4-62
—— ——— 李勣於幷州 塞垣安靜 1-212
—— ——— 以蜀王爲元龜 須以延年爲覆轍 3-118
—— ——— 仁義之道 當思之在心 2-231
—— ——— 人情之至痛者 莫過乎喪親 3-102
—— ——— 日旰而食 坐以待晨 1-142
—— ——— 一言不善 則人記之 3-75
—— ——— 自古帝王 必須貴順物情 3-28
—— ——— 自今奴告主者 盡令斬決 3-214
—— ——— 自玄齡等 咸宜品藻 1-188
—— ——— 刺史朕當自簡擇 2-63
—— ——— 定分 2-124
—— ——— 正詞直諫 裨益政敎 1-118
—— ——— 精選師傅 2-144
—— ——— 帝王之業 草創與守成孰難 1-66
—— ——— 詔勅疑有不穩便 必須執言 1-105
—— ——— 從我平定天下 周旋艱險 玄齡之功 1-178
—— ——— 主納忠諫 臣進直言 2-13
—— ——— 中書門下 機要之司 1-105
—— ——— 中書門下 本擬相防過誤 1-99
—— ——— 中書所出詔勅 頗有意見不同 1-99

—— ——— 中智之人 無恒從教而變 2-143~144
—— ——— 卽思此一言於百姓有利益 3-73
—— ——— 知今日無事 須思其終始 4-78
—— ——— 知隋朝誰爲忠貞 2-244
—— ——— 朕有一言之善 世南未嘗不悅 1-203
—— ——— 且令契丹靺鞨攬擾之 3-297
—— ——— 讒佞之徒 皆國之蟊賊 3-83
—— ——— 滌除兇醜 百年無患 此一策 3-294
—— ——— 天見彗星 不德 政有虧失 4-67
—— ——— 初不納魏徵言 4-23
—— ——— 草創之主至于子孫多亂 2-39
—— ——— 初平高昌 魏徵褚遂良 依舊爲國 4-31
—— ——— 治國與養病無異也 1-113
—— ——— 致理比於三五之代 猶爲不逮 4-86
—— ——— 太子保傅 古難其選 3-89
—— ——— 悖亂禮經 仍令致拜於父母 3-167
—— ——— 蔽塞聰明 欲令其國無危 4-38
—— ——— 何者爲先 3-294
—— ——— 割股以啖腹 腹飽而身斃 1-57
—— ——— 項羽 旣入咸陽 已制天下 3-26
—— ——— 覈理一獄 欲成其考課 3-211
—— ——— 獻納忠讜 安國利人 惟魏徵而已 1-178
—— ——— 弘演 內懿公之肝於其腹中 2-260
—— ——— 頡利 恣情所爲 何可久 3-275
—— 謂于志寧等 輔導太子 2-161
—— 謂韋挺等 龍可擾而馴 然喉下有逆鱗 1-242
—— ——— 不避犯觸 各進封事 1-242
—— 謂魏徵 公不得忘叔牙之爲人也 2-21
—— ——— 公疏 深覺詞强理直 4-102
—— ——— 公約朕以仁義 弘朕以道德 1-126
—— ——— 公亦足爲良工爾 1-126
—— ——— 公向未道時 都自謂所行不變 1-336
—— ——— 君亂於上 臣理於下 1-138
—— ——— 金之在鑛 何足貴哉 良冶鍛而爲器 1-175
—— ——— 錄付史司 冀千載之下 識君臣之義 4-102
—— ——— 大亂之後 造次不可致理 1-121
—— ——— 不値良工琢磨 與瓦礫不別 1-126
—— ——— 比來朝臣都不論事 1-250
—— ——— 非是煬帝無道 臣下亦不盡心 2-15
—— ——— 守天下難易 1-91
—— ——— 臣亂於下 君理於上 1-138
—— ——— 令人自學 2-71
—— ——— 王者須爲官擇人 2-59
—— ——— 用人 彌須擇 2-59
—— ——— 人皆苦不自覺 1-336
—— ——— 人臣欲諫 赴鼎鑊冒白刃 1-250
—— ——— 存心撫養 無有所科差 1-133
—— ——— 周能保八百之基 2-17
—— ——— 周惟善是務 積功累德 2-17
—— ——— 朕方自比於金 以卿爲良工 1-175
—— ——— 朕雖無美質 爲公所切磋 1-126
—— ——— 朕必不敢忘布衣時 2-21
—— ——— 天元齊主 若爲優劣 3-277~278
—— ——— 天子 無道則人棄而不用 誠可畏 1-116
—— ——— 太子宗社之本 須有師傅 1-178
—— ——— 太平後必有大亂 大亂後必有太平 2-71
—— 謂魏徵等 君有違失 臣須極言 4-40
—— ——— 隋煬帝承文帝餘業 海內殷阜 4-40
—— ——— 再三思審 必擇善而用之 4-41
—— 謂李恪 忘棄禮法 必自致刑戮 2-177
—— 爲人君雖無道 受諫則聖 2-164
—— 謂岑文本 梁陳名臣 有誰可稱 2-264

—— ———— 必須博學 以成其道 3-146
—— 謂長孫無忌 太子幼在朕膝前 每見朕心說諫者 1-290
—— 謂長孫無忌等 九夷重譯 相望於道 3-24
—— —————— 三師以德道人者 2-148
—— —————— 惟有魏徵 勸朕 3-24
—— —————— 布德施惠 中國旣安 3-24
—— 謂張玄素 我何如桀紂 1-267
—— 謂褚遂良 比來記我行事善惡 3-96
—— ———— 危亡之禍 可反手而待 1-255
—— 謂朝集使 邀射聲名 厥土所賦 3-259
—— ———— 或嫌其不善 踰境外求 3-259
—— 魏徵每犯顔切諫 不許我爲非 1-175
—— 魏徵若在 不使我有是行 3-277(集)
—— 魏徵與我安天下 1-67
—— 謂太子 李勣若卽行……汝必殺之 1-219(集)
—— 謂漢王等 人之立身所貴者惟在德行 2-174
—— ———— 行善事則爲君子 行惡事則爲小人 2-174
—— 有高麗西域之師 4-108(集)
—— 有飛山翠微之作 4-108(集)
—— 有壯馬不能御 1-273(集)
—— 陰陽拘忌 朕所不行 3-207
—— 疑徵黨之 絶昏仆碑 4-25(集)
—— 依漢時法令 本州辟召 2-57
—— 以高麗莫離支賊殺其主 議將討之 3-298
—— 李道裕議張亮云 可謂公平 2-291
—— 以西州爲安西都護府 每歲調發千餘人 4-28
—— 二十九而居大位 4-67
—— 二十四而天下定 4-67
—— 以王魏爲相 以薛萬徹爲將 3-231(集)
—— 以正道扶之得理 何 1-139
—— 仁孝之性 豈隔華夷 2-276
—— 逸而有成 1-111(集)
—— 自今已後 充使宜停 2-295
—— 自以煬帝爲戒 欲群臣以世基爲戒 2-17(集)
—— 自剪鬚爲其和藥 1-213
—— 作威鳳賦 1-159
—— 昨日之事 自今深用爲誡 4-56
—— 將旋師 嘉安市城主堅守臣節 2-267
—— 宰相皆言其淸 2-251
—— 征遼東 帝親爲吮血 3-60~61
—— 情發於中 安避辰日 3-59
—— 停婚仆碑之令 征遼東之悔 3-87(集)
—— 帝範 3-308
—— 祭比干之靈 2-267(集)
—— 制太子接三師儀注 2-148(集)
—— 詔 可卽著令 置三師之位 2-142
—— — 京官五品以上 更宿中書內省 1-95
—— — 京官五品已上各擧一人 2-63
—— — 高士廉等 刊正姓氏 3-168
—— — 高士廉等 撰爲氏族志 3-168
—— — 曲爲節制 兩字兼避 3-161
—— — 恭承寶曆 寅奉帝圖 2-318
—— — 關中免二年租稅 關東給復一年 1-299
—— — 其官號人名及公私文籍 3-161
—— — 道宗與李勣爲前鋒 3-305
—— — 發卒修乾元殿 1-262
—— — 凡有死刑 雖令卽決 皆須五覆奏 3-216
—— — 不藉鹽梅 安得調夫五味 2-318
—— — 斯盖股肱 罄帷幄之謀 2-318
—— — 師古與孔穎達等 撰定五經疏義 3-143
—— — 奢侈者 可以爲戒 節儉者 可以爲師 3-37
—— — 削綸階級 竝禁斷此戲 3-71
—— — 隋何妥劉炫 竝前代名 儒經術可紀 3-136
—— — 詢于公卿 以至隸皀 推以赤心 2-318
—— — 始立孔子廟堂於國學 爲先聖 3-131
—— — 若不任舟楫 豈得濟彼巨川 2-318
—— — 梁皇侃褚仲都……錄姓名奏聞 3-136
—— — 然其胤緖 或當見存 2-266

—— — 令給其母肉料 2-276
—— — 令㑺薩延屬惠眞等降 2-267
—— — 堯君素 固守忠義 2-262
—— — 魏徵 若有是非 直言無隱 1-180
—— — 有世及民兩字不連讀 3-161
—— — 宜三日中五覆奏 天下諸州三覆奏 3-228
—— — 議安邊之策 4-13
—— — 以仲尼爲先聖 顔子爲先師 3-131
—— — 自今後 在京諸司 奏決死囚 3-228
—— — 自有魏失御 齊氏云亡 市朝旣遷 3-171
—— — 前賢佐時 忠臣徇國 2-266
—— — 切至之意 固所望於卿 2-317
—— — 漸師保之訓 罕聞先達之言 2-317
—— — 爪牙竭熊羆之力 2-318
—— — 從其議 3-187
—— — 左丘明卜子夏……二十有一人 3-136
—— — 衆止其城下以招之 城中堅守不動 2-267
—— — 至床前 問其所苦 仍勅州縣醫療之 3-60
—— — 至於近代以來 年歲非遠 2-266
—— — 朕以虛薄 多慚往代 2-318
—— — 集前後戰亡人骸骨 設太牢致祭 3-60
—— — 築土山 以攻其城 竟不能剋 2-267
—— — 泰移居武德殿 3-100
—— — 太學 可竝配享尼父廟堂 3-136
—— — 風俗陵替 燕趙古姓 多失衣冠之緒 3-171
—— — 或恐有寃 門下省覆 有據法令合死 3-216
—— — 黃腸再開 同暴骸於中野 3-37
—— — 勳賢三品已上子孫 爲弘文學生 3-128
—— 詔答 今聞讜言 虛懷以改 3-80
—— —— 收彼桑榆 期之歲暮 1-88
—— —— 若魚若水 犯而無隱 1-88
—— —— 停策使 1-294
—— 詔答魏徵 省頻抗表 誠極忠款 1-86
—— 詔令 撰太子接三師儀注 2-148
—— —— 平章國計 必使諫官隨入 預聞政事 1-229
—— 詔藺謩 發江嶺數十州兵討之 3-283
—— 詔房玄齡 集諸儒 重加詳議 3-143
—— 詔書 逋租宿債 欠負官物 竝悉原免 1-302
—— 詔顔師古 於祕書省 考定五經 3-143
—— 詔李元曉等 不得答李恪李泰兄弟拜 3-163~164
—— 詔勅 門下省覆 有據法合死 3-228
—— —— 疑有不穩便 必須執言 1-105
—— 存心撫養 無有所科差 1-135(集)
—— 從魏徵而不從封德彝 1-128(集)
—— 呪 爾其有靈 但當蝕我心 無害百姓 3-205
—— 舟所以比人君 水所以比黎庶 2-164
—— 周隋名臣之後配流者 悉從矜宥 2-267(集)
—— 重見其被擒獲之勢 3-198
—— 卽令李靖充使 2-254
—— 甑生 獲免 誰不覬覦 3-230
—— 至公理天下 以得萬姓之懽心 4-62
—— 知君人者 以天下爲公 無私於物 2-277
—— 之病 4-70(集)
—— 之言 庶幾乎舜湯之遺意 4-76, 77(集)
—— 之言卽守成之事 3-271(集)
—— 祗以忠於所事 吾遂拔而用之 3-95
—— 之詔 3-165(集)
—— 之智 不能以義制心 4-33(集)
—— 之聽從 2-290(集)
—— 陳叔達因謂 公曾進直言於太上皇 2-248
—— 朕法有所失 卿能正之 2-281
—— 朕亦悔有此問難 當卽改之 3-104
—— 朕有不善 卿必記 3-154
—— 此則武勝於古也 4-83
—— 責宰相以求賢而不使親細務 2-49
—— 初卽位 2-277
—— 出御府金寶贖之 還其父母 3-58

―― 取今日官品人才作等級 3-171
―― 治國與養病無異 1-114(集)
―― 治民之本在刺史 2-53(集)
―― 勅 放令萬紀還第 3-123
―― ― 尙書省 細碎務付左右丞 2-49
―― ― 惟寃滯大事合聞奏者關於僕射 2-49
―― ― 鄭氏之女 1-296
―― 勅旨 1-302
―― 親爲製魏徵碑文 1-178
―― 稱虞世南有五絶 1-204
―― 呑之 蝗不復爲灾 3-205
―― 罷獵 擢拜仁軌 4-59
―― 頗有自矜之意 此吾之過 4-67
―― 罷子弟及功臣世襲刺史 2-112
―― 販鬻松檟 依託富貴 3-169
―― 便是朕之甲仗 2-230
―― 必須撫之以仁義 2-229
―― 下書李大亮 1-276
―― 行帝王道有旣效 1-237(集)
―― 或才識庸下 而偃仰自高 3-169
―― 和顔聽納 1-249(集)
―― 懷遠勝古也 4-83
―― 悔之 謂房玄齡 當時盛怒 卽令處置 3-216
―― 悔處其部衆於中國 還其舊部於河北 4-23
泰畤(地) 4-55
太學(官司)
―― 可竝配享尼父廟堂 3-136
―― 四門廣文 亦增置生員 3-131
―― 齒冑 所以尙敬也 3-165
吐谷渾(國) 1-198, 199, 200(集), 3-300(集), 311, 4-29
土簋(物) 1-257(集)
通事舍人(官名)
―――― 鄭仁基 1-292
通書(書)←周子之書
―― 有剛惡柔惡之 3-279(集)
通直散騎常侍(官名)
―――――― 顔師古 3-143
通天臺(建物) 2-198
特進(官名)
―― 李勣 1-213
―― 魏徵 1-72, 138, 175, 2-25, 38, 73, 260, 3-232, 4-55
―― 李道宗 3-53

【ㅍ】

破陳樂舞 3-198
八凱←元凱
八目
―― 大學(書) 1-60(集)
八元←元凱
沛公→高祖(漢) 2-263(集)
伯道→霸道 3-246(集)
霸道←伯道, 王霸 1-123, 131(集)
霸陵(漢文帝 陵) 3-41(集)
霸業 3-20, 83, 308
霸王 2-96
偏(諱) 3-162(集)
編年體 3-156
偏信 1-62, 65(集), 66(集)
便殿 1-232(集)
平城(地) 4-31
平壤(地) 1-201(集), 3-304(集)
平帝(西漢)←哀平
褒公(唐)←褒鄂
褒姒(周) 2-200
蒲城(地) 1-246
蒲城之役
―――― 重耳 1-246
鮑叔(春秋 齊) 1-168(集)
――― 使管仲無忘束縛於魯時 2-20
――― 使甯戚無忘飯牛車下時 2-20
――― 願公無忘出在莒時 2-20

褒鄂→褒公(唐), 鄂公(唐) 1-151(集)
蒲州(地) 2-262, 3-88
蒲州刺史(官名)
――――― 堯君素 2-262
表 1-86, 210, 2-285, 4-62
― 鄧隆 3-152
― 房玄齡 1-158, 3-156, 310, 320(集)
― 魏徵 2-241
― 劉仁軌 4-59
― 陸爽 1-294
― 李大亮 1-275
― 張玄素 1-267
表辭
―― 林邑蠻國 3-289(集)
表上
―― 張蘊古 大寶箴 3-217
表疏 1-252(集), 2-57(集)
―― 林邑蠻國 3-287
品秩 3-28, 174(集)
諷諫 4-51(集), 52, 54(集)
馮立(唐) 2-234, 238(集)
―― 豈有生受其恩而死逃其難 2-234
―― 東宮率(官名) 2-234
―― 謂所親 終當以死奉答 2-234
―― 歔泣而對 當戰之日 無所顧憚 2-234
―― 左屯衛中郎將(官名) 2-234
馮盎(唐) 3-283, 286(集)
辟召 2-57, 59(集)
皮軒(物) 4-47
畢公(周)←毛畢
―― 司馬(官名) 2-47(集)
―― 以太師(官名) 2-47(集)
―― 周之元老大臣 2-51(集)

【ㅎ】

夏(國)←虞夏, 夏殷周 2-35, 90, 119(集), 3-282(集)
河間獻王→劉德(漢) 2-145(集), 147(集), 173, 177(集)
河間→劉德(漢)
―― 東平而後可也 2-147(集)
―― 東平之善 2-177(集)
河間王→李孝恭(唐)
――― 武德初 封爲趙郡王 3-52
河間王→劉德(漢) 2-145(集), 147(集), 173, 177(集)
夏桀→桀(夏) 1-120(集), 2-26, 185, 208, 3-110
夏啓→啓(夏) 2-185, 208
河南(地) 1-144, 2-122(集), 4-13, 14, 15, 16, 18, 34(集)
―― 以爲郡縣 4-14
―― 程子 2-122(集)
―― 處之 4-13
―― 河北 任情居住 4-16
河東(地) 1-144, 2-247(集), 262
―― 之守 力戰不屈 2-247(集)
―― 河南隴右 饑饉尤甚 1-144
賀羅鶻(突厥) 4-23
河洛→黃河, 洛水 3-88
夏苗 4-49(集)
河北(地) 4-16, 23, 26(集)
―― 任情居住 4-16
下士(官名) 1-330
河西 4-19, 29
―― 供役之年 4-29
―― 民庶 鎭禦藩夷 4-19
―― 者 方於心腹 4-29
下書
―― 李大亮(唐) 1-276
河西(地) 4-19
夏書(篇名)
―― 書經(書) 2-217
何綏(晉) 1-86

夏禹→禹(夏) 2-198
—— 西戎即敍 4-35(集)
—— 惡衣菲食 3-108
夏殷周→夏(國), 殷(國), 周(國) 3-106
何曾(魏晉) 1-86, 3-42(集)
夏徵舒(春秋 陳) 2-101
何劭(晉) 1-86
何妥(隋) 3-136
夏黃公(漢)←黃綺
夏后(夏)→禹(夏) 3-174(集), 220, 237, 279(集)
夏侯建(西漢)←小夏侯氏
夏侯勝(漢)←大夏侯氏
何休(後漢) 3-136
—— 公羊 3-144(集), 145(集)
學記(篇名)
—— 禮記(書) 3-148(集)
學生 3-131
—— 弘文館 3-128
韓(地)←齊韓
漢→後漢(國) 3-307(集), 4-16
漢(國)←劉氏, 劉曹, 秦漢, 漢家, 漢唐, 漢氏, 漢魏, 漢晉 1-101(集) 118, 129(集), 131(集), 147(集), 168(集), 170(集), 199, 225(集), 271(集), 309(集), 321(集), 2-20, 35, 86, 120(集), 122(集), 127, 145(集), 150, 166, 172(集), 173, 179, 118(集), 206(集), 273, 287(集), 290(集), 3-53(集), 118, 145(集), 177(集), 213(集), 234, 291(集), 295(集), 4-13, 26(集), 83
漢家→漢(國) 1-103, 107(集)
漢景帝→景帝(漢)
——— 獄者人之大命……則讞之 3-247(集)
——— 欲令理獄者務先寬 3-247(集)
漢高→高祖(漢) 1-61(集), 71(集), 149(集), 163(集), 201(集), 219(集), 2-125(集), 3-26, 220, 295(集), 4-81, 82(集)
—— 徒役之賤 2-92
—— 龍顏之基命 2-93
—— 帝子之勃興 2-93
—— 之約法除苛 1-61(集)
漢高帝→高祖(漢) 3-296(集)
——— 末年 以聽言爲甚難(漢書) 1-70(集)
——— 子之勃興 2-93
——— 從諫若轉圜之易 1-70(集)
漢高祖→高祖(漢)
——— 婁敬一言 卽日西駕 1-264
——— 赦季布 2-263(集)
——— 我何如主 1-270(集)
——— 遭平城之圍而賞婁敬 4-31
漢光武→光武帝(後漢)
——— 每一發兵 不覺頭鬚爲白 3-287
——— 不任功臣以吏事 2-112
漢南(地) 3-41
漢唐→漢(國), 唐(國) 3-257(集)
漢靈帝→靈帝(後漢)
——— 豈得同於先帝子 可半楚淮陽王 2-288
——— 青蛇見御座 4-65, 69(集)
漢武帝(帝)→武帝(漢) 1-274, 318(集), 2-147(集), 3-202, 263(集)
——— 驕奢 國祚幾絶 3-262
——— 窮征遠討而不能服者 3-282(集)
——— 旣崩 昭帝嗣立 2-177
——— 守文之常主 3-322
——— 隋煬爲鑑戒 3-302(集)
——— 爲求神仙 乃將女嫁道術之人 3-68
——— 因名馬通大宛 1-285(集)
——— 帝屢伐匈奴 3-297
——— 帝守文之常主 3-322
——— 之才藝 2-192
——— 致遠之功 3-294(集)
漢文帝→文帝(漢) 1-325(集), 3-31(集), 41(集), 273(集)
——— 賈誼上書 1-279
——— 短喪 3-103(集)
——— 辭千里之馬 4-90

——— 惜百金之費 輟露臺之役 3-108
——— 養兵靜守 天下安豐 4-21
——— 吾獨乘千里馬 1-282
——— 元年 齊楚地二十九山……亦不爲災 4-65
——— 有獻千里馬者 1-282
——— 以日易月之制 3-102
——— 臨峻坂欲馳 4-55
——— 將起露臺 而惜十家之産 3-30
——— 之時 告周勃欲反 下廷尉捕治之 3-286(集)
——— 朕能任衣冠 念不至此 4-44(集)
韓白→韓信(漢), 白起(秦) 1-213
韓非(戰國 韓)←申韓 2-288, 3-234
韓非子(書)←韓子
——— 君之罰不可以有罪免 2-81
——— 君之賞不可以無功求 2-81
——— 負薪救火 1-77
——— 說難(篇名) 2-288
漢書(書) 1-332, 3-181(集)
—— 桀犬吠堯 2-262
—— 求如河間東平 2-145(集)
—— 農夫勞而君子養 4-75
—— 談何容易 3-75
—— 文致於法 3-247(集)
—— 非疾於人 利於棺售故耳 3-211
—— 先華夏而後夷狄 4-29
—— 晏駕 1-203
—— 囹圄空虛 1-146
—— 愚者言而智者擇 4-75
—— 仁義禮智信 3-27(集)
—— 人主之威……況震之以威怒乎 1-249(集)
—— 諸獄疑 3-247(集)
—— 鬻棺者 欲歲之疫 3-211
—— 漢雜霸道 1-123
—— 銜恨入地 3-310
—— 賢者多財損其志 愚者多財生其過 3-120
漢宣帝→宣帝(漢)
——— 扶立呼韓 3-275(集)
——— 與我共理者 惟良二千石 2-179
——— 與我共理者 二千石 2-53(集)
——— 以刑名繩下 2-53(集)
漢世 3-179(集), 242(集)
漢昭帝→昭帝(漢)
——— 有人詐稱衛太子 3-140
韓詩外傳(書)
———— 鳧鶴荷稻粱之惠 3-313
———— 所居不過容膝 3-217
———— 獸窮則搏 3-316
———— 日愼一日 2-154, 210, 4-73
韓信(漢)←韓白 1-200(集), 4-81
—— 漢高天授非人力 1-201(集)
—— 項氏之亡命 2-26
漢氏→漢(國) 2-189, 3-106
韓王→李元嘉(唐) 2-273
漢王→李元昌(唐) 2-137(集), 173, 178(集)
漢王(隋) 2-130(集)
漢王→高祖(漢) 2-20
漢元帝→元帝(漢)
——— 嘗以酎祭宗廟 4-52
——— 欲乘樓船 1-274(集)
——— 之昏庸 4-54(集)
——— 曉人 不當如是耶 4-52
漢魏→漢(國), 魏(三國) 2-105, 285, 3-180
韓愈(唐)←昌黎 3-151(集)
—— 封禪 1-319(集)
—— 原道(書) 3-134(集)
—— 文 載文暢序 3-151(集)
漢劉盈→惠帝(漢)
——— 居震 取資黃綺 2-222
韓子→韓非子(書) 2-196
漢制
—— 郡守入爲三公 郎官出宰百里 2-64(集)
—— 出諫大夫補郡吏 2-64(集)
漢帝→文帝(漢) 2-198
—— 之儉 3-31(集)

漢祖→高祖(漢) 3-57(集)
—— 登壇 成帝功於垓下 2-26
—— 日不暇給 3-254
漢晉→漢(國), 晉(國) 1-323
漢七國 2-122(集)
漢七制之主 2-87(集), 287(集)
瀚海(地) 2-184
罕虎(春秋 鄭) 1-168(集)
漢皇→高祖(漢) 3-78
咸陽(地) 2-235, 3-26
咸陽丞(官名)
——— 劉仁軌 4-60(集)
咸秩(祉祭) 2-102
闔閭(春秋 吳)
—— 違禮 珠玉爲鳧雁 3-37
項氏→項羽(楚) 2-26, 3-26
項羽(楚)←項氏
—— 向能力行仁信 誰奪耶 3-26
海岱→渤海(地), 泰山(地) 1-315
海陵王→李元吉(唐) 1-145, 2-241, 243(集), 3-101
垓下(地) 2-26
行軍記室參軍(官名)
—————— 房玄齡 1-153
行軍總管(官名)
———— 李靖 1-193, 195
鄉擧里選之法(制度) 2-120(集)
許敬宗(唐)←許李 3-175(集)
許李→許敬宗(唐), 李義府(唐) 3-172(集)
獻公(衛)←衛獻公 3-60(集)
軒唐→軒轅, 堯(唐虞) 2-300
獻陵(太宗 陵) 3-41(集)
軒→軒轅 2-166
— 分二十五子 2-166
軒轅←軒, 軒唐 3-174(集)
憲宗(唐) 1-93(集)
—— 封禪 1-319(集)
—— 平蕩淮蔡 1-93
玁狁(部族) 3-275(集)
玄感→楊玄感(隋) 3-303
縣公(封爵) 2-87
賢良 3-275
—— 之策 上古堯舜之時……遇民信也 3-242(集)
玄廬(墳墓) 3-37
縣令(官名) 1-302, 2-63
玄齡如晦→房玄齡(唐), 杜如晦(唐) 3-92
玄武門(建物) 2-234, 276
縣丞(官名) 1-281(集), 4-60(集)
—— 劉仁軌 4-59
—— 皇甫德參 1-336
玄元→老子(春秋 陳) 3-174(集)
顯仁宮(建物) 4-42
玄宗(唐)←明皇 1-92(集)
邢國公→房玄齡(唐) 2-86
刑罰 2-301, 3-245
刑部 2-71(集), 292(集)
刑部尚書(官名)
———— 李靖 1-193
———— 張亮 2-291
刑部侍郎(官名)
———— 李道裕 2-291
荊王→李元景(唐) 2-90, 173, 176, 178(集)
荊州(地) 2-90
荊州都督(官名)
———— 李元景 2-90
惠(晉)→惠帝(晉) 2-192
惠王(戰國 魏)←梁惠王 1-135(集), 2-39(集), 3-209(集)
惠王(秦)←秦惠王 3-118
惠帝(晉)←晉惠帝, 惠 1-234, 2-192, 4-65, 69(集)
惠帝(漢)←劉盈, 漢劉盈, 孝惠 2-125(集), 189
鄗(地) 2-196
胡→匈奴 4-21
鎬京(地) 1-271(集)

胡瓜(物) 3-69
胡牀(物) 3-69
護軍尉(官名)
——— 尉遲敬德 2-235
戶奴(家奴) 2-209
狐突(晉)
—— 子之能仕 父教之忠 1-248(集)
—— 策名委質 貳乃辟也 1-248(集)
狐毛(晉)
—— 狐突之子 1-248(集)
戶部(官司)←度支 2-48(集), 71(集)
戶部尙書(官名)
———— 戴胄 3-43
———— 安修仁 1-195
———— 李緯 2-84
虎賁郎中(官名)
———— 獨孤盛 2-244
胡牀(物) 3-69
胡商←商胡
胡氏(人)
—— 論太宗不遽興兵革 3-289(集)
胡氏→胡安國(南宋) 1-331(集)
胡氏→胡寅(北宋) 2-122(集)
胡安國←胡氏
湖陽公主(後漢)
———— 董宣 1-325(集)
狐偃(晉)
—— 狐突之子 1-248(集)
胡越 1-81
胡寅(北宋)←胡氏
—— 古者論一相而止 1-101, 102(集)
—— 郡縣之制 人欲之私 2-120(集)
—— 論嫁女以結其心 3-295(集)
—— 論諫官 1-232(集)
—— 論劬勞之日 3-192(集)
—— 論弓工諫太宗 1-97(集)
—— 論唐宰相制 1-101(集)
—— 論李勣受託 1-216(集)
—— 論馬周言之 帝未改 3-114(集)
—— 論文史 3-150(集)
—— 論房杜不知宰相之職 2-50(集)
—— 論封建與天下共其利 2-117(集)
—— 論封德彝久無所學 2-56(集)
—— 論封禪 1-320(集)
—— 論爲人師者 2-146(集)
—— 論魏徵與封德彝論爭 1-129(集)
—— 論魏徵忠良之言 1-312(集)
—— 論人臣之義 2-250(集)
—— 論刺史縣令擇其人 2-66(集)
—— 論中國禮義之地 4-34(集)
—— 論太子言從欲肆情 2-225(集)
—— 論太宗納諫 1-338(集)
—— 論太宗俾大臣受諫 1-241(集)
—— 論太宗審所取舍 3-125(集)
—— 論太宗王珪問答 1-104(集)
—— 論太宗用溫彦博之策 4-24(集)
—— 論太宗之問 3-51(集)
—— 論太宗之詔太子 2-215(集)
—— 論太宗好堯舜周孔之道 3-66(集)
—— 論皇甫德參上書 1-281(集)
—— 伐其憂荒 無禮無義 4-34(集)
—— 封建之法 天下之公 2-120(集)
—— 獻言之道 聽言之道 4-24(集)
狐駘(地) 2-96
狐駘之役
———— 女子盡髽 2-96
呼韓→呼韓邪單于(匈奴) 3-275(集)
呼韓邪單于(匈奴)←呼韓
胡亥(秦) 2-144, 3-89
酷吏
—— 漢宣帝 2-53(集)
弘恭(漢)←恭顯
鴻臚卿(官名)
——— 唐儉 1-195
弘文館 1-151(集)
——— 學士 袁承序 2-264

——— 學生 3-128
洪範(篇名)
—— 書經(書) 2-26, 247(集)
洪範五行傳(書)
————— 某事失 則某咎徵應 4-70(集)
弘演(衛) 2-260
和帝(後漢)←明章和
華夏(中國) 1-126, 315
化州(地)←順祐化長
桓公(春秋 齊)←小白, 齊晉二伯, 齊桓公, 齊侯, 桓文 2-243(集)
—— 能無忘夫子之言則社稷不危矣 2-20
—— 出在莒時 2-20
桓公(春秋 魯) 3-265
驩兜(唐虞)←共驩
桓榮(後漢)←春卿
桓靈→桓帝(後漢), 靈帝(後漢) 2-102, 3-123
—— 私藏爲戒 3-125(集)
桓文→桓公(春秋 齊), 文公(春秋 晉) 2-167
寰宇(天下) 1-73
桓帝(後漢)←桓靈 2-102, 3-123
桓魋(春秋 宋)
—— 專宋 葬以石槨 3-37
皇侃(梁) 3-136
黃瓜(物) 3-69
黃河←河洛 3-88
皇極 2-284(集), 3-241(集)
—— 所謂王道 3-241(集)
—— 之訓矣 2-284(集)
黃綺→夏黃公(漢), 綺里季(漢) 2-222
皇唐→唐(國)
—— 郡縣 粗依秦法 2-178
黃老→黃帝, 老子(春秋 陳)
—— 不信儒術者 1-131(集)
黃門侍郎(官名)
———— 劉洎 1-287, 2-135, 3-154
———— 王珪 1-99, 103, 186, 259, 2-227, 241, 3-272
———— 褚遂良 3-264, 4-29
皇甫德參(唐) 1-227(集)
———— 上書 1-336
———— 陝縣丞(官名) 1-279, 336
荒服(地)←要荒 3-261(集), 282(集), 291(集), 4-20
皇隋感瑞經(書) 4-62
黃叔度(後漢) 2-174
黃屋(物) 4-47
皇王 2-90, 92, 183
—— 君臨宇內 2-92
—— 之建國 2-183
—— 之竝建 維城磐石 2-90
鶡儀殿(建物) 3-34
皇子←維城 2-182(集)
—— 年小者 多授以都督刺史 2-178
—— 幼年 或授刺史 2-178
—— 入學而齒胄者 欲令太子知君臣父子尊卑長幼之道 2-209
黃腸(棺槨) 3-37
黃帝←黃老 1-123, 2-141
皇帝璽 3-286(集)
皇祖→老子(春秋 陳) 3-317
皇太子 1-178
皇太子→高宗(唐) 1-290, 2-149, 153, 154, 157, 163, 3-303
皇太子→李承乾(唐) 2-131, 139, 205, 3-109, 207, 256
皇太子→太宗(唐) 2-258(集)
皇后→文德皇后(唐) 1-272
—— 諫 齊景公以馬死殺人 1-272
會稽(地) 1-202
懷公(晉) 1-248(集)
淮南→劉安(漢) 2-167
淮南子(書) 2-218, 309, 310, 3-46, 222
——— 金鐵在焉 形見於外 2-309
——— 非不深且淸 魚鱉莫之歸 2-310
——— 日愼一日 3-46

——— 酌之者 隨淺深而皆盈 3-222
——— 朝歌之鄉 回車者墨翟 2-218
——— 豐水之深十仞 2-309
懷洛→懷州(地), 洛州(地) 4-52
淮安王→李神通(唐) 2-86
淮陽王→劉昞(後漢) 2-131, 288
淮夷(國) 3-275(集)
懷州(地)←懷洛
淮蔡(地) 1-93(集)
孝經(書)
—— 可謂順其美 而救其惡 3-113(集)
—— 聖人之教不肅而成 2-131
—— 義疏(書) 2-207
—— 將順其美 1-114(集), 3-48(集)
—— 將順其美 匡救其惡 1-86
—— 爭臣七人 1-229
—— 進思盡忠 退思補過 1-86
孝經傳(書) 2-271(集)
——— 事親孝 故忠可移於君 2-271(集)
崤陵(地) 3-312
—— 之師 隻輪不反 2-96
孝武帝→武帝(漢) 3-108
——— 揚威遠略 海內虛耗 4-21
——— 好格猛獸 4-55
孝文→文帝(漢) 1-150(集)
孝元帝→元帝(漢)
——— 郊泰畤 因留射獵 4-55
——— 在于江陵……君臣俱被囚縶 3-63
孝章→章帝(後漢) 1-61(集)
—— 之寬厚長 1-61(集)
孝宗(宋) 1-309(集)
孝惠→惠帝(漢) 4-81
后(女官) 1-298(集)
后(皇后) 1-56(集), 3-56(集), 101(集)
侯景(南朝 梁) 1-62, 3-63
—— 率兵向闕……死者相繼於道路 3-63
侯君集(唐) 3-175(集), 292, 4-25, 27
——— 反 4-25(集)
——— 伐高昌 3-292
——— 兵部尙書(官名) 3-292
——— 與凌烟之圖 3-175(集)
——— 爲宰相 4-25(集)
——— 平高昌之後 4-27
候騎(騎兵) 3-292
后夔(唐虞) 1-102(集), 3-197(集)
侯伯(官名) 2-66(集)
后妃
—— 馬皇后 3-257(集)
後魏→北魏 2-105
侯甸 2-118(集)
後主(南朝 陳)←陳後主
後主(北齊)←齊主
後主(蜀漢) 3-92
后稷(唐虞)→稷(唐虞) 1-102(集)
後漢(國)←漢 3-123, 4-65
後漢書(書) 3-149
——— 求賢如渴 4-94
——— 勞於求賢 逸於得人 1-112(集)
——— 防微杜漸 3-85
——— 有獻千里馬及寶劍者 1-282
——— 或與人輿詠 2-178
勛華→堯舜 2-105
—— 旣往 至公之道斯乖 2-105
匈奴(國)←胡 1-193, 3-297, 4-13, 19
—— 於五原塞下 4-13
匈奴→突厥 1-196, 315, 3-280
—— 克平 遠夷入貢 1-315
—— 在玆擧矣 3-280
紇干承基(唐) 2-222, 225(集)
姬旦→周公(周)
—— 抗法於伯禽 2-222
僖宗(唐)←穆敬懿僖
羲皇→伏羲
—— 至于西漢 3-174(集)
頡利可汗(突厥) 1-193, 195, 196, 213, 3-274, 275, 280, 287, 4-13, 19, 29

———— 固數戰數勝者 3-277(集)
———— 見軍容大盛 請盟而退 3-280

貞觀政要人名官職索引

【ㄱ】

賈馬→賈誼(漢), 司馬相如(漢) 3-313
駕士(官名) 2-222
賈生→賈誼(漢)
—— 陳事於文帝 咸殷勤於端士 2-222
賈崇(唐)
—— 戴州刺史(官名) 3-243
—— 以所部有犯十惡者 御史劾之 3-243
賈誼(漢)←賈馬, 賈生 2-150
—— 可爲長歎息者六 1-279
—— 可爲痛哭者一 1-279
賈澤→劉賈(漢), 劉澤(漢) 2-87
賈后(晉) 1-234
諫議大夫(官名)
———— 谷那律 4-50
———— 王珪 1-186, 229, 3-140, 211
———— 魏徵 1-58, 172
———— 褚遂良 1-254, 2-131, 135, 178, 3-96, 154, 298
簡點使(官名)
——— 封德彝 1-301
簡文→簡文帝(梁) 3-63
間平→劉德(漢), 劉蒼(後漢) 2-273
監門校尉(官名) 2-280
監修國史(官名)
———— 房玄齡 1-156, 158, 3-149
監察御史(官名)
———— 馬周 1-220
———— 陳師合 3-92
江充(漢) 2-189
江統(晉) 4-15
江夏王→李道宗(唐) 2-267, 3-53, 305
姜行本(唐)
——— 副將 3-292
開府儀同三司(官名)
—————— 尉遲敬德 3-303
蓋蘇文(高句麗) 3-267, 297
建昌令(官名)
——— 袁承序 2-264
桀(夏)←桀紂 夏桀 1-73, 118, 123, 2-262, 3-326
桀紂→桀(夏) 1-267, 3-63, 4-62
—— 雖是天子 2-173
—— 以之亂 2-312
—— 以匹夫比之 2-18, 3-18
—— 罪人其亡也忽焉 3-312
—— 必應斫之 2-173
檢校侍中(官名)
———— 杜如晦 1-166
檢校中書令(官名)
———— 李靖 1-193
景公(春秋 齊)←齊景公
—— 懼而修德 後十六日而星沒 4-67
景公(春秋 晉)←晉侯
耿弇(後漢) 3-305

京官(官名) 1-95, 2-63
—— 五品 2-63
敬君弘(唐)
——— 屯營將軍(官名) 2-234
京房(漢)
—— 臣恐後之視今 亦猶今之視古 3-110
景帝(漢)←文景, 漢景帝 2-131, 189
—— 以錦繡綦組妨害女工 特詔除之 3-108
黥布(漢) 4-81
契(唐虞)←稷契 2-35, 301
啓(夏)←夏啓 2-93
啓民可汗(突厥)←啓人 3-274
季孫(春秋 魯) 3-37
季友(春秋 魯) 3-156
啓人→啓民可汗(突厥) 3-274
桂州都督(官名)
———— 李弘節 2-251
高熲(隋) 2-284, 3-83
高季輔(唐)
——— 上疏 帝子拜諸叔 諸叔亦卽答拜 王爵既同 3-163
——— 中書舍人(官名) 3-163
——— 太子右庶子(官名) 1-286
高貴鄕公(三國 魏) 2-96
高堂生(漢) 3-136
皐陶(唐虞)←咎繇
高麗王 3-267
高廟→高祖(漢) 4-55
考使(官名) 3-178, 4-62
高士廉(唐)
——— 吏部尙書(官名) 3-168
——— 尙書右僕射(官名) 2-134~135
——— 右僕射(官名) 1-326
——— 進定氏族等第 遂以崔幹爲第一等氏族 3-169
高延屬(高句麗)
——— 耨薩(官名) 2-267
高緯(北齊) 3-89
高藏(高句麗) 3-267
高帝→高祖(漢) 4-81
高祖(唐)←唐公, 太上皇 1-155, 192, 203, 210, 2-87, 239, 273, 3-156
—— 實錄 3-156
—— 太原留守(官名) 1-192
高祖(漢)←高廟, 高帝, 漢高, 漢高祖, 漢高帝 漢王, 漢祖, 漢皇 2-20, 189, 3-108, 156
高宗(唐)←太子, 皇太子 1-155, 192, 203, 210, 213
—— 幼在朕膝前 每見朕心說諫者 1-290
—— 進諫 1-290
高宗(殷)←商宗 3-102
高甑生(唐)
——— 誣告靖謀逆 減死徙邊 3-230
——— 鹽澤道行軍總管 岷州都督(官名) 3-230
——— 坐違李靖節度 3-230
高昌王 3-292, 4-27, 34
高漢帝→光武帝(後漢)
——— 乙夜觀書 2-154
高惠眞(高句麗)
——— 耨薩(官名) 2-267
谷那律(唐)
——— 諫議大夫(官名) 4-50
——— 對曰 能以瓦爲之 必不漏 4-50
——— 嘗從太宗出獵 在途遇雨 4-50
穀梁赤(春秋 魯) 3-136
斛律光(北齊)←斛律明月
斛律明月→斛律光(北齊) 3-83
鯀(唐虞) 1-62
共鯀→共工(唐虞), 鯀(唐虞) 1-62
共工(唐虞)←共鯀, 共驩 1-62
孔丘→孔子(春秋 魯) 2-218
孔伋(戰國 魯)
—— 則哭之爲位 3-185
孔老→孔子(春秋 魯), 老子(春秋 陳) 3-234
工部(官司) 2-71(集)
工部尙書(官名)

———— 段綸 3-71
孔安國(漢) 3-136
——— 人以君爲命……故可畏 4-73
公羊高(春秋 魯) 3-136
孔穎達(唐) 2-206, 209
——— 國子祭酒(官名) 3-143
——— 給事中(官名) 3-49
——— 對曰 內蘊神明 外須玄默 3-49
——— 對曰 蒙國厚恩 死無所恨 2-207
——— 侍講 2-208
——— 愈廣規諫之道 2-207
——— 太子右庶子(官名) 2-206
——— 孝經義疏(書) 2-207
公儀休(春秋 魯) 3-118
——— 性嗜魚而不受人魚 3-118
孔子(春秋 魯)←孔丘, 孔老, 尼父, 周孔, 仲尼 2-285, 3-16, 18, 26, 32, 86, 102, 308, 96
—— 古之聽獄 求所以生之 2-309
—— 官事不攝 焉得儉 2-43~44
—— 君猶舟也 人猶水也 4-73
—— 今之聽獄 求所以殺之 2-309
—— 不以道遵之……若何其無畏 4-91
—— 水所以載舟 亦所以覆舟 4-73
—— 魚失水則死 水失魚猶爲水 2-31
—— 又有好忘甚於此者 丘見桀紂之君 乃忘其身 2-18
—— 有人好忘者移宅 乃忘其妻 2-18
—— 稱其仁 1-233
恭顯→弘恭(漢), 石顯(漢) 2-192
霍去病(漢)←衛霍
霍光(漢) 2-177
郭君(春秋 郭)
—— 善善而不能用 1-259
郭林宗(後漢) 2-174
霍王→李元軌(唐) 2-273
郭孝恪(唐)
——— 長史 1-209
關龍逢(夏) 1-118, 242, 2-73
苑監 4-42
管叔(周)←管蔡
—— 蔡叔兄弟也而周公誅之 2-277
管仲(齊)←夷吾
—— 不能知人……害霸也 3-20
—— 束縛於魯時 2-20
—— 此極非其善者 然亦無害於霸 3-20
—— 霸者之良佐 3-22
管蔡→管叔(周), 蔡叔(周) 3-156
光祿卿(官名)
——— 張猛 4-52
光祿大夫(官名)
———— 李靖 1-198
光武→光武帝(後漢) 1-282
—— 居河南單于於內郡 以爲漢藩翰 4-16
—— 年三十三 4-83
—— 每一發兵 不覺頭鬚爲白 3-287
—— 不任功臣以吏事 2-112
—— 有獻千里馬及寶劍者 1-282
光武帝(後漢)←高漢帝, 光武 1-282
廣陵思王→劉荊(後漢) 2-179
匡章→匡衡(漢), 韋玄成(漢) 2-192
匡衡(漢)←匡章
蒯聵(春秋 衛) 3-140
虢叔(周)
—— 周武王 2-141~142
九卿(官名)←九棘 3-180, 3-211
九棘→九卿(官名) 3-211
勾司(官名) 2-67
咎繇→皐陶(唐虞) 2-301, 308
勾踐(春秋 越)←越 3-308
—— 軾蛙 卒成霸業 3-308
麴文泰(高昌)
——— 死 3-292
——— 子弟 依舊爲國 4-31
國子→國子學(官司) 3-131
—— 太學四門廣文 亦增置生員 3-131

國子學(官司)←國子, 國學
國子司業(官名)
———— 袁承家 2-264
國子祭酒(官名)
———— 孔穎達 3-143
國學→國子學(官司) 3-143
—— 稽式舊典 以仲尼爲先聖 3-131
—— 顔子爲先師顔子爲先師 3-131
—— 令祭酒司業博士講論 3-131
—— 增築學舍四百餘間 3-131
—— 之內 鼓篋升講筵者 幾至萬人 3-131
—— 畢 各賜以束帛 3-131
郡王(封爵) 2-87, 3-52
屈突通(隋唐) 2-244, 251
——— 武臣 2-248
——— 非臣不竭誠於國 2-244
——— 爲隋將共國家 戰於潼關 2-244
——— 向東南慟哭盡哀 2-244
屈宋→屈原(楚), 宋玉(楚)
—— 不足以升堂 2-154
屈原(楚)←屈宋 2-295
弓工(官名)
—— 木心不正 則脈理皆邪 1-95
權萬紀(唐)←封權 1-308
——— 上言 宣饒二州諸山大有銀坑 3-123
——— 連州司馬(官名) 1-308
——— 持書侍御史(官名) 1-306, 3-215
——— 治書侍御史(官名) 3-123
餽間倫(晉)
——— 鼓之嗇夫……而鼓可得 3-20
給事中(官名)
——— 孔穎達 3-49
——— 杜正倫 2-227, 3-73
——— 杜楚客 4-17
——— 魏徵 1-299, 307
——— 張玄素 1-262
起居郎(官名)
——— 褚遂良 1-205
起居舍人(官名)
———— 虞世南 2-271
起居注(官名)
——— 褚遂良 3-154
綺里季(漢)←園綺, 黃綺
記室(官名)
—— 房玄齡 1-155, 165
—— 虞世南 1-202
箕子(殷)
—— 佯狂而去 1-234
—— 佯狂自全 1-233
—— 陳洪範於周 2-26

【ㄴ】

洛州刺史(官名)
———— 李緯 2-84
蘭陵公主(唐)
———— 太宗之女 1-335
南單于(南匈奴) 4-16
南陽太守(官名)
———— 弊布裸身 2-102
南平公主(唐) 3-176
內史侍郎(官名)
———— 虞世基 2-271, 272
老子(春秋 陳)←孔老, 老氏, 皇祖 3-317
—— 稱大辯若訥 3-77
魯穆公→穆公(魯) 2-26
盧植(後漢) 3-136
老氏→老子(春秋 陳) 3-63
魯哀公→哀公(春秋 魯) 2-18
魯哀王→李靈夔(唐) 2-273
路溫舒(漢) 2-312
魯莊公→莊公(春秋 魯) 3-161
潞州刺史(官名)
———— 李元嘉 2-273
錄圖(人)

—— 顓頊 2-141
婁敬(漢) 1-264, 4-31
耨薩(官名)
—— 高延屬 2-267
—— 高惠眞 2-267
凌敬(唐) 1-332
尼父→孔子(春秋 魯) 3-136, 161

【ㄷ】

旦→周公(周)
— 喜於重譯 2-108
端揆(宰相) 1-158
段綸(唐)
—— 工部尙書(官名) 3-71
單于→可汗 1-196
單于(南匈奴) 4-16
丹朱(唐虞)←朱均 2-112
—— 商均子也 而堯舜廢之 2-277
—— 甚不肖 3-243
—— 堯之子 2-185
達哥支(突厥) 2-222
妲己(殷) 2-192
談殿(唐) 3-283
唐儉(唐) 1-195, 287
—— 鴻臚卿(官名) 1-195
唐公→高祖(唐) 2-239
唐文粹(書)
——— 矜弊恤乏 3-324
唐堯→堯(唐虞) 3-37
—— 茅茨土階 3-108
—— 聖帝也 穀林有通樹之說 3-37
唐虞→堯舜 1-62, 2-31
—— 戰戰慄慄 日愼一日 2-31
臺閣→尙書省(官司) 1-166
代國公→李靖(唐) 1-194
大都督府(官司) 1-212
大都督府長史(官名)
———————— 李靖 1-193
大理(官名) 1-335
大理卿(官名)
——— 孫伏伽 3-245
大理寺丞(官名)
———— 張蘊古 3-224
大理少卿(官名)
———— 戴冑 2-281
大理丞(官名)
——— 張蘊古 3-215
——— 張元濟 2-15
大司農(官名)
——— 田延年 3-118
戴聖(漢) 3-136
大小可汗 3-311
大樂(官司) 2-218
代王→楊侑(隋) 2-239
代王府(官司) 2-239
大禹→禹(夏)
—— 之泣辜也 2-107
—— 鑿九山 通九江 3-28
大顚(人)
—— 黃帝 2-141
戴冑(唐) 1-188
—— 旣付所司 臣不敢虧法 2-281
—— 大理少卿(官名) 2-281
—— 非憲司所決 若當據法 2-281
—— 少卿(官名) 1-335
—— 左丞(官名) 2-67
—— 戶部尙書(官名) 3-43
代州道行軍總管(官名)
—————— 李靖 1-193
戴州刺史(官名)
———— 賈崇 3-243
大行臺考功郎中(官名)
—————— 房玄齡 1-155
都官郎中(官名)

—————— 薛仁方 1-322
陶唐→堯(唐虞) 3-243, 4-99
都督(官名) 2-52, 178, 3-259
都督府(官司) 4-18
盜跖(春秋 魯) 3-243
獨孤盛(隋)
——— 宇文化及起逆 2-244
——— 虎賁郎中(官名) 2-244
突利可汗(突厥) 1-193, 3-280, 4-23
東宮 1-295, 2-139, 149, 3-100
東宮率(官名)
——— 馮立 2-234
東南道行臺尙書左僕射(官名)
—————————— 李孝恭 3-52
東方朔(漢) 2-288
董純(隋) 4-40
東阿→曹植(三國 魏) 2-167
東園公(漢)←園綺
董子→董仲舒(漢)
—— 垂帷 3-146
董卓(後漢)←梁董
東平→劉蒼(後漢) 2-173
東海→劉彊(後漢) 2-192
竇建德(隋) 1-210, 3-198, 4-67
竇德素(唐)
——— 少府監(官名) 1-326
杜淹(唐)
—— 對 前代興亡 實由於樂 3-192
—— 御史大夫(官名) 3-192, 58
杜如晦(唐)←房杜王魏, 蔡國公, 玄齡如晦 1-155, 205
——— 檢校侍中(官名) 1-166
——— 京兆萬年人 1-164
——— 對曰 兩漢取人 2-57
——— —— 天子有諍臣 不失其天下 1-234
——— 文學館學士(官名) 1-165
——— 兵部尙書(官名) 1-166, 2-86
——— 僕射(官名) 2-48
——— 尙書右僕射(官名) 1-166, 3-92
——— 陝州總管府長史(官名) 1-164
——— 吏部尙書(官名) 2-57
——— 奏言 上拔士論 一人不可總知數職 3-92
——— 知吏部選事(官名) 1-166
——— 秦王府兵曹參軍(官名) 1-164
——— 天策府從事中郎(官名) 1-165
——— 太子右庶子(官名) 1-166
杜預(晉) 3-136
杜子春(後漢) 3-136
杜正倫(唐)
——— 給事中(官名) 2-227, 3-73
——— 右丞(官名) 2-67
——— 中書侍郎(官名) 1-242
——— 知起居事(官名) 3-73
——— 進曰 君擧必書 言存左 3-73
——— —— 史千載累於聖德 3-73
——— —— 世必有才 隨時所用 2-227
——— 太子左庶子(官名) 2-161
杜楚客(唐)
——— 給事中(官名) 4-17
——— 進曰 難以德懷 易以威服 4-17
——— —— 夷不亂華 前哲明訓 4-18
——— —— 存亡繼絶 列聖通規 4-18
竇誕(唐) 3-89
竇太后(漢) 2-131
屯營將軍(官名)
———— 敬君弘 2-234
鄧隆(唐)
—— 著作佐郎(官名) 3-152
—— 表文 請編次太宗文章爲集 3-152
鄧子→鄧通(漢) 2-189
鄧通(漢)←鄧子

【ㅁ】

馬卿→司馬相如(漢)

—— 直諫於前 4-47
馬援(後漢)
—— 則見之必冠 3-185
馬融(漢) 3-136
馬邑郡丞(官名)
———— 李靖 1-192
馬周(唐) 1-290, 2-157
—— 監察御史(官名) 1-220
—— 博州茌平人 1-220
—— 上疏 百姓安樂 惟在刺史縣令 2-63
—— —— 以堯舜之父 猶有朱均之子 2-112
—— —— 諸王定分 2-127
—— —— 廣施德化 3-106
—— 侍御史(官名) 2-63, 127, 3-106
—— 吏部尙書(官名) 1-222
—— 中書令(官名) 1-222
—— 中書舍人(官名) 1-220, 2-112
—— 太子左庶子(官名) 1-222
莫離支(官名) 3-264, 267, 298
萬紐于謹(北魏) 3-63
孟侯→世子 2-149
明兩→太子 2-189
明章→明帝(後漢), 章帝(後漢) 2-192
明章和→明帝(後漢), 章帝(後漢), 和帝(後漢) 2-179
明帝(三國 魏)←明皇 2-192
明皇→明帝(三國 魏) 2-192
毛公(周)←毛畢 2-222
毛萇(漢)←毛鄭 3-136
毛畢→毛公(周), 畢公(周) 2-222
穆公(秦)←秦穆公 3-37
穆公(魯)←魯穆公
穆裕(唐)
—— 苑西監(官名) 1-290
務成昭(唐虞)
——— 舜 2-141
武王(周)←文武, 周武, 昌發, 湯武 1-123, 2-141, 3-26, 265
—— 有戒愼之銘 2-312
武帝(三國 魏)←魏武帝 2-128, 3-13
武帝(南朝 梁)←梁武帝 3-63
武帝(晉)←中撫, 晉武帝 4-15
武帝(漢)←劉徹, 漢武帝, 孝武帝
墨翟(戰國 宋) 2-218
文公(春秋 晉)←重耳, 齊晉二伯, 晉文公, 桓文 1-133
文德皇后(唐)←長孫皇后, 皇后 1-292, 2-288
———— 魏徵眞社稷臣 2-288
———— 忠言逆耳而利於行 2-288
文命→禹(夏)
—— 矜其郎敍 2-108
文武→文王(周), 武王(周) 2-73, 93, 3-106
—— 以之安 2-312
文宣帝(北齊)←齊文宣 1-138, 3-92
文王(周)←文武, 周, 周文王, 昌, 昌發 2-141, 196, 3-249
—— 韈系解 莫可使者乃自結之 2-26
—— 之德 2-107
文懿→虞世南(唐) 1-204
文子(東周)
—— 同言而信……誠在令外 3-16
—— 叢蘭欲茂……讒人蔽之 3-83
文貞→魏徵(唐) 1-178
文帝(三國 魏)←嗣王, 五官, 魏文, 魏王, 魏帝 2-128
文帝(隋)←高祖, 隋文帝, 隋高祖 3-83, 4-40
文帝(漢)←文景, 漢文, 漢帝, 孝文 2-222
門下→門下省(官司) 1-175, 178, 3-216, 228
門下省(官司)←門下
——— 馬周 1-220
文學館(官司) 1-202, 2-147(集)
文學館學士(官名)
————— 杜如晦 1-165
文侯(戰國 魏)←魏文侯
尾生(春秋 魯) 2-73
美人(官名)

—— 李瑗之姬 1-259
微子(殷)
—— 受茅土於宋 2-26
閔子騫(春秋 魯) 2-73, 174
岷州都督(官名)
———— 高甑生 3-230
愍懷→司馬遹(晉)
—— 之云廢 2-192
愍懷太子→司馬遹(晉) 1-234
密王→李元曉(唐) 3-163

【ㅂ】

博士(官名) 3-131
班固(漢) 3-149
班婕妤(漢)←班姬
班姬→班婕妤(漢) 2-200
勃鞮(晉) 1-246
—— 爲斬袂之仇重耳 1-246
防年(漢) 2-189
房杜→房玄齡(唐), 杜如晦(唐) 1-166
逄蒙(人) 4-55
房玄齡(唐)←房杜, 梁國公, 玄齡如晦, 邢國公 1-165, 188, 202, 205, 253, 267, 272, 330, 331, 2-19
——— 監修國史(官名) 1-156, 158, 3-149
——— 軍國多事 剖斷如流 1-165
——— 記室(官名) 1-165
——— 對曰 力有餘而不取之 所謂止戈爲武者 3-297
——— —— 撫養蒼生 將士勇銳 3-297
——— —— 誠足以極政教之源 2-285
——— —— 仁義禮智信 廢一不可 3-26
——— —— 止應畏有忤旨 3-156
——— —— 草創爲難 1-67
——— —— 和親之策 實天下幸甚 3-294
——— 杜如晦 聰明識達 王佐才 1-165
——— 僕射(官名) 2-48
——— 事繼母 能以色養 恭謹過人 2-270
——— 司空(官名) 1-158, 2-39, 148, 270, 3-294
——— 刪略國史爲編年體 3-156
——— 尙書左僕射(官名) 1-156, 66~67, 2-90, 146, 3-143, 168
——— 上表 降尊吮思摩之瘡 登堂臨魏徵之柩 3-313, 314
——— —— 哭戰亡之卒 則哀動六軍 3-314
——— —— 謹罄殘魂餘息 豫代結草之誠 3-318
——— —— 兵惡不戢 武貴止戈 3-310
——— —— 兵凶器 戰危事 3-317
——— —— 逆耳之諫必聽 膚受之愬斯絶 3-313
——— —— 罷應募之衆 自然華夷慶賴 3-317
——— 陝東道大行臺考功郎中 1-155
——— 宋州刺史(官名) 2-90
——— 隰城尉(官名) 1-153
——— 渭北道行軍記室參軍 1-153
——— 謂諸子 不言 可謂銜恨入地 3-310
——— ——— 唯欲東討高麗 方爲國害 3-310
——— 留守(官名) 2-84
——— 李緯大好髭鬚 2-84
——— 齊州臨淄人 1-153
——— 左僕射(官名) 1-294, 326
——— 奏言 今閱武庫甲仗 勝隋日遠 2-230
——— —— 以舊人而先用 2-277
——— 中書令(官名) 1-156, 2-86, 277
——— 進曰 楊震雖當年夭枉 2-259
——— —— 有始有卒 則天下永賴 4-83
——— —— 撝挹之志 推功群下 4-83
——— 秦王府記室(官名) 1-155
——— 撰高祖太宗實錄 3-156
——— 太子少師(官名) 1-156
——— 太子左庶子(官名) 1-155
裴蘊(隋) 4-38

裴寂(唐)
—— 司空(官名) 1-238
伯禽(魯) 2-222
伯起→楊震(漢) 2-258
白起(秦)←韓白
百里奚(虞) 1-138」
伯牙(春秋 楚) 1-205
伯夷(孤竹國) 2-74
伯宗(晉)
—— 國主山川……祝幣以禮焉 4-65
伯州犁(楚) 3-234
藩牧(官名) 1-276
藩王(官名) 2-174
范寗(西晉) 3-136
范氏(春秋)←范中行氏 2-260
范中行氏→范氏(春秋), 中行氏(春秋) 2-260
卞和(戰國 楚) 2-295
兵部尚書(官名)
———— 杜如晦 1-166, 2-86
———— 李勣 1-212
———— 李靖 1-193
———— 侯君集 3-292
兵曹參軍(官名)
———— 杜如晦 1-164
幷州都督(官名)
———— 李勣 1-212
輔公祏(唐) 1-193, 3-53
保傅→太保(官名), 太傅(官名) 2-144
服虔(後漢) 3-136
僕寺(官名) 2-222
僕射(官名)←令僕 2-48
—— 杜如晦 2-48
—— 房玄齡 2-48
伏勝(秦) 3-136
卜子夏→子夏(春秋 魯) 3-136
封德彝(唐) 3-13, 280
——— 簡點使 右僕射(官名) 1-301
——— 對曰 若信魏徵所說 恐敗亂國家 1-123
——— —— 秦任法律 漢雜霸道 1-123
——— 尙書右僕射(官名) 2-280
——— 右僕射(官名) 2-53
——— 議曰 無忌誤帶刀入 徒二年 罰銅二十斤 2-281
——— —— 以監門校尉不覺 罪當死 2-280
——— 中男十八已上 簡點入軍 1-301
苻堅(前秦) 3-287
府兵 1-151(集) 164, 2-235, 3-125(集)
—— 止六十萬 3-124(集)
傅說(殷)←伊傅 2-54
—— 逢呂尙 2-227
—— 所言 2-164
—— 學不師古 匪說攸聞 2-208
扶蘇(秦) 2-189
夫人→愼夫人(漢)
—— 衣不曳地 3-108
副將(官名)
—— 姜行本 3-292
—— 薛萬均 3-292
—— 張公謹 1-195
比干(殷) 1-242, 2-73
秘書監(官名)
——— 王劭 4-62
——— 虞世南 1-202, 4-47, 4-65
——— 魏徵 1-121, 174, 3-95, 283, 4-13
祕書省(官司) 3-143
秘書少監(官名)
———— 虞世南 1-242
嬪御(官名) 1-293

【ㅅ】

司空(官名)
—— 房玄齡 1-158, 2-39, 148, 270, 3-294, 1-238
—— 魏徵 1-178

—— 長孫無忌 2-90, 4-38
—— 張華 1-234
司農卿(官名)
——— 李緯 2-84
司徒(官名) 2-63
—— 長孫無忌 1-290, 2-148
司馬(官名)
—— 權萬紀 1-308
司馬冏(西晉)←齊冏
司馬倫(晉)←趙王倫
司馬相如(漢)←賈馬, 馬卿 3-149, 149, 4-55
———— 力稱烏獲 捷言慶忌 4-55
———— 萬全而無患 本非天子所宜 4-55
———— 烏獲逢蒙之伎 不得用 4-55
———— 猝遇逸材之獸 駭不存之地 4-55
———— 淸道而行 猶戒銜橛 4-47
司馬瑋(晉)←楚王瑋 2-173
司馬遹(晉)←愍懷, 愍懷太子, 太子 1-234, 2-192
四門館 3-131
師保(官名) 2-144
史司(官名) 4-102
謝叔方(唐)
——— 右翊衛郎將(官名) 2-235
——— 左車騎(官名) 2-235
司馭(官名) 2-222
史魚(春秋 衛) 2-295
司業(官名) 3-131
嗣王 2-96
嗣王→文帝(三國 魏) 2-128
史行昌(突厥) 2-276
司戶(官名)
—— 柳雄 1-335
四皓(漢)←四老 2-189
散官(官名) 1-175
散騎常侍(官名)
———— 劉洎 2-149, 270, 3-76, 104
———— 李蓋 1-210
———— 姚思廉 1-273
三公←三槐, 台司 3-211
三槐→三公 3-211
三王 1-123
三衛(官名) 2-139
三品(品階)
—— 竝天子六尙書九卿 3-180
—— 以上 列爲公卿 竝天子大臣 1-330
—— 已上 遇親王於路 不合下馬 3-179
—— 以上皆輕蔑王者 1-329
—— 已上入 坐定 1-329
—— 已上子孫 爲弘文學生 3-128
商均(唐虞)←朱均 2-112
—— 舜之子 2-277
尙書省(官司)←臺閣 2-49, 67, 68, 107, 3-211
尙書郎(官名) 3-63
尙書令(官名)←令僕
尙書僕射(官名)
———— 袁憲 2-264
尙書右僕射(官名)
————— 高士廉 2-134~135
————— 杜如晦 1-166
————— 封德彝 2-280
————— 蕭瑀進 3-270
————— 溫彦博 3-43
————— 李靖 1-198
尙書右丞(官名)
———— 魏徵 1-309, 2-241, 3-193
尙書左僕射(官名)
————— 房玄齡 1-66, 156, 2-90, 146, 3-143, 168
————— 蕭瑀 2-256
尙書左丞(官名)
———— 劉洎 2-68
尙書八座
———— 與禮官定議 3-182
———— ———— 非從天下……小功五月

3-182~187
尙食(官名) 4-72
商宗→高宗(殷)
常何(唐)
—— 中郎將(官名) 1-220
生員(官名) 3-131
徐幹(後漢)
—— 作中論 3-102
舒國公→李蓋(唐) 1-210
署吏(官名) 3-131
徐偃王(西周) 3-308
西王國(夏)
——— 禹 2-141
徐勣→李勣(唐) 1-210
徐州司戶(官名)
———— 柳雄 1-335
西海道行軍大總管(官名)
———————— 李靖 1-198
徐惠(唐)
—— 上疏 東有遼海之軍 西有崑丘之役 3-324
—— —— 伏願抑志摧心 愼終成始 3-327
—— —— 士馬疲於甲胄 舟車倦於轉輸 3-324
—— —— 使之以時 則力不竭 3-326
—— —— 削輕過以添重德 擇今是以替前非 3-327, 328
—— —— 善始者難終 願陛下易之 3-322
—— —— 用而息之 則心斯悅 3-326
—— —— 知業大者易驕 願陛下難之 3-322
—— —— 則鴻名與日月無窮 盛業與乾坤永泰 3-328
—— —— 充容(女官) 3-322
奭→召公(周) 2-150
石勒(後趙) 4-62
釋氏←老釋 3-63
石顯(漢)←恭顯 2-192
宣姜(周) 2-200
宣公(春秋 衛)←衛宣
宣帝(北周)←天元
宣帝(漢)←漢宣帝 2-131, 192
先主(蜀漢) 3-249
薛擧(隋) 3-198, 4-67
薛廣德(漢)
——— 關東困極 百姓離災 4-55
——— 撞亡秦之鍾 歌鄭衛之樂 4-55
——— 當乘輿……以頸血汚車輪 4-52
——— 士卒暴露 從官勞倦 4-55
——— 御史大夫(官名) 4-52
薛萬均(唐)
——— 副將(官名) 3-292
薛仁方(唐)
——— 都官郎中(官名) 1-322
陝東道大行臺考功郞中(官名)
——————————— 房玄齡 1-155
陝州總管府長史(官名)
————————— 杜如晦 1-164
陝縣丞(官名)
——— 皇甫德參 1-279, 336
攝戶部尙書(官名)
—————— 安修仁 1-195
葉護可汗(突厥) 1-282
成王(周)←誦, 周誦
—— 幼小 周召爲保傅 2-144, 3-89
—— 之代 亦致太平 1-123
成帝(漢)←太孫
成湯→湯(殷) 4-99
—— 之時 非無災患 4-99
世子←孟侯 2-163
—— 于首止 春秋大之 1-331
少卿(官名)
—— 戴胄(唐) 1-335
召公(周)←周召, 奭 2-150
巢剌王→李元吉(唐) 1-155
小白→桓公(春秋 齊) 1-246
少保(師傅) 3-207
少府監(官名) 1-326
——— 竇德素 1-326

蕭銑(隋) 1-193, 3-53
少陽→太子 2-187
蕭瑀(唐) 1-95, 3-280
―― 對日 隋文帝 克己復禮 勤勞思政 1-108
―― ―― 隋文帝 勵精之主 1-108
―― 尙書右僕射(官名) 2-256, 3-270
―― 雖死之日 猶生之年 2-256
―― 奏言 準陰陽家 用二月爲勝 3-207
―― ―― 破陳樂舞 天下之所共傳 3-198
―― 進曰 秦氏專任智力 蠶食諸侯 3-270
―― 太常卿(官名) 3-198
―― 太子少保(官名) 3-207
昭烈帝(蜀漢)←蜀先主
昭帝(漢)←漢昭帝 2-177
―― 公卿大臣 當用經術明於古義者 3-140
蘇秦(戰國) 3-146
蘇則(三國 魏)
―― 求而得之 不足貴也 1-282
―― 陛下惠及四海則不求自至 1-282
蕭何(漢) 4-81
―― 起於小吏 制法之後 猶稱畫一 3-254
―― 雖無汗馬 指蹤推轂 2-86
蕭后(隋) 1-193
孫卿→荀卿(戰國 趙) 3-19
孫伏伽(唐) 1-335
――― 大理卿(官名) 3-245
孫皓(吳) 3-89
誦→成王(周) 2-93
宋公(春秋) 3-161
松喬→赤松子(神仙), 王子喬(神仙) 1-84
―― 之壽 1-84
宋督→督(春秋 宋) 3-265
宋玉(楚)←屈宋
宋州刺史(官名)
―――― 房玄齡 2-90
守器→太子 2-135
隋高祖→文帝(隋) 1-330
隋文帝→文帝(隋) 1-108, 3-84, 272, 274, 4-16
――― 深愛祥瑞 4-62
壽朔→衛壽(春秋 衛), 衛朔(春秋 衛) 2-101
遂安夫人(唐)
―――― 乳母 2-206, 207
隋煬帝→煬帝(隋) 1-63, 212, 227, 233, 2-230, 3-32, 69, 75, 116, 152, 4-67
――― 廣造宮室 以肆行幸 4-37
――― 臣下鉗口 2-13
――― 宇文化及 2-40
――― 捉取多少 於宮中照夜 3-75
――― 初幸甘泉宮 而怪無螢火 3-75
獸醫(官名) 2-222
守宰(官名) 2-96
隋齊王→楊暕(隋) 1-193
隋齊王(楊暕) 1-193
壽州刺史(官名)
―――― 李元軌 2-273
叔牙(春秋 魯) 3-156
叔齊(孤竹國) 2-74
舜(唐虞)←舜禹, 虞舜, 帝舜 2-141, 301, 308, 3-46
― 擧一十六族 2-166
― 上齊七政 2-93
― 有誹謗之木 2-312
― 造漆器 1-254
荀卿(戰國 趙)←孫卿, 荀卿子
―― 君舟也 人水也 2-31
―― 水所以載舟 亦所以覆舟 2-31
荀卿子→荀卿(戰國 趙) 2-31
循吏
―― 漢宣帝 2-53(集)
荀悅(後漢) 1-276
舜禹→舜(唐虞), 禹(夏) 2-300
陽城尉(官名)
――― 房玄齡 1-153
丞相(官名) 2-63
侍講(官名)
―― 孔穎達 2-208

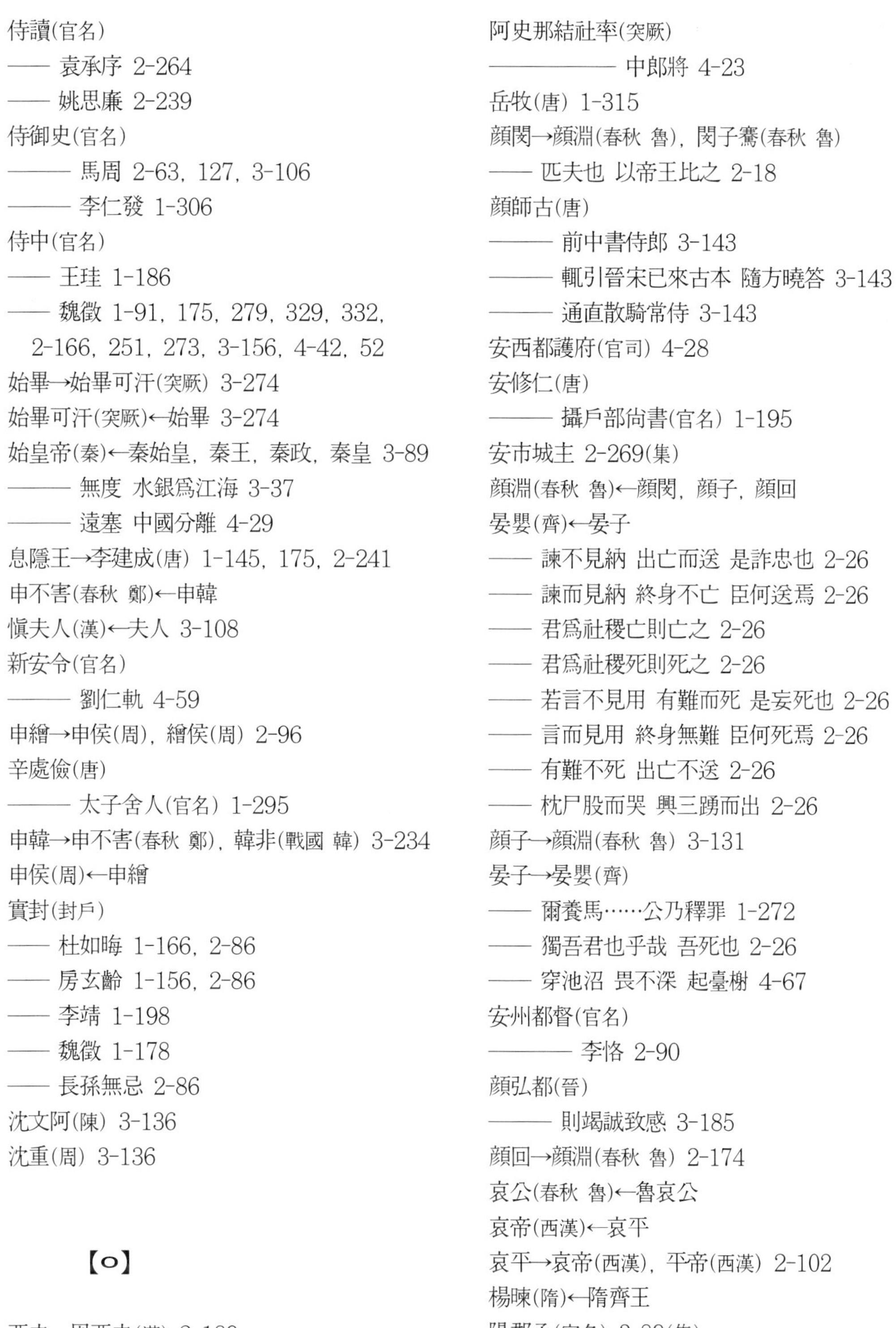

侍讀(官名)
—— 袁承序 2-264
—— 姚思廉 2-239
侍御史(官名)
——— 馬周 2-63, 127, 3-106
——— 李仁發 1-306
侍中(官名)
—— 王珪 1-186
—— 魏徵 1-91, 175, 279, 329, 332, 2-166, 251, 273, 3-156, 4-42, 52
始畢→始畢可汗(突厥) 3-274
始畢可汗(突厥)←始畢 3-274
始皇帝(秦)←秦始皇, 秦王, 秦政, 秦皇 3-89
——— 無度 水銀爲江海 3-37
——— 遠塞 中國分離 4-29
息隱王→李建成(唐) 1-145, 175, 2-241
申不害(春秋 鄭)←申韓
愼夫人(漢)←夫人 3-108
新安令(官名)
——— 劉仁軌 4-59
申繒→申侯(周), 繒侯(周) 2-96
辛處儉(唐)
——— 太子舍人(官名) 1-295
申韓→申不害(春秋 鄭), 韓非(戰國 韓) 3-234
申侯(周)←申繒
實封(封戶)
—— 杜如晦 1-166, 2-86
—— 房玄齡 1-156, 2-86
—— 李靖 1-198
—— 魏徵 1-178
—— 長孫無忌 2-86
沈文阿(陳) 3-136
沈重(周) 3-136

【ㅇ】

亞夫→周亞夫(漢) 2-189
阿史那結社率(突厥)
—————— 中郎將 4-23
岳牧(唐) 1-315
顔閔→顔淵(春秋 魯), 閔子騫(春秋 魯)
—— 匹夫也 以帝王比之 2-18
顔師古(唐)
——— 前中書侍郎 3-143
——— 輒引晉宋已來古本 隨方曉答 3-143
——— 通直散騎常侍 3-143
安西都護府(官司) 4-28
安修仁(唐)
——— 攝戶部尙書(官名) 1-195
安市城主 2-269(集)
顔淵(春秋 魯)←顔閔, 顔子, 顔回
晏嬰(齊)←晏子
—— 諫不見納 出亡而送 是詐忠也 2-26
—— 諫而見納 終身不亡 臣何送焉 2-26
—— 君爲社稷亡則亡之 2-26
—— 君爲社稷死則死之 2-26
—— 若言不見用 有難而死 是妄死也 2-26
—— 言而見用 終身無難 臣何死焉 2-26
—— 有難不死 出亡不送 2-26
—— 枕尸股而哭 興三踊而出 2-26
顔子→顔淵(春秋 魯) 3-131
晏子→晏嬰(齊)
—— 爾養馬……公乃釋罪 1-272
—— 獨吾君也乎哉 吾死也 2-26
—— 穿池沼 畏不深 起臺榭 4-67
安州都督(官名)
———— 李恪 2-90
顔弘都(晉)
——— 則竭誠致感 3-185
顔回→顔淵(春秋 魯) 2-174
哀公(春秋 魯)←魯哀公
哀帝(西漢)←哀平
哀平→哀帝(西漢), 平帝(西漢) 2-102
楊暕(隋)←隋齊王
陽郡丞(官名) 3-89(集)

梁國公→房玄齡(唐) 1-156
梁董→梁冀(後漢), 董卓(後漢) 2-167
梁冀(後漢)←梁董
梁武帝→武帝(南朝 梁) 1-62, 3-63, 152, 249
楊思齊(唐) 3-71
楊素(隋) 3-83
楊譽(唐)
—— 蜀王妃之父 1-322
楊勇(隋)←太子 3-83
揚雄(漢) 3-149
楊侑(隋)←代王 2-239
楊政道(隋) 1-193
煬帝(隋)←隋煬帝, 楊廣 1-73, 136, 193, 234, 266, 2-15, 285, 3-83, 110, 272, 274, 4-16, 38
—— 身不聞過 滅亡斯及 1-236
涼州都督(官名)
———— 李大亮 1-275, 4-19
涼州都督(官名)
———— 李大亮 1-275, 4-19
楊遵彦(北齊) 1-139, 3-92~93
楊震(漢)
—— 太尉(官名) 2-258
楊玄感(隋)←玄感 2-40
梁孝王→劉武(漢) 2-131, 167
御史(官名) 3-243
———— 杜淹 3-58, 192
———— 薛廣德 4-52
———— 溫彦博 1-309~310
———— 韋挺 1-242, 294, 3-168
於士澄(隋) 2-15
閹宦 2-295
廬江王→李瑗(唐) 1-259
呂望→太公望(周)
—— 師周 2-217
呂尙→太公望(周) 2-54, 227
呂世衡(唐)
——— 中郎將(官名) 2-235
厲王(周)←幽厲
黎州總管(官名)
———— 李勣 1-210
呂太后(漢)←呂后
呂后→呂太后(漢) 2-90
驪姬(晉) 2-200
延陵→季札(春秋 吳)
—— 慈父也 贏博可隱 3-37
燕王→劉旦(漢) 2-177
連州司馬(官名)
———— 權萬紀 1-308
鹽澤道行軍總管(官名)
————————— 高甑生 3-230
靈公(春秋 晉)←晉
靈公(春秋 陳)←陳靈
領度支(官名)
——— 房玄齡 2-47(集)
令僕→尙書令(官名), 僕射(官名) 2-67
靈帝(後漢)←漢靈帝, 桓靈
令狐德棻(唐)
———— 禮部侍郞(官名) 3-168
令狐行達(隋) 3-69
英國公→李勣(唐) 1-212
甯戚(春秋 齊)
—— 飯牛車下時 2-20
羿(夏) 2-96
禮部尙書(官名)
———— 王珪 1-294, 2-146, 3-176, 179
———— 虞世南 1-204
———— 李道宗 3-305
———— 李孝恭 3-53
———— 陳叔達 2-248
禮部侍郞(官名)
———— 令狐德棻 3-168
———— 李百藥 2-90
豫讓(春秋 晉)
—— 智伯以國士遇我 2-260
五官 2-73

五官→文帝(三國 魏)
—— 在魏 無聞德音 2-192
吳王→李恪(唐) 2-90, 124, 173, 177, 3-164
吳王→李元軌(唐) 2-273
伍子胥(吳) 1-138
五帝
—— 可俯而六 2-35
—— 三王不易人而理 1-123
五品(品階) 1-95, 108, 3-128
—— 珍膳 更日宿直 3-128
五品已上
———— 各擧一人 2-63
———— 更宿中書內省 1-95
———— 及勳戚家 仍錄奏聞 3-40
———— 祿秩優厚 3-118
———— 百餘人 4-19
———— 非反逆 1-322
———— 有犯 悉令曹司聞奏 2-305
———— 引坐論事 1-108
烏獲(人) 4-55
溫彥博(唐) 1-188
——— 孤恩失信 圍煬帝於鴈門 4-16
——— 光武居河南單于於內郡 以爲漢藩翰 4-16
——— 非天地之道 阻四夷之意 4-15
——— 尙書右僕射(官名) 3-43
——— 隋文帝勞兵馬 費倉庫 4-16
——— 御史大夫(官名) 1-309~310
——— 議 實空虛之地 示無猜之心 4-13
——— 終于一代 不有叛逆 4-16
——— 奏 魏徵雖在無私 亦有可責 1-310
——— 中書令(官名) 1-294, 4-13
——— 河南河北 任情居住 4-16
——— 懷我厚恩 終無叛逆 4-15
王敬直(唐)
——— 尙太宗女南平公主 3-176
王公 1-145, 3-28, 40, 217
—— 已下 3-28, 3-40
—— 之上 3-217
王綰(秦) 2-93
王珪(唐) 1-175, 186, 188, 301, 305
—— 諫議大夫(官名) 1-186, 229, 3-140, 211
—— 對曰 古之帝王爲政 以百姓之心爲心 1-103
—— —— 木從繩則正 后從諫則聖 1-229
—— —— 非賢不理 惟在得人 2-227
—— —— 人識禮敎 理致太平 1-103
—— —— 爭臣七人 1-229
—— —— 知惡而不去 1-260
—— —— 漢家宰相 無不精通一經 1-103
—— 頓首 天下幸甚 2-232
—— 無學業 不能識前言往行 3-140
—— 上表 昔受命太上 委質東宮 2-241
—— —— 出入龍樓 垂將一紀 2-241
—— 盛惟一身 抗拒而死 2-244
—— 侍中(官名) 1-186
—— 愼終如始 方盡其美 3-202
—— 令公主親執巾 行盥饋之道 3-176
—— 禮部尙書(官名) 1-294, 2-146, 3-176, 179
—— 禮成而退 3-176
—— 魏王師(官名) 2-146
—— 隱太子 中允(官名) 1-186
—— 在初則易 終之實難 3-202
—— 奏言 三品已上 遇親王於路 不合下馬 3-179
—— 進曰 選公直良善人 斷獄允當者 3-211
—— 太原祁縣人 1-186
—— 太子右庶子(官名) 1-186
—— 黃門侍郎(官名) 1-99, 103 186, 227, 241, 259, 3-272
王世充(隋) 1-208, 210, 2-264, 3-111, 198, 4-67
王肅(三國 魏) 3-136
王子喬(神仙)←松喬

王劭(隋)
—— 對考使焚香 讀皇隋感瑞經 4-62
—— 秘書監(官名) 4-62
王弼(三國 魏) 3-136
堯(唐虞)←唐堯, 陶唐, 帝堯, 軒唐 2-141, 262
— 有敢諫之鼓 2-312
— 之求諫 2-107
堯君素(隋)
——— 鷹擊郎將(官名) 2-262
——— 蒲州刺史(官名) 2-262
廖立(蜀漢)
—— 吾其左衽矣 2-285
姚思廉(隋)
——— 諫曰 應須以欲從人 不可以人從欲 1-274
——— 擧義兵 本匡王室 2-239
——— 不宜無禮於王 2-239
——— 散騎常侍(官名) 1-273
——— 侍讀(官名) 2-239
——— 著作郎(官名) 1-242
堯舜←唐虞, 勛華 2-34, 73, 3-63, 89, 123, 237, 4-62, 86
—— 耕田而食 鑿井而飮 帝何力於其間矣 1-133
—— 文武 2-73
—— 未爲遠 4-89
—— 率天下以仁而人從之 3-63
—— 在上 百姓敬之如天地 4-62
—— 抵璧於山林 3-123
—— 之道 3-64
—— 之明 3-89
—— 之父 猶有朱均之子 2-112
—— 之誹謗 3-237
—— 廢之 2-277
禹(夏)←大禹, 文命, 舜禹, 禹湯, 夏禹, 夏后 1-60, 250, 2-141, 3-46
— 雕其俎 1-254
— 之泣辜 2-107
右郎中(官名)←左右郎中 2-68
右武侯大將軍(官名)
———— 李勣 1-210
宇文述(隋) 4-38
——— 隋煬帝 2-40
宇文化及(隋) 2-244, 271, 3-69
———— 弑逆隋煬帝 2-40
右僕射(官名)
——— 高士廉 1-326
——— 封德彝 1-301, 2-53
——— 李靖 2-253
右史(官名)←左右史
右庶子(官名)
——— 趙弘智 2-210
虞世基(隋) 1-63, 227, 233, 2-13, 4-38
——— 內史侍郎(官名) 2-271, 272
——— 杜口無言 1-234
虞世南(唐)←文懿 1-205
——— 規諷 多所補益 1-203
——— 起居舍人(官名) 2-271
——— 記室(官名) 1-202
——— 對曰 勿以功高古人而自矜大 4-67
——— —— 山東之雨 恐有冤獄 4-65
——— —— 修德 可以銷變 4-65
——— —— 若能終始如一 彗見未足爲憂 4-67
——— —— 春秋時 梁山崩 4-65
——— —— 必有龍蛇 亦不足怪 4-65
——— 文學之宗 1-202
——— 秘書監(官名) 1-202, 4-47, 65
——— 秘書少監(官名) 1-242
——— 上客 1-202
——— —— 時息獵車 且韜長戟 4-48
——— —— 貽範百王 永光萬代 4-48
——— —— 聽覽之餘辰 順天道以殺伐 4-47
——— —— 秋獮冬狩 蓋惟恒典 4-47
——— 容貌懦弱 志性抗烈 1-203
——— 以太宗頗好畋獵 4-47

——— 贈禮部尚書(官名) 1-204
——— 抱持號泣 請以身代死 2-272
——— 會稽餘姚人 1-202
虞舜→舜(唐虞) 2-173
右丞(官名)←左右丞
—— 杜正倫 2-67
—— 魏徵 2-67
右衛大將軍(官名)
————— 李思摩 3-61
右衛將軍(官名)
———— 陳萬福 3-122
右翊衛郎將(官名)
————— 謝叔方 2-235
于志寧(唐)
——— 諫苑 2-206
——— —— 屛退不肖 狎近賢良 2-222
——— —— 實弘道之源 2-217
——— —— 理敦杜漸之方 2-222
——— —— 春秋比之藥名 2-218
——— —— 敗德之本 2-217
——— 撰諫苑二十卷 諷之 2-206
——— 詹事(官名) 2-222
——— 太子左庶子(官名) 2-161, 206
——— 太子詹事(官名) 2-217
禹湯→禹(夏), 湯(殷) 3-106, 237
—— 繼世之君 2-93
—— 以之理 2-312
—— 罪己 其興也勃焉 2-312
—— 之事也 2-31
—— 之所爲也 1-274
熊安生(周) 3-136
園綺→東園公(漢), 綺里季(漢) 2-150
元良→太子 2-149, 203
元律師(唐) 1-335
苑西監(官名)
——— 穆裕 1-290
元善達(隋)
——— 遂轉騎遠詣江都 諫煬帝 2-244
——— 太常丞(官名)
袁紹(後漢)
—— 敗於官渡而誅田豐 4-31
袁承家(隋)
——— 國子司業(官名) 2-264
袁承序(唐)
——— 建昌令(官名) 2-264
——— 侍讀(官名) 2-264
——— 晉王友 2-264
——— 弘文館學士(官名) 2-264
袁盎(漢) 4-55
—— 騁六飛 馳不測之山 4-55
—— 聖主不乘危 不徼幸 4-55
—— 有馬驚車敗 縱欲自輕 4-55
元帝(漢)←漢元帝, 孝元帝 4-52
袁憲(隋)←袁氏
—— 尙書僕射(官名) 2-264
越→勾踐(春秋 越) 3-308, 4-33
越王→李勣(唐) 1-329, 330
魏公→李密(唐) 1-209
衛霍→衛青(漢), 霍去病(漢) 1-199, 213
衛國公→李靖(唐) 1-198
衛朔(春秋 衛)←壽朔
衛壽(春秋 衛)←壽朔
衛青(漢)←衛霍
魏武帝→武帝(三國 魏) 2-128, 3-13
——— 有德之君……遠避滅亡者也 2-312
——— 携養之資 2-92
魏文→文帝(三國 魏)
—— 求市西域大珠 1-282
—— 虛說 3-78
魏文侯→文侯(戰國 魏)
——— 問李克 諸侯誰先亡 3-275~276
渭北行軍記室參軍(官名)
——————— 房玄齡 1-153
衛宣→宣公(春秋 衛)
—— 父子聚麀 終誅壽朔 2-101
魏王→李泰(唐) 1-178, 205, 2-131, 146,

173, 3-100, 164
魏王→文帝(三國 魏)
—— 馬上披卷 2-154
魏王師(官名)
——— 王珪 2-146
衛懿公→懿公(衛) 2-260
威子伯(殷)
——— 湯 2-141
韋挺(唐)
—— 上疏 陳得失 1-246
—— 御史大夫(官名) 1-242, 294, 3-168
—— 太常卿(官名) 1-246
魏帝→文帝(三國 魏) 3-220
尉遲敬德(唐)
———— 開府儀同三司(官名) 3-303
———— 奏言 東西二京府庫所在 終是空虛 3-303
———— —— 伏請委之良將 自可應時摧滅 3-303
———— —— 車駕若自往遼左 皇太子又監國定州 3-303
———— 護軍尉(官名) 2-235
魏徵(唐)←文貞, 鄭國公 3-44, 314, 4-23, 31
—— 諫曰 今若遣使 分明曉諭 3-283
—— —— 爲民父母之道 1-293
—— —— 有道之主 以百姓之心爲心 1-293
—— —— 縱不能慕漢文之高行 可不畏蘇則之正言耶 1-282
—— —— 必不勞師旅 自致闕庭 3-283
—— 諫議大夫(官名) 1-58, 172
—— 竭澤取魚 非不得魚 明年無魚 1-302
—— 强必寇盜 弱則卑伏 4-13
—— 鉅鹿人 1-172
—— 居我肘腋用邇王畿 4-14
—— 居安思危 1-91
—— 遣居河南養獸自遺患 4-15
—— 經學文雅亦漢之間平 2-273
—— 曲受讒譖妄害忠良 3-86
—— 國家大法 1-331
—— 君臣同氣 義均一體 1-310
—— 屈突通張道源 2-251
—— 給事中(官名) 1-299, 307
—— 其阿黨親戚 1-309
—— 對曰 居安思危 孜孜不怠 4-78
—— —— 考績黜陟 察其善惡 2-60
—— —— 功業既彰 德教復洽 4-105
—— —— 君心理 則照見下非 誅一勸百 1-138
—— —— 君舟也 人水也 1-117
—— —— 君之所以明者兼聽也 1-62
—— —— 朞月而可 信不爲難 1-121
—— —— 德仁功利 2-38
—— —— 亂代惟求其才 不顧其行 2-60
—— —— 亂後易教 猶飢人易食 1-121
—— —— 封禪不可 1-315
—— —— 使君臣常無懈怠 各保其終 4-86
—— —— 三年成功 猶謂其晚 1-121
—— —— 常能自制 以保克終之美 4-107
—— —— 聖德玄遠 居安思危 4-107
—— —— 聖哲之主 皆亦近取諸身 1-58
—— —— 水能載舟 亦能覆舟 1-117
—— —— 守成則難 1-67
—— —— 信而不諫 謂之尸祿 1-250
—— —— 失國之主 居安忘危 處理忘亂 1-117
—— —— 甚難 1-91
—— —— 深思遠慮 安不忘危 4-105
—— —— 安而能懼 1-91
—— —— 吳王賢 2-273
—— —— 五帝三王 不易人而理 1-123
—— —— 爲王下馬 王所不宜當也 3-179~180
—— —— 留心理道 臨深履薄 1-117
—— —— 二主亡國雖同 其行則別 3-278
—— —— 人君居四海之尊 若有虧失 人皆見之 3-75

—— —— 人主嚴明 臣下畏法 直言正諫 皆見信用 1-139
—— —— 齊主爲劣 3-278
—— —— 知人旣以爲難 自知誠亦不易 2-71
—— —— 知人者智 自知者明 2-71
—— —— 直有賢臣 君不思化 無所益 4-78
—— —— 此據常人 不在聖哲 1-121
—— —— 天下無憂不理 自可超邁前古 4-86
—— —— 太平之時才行俱兼 始可任用 2-60
—— —— 含養百姓 可謂日用而不知 1-133
—— —— 行帝道則帝 行王道則王 1-123
—— —— 行之於今 又乖國憲 理誠不可 3-180
—— —— 虛心採納 誠宜有言者 1-250
—— 每蒙顧問 常具言其長短 1-332
—— 拜謝 聖德自天 留心政術 3-24
—— 伐罪弔民 威德被於遐外 4-27
—— 不受臣言 亦何敢犯龍鱗 觸忌諱 1-175
—— 不存公道 惟事形迹 1-310
—— 焚林而畋 非不獲獸 明年無獸 1-302
—— 秘書監(官名) 1-121, 174, 3-95, 283, 4-13
—— 使臣爲良臣 勿使臣爲忠臣 1-310
—— 三鏡 1-180
—— 上書 不激切 不能起人主意 1-335
—— —— ——— 則不能起人主之心 1-279
—— —— 天之所輔者仁 人之所助者信 1-299
—— 尙書右丞(官名) 1-309, 2-241, 3-193
—— 上疏 强直者 忠讜者 3-17~18
—— —— 見述其所短 未有稱其所長 2-315
—— —— 輕褻小人 禮重君子 4-93
—— —— 骨肉爲行路 1-81
—— —— 懼滿溢 則思江海下百川 1-83
—— —— 求木之長者 必固其根本 1-80
—— —— 求細過而忘大體 行一罰而起衆姦 2-305
—— —— 君開一源 下生百端之變 2-31
—— —— 君臣相遇 自古爲難 2-26
—— —— 君臣失序 上下否隔 2-298
—— —— 君子小過 白玉之微瑕 2-295
—— —— 屈原所以沈江 卞和所以泣血者 2-295
—— —— 克終者寡 豈不取之易而守之難乎 1-81
—— —— 克終者鮮 1-72
—— —— 近歲已來 由心好惡 4-94
—— —— 棄權衡而定輕重者 2-310
—— —— 其論人 必貴忠良而鄙邪佞 4-88
—— —— 其語道 必先淳朴而抑浮華 4-88
—— —— 亂亡不卹 將何以理 2-298
—— —— 念高危 則思謙沖而自牧 1-83
—— —— 論事則未逾於中主 4-90
—— —— 能事斯畢 在乎愼守而已 3-237
—— —— 能以古之哲王 鑑於己之行事 2-298
—— —— 德禮誠信 國之大綱 3-16
—— —— 德之上 1-76
—— —— 德之次 1-77
—— —— 待下之情 未盡於誠信 3-16
—— —— 敦朴之理 漸不克終 4-89
—— —— 略擧所見十條 輒以上聞聖聽 4-101
—— —— 忘締構之艱難 謂天命之可恃 1-77
—— —— 名教不興 保七百之祚 2-30
—— —— 鳴琴垂拱 不言而化 1-84
—— —— 明德愼罰 惟刑恤哉 3-232
—— —— 聞過必改 少虧於曩日 3-240
—— —— 貌之姸醜 宛然在目 2-298
—— —— 物產 則重穀帛而賤珍奇 4-88
—— —— 未訊罪人 則先爲之意 2-307
—— —— 未有不資同心 予違汝弼者 2-312
—— —— 罰不及於有罪 賞不加於有功 3-22
—— —— 罰所及 則思無因怒而濫刑 1-83
—— —— 負薪救火 揚湯止沸 1-77
—— —— 夫以善相成 謂之同德 2-298
—— —— 不復專心治道 此樂將極 4-97
—— —— 卑儉之跡歲改 驕侈之情日異 4-92
—— —— 非行之難 終之斯難 4-88

—— —— 思國之安者 必積其德義 1-80
—— —— 舍準繩以正曲直 2-310
—— —— 事之善惡 自得於心 2-298
—— —— 社稷安危 國家治亂 在於一人而已 4-100
—— —— 私嬖之徑漸開 至公之道日塞 2-315
—— —— 三皇可追而四 2-35
—— —— 上求人主之微旨 以爲制謂之忠 2-307
—— —— 想讒邪 則思正身以黜惡 1-83
—— —— 善小人之小善 謂之善善 2-295
—— —— 誠能見可欲 則思知足以自戒 1-83
—— —— 聖明之君 求忠正之士 2-315
—— —— 小人之惡不懲 君子之善不勸 3-232
—— —— 雖竭力盡誠 猶未免於傾敗 3-19
—— —— 受圖膺運 繼體守文 1-72
—— —— 受圖定鼎 皆欲傳之萬代 4-88
—— —— 須使知定分 常保安全 3-100
—— —— 順天革命之后 將隆七百之祚 1-79~80
—— —— 時難再得 明王可爲而不爲 4-100
—— —— 臣去就之節 當緣恩之厚薄 2-27
—— —— 神化潛通 無爲而治 1-76
—— —— 深懼群臣 莫肯盡言 2-315
—— —— 十思九德 1-84
—— —— 言制度 則絶奢靡而崇儉約 4-88
—— —— 惡君子之小過 謂之惡惡 2-295
—— —— 樂盤遊 則思三驅以爲度 1-83
—— —— 若惟聖罔念 不愼厥終 1-77
—— —— 慮不及遠 3-19
—— —— 慮壅蔽 則思虛心以納下 1-83
—— —— 五帝可俯而六 2-35
—— —— 欲流之遠者 必浚其泉源 1-80
—— —— 欲善之志 不減於昔時 3-240
—— —— 憂懈怠 則思愼始而敬終 1-83
—— —— 委大臣以大體 責小臣以小事 2-33
—— —— 爲人主者 安可以無禮於下哉 2-27
—— —— 有善始之勤 未覩克終之美 3-16
—— —— 猶捕雀而掩目 盜鍾而掩耳 2-312
—— —— 六邪 2-74
—— —— 六正 2-74
—— —— 恩所加 則思無因喜以謬賞 1-83
—— —— 殷憂而道著 功成而德衰 1-81
—— —— 意蔑前王 此傲之長 4-97
—— —— 以石投水 千載一合 2-26
—— —— 以水投石 無時不有 2-26
—— —— 以爲殷鑑 則存亡治亂 3-237
—— —— 以馳騁爲歡 莫慮不虞之變 4-96
—— —— 以暴易亂 與亂同道 1-77
—— —— 人有所犯 縱臨時處斷 2-304
—— —— 將有作 則思知止以安人 1-83
—— —— 將有恥辱隨之 莫能盡節 2-315
—— —— 漸不克終九 4-98
—— —— 漸不克終六 4-95
—— —— 漸不克終四 4-93
—— —— 漸不克終三 4-92
—— —— 漸不克終十 4-99
—— —— 漸不克終五 4-94
—— —— 漸不克終二 4-91
—— —— 漸不克終一 4-90
—— —— 漸不克終七 4-96
—— —— 漸不克終八 4-97
—— —— 貞觀之始 恤其勤勞 4-91
—— —— ———— 求賢如渴 4-94
—— —— ———— 論功則湯武不足方 4-89
—— —— ———— 所以至死無携貳 4-99
—— —— ———— 疏斥小人 4-93
—— —— ———— 損己以利物 4-92
—— —— ———— 語德則堯舜未爲遠 4-89
—— —— ———— 遠被遐荒 4-90
—— —— ———— 孜孜不怠 4-97
—— —— 政貴有恒 不求屢易 2-33
—— —— 正臣 大臣 3-18
—— —— 終是不能忘懷 此欲之縱 4-97
—— —— 知臣莫若君 2-73
—— —— 知子莫若父 2-73

—— —— 且所言當理 未必加於寵秩 2-315
—— —— 責罰稍多 威怒微厲 3-234
—— —— 千里斯應 信不爲難 2-315
—— —— 初登大位 外絶畋獵之源 4-96
—— —— 初踐大位 敬以接下 4-97
—— —— 罷不急之務 愼偏聽之怒 3-237
—— —— 陛下驚懼之辰 憂勤之日也 4-100
—— —— 刑濫則小人道長 賞謬則君子道消 3-232
—— —— 胡越爲一體 1-81
—— —— 禍福相倚 吉凶同域 3-234
—— —— 和若鹽梅 固同金石者 在於禮之 2-26
—— 上智之人 自無所染 3-89
—— 上表 昔受命太上 委質東宮 2-241
—— —— 出入龍樓 垂將一紀 2-241
—— 設醴以求賢 吐飱而接士 2-167
—— 城狐社鼠 1-323
—— 遂傾瀍洛 前代覆車 4-15
—— 數年之後 滋息過倍 4-14
—— 水能載舟 亦能覆舟 1-117
—— 隨事諫正 多中朕失 1-253
—— 守此常謙常懼之道 3-46
—— 侍中(官名) 1-91, 175, 279, 329, 332, 2-166, 251, 273, 3-156, 4-42, 52
—— 若以爲不足 更萬倍過此 亦不足 3-33
—— 若以爲足 今日不啻足 3-33
—— 右丞(官名) 2-67
—— 爲國盡忠 清貞愼守 2-251
—— 以水未橫流 便欲自毁隄防 1-323
—— 慈愛萬人 薄賦斂輕租稅 1-133
—— 張公遂有回天之力 1-268
—— 在於君臣父子 不可斯須而廢 3-16
—— 鄭國公(封爵) 1-175
—— 正其辭 雅合至公之道 3-156
—— 朝夕進諫 1-290
—— 終不得高昌撮穀尺布 以助中國 4-28
—— 奏言 權萬紀李仁發竝是小人 1-307
—— —— 上爲宗廟社稷 下慰群寮兆庶 4-56
—— —— 若令公主之禮 有過長公主 2-288
—— —— 傳述虞箴稱夷羿 以爲戒 4-55
—— —— 割私情之娛 罷格獸之樂 4-56
—— 奏稱 國家開直言之路 4-52
—— —— 君尊天事地 敬社稷 保四國 1-133
—— —— 甚須折衷 從容諷諫 4-52
—— —— 張猛可謂直臣諫君 4-52
—— 贈司空(官名) 1-178
—— 知門下省事 1-175
—— 至如孝行 乃古之曾閔 2-273
—— 進曰 君使臣臣事君之道 1-327
—— —— 樂在人和 不由音調 3-193
—— —— 反覆思量 深自剋責 4-67
—— —— 尙不息 其必亡之道 3-276
—— —— 臣所不解 1-327
—— —— 閹豎雖微 爲患特深 2-295
—— —— 因有天變 遂能戒懼 4-67
—— —— 頡利逢隋末中國喪亂 今尙內侵 3-276
—— 進言 以爲不足 萬倍 亦不足 4-42
—— —— 參蹤前列 昭訓子孫 4-42
—— —— 天命陛下代之 今日欲在人之下 4-42
—— —— 幸洛州 庶其安定 4-42
—— 撰自古諸侯王善惡錄王 2-166
—— 太子洗馬(官名) 1-172
—— 太子太師(官名) 1-178
—— 太子見人諫 悅而從之 1-335
—— 太子恐人不言 導之使諫 1-335
—— 太子雖黽强聽受 而意終不平 1-335
—— 通子三人來選 2-251
—— 特進(官名) 1-72, 138, 175, 2-25, 38, 73, 260, 3-232, 4-55
—— 必宗廟丘墟 市朝霜露 3-86
—— 匈奴自古至今 4-13
衛太子(漢) 3-140
韋玄成(漢)←匡章

劉賈(漢)←賈澤
劉據(漢) 2-189
劉彊(後漢)←東海
劉洎(唐) 1-290
—— 對曰 面加詰難 恐非誘進直言之道 3-104
—— —— 上書辭理不稱者 或對面窮詰 1-287
—— 散騎常侍(官名) 2-149, 270, 3-76, 104
—— 上書 力行所至 欲其長久 3-78
—— —— 屈宋不足以升堂 鍾張何階於入室 2-154
—— —— 動神機 縱天辯 3-77
—— —— 援古以排其議 3-77
—— —— 日聞所未聞 日見所未見 2-157
—— —— 太子問安而退 所以廣敬於君父 2-157
—— —— 太子異宮而處 所以分別於嫌疑 2-157
—— —— 太子還東宮 2-149
—— 尙書左丞(官名) 2-68
—— 進曰 天下之人 皆記之矣 3-154
—— 治書侍御史(官名) 1-307
—— 黃門侍郎(官名) 1-287, 2-135, 3-154
劉旦(漢)←燕王 2-177
劉德(漢)←間平, 河間, 河間獻王 2-173, 3-52
幽厲→幽王(周), 厲王(周) 3-110
—— 以之危 2-312
劉武(漢)←梁孝王
劉武周(隋) 3-198, 4-67
劉昞(後漢)←淮陽王
有司(官名) 3-43, 207, 228, 287
—— 上書 皇太子將行冠禮 宜用二月爲吉 3-207
—— 上言 表疏不順 請發兵討擊之 3-287
—— 奏言 日在辰 不可哭泣 3-59
留守(官名)
—— 房玄齡 2-84
維城→皇子 2-167
庾信(梁)
—— 哀江南賦 3-63
劉安(漢)←淮南
由余(西戎人) 1-266
劉如意(漢)←趙王
劉英(後漢)←二王, 楚, 楚王
幽王(周)←幽厲
流外(官名) 1-145
柳雄(唐)
—— 徐州司戶 1-335
劉仁軌(唐)
——— 新安令(官名) 4-59
——— 詣行所 上表切諫 4-59
——— 以收獲未畢 非人君順動之時 4-59
——— 縣丞(官名) 4-59
幽州總管府記室(官名)
————— 張蘊古 3-217
劉蒼(後漢)←間平, 東平
劉徹→武帝(漢) 2-189
劉聰(晉)
—— 傳 3-34
劉澤(漢)←賈澤
柳下惠(春秋 魯) 3-243
劉向(漢) 3-136
劉炫(隋) 3-136
劉荊(後漢)←廣陵思王, 二王
劉后(晉 皇后)
—— 手疏啓請 辭情甚切 3-34
陸士衡(晉)
——— 嗣王……以治待亂 2-96
陸爽(唐)←陸氏 1-295
六尙書 3-180
陸氏(唐)
—— 陸康之子 1-293, 294
陸氏→陸爽(唐)
—— 抗表 1-294, 295
尹壽(唐虞) 2-141
輪扁(春秋 齊) 3-78
殷受→紂(殷) 2-200, 3-110

殷紂→紂(殷)
—— 狎侮五常 3-26
銀青光祿大夫(官名)
———— 張玄素 2-209
殷湯→湯(殷) 4-100
—— 致禮 定王業於南巢 2-26
隱太子→李建成(唐) 1-155, 166, 172, 186, 2-234
乙彌泥熟俟利苾可汗(官名)
———— 李思摩(唐) 4-23
鷹擊郎將(官名)
———— 堯君素 2-262
懿公(衛)←衛懿公 2-260
義成公主(隋) 1-196
李恪(唐)←吳王 2-177
—— 安州都督(官名) 2-90
—— 齊州都督(官名) 2-124
李綱(唐)
—— 太子少師(官名) 2-139
李蓋(唐)←舒國公, 濟陰王
—— 李勣之父 1-210
—— 散騎常侍(官名) 1-210
李建成(唐)←息隱王, 隱太子, 前宮, 太子 1-172, 186, 2-241
李君羨(唐) 2-63
李克(戰國 魏)
—— 數戰數勝……不亡何待 3-276
—— 吳先亡 3-276
李金才(隋) 3-69
李大亮(唐)
——— 上疏 供積惡之凶虜 非中國之利 4-22~23
——— —— 突厥未平之前 尚不安業 4-19
——— —— 四夷之人 猶於枝葉 4-19
——— —— 若卽勞役 恐致防損 4-19
——— —— 擾其根本 以厚枝葉 4-19
——— —— 中國百姓 天下根本 4-19
——— —— 必畏威懷德 永爲藩臣 4-21
——— —— 匈奴微弱以來 始就農畝 4-19
——— 涼州都督(官名) 1-275, 4-19
——— 以爲於事無益 徒費中國 4-19
——— 表 使者求鷹 1-275
李道裕(唐)
——— 殿中少監(官名) 2-291
——— 奏 亮反形未具 明其無罪 2-291
——— 刑部侍郎(官名) 2-291
李道宗(唐)←江夏王
——— 禮部尙書(官名) 3-305
——— 議曰 恃衆輕我 一戰可摧 3-305
——— —— 賊赴急遠來 兵實疲頓 3-305
——— 從太宗征高麗 3-305
——— 特進(官名) 3-53
李陵(漢) 1-193
李密(唐)←魏公 1-208, 210, 213, 3-111
李百藥(唐)
——— 擧要荒而見羈 2-192
——— 竟能掃江表之氛穢 2-192
——— 景有慚於鄧子 2-189
——— 論政於漢幄 2-196
——— 履之則率性成道 2-183
——— 望興廢如從鈞 視吉凶如糾纆 2-183
——— 封事 鍥船求劍 2-96
——— —— 膠柱成文 2-96
——— —— 南陽太守 弊布裸身 2-102
——— —— 萊蕪縣長 凝塵生甑 2-102
——— —— 問鼎請隧有懼霸王之師 2-96
——— —— 班條之貴 食不擧火 2-101
——— —— 白馬素車無復藩維之援 2-96
——— —— 俸祿不入私門 2-101
——— —— 剖符之重 居惟飮水 2-101~102
——— —— 四道 2-108
——— —— 存亡之理在於郡國 2-90
——— —— 妻子不之官舍 2-101
——— 成從理之淫虐 2-189
——— 修致戒於京鄗 2-196
——— 始禍則金以寒離 2-189

——— 諒弘道之在人 2-185
——— 禮部侍郎(官名) 2-90
——— 違之則罔念作忒 2-183
——— 人紀與人綱 資立言與立德 2-183
——— 盡情義以兼極 2-185
——— 太子右庶子(官名) 2-183
——— 惠結皓而因良 2-189
——— 喜元良會而萬國貞 2-203
吏部(官名)
—— 銓簡之理 2-57
吏部尙書(官名)
———— 馬周(唐) 1-222
———— 高士廉 3-168
———— 杜如晦 2-57
———— 長孫無忌 2-86, 280
李斯(秦) 2-93
李思摩(唐) 3-314
——— 右衛大將軍(官名) 3-61
——— 乙彌泥熟俟利苾可汗(官名) 4-23
二世皇帝(秦)←秦二世
李承乾(唐)←太子, 皇太子 1-178, 2-183, 206, 208, 209, 210, 217, 218, 222, 3-100
——— 令撰孝經義疏 2-207
——— 謂玄素 庶子患風狂耶 2-209
李神通(唐)←淮安王
——— 上言 刀筆之人 功居第一 2-86
李嚴(蜀漢)
—— 發病而死 2-285
李靈夔(唐)←魯哀王 2-273
伊吾(地) 4-21
夷吾→管仲(齊)
—— 有射鉤之罪 1-246
—— 齊境之難 1-246
二王→劉英(後漢), 劉荊(後漢) 2-179
李瑗(唐)←廬江王 1-259
李元嘉(唐)←韓王 2-273
——— 潞州刺史(官名) 2-273
——— 聞太妃有疾 便涕泣不食 2-273
——— 與其弟李靈夔……內外如一 2-273
——— 至京師發喪 哀毁過禮 2-273
李元景(唐)←荊王 2-90, 173
——— 荊州都督(官名) 2-90
李元軌(唐)←霍王, 吳王 2-273
——— 武德中 初封爲吳王 2-273
——— 壽州刺史(官名) 2-273
李元吉(唐)←齊王, 巢刺王, 海陵王 2-235, 241
李元曉(唐)←密王 3-163
李緯(唐)
—— 洛州刺史(官名) 2-84
—— 司農卿(官名) 2-84
—— 戶部尙書(官名) 2-84
伊尹(殷) 2-200
—— 有莘之媵臣 2-26
李愔(唐)←蜀王
李仁發(唐) 1-308
——— 侍御史(官名) 1-306
李勣(唐)←徐勣, 英國公, 英衛, 越王 1-213, 3-305
—— 兵部尙書 兼知政事(官名) 1-212
—— 幷州都督(官名) 1-212
—— 賜姓李氏 1-210
—— 黎州總管(官名) 1-210
—— 用師籌筭 臨敵應變 動合事機 1-213
—— 右武侯大將軍(官名) 1-210
—— 長史(官名) 1-212
—— 曹州離狐人 1-208
—— 左武侯大將軍(官名) 1-208
—— 太子詹事(官名) 1-213
—— 太宗剪鬚爲其和藥 1-213
—— 特進(官名) 1-213
二千石(官名) 2-63, 179
李靖(唐)←代國公, 衛國公 1-188, 205, 213, 3-230, 4-13
—— 檢校中書令(官名) 1-193

—— 擊破突厥定襄城 1-193
—— 京兆三原人 1-192
—— 光祿大夫尚書右僕射(官名) 1-198
—— 代州道行軍總管(官名) 1-193
—— 馬邑郡丞(官名) 1-192
—— 兵部尙書(官名) 1-193
—— 非魏徵 莫可 2-253~254
—— 西海道行軍大總管(官名) 1-198
—— 揚州大都督府長史(官名) 1-193
—— 右僕射(官名) 2-253
—— 謂副將 張公謹 1-195
—— 定襄道行軍總管(官名) 1-195
—— 刑部尙書(官名) 1-193
李泰(唐)←魏王 1-178, 205, 2-131
——— 素有風疾 言涉妖妄 3-215
李好德(唐)
——— 素有風疾 言涉妖妄 3-215
李弘節(唐)
——— 桂州都督(官名) 2-251
李孝恭(唐)←趙郡王, 河間王 3-52
——— 東南道行臺尙書左僕射(官名) 3-52
——— 性惟退讓 無驕矜自伐之色 3-53
——— 禮部尙書(官名) 3-53
藺謩(唐)
—— 將軍(官名) 3-283

【ㅈ】

刺擧→刺史 2-96
刺史(官名)←刺擧 1-302, 2-52, 63, 84, 90, 178, 262, 273, 3-88, 243, 244~245, 259
—— 房玄齡 2-90
—— 李緯 2-84
—— 長孫無忌 2-90
—— 趙元楷 3-88
子貢(春秋 魯) 4-91
子期(周)
—— 周文王 2-141
子文(春秋 楚) 2-112
子思(魯)
—— 古之君子……何反服之禮之有 2-26
子嬰(秦) 2-93
子夏(春秋 魯)←卜子夏 3-136
岑文本(唐) 1-290, 2-157, 265
——— 古人所以貴君子而賤小人 2-40
——— 對曰 必須以學飭情 以成其性 3-146
——— 封事 豈可謂天譴而繫聖心 4-75
——— —— 常加含養 則日就滋息 4-72
——— —— 雨水之患 陰陽恒理 4-75
——— —— 暫有征役 則隨日凋耗 4-73
——— 奏言 淸貞雅操 實繼先風 2-264
——— 中書令(官名) 3-41, 3-146
——— 中書侍郎(官名) 2-135, 264, 3-168, 4-72
——— 歎曰 吾本漢南一布衣 3-41
莊公(春秋 魯)←魯莊公
莊公(春秋 齊)←齊莊公
張公→張玄素(唐)
—— 回天之力 1-268
張公謹(唐)
——— 襄州都督(官名) 3-59
——— 李靖之副將 1-195
長公主(唐)
——— 唐高祖之公主 2-288
將軍(官名) 1-195, 208, 210, 2-234, 3-61, 122, 4-19
—— 藺謩 3-283
張譏(陳) 3-136
張道源(唐) 2-251
張亮(唐)
—— 權萬紀讒毁 1-307
—— 坐謀反下獄 2-291
—— 刑部尙書(官名) 2-291
張良(漢)←張子房, 張孺, 張陳 2-189

將閭(秦) 2-93
張猛(漢)
—— 光祿卿(官名) 4-52
—— 主聖臣直……聖主不乘危 4-52
長史(官名)
—— 郭孝恪 1-209
—— 李勣 1-212
張師政(唐) 2-222
莊生→莊子(戰國 宋)
—— 稱至道無文 3-77
張昭(漢)
—— 變色於後 4-47
臧孫(春秋 魯) 2-218
臧孫達(春秋 魯)←臧哀伯
長孫無忌(唐)←齊國公 1-175, 205, 287
———— 吏部尚書(官名) 2-86, 280
———— 司空(官名) 2-90, 4-38
———— 司徒(官名) 1-290, 2-148
———— 趙州刺史(官名) 2-90
———— 奏言 君則杜塞忠讜之言 臣則苟欲自全 4-38
———— —— 不惟天道 實由君臣不相匡弼 4-38
長孫皇后→文德皇后(唐)
———— 吾一婦人而亂天下法 3-256
———— 遇疾 漸危篤 3-256
———— 越王 1-329
長樂公主(唐)
———— 文德皇后所生 2-288
臧哀伯→臧孫達(春秋 魯) 3-265
張蘊古(唐)
——— 大理寺丞(官名) 3-224
——— 大理丞(官名) 3-215
——— 言好德癲病有徵 法不當坐 3-215
——— 蘊古密報其旨 仍引與博戲 3-215
——— 幽州總管府記室兼直中書省 3-217
——— 表上 大寶箴 3-217
莊王(戰國 楚)←楚王(戰國) 1-59
張元濟(隋)
——— 大理丞(官名) 2-15
張孺→張良(漢) 3-78
莊子(戰國 宋)←莊生
張子房→張良(漢)
——— 非口舌所能爭 2-20
張芝(後漢)←鍾張
張湯(漢) 3-234
張玄素(唐)←張公
——— 給事中(官名) 1-262
——— 對曰 同歸於亂 1-267
——— 上書 苟悅耳目 終穢心神 2-209
——— —— 今苑內娛獵 雖名異遊畋 2-208
——— —— 儲君之寄 荷戴殊重 2-209
——— —— 漸染既久 必移情性 2-209
——— —— 弘儉約薄賦斂愼終始 1-262
——— 銀青光祿大夫(官名) 2-209
——— 太子右庶子(官名) 2-208
張華(晉)
—— 司空(官名) 1-234
宰相(官名) 1-103, 109, 229, 2-285, 291
—— 皆言其淸 2-251
—— 妙擇其人 累奏不可 2-291
—— 之賢 2-285
儲君→太子 3-208(集)
褚亮(唐)←虞褚
褚遂良(唐) 1-290, 4-31
——— 諫曰 莫離支虐殺其主 九夷所不容 3-264
——— 諫議大夫(官名) 1-254, 2-131, 135, 178, 3-96, 298
——— 諫議大夫兼知起居注(官名) 3-154
——— 起居郎(官名) 1-205
——— 對曰 首創奢淫 危亡之漸 1-254
——— 莫離支所獻 自不合受 3-265
——— 上疏 負戴洪恩 長爲藩翰 4-29
——— —— 飛芻輓粟 十室九空 4-29
——— —— 數郡蕭然 五年不復 4-29

——— —— 收其鯨鯢 以爲州縣 4-29
——— —— 王師初發之歲 河西供役之年 4-29
——— —— 二則覲見朝儀 2-179
——— —— 一則畏天之威 2-179
——— —— 自知爲人 審堪臨州 2-179
——— —— 諸王定分 2-131
——— —— 尊嫡卑庶 2-131
——— —— 誅滅高昌 威加西域 4-29
——— —— 中國不擾 旣富且寧 4-29
——— —— 平頡利於沙塞 滅吐渾於西海 4-29
——— 善旣必書 過亦無隱 3-96
——— 以記人君言行 善惡畢書 3-154
——— 進曰 陛下兵機神筭 人莫能知 3-298
——— 黃門侍郎(官名) 3-264, 4-29
著作郎(官名)
——— 姚思廉 1-242
著作佐郎(官名)
———— 鄧隆 3-152
褚仲都(梁) 3-136
赤松子(神仙)←松喬
展禽(春秋 魯) 2-73
雋不疑(漢)
——— 斷以蒯聵之事 3-140
田延年(漢)
——— 大司農(官名) 3-118
——— 贓賄三千萬 3-118
顓頊 1-123, 2-141
前疑(官名) 3-224
前中書侍郎(官名)
————— 顔師古 3-143
殿中少監(官名)
———— 李道裕 2-291
田豐(漢) 4-31
鄭家→鄭仁基(唐) 1-294
鄭康成→鄭玄(後漢) 3-249
鄭國公→魏徵(唐) 1-175
定陶→定陶共王(漢) 2-192
定陶共王(漢)←定陶
鄭氏→鄭仁基(唐) 1-293, 296
定襄道行軍總管(官名)
——————— 李靖 1-195
廷尉(官名)
—— 陳元達 3-34
鄭仁基(唐)←鄭家, 鄭氏 1-292
——— 通事舍人(官名) 1-292
鄭衆(後漢) 3-136
鄭仲虞(後漢) 3-185
鄭玄(後漢)←鄭康成 3-136
帝→太宗(唐)
— 設無太子 則母弟次立 3-180
諸葛孔明→諸葛亮(蜀漢) 2-310
———— 吾心如稱 不能爲人作輕重 2-277
諸葛亮(蜀漢)←諸葛孔明 3-92, 249
——— 爲丞相 亦甚平直 2-285
——— 理蜀十年 不赦而蜀大化 3-249
齊冏→司馬冏(西晉) 2-167
齊景公→景公(春秋 齊) 1-272
——— 時彗星見 4-67
——— 晏嬰 2-26
齊國公→長孫無忌 2-86
齊文宣→文宣帝(北齊)
——— 狂悖 3-92
——— 昏暴 1-138
齊王→李元吉(唐) 2-235
帝堯→堯(唐虞) 2-198
—— 光被四表 2-93
濟陰王→李蓋(唐) 1-210
齊莊公→莊公(春秋 齊) 2-26
齊主→後主(北齊)
—— 深好奢侈……乃至關市無不稅斂 3-277
—— 若爲優劣 3-278
—— 懦弱 政出多門 3-278
—— 爲劣 3-278
齊桓公→桓公(春秋 齊) 1-259, 2-20, 315,

3-20, 78, 322
——— 小國之庸君 3-322
——— 吾欲使酒腐於爵 肉腐於俎 3-20
——— 好服紫 合境無異色 2-315
齊侯→桓公(春秋 齊) 3-78, 161
趙高(秦) 1-62, 2-144, 3-89
朝貢使(官名) 3-262
趙郡王→李孝恭(唐) 3-52
曹郎(官名) 2-67
趙盾(晉) 2-217
曹植(三國 魏)←東阿, 陳思 2-167
趙襄子(戰國 晉)
——— 爲智伯報仇 2-260
趙王→劉如意(漢) 2-189
趙王倫→司馬倫(晉) 1-234
曹元首(三國 魏)
——— 與人共其樂者人必憂其憂 2-96
——— 與人同其安者人必拯其危 2-96
趙元楷(唐)
——— 刺史(官名) 3-88
——— 潛飼羊百餘口魚數千頭 將饋貴戚 3-88
鼂錯(漢) 1-118
—— 上書 2-150
趙州刺史(官名)
———— 長孫無忌 2-90
朝集使(官名) 3-259
趙弘智(唐) 2-209
——— 右庶子(官名) 2-210
祖孝孫(唐)
——— 奏所定新樂 3-192
——— 太常少卿(官名) 3-192
祖孝徵(北齊) 3-83
從理(漢) 2-189
從事中郎(官名)
———— 杜如晦 1-165
鍾繇(三國 魏)→鍾張
鍾子期(春秋 楚) 1-205
鍾張→鍾繇(三國 魏), 張芝(後漢) 2-154, 3-313
宗正(官司) 2-87
左車騎(官名)
——— 謝叔方 2-235
左光祿大夫(官名)
————— 陳叔達 2-248
左丘明(春秋 魯) 3-136
左郎中(官名)←左右郎中
左屯衛中郎將(官名)
—————— 馮立 2-234
左武侯大將軍(官名)
—————— 李勣 1-208
左僕射(官名)
——— 房玄齡 1-294, 326
左史(官名)←左右史 3-73
左丞(官名)←左右丞
—— 戴胄 2-67
左右郎中→左郎中(官名), 右郎中(官名) 2-68
左右史→左史(官名), 右史(官名) 3-154
左右丞→左丞(官名), 右丞(官名) 2-49, 67, 68
祭酒(官名) 3-131, 143
紂(殷)←桀紂, 商紂, 殷受, 殷紂 1-123, 2-18, 173, 312, 3-26, 270, 326, 4-62
— 狎侮五常 3-26
— 用之而國亡 3-326
— 爲無道 1-123
— 唯唯而亡 1-107
祭酒(官名) 3-131, 143
周公(周)←旦, 周孔, 周召, 姬旦 2-200, 277, 3-131, 156
周孔→周公(周), 孔子(春秋 魯) 3-64
朱均→丹朱(唐虞), 商均(唐虞) 2-112
周武→武王(周)
—— 平紂之亂 以有天下 3-270
周文王→文王(周) 2-198, 3-220, 4-100
—— 遊於鳳凰之墟 2-26
周宣→宣王(周)
—— 薄伐 至境而反 4-29

周召→周公(周), 召公(周) 2-73, 144, 3-89
周亞夫(漢)←亞夫
周誦→成王(周) 2-185, 208
—— 升儲 見匡毛畢 2-222
朱异(南朝 梁) 1-62
周弘正(陳) 3-136
仲尼→孔子(春秋 魯) 1-234, 3-131, 4-73
—— 君猶舟也 人猶水也 4-73
—— 爲先聖 3-131
—— 稱 直哉 史魚 1-234
—— 稱其仁 2-26
—— 孝子也 防墓不墳 3-37
中郎將(官名) 1-220, 4-19, 23
——— 常何 1-220
——— 阿史那結社率 4-23
——— 呂衡 2-235
中撫→武帝(晉) 2-192
中書內省(官司) 1-95
中書令(官名) 1-222, 3-41
——— 兼太子左庶子 1-222
——— 馬周 1-222
——— 房玄齡 1-156, 2-86, 277
——— 斯亦極矣 3-41
——— 溫彦博 1-294, 4-13
——— 岑文本 3-41, 146
中書門下(官司) 1-99, 105, 3-211
———— 四品已上 3-211
中書門下同三品(官名) 1-233(集)
中書舍人(官名) 1-220
———— 高季輔 3-163
———— 馬周 1-220, 2-112
中書省(官司) 1-99
——— 張蘊古 3-217
——— 表上大寶箴 3-217
中書侍郎(官名)
———— 杜正倫 1-242
———— 岑文本 2-135, 264, 3-168, 4-72
———— 顔師古 3-143
仲由→子路(春秋 魯)
—— 懷負米之恨 3-191
中允(官名)
—— 王珪 1-186
重耳→文公(春秋 晉) 1-246
中行穆伯(晉)
———— 攻鼓……將何用之 3-20~21
———— 列國之大夫 3-22
中行氏(春秋)←范中行氏 2-260
曾閔→曾參(春秋 魯), 閔子騫(春秋 魯) 2-273
曾參(春秋 魯)←曾閔 2-73
繒侯(周)←申繒
知起居事(官名)
———— 杜正倫 3-73
知起居注(官名)
———— 褚遂良(唐) 3-154
知吏部選事(官名)
————— 杜如晦 1-166
知門下省事(官名)
————— 魏徵(唐) 1-175
智伯(春秋 晉) 2-260
持書侍御史(官名)
————— 權萬紀 1-306, 3-215
知政事(官名)
——— 李勣 1-212
稷(唐虞)←稷契, 后稷 2-35, 86
稷契→后稷(唐虞), 契(唐虞) 4-86
直長(官名) 2-218
震→太子 2-222
晉→靈公(春秋 晉) 2-217
陳靈→靈公(春秋 陳)
—— 君臣悖禮 共侮徵舒 2-101
陳萬福(唐)
——— 右衛將軍 3-122
秦穆公→穆公(秦)
——— 明君也 橐泉無丘隴之處 3-37
晉武帝→武帝(晉) 1-86, 142, 3-324
——— 雉頭裘 4-90

晉文公→文公(春秋 晉) 1-133
秦府(官司) 1-302, 2-235, 277, 279, 3-230
陳思→曹植(三國 魏) 2-128
陳師合(唐) 3-92
——— 監察御史(官名) 3-92
——— 拔士論 3-92
陳壽(晉) 2-285
陳叔達(唐)
——— 對曰 不改前轍 2-248
——— 禮部尙書(官名) 2-248
——— 左光祿大夫(官名) 2-248
秦始皇→始皇帝(秦) 1-262, 3-28, 4-67, 68, 105
——— 非分愛好……還至沙丘而死 3-68
秦王→始皇帝(秦)
—— 輕戰事胡 四十載而絶滅 4-21
秦王→太宗(唐) 1-302
秦王府(官司)
——— 杜如晦 1-164
——— 房玄齡 1-155
秦王府記室(官名)
————— 房玄齡 1-155
秦王府兵曹參軍(官名)
——————— 杜如晦 1-164
晉王友(官名)
——— 袁承序 2-264
陳元達(前趙)
——— 廷尉 3-34
陳元方(後漢) 3-249
秦二世→二世皇帝(秦) 1-62
秦政→始皇帝(秦)
—— 强辯 3-78
陳倉尉(官名)
——— 劉仁軌 4-60(集)
秦惠王→惠王(秦)
——— 欲伐蜀 不知其逕 乃刻五石牛 3-118
晉惠帝→惠帝(晉) 1-234, 4-65
秦皇→始皇帝(秦) 3-202
—— 倂呑六國 3-324
—— 因周之衰 遂呑六國 3-270
—— 之事 遂不復作也 3-28
—— 漢武 外則窮極兵戈 3-202
—— 漢武 始皇暴虐 3-262
—— 漢武之事 1-274
晉侯→景公(春秋 晉) 4-65
陳後主→後主(南朝 陳) 3-152
秩宗(禮官) 3-187
執失思力(突厥) 3-280
———— 自張聲勢 二可汗總兵百萬 3-280

【ㅊ】

昌→文王(周) 3-161
昌發→文王(周), 武王(周) 2-188
蔡國公→杜如晦 1-166, 2-86
蔡叔(周)←管蔡 2-277
戚夫人(漢) 2-189
千牛(官名) 1-322, 2-218
天元→宣帝(北周) 3-278
天策府(官司)
——— 杜如晦 1-165
天策府從事中郎(官名)
——————— 杜如晦 1-165
詹事(官名)
—— 于志寧 2-222
詹何(戰國 楚)
—— 未聞身理而國亂者 1-59
疊州都督(官名)
———— 李勣 1-219(集)
楚→劉英(後漢) 2-288
楚王→劉英(後漢)
—— 好細腰 後宮多餓死 2-315
楚王→莊王(戰國 楚) 1-59
楚王瑋→司馬瑋(晉) 2-173
蜀先主→昭烈帝(蜀漢) 3-249

蜀王(戰國) 3-118
蜀王→李愔(唐) 1-322
蜀王妃(唐)
——— 楊譽之女 1-322
總管府長史(官名)
————— 杜如晦 1-164
崔幹(唐) 3-169, 171
崔象(隋) 4-40
崔杼(春秋 齊) 2-26
春卿→桓榮(後漢) 2-203
黜陟使(官名) 2-253
充華(女官) 1-292, 296
治書侍御史(官名)
————— 權萬紀 3-123
————— 劉洎 2-67
蚩尤(人) 1-123

【E】

拓跋赤辭(東突厥) 4-19
湯(殷)←成湯, 禹湯, 殷湯, 湯武 1-123, 2-141
— 羅一面 天下歸仁 2-208
— 放之 在湯之代 1-123
— 藥飲食舟船 2-281
— 有司過之史 2-312
— 之罪己 4-100
— 致禮 定王業於南巢 2-26
— 學威子伯 2-142
湯武→湯(殷), 武王(周) 4-88
太公望(周)←呂尙 3-174(集)
台司→三公 1-86
太常卿(官名)
——— 蕭瑀 3-198
——— 韋挺 1-246
太常少卿(官名)
———— 祖孝孫 3-192
太常丞(官名)
——— 元善達 2-224
太上皇→高祖(唐) 1-196, 295, 2-244, 248, 256, 295
太孫→成帝(漢) 2-192
太原留守(官名)
———— 唐高祖 1-192
太尉(官名) 2-63
—— 楊震 2-258
太子←明兩, 少陽, 守器, 元良, 儲君, 前星, 震 2-135, 148, 150, 157, 166, 209, 217, 3-180
—— 保傅 3-89
—— 申犯顔之諫 誠古今未有 1-290
—— 宗社之本 須有師傅 1-178
—— 之諫 或乘間從容而言 1-290
太子→高宗(唐) 2-149, 154, 157
太子→司馬遹(晉) 1-234
太子→楊勇(隋) 3-83
太子→李建成(唐) 2-234
太子→李承乾(唐) 1-329, 2-139, 144, 160, 161, 183, 205, 206, 207, 222
太子舍人(官名)
———— 辛處儉 1-295
太子洗馬(官名)
———— 魏徵 1-172
太子少保(官名)
———— 蕭瑀 3-207
太子少師(官名)
———— 李綱 2-139
———— 房玄齡 1-156
太子右庶子(官名)
————— 高季輔 1-286
————— 孔穎達 2-206
————— 杜如晦 1-166
————— 李百藥 2-183
————— 王珪 1-186
————— 張玄素 2-208

太子左庶子(官名)
———— 杜正倫 2-161
———— 馬周 1-222
———— 房玄齡 1-155
———— 于志寧 2-161, 206
太子詹事(官名)
———— 李勣 1-213
———— 于志寧 2-217
太子太師(官名)
———— 魏徵 1-178
太宗(唐)←唐太宗, 文皇, 秦王, 帝, 皇太子
1-155, 3-43
—— 彊弱之勢 在今一策 3-280
—— 卿可撰錄進來 3-156
—— 卿輩 欲自崇貴 卑我兒子 3-179
—— 竟不用其計 今日方自悔責 4-31
—— 卿以爲前代誰比 2-273
—— 卿自守法 而令朕失信 2-281
—— 古先撥亂之主 年踰四十 4-83
—— 古者斷獄 必訊於三槐九棘之官 3-211
—— 古稱至公者 蓋謂平恕無私 2-277
—— 恐妨農事 令改用十月 3-207
—— 功臣世襲刺史 2-90
—— 君無爲則人樂 君多欲則人苦 3-202
—— 君臣之義 同於父子 3-59
—— 君天下者 惟須正身修德 3-69
—— 屈突通 戰於潼關 2-244
—— 窮兵極武 未有不亡 3-287
—— 近令造小隨身器物 3-112
—— 勤行三事 吾能守之 終不轉 3-96
—— 今三公九卿 卽其職也 3-211
—— 今若放還 必謂我懼 3-280
—— 年十八 便擧兵 4-83
—— 年二十九 昇爲天子 4-83
—— 年二十四 定天下 4-83
—— 怒苑西監穆裕 1-290
—— 勞謙 君子有終吉 3-49
—— 能爲我如此守法 豈畏濫有誅夷 1-336
—— 但問堪否……而頓忘也 2-277
—— 但知自咎自責 追悔何及 3-102
—— 對杜如晦 君暗臣諛 危亡不遠 1-236
—— ———— 不以直言忤意 輒相責怒 1-236
—— 對蕭瑀 廣任賢良 高居深視 1-109
—— ——— 以日繼月 乃至累年 1-109
—— ——— 一日萬機 獨斷一人之慮 1-109
—— 命劉洎 遺寢床粥食鹽菜 2-270
—— 木雖曲 得繩則正 2-164
—— 撫掌 兒子 宜各與一官 2-251
—— 問谷那律 油衣若爲 得不漏 4-50
—— 問孔穎達 問於不能 以多問於寡 3-49
—— 文過於古也 4-83
—— 問蕭瑀 隋文帝 何如主也 1-108
—— 問王珪 近代君臣理國 多劣於前古 1-103
—— 聞爲造正寢 厚加賻贈 3-43
—— 問魏徵 卿可爲朕言之 當以爲楷則 4-107
—— ——— 大亂之後 將求致理 寧可造次而望 1-121
—— ——— 德仁功利 2-38
—— ——— 明君暗君 1-62
—— ——— 有傳位十代者 有一代兩代者 4-107
—— ——— 或恐心生驕逸 喜怒過度 4-107
—— 問褚遂良 將却觀所爲得失 3-154
—— ———— 食器苦諫 1-254
—— 文章爲集 3-152
—— 美人侍側 1-259
—— 房玄齡等畫定社稷之功 2-86
—— 房玄齡昔從我定天下 1-66~67
—— 法者 天下之法 2-281
—— 竝遺其書 想卿忠節之風 2-239
—— 封建子孫 2-90
—— 封建親賢 當是子孫長久之道 2-90
—— 不勞而定 勝於十萬之師 3-284
—— 非公不聞此言 庶幾無如此事 4-42
—— 賜書韋挺 各吠非主 志在無二 1-246
—— 賜詩 疾風知勁草 板蕩識誠臣 2-256

—— 思賢之情 豈捨夢寐 2-227
—— 所冀移灾朕躬 何疾之避 3-205
—— 召而數之 爲飼羊養魚 雕飾院宇 3-88
—— 誰可充使 2-253
—— 雖諫不從 終爲善策 3-318
—— 水能載舟 亦能覆舟 2-164
—— 數之 大殺傷吾兵 將何以逃死 2-234
—— 須弘道移風 使萬世永賴 4-38
—— 徇地渭北 1-153
—— 時欲營小殿乃輟 其材爲造 1-178
—— 實錄 3-156
—— 實爲社稷之計 2-249
—— 十八 便爲經綸王業 4-67
—— 我幾不思量 甚大錯誤 3-101
—— 我不思量 1-267
—— 雅樂之容 止得陳其梗槪 3-198
—— 愛駿馬 1-272
—— 若遂來請 糜費良多 3-30
—— 若委曲寫之 則其狀易識 3-198
—— 於馬周暫時不見 則便思之 1-222
—— 於正殿之左 置弘文館 3-128
—— 令洎與岑文本馬周 與皇太子談論 2-157
—— 令試 綸遣造傀儡戲具 3-71
—— 令斬於東市 3-215
—— 令妻徵女焉 2-273
—— 禮樂之作 緣物設敎 以爲撙節 3-192
—— 吾之理國 良無景公之過 4-67
—— 王府官寮 勿令過四考 2-135
—— 姚思廉不懼兵刃 2-239
—— 欲以爲鑑誡 使得自修改耳 3-156
—— 欲專以仁義誠信爲治 2-227
—— 虞世南 吾有小善 必將順而成之 1-205
—— —— 吾有小失 必犯顏而諫之 1-205
—— 謂高季輔 藥石之言 1-286
—— 謂公卿 隆周炎漢 建武永平故事 4-83
—— —— 四夷咸服 實賴諸公之力 4-83
—— —— 使子孫每懷愧恥 3-120
—— —— 主欲知過 必藉忠臣 1-226
—— 謂群臣 國之危亡 可立而待 3-262
—— —— 魏徵所論 國家大法 1-331
—— —— 惟揚美隱惡 共進諛言 3-262
—— —— 惟有才行 豈以新舊爲差 2-279
—— —— 人主惟在德行 何必要事文章耶 3-152
—— —— 自夸彊盛 我當先戮爾 3-280
—— —— 帝道王道 惟魏徵勸我 1-126
—— 謂其使 愛其色而傷其心 我不取 3-267
—— 謂段綸 百工相戒 無作奇巧 3-71
—— 謂戴冑 非爲勳舊 以其有才行 3-92
—— 謂杜如晦 明主思短而益善 暗主護短而永愚 1-233
—— —— 被殺 世基合同死否 1-233
—— 謂禮官 舅之與姨 而服之有殊 3-182
—— 謂李百藥 以誡太子 甚是典要 2-205
—— 謂李神通 國家大事惟賞與罰 2-86
—— 謂李勣 朕將屬以孤幼 1-213
—— 謂房玄齡 改削浮詞 直書其事 3-156
—— —— 却思少小時行事 大覺非 3-99
—— —— 羽獵子虛上林兩都等賦 3-149
—— —— 繼世守文之君 2-176
—— —— 不知自古當代國史 3-156
—— —— 卑干尊 古來不易 1-268
—— —— 詞理切直 可裨於政理者 3-149
—— —— 山東四姓 有紊禮經 3-168
—— —— 選良佐以爲藩弼 2-176
—— —— 蕭瑀眞社稷臣 2-256
—— —— 以賞其能 必不可超授官爵 2-44
—— —— 一食便念稼穡之艱難 2-176
—— —— 一衣則思紡績之辛苦 2-176
—— —— 一朝忽無良相 如失兩手 1-158
—— —— 衆人之唯唯 不如一士之諤諤 1-268
—— —— 創業之主 2-176
—— 謂房玄齡杜如晦 比開直言之路者 3-95
—— 謂房玄齡等 卿等 亦可慕宰相之賢者

2-285
—— ———— 公等 須受人諫語 1-240
—— ———— 濫賞無功 濫殺無罪 1-240
—— ———— 量才授職 務省官員 2-43
—— ———— 明鏡鑑形 美惡必見 1-253
—— ———— 名工文匠 商略詆訶 1-253
—— ———— 僕射廣聞耳目 求訪賢哲 2-48~49
—— ———— 若不能受諫 安能諫人 1-240
—— ———— 魏徵隨事諫正 多中朕失 1-253
—— ———— 人君得匡諫之臣 擧其愆過 1-253
—— ———— 自知者明 信爲難矣 1-253
—— ———— 朕今每慕前代帝王之善者 2-285
—— ———— 畫地作餠不可食 2-43
—— 謂裴寂 每一思政理 或三更方寢 1-238
—— ——— 上書奏事 總黏之屋壁 1-238
—— 謂封德彝 君自爲詐 欲臣下行直 3-13
—— ———— 前代明王 使人如器 2-53
—— ———— 致安之本 惟在得人 2-53
—— 謂上書人 欲使大信行於天下 3-13
—— 謂上書者 朕之所任 皆以爲賢 3-13
—— 謂蕭瑀 良弓十數 以示弓工 1-95
—— 謂孫伏伽 恐主獄之司 利在殺人 3-245
—— ———— 危人自達 以釣聲價 3-245
—— 謂侍臣 可令尙食 斷肉料 進蔬食 4-72
—— ——— 諫爭畏犯逆鱗 1-248
—— ——— 考使至京者 皆賃房以坐 3-178
—— ——— 恐懷驕矜 恒自抑折 1-142
—— ——— 驕矜而取敗者 不可勝數 1-141
—— ——— 國家法令 不可一罪作數種條 3-254
—— ——— 君臣同治亂 共安危 2-13
—— ——— 君臣相遇 有同魚水 1-229
—— ——— 君爲善者 多不能堅守其事 4-81
—— ——— 君猶器也 人猶水也 3-63
—— ——— 今欲聞已過 皆可直言 3-104
—— ——— 今日懷州 秋毫不干於百姓 4-52
—— ——— 今作何法 得使平允 3-211
—— ——— 今將出之 任求伉儷 3-55
—— ——— 矜物罪己 載懷憂惕 4-71~72
—— ——— 其得天下不殊 祚運長短 3-270
—— ——— 奈何以劬勞之辰 遂爲宴樂之事 3-191
—— ——— 難違一官之小情 頓爲萬人之大弊 1-99
—— ——— 念公忘私 則榮名高位 4-105
—— ——— 勞人求名 非朕所欲 3-290
—— ——— 多遭困窮 聞有鬻男女者 3-58
—— ——— 但使倉庫可備凶年 3-272
—— ——— 陶唐 大聖 柳下惠 大賢 3-243
—— ——— 都督刺史 實理亂所繫 尤須得人 2-52
—— ——— 敦行禮讓 少敬長妻敬夫 3-208
—— ——— 每思臣下有讜言直諫 1-142
—— ——— 明珠是身外之物 3-116
—— ——— 滅私徇公 堅守直道 1-99
—— ——— 無祥瑞 亦可比德於堯舜 4-62
—— ——— 文武百官 各上封事 極言得失 4-72
—— ——— 勿避此言 便爲形迹 2-293
—— ——— 百姓漸知廉恥 2-229
—— ——— 邊境足得三十年來無事 擧此二策 3-294
—— ——— 竝爲頡利破亡 3-274
—— ——— 本根不搖 則枝葉茂榮 1-136
—— ——— 夫不失時者 在人君簡靜 3-202
—— ——— 富有四海 誠能自節 3-32
—— ——— 四時蒐田 旣是帝王常禮 4-52
—— ——— 思此義 不可輕出詔令 3-254
—— ——— 常保此三鏡 以防已過 1-180
—— ——— 尙不能使陶染變革 去惡從善 3-243
—— ——— 上智之人 自無所染 2-143

—— ——— 成其恥累 況是萬乘之主 3-75
—— ——— 省徭賦 恣其耕稼 3-208
—— ——— 遂覺勞費日甚 幾失久安之道 4-23
—— ——— 隋煬帝 1-212
—— ——— 視聽弗明 刑罰失度 4-71
—— ——— 食厚祿 受人委任 惟行諂佞 4-38
—— ——— 神仙事 本是虛妄 空有其名 3-68
—— ——— 身有益 於百姓有損 必不爲 3-290
—— ——— 安不忘危 理不忘亂 4-78
—— ——— 若兵戈屢動 土木不息 3-202
—— ——— 於屛風上 錄其姓名 2-52
—— ——— 如斯詆毁 有似呪詛 4-52
—— ——— 與商人雜居 纔得容身 3-178
—— ——— 如宇文述虞世基裴蘊之徒 居高官 4-38
—— ——— 如鳥有翼 失之必死 3-63
—— ——— 如何可獲善人 2-57
—— ——— 然陷其身者 皆爲貪冒財利 3-126
—— ——— 令明加糾訪科罪 庶可肅淸姦惡 3-243
—— ——— 令百姓安靜 不有怨叛 4-37
—— ——— 營衣食 以不失時爲本 3-202
—— ——— 禮義興行 非常之恩 3-249
—— ——— 遇物誨諭 2-163
—— ——— 遠想聽事 斯作遂止 3-34
—— ——— 爲君之道 必須先存百姓 1-57
—— ——— 爲政之要 惟在得人 3-140
—— ——— 魏徵殂逝 遂亡一鏡 1-180
—— ——— 有犯十惡者 刺史不須從坐 3-243
—— ——— 惟欲淸淨 使天下無事 遂得徭役不興 1-136
—— ——— 唯唯苟過 遂無一言諫諍者 1-105
—— ——— 宜令州縣敎導 齊之以禮典 3-165
—— ——— 以古爲鏡 1-180
—— ——— 以德行學識爲本 3-140
—— ——— 以銅爲鏡 1-180
—— ——— 理非通允 3-161
—— ——— 吏部擇人 惟取其言詞刀筆 2-57
—— ——— 以成帝業 縱逸之敗 4-81
—— ——— 耳所聞 目所見 深以自誡 4-37
—— ——— 以爲正合自守謙恭 3-46
—— ——— 以人爲鏡 1-180
—— ——— 夷狄內侵 亦何異於桀紂 4-62
—— ——— 李勣於幷州 塞垣安靜 1-212
—— ——— 以蜀王爲元龜 須以延年爲覆轍 3-118
—— ——— 仁義之道 當思之在心 2-231
—— ——— 人情之至痛者 莫過乎喪親 3-102
—— ——— 日旰而食 坐以待晨 1-142
—— ——— 一言不善 則人記之 3-75
—— ——— 自古帝王 必須貴順物情 3-28
—— ——— 自今奴告主者 盡令斬決 3-214
—— ——— 自玄齡等 咸宜品藻 1-188
—— ——— 刺史朕當自簡擇 2-63
—— ——— 定分 2-124
—— ——— 正詞直諫 裨益政敎 1-118
—— ——— 精選師傅 2-144
—— ——— 帝王之業 草創與守成孰難 1-66
—— ——— 詔勅疑有不穩便 必須執言 1-105
—— ——— 從我平定天下 周旋艱險 玄齡之功 1-178
—— ——— 主納忠諫 臣進直言 2-13
—— ——— 中書門下 機要之司 1-105
—— ——— 中書門下 本擬相防過誤 1-99
—— ——— 中書所出詔勅 頗有意見不同 1-99
—— ——— 中智之人 無恒從敎而變 2-143~144
—— ——— 卽思此一言於百姓有利益 3-73
—— ——— 知今日無事 須思其終始 4-78
—— ——— 知隋朝誰爲忠貞 2-244
—— ——— 朕有一言之善 世南未嘗不悅 1-203
—— ——— 且令契丹靺鞨攪擾之 3-297

―― ――― 讒佞之徒 皆國之蟊賊 3-83
―― ――― 滌除兇醜 百年無患 此一策 3-294
―― ――― 天見彗星 不德 政有虧失 4-67
―― ――― 初不納魏徵言 4-23
―― ――― 草創之主至于子孫多亂 2-39
―― ――― 初平高昌 魏徵褚遂良 依舊爲國 4-31
―― ――― 治國與養病無異也 1-113
―― ――― 致理比於三五之代 猶爲不逮 4-86
―― ――― 太子保傅 古難其選 3-89
―― ――― 悖亂禮經 仍令致拜於父母 3-167
―― ――― 蔽塞聰明 欲令其國無危 4-38
―― ――― 何者爲先 3-294
―― ――― 割股以啖腹 腹飽而身斃 1-57
―― ――― 項羽 旣入咸陽 已制天下 3-26
―― ――― 覈理一獄 欲成其考課 3-211
―― ――― 獻納忠讜 安國利人 惟魏徵而已 1-178
―― ――― 弘演 內懿公之肝於其腹中 2-260
―― ――― 頡利 恣情所爲 何可久 3-275
―― 謂于志寧等 輔導太子 2-161
―― 謂韋挺等 龍可擾而馴 然喉下有逆鱗 1-242
―― ―――― 不避犯觸 各進封事 1-242
―― 謂魏徵 公不得忘叔牙之爲人也 2-21
―― ――― 公疏 深覺詞强理直 4-102
―― ――― 公約朕以仁義 弘朕以道德 1-126
―― ――― 公亦足爲良工爾 1-126
―― ――― 公向未道時 都自謂所行不變 1-336
―― ――― 君亂於上 臣理於下 1-138
―― ――― 金之在鑛 何足貴哉 良冶鍛而爲器 1-175
―― ――― 錄付史司 冀千載之下 識君臣之義 4-102
―― ――― 大亂之後 造次不可致理 1-121
―― ――― 不値良工琢磨 與瓦礫不別 1-126
―― ――― 比來朝臣都不論事 1-250
―― ――― 非是煬帝無道 臣下亦不盡心 2-15
―― ――― 守天下難易 1-91
―― ――― 臣亂於下 君理於上 1-138
―― ――― 令人自學 2-71
―― ――― 王者須爲官擇人 2-59
―― ――― 用人 彌須擇 2-59
―― ――― 人皆苦不自覺 1-336
―― ――― 人臣欲諫 赴鼎鑊冒白刃 1-250
―― ――― 存心撫養 無有所科差 1-133
―― ――― 周能保八百之基 2-17
―― ――― 周惟善是務 積功累德 2-17
―― ――― 朕方自比於金 以卿爲良工 1-175
―― ――― 朕雖無美質 爲公所切磋 1-126
―― ――― 朕必不敢忘布衣時 2-21
―― ――― 天元齊主 若爲優劣 3-277~278
―― ――― 天子 無道則人棄而不用 誠可畏 1-116
―― ――― 太子宗社之本 須有師傅 1-178
―― ――― 太平後必有大亂 大亂後必有太平 2-71
―― 謂魏徵等 君有違失 臣須極言 4-40
―― ―――― 隋煬帝承文帝餘業 海內殷阜 4-40
―― ―――― 再三思審 必擇善而用之 4-41
―― 謂李恪 忘棄禮法 必自致刑戮 2-177
―― 爲人君雖無道 受諫則聖 2-164
―― 謂岑文本 梁陳名臣 有誰可稱 2-264
―― ―――― 必須博學 以成其道 3-146
―― 謂長孫無忌 太子幼在朕膝前 每見朕心說諫者 1-290
―― 謂長孫無忌等 九夷重譯 相望於道 3-24
―― ―――――― 三師以德道人者 2-148
―― ―――――― 惟有魏徵 勸朕 3-24
―― ―――――― 布德施惠 中國旣安 3-24
―― 謂張玄素 我何如桀紂 1-267

—— 謂褚遂良 比來記我行事善惡 3-96
—— ——— 危亡之禍 可反手而待 1-255
—— 謂朝集使 邀射聲名 厥土所賦 3-259
—— ——— 或嫌其不善 踰境外求 3-259
—— 魏徵每犯顔切諫 不許我爲非 1-175
—— 魏徵與我安天下 1-67
—— 謂漢王等 人之立身所貴者惟在德行 2-174
—— ——— 行善事則爲君子 行惡事則爲小人 2-174
—— 陰陽拘忌 朕所不行 3-207
—— 依漢時法令 本州辟召 2-57
—— 以高麗莫離支賊殺其主 議將討之 3-298
—— 李道裕議張亮云 可謂公平 2-291
—— 以西州爲安西都護府 每歲調發千餘人 4-28
—— 二十九而居大位 4-67
—— 二十四而天下定 4-67
—— 以正道扶之得理 何 1-139
—— 仁孝之性 豈隔華夷 2-276
—— 自今已後 充使宜停 2-295
—— 自剪鬚爲其和藥 1-213
—— 作威鳳賦 1-159
—— 昨日之事 自今深用爲誡 4-56
—— 將旋師 嘉安市城主堅守臣節 2-267
—— 宰相皆言其淸 2-251
—— 征遼東 帝親爲吮血 3-60~61
—— 情發於中 安避辰日 3-59
—— 帝範 3-308
—— 詔 可卽著令 置三師之位 2-142
—— — 京官五品以上 更宿中書內省 1-95
—— — 京官五品已上各擧一人 2-63
—— — 高士廉等 刊正姓氏 3-168
—— — 高士廉等 撰爲氏族志 3-168
—— — 曲爲節制 兩字兼避 3-161
—— — 恭承寶曆 寅奉帝圖 2-318
—— — 關中免二年租稅 關東給復一年 1-299
—— — 其官號人名及公私文籍 3-161
—— — 道宗與李勣爲前鋒 3-305
—— — 發卒修乾元殿 1-262
—— — 凡有死刑 雖令卽決 皆須五覆奏 3-216
—— — 不藉鹽梅 安得調夫五味 2-318
—— — 斯盖股肱 罄帷幄之謀 2-318
—— — 師古與孔穎達等 撰定五經疏義 3-143
—— — 奢侈者 可以爲戒 節儉者 可以爲師 3-37
—— — 削綸階級 竝禁斷此戲 3-71
—— — 隋何妥劉炫 竝前代名 儒經術可紀 3-136
—— — 詢于公卿 以至隸皀 推以赤心 2-318
—— — 始立孔子廟堂於國學 爲先聖 3-131
—— — 若不任舟楫 豈得濟彼巨川 2-318
—— — 梁皇侃褚仲都……錄姓名奏聞 3-136
—— — 然其胤緖 或當見存 2-266
—— — 令給其母肉料 2-276
—— — 令耨薩延屬惠眞等降 2-267
—— — 堯君素 固守忠義 2-262
—— — 魏徵 若有是非 直言無隱 1-180
—— — 有世及民兩字不連讀 3-161
—— — 宜三日中五覆奏 天下諸州三覆奏 3-228
—— — 議安邊之策 4-13
—— — 以仲尼爲先聖 顔子爲先師 3-131
—— — 自今後 在京諸司 奏決死囚 3-228
—— — 自有魏失御 齊氏云亡 市朝旣遷 3-171
—— — 前賢佐時 忠臣徇國 2-266
—— — 切至之意 固所望於卿 2-317
—— — 漸師保之訓 罕聞先達之言 2-317
—— — 爪牙竭熊羆之力 2-318
—— — 從其議 3-187
—— — 左丘明卜子夏……二十有一人 3-136
—— — 衆止其城下以招之 城中堅守不動 2-267
—— — 至床前 問其所苦 仍勅州縣醫療之

3-60
—— — 至於近代以來 年歲非遠 2-266
—— — 朕以虛薄 多慚往代 2-318
—— — 集前後戰亡人骸骨 設太牢致祭 3-60
—— — 築土山 以攻其城 竟不能剋 2-267
—— — 泰移居武德殿 3-100
—— — 太學 可竝配享尼父廟堂 3-136
—— — 風俗陵替 燕趙古姓 多失衣冠之緒 3-171
—— — 或恐有寃 門下省覆 有據法令合死 3-216
—— — 黃腸再開 同暴骸於中野 3-37
—— — 勳賢三品已上子孫 爲弘文學生 3-128
—— 詔答 今聞讜言 虛懷以改 3-80
—— —— 收彼桑榆 期之歲暮 1-88
—— —— 若魚若水 犯而無隱 1-88
—— —— 停策使 1-294
—— 詔答魏徵 省頻抗表 誠極忠款 1-86
—— 詔令 撰太子接三師儀注 2-148
—— —— 平章國計 必使諫官隨入 預聞政事 1-229
—— 詔藺謩 發江嶺數十州兵討之 3-283
—— 詔房玄齡 集諸儒 重加詳議 3-143
—— 詔書 逋租宿債 欠負官物 竝悉原免 1-302
—— 詔顏師古 於祕書省 考定五經 3-143
—— 詔李元曉等 不得答李恪李泰兄弟拜 3-163~164
—— 詔勅 門下省覆 有據法合死 3-228
—— —— 疑有不穩便 必須執言 1-105
—— 呪 爾其有靈 但當蝕我心 無害百姓 3-205
—— 舟所以比人君 水所以比黎庶 2-164
—— 重見其被擒獲之勢 3-198
—— 卽令李靖充使 2-254
—— 甑生 獲免 誰不覬覦 3-230
—— 至公理天下 以得萬姓之懽心 4-62
—— 知君人者 以天下爲公 無私於物 2-277
—— 祇以忠於所事 吾遂拔而用之 3-95
—— 陳叔達因謂 公曾進直言於太上皇 2-248
—— 朕法有所失 卿能正之 2-281
—— 朕亦悔有此問難 當卽改之 3-104
—— 朕有不善 卿必記 3-154
—— 此則武勝於古也 4-83
—— 責宰相以求賢而不使親細務 2-49
—— 初卽位 2-277
—— 出御府金寶贖之 還其父母 3-58
—— 取今日官品人才作等級 3-171
—— 勅 放令萬紀還第 3-123
—— — 尙書省 細碎務付左右丞 2-49
—— — 惟寃滯大事合聞奏者關於僕射 2-49
—— — 鄭氏之女 1-296
—— 勅旨 1-302
—— 親爲製魏徵碑文 1-178
—— 稱虞世南有五絶 1-204
—— 呑之 蝗不復爲災 3-205
—— 罷獵 擢拜仁軌 4-59
—— 頗有自矜之意 此吾之過 4-67
—— 罷子弟及功臣世襲刺史 2-112
—— 販鬻松檟 依託富貴 3-169
—— 便是朕之甲仗 2-230
—— 必須撫之以仁義 2-229
—— 下書李大亮 1-276
—— 或才識庸下 而偃仰自高 3-169
—— 懷遠勝古也 4-83
—— 悔之 謂房玄齡 當時盛怒 卽令處置 3-216
—— 悔處其部衆於中國 還其舊部於河北 4-23
太學(官司)
—— 可竝配享尼父廟堂 3-136
—— 四門廣文 亦增置生員 3-131
—— 齒冑 所以尙敬也 3-165
通事舍人(官名)
———— 鄭仁基 1-292
通直散騎常侍(官名)
—————— 顏師古 3-143

特進(官名)
—— 李勣 1-213
—— 魏徵 1-72, 138, 175, 2-25, 38, 73, 260, 3-232, 4-55
—— 李道宗 3-53

【ㅍ】

平帝(西漢)←哀平
褒姒(周) 2-200
鮑叔(春秋 齊)
——— 使管仲無忘束縛於魯時 2-20
——— 使甯戚無忘飯牛車下時 2-20
——— 願公無忘出在莒時 2-20
蒲州刺史(官名)
———— 堯君素 2-262
馮立(唐) 2-234
—— 豈有生受其恩而死逃其難 2-234
—— 東宮率(官名) 2-234
—— 謂所親 終當以死奉答 2-234
—— 歔泣而對 當戰之日 無所顧憚 2-234
—— 左屯衛中郎將(官名) 2-234
馮盎(唐) 3-283

【ㅎ】

河間獻王→劉德(漢) 2-173
河間王→李孝恭(唐)
——— 武德初 封爲趙郡王 3-52
河間王→劉德(漢) 2-173
夏桀→桀(夏) 2-26, 185, 208, 3-110
夏啓→啓(夏) 2-185, 208
賀羅鶻(突厥) 4-23
下士(官名) 1-330
何綏(晉) 1-86
夏禹→禹(夏) 2-198
—— 惡衣菲食 3-108
何曾(魏晉) 1-86
夏徵舒(春秋 陳) 2-101
何劭(晉) 1-86
何妥(隋) 3-136
夏黃公(漢)←黃綺
夏后(夏)→禹(夏) 3-220, 237
何休(後漢) 3-136
學生 3-131
—— 弘文館 3-128
漢高→高祖(漢) 3-26, 220, 4-81
—— 徒役之賤 2-92
—— 龍顔之基命 2-93
—— 帝子之勃興 2-93
漢高帝→高祖(漢)
——— 子之勃興 2-93
漢高祖→高祖(漢)
——— 婁敬一言 卽日西駕 1-264
——— 遭平城之圍而賞婁敬 4-31
漢光武→光武帝(後漢)
——— 每一發兵 不覺頭鬚爲白 3-287
——— 不任功臣以吏事 2-112
漢靈帝→靈帝(後漢)
——— 豈得同於先帝子 可半楚淮陽王 2-288
漢武帝(帝)→武帝(漢) 1-274, 3-202
——— 驕奢 國祚幾絶 3-262
——— 旣崩 昭帝嗣立 2-177
——— 守文之常主 3-322
——— 爲求神仙 乃將女嫁道術之人 3-68
——— 帝屢伐匈奴 3-297
——— 帝守文之常主 3-322
——— 之才藝 2-192
漢文帝→文帝(漢)
——— 賈誼上書 1-279
——— 辭千里之馬 4-90
——— 惜百金之費 輟露臺之役 3-108
——— 養兵靜守 天下安豐 4-21
——— 吾獨乘千里馬 1-282

——— 元年 齊楚地二十九山……亦不爲災 4-65
——— 有獻千里馬者 1-282
——— 以日易月之制 3-102
——— 臨峻坂欲馳 4-55
——— 將起露臺 而惜十家之産 3-30
韓白→韓信(漢), 白起(秦) 1-213
韓非(戰國 韓)←申韓 2-288, 3-234
漢宣帝→宣帝(漢)
——— 與我共理者 惟良二千石 2-179
漢昭帝→昭帝(漢)
——— 有人詐稱衛太子 3-140
韓信(漢)←韓白 4-81
—— 項氏之亡命 2-26
韓王→李元嘉(唐) 2-273
漢王→李元昌(唐) 2-173
漢王→高祖(漢) 2-20
漢元帝→元帝(漢)
——— 嘗以酎祭宗廟 4-52
——— 曉人 不當如是耶 4-52
漢劉盈→惠帝(漢)
——— 居震 取資黃綺 2-222
漢帝→文帝(漢) 2-198
漢祖→高祖(漢)
—— 登壇 成帝功於垓下 2-26
—— 日不暇給 3-254
漢皇→高祖(漢) 3-78
闔閭(春秋 吳)
—— 違禮 珠玉爲鳧雁 3-37
項氏→項羽(楚) 2-26, 3-26
項羽(楚)←項氏
—— 向能力行仁信 誰奪耶 3-26
海陵王→李元吉(唐) 1-145, 2-241, 3-101
行軍記室參軍(官名)
———— 房玄齡 1-153
行軍總管(官名)
———— 李靖 1-193, 195
軒唐→軒轅, 堯(唐虞) 2-300
軒→軒轅 2-166
— 分二十五子 2-166
軒轅←軒, 軒唐
憲宗(唐)
—— 平蕩淮蔡 1-93
玄感→楊玄感(隋) 3-303
縣公(封爵) 2-87
縣令(官名) 1-302, 2-63
玄齡如晦→房玄齡(唐), 杜如晦(唐) 3-92
縣丞(官名)
—— 劉仁軌 4-59
—— 皇甫德參 1-336
邢國公→房玄齡(唐) 2-86
刑部尙書(官名)
———— 李靖 1-193
———— 張亮 2-291
刑部侍郎(官名)
———— 李道裕 2-291
荊王→李元景(唐) 2-90, 173, 176
荊州都督(官名)
———— 李元景 2-90
惠(晉)→惠帝(晉) 2-192
惠王(秦)←秦惠王 3-118
惠帝(晉)←晉惠帝, 惠 1-234, 2-192, 4-65
惠帝(漢)←漢劉盈, 孝惠 2-189
護軍尉(官名)
——— 尉遲敬德 2-235
戶部尙書(官名)
———— 戴胄 3-43
———— 安修仁 1-195
———— 李緯 2-84
虎賁郎中(官名)
———— 獨孤盛 2-244
胡亥(秦) 2-144, 3-89
弘恭(漢)←恭顯 2-192
鴻臚卿(官名)
——— 唐儉 1-195
弘文館

——— 學士 袁承序 2-264
——— 學生 3-128
弘演(衛) 2-260
和帝(後漢)←明章和
桓公(春秋 齊)←小白, 齊桓公, 齊侯, 桓文
—— 能無忘夫子之言則社稷不危矣 2-20
—— 出在莒時 2-20
桓公(春秋 魯) 3-265
桓榮(後漢)←春卿
桓靈→桓帝(後漢), 靈帝(後漢) 2-102, 3-123
桓文→桓公(春秋 齊), 文公(春秋 晉) 2-167
桓帝(後漢)←桓靈 2-102, 3-123
桓魋(春秋 宋)
—— 專宋 葬以石椁 3-37
皇侃(梁) 3-136
黃綺→夏黃公(漢), 綺里季(漢) 2-222
黃門侍郞(官名)
———— 劉洎 1-287, 2-135, 3-154
———— 王珪 1-99, 103, 186, 259, 2-227, 241, 3-272
———— 褚遂良 3-264, 4-29
皇甫德參(唐)
———— 上書 1-336
———— 陝縣丞(官名) 1-279, 336
黃叔度(後漢) 2-174
皇子←維城
—— 年小者 多授以都督刺史 2-178
—— 幼年 或授刺史 2-178
—— 入學而齒胄者 欲令太子知君臣父子尊卑長幼之道 2-209
黃帝 1-123, 2-141
皇祖→老子(春秋 陳) 3-317
皇太子→高宗(唐) 1-290, 2-149, 153, 154, 157, 163, 3-303
皇太子→李承乾(唐) 2-131, 139, 205, 3-109, 207, 256
皇后→文德皇后(唐) 1-272
—— 諫 齊景公以馬死殺人 1-272
淮南→劉安(漢) 2-167
淮安王→李神通(唐) 2-86
淮陽王→劉昞(後漢) 2-131, 288
孝武帝→武帝(漢) 3-108
——— 揚威遠略 海內虛耗 4-21
——— 好格猛獸 4-55
孝元帝→元帝(漢)
——— 郊泰畤 因留射獵 4-55
——— 在于江陵……君臣俱被囚縶 3-63
孝惠→惠帝(漢) 4-81
侯景(南朝 梁) 1-62, 3-63
—— 率兵向闕……死者相繼於道路 3-63
侯君集(唐) 3-292, 4-25, 27
——— 伐高昌 3-292
——— 兵部尙書(官名) 3-292
——— 平高昌之後 4-27
後主(南朝 陳)←陳後主 3-152
後主(北齊)←齊主 3-277
後主(蜀漢) 3-92
勛華→堯舜 2-105
—— 旣往 至公之道斯乖 2-105
紇干承基(唐) 2-222
姬旦→周公(周)
—— 抗法於伯禽 2-222
頡利可汗(突厥) 1-193, 195, 196, 213, 3-274, 275, 280, 287, 4-13, 19, 29
———— 見軍容大盛 請盟而退 3-280

評論者人名索引

【ㄱ】

孔甫(宋)
—— 論太宗任諫官 1-231
戈直(元)
—— 諫者之剴切……則一而已 4-54
—— 建中建極 湯武之學也 3-130
—— 高麗四拒隋師 五拒唐師 非有謀臣良將 3-304
—— 觀周子之書 有剛惡柔惡之說 3-279
—— 論高宗諫於其父 1-291
—— 論康國請歸附 竟不納 3-291
—— 論桀紂顔閔之事 2-19
—— 儉約者 人之所難能 3-42
—— 論儉約者中人之所不堪 3-44
—— 論謙讓 3-48
—— 論兼職 2-47
—— 論高昌平定後太宗魏徵之戒 2-24
—— 論貢賦 3-260
—— 論孔穎達善於格君心 3-52
—— 論求忠臣於孝子之門 2-271
—— 論君上敎天下以孝 3-192
—— 論群臣近來都不論事 1-252
—— 論君於卿大夫 公義 3-60
—— 論君行之而不以爲恥 3-296
—— 論規諫太子 2-208
—— 論奴告其主 3-215
—— 論唐高宗武后應災異 4-70
—— 論唐制諫官入閤 1-232
—— 論唐制三省尙書 2-71
—— 論唐中書門下尙書制 1-102
—— 論唐之君臣知樂之本 3-197
—— 論唐之疏義 3-145
—— 論唐七德之舞 3-201
—— 論大臣之用人 唯其公而已 2-294
—— 論道之以德 齊之以禮 3-166
—— 論杜讒邪 3-87
—— 論遼東之役 2-269
—— 論劉洎上疏 2-160
—— 論李大亮求鷹之諫 1-278
—— 論李百藥文辭流麗 2-206
—— 論李勣爲人 1-219
—— 論李靖知兵 1-201
—— 論馬周此疏能責難於其君 3-114
—— 論務農 3-208
—— 論薄太后之言 3-286
—— 論辯興亡 3-271
—— 論本支尤盛 退讓不伐 3-53
—— 論封建制 2-121
—— 論封德彝用法律 2-284
—— 論封德彛諂佞人 2-57
—— 論封禪 1-321
—— 論不能以三代爲法故戒 3-257
—— 論不知古者之制 未嘗薄 3-189
—— 論司馬氏之書 3-151
—— 論賜書韋挺 1-248

—— 論謝叔方可謂忠義 2-238
—— 論史行昌有孝于其母之心 2-276
—— 論三公 2-143
—— 論祥瑞 4-64
—— 論常何擧馬周 1-225
—— 論薛仁方之事 1-325
—— 論省官 2-47
—— 論聖人復起 不易斯言 3-310
—— 論蘇軾言房杜傳無可載之功 1-171
—— 論遂良之言 3-155
—— 論隋文帝爲君 1-60
—— 論隋煬帝與唐太宗 1-137
—— 論巡幸 4-45
—— 論崇儉德始 3-126
—— 論愼所好 3-67
—— 論愼始終 4-104
—— 論愼終 4-79
—— 論禮樂 3-162
—— 論王珪爲諫官 1-60
—— 論堯君素爲賢 2-263
—— 論姚思廉九成之諫 1-275
—— 論虞世基兄弟 人比之晉二陸 2-272
—— 論虞世南 1-60
—— 論魏徵諫獵之辭 4-59
—— 論魏徵諫凌敬之事 1-333
—— 論魏徵諫越王之事 1-331
—— 論魏徵擧六正六邪 2-83
—— 論魏徵論吳亡之事 3-277
—— 論魏徵論的實 4-107
—— 論魏徵三代遺直 1-185
—— 論魏徵上書 2-37
—— 論魏徵所言 2-258
—— 論魏徵市馬之諫 1-285
—— 論魏徵愼言愼行 3-76
—— 論魏徵愼終如始 4-87
—— 論魏徵言始終弗渝 4-106
—— 論魏徵言原免逋債 1-305
—— 論魏徵言才行俱兼 2-62
—— 論魏徵曰甚難 1-92
—— 論魏徵二疏 1-90
—— 論魏徵以忠直 4-26
—— 論魏徵張猛直諫爲是 4-54
—— 論魏徵奏權萬紀李仁發 1-309
—— 論魏徵之諫爭 2-255
—— 論魏徵之能正君 3-25
—— 論魏徵之明見 2-320
—— 論魏徵之言 覺大錯誤 3-103
—— 論魏徵之言主於誠信 3-24
—— 論魏徵忠良之言 1-314
—— 論魏徵忠愛其君者 3-242
—— 論應天以實 3-206
—— 論議征伐 3-289
—— 論李道宗能盡臣子之義 3-307
—— 論以夫子爲先聖 實始於太宗 3-134
—— 論李元嘉李元軌 2-275
—— 論人心正而風俗美 2-230
—— 論刺史縣令澤其人 2-66
—— 論岑文本變災爲祥 4-76
—— 論長孫無忌 1-289
—— 論長孫皇后之賢 3-258
—— 論張蘊古之罪 3-227
—— 論張玄素疏 1-271
—— 論宰相之職 1-328
—— 論宰相之職 2-51
—— 論褚遂良之疏 2-182
—— 論畋獵 4-49
—— 論精選師傅之事 2-145
—— 論帝王保治 厥有旨 3-321
—— 論帝王保治之道 3-264
—— 論諸侯王善惡錄 2-172
—— 論宗欲殺宮人之事 1-273
—— 論宗之仁言 3-209
—— 論知太宗以仁義爲治 2-228
—— 論進諫之誠 納諫之美 1-262
—— 論陳叔達直言 2-250
—— 論眞儒 3-142

—— 論讒邪無得而間 3-91
—— 論創業守成 1-71
—— 論天元其剛惡 齊主其柔惡 3-279
—— 論太子禮敬李綱 2-141
—— 論太子諸王定分 2-137
—— 論太宗嘉古之忠臣 2-261
—— 論太宗假仁義以濟私欲 3-160
—— 論太宗却莫離支之獻則善 3-267
—— 論太宗各造邸第 3-179
—— 論太宗鑑後世之失 3-261
—— 論太宗改李緯之職 2-84
—— 論太宗寬仁 3-123
—— 論太宗敎戒諸王 2-177
—— 論太宗求諫 1-143, 227
—— 論太宗君德之累 2-253
—— 論太宗勸大臣受諫 1-241
—— 論太宗貴簡約貴常定 3-255
—— 論太宗洛陽之役 1-271
—— 論太宗納諫 1-339
—— 論太宗納諫之德 3-328
—— 論太宗杜如晦問答煬帝世基 1-237
—— 論太宗得古人制國用之意 3-273
—— 論太宗令禁斷戲具 3-72
—— 論太宗令人自擧 2-72
—— 論太宗晩年所好 3-70
—— 論太宗忘諸王定分 2-130
—— 論太宗命東宮輔臣諫太子 2-163
—— 論太宗無功而返 3-304
—— 論太宗務廣地 4-35
—— 論太宗問德仁功利 2-39
—— 論太宗問獲善人之事 2-58
—— 論太宗保其終 4-82
—— 論太宗封功臣 2-89
—— 論太宗不欲以詐 眞王言 3-15
—— 論太宗不惑於神怪 3-69
—— 論太宗分定子弟 2-125
—— 論太宗備妃嬪 1-298
—— 論太宗非常之恩 3-252
—— 論太宗思欲革而正之 3-174
—— 論太宗似有矜善之意 3-98
—— 論太宗思政至三更 1-239
—— 論太宗善始愼終虛言 4-85
—— 論太宗所以處之失其道 2-216
—— 論太宗數而責之 3-89
—— 論太宗是擧 衆善集焉 2-293
—— 論太宗身履行陣 2-231
—— 論太宗臣下其知所以勸 3-120
—— 論太宗深有以知其弊 3-245
—— 論太宗甚矣 其雜而不純 3-121
—— 論太宗愛民之心 3-58
—— 論太宗於公主之降 2-290
—— 論太宗言君臣合契 2-14
—— 論太宗言魏徵隨事諫正 1-254
—— 論太宗英武 3-282
—— 論太宗五常 3-27
—— 論太宗獄事 3-247
—— 論太宗王珪問答 1-105
—— 論太宗遇物誨諭 2-165
—— 論太宗爲要論 3-153
—— 論太宗魏徵問答 1-60
—— 論太宗魏徵問答科差 1-135
—— 論太宗魏徵問答君難臣理 1-141
—— 論太宗魏徵言隋煬帝之事 2-14
—— 論太宗謂治國與養病無異 1-115
—— 論太宗爲賢君 3-82
—— 論太宗義而許之 2-243
—— 論太宗意定志決而皆莫之從 3-302
—— 論太宗以戒其臣 以自戒 3-117
—— 論太宗以臣心爲心 1-120
—— 論太宗以臣爲耳目 1-117
—— 論太宗以王珪爲魏王師 2-147
—— 論太宗以廷臣封事激勵 1-245
—— 論太宗以進言比藥石金鏡 1-287
—— 論太宗人倫之主 3-177
—— 論太宗貞觀之治 1-60
—— 論太宗制太子接三師儀注 2-148

—— 論太宗從諫之美 4-51
—— 論太宗從諫罷獵 4-60
—— 論太宗從魏徵而不從封德彝 1-130
—— 論太宗之儉約 3-35
—— 論太宗之公道 3-231
—— 論太宗至公無私 2-280
—— 論太宗志寧胥失之 2-225
—— 論太宗之世方之漢武致遠之功 3-294
—— 論太宗之崇儒重道 3-140
—— 論太宗之言 3-181
—— 論人宗之言知本者 3-203
—— 論太宗之言眞善喩 2-233
—— 論太宗之爲君 1-151
—— 論太宗知爲益之道 3-100
—— 論太宗之意深遠 2-265
—— 論太宗之意欲使天下之人 3-41
—— 論太宗知人 2-287
—— 論太宗之仁恕 3-62
—— 論太宗之仁惻 3-57
—— 論太宗知刺史治民之本 2-53
—— 論太宗之詔 誠爲彝則 3-165
—— 論太宗之好學 3-130
—— 論太宗知化民之本 3-31
—— 論太宗之後 馴致亂亡 咸其自取 2-42
—— 論太宗寵李泰 2-134
—— 論太宗勅之禁斷 3-167
—— 論太宗親爲文以祭之 2-260
—— 論太宗稱獎隋世忠義之臣 2-247
—— 論太宗學論 後世醇儒 不能遠過 3-148
—— 論太宗合三事 得其二失其一 3-96
—— 論太宗賢君 3-268
—— 論太宗好賢 2-267
—— 論太宗和顔聽納 1-249
—— 論太宗訓廉潔之爲美 3-127
—— 論太宗恤刑之詔 3-229
—— 論刑法 3-213
—— 論皇甫德參上書 1-281
—— 論悔過 3-101
—— 明六經之道者 疏義 3-145
—— 名物度數之詳 字義音釋之備 毫分縷析 3-145
—— 不以祥瑞爲祥瑞 4-64
—— 喪禮……不究古制禮之意者也 3-189
—— 危微精一 舜禹之學也 3-130
—— 劉洎之言 賢矣哉 3-155
—— 允執厥中 堯之學也 3-130
—— 以堯舜之政化爲大祥瑞 4-64
—— 溺愛者不明 2-130
—— 朝夕論思 日月獻納 1-278
—— 天子諸侯不再娶 1-298
—— 忠恕一貫 孔門師友之學也 3-130
—— 虛心聽納之難 1-281
—— 晦六經之道者 亦疏義 3-145
歐陽脩(北宋)
——— 論太宗之烈 1-147

【ㄷ】

唐仲友(南宋)
——— 兼聽偏信 1-65
——— 論高季輔上疏 1-286
——— 論谷那律質直 4-51
——— 論較其人品 叔方其立之亞 2-238
——— 論屈突通竭力於所事 2-247
——— 論唐興猶不行婦禮 王珪正之 3-177
——— 論杜正倫等補導太子 2-162
——— 論論諫必若魏徵可 3-301
——— 論馬周上書 2-66
——— 論馬周上疏 2-129
——— 論馬周之材 1-224
——— 論房玄齡無杜漸之言 3-264
——— 論賞刑 3-241
——— 論誠信 3-23
——— 論蕭瑀可以爲社稷臣 2-258
——— 論顔師古能釐正南北之謬 3-145

——— 論袁氏忠謹風操 2-265
——— 論五經 諸儒習傳不勝異說 3-144
——— 論王珪納諫 1-262
——— 論王府官勿過四考 2-136
——— 論姚思廉節義學問之士 2-241
——— 論虞世南論彗星戒驕矜 4-70
——— 論魏徵諫言 1-65
——— 論魏徵諫爭 1-183
——— 論魏徵極言至論 4-103
——— 論魏徵上書 2-37
——— 論魏徵市馬之諫 1-285
——— 論劉洎兩言切中其病 3-81
——— 論劉洎上疏 2-159
——— 論有得配夫子之祀者 3-139
——— 論褚遂良之諫 2-181
——— 論褚遂良之對 1-257
——— 論征伐 3-285
——— 論宗族以明本支 3-165
——— 論創業守成 1-70
——— 論天變 4-69
——— 論太子還東宮 2-159
——— 論太宗康國不求臣服 3-291
——— 論太宗見諫者悅 1-245
——— 論太宗能改過 李道裕善議刑 2-292, 293
——— 論太宗濫殺而悔 3-225
——— 論太宗莫之聽者 無畏相之心耳 3-320
——— 論太宗所言皆君道 3-97
——— 論太宗於玄素不察 2-216
——— 論太宗言不敢多言 意在史筆 3-74
——— 論太宗言仁義 2-232
——— 論太宗用彦博之策 4-26(集)
——— 論太宗義感人心 3-60
——— 論太宗意會 3-267
——— 論太宗之美意 3-172
——— 論太宗之失正在矜伐 3-51
——— 論太宗知宰相之職 2-51
——— 論太宗天下刑措 3-246
——— 論太宗討之 以其地控西域之中故 3-293
——— 論平公 2-284
——— 論賢妃 3-257
——— 服則爲藩國 去不爲叛臣 4-26
——— 貞觀初之所爲 皆可以爲三代之令主 4-103
——— 至漸不克終 則凡三代之辟王 4-103
——— 太宗與房杜 可謂明良相遇 1-170
杜牧(唐)
—— 四老安劉 反爲滅劉 2-126

【ㅁ】

馬存(五代)
—— 論天下之民 不知無赦之爲福 3-251

【ㅂ】

范祖禹(北宋)
——— 君以知人爲明 臣以任職爲良 1-111
——— 論太宗魏徵問答 1-65
——— 論君明臣良 1-111
——— 論唐室中絶由李勣 1-215
——— 論唐之儒學 3-134
——— 論大臣小臣之所任 2-36
——— 論劉洎全其臣職 3-155
——— 論馬周順其美 而救其惡 3-113
——— 論封建郡縣 2-116
——— 論封禪 1-319
——— 論史者務褒貶 3-158
——— 論喪服 3-188
——— 論誠信 3-14
——— 論聖人之道 3-159
——— 論所以致貞觀之治 1-149
——— 論魏徵言才行俱兼 2-61

—— 論議安邊 4-33
—— 論以蕭瑀無二心 2-257
—— 論人君以赦爲推恩 太宗懲之 3-251
—— 論宰相之職 2-49
—— 論朝廷分職 1-106
—— 論創業守成 1-69
—— 論太宗求諫防其未然 1-256
—— 論太宗求直言 1-269
—— 論太宗其不受康國 3-291
—— 論太宗隋亡不忘戒 4-44
—— 論太宗識弓之未精 1-97
—— 論太宗若從遂良之言亦未失 3-300
—— 論太宗以李勣託幼孤 1-215
—— 論太宗一戰而克 3-306~307
—— 論太宗從魏徵而不從封德彝 1-128
—— 論太宗至明且遠 3-96
—— 論太宗知守之之難 有終 4-106
—— 論太宗行幸 4-44
—— 論太宗恤刑之詔 3-229
—— 得地之禍大 而或以亡 4-33
—— 喪師之禍小 而或以霸 4-33
—— 聖人庸君 1-65
—— 知彼之所以亡 圖我之所以存 4-44

【ㅅ】

司馬光(北宋)←司馬氏
—— 論三代以還 中國之盛 1-149
—— 論禮樂 3-195
—— 德勝才爲君子 2-62
—— 才勝德爲小人 2-62
葉適(南宋)
—— 論李勣立武氏之說 1-218
—— 論太宗好名處 4-104
蘇軾(北宋)
—— 太宗之從諫近於聖 2-84
孫甫(北宋)
—— 論姦人不樂進賢 2-55
—— 論封禪 1-318
—— 論魏徵諫諍 1-89
—— 論魏徵勸王道太宗以行 1-128
—— 論惻隱之心 3-56
—— 論貪鄙 3-124
—— 論太宗能審知人之術 3-93
孫洙(北宋)
—— 論守令擇其人 2-64
—— 民者國之本 守令民之本 2-64
宋祁(宋)
—— 君宰間不膠漆而固 1-224
—— 論馬周不逮傅說呂望 1-224
—— 論房杜名宰相 1-169
—— 論魏徵猜譖遽行 1-182
—— 皓皓者易汚 嶢嶢者難全 1-182

【ㅇ】

呂氏(人)
—— 論臣下直言 1-107
呂祖謙(南宋)
—— 論房杜輔相太宗 1-169
—— 論房玄齡爲名相 1-162
—— 論魏徵三代遺直 1-183
—— 論魏徵十思 1-90
—— 論魏徵將順正救之道 1-114
—— 論魏徵忠良之言 1-313
—— 論李勣守邊受託 1-217
—— 論天謙讓 3-47
—— 論太宗張玄素問答 1-270
劉昫(後唐)
—— 論房杜相知 1-168
—— 論王珪履正忠讜 1-190
—— 論爭臣魏徵 1-182
柳芳(人)
—— 論房杜爲賢相 1-167

柳宗元(唐)
——— 德在人者 死必奉其嗣 2-118
——— 武資八百諸侯以翦商 2-119
——— 封建論 2-120
——— 封建 非公之大者 公天下自秦始 2-119
——— —— 非聖人意也 勢也 2-116
——— —— 非聖人意也勢也 2-117, 118
——— 封禪 1-319
——— 載梓人傳 3-151
——— 諸侯繼世而立……無以立于天下 2-120
——— 諸侯國亂 天子不得變其君 2-118
——— 湯資三千諸侯以黜夏 2-119
尹起莘(宋)
——— 論諫官入閣 1-232
——— 論仁惻 3-56
林之奇(北宋)
——— 論君納諫臣進諫 1-120
——— 論常何以擧馬周 1-225
——— 論創業守成 1-69
——— 論天災 3-205
——— 論太宗魏徵問答君難臣理 1-140
——— 論太宗疑魏徵 1-313
——— 論太宗以合夫天下之公論 3-174
——— 論太宗自聞其過 1-289

【ㅈ】

張九成(宋)
——— 論房杜爲國名臣 1-169
——— 論法者天下公共 2-283
——— 論虞世南之五絶規風 1-207
——— 論劉洎剛直敢言 3-80
——— 論劉洎章疏尙書非人之弊 2-70
——— 論李大亮諫獻鷹 1-278
——— 論李靖自全 1-200
——— 論張玄素疏 1-270
——— 論忠義 2-240
程祁(人)
—— 論所以能爲唐三百年之基 1-150
程頤(北宋)←程子
—— 論魏徵能正君 不能養德 1-185
程顥(北宋)
—— 有關雎麟趾之意然後 可行周官之法度 2-122
朱黼(人)
—— 論儉約 3-31
—— 論國家之昏亂 3-226
—— 論省官 2-46
—— 論魏徵進言太宗停冊 1-297
—— 論意定志決 不可復止 3-300
—— 論以名宰相稱房玄齡 1-161
—— 論宰相之職 1-328
—— 論太宗晩節大略可攷矣 3-320
—— 論太宗所言皆妄誕 3-196
—— 論太宗言赴鼎冒刃 1-251
—— 人主以任相爲職 宰相以任人爲職 1-161
曾鞏(北宋)
—— 論魏徵得君 1-183
—— 論太宗之爲君 1-148
眞德秀(南宋)←眞氏
——— 論房玄齡爲宰相 1-163
——— 論崇儒學 3-129
——— 論魏徵規諫 1-184
——— 論太宗不從忠言 4-34
——— 論太宗之言知所擇 3-67
——— 四事律之 正己 正君 謀國 用人 1-191
——— 魏徵正救於已形者多 變化於未形者少 1-185
——— 魏徵卽事而言者多 卽心而論者少 1-185
——— 貞觀之治 雖有志於三王 未能異於五伯 1-184
——— 帝復不從 西突厥入寇而悔 4-34
——— 帝不從 結社率之變而悔 4-34

陳惇修(宋)
——— 論王珪品評人物 1-190
——— 論太宗寵李泰 2-133

【ㅎ】

胡氏(人)
—— 論太宗不遽興兵革 3-289
胡寅(北宋)←胡氏
—— 古者論一相而止 1-101, 102
—— 郡縣之制 人欲之私 2-120
—— 論嫁女以結其心 3-295
—— 論諫官 1-232
—— 論劬勞之日 3-192
—— 論弓工諫太宗 1-97
—— 論唐宰相制 1-101
—— 論李勣受託 1-216
—— 論馬周言之 帝未改 3-114
—— 論文史 3-150
—— 論房杜不知宰相之職 2-50
—— 論封建與天下共其利 2-117
—— 論封德彜久無所擧 2-56
—— 論封禪 1-320
—— 論爲人師者 2-146
—— 論魏徵與封德彜論爭 1-129
—— 論魏徵忠良之言 1-312
—— 論人臣之義 2-250
—— 論刺史縣令擇其人 2-66
—— 論中國禮義之地 4-34
—— 論太子言從欲肆情 2-225
—— 論太宗納諫 1-338
—— 論太宗俾大臣受諫 1-241
—— 論太宗審所取舍 3-125
—— 論太宗王珪問答 1-104
—— 論太宗用溫彦博之策 4-24
—— 論太宗之問 3-51
—— 論太宗之詔太子 2-215
—— 論太宗好堯舜周孔之道 3-66
—— 論皇甫德參上書 1-281
—— 伐其憂荒 無禮無義 4-34
—— 封建之法 天下之公 2-120
—— 獻言之道 聽言之道 4-24

附錄3

貞觀政要集論 總目次

1. 貞觀政要集論 제1책

解 題 / 5
御製貞觀政要序 / 35
御製貞觀政要後序 / 38
貞觀政要集論題辭 / 41
郭思貞序 / 44
戈直序 / 46
貞觀政要序 / 48
集論諸儒姓氏 / 52

제1편 論君道 임금 도리를 논하다 / 57
제2편 論政體 정치 체제를 논하다 / 95
제3편 論任賢 어진 신하의 임용을 논하다 / 153
제4편 論求諫 간언을 구하는 것을 논하다 / 226
제5편 論納諫 간언을 받아들이는 것을 논하다 / 259
直諫 바르게 간언하다 / 292

2. 貞觀政要集論 제2책

제6편 論君臣鑑戒 임금과 신하의 鑑戒를 논하다 / 13
제7편 論擇官 관리 선발을 논하다 / 43
제8편 論封建 封建에 대해 논하다 / 86

제9편 論太子諸王定分 太子와 諸王들의 분수를 정하는 것에 대해 논하다 / 124
제10편 論尊敬師傅 스승을 존경하는 것에 대해 논하다 / 139
제11편 論教誡太子諸王 太子와 諸王들의 가르침과 경계에 대해 논하다 / 161
제12편 規諫太子 太子에게 바르게 간하다 / 183
제13편 論仁義 仁義를 논하다 / 227
제14편 論忠義 忠義를 논하다 / 234
제15편 論孝友 孝道와 友愛를 논하다 / 270
제16편 論公平 公平을 논하다 / 277

3. 貞觀政要集論 제3책

제17편 論誠信 성실과 신의를 논하다 / 13
제18편 論儉約 儉約을 논하다 / 28
제19편 論謙讓 謙讓을 논하다 / 46
제20편 論仁惻 惻隱之心을 논하다 / 55
제21편 愼所好 좋아하는 것을 삼가다 / 63
제22편 愼言語 말을 삼가다 / 73
제23편 杜讒邪 간사한 자의 참소를 끊다 / 83
제24편 論悔過 회개를 논하다 / 99
제25편 論奢縱 사치한 행실을 논하다 / 106
제26편 論貪鄙 탐욕을 논하다 / 116
제27편 崇儒學 儒學을 존숭하다 / 128
제28편 論文史 文學과 歷史를 논하다 / 149
제29편 論禮樂 禮樂을 논하다 / 161
제30편 論務農 농업에 힘쓸 것을 논하다 / 202
제31편 論刑法 刑法을 논하다 / 211
제32편 論赦令 赦免令을 논하다 / 249
제33편 論貢賦 貢賦를 논하다 / 259
제34편 辯興亡 興亡을 변론하다 / 270

제35편 議征伐 征伐을 논의하다 / 280

4. 貞觀政要集論 제4책

제36편 議安邊 변방의 안정을 논의하다 / 13
제37편 論行幸 임금의 행차를 논하다 / 37
제38편 論畋獵 사냥을 논하다 / 47
제39편 論災祥 災異와 祥瑞를 논하다 / 62
제40편 論愼終 끝을 신중히 하는 것을 논하다 / 78

附錄 1
新唐書 太宗本紀 ≪新唐書≫ 唐 太宗 本紀 / 111
新唐書 魏徵列傳 ≪新唐書≫ 魏徵 列傳 / 153
新唐書 吳兢列傳 ≪新唐書≫ 吳兢 列傳 / 203

附錄 2
索引凡例 / 219
綜合索引 / 223
貞觀政要人名官職索引 / 331
評論者人名索引 / 372

附錄 3
貞觀政要集論 總目次 / 380
貞觀政要集論 總圖版目錄 / 383
貞觀政要集論 地圖 / 385
隋末唐初 韓中關係史 硏究論著 / 392
凌煙閣功臣圖 / 395
貞觀政要集論 參考資料(QR코드) / 420

貞觀政要集論 總圖版目錄

1. 唐 太宗 李世民(閻立本(唐) 作, 宋代 模寫本) 1-5
2. 唐 太宗에게 간언하는 魏徵(≪帝鑑圖說≫) 1-59
3. 隋 煬帝(≪歷代帝王圖≫) 1-75
4. 蕭瑀(≪古聖賢像傳≫) 1-96
5. 隋 文帝(≪歷代帝王圖≫) 1-109
6. 房玄齡(≪古聖賢像傳≫) 1-154
7. 杜如晦(≪古聖賢像傳≫) 1-164
8. 魏徵(≪古聖賢像傳≫) 1-173
9. 長孫無忌(≪古聖賢像傳≫) 1-177
10. 魏徵을 위해 太宗이 殿閣을 짓지 않고 집을 짓다(≪帝鑑圖說≫) 1-179
11. 李靖(≪古聖賢像傳≫) 1-193
12. 虞世南(≪古聖賢像傳≫) 1-203
13. 李勣(≪凌煙閣功臣圖≫) 1-209
14. 褚遂良(≪古聖賢像傳≫) 1-207
15. 太宗이 上書를 벽에 붙이고 드나들며 살피다(≪帝鑑圖說≫) 1-239
16. 漢 高祖(≪歷代古人像讚≫) 2-23
17. 柳宗元(≪歷代古人像讚≫) 2-116
18. 則天武后(≪歷代古人像讚≫) 2-127
19. 魏 武帝 曹操(≪歷代古人像讚≫) 2-129
20. 高士廉(≪凌煙閣功臣圖≫) 2-137
21. 太宗이 일에 따라 太子를 가르치다(≪帝鑑圖說≫) 2-165
22. 魏 文帝 曹丕(≪歷代帝王圖≫) 2-195
23. 尉遲敬德(≪凌煙閣功臣圖≫) 2-237

24. 屈突通(≪古聖賢像傳≫) 2-246
25. 文德皇后(長孫皇后)가 唐 太宗에게 魏徵을 칭찬한다(≪帝鑑圖說≫) 2-289
26. 張亮(≪凌煙閣功臣圖≫) 2-292
27. 隋 煬帝가 궁전을 꾸미기 위해 비단을 잘라 꽃을 만들다(≪帝鑑圖說≫) 4-40
28. 隋 煬帝가 龍船을 타고 江都로 유람하다(≪帝鑑圖說≫) 4-41
29. 漢 文帝가 탄 수레의 고삐를 잡고 간언을 하는 袁盎(≪帝鑑圖說≫) 4-58
30. 唐 高祖(≪古先君臣圖像≫) 4-111
31. 唐 太宗(≪古先君臣圖像≫) 4-112
32. 唐 憲宗(≪歷代古人像讚≫) 4-151
33. 唐 玄宗(≪歷代古人像讚≫) 4-151
34. 魏徵(≪古先君臣圖像≫) 4-153
35. 陵을 바라보며 고층 누각을 허물게 하다(≪帝鑑圖說≫) 4-165
36. 諸葛亮(≪歷代古人像讚≫) 4-179
37. 子貢(≪聖賢像讚≫) 4-181
38. 宋璟(≪歷代古人像讚≫) 4-215

貞觀政要集論 地圖

1. 隋末(617) 群雄의 領域
2. 突厥 및 鐵勒 등 遊牧民族의 領域
3. 貞觀 初期(630) 唐나라 領域
4. 貞觀 中葉(640) 唐나라 領域
5. 唐나라 최전성기(650) 領域
6. 唐代 長安城圖

1. 隋末(617) 群雄의 領域

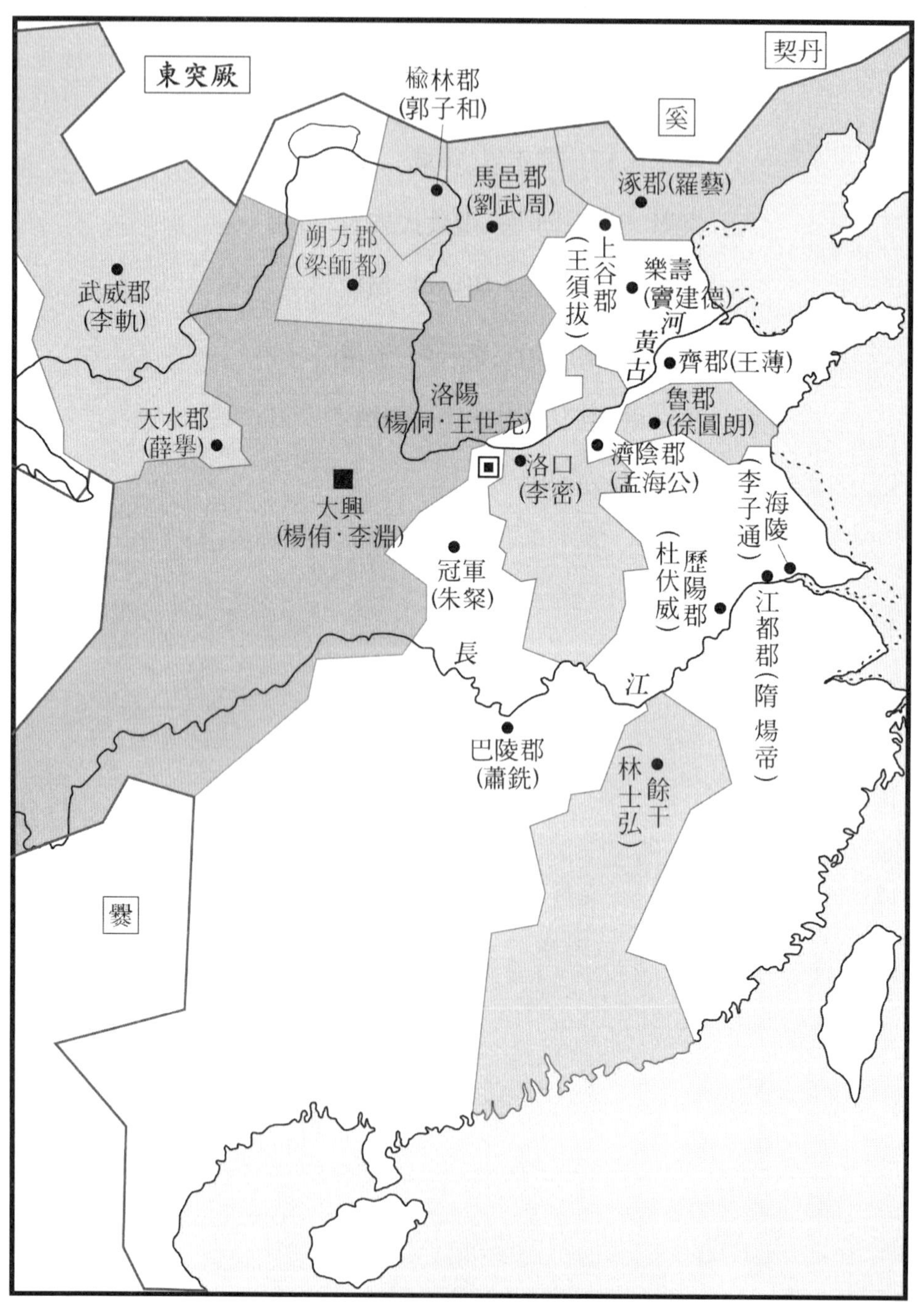

2. 突厥 및 鐵勒 등 遊牧民族의 領域

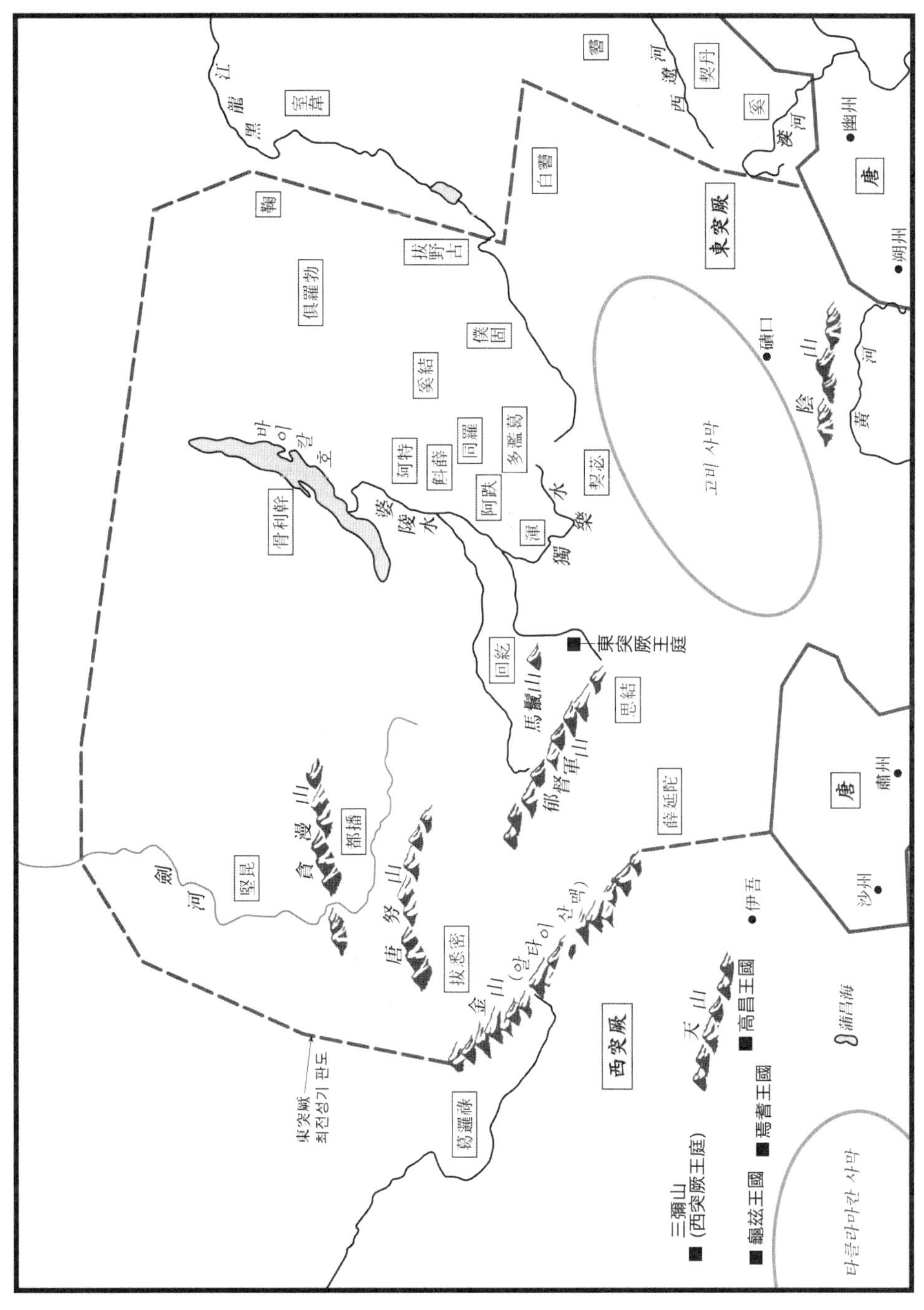

3. 貞觀 初期(630) 唐나라 領域

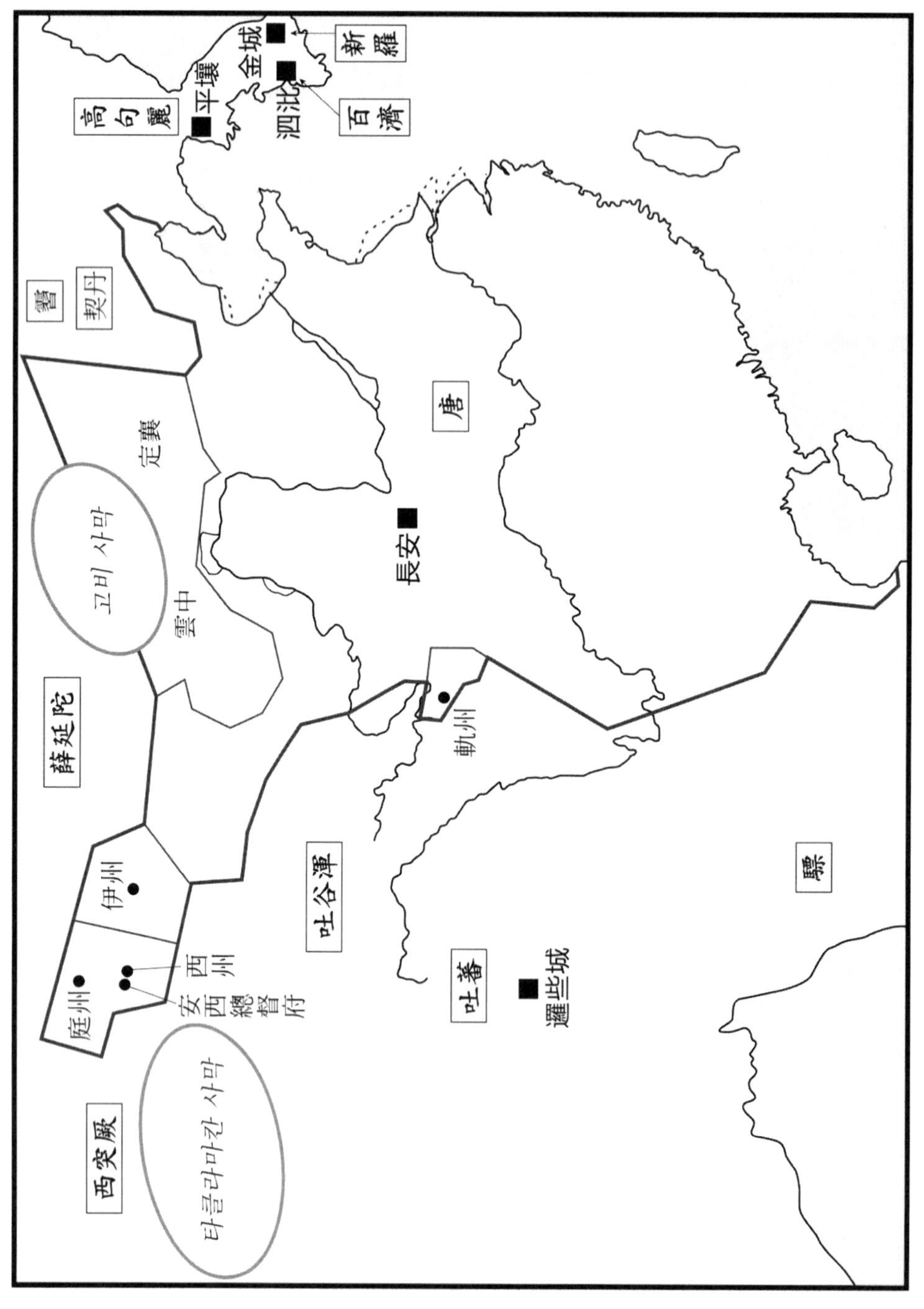

4. 貞觀 中葉(640) 唐나라 領域

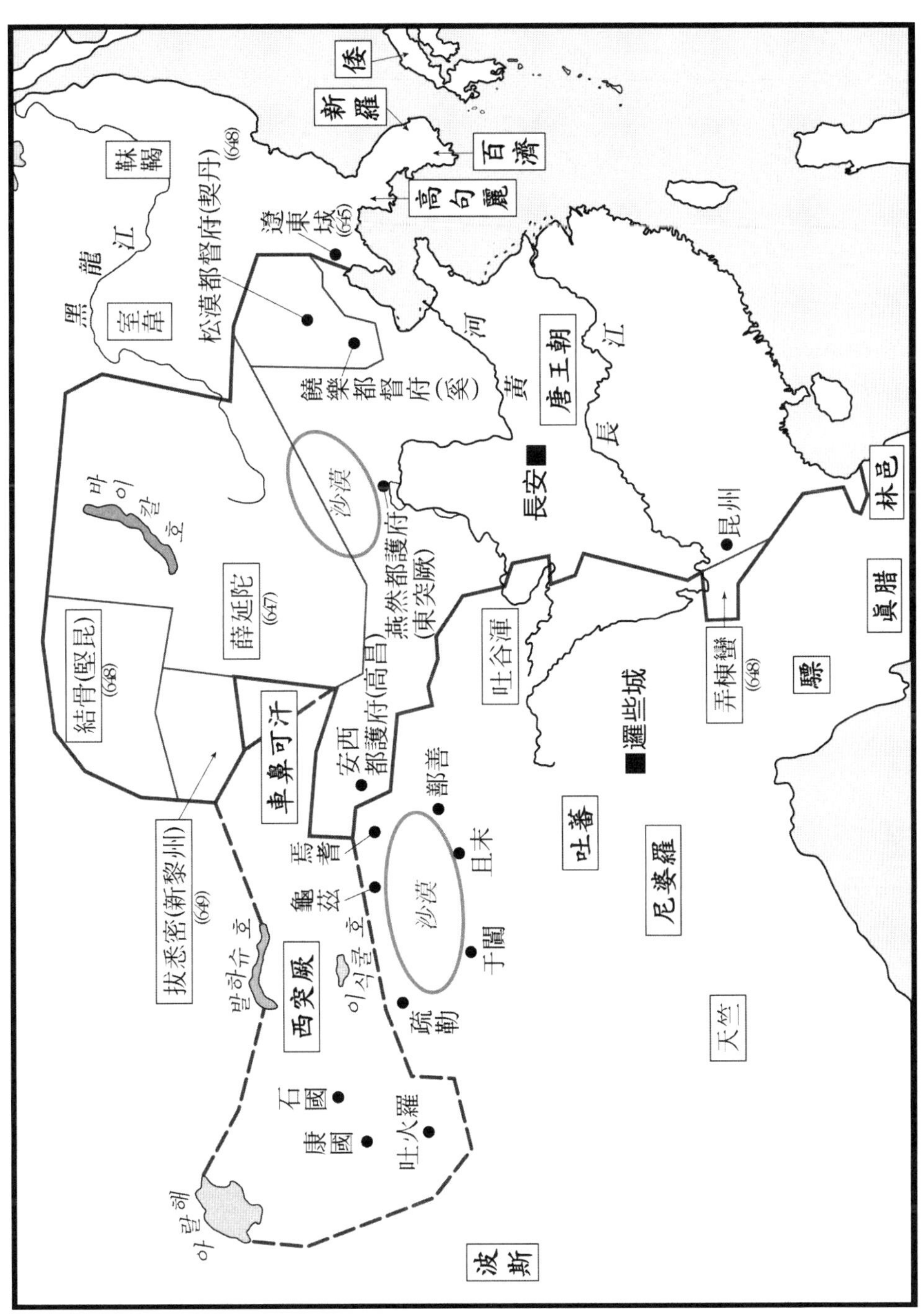

5. 唐나라 최전성기(650) 領域

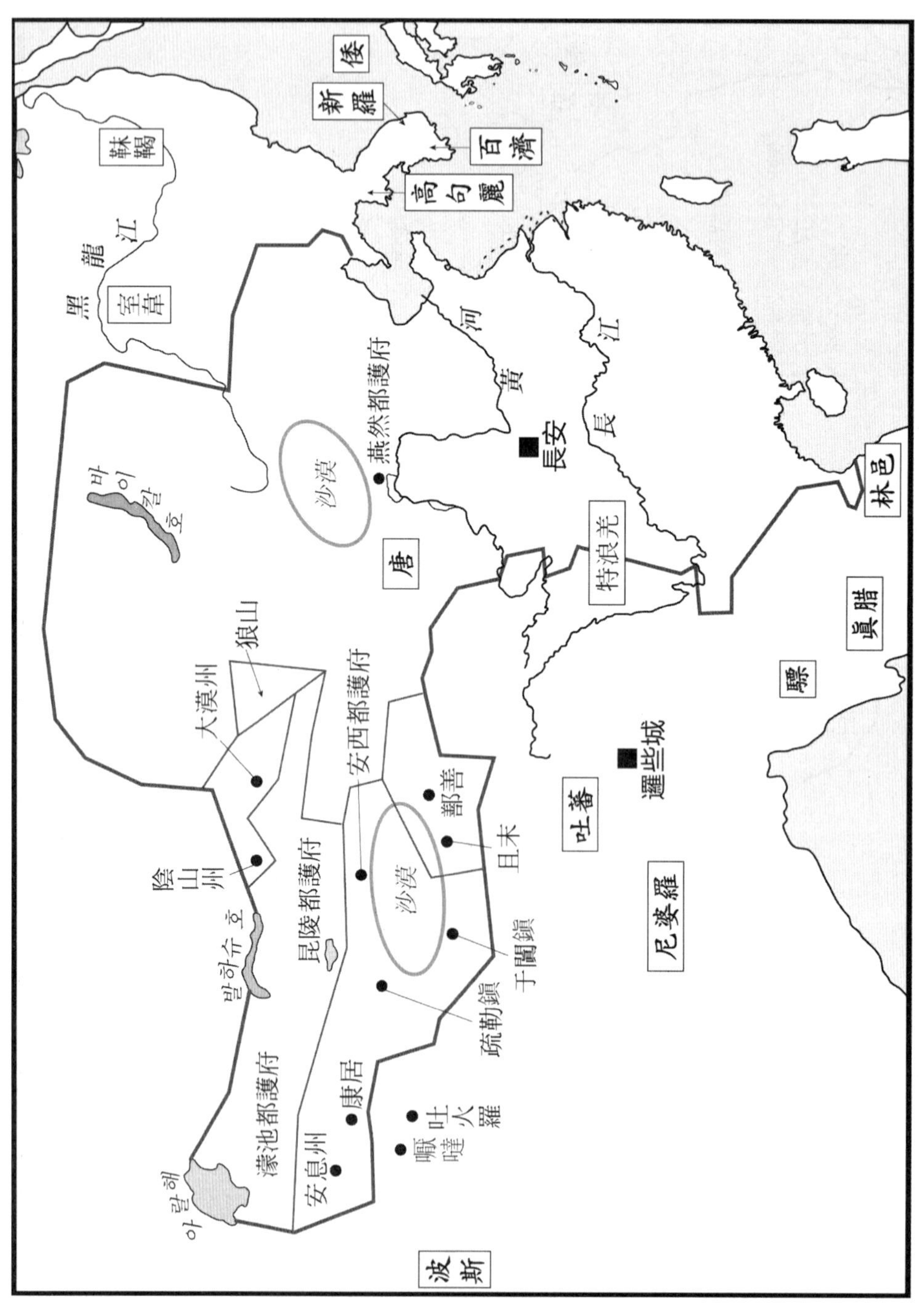

6. 唐代 長安城圖

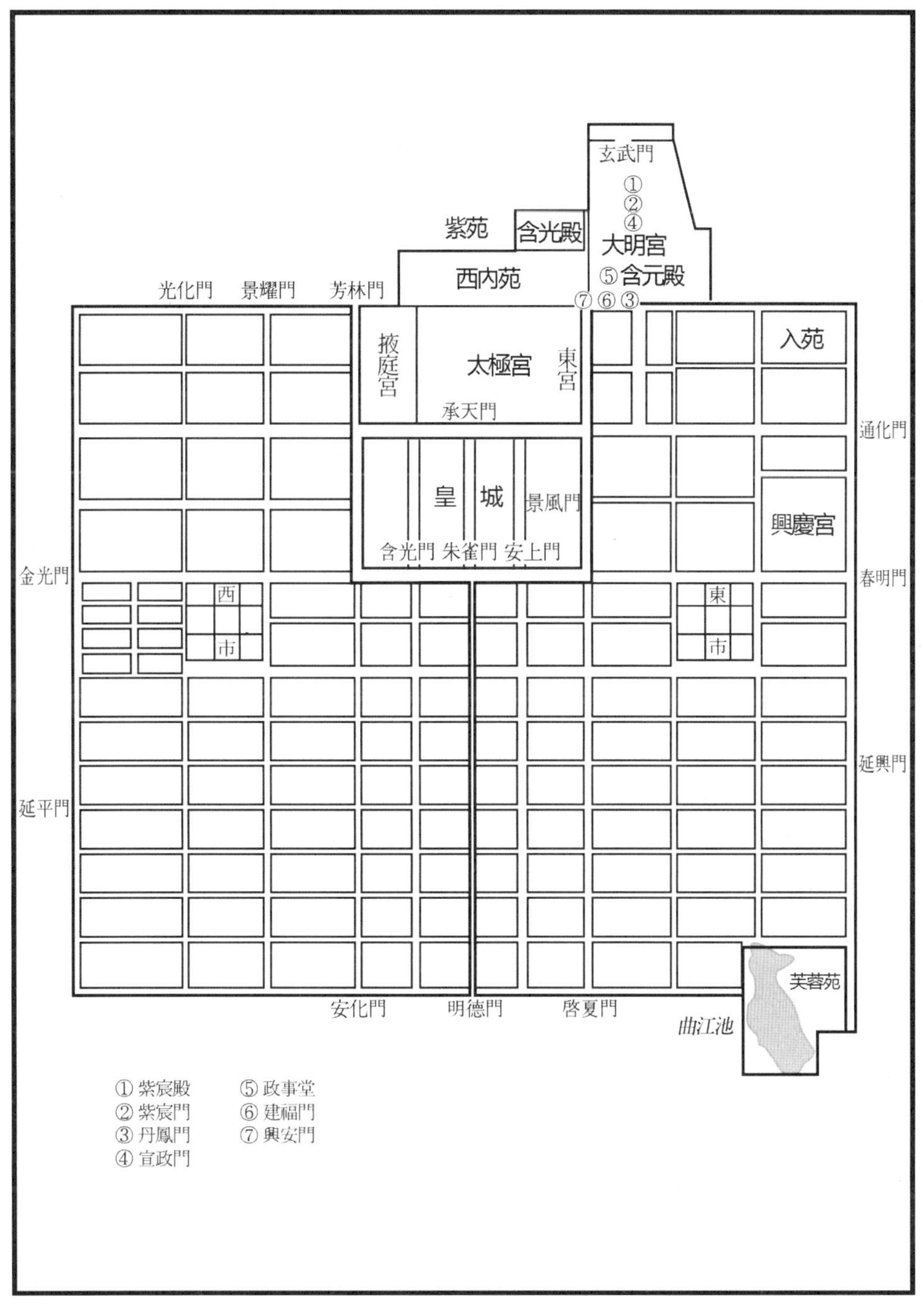
玄武門
①
②
④
紫苑
含光殿
大明宮
西內苑
⑤含元殿
光化門
景耀門
芳林門
⑦⑥③
掖庭宮
太極宮
東宮
入苑
承天門
通化門
皇
城
景風門
興慶宮
含光門
朱雀門
安上門
金光門
春明門
西
市
東
市
延興門
延平門
芙蓉苑
安化門
明德門
啓夏門
曲江池
① 紫宸殿
② 紫宸門
③ 丹鳳門
④ 宣政門
⑤ 政事堂
⑥ 建福門
⑦ 興安門

隋末唐初 韓中關係史 研究論著

- 姜性文, 〈麗隋・麗唐 戰爭 原因考〉, ≪國史館論叢≫ 69, 1996.
- 谷川道雄, 〈東アジア世界形成期の史的構造 －冊封體制を中心として－〉, ≪隋唐帝國と東アジア世界≫, 唐代史研究會編, 汲古書院, 1979.
- 菊池英夫, 〈隋朝の對高句麗戰爭の發端について〉, ≪中央大學アジア史研究≫ 16, 1992.
- 堀敏一, 〈隋代東アジアの國際關係〉, ≪隋唐帝國と東アジア世界≫, 汲古書院, 1979.
- ―――, ≪中國と古代東アジア世界≫, 岩波書店, 1993.
- 鬼頭淸明, 〈7世紀後半の國際政治史試論〉, ≪朝鮮史研究會論文集≫ 7, 1970.
- 金善昱, 〈高句麗의 隋唐關係〉, ≪百濟研究≫ 16, 1985.
- ―――, 〈百濟의 隋唐關係小考 －內外關係性을 중심으로－〉, ≪百濟研究≫ 25, 1989.
- 氣賀澤保規, ≪中國の歷史 6－隋唐帝國≫, 講談社, 2005.
- 金福順, 〈고구려의 대수・당 항쟁전략 고찰〉, ≪軍事≫ 12, 1986.
- 김선민, 〈隋 煬帝의 軍制改革과 高句麗遠征〉, ≪東方學志≫ 119, 延世大國學研究院, 2003.
- 金子修一, 〈高句麗와 隋의 關係〉, ≪高句麗研究≫ 14, 高句麗研究會, 2002.
- ――――, 〈高句麗遠征の性格〉, ≪隋唐の國際秩序と東アジア≫, 名著刊行會, 2001.
- 金漢奎, ≪古代中國的世界秩序研究≫, 一潮閣, 1982.
- ―――, ≪한중관계사≫ 1, 아르케, 1999.
- 盧重國, 〈高句麗・百濟・新羅 사이의 力關係變化에 대한 一考察〉, ≪東方學志≫ 28, 1981.
- 盧泰敦, ≪삼국통일전쟁사≫, 서울대학교출판부, 2009.
- ―――, ≪고구려사 연구≫, 사계절, 1999.
- 都興智, 〈唐政權與朝鮮半島的關係述論〉, ≪史學集刊≫, 2001(3).
- 末松保和, 〈高句麗攻守の形勢〉, ≪靑丘學叢≫ 5, 靑丘學會, 1931.
- 苗威, 〈試論隋與高句麗戰爭〉, ≪延邊大學學報≫ 33-3, 2000.
- 박경철, 〈中國學界의 高句麗對隋・唐 70년 戰爭認識의 批判的檢討〉, ≪韓國古代史研究≫ 33,

2004.

- 朴漢濟, 〈7世紀 隋唐兩朝의 韓半島進出 經緯에 대한 一考 - 隋唐初 皇帝의 正統性確保問題와 關聯하여 -〉, ≪東洋史學硏究≫ 43, 1993.
- ———, 〈隋唐 世界帝國과 高句麗 - 朝貢秩序 및 羈縻體制와 관련하여〉, ≪한국 고대국가와 중국왕조의 조공・책봉관계≫, 고구려연구재단, 2006.
- 白鳥庫吉, 〈高句麗國の權臣蓋蘇文の姓名に就いて〉, ≪史學雜誌≫ 47-6, 1936.
- 西嶋定生, 〈東アジア世界と冊封體制 - 六~八世紀の東アジア〉, ≪中國古代國家と東アジア世界≫, 東京大學出版會, 1983.
- 서영교, 〈고구려의 대당전쟁과 내륙아시아 제 민족 - 안시성전투와 설연타 -〉, ≪軍史≫ 49, 2003.
- ———, ≪고구려, 전쟁의 나라≫, 글항아리, 2007.
- 서인교, ≪高句麗對隋唐戰爭史≫, 국방부전사편찬위원회, 1991.
- 松井等, 〈隋唐二朝高句麗遠征の地理〉, ≪滿洲歷史地理≫ 1, 1913.
- 神川仁, 〈七世紀中葉新羅・唐同盟の成立過程〉, ≪信大史學≫ 8, 信州大學史學會, 1983.
- 余昊奎, 〈6세기 말~7세기 초 동아시아 국제질서와 고구려 대외정책의 변화〉, ≪역사와 현실≫ 46, 한국역사연구회, 2002.
- ———, 〈高句麗千里長城의 經路와 築城背景〉, ≪國史館論叢≫ 91, 2000.
- ———, 〈中國學界의 高句麗 對外關係史 硏究現況〉, ≪韓國古代史硏究≫ 31, 2003.
- 王儀, ≪隋唐與後三國關係及日本遣隋使遣唐使運動≫, 中華書局, 1972.
- 劉炬・馬彦, 〈論唐朝的開明政策與高句麗滅亡之關係〉, ≪社會科學戰線≫, 2000(5).
- 劉健明, 〈隋煬帝征高句麗的動機〉, ≪隋代政治與對外政策≫, 文津出版, 1999.
- 劉心銘, 〈隋煬帝唐太宗征高麗論略〉, ≪海防軍外國語學院學報≫ 23-2, 2000.
- 劉進寶, 〈試論唐太宗・唐高宗對高句麗的戰爭〉, ≪中國邊疆史地硏究≫, 1995.
- 尹明喆, 〈高句麗末期의 海洋活動과 東亞地中海의 秩序再編 - 高隋戰爭을 중심으로 -〉, ≪國史館論叢≫ 52, 1994.
- ———, 〈高句麗와 隋・唐戰爭의 性格에 관한 解析 -東北工程과 關聯하여〉, ≪高句麗硏究≫ 18, 2004.
- 李基東, 〈隋・唐의 帝國主義와 新羅 外交의 妙諦 - 高句麗는 왜 멸망했는가?〉, ≪新羅文化≫ 24, 東國大新羅文化硏究所, 2004.
- 李大龍, ≪唐朝和邊疆民族使者往來硏究≫, 黑龍江敎育出版社, 2001.

- 李萬烈, 〈高句麗와 隋唐과의 戰爭〉, ≪한국사≫ 2, 국사편찬위원회, 1977.
- 李丙燾, 〈高句麗 對隋唐抗戰〉, ≪韓國古代史硏究≫, 博英社, 1976.
- 李龍範, 〈7世紀 前半期 東亞細亞情勢와 新羅〉, ≪統一期의 新羅社會硏究≫, 1987.
- 李昊榮, 〈당과의 전쟁〉, ≪한국사≫ 5, 국사편찬위원회, 1996.
- ———, 〈수와의 전쟁〉, ≪한국사≫ 5, 국사편찬위원회, 1996.
- 林起煥, 〈고구려와 수당의 전쟁〉, ≪한국사≫ 4, 한길사, 1994.
- 정동준, 〈7세기 전반 백제의 대외정책〉, ≪역사와 현실≫ 46, 한국역사연구회, 2002.
- 井上光貞, ≪東アジア世界における日本古代史講座 5 －隋唐帝國の出現と日本－≫, 學生社, 1981.
- 丁善溶, 〈隋唐 초기 中國的 世界秩序의 변화과정과 삼국의 대응〉, ≪新羅史學報≫ 12, 新羅史學會, 2008.
- 정재훈, 〈수양제(604~617)의 대외정책과 천하순행〉, ≪中國史硏究≫ 30, 2004.
- 池内宏, 〈高句麗討滅の役における唐軍の行動〉, ≪滿鮮史硏究≫ 上世 2, 吉川弘文館, 1960.
- 淺見直一郎, 〈煬帝の第一次高句麗遠征軍 －その規模と兵種－〉, ≪東洋史硏究≫ 44-1, 1985.
- 布目潮渢, 〈高句麗遠征の野望〉, ≪隋の煬帝と唐の太宗≫, 淸水書院, 1975.
- 韓國磐, 〈隋征高麗之目的及其失敗之原因〉, ≪讀書通訊≫ 154, 1948.
- 韓昇, 〈隋と高句麗の國際政治關係おめぐって〉, ≪堀敏一先生古稀記念 中國古代の國家と民衆≫, 汲古書院, 1995.
- ——, 〈隋煬帝伐高麗之謎〉, ≪漳州師院學報≫, 1996(1).
- 和田淸, 〈唐代の東北アジア諸國〉, ≪東方學≫ 8, 東方學會, 1954.

凌煙閣功臣圖

凌煙閣은 唐代 長安城 황궁 내 三淸殿 옆에 있던 누각이다. 정관 17년(643) 唐 太宗이 24명의 功臣을 기념하고자 당시의 정치가이자 뛰어난 화가였던 閻立本에게 그들의 초상을 그리게 하였다. 이 일이 故事가 되어 능연각은 공신을 표창하는 뜻으로 사용되었다. 杜甫는 다음과 같이 〈丹靑引〉을 읊었다.

능연각의 공신상 색깔 바랬는데 凌煙功臣少顔色
장군이 붓을 대어 산 얼굴을 펼쳤네 將軍下筆開生面

어진 재상 머리에는 진현관을 올렸고 良相頭上進賢冠
용맹한 장수 허리에 대우전이 끼어있네 猛將腰間大羽箭

포공 段志玄과 악공 尉遲恭은 모발이 움직이는 듯 褒公鄂公毛髮動
영웅의 자태 늠름하여 한창 싸우다 돌아온 듯 英姿颯爽來酣戰
≪杜工部詩集≫

염입본의 〈능연각공신도〉는 없어졌지만 후대 모사된 작품이 많이 전해진다. 아래의 공신도는 淸代 劉源의 작품으로 明淸時代 歷史人物像의 대표적 작품 중 하나로 평가받고 있다.

1) 司徒 趙國公 長孫無忌(597?~659)

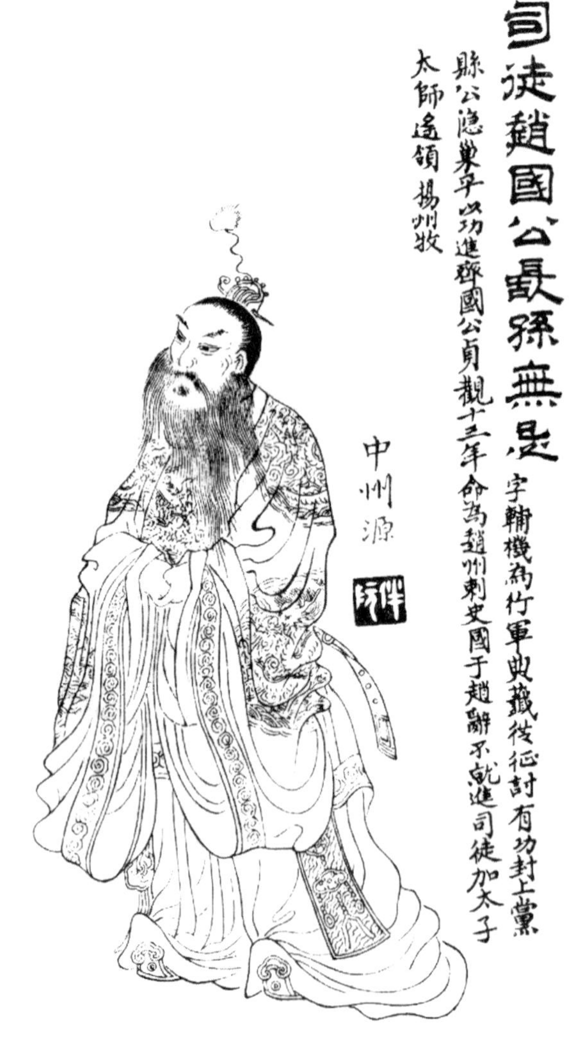

長孫無忌

字는 輔機, 河南 洛陽 사람이다. 선조는 鮮卑 拓拔氏로, 北魏 황족의 일파였으나 나중에 長孫으로 姓氏를 바꾸었다. 당 태종의 황후인 文德皇后의 오빠로 재주와 학식이 뛰어났다. 唐 高祖 李淵이 太原에서 군대를 일으켰을 때(太原起義)부터 활약하여 개국 공신 중 으뜸의 자리를 차지하였다. 그러나 唐 高宗 시기 則天武后와의 권력 싸움에서 패하여 몰락하게 된다.

2) 司空 河間王 李孝恭(591~640)

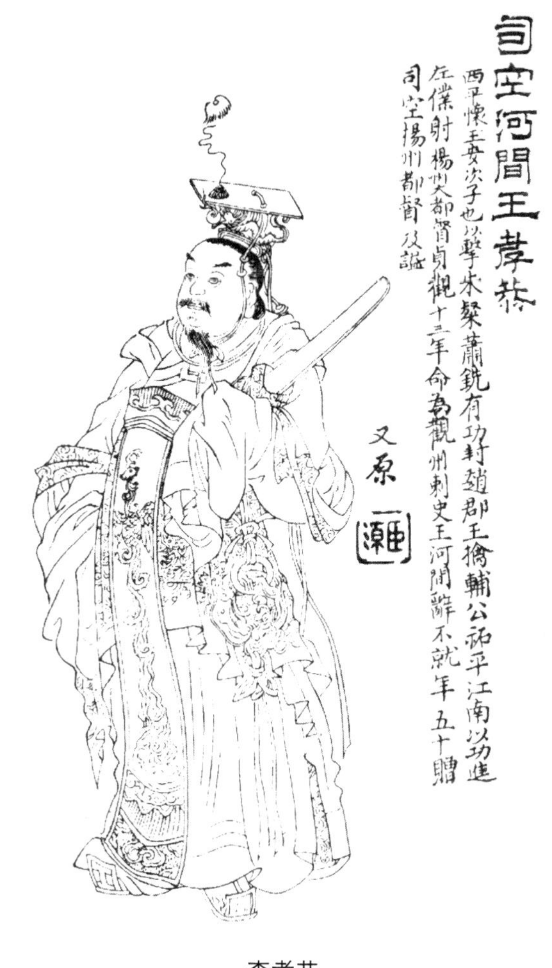

李孝恭

당 고조 이연의 조카로 증조부는 李虎이다. 이호는 北周의 개국 공신인 八柱國의 하나이다. 北周, 隋, 唐은 순수 漢族이 세운 국가가 아닌 유목민 계열인 鮮卑族과 關隴 지역 漢族의 혼혈 집단이 세운 국가이다. 이는 근대 중국의 역사학자 陳寅恪의 關隴集團說에 의해 규명된 바가 있다. 관롱집단의 중심이 된 것이 武川鎮軍閥이며 그중 한 명이 바로 이호이다. 이효공은 太原起義 때부터 활약하였으며 특히 巴蜀과 江南 지역 정벌에 큰 공을 세웠다. 玄武門의 변에서 중립적 입장에 취하여 권력의 핵심에서 멀어지게 되었으나 태종이 항상 존중한 인물이다.

3) 司空 萊國公 杜如晦(585~630)

杜如晦

자는 克明 京兆 杜陵 사람이다. 太原起義 이후 당 고조 이연이 장안을 장악하고 황제에 올랐을 때 이세민은 秦王이 되어 秦王府를 열었는데 秦府 18學士의 한 명으로 발탁되었다. 이후 이세민의 참모로 활약하면서 현무문의 변에서 큰 공훈을 세웠고, 이후 요직을 두루 거치며 당나라의 典章制度를 정립시키는 데 공훈을 세웠으며, 房玄齡과 더불어 房杜로 일컬어졌다. '房謀杜斷'의 故事로도 널리 알려진 인물이다.

4) 司空 太子太師 鄭國公 魏徵(580~643)

魏徵

자는 玄成, 巨鹿 曲城 사람이다. 隋나라 말기 李密의 군대에 참가하였다가 竇建德이 黎陽을 함락하고서 魏徵을 등용하였다. 두건덕이 당나라에 사로잡힌 뒤에 장안으로 가서 高祖의 장자인 李建成의 휘하에 들어갔다. 그는 이건성에게 이세민을 빨리 제거할 것을 권하였다. 현무문의 변 이후 이세민이 정권을 장악하고 나서 위징에게 자신의 형제간을 이간질한 것을 질책하였는데, 위징이 "황태자(이건성)께서 신의 말을 들었다면 필시 오늘의 재앙은 없었을 것이라."라고 하자 이세민이 그의 기개를 높이 사서 諫議大夫로 발탁하였다. 이후 위징은 太宗에게 忠諫을 다하였고, 貞觀의 치세를 여는 데 큰 역할을 하였다. 태종이 자신의 신하들 중에 가장 높이 평가한 인물이 房玄齡과 魏徵이었다.

5）司空 梁國公 房玄齡(579~648)

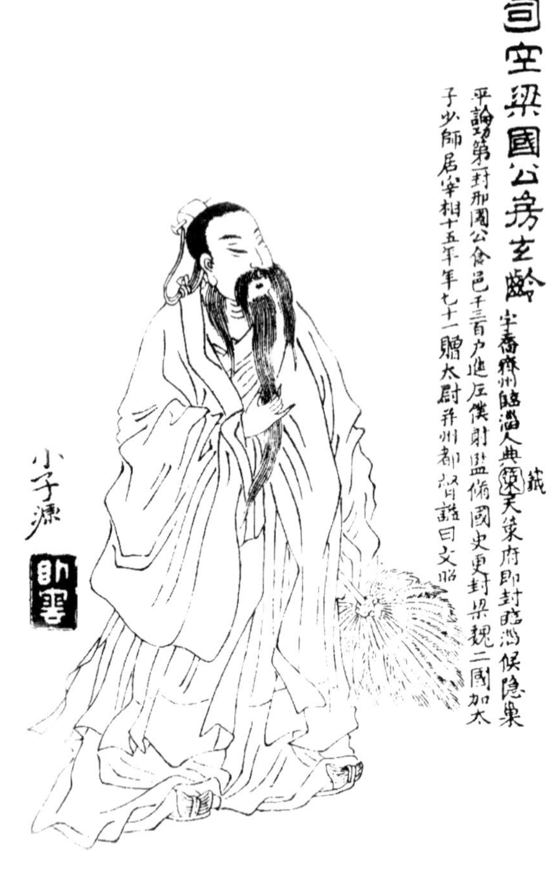

房玄齡

≪新唐書≫에는 자는 喬라고 하였고 ≪舊唐書≫에는 이름을 喬라고 하였다. 齊州 臨淄 사람이다. 隋나라 때 進士에 합격하였는데 그의 나이 18세였다. 방현령은 당시 秦王이었던 李世民을 만난 뒤로 그의 참모로써 활약하였다. 특히 현무문의 변 때 두여회와 함께 큰 공을 세웠으며, 이후 요직을 두루 거쳐 재상이 되었다. 그는 명재상으로 이름이 났는데, 사람을 발탁할 때에 완비되기를 구하지 않고 자기의 장점으로 남의 단점을 바로잡지 않았으며, 능력에 따라 거두어 서용하고 소원하거나 미천한 사람이라도 차별하지 않았다. 그는 15년 동안 재상의 지위에 있었는데, 나이가 많아 사직을 청하자 태종이 거절하면서 "하루아침에 갑자기 훌륭한 재상이 없게 된다면 마치 두 손을 잃는 것과 같소. 그대의 근력이 쇠약해졌다고 느끼면 다시 주청하라." 하였다.

6) 司徒 并州都督 申國公 高士廉(575~647)

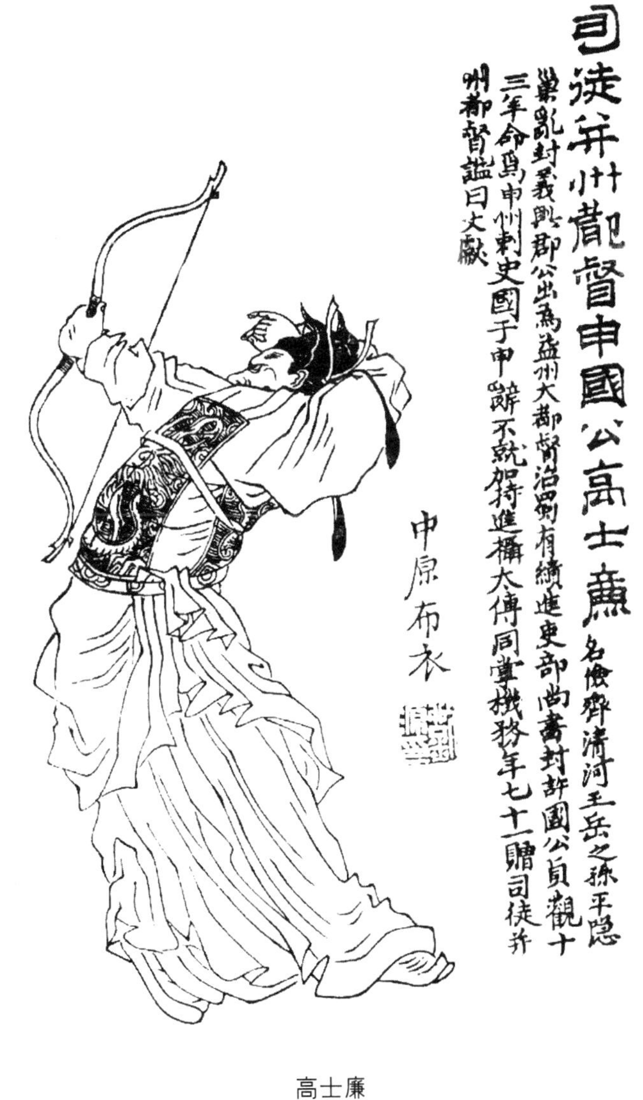

高士廉

이름은 儉이고 北齊 淸河王 高岳의 후손이다. 장손무기의 외삼촌이기도 한데, 장손황후를 이세민에 시집보낸 것도 그의 혜안으로 보인다. 秦王 李世民이 雍州牧을 겸직했을 때 천거되었는데, 文史를 두루 섭렵하고 총명하였다. 현무문의 변에 공을 세웠으며, 정관 13년(638) 편찬된 ≪氏族志≫의 편찬을 주관하기도 하였다.

7) 開府儀同三司 鄂國公 尉遲敬德(585~658)

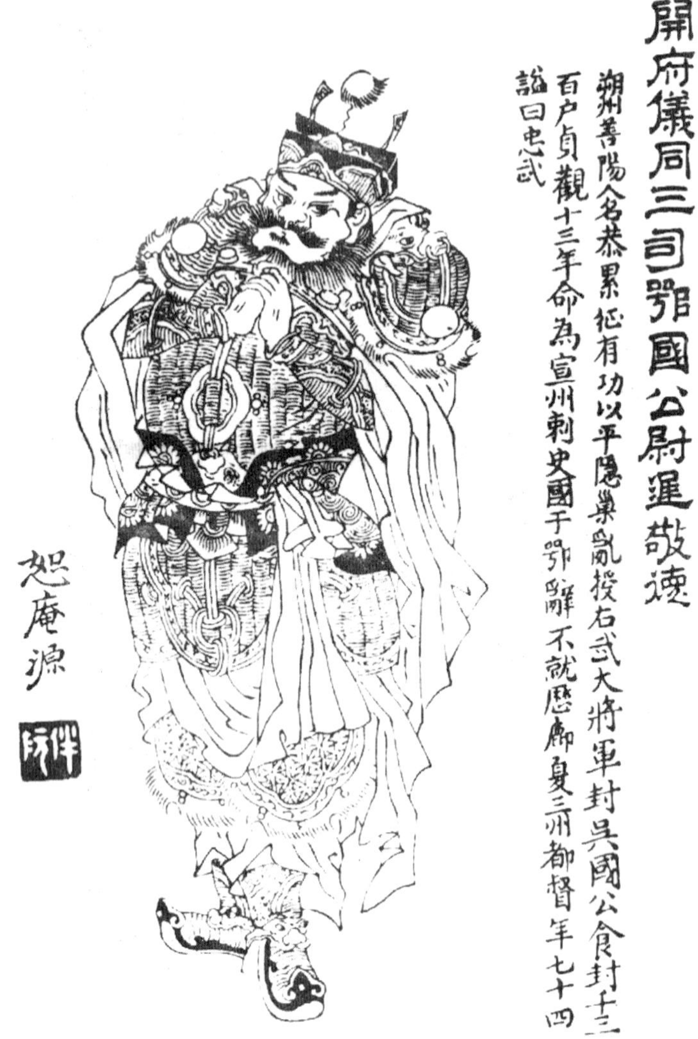

尉遲敬德

敬德은 자이고 이름은 恭이며, 朔州 鄯陽 사람으로 鮮卑族이다. 隋나라 말기 山西의 군벌 劉武周가 봉기하자 그의 부장이 되었다. 당시 이세민이 유무주를 토벌할 때 위지경덕의 뛰어난 무용에 어려움을 당하자 사람을 보내 그를 투항하게 하였다. 이세민의 휘하에 들어간 위지경덕은 현무문의 변란 때에 齊王 李元吉의 군대를 격파하는 데 결정적 공훈을 세웠다.

8) 特進 衛國公 李靖(571~649)

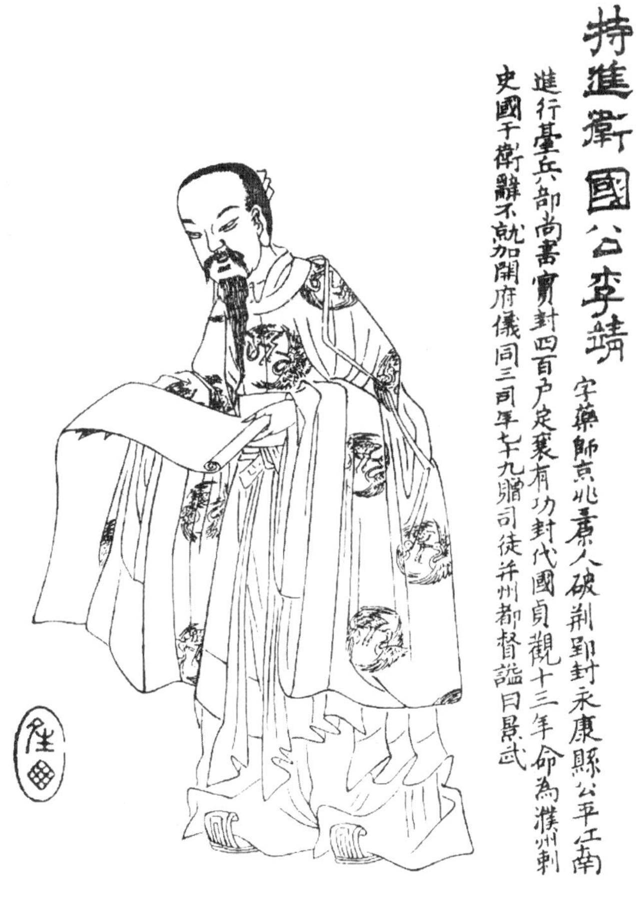

李靖

원래 이름은 藥師로 雍州 三原 사람이다. 당 태종의 名將으로 알려진 인물로 李勣과 함께 英衛(英國公 李勣, 衛國公 李靖)로 병칭되었다. 젊어서부터 武才로 이름났다. 당 고조가 장안을 차지하고 이정을 사로잡았는데 고조가 이정의 기개를 보고 살려주었다. 당나라가 천하를 통일할 때 이정은 강남 지역 정벌에 큰 공훈을 세웠다. 당나라가 천하를 통일한 후에 북방의 강적인 東突厥과 전쟁을 하게 되었는데 정관 4년(630)에 이정은 동돌궐의 본거지를 공격하여 동돌궐의 주력을 격파하고 頡利可汗을 사로잡는 공훈을 세웠다. 이후 서쪽의 吐谷渾을 정벌하여 당나라가 세계제국으로 확대되는 데 크게 이바지하였다. ≪李衛公問對≫는 武經七書의 하나로 이세민과 이정이 군략에 대해 문답한 내용을 기록한 책이다.

9) 特進 宋國公 蕭瑀(575~648)

蕭瑀

자는 時文, 南朝 梁나라 황실의 후손으로 그의 조부는 後梁 明帝의 아들이다. 당 고조가 장안을 차지하고 그를 불러 光祿大夫로 삼았다. 정관 초기에 太子少師에 임명되고 이후 재상의 지위에 올랐다. 정관 20년(646) 방현령이 당파를 지어 모반을 꾀한다고 무고하였다가 태종에게 배척을 당하기도 하였다. 佛法에 정통한 것으로 알려졌다.

10) 輔國大將軍 褒國公 段志玄(?~642)

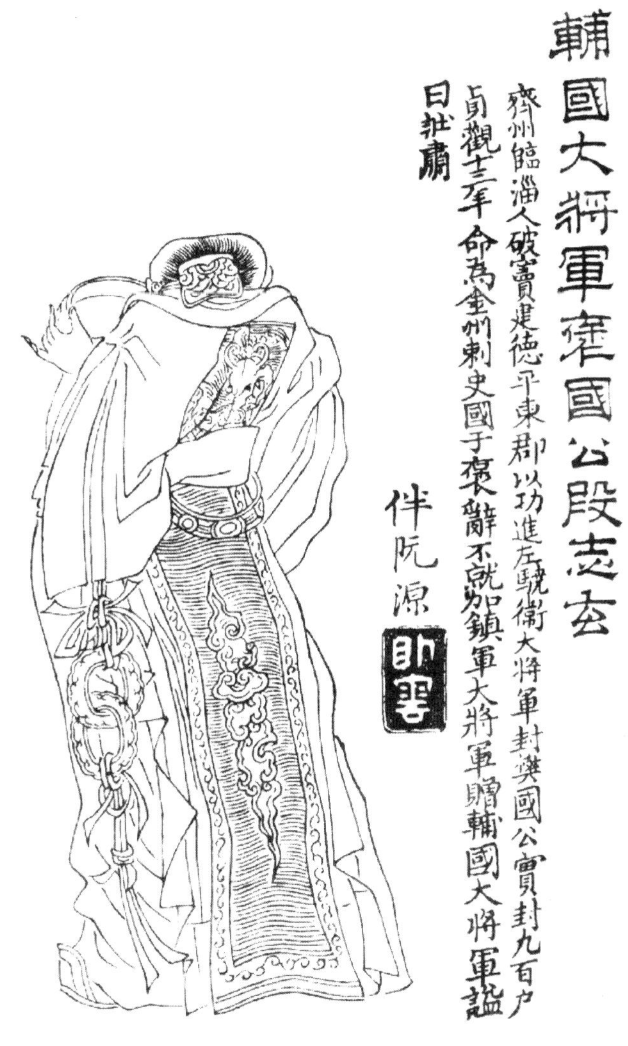

段志玄

齊州 臨淄 사람이다. 아버지 段偃師는 太原郡 司法書佐가 되어 단지현도 태원에 살게 되었다. 고조의 太原起義 때에 천여 명을 모아서 참여하였다. 장안 공략에 큰 공을 세웠고, 이후 태종이 王世充을 정벌할 때 활약하여 秦王府의 右二護軍이 되었다. 태자 李建成이 그를 회유하였으나 거절하였고 현무문의 변란 때 위지경덕과 함께 이건성, 이원길의 군대를 격파하는 데 큰 공훈을 세웠다. 이후 토욕혼 정벌에도 참여하였다.

11) 輔國大將軍 夔國公 劉弘基(582~650)

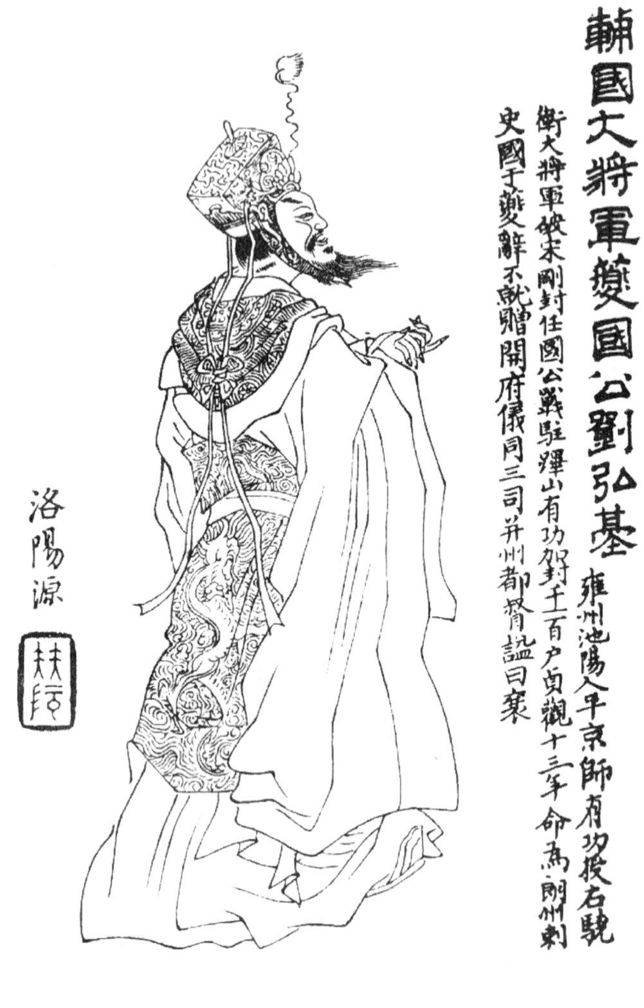

劉弘基

雍州 池陽 사람이다. 젊어서 협객과 교류하였다. 이후 태원으로 가서 이연에게 의탁하였는데 이연이 太原에서 군대를 일으키고 장안 공략할 때 활약하였다. 수나라 말기 군웅 薛擧를 공격하다가 오히려 패하고 사로잡혔다. 당나라가 설거를 평정하자 관직에 복귀하고 이세민이 宋金剛과 劉黑闥을 평정할 때 공훈을 세웠다. 현무문의 변 때 활약하였다. 그러나 모반죄에 연루되어 서민이 되었다가 이후 다시 관직에 복귀하였다. 고구려 원정 때 주필산 전투에 참여하였다.

12）尚書僕射 蔣國公 屈突通(557~627)

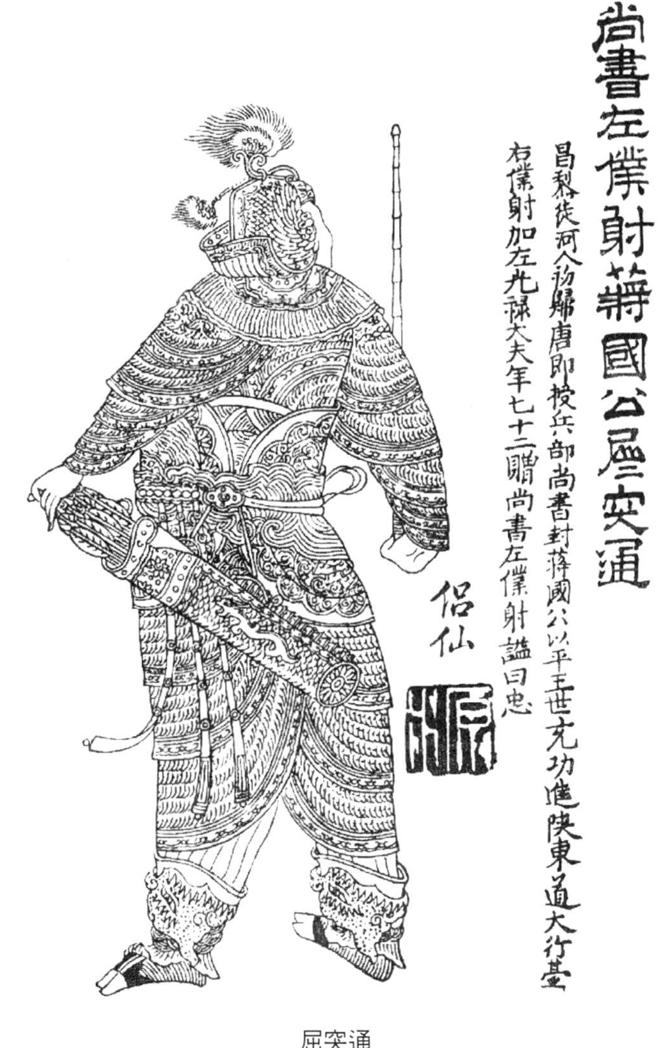

屈突通

隋 煬帝가 江都로 순행할 때 굴돌통에게 장안의 수비를 맡겼다. 이연이 태원에서 군대를 일으킨 후 장안으로 진격하였는데, 河東을 지키던 굴돌통이 굳건히 방비하여 큰 어려움에 봉착하였다. 이세민은 하동을 우회하여 장안으로 진격하여 함락시키자 굴돌통은 당나라에 투항하였다. 이세민이 왕세충을 평정할 때에 공훈을 세웠고 이후 洛陽을 수비하였다.

13) 陝東道行臺右僕射 鄖國公 殷開山(?~622)

殷開山

이름은 嶠이고 자는 開山이다. 雍州 鄠縣 사람이다. 아버지인 殷僧首는 수나라에서 秘書丞을 지냈다. 은개산은 젊어서 학문과 덕행으로 유명하였다. 李淵이 태원에서 군사를 일으키자 은개산은 이연에게 항복하였다. 이후 공훈을 세우다가 薛擧와의 싸움에서 패한 책임을 지고 관직에서 물러났으나 李世民이 설거의 아들 薛仁杲를 물리칠 때 공을 세워 복직되었다. 이후 王世充을 토벌하는 데 공훈을 세워 鄖國公에 봉해졌다. 이후 이세민을 따라 劉黑闥을 정벌하던 도중 병사하였는데 이세민이 그의 죽음을 매우 안타깝게 생각했다고 한다. 이후 陝東道行臺右僕射에 추증되었다.

14）荊州都督 譙國公 柴紹(578～638)

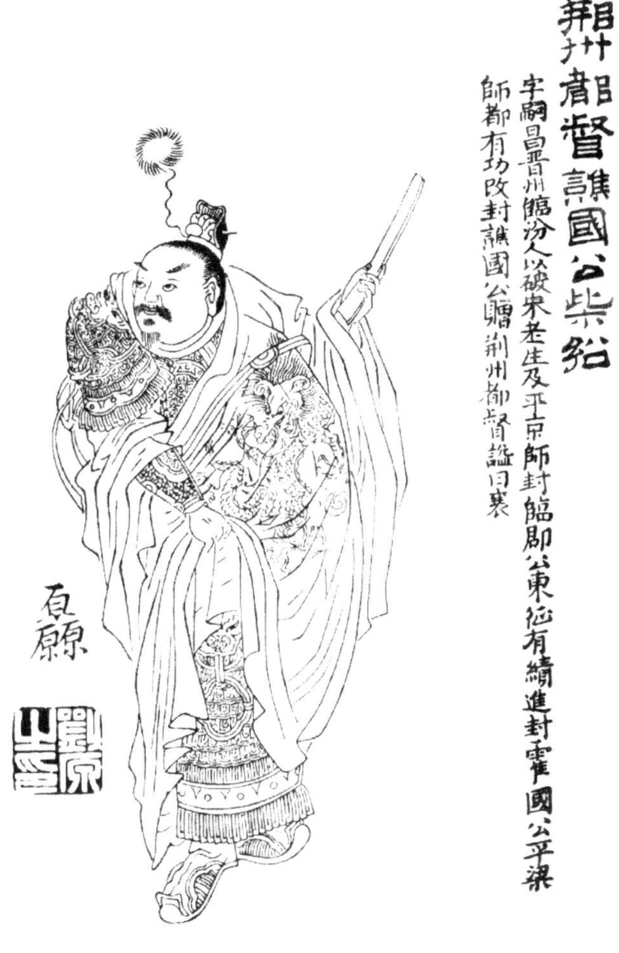

柴紹

晉州 臨汾 사람으로 자는 嗣昌이다. 시소는 수나라 때 태자의 호위직인 千牛備身에 있었는데, 이연이 태원에서 군대를 일으키자 이에 동조하여 참전하였고 공을 세웠다. 이연의 딸인 平陽昭公主와 결혼하여 駙馬가 되었다. 이후 이세민을 따라 薛擧를 평정하고 宋金剛, 王世充을 격파했으며, 竇建德을 사로잡는 데 공을 세웠다. 武德 6년(623)에 吐谷渾과의 전투에서 활약하였고 이후 東突厥과 전투에서 활약하였다. 현무문의 변 이후 右衛大將軍이 되었다. 이후 동돌궐을 멸망시킬 때 공을 세웠다. 정관 12년(638) 병사하였는데, 荊州都督으로 추증되었다.

15) 荊州都督 邳國公 長孫順德(?~?)

長孫順德

이세민의 아내인 文德皇后의 숙부이다. 그는 隋 煬帝의 고구려 원정에 참가했다가 태원으로 도망갔다. 이연이 태원에서 군대를 일으킬 때 활약하였으며 장안으로 진격할 때 굴돌통을 사로잡는 공훈을 세웠다. 현무문의 변에서 이건성과 이원길의 잔당을 토벌하는 데 공훈을 세웠다. 훗날 뇌물을 받은 사건이 발각되어 용서를 받았으나 반란을 꾀한 李孝常과 왕래가 있었던 사실이 발각되어 파면되었다. 이후 다시 복직되었다가 죽었다. 荊州都督으로 추증되었다.

16) 洛州都督 鄖國公 張亮(?~646)

張亮

鄭州 滎陽 사람이다. 원래 농사를 짓던 인물로 瓦崗의 도적으로 있던 徐世績(후대 李勣)의 부하가 되었다. 이후 서세적과 함께 당나라에 투항하였으며 房玄齡의 천거로 秦王府의 車騎將軍이 되었다. 이후 여러 직책을 역임하였다가 刑部尙書 參知政事에 올랐으나 정관 21년(646)에 반역죄로 참수되었다. ≪貞觀政要≫ 〈論公平〉에 태종이 그를 죽인 것을 후회하는 기사가 나온다.

17) 吏部尚書 陳國公 侯君集(?~643)

侯君集

豳州 三水 사람으로 현무문의 변에서 계책을 세우는 데 일조하였다. 吐谷渾 원정에서 크게 활약하였으며, 松州를 공격한 吐蕃을 물리쳤다. 이후 高昌王 麴文泰가 서역의 길을 막자 후군집에게 고창을 정벌하게 하였는데, 후군집은 高昌을 멸망시켰다. 그러나 당나라 군대가 고창을 약탈하도록 허용한 죄로 감옥에 갇혔다가 岑文本의 상소로 석방되었고 다시 관직에 복귀하여 吏部尚書와 參知政事의 직위에 올랐다. 그러나 태자 李承乾의 모반에 연루되어 처형되었다. 나중에 태종이 후군집을 죽인 것을 후회하였다고 한다.

18) 左驍衛大將軍 郯國公 張公謹(594~632)

張公謹

자는 弘愼, 魏州 繁水 사람이다. 본래 王世充의 휘하에 있었으나 당나라에 투항하였다. 李勣, 尉遲敬德 등의 추천으로 秦王府의 막료가 되고 현무문의 변에서 활약하였다. 이후 李靖이 동돌궐을 정벌하였는데, 이때 전공을 세웠다. 정관 6년(632)에 병사하였다. 향년 39세였다.

19) 左領軍大將軍 盧國公 程知節(589~665)

程知節

濟州 東阿 사람으로 본명은 齩金이고, 다른 이름은 知節, 자는 義貞이다. 李密의 瓦崗軍에 의탁하여 장수가 되었다. 이후 王世充에게 사로잡혀 그의 수하가 되었다. 그러나 왕세충에게 실망한 정지절은 秦叔寶와 함께 당나라에 투항하였고 秦王府에 등용되었다. 이세민을 따라 宋金剛, 竇建德, 왕세충 등을 격파하는 데 공훈을 세웠다. 현무문의 변 무렵 康州刺史로 임명되었으나 이세민 곁에 남아 공훈을 세웠다. 당나라가 통일한 뒤에도 武將으로 활약하였다. 高宗 시기에 西突厥 원정에 나갔다가 실패하여 파직되었다. 高宗 麟德 2년(665)에 77세의 나이로 사망하였다.

20) 禮部尚書 永興郡公 虞世南(558~638)

虞世南

越州 餘姚 사람으로 자는 伯施이다. 顧野王에게서 10여 년을 공부하였으며 王羲之의 후손에게서 서법을 익혀서 歐陽詢 등과 함께 唐初 4대 서예가의 한 사람으로 손꼽힌다. 남조 陳나라가 망한 뒤에 隋 煬帝 때 起居舍人이 되었으나 중용되지 못하였다. 수 양제가 강도에서 宇文化及에게 시해를 당하였을 때 그의 형인 虞世基도 죽임을 당하였다. 우문화급을 따라 화북으로 갔다가 竇建德에게 사로잡혔다. 이세민이 두건덕을 패망시켰을 때 우세남을 弘文館學士로 발탁하고 방현령과 함께 공문서를 담당하게 하였으며, 秦王府 18學士의 하나가 되었다. 이후 태종에게 자주 간언을 올리기도 하였다. 우세남은 五絶로 알려졌는데, 첫째가 덕행, 둘째가 충직, 셋째는 박학, 넷째는 文詞, 다섯째는 書翰에 뛰어났다는 평가를 받았다. 정관 12년(638) 병사하니 향년 81세였다.

21) 戶部尙書 渝國公 劉政會(?~635)

劉政會

滑州 胙城(조성) 사람으로 北齊에서 中書侍郎을 지낸 劉環雋의 손자이다. 유정회는 수나라 때 太原에서 司馬를 지냈는데, 이연이 태원에서 군사를 일으키자 투항하였다. 당나라 초기 유정회는 후방을 관리하는 데에 공헌하였다. 후에 劉武周에게 포로로 잡혔으나 이연에게 계속 적의 상황을 알렸는데, 이후 이를 인정받았다. 정관 9년(635)에 병사하였다.

22) 戶部尚書 莒國公 唐儉(579~656)

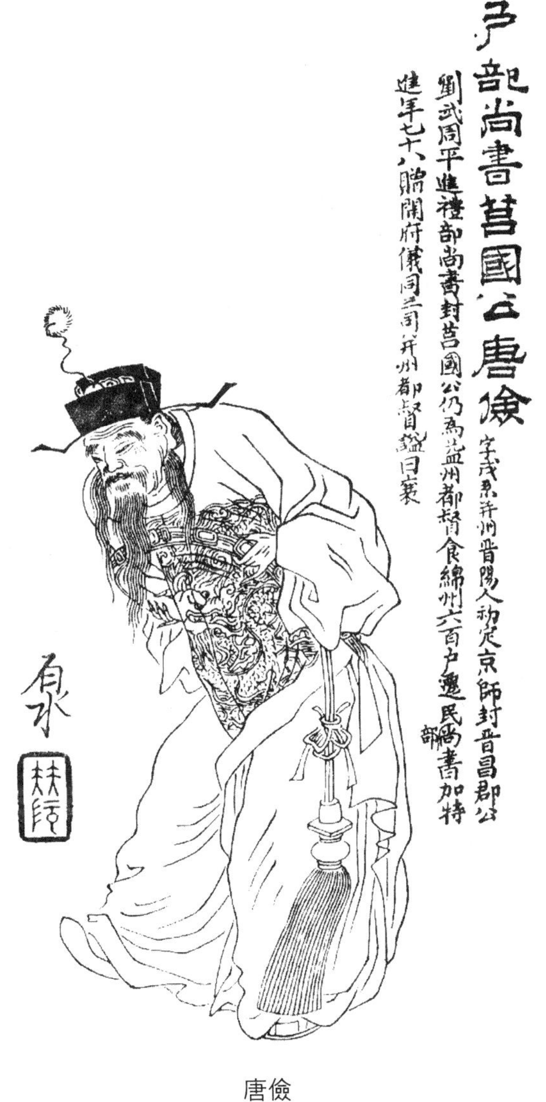

唐儉

幷州 晉陽 사람으로 자는 茂約이다. 효성으로 이름났다. 그의 조부는 北齊의 대신 唐邕이다. 그는 어려서부터 이세민과 교류를 하였으며, 이세민의 휘하에서 활약하였다. 정관 초기에 동돌궐에 사신으로 가서 적을 해이하게 만드는 데 성공하여 李靖이 東突厥을 정벌하는 데 큰 도움을 주었다. 高宗 시기에 사직하였으며, 고종 顯慶 원년(656)에 병사하니 향년 78세였다.

23) 兵部尙書 英國公 李世勣(594~669)

李世勣

曹州 離狐 사람으로 자는 懋功이다. 원래 성명은 徐世勣인데, 李淵에게 賜姓을 받아 李世勣이라 하였으며 훗날 李世民의 世자를 피휘하여 李勣이라 하였다. 李靖과 함께 태종 휘하의 명장으로 알려졌다. 수나라 말기 와강군에 가담한 서세적은 이후 李密의 휘하로 들어갔다가 이밀을 따라 당나라에 귀순하였다. 이세민을 따라 유무주, 왕세충, 두건덕, 유흑달 등을 토벌하는 데 공훈을 세웠다. 정관 시기 東突厥, 薛延陀, 高句麗 등을 원정하는 데 공훈을 세웠으며 재상에 지위에 올랐다. 高宗이 則天武后를 황후로 삼을 때 도움을 주었다. 이후 고구려 원정군 총사령관이 되어 고구려를 멸망시켰다. 측천무후가 칭제하자 이적의 손자 李敬業이 반란을 일으켰다가 패망하니, 이적도 부관참시를 당하였다.

24) 左武衛大將軍 胡國公 秦叔寶(?~638)

秦叔寶

齊州 曆城 사람으로 이름은 瓊이고, 자는 叔寶이다. 수말당초의 명장으로 이름이 났다. 원래는 수나라 장수로 있다가 李密에게 투항하였는데 이후 왕세충의 휘하에 있다가 정지절과 함께 당나라에 투항하였다. 이세민의 휘하에서 공훈을 세웠으며, 현무문의 변 이후 右武衛大將軍이 되었다. 정관 12년(638)에 사망하였다.

貞觀政要集論 參考資料 

1. 貞觀政要 年表

2. 陝西歷史博物館

3. 다큐멘터리 大明宮

責任飜譯者 略歷

李忠九

京畿 果川 出生
龍田 金喆熙, 秀松 梁大淵 先生 師事
中央大學校 敎育學科 國語國文學 副專攻
成均館大學校 大學院 國語國文學 碩士, 博士
民族文化推進會 國譯硏修院
檀國大學校 韓中關係硏究所 硏究員(現)
傳統文化硏究會 講師(現)

論文 및 譯書

〈經書諺解 硏究〉〈說文解字에 나타난 漢字字源 硏究〉 등
譯書 ≪東山先生奏議≫ ≪선비 安濂 日誌≫ ≪小學集註≫ ≪註解千字文≫ 등
共譯 ≪國譯 治平要覽≫ ≪增補四禮便覽 譯註本≫ ≪譯註 國語≫ ≪譯註 貞觀政要集論≫ ≪爾雅注疏≫ 등

共同飜譯者 略歷

金奎璇

龍田 金喆熙 先生 師事
韓國外國語大學校 中國語科 學士, 碩士, 博士
鮮文大學校 敎養學部 敎授(現)

論文 및 譯書

〈王士禎의 文學批評 연구〉 등
譯書 ≪歷代詩話≫ ≪秋史派의 글씨≫ 등
共譯 ≪譯註 貞觀政要集論≫ ≪日省錄≫ ≪毅庵集≫ ≪秋史 金正喜 硏究≫ 등

黃鳳德

全州大學校 漢文教育科 卒業
成均館大學校 大學院 漢文學科 碩士, 博士

論文 및 譯書
〈李德懋 ≪士小節≫ 硏究〉
共譯 ≪譯註 貞觀政要集論≫ ≪國譯 通鑑節要增損校註 I≫ ≪文苑叢寶≫ ≪千字文字解說≫ 등

李承容

嶺南大學校 漢文教育科 卒業
成均館大學校 大學院 漢文學科 碩士, 博士
韓國古典飜譯院 專門課程 修了
檀國大學校 東洋學硏究院 古典飜譯硏究室 先任硏究員(現)

論文 및 譯書
〈조선후기 江華學派 漢詩硏究 - 全州李氏 德泉君派 八匡을 중심으로〉
共譯 ≪譯註 貞觀政要集論≫ ≪國譯 通鑑節要增損校註 I≫ ≪自著實紀≫ ≪樂全堂集≫ ≪寒溪日記≫ ≪書永編≫ 등

東洋古典譯註叢書 85

譯註 貞觀政要集論 4　　　　정가 32,000원

2017년 11월 10일 초판 발행
2017년 11월 15일 초판 2쇄

責任飜譯　李忠九
共同飜譯　金奎璇 黃鳳德 李承容
編　　輯　東洋古典飜譯編輯委員會
發 行 人　李啓晃
發 行 處　社團法人 傳統文化硏究會
서울시 종로구 삼일대로 428 낙원빌딩 411호
전화 : (02)762-8401　전송 : (02)747-0083
전자우편 : juntong@juntong.or.kr
홈페이지 : juntong.or.kr
사이버書堂 : cyberseodang.or.kr
온라인서점 : book.cyberseodang.or.kr
등록 : 1989. 7. 3. 제1-936호

인쇄처 : 한국법령정보주식회사(02-462-3860)
총　판 : 한국출판협동조합(070-7119-1750)

ISBN 979-11-5794-144-5 94910
　　　978-89-85395-71-7(세트)

※ 이 책은 2017년도 교육부 고전문헌 국역지원사업 지원비에 의해 초판(비매품) 간행.

전통문화연구회 도서목록

基礎漢文敎材 - 懸吐完譯 成百曉 譯

四字小學 / 習字敎本 7,000원/4,000원
推句·啓蒙篇 / 習字敎本 6,000원/4,000원
明心寶鑑 8,000원
童蒙先習·擊蒙要訣 14,000원
註解千字文 11,000원

東洋古典國譯叢書

論語集註 - 개정증보판 成百曉 譯註 25,000원
孟子集註 - 개정증보판 成百曉 譯註 28,000원
大學·中庸集註 - 개정증보판 成百曉 譯註 10,000원
詩經集傳 上·下 成百曉 譯註 28,000원
書經集傳 上·下 成百曉 譯註 28,000원
周易傳義 上·下 成百曉 譯註 38,000원
小學集註 成百曉 譯註 28,000원
古文眞寶 後集 成百曉 譯註 28,000원

東洋古典譯註叢書

春秋左氏傳1~8 鄭太鉉 譯註 18,000원~35,000원
莊子1~4 安炳周·田好根 共譯 25,000원~29,000원
古文眞寶 前集 成百曉 譯註 28,000원
禮記集說大全1 辛承云 譯註 25,000원
心經附註 成百曉 譯註 35,000원
近思錄集解1~3 成百曉 譯註 25,000원/30,000원
通鑑節要1~9 成百曉 譯註 18,000원~30,000원
唐詩三百首1~3 宋載卲 外 譯註 28,000원/30,000원/25,000원
東萊博議1~2 鄭太鉉·金炳愛 譯註 25,000원
說苑1~2 許鎬九 譯註 25,000원
顔氏家訓1~2 鄭在書·盧暻熙 譯註 22,000원/25,000원
大學衍義1~3 辛承云 外 譯註 22,000원/26,000원/30,000원
貞觀政要集論1~4 李忠九 外 譯註 25,000원~32,000원
荀子集解1~3 宋基采 譯註 30,000원/25,000원
老子道德經注 金是天 譯註 30,000원
唐宋八大家文抄 韓愈1~2 鄭太鉉 譯註 22,000원/28,000원
〃 歐陽脩1~4 李相夏 譯註 25,000원~30,000원
〃 王安石1~2 申用浩·許鎬九 共譯 25,000원
〃 蘇洵 李章佑 外 譯註 25,000원
〃 蘇軾1~5 成百曉 譯註 22,000원
〃 蘇轍1~3 金東柱 譯註 20,000원/22,000원
〃 曾鞏 宋基采 譯註 25,000원
〃 柳宗元1~2 宋基采 譯註 22,000원

十三經注疏
論語注疏1~3 鄭太鉉·李聖敏 譯註 25,000원/30,000원
尙書正義1~3 金東柱 譯註 25,000원/30,000원
周易正義1~2 成百曉·申相厚 譯註 32,000원/30,000원
毛詩正義1 朴小東 譯註 32,000원
禮記正義 中庸·大學 李光虎·田炳秀 譯註 20,000원

武經七書直解
孫武子直解·吳子直解 成百曉·李蘭洙 譯註 35,000원
六韜直解·三略直解 成百曉·李鍾德 譯註 26,000원
尉繚子直解·李衛公問對直解 成百曉·李蘭洙 譯註 26,000원
司馬法直解 成百曉·李蘭洙 譯註 26,000원
思政殿訓義 資治通鑑綱目1~7 辛承云 外 譯註 18,000원~30,000원

漢字漢文敎育叢書

형성자 중심 한자교육시험백과 金鐘赫 著 35,000원
漢字部首 解說 李忠九 編著 15,000원
漢字漢文敎育論叢 上·下 鄭愚相 著 25,000원
◆ 敎授用 指導書 四字小學 咸賢贊 著 10,000원
〃 推句·啓蒙篇 咸賢贊 著 10,000원
〃 註解千字文 李忠九 著 15,000원
〃 明心寶鑑 李明洙 著 10,000원
〃 擊蒙要訣 咸賢贊 著 15,000원
◆ 袖珍本 懸吐 기초한문교재 10,000원
〃 論語·大學·中庸 10,000원
〃 孟子 10,000원
〃 詩經·周易 12,000원
〃 小學·孝經 13,000원
〃 古文眞寶 後集 13,000원

東洋古典新譯

당시선 송재소·최경렬·김영죽 편역 22,000원
손자병법 성백효 역주 14,000원

동양문화총서

고금소총古今笑叢 유화수·이월영 편역 16,000원
동양사상 해설과 원전 정규훈 外 저 22,000원
화합의 길 - 《중용》 읽기 금장태 저 20,000원

문화문고

논어·대학·중용/맹자 조수익·박승주 공역 10,000원
100자에 담긴 한자문화 이야기 김경수 저 9,000원
한자한문전통교재 조수익·이성민 공역 10,000원
소학 박승주·조수익 공역 10,000원
목민심서 이계황 엮음 10,000원
고문진보散文選 신용호·조수익 공역 10,000원
士小節 선비 집안의 작은 예절 이동희 편역 10,000원
名說과 字說 신용호 편역 10,000원
儒學이란 무엇인가 이동희 저 10,000원
대한민국 국무총리 이재원 저 10,000원
경전으로 본 세계종교 이슬람 김영경 편역 10,000원
한문문법 이상진 저 10,000원
우리 설화1~2 김동주 편역 10,000원
경전으로 본 세계종교 그리스도교 이정배 편저 10,000원
경전으로 본 세계종교 도교 이강수 편역 10,000원
당시선 송재소·최경렬·김영죽 편역 10,000원
현대인, 동양고전에서 길을 찾다 이동희 저 10,000원
경전으로본 세계종교 천도교 윤석산·홍성엽 편저 10,000원
무경칠서 손자병법·오자병법 성백효 역 10,000원
무경칠서 육도·삼략 성백효 역 10,000원
무경칠서 사마법·울료자·이위공문대 성백효 역 10,000원
경전으로 본 세계종교 힌두교 길희성 편역 10,000원
경전으로 본 세계종교 유교 이기동 편저 10,000원
경전으로 본 세계종교 불교 김용표 편저 10,000원